宋蜀华学术文集

宋蜀华 ◎ 著

贾仲益 ◎ 选编

中央民族大学名师学术文库

中央民族大学出版社
China Minzu University Press

图书在版编目（CIP）数据

宋蜀华学术文集 / 宋蜀华著；贾仲益选编. —北京：中央民族大学出版社，2021.8
ISBN 978-7-5660-1962-2

Ⅰ.①宋… Ⅱ.①宋… ②贾… Ⅲ.①民族学—中国—文集
Ⅳ.①C955.2-53

中国版本图书馆 CIP 数据核字（2021）第 166003 号

宋蜀华学术文集

著　　者　宋蜀华

选　　编　贾仲益

责任编辑　赵　鹏

责任校对　赵　静

封面设计　舒刚卫

出版发行　中央民族大学出版社

　　　　　北京市海淀区中关村南大街 27 号　　邮编：100081

　　　　　电话：（010）68472815（发行部）　　传真：（010）68933757（发行部）

　　　　　　　　（010）68932218（总编室）　　　　　（010）68932447（办公室）

经 销 者　全国各地新华书店

印 刷 厂　北京鑫宇图源印刷科技有限公司

开　　本　787×1092　1/16　　印张：36.25

字　　数　543 千字

版　　次　2021 年 8 月第 1 版　2021 年 8 月第 1 次印刷

书　　号　ISBN 978-7-5660-1962-2

定　　价　158.00 元

宋蜀华先生

1950年与闻宥先生等合影于华西协和大学【后排左2为宋蜀华先生、左3为闻宥先生，前排左3为宋先生夫人黄璞女士】

与费孝通先生夫妇及乔健先生等合影

宋蜀华先生与费孝通、中根千枝、金光亿等国际著名人类学家在一起

与吴泽霖先生（右1）共餐

1987年与费老等共餐【前排右起：宋蜀华先生、费孝通先生、中根千枝先生等；后排右起：费宗惠女士、刘晓女士、王辅仁先生、胡坦先生、索文清先生等】

宋先生与林耀华先生拜会许倬云先生（居中者）

宋先生与容观瓊先生、黄淑娉先生在一起

宋先生与汪宁生先生在一起

右起：王辅仁、陈永龄、林耀华、宋蜀华、邵献书诸先生在中央民族大学民族学系资料室

1995 年出席中国社会文化人类学高级研讨班开班仪式

1996 年 12 月 中央民族大学终身教授林耀华、王锺翰、宋蜀华三位先生参加学校团拜会

1996年张海洋论文答辩会后合影【前排左起：庄孔韶、陈连开、佟臣柱、俞伟超、林耀华、宋蜀华、马戎、王庆仁】

2000年出席中国民族学学会兰州年会与学会部分领导成员合影

2000 年从教五十周年庆祝会上与夫人和民族学社会学学院部分同事合影

2000 年从教五十周年庆祝会上与夫人黄璞先生合影

宋蜀华先生在澳大利亚国立达尔文社区学院访问

宋蜀华先生在联合国出席会议

宋蜀华先生重访母校澳大利亚悉尼大学
进行学术交流

"中央民族大学名师学术文库" 出版前言

"所谓大学之大，非有大楼之谓也，乃有大师之谓也。"著名教育家、原清华大学校长梅贻琦先生广为人知的这句名言，道出了大学教育的真谛。任何著名大学，其所以著名，其所以为世人瞩目，乃在于她拥有名家大师，执掌其教学科研，引领其学科建设，使学问能日日精进，德行能时时砥砺，境界能渐渐提升，而成就斐然、名重一时的栋梁之材能如璀璨群星不断脱颖而出、辉耀于世界。

中央民族学院是中国共产党和中央人民政府为持续深入地推动中国特色解决民族问题道路的探索，于 1950 年 4 月确定创办的一所地位极其重要、意义极其特殊的高等院校。[①] 其根脉是中国共产党 1941 年于延安创办的民族学院。建校伊始，根据学校定位和当时开展学科建设、人才培养、科学研究以及为新中国民族工作提供高水平决策咨询服务的迫切需要，在中央政府和各方面的大力支持下，一大批在民族学、社会学、人类学、历史学、语言学、民族艺术等学科领域闻名遐迩的顶尖学者，或已崭露头角的青年才俊，如翦伯赞、吴泽霖、潘光旦、吴文藻、闻宥、于道泉、杨成志、陈振铎、冯家昇、翁独健、费孝通、林耀华、傅懋绩、陈述、傅乐焕、王锺翰、马学良、陈永龄、施联朱、金天明、宋蜀华、贾敬颜、王辅仁、黄淑

---

① 1950 年 4 月，中共中央政治局做出了在北京设立中央民族学院的决定。6 月 30 日，中华人民共和国政务院任命中央民委副主任乌兰夫、刘格平分别兼任中央民族学院正副院长，由中央民委主持的中央民族学院建校筹备工作正式启动。9 月，政务院任命刘春出任中央民族学院副院长，主持日常工作。在北京市政府的支持下，确定将校址选在北京西郊的魏公村。11 月 24 日，周恩来总理主持政务院第 60 次政务会议，通过了《培养少数民族干部试行方案》和《筹办中央民族学院试行方案》两个重要文件。1951 年 4 月 12 日，政务院第 78 次政务会议决定任命费孝通为中央民族学院副院长。6 月 11 日，中央民族学院举行开学典礼，中央人民政府副主席朱德、政务院副总理董必武出席并讲话。一所新型的、富有中国特色的现代大学在北京诞生了。

娉、吴恒等，先后调入，使尚处草创时期的中央民族学院一时名家荟萃，一跃成为全国民族研究和人才培养的重镇和高地，迅速跻身全国名校之列，并成为我国对外学术交流的重要窗口。经由这些杰出专家学者开拓的研究领域、奠定的学术传统和擘画的专业布局，历经半个多世纪的拼搏进取和薪火相传，已积蓄成为中央民族学院迈向综合性研究型大学的丰沛特色泉源和坚实学科根基，是中央民族学院坚持服务国家民族工作大局的基本定位、保持国家民族工作重要人才摇篮和重要智库地位的牢固支撑。如今的中央民族大学，在创建一流大学、一流学科的征途中，依然也必然以前辈大师名家呕心沥血奠定的基业为张本。名家大师与大学建设发展关系之密切和深远，于此可以充分见证和深切体味。

名家大师不仅是大学教育之根本，也是世道人心的皈依，因为他们的学行才识堪称"三不朽"。《左传·襄公二十四年》："太上有立德，其次有立功，其次有立言，虽久不废，此之谓三不朽。"孔颖达在《春秋左传正义》中阐明："立德谓创制垂法，博施济众"；"立功谓拯厄除难，功济于时"；"立言谓言得其要，理足可传"。中央民族大学建校创业史上的这些名家大师，学养精深，妙手著文，成果等身，"言得其要，理足可传"，可谓"立言"；他们绝大多数参与甚至领导了民族识别、少数民族社会历史调查、"民族问题五套丛书"编写，并为新中国各个历史时期民族政策制定提供了决策咨询和理论支撑，为民族地区和少数民族培养了千千万万优秀专业技术人才和干部人才，为巩固和发展中国特色社会主义新型民族关系奠立了知识、理论、人才基础，为新中国民族团结进步事业呕心沥血、披肝沥胆、鞠躬尽瘁，可谓"立功"；他们高风亮节，严谨治学，谦和待人，传道授业，树立规范，为学校、学科"创制垂法"，打造了"博施济众"的基业，可谓"立德"。名家大师们的高尚人格、深厚学养、奉献精神、治学风范，是中央民族大学兴校办学极其宝贵的财富，是中央民族大学建设国际知名高水平大学的厚重历史资本，是中央民族大学一代又一代师生为学为人的典范和楷模。

为了更好地继承弘扬前辈名师大家的道德文章，更好地光大名师大家践行垂范的优良传统，更好地推进学校的各项事业，更好地服务于新时代中国民族团结进步事业，中央民族大学成立"名师学术文库"编委会，组织力量收集、整理、出版这套"名师学术文库"，尽可能从多个方面反映名家大师的风采神韵，以此彰显学校深厚的学术底蕴和厚重的学术传统，激励各族师生凝心聚力，把中央民族大学各项事业推向新境界新高度。借由这套丛书，广大读者和社会各界不仅可以了解中央民族大学不平凡的过去，亦可以期许她更美好的前程和更辉煌的未来。

"中央民族大学名师学术文库"编委会

2020年10月

目　录

第 三 编　民族学理论与方法探索

第 四 编　学科发展与队伍建设研究

第 五 编　致敬前贤与国际交流

导　言

　　宋蜀华先生（1923—2004），籍贯四川成都，中国著名民族学家、人类学家、民族史学家，中央民族大学终身教授，英国皇家人类学会荣誉会员。1942年考入齐鲁大学历史系，1944年转入燕京大学社会学系，攻读社会学、人类学，1946年获学士学位。同年底，入澳大利亚悉尼大学研究院，师从著名人类学家A. P. Elkin教授攻读人类学专业，1949年获硕士学位后回国，进入华西大学考古与民族博物馆工作。1952年全国高校院系调整，由华西大学调入中央民族学院执教终身。其间曾任中央民族学院副院长（1981—1987）、中央民族大学民族学研究院（后更名为民族学与社会学学院）院长（1993—1994）等职。1984—1996年连续三届被推选为联合国教科文组织反种族歧视委员会委员，1989—2002年连续三届被推选为中国民族学会会长。此外，1983—1988年曾担任中国社会科学院民族研究所学术委员，1985年被聘为国务院学位委员会学科评议组成员，1993年受聘为全国博士后管理委员会专家组成员，1999年被聘为中国人类学学会顾问。

　　先生学术底蕴深厚，研究领域广阔，对民族学（文化人类学）、民族史、社会学、博物馆学和考古学都有很深造诣，对民族学理论和方法的探索卓有建树，研究成果成一家之言，是中华人民共和国民族学承前启后的一位大师，中国南方民族历史文化研究领域公认的权威专家，是改革开放后中国民族学学科德高望重的带头人。先生一生发表论著（含合作）达20部、论文80余篇，这些成果在学界都有重要影响。本次选编先生文集，深感取舍极难。先生1998年以前发表的60多篇论文，主要依据先生生前两次应约亲自编订的两部论文集，即弘毅出版社1995年编印的

《民族研究文集》和中央民族大学出版社1999年出版的《中国民族学理论探索与实践》，选取了其中的绝大多数篇章，文字也以这两次结集时经先生手订的为准。考虑到1955年发表的《青海塔尔寺情况》所反映的时代信息和相应内容有特殊价值，所以编入本文集。先生生前一直笔耕不辍，1998年后又陆续完成或发表了20余篇论文，本次从中增选了一部分。另外，考虑到先生作为海内外著名的学者，国际学术交流活跃，曾与多国同行共事交往，本次又从2003年为纪念先生从教50周年，由民族出版社出版的纪念文集《中国民族学纵横》中选出先生与日、澳、美、英、印、韩等国学者的数封通信一并编入。计论文39篇，通信9封。

根据内容，将文集分为五编。具体如下：

第一编：民族地区实地调查研究。田野调查是民族学、人类学的学科根基，是民族学者的立身之本。先生高度重视田野调查，并身体力行。1951年6月至1952年8月，先生随政务院文教委员会西藏科学工作队入藏开展民族社会调查，是林耀华先生领衔的社会科学组的年轻队员，是中华人民共和国第一批研究西藏、支援西藏的学者。1953年，先生到青海等地对土族、撒拉族等进行社会历史调查。1955年4月中旬至8月底，先生参加了由费孝通、王静如先生率队的贵州民族识别调查组，对穿青人、穿蓝人等10多个族群进行调查。1956年8月至1961年初，先生作为费孝通先生曾担任组长的云南调查组成员，赴云南开展少数民族社会历史调查。在《中国民族学理论探索与实践》一书的"后记"中，先生自述："我的田野调查，主要是在20世纪50年代到60年代'文化大革命'之前，特别是在参加云南省少数民族社会历史调查组期间进行的。在调查和研究工作中得到费孝通、林耀华、马曜三位先生的指导和侯方岳、谭碧波等先生以及调查组同仁的热情帮助和支持，不少体会和认识都是在这段时间中获得的。""'文化大革命'以后到改革开放以来，除教学外，由于行政等工作缠身，虽也曾多次前往云南并到过民族地区，旧地重游。然而到了民族地区也仅仅是走马观花，浮光掠影，再没有像50年代那样能够长期蹲在民族村寨和当地群众同吃、同住、同劳动的机会。"显然，先生对"田野调查"的理解和要求是极其严格的，长期深入最基层并与调查研究对象同吃、同住、同劳动，才是先生认可的真正意义上的田野调查，也只有这样严格意义上的田野调查，才能获得深刻的认识和体会。因各种原因深入不下去、持续时间短，在先生看来，只能算是"走马观花""浮光掠影"。

　　20世纪五六十年代的调查条件十分艰苦。先生上课时曾跟学生们谈起：当年在民族地区基层调查中长期无法正常洗澡，身上头上长出虱子，偶尔忙中偷闲，就躲到偏僻处捉虱子、挤虱卵；因所到一些村寨太穷苦，村民无力提供借宿之所，或路途中前不着村后不着店，曾不止一次到村边道旁的牛棚、羊圈中与牲畜挤在一起，在浓烈的牲畜粪便气味的烘熏、蚊子跳蚤的轮番叮咬中煎熬到天亮；进藏途中翻越雪山，因担心马匹累倒，不仅舍不得骑行，还要从马背上取下部分行李背在身上，喘息着在没过膝盖的积雪中顶着寒风前行……师母回忆起当年先生常年深入田野、与家人离多聚少的情形时曾说到一个令人动容的细节：小女儿从出生到过了周岁，从未见到爸爸，以致于爸爸回到家中作短暂停留时，小女儿仰着小脑袋满脸疑惑地问妈妈"为什么这个叔叔住在我们家不走了呀"……正是这样的艰辛付出形成的长期积累，使先生的调查研究成果资料周详、见解深刻，令人信服。本编所选《青海土族的经济生活》（1955）、《青海塔尔寺情况》（1955）、《甘南藏族自治州夏河县甘家牧区经济概况》（1955）、《景颇族的山官制社会》（1958）、《藏族、维吾尔族和傣族部分地区社会改革前的农奴制度》（1962）、《社会改革前西双版纳傣族地区的封建领主经济》（1963）、《云南民族志与农村公社问题》（1980）7篇论文，绝大部分完成于20世纪五六十年代，并孕育了此后的一系列重要学术成果。那时候先生还在刚过而立、未逮不惑之年，就已经能担当科研重担，写出材料如此丰富详尽、分析如此深入缜密、见解如此深刻独到、表述如此从容精当的传世文章，除了天赋异禀、家学熏陶、训练有素之外，与先生一以贯之的沉静专注、勤奋刻苦、精益求精、实事求是的治学精神密不可分。由此不难体会，扎实深入的田野调查、厚积薄发的潜心钻研对于一名优秀学者的学术成长是多么重要。

　　第二编：南方民族历史文化研究。先生在长达半个多世纪的调查研究生涯中，足迹几乎遍及全国，曾深入研究过的少数民族，有藏族、傣族、景颇族、白族、彝族、土族、撒拉族、维吾尔族、黎族等。自1955年后，先生的研究区域逐渐转向南方，尤以对西南民族地区的学术耕耘最为集中。先生的民族研究的突出特点，可以概括为"五个结合"，即"纵横研究相结合（纵深探索与横向剖析的关系）、微观研究与宏观研究相结合（局部探讨与整体认识的关系）、传统文化研究与生态环境研究相结合（文化类型与生态环境的关系）、文化变迁与民族关系的研究相结合（文化变迁与民族交往的关系）以及跨学科综合研究（互补关系）"（参见《中国民族学理论探索与实践》之"自序"）。本编所选的《从樊绰〈云南志〉论唐代傣族社会》（1978）、《唐宋时期傣族史上若干地名人名研究》（1981）、《唐宋时期傣族的政治发展及其和南诏大理政权的关系》（1986）、《论古代岭南的百越民族》（1990）、《论百越文化》（1990）、《古代云贵高原的濮、僚族及其和百越的关系》（1991）、《西南丝绸之路的形成、作用和现实意义》（1996）、《中国的饮食文化与生态环境》（1997）、《论南诏的兴亡及其和唐、吐蕃的关系》（2001）、《论春秋战国时期楚、吴、越之间的三角关系及其演变》（2003）、《中国西南少数民族的宗教与巫术》（2005）等篇章，比较充分地体现了上述"五个结合"的具体特点，展示了先生娴熟运用民族学、历史学、考古学、语言学等多学科方法和成果的研究艺术。对中国汉文典籍和少数民族文献的长期浸润和轻车熟路，对各民族生活环境和历史现状的谙熟于心，对相关学科研究动态的熟悉把握，是先生能够钩沉发微、见微知著、古今关联、融会贯通，淬炼出真知灼见的重要条件。值得提示的是，先生晚年对推进中华民族多元一体格局理论的深化研究十分重视，并尝试从历史上对中国统一多民族国家发展进程产生重大影响的多对"三角关系"的形成和消长入手，深入探讨国家统一和民族发展之间的复杂关系和重要规律。因为先生发现，"中国作为一个统一的多民族国家，在其形成过程中，往往交织着复杂的民族关系，在邻近的几个政权之间，特别是中原以外的地区更常存在着交错复杂、互相制约的三角关系。春秋战国时期楚、吴、越之间的斗争与联合，庄蹻王滇与秦、楚战争，三国时期'南中'的向背与蜀、吴争夺，以及唐朝时期南诏兴亡与唐、蕃和战之间的关系，类皆如此。这是由于我国的统一局面，在古代基本上是由局部统一而发展为大统一，而局部的统一在边疆地区多由少数民族建立政权来实现的。在汇入大统一的过程中往往出现上述复杂情况。"（《论南诏的兴亡及其和唐、吐蕃的关系》，载《云南民族学院学报》哲学社会科学版，2001年第5期）令人痛惜的是，天不假年，先生仅完成了《论南诏的兴亡及其和唐、吐蕃的关系》《论春秋战国时期楚、吴、越之间的三角关系及其演变》两篇便驾鹤西去。即便如此，读者依然可以从这些选题及其问题意识窥见先生的治学格局和学术视野。

第三编：民族学理论与方法探索。先生在长期的治学过程中十分清醒地意识到"西方民族学和文化人类学者从不同的角度对民族社会及其文化的研究，各有立论和见解。对此，可供我们借鉴，取其精华而去其糟粕。对于西方民族学在田野工作中总结出的调查研究方法，如社区研究、跨文化比较研究、参与观察、深入访谈以及主位与客位研究方法等，对中国民族学者也是有用的，但却有不足之处。这是由于西方传统的民族学和文化人类学的一些概念和方法，一般来说，多从研究一些比较简单、后进的，且自身没有文字记载的民族社会发展而来，往往注意横向的比较研究，而忽视历史的纵向探索。这与中国民族社会的实际情况有明显的差异。中国则是地域辽阔、历史悠久、王朝代兴、民族众多、关系复杂、发展不平衡而又地区生态环境差异极大的民族社会。虽然有些少数民族没有文字，但邻近有文字的民族或汉族一般都有对他们的记述。而且各民族在历史发展中相互接触和影响，建立了密切的政治、经济和文化联系，已经形成了多元一体的大格局。因此，要对它进行民族学和文化人类学的研究，什么是更有效的方法，就有必要去认真探索了"。基于这样的认识和理念，先生始终认为："中国的民族学要为中国各民族服务，必须符合中国的国情，才能植根于中国的土壤，换言之，必须中国化。……在中国化的过程中通过继承（中国固有的经验）、引进（对我们有用的经验）和创新，引出新的概念和方法论，则不仅是单向的中国化，且可对国外民族学和文化人类学研究复杂的民族社会提供经验。"为此，先生在改革开放后的二十多年时间里，在中国民族学理论和方法论的探索上，始终保持高度的自觉，并取得了一系列重要成果。本编所选《民族文化研究与历史学》（1981）、《论现状剖析和历史探索的关系》（1982）、

《从百越及其文化发展看中华民族多元一体格局》（1991）、《民族学中国化与中国民族地区现代化》（1994）、《论中国民族学研究的纵横观》（1995）、《论历史人类学与西南民族文化研究 —— 方法论的探索》（1997）、《生态人类学与中国民族传统文化》（1997）、《从民族学视角论中国民族文物及其保护与抢救》（2004）诸篇，概略反映了先生继承传统，开拓创新，坚持中国多民族、多种生态、多样文化的"三多"理念，阐扬历史与现实相结合的纵横研究方法，在中国民族学学科研究中，大力倡导加强应用人类学（民族学）、历史民族学、生态民族学探索与建设的独树一帜的理论贡献。先生因其鲜明的学术取向和执着探索，被学术后辈称为"中国人类学文化性格的探寻者"[①]。

第四编：学科发展与队伍建设研究。先生1989年被学科同行推举为成立于1980年的中国民族学学会理事会会长，并众望所归地连续担任第三、第四、第五届会长，2002年因年事已高、坚辞不就，又被推举为名誉会长。先生的老同事，学会第三届副秘书长，第四、第五届秘书长夏之乾先生这样评价先生："扬雄《法言·学行》谓：'师者，人之模范也。'《韩诗外传》曰：'智如泉涌，行可为仪表者，人师也。'我认为宋蜀华教授确是'行可为仪表'的人师。十二年共事给我印象最深的是宋蜀华教授为人正直、忠厚、待人谦虚、诚恳。玩权术、耍手腕、拉帮结伙、以权谋私、搞歪门邪道等等当今颇为流行的不正之风与他无缘。而言行一致、表里如一则是其一贯作风。宋先生学术造诣高深，却毫无架子、平易近人，对晚辈后学更是和蔼可亲，有长者风度。孟子曰：'爱人者，人恒爱之；敬人者，人恒敬之。'由于宋先生不仅尊重他的同辈，对后学也同样热情，因此，学会的同事对他也很尊重。学会领导成员对他也开诚布公、推心置腹地密切合作共事，形成一个团结、和谐、高效的领导班子。每次开会研究学会工作，宋会长都是充分发扬民主，认真听取与会同志意见，一切重大问题都由集体做出决定，因此十余年时间里学会工作井井有条，并始终按照《中国民族学学会章程》规定的宗旨和任务健康运行，对推进中国

① 王铭铭：《中国人类学文化性格的探寻者》，载《中国民族学纵横》，民族出版社2003年版，第51-55页。

民族学的发展起到了相当重要的作用。"①

　　作为中国民族学学科带头人，先生对中国民族学的人才培养、学科建设和队伍建设倾尽了心血。在教书育人方面，身为民族教育战线的在职教师和终身教授，在中央民族大学从教53年，坚持从事本科教学和指导研究生工作，开设过10余门课程，培养出一大批民族学、民族史、人类学专业人才，受业弟子数以千计，其中仅1980年以后亲手指导论文的硕士、博士研究生就有35名，作为合作导师指导博士后人员4名。其弟子既有民族学研究的后起之秀，也有民族工作岗位的栋梁之材。先生还积极参与和主持学科教材编写，推动学科建设。他主编的《中国民族概论》（2001）、《民族学理论与方法》（1998）和参加编写的《中国少数民族》（1981）、《原始社会史》（1984）等专业教材，都成为民族学学科专业教材精品。其中，《民族学理论与方法》《原始社会史》等教材获得省部级一等奖。先生1992年获得国务院颁发的政府特殊津贴，1999年当选教育部和国务院学位委员会评选的"优秀博士学位论文指导教师"。逝世前，被评为"有突出贡献专家"，受到国家民委表彰。

　　在中国民族学学科发展方向、队伍建设方面，先生始终秉承立足本土、学以致用、服务社会的理念和优良传统，始终保持与中国社会实践相结合、与国家发展大局相统一的方向和定力。本编所选《中国民族学学会第四届学术讨论会开幕词》（1991·延边）、《中国民族学学会第五届学术讨论会开幕词》（1993·乐山）、《中国民族学学会召开在京中青年民族学工作者座谈会开幕词》（1994·北京）、《"中国民族学如何面向21世纪"学术研讨会开幕词》（1995·大连）、《中国民族学学会第六届学术讨论会开幕词》（1997·西双版纳）、《1999年中国民族学学术研讨会开幕词》（1999·海拉尔）、《2000年中国民族学与西部大开发学术研讨会开幕词》（2000·吉首）、《中国民族学学会第七届学术讨论会开幕词》（2002·恩施）等篇章，是先生在担任中国民族学会会长期间的部分讲话稿。这些讲话，不是走过场、说套话，而是先生根据国家发展和形势变化，从全局着眼的深沉思考，言简意赅而有的放矢，

---

　　① 夏之乾：《宋蜀华教授——一位可亲的长者》，载《中国民族学纵横》，民族出版社2003年版，第17–20页。

既有对学科前途的深谋远虑和高瞻远瞩，也有对同行后辈的亲切嘱托和殷切期望，反映了先生作为前辈和学科带头人的博大胸襟和责任担当。

第五编：致敬前贤与国际交流。先生一生尊师重道，提携后辈不遗余力，敬业奉献殚精竭虑，待人如春风拂面，言谈时和颜悦色，举止儒雅，谦和礼让，亲切真诚，树立了谦谦君子的人师榜样，以学高德馨在国内外同行同事中广受推崇和尊敬。本编所选《纪念吴文藻先生诞辰100周年》《第四届潘光旦纪念讲座致词》《在林耀华先生从教62周年庆祝会上的讲话》《论消除种族歧视及联合国的行动措施》诸篇，是先生对前辈师尊的深情缅怀和实事求是评价，不夸饰、不煽情，平实的话语中饱含对师长的真挚情感，以及对师长们谨严的治学精神、显著的学术贡献的深刻体认和由衷感佩。而《联合国反种族歧视委员会前副主席珊迪·阿里博士来函》《联合国反种族歧视委员会前主席班顿教授来函》《宋蜀华教授致联合国反种族歧视委员会前主席班顿教授函》《宋蜀华教授致联合国人权中心国际部主任克蓝女士函》《英国皇家人类学会主席准本韶博士来函》《日本东京大学友人中根千枝教授来函》《美国威廉卡莱国际大学 H.C. 帕内尔博士来函》《澳大利亚悉尼大学友人威廉·内维尔教授来函》《韩国汉阳大学校民族学研究所所长李熙秀教授来函》等与国际同行同事的通信，则可以让读者了解先生受国家重托、连续三届担任联合国反种族歧视委员会委员期间，与该委员会的其他成员精诚合作，积极维护和执行《消除一切种族歧视国际公约》，并客观阐述我国维护少数民族权益的政策和成就，以严谨、公正、负责的态度，在维护国家形象的同时，所赢得的国际同行好评和尊重，以及作为中央民族大学国际和校际交流的一面旗帜，对澳大利亚、日本、美国、韩国、瑞士等国进行访问交流所产生的积极影响。

上述一至四编的编辑逻辑，基本上是按照各篇发表时间的先后排列的，目的是让读者了解先生学术探索的大致进程。为了让读者更详尽地了解先生的学术成就，本文集根据目前所掌握的线索，把先生历年著述目录整理附录于后，以供读者查询和参考。

本次选编，对先生著述进行了逐字逐句的精读细品，发现了先前版本中部分不易察觉的校对错误，经过认真推敲和查证，做了必要订正，在此不一一指出。由于先生文章引用资料宏富，特别是各种史料和考古成果，因而文中出现极个别生僻字，如"[贝巴]""[阝虫]""[石奔]"等，一时无法解决。只能期诸电脑操作高手或印刷厂造字填补了。

本文集所选文章完成于不同历史时期，不同时期在概念、术语、用词等方面都有独特的时代印记。为尊重历史，反映时代特点，一般均一仍其旧，未加妄改。同时，根据现在对数字的一般处理方式，必要处将汉字数量词转换成阿拉伯数字。敬希读者在研读时留意。

编者于2019年教师节

第一编

民族地区实地调查研究

青海土族的经济生活①

一、生产情况

土族的经济以农业为主。手工业不发达，基本上是副业性质。经商的人也很少，除个别藏传佛教寺庙的喇嘛经商外，仅民和县三川街上有个别土族经商，农村中有零星小贩。因此，商业经济也不发达。下面将分别叙述土族的生产情况。

（一）农业

土族分布区的地理环境不尽相同。互助县土族的分布范围较广，全县12个区69个乡中，土族分布于10个区（自第二区到第十一区）28个乡。过去土族都在平川上居住，但由于长期的民族压迫，土族逐渐被排挤到山区。现在除广华、白崖、塘巴三乡土族居住平川外，其余大多数居于山区。气候较寒，自然条件较差，交通很不便。

民和县土族的分布范围不像互助县土族那样广，而是比较集中，绝大多数聚居于第五区（三川）。五区位于县境南部，接近黄河，多属坡平谷广的黄土平原，土地肥沃，气候较温暖，宜于农耕。但交通也很不便。

互助县土族地区比民和县三川土族地区高寒，每年阴历八月初，作物尚未收割时就开始降霜，九月下旬降雪，较高的山地开始冻结，到第二年三月才解冻。土族

---

① 本文资料与王良志君共同调查，本人执笔写成。载中央民族学院《中国民族问题研究集刊》第3辑，1955年出版。

农民说："我们土民区，地气凉。"因此，利于农作物生长的暖季不长，作物都是年产一季。民和县三川地区比互助县土民区较暖和，每年下霜季节在阴历九月以后，作物早已收割，因此不受霜害。阴历小雪以后，地才冻结，第二年立春即解冻。降雪在十月中旬或十一月初。全年宜于农作物的暖季比互助县土民区长。因此，部分水地，年可两熟。

作物有青稞、大麦、小麦、荞麦、燕麦、小黄米、豌豆、大豆、洋芋、菜籽、胡麻等十余种。三川并出产少量苞谷。产量方面，民和县三川一般农产量比互助县稍高。下面以水地为例，用几种主要粮食来比较一下：

	作物	播种期	收获期	每亩播种量	亩产收获量
互助县	小麦	3月清明	8月初	20斤	200斤左右
	青稞	5月立夏	8月中	20斤	200斤左右
	大麦	5月立夏	8月中	30斤	300斤左右
民和县三川	小麦	正月末	5月末	15—20斤	280斤左右
	青稞	正月末	5月末	15—20斤	340—350斤
	大麦	正月末	5月末	15—20斤	280斤左右

一般说来，互助县和三川土民的耕作方法大体相同，两地产量的差异受耕作方法的影响不大，但两地不同的气候和土壤等自然条件却起了一定的作用。

互助县菜蔬的种类不多，通常只有白菜、萝卜；三川菜蔬种类是很多的，有白菜、芹菜、韭菜、茄子、胡萝卜、大头菜、辣椒、菜瓜、花椒、蒜等。两地土民都没有专门从事种菜的人家，普遍是在院子附近空地上种一些供自己食用，很少出卖。

土族妇女是有名的劳动者，从事农业劳动，不在男子之下。互助县土族农村中，一般妇女除不参加犁地和驮捆子外，其他劳动和男子无异。三川土族妇女虽也是劳动能手，由于受汉族影响较深，较多时间从事家内劳动，加以普遍缠脚，农业劳动受到一些限制，因此，不如男子在农业活动中的工作多。在农耕中，拾粪、驮粪、驮土、犁地、抹地、烧土块（作灰肥）、放水、收割、驮捆子、打场等都是男子的工作。妇女撒种、拔草；但在驮粪、抹地、收割及打场时，也常协助男子。儿童在农业活动中也做一些轻便工作，如照顾牲口、拾粪等。十二三岁或十四五岁的男童有替人牧羊挣取工资的。

有些人家在农忙时劳动力不足，通常是由邻近亲友互相帮助，用换工的办法来解决。解放后，互助组逐渐成立。1953年互助县距城不远的土族大庄村已成立了8个互助组，参加农民24户，占全村46户的52.2%，农产量获得提高，例如过去每亩收获70余斤的土地，由于精耕细作，并增加肥料，产量增加到150余斤。互助县六区上寨乡是汉、土两民族杂居的一个平川地区。1954年初，全乡403户农业人口中，有22户参加了农业生产合作社，300多户分别加入常年互助组和临时季节性互助组。组织起来的农民，由于保证了劳动力，提高了农产量，生产积极性也随之提高。这显示了农业互助合作化的优越性。

土族农民所使用的农具和耕畜可分为下面三类：

第一类，由播种到收割前，计有：犁、抹子、榔头、铁锄、铁锨、铁铲、斧、金权、镰刀、口袋、背斗、木轮大车、犏牛、黄牛、毛驴、骡等。

第二类，收割和打场时，计有：石磙、木权、木锨、连枷、扫帚、推拨、镰刀、口袋、木轮大车、犏牛、黄牛、驴、马等。

第三类，谷物加工工具：水磨、手磨、油坊等。

以上三类工具中，第三类主要是谷物加工。水磨、油坊大多为寺院、地主及富农所占有。一般农民有水磨或油坊的是极个别现象。有手磨的农民较普遍，但磨出的粮食粗糙，一般仅用来磨牲畜的饲料。第一、第二类工具是属于主要生产过程的。其中除耕畜外，最主要的是犁、锄、锨、镰刀。过去价钱贵，这几件农具并不是每家农民都能置备齐全的。农民打场用的连枷、推拨等简单农具可自己做，其余都得向外购买。铁制农具大半来自县城，木制农具称为"山货"，三川和互助县农村中都有行商贩，互助县方面大半来自本县靠近山村的藏族地区。

三川地势平坦，多牛马挽拉的双木轮大车，收割时载运庄稼。这种大车互助县土民区也有，但不如三川多。

互助县和三川土族农民的耕作技术大体相同。平地（包括水地和旱地）和山地的耕作方法因土质不同而有些差异。

先说水地和旱地的耕作方法。水、旱地耕作方法基本相同，只不过是水地浇水，旱地不浇水罢了。各种作物的种法也是大同小异。以青稞为例说明如下：

当水地和旱地里的青稞收割完后，就开始翻槎子，犁一次，抹一次，然后撒下。次年正月开始向地中驮粪，粪是每家天井中方坑内积下的人、畜（牛、马、骡、驴、猪）粪肥，通常每亩地需三四十口袋，合2000市斤左右。粪上盖一层土，免被风刮走。播种时，先摊平粪，然后条播。播完，犁地，两牛拉犁，当地称为"二牛抬杠"。铁铧分量轻，普通入土五六寸深，翻起来的大土块用榔头打碎、抹平。

十几天后，作物已出苗三寸多，可进行除草。通常用手拔，或用铁铲铲去。水地在拔第一次草后，浇一次"过水"，晒两三天，就可以拔第二次草，此后不再浇水。这是因为互助县土民区"地气凉"，不宜多浇水，如果这年雨水多，更可不必浇水。耕作细致的人家有除第三次草的。

收割用镰刀（豆类用手拔），槎子尽量留短，禾秸每十斤左右做成一捆，成行排在地里。晒干后，驮回各家碾场。打场时先把禾穗平摊场上，用两头牲畜拖着石碌碡来回碾压。如采禾穗太潮湿，碾不下粮食，就用连枷打。碾完或打完后，用双股扬杈分开禾梢与粮食，用"推拨"把粮食聚拢，堆成堆。有风时，用五股金杈挑起粮食，顺风飞扬，吹掉杂物。扬完后，再用木锨扬一次，最后剩下干净的糌食，就可用口袋储备起来了。

这便是互助县土族农民在水地或旱地上的全部劳动过程。

民和县三川方面气候较暖，水、旱地下种时间都比互助县早些。通常水地在收割后，先浇一次水，犁两次；立冬以后，再浇一次水，用抹子把地抹平，就开始驮粪。旱地每亩粪肥数量和互助县相似，水地则较多。撒种也是条播，边犁边撒，和互助县相异的地方是先犁后撒。播种后，普通浇两次水，第一次浇水时间和互助县相同，即在作物出苗约三寸后。浇第二次水则在作物抽穗时。以上几点是三川和互助县相异的地方。

再说山地的耕作方法。互助县的山地绝大部分是间歇耕，即耕一年，歇一年，"山地不歇没劲，草长起来会压倒庄稼"。少数不歇的地必须轮种作物，譬如第一年种青稞，第二年必须改种豌豆，第三年再种青稞或其他麦类作物。

互助县山地在收割后，放一个时候，到次年春地皮解冻后才开始翻槎子，约二十天翻一次，要翻两三次或三四次。春天地中杂草丛生，夏季天热，再翻一次，地更有劲。到阴历八月，从地中掘出土块晒干。次年春，把土块堆起来，加少许干畜粪引火燃烧，土块上的干草也被引燃，等到把土块烧红。烧后，用榔头把土块打成细灰，便成了山地的肥料。由于粪肥有限，且运送不便，因此山地都烧灰。

撒种是条播，先撒后犁，用抹子抹平。此后既不浇水也不除草。

收割时，一般都用手拔。驮捆子、打场和平川地相同。

三川方面的山地每隔两三年歇一次。肥料也是烧灰代替粪肥。从荒地上挖土块，没有适当的地方挖，这年就不施灰肥。可见三川山地比互助县的好些。撒种和互助县一样，是在犁地之前，但是漫撒不是条播。通常除草两次，一次在阴历四月，一次在五月。

几种主要粮食作物如青稞、小麦、大麦、以及胡麻、燕麦、菜籽的栽种方法基本相同，只是有的拔草，有的（如燕麦）不拔草。洋芋地必须先犁成直行，边犁，边种，种完后，把地抹平。出芽五六寸时，开始除头次草，除二次草时，在每株根上加土，可增加产量。洋芋是互助县土民主食之一，栽种很普遍，每亩产量可达千余斤到两千斤，最大的三斤多重。

三川土民以大麦、青稞、小麦为主粮，种洋芋的较少，这些作物的种法和互助县一样。

水利灌溉方面，互助县土民区山地多，水利灌溉不发达，水地也最少。三川土民区是黄河边一大块平川，水利较互助发达。过去有大小水渠19条。从1950年到

1952年，新修了12条干渠，长约28华里，扩大灌溉面积1200亩，其中由旱地变为水地的就有860亩。1953年秋，新建的丹阳渠长约30华里，可扩大灌溉面积3151亩，其中有360亩旱地可变为水地。以上渠道都是较大型的，零星小渠尚未计算在内。此外，又新垦荒地4000余亩，扩大了旧有耕地面积。

总的来说，耕作方法和农具逐渐有了改进，表现在下面几方面：

（1）三川已有新式步犁，仍用"二牛抬杠"的方式挽拉，入土较深，六七寸，翻土作用较旧犁大，地力得以充分利用。互助县在几年来也推广了新式步犁2230架，耧摆196架，但大部都没有下地。1954年春，经过学习，掌握技术后，不仅原有的新式步犁下了地，有的农民还要求继续贷款。新式农具的使用，直接促进农业生产力的提高。

（2）选种，过去虽也选种，但许多农民选种后，在青黄不接时，仍被吃掉。过去选种，两地土民都是粒选，扬场时，不被风吹走的肥大颗粒就留作籽种。现在生活改善，农民几乎家家选种，方法也有改进，不再粒选，而采取穗选的方法，即把穗长而结实多的作为籽种。

（3）除草，比从前细致，水地或旱地里种的青稞、大麦或小麦，普遍都做到除三次草，使作物得到更多的肥料。

（4）三川1952年曾试种冬麦，由于次年天旱，未得结果，1953年又有不少农民种冬麦。农民对于这种增产的实验，具有极大信心和希望。

（5）改良土质，1952年三川土民曾试行铺砂抗旱，不仅保证收获，地面铺砂后，且适于种瓜和苞谷，产量比普通地提高约一倍。

（6）改进灌溉制度，过去两地水渠掌握在地、富手中，霸占使用，称为"霸王水"，一般农民地里则经常缺水。现在在水利方面强调了互助合作的精神，按照需要决定灌溉时间，但必须贯彻上游照顾下游、彼此不影响生产的原则。这样，不仅有利于作物的成长，并且基本上消除了过去争水闹纠纷的现象。至于增修水渠，扩大灌溉面积，更有利于农业生产的发展。

上述改进，刺激了土族农民的劳动热情和生产积极性，使农产量得到不断的提高。

互助县土民地区由于山高气寒，土质又较硗瘠，农作物灾害很多，有旱灾、水灾、雹灾、霜灾、虫灾以及鼠雀灾。雹灾最严重，由于气候冷，暖季不长，作物快收割时，常遭雹子打坏。特别是山地易受雹灾，严重时，颗粒无收。霜灾也多发生在山地，收割前下霜，影响作物成熟及产量，但不如雹灾严重。其余灾害，间或发生，不如上述两种严重。

由于没有可靠的防治灾害的方法，因之受迷信的影响。为了避免灾害，常求神祈祷。在土族农村中随处都可见四方形无门窗的土亭，内盛菩萨泥像，称为"崩康"，保护一方安宁、作物丰收。在田野中或山坡上又常有七八尺到丈余高土墩，叫作"苏克斗"，即挡雹台的意思。这些都被认为是对灾害的"预防办法"。一旦发生灾害，就去藏传佛教寺庙请佛爷念经消灾，止雹祈雨，缺乏科学的防治方法。

三川土质较肥沃，气候也比互助县温和，农业灾害较少，通常只有旱灾和雹灾。1953年天旱，作物减产量达百分之五十以上；雹灾发生在山地，平均四五年或五六年一次，情况也不如互助县严重。

由于缺乏防治的方法，也常求神祈祷，如修"崩康"保平安；如遇雹灾或旱灾，则请二郎爷止雹，或请法拉（巫师）跳神求雨。1929年曾因旱灾饿死许多人。1950年以后，在防治灾荒方面，虽然求神祈祷的行为尚未完全消除，但在人民政府领导下，大力发动群众防灾抗旱，大大减轻了自然灾害的严重性。1953年的旱灾，灾情不在1929年之下，但一个人也没有饿死，并且都普遍得到人民政府的救济，部分水地也得到适当抢救而免受灾害。此外，又种了些二轮地，许多农民并参加修建水渠以工代赈，从而获得工资，换取粮食，既改进了水利灌溉，又基本上消除了旱灾对农民的威胁。

（二）农村副业

土族农村中比较普遍的副业是饲养牲畜。凡经济情况较好的人家都养一两头奶牛，一两头毛驴或一两匹骡马（三川养骡马的较少），既可作为役畜，又可积粪肥田。养羊也较普遍，从数只到数十只不等。主要是剪毛、积粪。养猪主要是出卖，自行杀吃的不多。农村中几乎家家都养几只鸡，自吃或出卖。现在负担减轻，生活改善，养家畜的更多。

总之，农家饲养牲畜，自给的成分很大，首先是解决和农业生产有关的需要如肥料、畜力等。过去，布匹贵又不耐穿，一般农民都用羊毛自织褐子来缝衣服，因此，养羊的自给成分也很大。商品性质较重的是养猪，其余都是先求自给，有剩余再投入市场。

和养牲畜有关的一种副业是驮运。大畜较多的人家，常利用农闲为人驮运，换取脚价。比如由互助县七区五十乡到互助县约60华里，每匹牲口可得脚价人民币2元；由民和县三川到民和县城140华里，每匹牲口可得到脚价6元。过去差役太重，许多农民不敢养牲口，从事驮运的也少。现在养牲口的增加，城乡物资交流扩大，从事驮运的一天比一天加多。

一般农民也利用农闲上山砍柴，除自用外，剩余的出卖，每驮可卖5角钱。此外，家庭经济困难的农民常利用闲时做零工，过去一天可得一两斤洋芋，现在可得8角钱。

（三）手工业

互助县和三川的土民只有个别人家以手工业作为主要生活来源，如农村中有个别专业裁缝、毡匠和鞋匠，其余都以农业生产为主。

两地土族的手工业，根据性质的差异，可分为下面三类：

第一类是自己的原料，自己劳动，这类是带有副业性质的家庭手工业。例如织褐子、织口袋、擀毡、编背斗等，都用自己的羊毛。现在生活有了改善，穿布料的渐多，但褐子经久耐用，农民在劳动时仍多穿褐衣。一件褐衣料根据粗细不同可卖人民币10元到20元。山羊毛织的口袋在农村中也很重要，装粮食、驮粪都离不开它，几乎每家农民都会做。这些和日常生活密切联系的基本手工业，不自给就得向外购买，何况自己已可解决原料来源，因此，这类手工业普遍很流行。

第二类是自己的原料加上外来的原料，自己的劳动力加上雇佣劳动力，如水磨、油坊。水磨、油坊的所有者可在自给或购进的原料上加工，也可在别人的原料上加工，收取租金；他可自行操作，也可雇人操作如榨油、看磨，因此，初步出现了生产工具的所有者和雇佣工人的分化，带有了作坊工业的性质。

能经营水磨和油坊的都是富有资金的人，一盘水磨需要资金800到1000元，油坊要2000元左右。无怪大都掌握在寺院、地主和富农手中。

用水磨加工，100斤小麦可出75斤面。过去互助县土民磨一口袋麦子（约100斤）要给磨坊主一大升磨科（15斤），现在磨两大斗（300斤），给一大升磨科。三川方面磨150斤麦子，出110斤面，给坊主5斤面的磨科。

油坊每百斤菜籽可榨出40斤油，100斤胡麻可榨出30斤左右。互助县方面，榨70斤油，须给油坊2斤和少许麻渣。三川方面，榨油100斤，给油坊6斤；每榨150斤菜籽或胡麻，另给油坊麻渣10斤。

可见磨科是相当重的。但榨油、磨面和农民日常生活密切相关，如果不找磨坊主，就得出卖自己地中出产的菜籽和麦类作物，换回油和面，受到商人的剥削。农民有手磨的较普遍。互助县土族农民平均每四户就有一个。但手磨磨出的面太粗糙，又费人工，农民仍去磨坊；榨油更必须找油坊。这就看出油坊和磨坊在土族农村中存在的必然性，以及坊主对农民所起的剥削作用了。

第三类是别人的原料，自己劳动换取工资，这类可称为雇工手工业匠人，如裁缝、木匠、石匠、泥水匠、鞋匠等。普通衣服农家自己缝，缝皮袄就得找裁缝了，每件工资人民币3元。鞋匠做一双鞋可得工价2角（三川）到5角（互助），互助县个别鞋匠也卖做好的皮鞋，每双4元，但自备材料的农民仍比较普遍。互助县土族的木匠是计件工资，立一间房子，不管几天立起，都是5元的工资。三川的则是计日工资，每天管吃，工资7角。泥水匠也是这样计算。互助县没有专业泥水匠，由家里人自己做。石匠的工作多半是钻磨子或碾场的石磙，计件工资，都是3元。石匠的工作和农业活动有密切关系。

此外有专业铁匠，自己劳动，购进原料，有一定的生产工具，出售产品如锄头、菜刀、镰刀、铁斧等。论成品的重量，加上劳动技术和时间来计价，如一把两斤的铁斧可卖3元。这和第三类又有区别。

（四）商业

商业在土族经济中所占的比重很小，互助县和三川一般土民都不经商。三川区政府所在地——官亭的街上汉回坐商很多，经营多样，只有两三户经营布匹、杂货的土族商人。此外个别做小贩的，把本地出产的酥油、胡桃、毛毡、花椒等挑到兰州去卖，买回瓷器、旧衣等转卖本地土民。资金很小，利润不大，生活穷苦，在土族经济上也不起多少作用。互助县全无土族坐商，连挑担的小贩也是极个别的现象。

互助县土民说，他们不会算账，做生意就吃亏，不愿经商。但三川有许多在塔尔寺做喇嘛的土民，他们都会经商，大家凑本钱做生意或替某活佛做生意，甚至有远走蒙古、西藏、北京和五台山的，常获厚利。三川喇嘛善经商，是驰名青海的。为什么过去藏传佛教寺庙能经商而一般土民不能经商呢？

无论互助县或三川土族都没有自己领导或控制的集市。三川官亭街上的商人以汉、回两族人为主，互助县城也是汉、回商人最多。自给性较强的农业经济阻碍了土族农民间的经济联系。他们通过为别族商人所控制的集市，用自己的农业和副业产品换回自己需要的工业品。土族农民是农产品的提供者，过去长期遭受商业资本的剥削，而又不能不依靠为他族所控制的市场。这种情况，使土民的农业经济被包拢在汉族占优势的市场范围内，变成为一个组成部分，阻碍了自己的商业经济方面的发展。

另一方面，过去青海地方军阀凭借政治力量，垄断了青海的商业，低价进，高价出，一般普通商人难与竞争。寺院既有群众，又有资财，寺院和地方军阀建立联系，经商自然取得便利；更通过土族农民的宗教信仰和土地关系（寺院占有大量土地）进行控制，因而亦形成一种垄断资本。一般土民在这两种垄断资本的控制下，是被掠夺的对象，自然很难经商了。

过去土族农民遭受的不等价交换是惊人的。一匹4丈多长的毛蓝布要大斗（600斤）青稞才买得到，一口大铁锅要换一大石（1500斤）青稞，并且还常常缺货，而一大斗青稞的价格被压低到白洋1元。因而一般土民都买不起布匹、农具及其他日用品，互助土民有的甚至连一口煮饭的铁锅都没有，现在废除不等价交换，提高了农产品价格，过去一块白洋一大斗的青稞，现在卖人民币15元。日用必需品的价格也降低了。现在一匹5丈多长的毛蓝布只要5大升青稞（75斤）就可买到，一口大铁锅只要6大升（90斤）就可买到。农产品价格的上升，提高了土族农民的购买力，直接有助于农村经济的繁荣。互助各区都设立了合作社，每乡有一两个分社，就地供应各种日用必需品如布匹、青盐、茶叶、棉花、瓷器、针线、食糖等，使土民在购买商品上得到很大便利。更由于收购土特产如药材、兽皮等，也进一步提高了土民对于副业的兴趣，并且有助于城乡物资的交流。

二、经济关系

过去土族社会的经济关系主要表现在土地关系上。在土族社会中除地主、富农占有大量土地外，藏传佛教寺庙也占有极多的土地，并且更集中。互助县佑宁寺集中的土地面积更是惊人（后详）。寺院掌握了一定的政治力量，又凭借土地剥削和商业贸易，以及宗教活动，使土族人民在日常生活中无处不受宗教和寺院的影响。因此，要说明土族的经济关系，必须注意寺院在其中所起的作用，特别在互助县是这样。

下面试从土地占有情况进而说明租佃、雇佣等关系。

（一）土地及其他生产资料占有情况

互助县土族地区的阶级分化较明显，土地比较集中。占有土地最多的是藏传佛教寺庙。佑宁寺在全县有土地3万余亩，其中土观昂就有地1.4万余亩，松布昂有地4000余亩（加上互助以外分布在大通、民和、乐都等县的土地共4万余亩）。次为地主，占地较多的约500亩；再次为富农，占地七八十亩到百余亩；中农占地30亩到100亩；贫农占地数亩到十数亩，许多贫雇农完全没有土地。

土地中水地最少，仅占全部土地的10%左右，且大多为地主及富农所有，贫苦农民地既很少，又多为山地，耕一次歇一年，生活极为穷苦。

1951年互助县土族地区实行土地改革，但寺院土地没有更动。土改后一般贫雇农都分得土地，以水地一亩折合旱地2亩、山地3亩，并重新丈量土地。以土民聚居的七区五十乡霍尔郡村而论，土改后富农占有约100亩，中农占地60亩到90亩，贫农占地四五十亩，雇农占有二三十亩不等。

从前许多贫农根本没有牲畜，霍尔郡村贫农李天富，土地、牲畜、农具一样都没有，1953年时已有1匹毛驴、3头黄牛、1头大猪。一般贫农也都有了牲畜，便利了农业生产活动。

水磨和油坊前已述及，具有显著剥削性质，但为谷物加工所必需，属于农村工业范畴。因此，土改中未予更动。但一般坊主也降低了一些磨科，比如过去磨100斤青稞，给磨科15斤；土改后，磨300斤给15斤。

三川方面，土地集中的程度不如互助县土族区。寺院占有土地也不突出。并且多属个别喇嘛所有，这和在外地（如塔尔寺）擅长经商的三川喇嘛可能有关系。三川的土族藏传佛教寺庙规模都很小，远不及互助县佑宁寺，因而经济力量并不突出。三川土族地主也不多，共20余户，最大的地主占地不过二三百亩，普通的不过百亩。一般土民都有几亩或十几亩地，10亩左右的最多，差可维持生活，因此，佃农不多。

两地在土地占有上的差异反映了寺院在经济方面的影响。三川没有历史悠久、驰名远近的古寺，经济力量较薄弱，无论通过宗教方面的捐献或经济活动，集中的土地都是有限的。佑宁寺则是历史悠久、远近驰名的大寺院，它通过各种经济活动和宗教捐献，攫取了大量土地，加深了农村的阶级分化。

1951年底民和县也开始土改，三川土族藏传佛教寺庙的土地和互助县一样，没有更动。土改中每人平均分得2亩多土地。

三川土族贫雇农民在土改前有牲畜的也很少，土改后逐渐有所增加。五区（即三川）第一乡贫农吕文善土改前没有牲畜，到1953年，已有1匹驴和3头猪。三川土改前在牛、马、骡、驴4种牲畜中，全部雇农仅有165头，土改后增至456头；属贫农的由2504头增至2956头；属中农的由6512头增至6584头。一般说来都有了增加。

水磨和油坊从前都属地主、富农以及个别寺庙，因属农村工业，土改时没有更动。土改后，一般农民生活得到改善，已有修水磨的，五区六乡的一个土民新修一个水磨，连工带料共值人民币800元，木料是自己树子锯的，泥木工作全家动手，仅钻石碾是请的专门石匠，实际只花去现款约300元。

一般农具如犁、锄、锨等，三川和互助县的土族贫雇农民都相当缺乏，即中农也因生活困难，无力添置农具。土改后，农具也有增加。互助七区五十乡贫农李天富在土改后，用60斤粮食购置铁锨、铁铧、犁杆各一件；中农李立本花了85斤粮食添购木锨、扬杈、铁勺、钻子各一两件。

土改后，土族农民有了土地，又增加了生产工具和耕畜，有能力在农田经营上投资，这就保证了农业生产力的提高。

（二）租佃关系

如前所述，三川土族地区土地集中情况和阶级分化没有互助县方面显著，地租形态却基本相同。

土改前，两地都以实物地租为主，兼有不同程度的劳役地租。由于具体情况不同，地租的表现形式又有差异，一般地主和寺院地主在租佃方式上就是不一样的。

一般地主的剥削方式有下面两种：

1.劳役地租：一种称为"过差"。过去地方军阀的差役非常繁重，一般地主为避免差役，就把部分土地租出去，不收租谷，但承租者得根据所租土地的数量，替地主承担一部分或全部差役，这就是"过差"。一种是地主租给农民一两亩或两三亩地，不要租谷，但农民得经常替地主做活，随叫随到，不给工资，只管饭吃，闲时才能种自己的地。这两种建立在劳役地租上的租佃关系，只占地主土地的一部分。地租的方式还是以实物为主。

2.实物地租：当地称为"合种"，实际是租种。有两种方式：一种是对分。地主租出一部分地，并出一对牛和一部分种籽，通常是全部种籽的三分之一。劳动力和其他生产工具全部由佃农负担，从犁地到粮食入仓，甚至磨成面送到地主家也都是佃农的责任。收获的粮食佃农和地主平分。这块地的公粮、马款、差役完全由佃农负担。此外，超经济剥削也很重，逢年过节，佃农得请地主吃饭，并送礼，通常是一瓶酒、两包红枣，猪、羊肉各一大块，每块约重5斤，大馍两个，每个约2斤。

过去负担重，农产品价格低廉，佃农生活非常苦。

一种是地主的地，籽种各出一半，劳动力和农具都由农民负担，租谷是分捆子或粮食，通常是倒四六甚至倒三七，即地主占六成或七成，农民占四成或三成。但公粮、马款、差役，地主也要负担一半。逢年过节农民虽给地主送礼，但可随便送，强制力不如前一种大。

不论哪种方式，在农忙时地主都有强迫佃农给他做工的权力，管饭，不另给工资，用无偿劳动榨取农民。

寺院土地的租佃方式是建立在劳役、实物地租，以及极重的超经济剥削上面。通常每斗（100斤）籽种地（约合4亩）纳租各5升，以好地、坏地每亩平均产量150斤计算，4亩地合600斤，纳租谷不及十分之一，光计算实物地租，则寺院比一般地主的剥削量轻。但超经济剥削和劳役却很重。例如互助七区五十乡霍尔郡村农民李文生，过去租佑宁寺章家昂的土地，每石种籽纳租谷5斗，青稞、麦子、豌豆均可。又规定每亩地交青油3斤，草30斤，一石种籽地约合40亩，就须交青油120斤，草1200斤，此外又须交猪肉七八十斤。每年还得送馍馍一次，一二口袋不等。昂中叫去砍柴服役，随叫随到，天数不限。公粮也由他负担。

除租昂地外，租全寺僧众的土地，每石种籽的地也纳租谷5斗，每亩地并须交青油10两，草10斤，公粮也由佃户负担，每年也得给寺院砍柴。此外，每年给寺院房顶添土一次，每石种籽地添10口袋土。租全寺僧众的土地比租各昂土地的负担稍轻一些。

互助县寺院还有一种特殊的剥削方式，即新佃户上庄时，寺院通常不供给住房，由佃户自行修建，到租佃期满或佃户退地时，佃户不能出卖或拆走房屋，而无条件归寺院所有，随寺院处置。当地通称为"土吃木"。三川方面没有这种不合理的情况。

农村中和寺院有特殊关系的人，常用自己的名义把寺院或昂的一大片土地全部租下来，再用较高的租谷转租给农民，从中获利，有的自种一部分，有的完全不种。这种人，农民称为"二地主"，和地主一样吮吸着农民的血汗。

寺院的地都是死租，不论天干水害，租谷照例交纳，并无减免。甚至歇地也照样纳租，比如租寺院40亩地，今年歇了10亩，种了30亩，秋收后却仍按40亩的租额交纳。死租加重了对农民的榨取，是一种最残酷的手段。土改后，寺院土地没有更动，但租种僧众地或昂地者经彼此协商，改为每亩地纳三合，免去其余负担，但公粮由佃户承担。寺院通过土地对农民的束缚，是远不如昔了。寺院内部也出现部分喇嘛自动下地生产，例如1952年佑宁寺却藏昂的喇嘛自己种地，收获的粮食足够全年食用。

（三）雇佣关系

前已述及，农民间利用换工方式，在农忙时可以不必费钱得到他人劳力的帮助，再利用农作上日期的参差性帮回来（例如收割不一定都在同一天开始，这就给了换工互助的机会），来解决劳力不足的问题，但占有多量土地，自己不愿劳动，并借土地剥削农民的地主以及劳力不足的富农，除出租外，就只有求助于雇工劳动了。

雇工的方式有两种：长工和短工。

长工是长期给人家劳动，换取工资。过去互助县和三川土族农村中都有长工。雇长工的是地主、富农，做长工的则是以工还债，或是家境太穷苦，做工维持生活的农民。长工的期限不定，通常最少一年。长工的待遇，互助县方面每年约10元白洋，并供给饮食，有的还给一双皮鞋及冬、夏衣各一套。长工患病，雇主不仅不代为医疗，并在每年算工资时，扣除因病耽误的日子。长工除担任一切农业劳动外，并从事家中一般粗笨工作。有些因负债而去地主家做长工的农民，常遭到地主极恶毒的榨取。例如地主看中了这个农民的一块好地或一匹好马，就借故强迫他离工，立刻还债，农民无法，只有用地或马抵偿债务。地主对长工的剥削、榨取是层出不穷的。

三川方面，长工除由雇主供给饮食外，通常每年可得白洋二三十元，供给衣服，但费用从工资内扣除。长工的待遇并不比互助县好多少。

长工除成年男子以外，还有十三四岁到十四五岁的儿童，给人放羊。互助县方面工资是成年男子的半价。现在按羊计算，每年每羊五合粮食的工资。三川方面，雇牧童的通常只雇半年，即阴历三月到八月的农忙时期，除管饭外，并给白洋6元。土改后一个牧童每年约可得人民币30元的工资。

前面已提到，养羊是副业，各家羊群都不大。通常是村内有羊的人家合雇一两个牧童，按各家羊数分摊工资，伙食由各家轮流供给，满10只羊的每次供给一天。

土改后，长工都分得土地，不再做长工了。互助县和三川土族农村中，除牧童外，已没有长工。一般富农虽有雇长工的能力，也都不雇长工，劳动力不足时请短工。

短工就是散工，一般是按日计算。农民有利用农闲做点短工，贴补家用的，也有以工抵债的。互助县过去做一天工可换得一升洋芋，现在规定一天的工资，雇主管饭是人民币3角，不管饭8角；三川方面，管饭，每日5角，比过去都有了增加。

过去许多农民在春耕时缺乏耕畜，多做短工换取畜力，普通是一牛抵一工。短工的工作机会不固定，需要做几天短工时，不一定找得到雇主，好处是比较灵活，可自己安排时间。

过去互助县的短工中也有女工，大半是做零活如背土、拔草、割田等，通常工资比男工稍低。

互助县过去尚有个别雇月工的人家，供饭，每月工资约白洋2元，除从事农业劳动外，也做家内零活。三川没有月工。

寺院用较低的实物地租，保证了土地上的劳动人手，用很重的劳役和超经济剥削，保证了农作之外的劳动力，加以寺院内尚有部分喇嘛担任一般劳动，因此，寺院无须雇工，就能解决雇工的需要了。

（四）高利贷

互助县和三川的土族农民，过去生活很苦，大都要受高利贷的剥削。债主们是寺院、地主、富农、青海地方军阀的经济剥削代理者 —— 商号"德兴海"以及西宁的商人等等。他们凭借统治势力，使用各种卑劣手段，对土族人民进行巧取豪夺，凡欠债的就不容易偿清，甚至很多人连利息都还不起。

借贷分粮食和白洋两种：

放粮食，互助县和三川过去都是加五行息，即借一斗粮食，还一斗五升，加四或加三行息是最轻的个别例子。农民多在农历的三、四、五这几个月青黄不接时借粮食，秋收后偿还。还常做工一天抵一升粮食。许多农民都是因为抵债欠债变成长工的。

放钱账，互助县月息最低是二分半，普通是十分到二十分。1945年到1947年地方军阀搜刮最厉害，经常摊派款项，限期交清，土族人民怕逾期受罚，不得不求助于高利贷。当时，一般地主、富农或寺院的月息高到十五分，地方军阀放债的月息有高到三十分的。他们自己不出头露面，转交有联系的地主代放。农民如到期不能偿还，就被抓去处刑或监禁，往往因此丧命。三川方面和互助县的情况没有什么两样。土族农民在高利贷的榨取之下，生活是非常悲苦的。

商号"德兴海"每年也贷出大量的钱，但更多的是商品如布匹、茶叶等，用预付商品的办法进行掠夺。一个土民赊买了一包茶叶，价值白洋3元，3年后付出12块白洋，才算付清茶价。

吮吸农民膏血的债主，计算利息的方法是层出不穷的。最常见的有下面几种：

一种称为"黑驴打滚"，又叫"羊羔生息"，就是利上加利。譬如农民借10元白洋，月利是二分。第一月连本带利是白洋12元，如不按期付清利息，则2元利息又作本生息，本就变成12元白洋，再加上第二月的利息，本利就变14元4角了。这样计算下去，农民到后来连利都无法付清，长期戴上了高利贷的枷锁。

一种叫"酌价行息"。农民向地主借一石粮食，假定当时的粮价是10元一石，说明秋收后归还，利息加五。如果过不多久，粮价涨到15元一石，地主就按粮价用借钱的方式行息，每月以十五分或二十分计算，如过两月粮价又下跌了，则地主仍叫秋收后还一石五斗粮食。这样，在改变付利方式的过程中，农民便多付出许多钱。

还有一种叫"猴儿穿杆"，农民借地主白洋10元，讲好利息若干。到归还的时期，地主故意不收回，表示目前并不需用，劝农民继续借下去，等农民把钱用到别处，一时不能偿还时，地主这时乘机要农民还钱，农民无可奈何，只有加高利息，继续借下去。

这几种掠夺方式为土族农民所极端痛恨，过去许多农民都因此而倾家荡产。

现在一般农民的生活已获得相当的改善，上述的重利盘剥情况已渐消除，并出现了无利借贷。信用合作社也渐次设立。互助县截至1954年底，已经建立了55个信用社和3个信用部。这些信用社和信用部发放了巨大数额的生产贷款和生活贷款，切实地帮助农民解决了生产和生活上的困难，有力地推动了农业生产，打击了高利贷活动。

三、生活情况

过去互助县和民和县三川的土族人民在地方军阀的血腥统治和封建地主阶级的残酷掠夺下，生活极端贫困。每个农民的肩头都压着各种各样的负担，除受地主阶级通过土地剥削以外，地方军阀的各种苛捐杂税和差役更是套在土民身上的沉重枷锁。这些无理负担对于那些和地方军阀有关系的地、富们来说，可得到减轻甚至全部免掉，但减免的部分却都加在一般土族农民头上去了。地方军阀加在土民头上的负担，最通常的有下面20余种，其余为土民所遗忘或说不出名目的差税尚不包括在内。

这二十几种是丈地款、土地粮、不给现金的征购粮、柴草捐、马款、兵款、献金款、慰劳款、粮差歇脚款、军队薪饷款、保甲长钱、学粮、官员往来招待费、修建房屋动工捐、运煤差、植树差、烤胶场苦役差、修公路、开荒地、运送军马鞍、驮玉石、进金厂。

这些差税除第一种和最后两种以外，每年都得负担一两次，许多土民被活活折磨死。譬如缴丈地款，互助县七区五十乡中农李多吉，有地67亩，一次缴丈地款白洋40元，当时合粮食6000斤，超过全年收入的粮食。互助县东沟大庄土民区曾先后丈过三次地，丈最后一次时，许多土民已经卖尽当绝，甚至有卖去子女的，这时只有放弃土地，流亡他乡。

又如开荒地也是地方军阀对土民的极大恶行。地方军阀曾令佑宁寺附近人民把周围荒地开出作菜籽地。又强迫人民修建仓库，从犁地到菜籽入仓，都由附近人民负担并无丝毫补偿。土民有地不能耕，必须先种地方军阀的菜籽田，一家大小忍冻挨饿，当时土民曾编出下面的歌谣：

尔郭隆寺（即佑宁寺）修官仓，

一天立起了四面房；

毡毡绳绳都拿上（去修仓库），

婆娘娃娃留精炕！

这几句话刻画出当时土族农民的悲惨景象。

还有，土族人民的日常生活是跟藏传佛教寺庙分不开的。互助县方面表现得更显著。由于宗教信仰，一般土民都得向寺院布施或供给出家喇嘛的生活费用，这也是一笔不小的负担。那时一个中农每年平均约布施白洋5元到10元。向寺院布施虽然是自愿的，但许多人由于地方军阀剥削而欠债，较富的人为了避免拔兵，都对寺院有所布施以求保佑。贫穷的人为了便于向寺院借债，也得布施一些。此外，如有特殊事情发生或家中有人患病，也得向寺院布施，这些都是一年中不可少的支出。

互助县和三川土族农民在这些负担的重压下，大半缺乏食粮，多靠借债度日。青黄不接时，生活更苦，一般都去地里挖"苦苦菜"放在锅里加一把面粉，煮成糊糊吃，连吃盐的时候都不多。互助县七区五十乡的一个土族农民说：吃这种饭，易饱易饿，做活没劲，但又有什么办法呢！

衣着就更不能讲究了。一般农民都买不起布，不分冬夏都披上一件老羊皮袄，有些连裤子都没有一条。妇女也不分冬夏，穿上自织的褐衫。儿童更不用说，许多儿童在冬天，一双小腿经常冻成红紫色露在外面。

当时，就连中农也不够生活。李立本是互助县七区五十乡的一个中农，家中有四口人。他种67亩地，全年收入粮食4000斤。四人的口粮要2400斤，缴纳各项税款负担要2000斤，此外，布施寺院和供给在佑宁寺出家的儿子约500斤，结果每年要亏欠约900斤粮食。鹑衣百结，生活很苦，经常借债。

土改后，土族农村的面貌逐渐起了改变，农民从土地剥削中终于解放出来，不合理的负担也取消了。农产品价格的提高，迅速提高了农民的购买力，改善了生活水平。互助县一般土民早、午两餐都吃青稞面馍馍，并以盐白菜佐餐，晚饭大半吃面条或面片，"苦苦菜"是无人再吃了。穿衣服也有了改变，农村中一般男女都穿布衣服，男子的老羊皮袄还有挂上布面的。

互助县七区五十乡雇农乔右第全家3人，过去一无所有，生活极苦。土改后分得土地24亩、毛驴一头、农具半套、房屋3间以及少许粮食。1953年收入粮食总数2200斤，除吃、穿和杂用之外，尚余300多斤，开始有条件增加生产资金了。前面提到的中农李立本，生活也有显著改善，除衣、食方面有很多改善外，并增添了部分农具，开始把资金投入生产，而且和村人共雇一个牧童。

农民盖新屋和培修旧房屋的日渐普遍，饲养耕畜和猪羊的人家也一天天加多。荒凉破败的农村在新的基础上发展起来了。

三川土族农民在1951年底土改后，生活水平天天提高。到1953年时，一般贫雇民从土地得到的收入可维持10个月生活，其余两个月做一些副业如替政府运木料、修水渠，或做些小本经营也就能维持了。此外，政府还有农业贷款和救济金，对他们很有帮助。一般中农和富农生活自然更优裕些。从前没有牲畜的农民，现在几乎都有了耕畜。新盖的房屋不断出现。和互助县一样，三川土族农村中也正欣欣向荣地发展着。

青海塔尔寺情况[①]

一、历史

塔尔寺是青海藏传佛教中第一大寺院，也是藏传佛教中格鲁派六大寺之一。所谓六大寺即西藏拉萨附近的哲蚌、色拉、噶丹三寺，后藏日喀则的扎什伦布寺，青海塔尔寺及甘南夏河的拉卜楞寺。由于格鲁派创始者宗喀巴（即宝贝佛）诞生于现在塔尔寺所在地，因此，塔尔寺创立不仅和宗喀巴具有极密切的关系，并且成为藏传佛教在我国西北的一个中心。

（一）塔尔寺历史

塔尔寺原名塔儿寺，得名于寺中大金瓦殿内纪念宗喀巴的大金塔。藏语称塔尔寺为"衮本"，即十万佛像之意。相传宗喀巴降生时，其胎衣埋于今日金塔前的地下，后来该地生出一株菩提树，枝叶繁茂，每叶上现出"狮子吼"佛像一尊。"衮本"一词，藏语中普通用以形容数量众多，因此该地遂被称为"衮本"；后来寺建成后，也以"衮本"为名。[②] 可见塔尔寺的历史和宗喀巴的历史是分不开的。（清同治二年即1863年，清帝重赐名梵宗寺，但原名已为人所习用，梵宗寺一名遂未能传开。）

宗喀巴原名罗卜藏仔华。后人尊敬他不愿直呼他的名字，称他作宗喀巴。"宗"

---

① 本文是一项集体成果。调查人：陈永龄、宋蜀华、姚乃青、王良志、吕光天、李永昌（西北民族学院）、马育祥（西北民族学院）；执笔人：陈永龄、宋蜀华、李永昌、马育详。

② 关于"衮本"一词，另一说法是宗喀巴母亲所建塔中装有十万尊佛像，同时塔中也有一株菩提树，叶上也有佛像，因此后来塔尔寺名为"衮本"。

意为湟水，"喀"意为水滨，即"湟滨人"的意思。他在元顺帝至正十七年（1357年）诞生于现在的塔尔寺地方，父名伦本格，母名香沙阿曲。他小时就很聪明。七岁时他的父母送他到湟中峡峻寺的高僧噶玛阿哲多杰处出家学经，取经名罗桑扎巴，学习写读经典。十六岁时（明洪武五年，1372年）结伴前往西藏求学，于前后藏各教派寺院访师问道二十余年，学问精进，博通显密，并且著述很多，于是名声大著，为全藏教徒所推尊。当时正值萨迦派末流，各说纷起。一般僧侣不重经典，不守戒律，而习于骄奢淫逸、崇尚邪咒，甚至以吞刀吐火来惊世骇俗。宗喀巴遂立志改革宗教，取迦当派祖师阿底峡的宗旨，兼采各派所长，主张先显后密，重苦修，严戒律，禁止娶妻，使佛教教义形成一个新体系，名为格鲁派。他的教徒都戴黄帽以别于戴红帽的旧教徒，因此也称为黄帽教，就是今日藏传佛教中势力最大的。

宗喀巴去西藏后一去不返。他母亲因为年纪老了很想念他，于是写了一封信并附了一束自己的白发请人带到西藏去，意思是要打动他回家省母。但宗喀巴为了宗教事业，始终没有回来，只写了一封回信附上自己的自画像和一尊"狮子吼佛"像。信上说："如果想念我，可在我诞生的地方建起一座塔，其中装上狮子吼佛十万尊，和那'菩提树'，就如同我回来一样了，而且佛教也会兴盛起来。"他母亲接信后，就在次年照他的嘱托发愿建塔，并得到了当地信士的赞助，于是建立起一座宝塔作为当地信徒朝拜瞻礼之所。[①]

到了明嘉靖三十九年（1560年），当地有位静修的僧人名叫仁钦宗哲嘉错为纪念宗喀巴的诞生地，在塔前建立了一座修行小寺。起初只有十余僧人，后来逐渐发展至四五十人。万历五年（1577年）他又建立了一座弥勒佛殿，中塑佛像十二尊，称为衮本香巴（香巴即弥勒佛之意）。这可说是正式建寺的开始。因此，塔尔寺的建立是先有塔后有寺的。万历十一年（1583年）申中昂锁从海南仰华寺迎请达赖喇嘛到寺。达赖嘱咐当时的寺院主持人宗哲坚参桑布及施主们扩充寺院。寺院僧

---

① 另一说法是宗喀巴母亲手用泥石做了一个小塔，大塔是第三世达赖所修建的，后来小塔便放在大塔中。至于塔中的十万佛尊像，则是宗喀巴亲用从西藏请人带回的佛像铜模制作的。

人各建住所，为达赖建立寓所，并于每年正月建立庙会。自此以后，佛殿逐年增加起来。

当时寺院附近居住的藏族有6个部落，即希拉族（在今湟中西拉川）、齐家族（在今齐家川）、龙本族（在互助县南充台子）、兴均族、西合巴族、梅仰族。他们对寺院的修建供献了极大的人力物力，例如寺中的护法神殿（小金瓦寺，藏语称贡康）即为希拉族昂锁（头人）班九嘉木错主持募化所修建的。寺中的喇嘛即至今日仍以六族的百姓占多数。

万历三十一年（1603年）第四世达赖云丹嘉木错从蒙古赴西藏，路过塔尔寺，见寺院与村庄杂处，僧俗难分，乃命当时的寺院主持人鄂赛尔嘉错，为第一任法台，嘱其隔离僧俗，整饬法规。这是塔尔寺有法台的开始。万历四十年（藏历第十甲子水鼠年，1612年）正月庙会中鄂赛尔嘉错（后一辈）建立了参尼扎仓即显宗学经部门，开始了寺中的讲学制度。崇祯二年（1629年）修建了36柱的大经堂（1914年此大经堂曾毁于火，现在是重新修造的），此后得青海蒙藏土司、千户、百户等屡施巨资，寺院更渐次扩充，宗喀巴的大塔也渐由琉璃瓦塔、银塔而改修成金塔了。清顺治六年（1649年）今胜列格日瓦第一辈活佛喇巴嘉木错依照西藏本色、玛尔巴的僧规，成立了居巴扎仓，即密宗学经部门。藏历第十二甲子的金兔年（1711年），第二世却藏活佛洛桑丹白坚赞成立了曼巴扎仓，即医学部门。康熙五十年（1711年）青海蒙古郡王额尔德尼、吉月囊布施黄金1300两、白银1万余两，改修大金塔殿的屋顶为金瓦殿。乾隆五年（1740年）藏王颇罗鼐布施巨资重修金瓦殿，并装上殿脊的金鹿、金轮、金幢等饰品，于是才有了庄严的大金瓦寺。嘉庆七年（1802年）重修护法神殿，盖上金瓦，就是今日的小金瓦寺。丁科尔扎仓（天文历算学院）也在藏历甲子火牛年（1817年）建立起来，是却喜活佛丹被尼玛所创立。至于寺前的8个如来宝塔则是阿嘉呼图克图、士观呼图克图等在乾隆四十一年（1776年）募款建修的。从此塔尔寺遂有了今日的局面。不过近150年来，寺院的各部分如佛殿、学院、宝塔、僧舍每年都有重建与补建罢了。

塔尔寺目前有大小佛殿20余处，其中以大金瓦殿为最著名。和宗喀巴有关系的古迹也很多，如宗喀巴的脚印、自画像，其母挤牛奶的拴牛石、背水置桶的巨石等都珍藏于寺内。寺中有大小塔数十座，其中最整齐壮观的，即寺前的八座如来宝塔，是纪念释迦佛八种大行的：

（1）八邦曲登——曲登为塔之意，八邦曲登为莲聚宝塔，纪念释迦初降生时，行走七步，每步生一莲花故事；

（2）扎西果莽曲登——四谛塔，纪念释迦初转四谛法轮；

（3）彦敦曲登——和平塔，纪念释迦劝息诸比丘的争端；

（4）香趣曲登——菩提塔，纪念释迦修行后成正觉的；

（5）穷此曲登——神变塔，纪念释迦降伏外道时的种种奇迹；

（6）拉瓦曲登——降凡塔，纪念释迦自天空重返人世；

（7）南结曲登——胜利塔，纪念释迦在一切魔鬼中胜利；

（8）娘德曲登——涅槃塔，纪念释迦入涅盘的。

此外，寺前尚有一座大塔，四角处立有四石狮，相传为宗喀巴母亲修建纪念宗喀巴的宝塔后，利用剩余的土石所建造的，也是极为珍贵的古迹。

（二）几位主要活佛的历史

（1）阿嘉呼图克图　阿嘉呼图克图是青海七大呼图克图之一。他在塔尔寺的地位比其他转世喇嘛高，是塔尔寺寺主。阿嘉是藏语"父亲"之意。相传第一世阿嘉是宗喀巴父亲转世，故得为寺主。他的第一世名喜惹桑布，明末清初人，是塔尔寺的格西，任该寺第十六任法台，俗姓阿氏。第二世洛桑丹悲坚赞，"转世"时即称为阿嘉佛。第三世洛桑坚样嘉错，于清乾隆三十三年（1768年）生于郭密族的贺尔加庄。幼时在塔尔寺显宗学经部门学习"因明""中观""般若"等科。后往西藏，在色拉寺诸高僧处听受显密诸宗，达赖第八世授予"额尔德尼班智达"称号。曾先后到北京4次，历任雍和宫掌印扎萨克喇嘛，及多伦诺尔掌印喇嘛。乾隆末年，被封"禅师""呼图克图"名号。嘉庆十六年又加封"诺门汗"名号，遂称阿嘉呼图克图。晚年回寺讲学，对塔尔寺各佛殿均有兴建与整修，对寺院讲学基金捐助尤多。嘉庆二十一年（1816年）逝世。第四世名耶喜克珠，于嘉庆二十二年（1817年）也"转生"于郭密族贺尔加。幼时在塔尔寺学习"因明"，二十余岁后曾赴北京数次。同治二年西北回民发动反对清朝统治者的斗争，西宁地方大乱。他组织寺僧武装护寺，日夜不辍，并组织团练，保护地方，遂取得寺主地位。同治七年卒于湟源。第五世名洛桑丹白旺秀，于同治八年（1869年）生，也去过北京数次。光绪末年达赖十三世至塔尔寺，因他喜欢饮酒乘马，颇令达赖不满。达赖并谋干涉寺务，遂引起达赖与塔尔寺不和，塔尔寺内部也起了分裂。宣统元年卒。第六世阿嘉生于宣统二年（1910年）。幼时曾在本寺学习"因明""般若"等学，十余岁时曾去蒙古、北京。回寺后努力学问，不问世俗，对于显、密宗教义都有很深的研究。曾任塔尔寺法台，提倡学风，整饬戒律，改正了塔尔寺的颓败风习，颇得寺院喇嘛僧侣的敬重。1948年冬卒，年仅39岁。第七世阿嘉现已"转世"，住于塔尔寺中。

（2）赛赤呼图克图（即噶勒丹锡勒呼图克图）　第一世名阿旺洛锥嘉错，于明崇祯八年（1635年）生于塔尔寺属的梅仰族。幼随其舅学习写读，并赴外蒙古。清顺治九年（1652年）由外蒙古赴西藏，入哲蚌寺果莽扎仓学习五大部经，深通奥旨。后又升入拉萨下密宗学经部门，专门研究密宗，先后获得显密宗学位。曾任哲蚌寺德扬、果莽两扎仓堪布及下密宗学经部门堪布与噶丹寺的"香仔法王"。康熙二十一年（1682年）任第四十四任噶丹墀巴（宗喀巴金座的继承人），从此被尊称为"赛赤"（"赛赤"意为"金座"，为宗喀巴金座继承者的称呼，蒙古语名锡勒图；噶勒丹锡勒图意即噶丹寺金座）。过了不久，清康熙帝请他去北京，封为呼图克图。此后，他曾去东蒙古传教，数年后返回寺院。康熙二十七年（1688年）卒，年54岁。第二世名洛桑丹白尼玛，康熙二十八年（1689年）生于青海蒙旗的羊桑地方。幼时学经于塔尔寺，曾在塔尔、佑宁、夏琼等寺辩经、布施。乾隆初年赴北京。乾隆命与章嘉第三世以蒙古文翻译大藏经甘珠尔部，并新修雍和宫，建立显宗、密宗、医学、文学四学经部门，从事讲学。后返原寺。乾隆三十七年（1772年）卒于贵德德庆寺。第三世名阿旺华丹成勒嘉错，于乾隆三十八年（1773年）生于大通的却藏滩。幼时赴北京，后返青海，在塔尔、德庆二寺学经，并往西藏巡礼。此后一意静修。壮年时即逝世。第四世名图旺丹白尼玛，生于青海蒙旗。9岁赴北京，不久即逝世。五世阿旺图丹旦白尼玛，生于塔尔寺属的梅仰族。他是当时的察罕诺门汗的亲兄弟。道光初年曾赴北京，回来后入塔尔寺学经。道光二十六年（1846年）卒，年三十余。第六世名洛桑图丹嘉错，道光二十七年（1847年）生于黄河南的莽拉族。幼时在德庆、塔尔两寺学经。咸丰末年曾赴北京。返青海后，因西宁地方不靖，乃在黄河南德庆等寺继续学习五大部及密宗教义。同治十三年（1874年）又赴北京，并在蒙地传法，曾任多伦诺尔等寺掌印喇嘛。光绪五年（1879年）返青海。九年任塔尔寺法台，提倡学风亲自讲学，重订塔尔寺寺僧规则，重修佛殿数处。卸任后，于德庆寺及罗多吉扎囊拉赛康等地静修。光绪二十八年（1902年）卒，年56岁。第七世生于光绪二十九年（1903年），曾在德庆、塔尔等寺学"因明""般若"。二十余岁赴北京。1932年，由京返青，在宁夏磴口被土匪杀害，年29岁。第八世生于1933年，在塔尔寺就学。赛赤在塔尔寺地位仅次于阿嘉，常住寺院为贵德德庆寺，在青海及东蒙古有直接领导的小寺数处。

（3）朝藏（也译为却藏）呼图克图　朝藏呼图克图是青海外呼图克图之一。第一世名南结环爵尔，于明万历六年（1578年）生于青海多隆沟的却藏村。曾在西藏哲蚌寺果莽学经部门学显教，下密宗学经部门学密教，为当时西藏著名格西之一。当时甘肃河州乩藏的韩土司派人前往西藏，要求第四世达赖喇嘛派高僧去讲学。后来他被派去。韩土司建了一座寺院让他主持。以后，又到青蒙地区专事修行，很得俺答汗的儿子宾兔兄弟的敬重。崇祯三年（1630年）起，任塔尔寺法台八年。崇祯十二年（1639年）起，任佑宁寺法台10年。整饬学风，不遗余力，有著述数种。顺治七年（1650年）卒，年74岁。第二世名洛桑丹白坚参，生于顺治九年（1652年）。曾在塔尔寺显宗及密宗学经部门学经，并到西藏去学经。返青海后，任塔尔寺密宗学经部门法台。康熙三十五年（1696年）连任塔尔寺法台17年。在法台任内提倡学风，整饬戒律，兴修补修佛殿，成绩甚多，最显著的是将大金塔盖上金瓦，将第三世达赖墓塔改修为银装。康熙十九年（1680年）被封为呼图克图。康熙末年（1722年）第七世达赖住塔尔寺时，被聘为经师。后来在大通县自建的却藏寺弘法，并任佑宁寺法台。雍正元年（1723年）因同情青海罗卜藏丹津的反清运动，被清军诱至广惠寺衙门，与丹麻喇嘛及僧侣17人，一并被烧死，年71岁。第三世名阿旺图丹旺秀，雍正三年（1725年）生于佑宁寺附近的恰记沟。乾隆七年（1742年）前往西藏求学，在哲蚌寺的果莽学经部门学"般若""中观"诸经。并在七世达赖及当时的噶丹墀巴阿旺却典处听受各种密法，深得第七世达赖的器重，给予阿奇图诺门汗封号。乾隆十三年（1748年）返青海，任佑宁寺法台。乾隆十七年至二十七年、四十二年至四十五年曾两次出任塔尔寺法台，建树颇多。第四世名洛桑图丹达结，生于乾隆末年，卒于咸丰末年。第五世名洛桑图丹些珠尼玛，生于咸丰九年（1859年）。曾赴西藏学经。返青后又随郭莽喇嘛处听受密法，并在大通县互助县一带传教。现代是著名喇嘛阿绕仓的弟子，对佛教教理颇有研究，深得蒙古、藏、土族信徒信仰。他常住大通县却藏寺，现年36岁。

（4）赛朵呼图克图　赛朵呼图克图是青海外呼图克图之一，是塔尔寺地位较高的喇嘛。明万历时，有一位兰州所属的土族高僧名叫阿旺成勒嘉错，曾随第三世达赖去蒙古化缘。后来三世达赖死于青海，他又从蒙古随四世达赖到西藏，把所化募的资金布施拉萨小昭寺，作为盖屋顶金瓦之用。金顶修成后，达赖四世给以"赛朵诺门伊增"名号，"赛朵"意为金顶。他后来又到青海蒙古，深得俺答汗子孙敬重。固始汗平定青海后，其子岱青巴图尔又拜他为师，从他听受佛教教义多年。85岁卒。这是第一世。第二世名洛桑成勒南结。顺治元年（1644年）生于河州乩藏。曾赴西藏哲蚌寺学经。取得学位后，返青海传教。康熙二十一年（1682年）卒，年39岁。第三世名阿旺丹白坚参。康熙二十二年（1683年）生于青海蒙旂。12岁时入藏学经，因水土不服返青。后入塔尔寺显宗学经部门，取得第一届多仁巴学位。雍正十年（1732年）又赴西藏，在各寺广行布施。乾隆十一年（1746年）任塔尔寺法台4年。曾重修大金塔，及金瓦寺屋顶，为寺院置备佛像及法物颇多。乾隆二十六年（1761年）卒，年78岁。第五世名耶喜图丹旺秀，乾隆五十一年（1786年）生于青海湖附近的吉隆。他在15岁入塔尔寺显宗学经部门。嘉庆九年（1804年）去西藏，入哲蚌寺果莽扎仓学经9年。嘉庆十八年（1813年）考取三大寺拉然巴格西学位。回青海后，任广惠寺法台及塔尔寺密宗学经部门堪布。嘉庆二十五年（1820年）任塔尔寺法合。在任时期曾创建时轮学经部门，及倡刻宗喀巴师弟三人全集。道光十九年（1839年）卒，年54岁。第六世名洛桑曲称嘉错，道光二十五年（1845年）生。曾入塔尔寺显宗学经部门学习五部大论，对于经典文学均有研究。同治五年（1866年）任塔尔寺密宗学经部门法台。卸任后，赴黄河南柴达木一带传教化缘，借以避乱。自同治十年起，连任塔尔寺法台13年。时当变乱之后，他对寺院僧规及佛殿的恢复与补修很有功劳。光绪九年（1883年）赴外蒙古、北京等地传教。十七年（1891年）任夏琼寺法台。卸任后，退住塔尔寺，专事著述。著作九部名为密宗释论，并续修塔尔寺志。晚年喜饮酒。光绪三十四年（1908年）第十三世达赖至寺，责其不守戒律，遂引起塔尔寺内讧，他不得不避居寺外静房。是年卒，年63岁。第七世于宣统元年（1909年）生于青海柴达木科尔鲁蒙旗。后入塔尔寺显宗学经部门研究佛学，很有成绩。20岁后，随时赴青海各蒙旗传教。1948年卒，年40岁。赛朵在塔尔寺地位仅次于阿嘉、赛赤，深得青海蒙古族及内外蒙古信徒所信仰。

二、组织制度

（一）组织

1.寺院行政组织

本寺最高负责人为总法台，代理寺主阿嘉活佛总揽全寺的教育和行政，由本寺中推选对教义研究有心得，及对外界有相当声誉而且经济力量充裕的活佛充任。任期3年。因为做大法台后，要负责解决全寺喇嘛的吃饭问题，所以经济力量不足的法台有时没到任期满以前即得辞去，也有的连任七八年甚至十多年的。在行政事务上，法台下有襄佐一人，协助法台管理全寺事务，任期一年。经活佛们提出候选人，由六族甘巴等开会决定，任满后仍可连任，由法台决定。法台下还有六族甘巴，是由六族中每族选出一代表人物，但只限六族中的喇嘛当过僧官、翁则或老爷的人，才有资格。在全寺会议中有决定各项事务的权力。其下为吉索，即全寺的实际行政机构，普通称为大吉哇，凡全寺金钱出入、租粮收放、僧侣口粮的筹措，各种集会饭食的经营，各神殿香火人员的指挥，印刷经籍以及对外界的联络等等事务，都由这个机构负责处理。在这个机构中，设有吉索第巴3人。汉人通称之为大老爷、二老爷、三老爷。为实际负责管理全寺事务的人。在处理各项事务后，向总法台汇报。大老爷总揽全寺内部事务，二老爷负责对外交涉接洽事项，三老爷负责会计总务。在三个老爷下还有一些服务喇嘛听其差遣。老爷的任期为3年，一般在当过僧官做事能力强的喇嘛中选任。形式上都必须由全寺的喇嘛通过，实际上只要六族甘巴通过即可。辞职或期满连任时，由法台决定。这个吉索不但管理寺院内部的事，对那些借寺院钱或承租寺院土地租佃债户人民，也可以直接管辖，甚至处罚。吉索中除三个老爷外，还有管辖杂务的人通称为四老爷，另外有汉文秘书一人，藏文秘书2人。

行政组织系统图

全寺的最高会议叫嘎尔克会议，由法台、襄佐、大僧官、二老爷加上六族甘巴10人组成，法台是主席，讨论全寺重要事项。

2.宗教组织

宗教教育上总负责人是法台，其下是大经堂（磋清），大经堂中设总督察员（协敖）一人，即所谓大僧官，负责维持全寺纪律，指导全寺喇嘛生活和学习，并纠察喇嘛的犯戒行为，随时纠正或处罚。在每年各次大庙会中，他也要巡查维持秩序。其下有身体魁梧的属员4人，普通称为小僧官，扛着作大僧官标帜的四楞铁棒在寺内巡行，所以也称为铁棒喇嘛，是六族甘巴从全寺喇嘛中推选出有地位也比较铁面无私的人担任，经总法台批准，任期一年。大经堂中还有总引经师（翁则）一人，负责在大经堂中领导诵经，由熟悉各项经典的念诵仪式和声音洪亮的喇嘛推选，3年一任。

　　大经堂下还有4个学经部门：①显宗学经部门（即参尼扎仓）为研究显宗教义的学经部门，也是全寺成立最早、规模最大的学经部门。②密宗学经部门（即居巴扎仓）是研究密宗教义的学经部门。③时轮学经部门（丁科扎仓）是专门研究天文历数占卜等的学经部门。④医学部门（曼巴扎仓）专门研究医药治病技术的部门。每一学经部门都各有法台（堪布）一人，由该部门活佛中推选，任期3年，负责该部门一切行政教育事务。显宗学经部门的法台常由总法台兼任，法台下有督察员（格贵）一人，引经师（翁则）一人，总务（业日哇）一人，都是任期3年。每一经堂中都有郭桌管理整个经堂的打扫添油等事。业日哇和郭桌以下，都有若干服务的人员。大经堂是4个学经部门的喇嘛全体聚会念经的场所，而这个大经堂，也便是显宗学经部门的经堂。

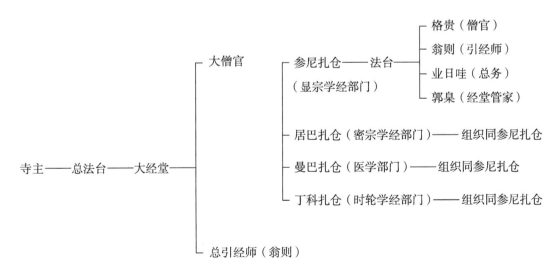

宗教组织系统图

（二）制度

1.做喇嘛的手续

小孩在五六岁时（远来僧人也有一二十岁的）即可以到寺院做喇嘛。到寺院以后，先要剃发表示出家。在寺院内随其师父生活，师父多半是叔伯舅父等。由师父教给字母拼音及简单的念诵经文，如坚卜卓（皈依颂）、卓玛（救度母赞）等，到10岁左右要受沙弥戒，就算正式做了喇嘛。加入寺院组织，每天到经堂念经。按规定到20岁左右还要受比丘戒，执行释迦佛所定的253条之戒律。这些受戒的手续连转世的活佛也必须经过，受过比丘戒以后的喇嘛，所受戒律的束缚即比较严格，不过寺院中一生没受过比丘戒的喇嘛也很多。做了正式喇嘛后，便可以依照师父的意思或个人的志愿入任何一个学经部门学经。

2.学经制度与方法

喇嘛以入显宗学经部门学经的为最多。显宗学经部门分五大部：①因明学②般若学③中观学④俱舍学⑤戒律学。塔尔寺的学制把因明分为5个班级，每级一年。般若分为5个班级、中观分为两个班级、俱舍分为两个班级、戒律一个班级，一共15个班级，要15年学完。每班设班长一人领导学经，叫"爵尔本"。喇嘛学经的方法，不是集体上课，而是每天依照所规定的时间在自己所拜的经师家里听讲。听讲后按时到辩经院和同级的同学讨论和讲辩。讲辩时要做出拍手掌或其他手式以加强其语气。无论讲辩哪一部经典，都是依据因明学的格式互相辩驳。这种讲辩既能帮助记忆，又能深入钻研，是一种极好的学经方法。

塔尔寺的各学经部门都把一年分为7个阶段，一般是一个月为一阶段。正月二十五日（夏历，以下同此）到二月二十四日为春季前阶段。藏语称"昔曲庆莫"。三月初三到四月初二日为春季后阶段，叫"昔曲昔玛"。四月二十五到五月二十四日为夏季阶段，叫"雅尔曲"；六月十五日到七月底一个半月为坐夏阶段，叫"雅尔奈"；八月十五到九月十四日为秋季阶段，叫"端曲"；十月初一日到十五日半个月为中等阶段，叫"尼尔曲"；十一月初五日到腊月初四日为冬季阶段，叫"囊曲"。如果遇到闰年则在闰月里加中等阶段15天，称为闰月阶段，叫"达拉曲安"。这些阶段统称为"曲安",意为在学时期。在这些阶段里,喇嘛要集中精力从事学经和讲辩。无论哪一级都有一定课程,规定在这一阶段学完。在学经时间以外的时间统称为"曲参",意为闲歇时期,那些时间是庙会或喇嘛自由活动时间。另外有些必须熟读的经籍和仪轨念诵,必须在听讲讲辩之后熟读背诵,由学经部门督察员、班长和法台时常考试背诵。每年年终考试及格的由寺院予以口粮补助等奖励,不及格的便要留级。也有自己认为费力而自请留级的。到般若班级里,如果屡次留级就要受鞭挞或劳役的处罚。到俱舍的最高班级而学经仍没有成绩,便又降低到最低级,称为"拉举巴",这被认为是很可羞的事。另外有在庙会或节日喜庆时,让优秀的学僧在大庭广众之地讲辩经典叫磋朗。一个学僧到了般若的最高级,如能熟读现观庄严论颂和入中论颂,而且通晓般若的大意,就授予"仁建巴"(相当于中学毕业)的名义。如果把因明五大部全部学完,就称为"噶仁巴",以后就可以在自己的住处博涉群经,自行研究准备考"格西",不再参加讲辩。

塔尔寺的显宗学位有两种,第一种在做了"噶仁巴"后一两年内就可参加考试,考取后授予"林塞",又名"噶居巴",相当于硕士;第二种要在做"噶仁巴"后继续研究七八年到十几年后,才能参加考试,及格的授予"多仁巴"的名义,相当于博士。显宗学业完成后,无论得"多仁巴"与否,都可以升入居巴扎仓学密宗,在居巴扎仓研究3年至10年后可以参加密宗考试,考试及格则授予"俄仁巴",意为密宗"博士"。这种显密宗的"格西"学位,名额不多,每年各考一名,考中显宗密宗"格西"学位的喇嘛,便可以派充作本寺各学经部门的法台,也可以自己收徒弟公开讲学。在寺院中是有学术地位并受人尊重的,死后也可以寻找转世。

密宗学经部门的学僧除了由显宗学经部门升入的"格西"从事研究密宗教义的喇嘛,也有自小进入密宗学经部门的学僧,他们学的仅是些作法仪轨及熟读密咒经典等等。每年学期与显宗学经部门相同。密宗教义研究主要有两部分,一部分是生起次第论,藏名"吉忍";一部分叫圆满次第论(藏名"作忍")。

时轮学经部门主要是学时轮金刚的香巴拉理想国的道理;发愿转生到那个国土里。另外有专学历算天文方法的能算出日月蚀的时期,还很准确。不印历书仅仅抄写，他们也用阴历五行、天干、地支、七曜、九宫、二十八宿等配合推算，学期与显宗相同。

曼巴扎仓专门训练医疗及采药技术，与汉医大致相似。有诊脉，验粪便、痰唾等手续。治法有内用药与外敷药，针灸、放血、刀割等。有的喇嘛医，用药与祈祷并施。药物多半为矿物植物，采不到的便向药店去买。药物制法多将生药研成细末，还有用油膏和成的丸药。制成后经过许多喇嘛诵经祈祷。本部门学期与显宗同，也可以考取学位，称为"曼仁巴"，意为医学士。

三、经济

（一）寺院的财产

1.土地 —— 塔尔寺的土地确数迄今不详，中共湟中县委仅从其旧册及群众租种寺院土地亩数统计，已达90458亩。但确知此数远较其实有土地数为少，估计实有土地数至少在10万亩以上。例如湟中县金塔乡有居民七八百户，全无土地；该乡全部土地、房屋、树林完全属于寺院所有。该乡全部居民都是寺院的佃户。类似金塔乡情况的还有很多乡村。此亦足可表示塔尔寺拥有土地之众多。青海土改时，寺院的土地全部未动。

2.房屋 —— 很多，但确数不详。仅知在鲁沙尔镇（湟中县府所在地）南部一带，私商的房屋绝大部分为寺院所有。此外分散在各乡村的房屋还很多，大都附着于土地之上，如金塔乡之例即是。

3.牲畜 —— 不多，确数不详。只知在牧区化布施时所得之牲畜，就地卖与牧区，故所有牲畜不多。

4.资金 —— 寺院过去放利息、做生意的流动资金，在解放前仅大吉哇一处就有3万多两白银，银元宝数百个（每个50两），纹银若干，酥油若干。这只是大吉哇一处所有。而4个扎仓还都各有自己的资金，不在此数之内。上述还只是流动的资金。至于多年储藏的呆滞资金尚未包括在此。1953年6月政府贷籽种给农民，当时政府即向塔尔寺买了40多大石燕麦（每大石合七八百斤）。至于寺院直接卖给群众的粮食，还不计其数。由此可见寺院流动粮食、资金也多。

（二）寺院的收入来源

1.地租——解放前地租相当高，普通是一斗种地收一斗租（青稞），但亦有高至一斗四五升或七八升者。同时佃户还有额外的负担，一斗地需交草20至30斤，及无偿劳役或不定期送礼的负担。解放前收租时，寺院老爷到各佃户处收租，佃户必须宰羊款待以后交租，不交租者则予拘留打罚。解放初期（1949至1950年），许多农民观望，未交地租给寺院，当时寺院收租很少。1949年寺院原有租额1311641斤，但实收只有453125斤。1951年政府提出减租号召，规定地富"二五"减租，寺院"一五"减租。故农民的地租负担减轻，但此时仍有许多农民不肯交租。"一五"减租后，寺院可收租983730斤，但实收只有245920斤。1951至1952年湟中土改，寺院土地未动，农民使用原土地，政府发给临时使用证。1952年查田评产后，关于交纳寺院地租标准，按普通产量每百斤交租7斤，经过协商后，1952年佃户大部分都交了租。1952年寺院应收租542748斤，实收已达338620斤，而且有些农民因1952年地方闹灾，收成不好，无力交租，准备1953年补交。

2.放利——塔尔寺在解放前向外放高利贷者很多。贷放的种类有白洋、元宝、纹银、酥油等（参考前节资金部分），利息最低者为七八分。解放后，许多旧账都收不回来，寺院不敢再往外放，同时由于政府有多种救济贷款等，农民、商户亦不愿再向寺院借高利货，现在这部分收入已经没有，资金多转向做生意了。

3.做生意——塔尔寺喇嘛多善于做生意，活动范围多在内蒙古、甘肃、西藏一带。办法是寺院将资金放给做生意的喇嘛，做完生意后，除还本外，利润由双方平分。做生意的利润相当大，如有些喇嘛赴印度和西藏贩运罗马表，每支买价只需35元，但运回西宁每支可售130元以上；又如在青海买骡一匹只需二三百元，赶至西藏即可售600元。此外还贩运陈醋、酒、挂面、红枣、毛、布、羊等。解放前还运白洋、元宝往西藏（因为西藏银价很高）。

4.布施——来源分为两类：

（1）出外化布施：大吉哇及各扎仓在每年夏天派出大批喇嘛分赴青海牧区、内蒙古甚至夏河地区化布施，八九月间再返寺。

（2）外地信徒送来布施：有的信徒亡故或者部落许愿，或者外地信徒前来朝寺的，都会亲送寺院许多布施。解放前，内蒙古及新疆蒙古族都来得很多，而且大多是富人或是王公千户等，有时一次布施竟达数万白洋之多。

解放前，在牧区所收的布施收入不多，因那时皮毛不值钱，牧民生活不好，所以也化不出。解放后，由于人民政府贸易政策，大大提高了牧民的生活，皮毛牲畜都提高了价格，所以现在牧区的布施也增多了。1953年因塔尔寺补修金瓦寺，以此名义来化布施，效果极大。仅在青海牧区的玉树区即已化了一千余头牛。果洛区亦已化了一千余头牛（果洛区1953年是第一次进入），每牛如以80元钱计算，仅此二区即达16万多元。同时1953年寺院大法台乌都思活佛是内蒙古伊克昭盟人，因他当了大法台，威望很高，许多内蒙古人在1953年送来布施也很多。据估计1953年全部布施收入总数最常在一二十万元以上（有的千户即布施1万之多）。这次布施收入之多在解放前历史上也从未有过。据云1953年布施收入与布施花费比例为五比一，故1953年很富裕。

5.房租——每月每间过去收房租5角，房租收入总数不详。

以上为寺院收入来源，大吉哇与各扎仓是各有其收入。收入的主要用途用作修寺、念经，供给本寺喇嘛口粮、酥油等，如所得收入不够养活本寺喇嘛，大法台和吉哇老爷必须自己想办法维持下去。其中布施可起决定作用，如1953年布施较多，则法台老爷均可赚钱，如布施少则赔钱。

（三）喇嘛的收入来源

1.做生意——解放前大多数喇嘛都做生意，活动范围已见上述。但亦有个别喇嘛远走北京、天津、上海等地。解放后，做生意的喇嘛减少了，但1953年又逐渐增多，利润亦相当高。例如1953年塔尔寺卸任老爷更登作巴托其他喇嘛做生意交出150元的资本，后来收回本利350元，利润竟高达133%。善于做生意的喇嘛大多很富足，在活佛中赛朵佛生意做得最多，亦很富足。有的喇嘛每年赚钱多，还提出一部分给寺院布施念经。例如香巴老爷一直给寺院布施次数及数量都很多。

2.寺院所发口粮和布施"份子"——喇嘛的吃食每年约有三分之一的时间皆由经堂供给，因各种节日集会供饭布施的机会很多。此外每年由寺院发给各喇嘛一定数量的口粮（视寺院经济情况，年年不同）。解放前最高记录每年每人可发口粮2斗4升青稞（一斗合100斤），1951年发了1斗8升，1953年秋已发了1斗8升，至年底还要再发两次，估计1953年发口粮可达解放前最高记录。有了这些口粮，在吃饭方面即可不成问题。这些口粮的发给都是定量的。各喇嘛不分等级完全一样。除此以外随时遇有布施的酥油和钱财等，还分散给各喇嘛。这些布施的分配则按等级各得不同数量的"份子"，如普通喇嘛得一份，则吉哇老爷、僧官、襄佐、护法僧（主持跳神者）得两份，一般活佛则得3份，阿嘉活佛得8份，大法台得15份，所以在寺院最高等级的喇嘛所得最多，生活也最好。

3.收地租——属于塔尔寺附近六族的喇嘛，大多私有一些土地，将地租给农民，收租。其中阿嘉活佛拥有土地最多。

4.放利——解放前许多喇嘛有余资亦放利吃息，利息四五分。放利对象为农民、小商户及贫苦喇嘛，解放后已少多了。

5.念经——喇嘛被约请出外念经，可多得一些报酬，一般穷苦喇嘛则多靠外出念经维持生活。

6.娘家供养——穷苦喇嘛在寺院的收入很少，无地无钱只好依靠娘家常常送些衣食零用来维持生活。至于富足的喇嘛则不从娘家要给养。

7.师徒互济——师徒关系较为密切，故凡师徒中间生活困难者则彼此互济。

8.作工——一般穷苦喇嘛多在大吉哇中服劳役，如挑水、管灯、做杂务等，凭体力劳动换取衣食。另外也有抄经、做酥油花等工作。

（四）解放前后塔尔寺寺院和喇嘛在经济生活上的变化

1.解放前——过去塔尔寺全盛时代，曾号称有喇嘛3600人，但30年来由于马家匪帮对寺院的残酷剥削，以致寺院和喇嘛的经济生活每况愈下。不能维持生活的喇嘛大多逃亡回家或他去。至解放前夕，全寺喇嘛有800余人。马匪对寺院的压榨是十分惊人的，马匪每次向群众拔兵一次，亦同时向寺院派马一次。最厉害的一次即达600匹马，无马则折成现款，每马折成400块白洋，这种残酷的压榨连续不断，寺院经济自然一蹶不振。又因当时群众所受马匪的剥削也重，牧区的皮毛不值钱，群众的生活不好，布施不多，自然也直接地影响了寺院和喇嘛的生活。因之解放前在马匪的残酷剥削下，塔尔寺的经济和喇嘛生活陷于十分困难的境地。

2.解放后 —— 初期由于马匪的宣传，群众还有些顾虑，同时群众生活也还不好，所以给寺院的布施不多，同时寺院的不少佃户不向寺院交地租。过去已放出的高利贷也再收不回来，生意也不好做。由于这几种原因，所以塔尔寺的经济情况一度显出困难。1949年至1950年期间，喇嘛的生活也确实下降了一些。1951年，政府为了照顾塔尔寺的困难，全部免去了塔尔寺应缴的公粮8万多斤。1952年经过协商，塔尔寺收到了大部分地租，经济情况更见好转。该年，政府又免去塔尔寺公粮大部分；同时由于人民群众生活逐渐提高，尤其牧区的人民生活提高最多，因之布施也就逐年增加（参考前节所叙布施一节），尤其1953年的情况最好，喇嘛口粮亦将达到解放前所发的最高记录。此外，1953年寺院所举行的一切节日仪式和消费与解放前最盛时完全相同，并无精简现象。如1953华夏季贡芒节（又称雅尔奈），45天每天都供茶和酥油，每个喇嘛每天都可得到二两酥油，而在解放初期，每年所举办的节日仪式，每个喇嘛只能得到茶，而无酥油。再者塔尔寺决定1953年重修金瓦寺，至少需十余万元，可见寺院经济情况好转，否则便不可能这样做。由于政府在各方面照顾寺院（如两年减免公粮，1953年修金瓦寺，政府也布施了3万元），群众生活提高，布施增多，因之寺院对于政府的宗教政策大为信任，在这方面已无多虑了。

四、喇嘛的生活

（一）喇嘛的来源和人口

寺院的喇嘛主要是蒙古族、藏族、土族人民的子弟。解放前，很多是由寺院在附近信民中抽调，如家中弟兄三人者抽一人，弟兄五人者可抽调二人当喇嘛，到现在一般是自愿了，但在牧区仍然是照旧。另外是一些生活困难无法维生者和个别私生子不能在家里生活的，就到寺上做喇嘛。最后的这种情况是比较个别的，很普遍的是，因为他们信仰佛教，羡慕喇嘛的优越地位，愿意把聪明孩子送到寺上出家。

寺上的人口，在过去曾号称有3600喇嘛，现在只有1315人。解放初期（1950年）有1900人，其中在1951年跟随班禅入藏的有500余人（现没有返回），还有返回内蒙古的和个别还俗的喇嘛。再一个减少的原因是：解放后人民生活改善，自愿送到寺上的小喇嘛逐渐减少。据说在解放以前，每年都有三四十名小喇嘛送到寺上，解放后每年送寺的小喇嘛都没有超过10名。

寺院的规则和以往不同的一点是还俗。在解放前若有喇嘛还俗，按法规首先是痛打一顿，然后扣下衣被和日常应用物件，最后还要罚款。解放后，这些都取消了。若干寺院的喇嘛想还俗，只请一个长假就可以了。

（二）不同阶层的生活

1."转生喇嘛"的生活：转生喇嘛就是所谓的"活佛"，活佛的转生是根据佛经"三世说"、"轮回说"及"化身说"来的。在宋元（十三世纪中叶）以前，很少有像现在这样的转生办法，不过是在其人成名后，说他是某某名人的"化身"，表示他有宿行宿慧而已。格鲁派的"转生喇嘛"是从达赖、班禅开始，影响到整个藏传佛教。一直到不但达赖、班禅八大呼图克图等可以转生，就是做过各寺院或学经部门的"堪布"（法台）也可以转生，甚至得到学位的"格西"也可以在死后迎请转生的"化身"而成为"活佛"。现在塔尔寺除了转生没有找到和个别还俗的活佛外，还有73个活佛，其中有六大呼图克图是清朝皇室所封。

活佛在未坐床以前，先由管家请有名的师父传授经典，整日闭门念经不能外出，一直等到日落黄昏才可以出外，到房顶上散散步。当学经不好时，师父可以严格责打，但到夜晚活佛入梦时，师父再向活佛跪诵忏经，忏悔自己责打的罪过。到活佛学成坐床后，方能对外接见。每天功课便是搞清各世活佛的历史及佛教历史，写作辩经。遇有信民请活佛念经时，必须有人跟随，不能单独外出。活佛的财产完全由管家支配掌握，所以活佛的物质生活（尤其是在未成年时）是否宽裕，这完全取决于管家。

2. 小喇嘛的生活：当每一个小喇嘛一到寺，就和他的师父生活在一起，如烧茶、煮饭、背水、打柴、侍候师父，甚至放牧牛马，都要他来干；至于学经倒是次要的。等到入寺院两三年后，才可以到经堂念经，但是要给大经堂做许多劳动，如给群僧添茶、饭及做寺院所差遣的苦工。在这个阶段中，他们的生活资料，大部分由家庭父母或师父供给，小部分在寺院里获得。到了相当年龄以后（约在30岁），除了学经以外，可以慢慢地升到管事的地位，如各佛殿的看管人、各办事处的执事人等，或者自己学一种技术（如刻板、塑像等），也可以请假到外面去做生意，到这时起才算慢慢地出头了。但也有不少穷喇嘛，终生伺候别人和做一辈子苦工。

（三）学经

1. 个人学经：普通一个小喇嘛在剃发以后五六岁时，由他师父先教给字母、拼音及简单的念诵经文。这样经过五六年不等，便参加到寺院组织，每天在大经堂参加诵经，同时依照他师父的意思或个人的志愿，送入各学经部门学经，其中以入显宗学经部门的较多。

2. 一日的集体学经：每一次的集体学经有上下午两次。上午的一次约从7时开始到11时止。下午3时至黄昏止。每次念经时，当喇嘛齐集到大经堂后，由二老爷带仪仗队吹奏大号、锁呐、海螺、皮鼓等乐器到法台的住处去请迎。待法台进入大经堂以后，二老爷可以回去，不参加诵经。于是法台居中上座面对佛像，主持诵经。下面的众喇嘛分成左右，两面相对而坐。在诵经开始时，先由引经师引头，众喇嘛相随诵经；与此同时由僧官（又叫铁棒喇嘛，在大会堂诵经时是最高权威）手执法棒来回巡逻监督，若发现有违犯经堂法规或不专心诵经的喇嘛，僧官就有当堂处分的权力。到诵经完毕后，仍由二老爷带仪仗队先送法台回寓，然后众喇嘛走散，下午的诵经仪式与上述同。

（四）寺院庙会

塔尔寺每一年的四个大庙会和两个较小的庙会，在喇嘛生活中是占着比较主要的部分。这些庙会通称为"曼兰"（意为祈祷）。除了寺院本身的意义外，还有社会经济意义。兹分述如下：

1.正月大庙会：这个庙会是明永乐七年（1409年）宗喀巴在拉萨所创行，"却处曼兰"（意为神变祈祷大会）是为格鲁派一切寺院所共行的法会。主要是为了供养诸佛菩萨来祈祷一年的顺利。塔尔寺的正月庙会，从阴历正月初八起，共有10天。在这时期，大经堂、各学经部门、各佛殿、各转生喇嘛的私寓、各公共办事处，每天都拿"施食"香灯供养"三宝"。各重要经堂经常"千供"和"百供"等，（千百供是以1000份或100份灯香、净水、粮食、干花等在一处供养）。大经堂及各学经部门均于每日上殿诵"祈祷经"3次，各重要佛殿也有专派的喇嘛诵经，大经堂各学经部门及佛殿都用法器（如帐幡、坐毯等）布置得富丽堂皇，以供教徒朝礼和一般人士参观。十四和十五是正日子。十四日上午在辩经院跳"法王舞"，十五日上午举行浴佛，晚上各学经部门、各班级公共办事处及转生喇嘛私寓，均有花灯供养，而以大经堂前面及左右面的花灯为最出色。

2.四月大庙会：这庙会名叫"对庆松总"（意思为三节俱备）。从初十到十九日，寺上各处的"法事"、"供养"和布置，都同正月庙会差不多。十五日是正日子，十一日举行"发心供养"，每个喇嘛要在这供养的佛像前发愿，"为利益众生而成佛"。十四日午间跳"法王舞"，十五日上午十时在寺前山上展布大佛像，一般人称为"晒大佛"。塔尔寺共有"狮子吼佛"像、释迦像、宗喀巴像、"金刚萨埵"像4种，每次只展一种。借庙会布佛像，一来是使信徒们"瞻礼"，二来是为了防虫蛀。展布之时，山前扎巨大帐蓬，由塔尔寺法台领导众喇嘛在寺中巡查一周，下午有"坚桑舞"（意义不详），晚间大经堂各学经部门、各神殿及喇嘛私寓房上各点面灯数十至数百个，叫作"对庆松总林美"，意为"三节俱备的灯火"。并且把四月里定为

"净月"。这月里对于戒律、禁忌和行为要特别注意，而且念经礼佛做"功德"的特别多。

3.六月大庙会：六月庙会是为了纪念释迦牟尼"降凡"和"弥勒佛出世"。从初三日起，举行庙会8天。初八日是正日子。寺院的布置、供养和法事除同正月一样以外，所有寺院公有宝贵物品都要在这时取出。初七日上午展布大佛像，仪式与四月庙会相同，下午跳"法王舞"。初八日上午举行弥勒佛转世（藏名"贤巴林科尔"，俗称"晾宝"）。这个仪式，由喇嘛一人化装为弥勒佛大像（把身体弄高，穿戴弥勒佛衣帽），拿乐器、香炉、幢幡等，引导转寺院外围一周，由喇嘛百几十人各拿寺中宝物一件，随后跟转，转毕仍回原处。下午跳"坚桑舞"。

4.九月大庙会：九月庙会从二十日起，一共5天，规模较小，是为了纪念释迦"三转法轮"（即讲了三次经）。寺院的布置、供养和法事，比以前三个庙会都简单。二十二日开放所有佛殿及宝贵物品所在地，二十三日跳"坚桑舞"。1953年九月庙会，政府为了活跃牧区经济并举办物资交流大会。

此外还有两个较小的庙会，一个是宗喀巴逝世纪念会，从十二月二十二日起，一共9天。寺内的布置与九月庙会差不多，所诵经典着重于对宗喀巴的祈祷和赞颂。二十五日是宗喀巴的逝世日，从那天晚上起，全寺房顶上连续点酥油灯五晚，并由喇嘛在房顶上高声反复念经——宗喀巴的赞颂和祈祷五句，直到千百遍。另一个是二十三日到二十七日的"年终祈祷"，全寺喇嘛念诵祈祷经5天，也就是辞旧岁迎新岁的仪式。

（五）念经和医病

塔尔寺的喇嘛对于信民的工作，就属念经和医病了，同时也是喇嘛与活佛的个人收入的一个主要来源。在蒙古族、藏族、土族遇有喜庆丧葬及家庭或村庄有不利的事，都要请寺院的喇嘛与活佛念经。念毕后，由信民随意给"布施"，一般给活佛的布施要比普通喇嘛的多好几倍。医病方面，在塔尔寺医学部门专门训练医疗和采药技术，也有喇嘛从事学医的，医术多传自内地，也有少部分传自印度，与汉医大抵相同。医道好的也能见奇效，不过多是诊治与祈祷并施。药物不加泡制，也不煮熬，多半把生药研成细末，装于许多小皮袋中，用时拿铜制的精巧小匙按分量混合，给病人以开水冲服。还有丸药之类，制成后经过许多喇嘛念经祈祷，然后用以治病，病人也视为特效灵剂。这种医生，当给信民们行医时，治病给药出于一人，诊费药费又不甚贵，能博得一般人的欢迎。

（六）内部关系

塔尔寺的教派上是纯一色的格鲁派，其他教派是不可能进入塔尔寺来的。但在地域上有外来喇嘛，如蒙古、西藏等地来的喇嘛和当地六族喇嘛的区别。外来喇嘛过去比较受排斥，后来由于外来喇嘛在寺里逐渐掌权抬头，因而影响六族喇嘛的权威和利益，遭到嫉妒和敌视，导致不团结。另一种是在解放后，参加学习过的喇嘛为寺上的当权派的六族甘巴们所戒备，唯恐他们在寺里给政府办事或夺他们的权力，因之彼此也存在一些问题。

甘南藏族自治州夏河县甘家牧区经济概况[①]

前　言

　　甘家牧区是甘南藏族自治州夏河县的一部分，在夏河市以北60华里。全境东起大利加山的牛角尖峰（藏名"仲日则"），与甘肃临夏交界；南至巴查其如，邻夏河县第三区；西至华里其哈，与青海加吾部落交界；北抵查盖当古，与青海同仁县毗连。计东西宽约70华里，南北长约50华里，面积约为3500平方华里。境内滩平谷广，流泉萦绕，牧草茸茂，牛羊成群，是甘南藏族自治州优良牧区之一。

　　甘家牧区包括色如、仁景、瓦尔塔、甘家贡玛、卡加、夕固尔等6个部落，共计214户，808人。平均每4平方华里以上才有一人，可谓地广人稀。

　　6个部落的牧民是夏河县拉卜楞寺的教民，由该寺派遣一位"郭哇"（头人）去管理。各个部落又有自己的"老人"（藏名"尕波"），由"郭哇"指定，管理本部落的事务。此外，每个部落还有5位管理草山的"丘德黑"，每年由5户人家轮流充任。

　　夏河县人民政府于1951年9月，在这6个部落的基础上，适当扩大范围，成立了甘家直属乡，由夏河县人民政府领导。这样，对甘家牧区各项工作的开展，特别在发展牧区生产方面起了很大的作用。本篇将分别叙述甘家牧区的经济情况。（本稿币制单位，一律采用新币）

---

　　① 本文系集体调查成果，由本人执笔，载中央民族学院《民族问题研究集刊》第3辑，1955年出版。

一、生产情况

（一）牧场与放牧工具

牧区中畜群是牧人的财产，草山牧场是牧人的生产资料，因此，为牧人所爱护与重视。甘家牧区的羊群，体大毛多，驰名夏河。这与甘家牧场所具备的自然条件是分不开的。区内地势开阔，水草丰茂，大利加山一带地势高峻，夏季气候凉爽，是优良的暑季牧地。达合热山以北，四山围绕的低平草原，避风向阳，冬季气候温暖，是很好的冬季牧场。

牧场上牧草的种类很多，分布最普遍约占90%以上的是牛、羊、马最爱吃的"札易卜"草，细软而富营养。"吉合马"草可长到一尺高，叶较"札易卜"草稍宽，也极富营养。"纳查"草生长于潮湿的水沼地，高可5寸，是牛最爱吃的草类。"蔓吐"草羊最爱吃，马则最爱吃生长于较干之地的细软的草类。其余草类间杂生长，也有药草，多生长于山石间，产量不多。一般牧民除驱畜群啮食外，并未加以采用。除草类外，有几种灌木丛也极为羊群所喜爱，如"色纳""菲利""江合玛""色成"等。

草原上也有少数不利于畜群的毒草。对羊群不利的如"陀"草，分布于色清沟、日生哇一带。"土昂哇"草分布于色清沟、洛查、姜纳一带。对马群不利的有醉马草，但本地马都能识别，并不啮食；次为"吐昂哇"草，吃了对健康是有损害的。牛群对上述毒草一般都不啮食，即使偶然吃了，也没有什么毒性反应。

牧草生长情况受气候及虫鼠的影响很大。如遇天旱缺雨，可使牧草干黄，不利于畜群啮食；冰雹也可损害牧草，使其变成红色不易生长。虫害方面，本区有"木陀哇"虫，红头，遍体黑毛，专吃草尖。每一出现，数量甚多，对牧草危害很大。蝗虫也很多，专将草齐根折断，其害不在"木陀哇"虫之下。鼠害则有"夏洛"，是一种地鼠，在地下吃草根，牧草因而枯死。地鼠为害最烈的地方，地面几乎全被拱翻，可使一两年内寸草不生。至于牧草的保护方面，本区没有窖水的习惯，修渠引水培植草原，或牧草栽培的工作也尚未展开。1952年冬甘家乡副乡长曾在帐幕前试行淘泉，但未成功。

放牧工具很简单，种类也很少（有些牲畜如牛马本身也就是放牧中用以骑乘运输的工具），可分为下列数种：

1.马 —— 供牧人骑乘，放牧时便于驱赶畜群。

2.牦牛或犏牛 —— 用于驮运，个别牦牛有用作骑乘的。

3.狗 —— 看守帐幕及畜群，夜晚的功用特别大，每家牧民至少养一两只。

4.阿尔甲 —— 由5股、8股或16股羊毛线捻成的一种投石器，绳长约6市尺，中央为椭圆形，编以毛毡，上置石头，牧人手持绳的两端，旋转甩动，利用圆的离心力，趁势放去绳的一端，石遂飞出，可达极远的地方，用来赶动畜群。

5.扣绊 —— 有铁制及牦牛毛制的两种。前者拴缚马脚；后者除拴马脚外，也用来拴牛脚。拴的方法：通常是将两牛或两马的一只前腿用一扣绊拴住，以免在草原上吃草时远去，牧人不便看管。

6.牛奶桶 —— 每天挤牛奶时用的木桶。

7.牛毛绳 —— 栓紧牛马之用。

以上除牛奶桶及铁扣绊可在夏河购买外，其余投石器、牛毛绳等皆由牧人自作。

（二）劳动力与男女分工

牧区中除老、幼、病、弱外，一般都整日不闲地从事各种活动。妇女除从事各种家里的工作，如背水、烧火、做饭、烧茶、晒牛粪、做酥油、做曲纳（奶渣）、挤牛奶等而外，尚须捻羊毛线、揉牛羊皮（有时男子也做）、擀毡、织牛毛褐子。冬季替牛、羊、马分别打圈也是妇女的工作。至于每次迁移到新牧场后，除协助男人搭帐幕外，帐幕的围墙也由妇女砌造。其他如管理用具，设置锅灶，也都是妇女们的工作。在牲畜的看管方面，妇女只管理牛群，主要是乳牛。

男人的主要工作是照料羊群，晚上则放哨、守卫，以防小偷或狼害。到农区购置粮食，支应差役，是男子的工作。宰杀牲畜，缝制衣服，搓牛毛绳，缝牛皮口袋、羊毛口袋也由男子来做。在迁帐幕时，凡备鞍（牛、马）、装驮子、赶运，均由男子操作。到目的地后选择下帐幕的地址，下驮子，搭帐幕等也是男子的工作，有时妇女也协助。

10岁以上的儿童在挤奶时，常协助看管牛群。分开奶牛与牛犊以便挤奶。男孩在家中没有什么工作，女孩则须协助母亲或其他妇女工作如背水、打酥油、烧火、扫地等。

牧民中每户平均约有4人。如畜群不大的，全家劳动力够用。如羊群数字超过500只以上，一般都雇一个挡羊的长工。羊群在500只以下，家中缺少男劳动力的也有雇一个长工的。当剪羊毛的季节来到后，一般羊群较大、人口较少之家，都得请人或换工剪毛；也有少数自己剪的，但这样时间拉得太长，影响其他工作。平均1000只羊请20个人开剪，每人每日可剪50只羊，一天就可以全部剪完。总之，牧区劳动力在有些人家呈现不足的现象，在有些人家又有过剩的现象，如果能有计划地组织起来，充分发挥劳动的潜力，对牧区经济的发展是有一定裨益的。

（三）放牧技术

1.畜群的饲养与管理

甘家牧区的牲畜分为牛（牦牛、犏牛、黄牛）、马、绵羊三类。其中最富经济价值的是羊群。牧民的主要收入也靠羊群。因此，羊群最受重视。牛、羊、马的饲养与管理是大同小异的，但由于对气候的适应与草类的选择不同，普遍都是分群放牧。牛宜于高山放牧，吃山坡草；马、羊宜吃平滩草。夏季，牛、马、羊都须赶到高而凉爽的地方放牧。如在低下湿热的地方，马受蚊蚋叮咬后，容易患病；牛受热后奶量会减少；羊受热后也易致病。在高凉的地方放牧不仅没有上述问题，牛、羊、马群都会肥壮起来。冬季，畜群宜在向阳避风、较低而较暖的地方牧放，即一般所称的冬窝子，甘家6个部落都有自己的冬窝子。

在冬窝子中，一般牧民有打圈的习惯，普通是筑在较暖的山坳里。圈用泥土和牛粪筑成，高三四尺。筑圈的工作，由妇女担任。筑圈的主要目的是圈束畜群，防止狼害；同时也有避风的作用。牛、羊、马分群打圈，但在同一圈内，雌雄并不分开。至于圈的大小则依畜群的大小而定。牧民自己骑乘的个别马匹多半在自己帐幕内的左前角掘一深三四尺的坑，将马拴在里面，称为打棚。

甘家牧区有储备冬草的习惯。但由于草山有限，一般牧民储备的冬草都不多，仅够供给自己骑乘的马匹之用。如果冬草较多，也酌量给予过冬感觉困难的瘦弱的牛、羊，特别是生产初胎的母羊，由于母羊往往不管小羔，以致小羊冻饿而死。在这种情况下，牧人多将母羊拴住，用冬草饲养，以便母羊及时哺乳，使小羊存活。

牛、羊、马虽是分群放牧，但在同一群内的雌雄不分。因此无所谓定期配种。每到发情期间，听任畜群自由交配，牛群和马群的牧放通常没有专人负责，任其在帐幕附近的草原上吃草，由牧人就近照顾一下。较大的马群，也有专由牧童照看的。羊群有专人负责。挡羊的都是男人，他必须具备一定的知识和技术。工资多寡，由技术的高低来决定。他必须熟悉草山情况。例如某地的草羊不能吃，某地的草宜于羊吃，都应事先知道。又须善观气候的改变，如果附近将有狂风或暴雨来袭，就必须事先把羊群赶到山坳或其他可躲避的地方去。一般善于挡羊的人都认识自己羊群内每只羊，并把牠们的特征、年龄记得很清楚。因此，遇有个别羊只失群或混入其他羊群内，挡羊者立刻就可以辨识出来。例如某羊走失后，挡羊者如发现羊数不够，只须在羊群内检查一遍就知道走失的是哪一只，并可说出这只羊的特征，如体格多大，年龄几岁，毛的颜色，两角形状，由何母羊所生，等等。即使经过数年也可找回。但他人从这只羊身上所剪走的羊毛则不再追还。

牛、羊、马群每日的放牧时间略有差异。为了便于挤奶，牛群都在附近山头放牧。夏秋之际，牧草苗壮，牛的产奶量特别大。犏雌牛每天可产奶约6市斤，牦雌牛约3市斤。在这个季节每日挤奶3次，天刚亮时，挤奶一次，然后将牛群赶到附近山头吃草。中午赶回挤第二次奶，挤完后再赶出去。黄昏时挤第三次奶，挤完后就将牛拴住，不再放出。春冬之际，草缺、奶少，每日仅早晚各挤奶一次，犏牛每日约可出奶一市斤，牦牛不及一市斤。如牦牛产奶在半斤以下，则不再挤，仅给牛犊食用。羊群在挡羊者吃过早饭后就赶出去，由他随时照管。羊群吃草是随吃随走，到中午时，挡羊者就回头赶，以便天黑前，回到帐幕。晚上，羊群便聚集在帐幕外，挡羊者随时加以注意，以免大风雨来袭时惊散羊群，或遭狼害。马群放出的时间最迟，多由男女孩童看管；如果无人看管，通常多用"三足绊"将马的前两足及后脚缚住，使其互相牵制，这样马就不能快走，以免跑远难以赶回。有的牧人用足绊将两匹马拴在一起，也可收到同样效果。马在天黑前就赶回来，晚上用铁绊拴住前腿，或两三匹马用三足绊拴在一处。

由于适应气候的变迁及合理地使用草原，甘家各部落每年都随季节的改变而迁移牧场。迁移的规律是这样：在每年阴历四月中旬，6个部落分别集中在"红沟"地方。四月十四和十五日是一年中最大的闭斋节之一，在这两天中，以部落为单位进行闭斋，停止工作。此后每部落中的牧区不再分散。五月初，6部落开始集中于"色尔清"，由6个部落的代表用抽签的方式来决定今年各部落放牧的地区。地区分配后，各部落便在那里放牧，并进行一年一度的剪羊毛工作。六月中旬气候转热，畜群不宜在燠热的地区，各部落经商议后，定出一个日期，准备向凉爽的大利加山上迁移。决定迁移的日期要根据下面三个条件：

①目前牧场上的草是否已经吃完。

②气候是否已经热到不宜畜群停留。

③各部落中是否有不便迁移的病人。

在能照顾到这三个条件之下，各部落乃定出共同迁移的日期。为了照顾病人，有病人的人家可视情况提前一两日或迟延一两日迁移。甘家牧区有令畜群食碱土的习惯，以增进畜群健康。碱土最好的地方是一个平滩，藏名叫"容"。各部落大都赶畜群到这里食碱土后再迁上大利加山。到达该山，各部落的牧民便自由散开。牧放牛、羊并没有指定的地区。

八月初，草原上气候逐渐转寒，高山上气温更低，6个部落的代表再一次集会，根据山上是否已经降雪来决定迁移下山的日期，并举行抽签，决定迁下山后某部落应住于"尼马隆"，某部落应住于"吉隆"，某部落应住于"统布隆"，某部落应住于"达麦"，等等。这些地方中以"尼马隆"面积最大，可容纳两三个部落。八月下旬，6个部落又分别迁到"尼尔尕"和"查几贡干"两地，计每地可以容纳3个部落。九月初十前后，各部落再分别迁到甘坪寺附近的"色尔羌"地方。在这里各部落都有历来规定的放牧地区。因此，不再抽签即行放牧。

十月末，已临冬季，各部落纷纷迁入冬季牧场，即通称的冬窝子。每个部落都有历来规定的冬窝子，并且是以本部落命名的，例如卡家部落的牧场即称为"卡家更沙"，仁景的称为"仁景更沙"，等等。牧民们在本部落的地区内皆散居放牧。冬季牧场的草，通常仅够畜群两三个月啃食。待草吃完后，牧民们纷纷将畜群赶到其他有草的地方去。但必须是向阳而较温暖的地方。否则，羊群过分受冻后，易患腹中胀水，甚至死亡。各家的帐幕在这时仍留居冬季牧场中，仅挡羊的一二人赶着羊群到有草的地方去。这样，直到次年四月中旬，各部落的牧民才又分别集中。总计一年中各部落集体迁移6次。

2. 选种、配种与阉割

（1）选种。甘家牧民对种畜的选择，有从经验中总结出来而为众所公认的一定标准。比如种羊必须具有长而密的一色毛，躯体高大，角向均匀，并须母体健壮，即种羊出生时，其母并不因春季牧草缺乏及气候寒冷而影响健康。种羊的分配是通常在100只母羊中需种羊8至10只。

种牦牛必须是体格高大，遍体长紧密的黑毛，并且和5头雌牛交配后，生出的牛犊要多为雌性。头上无角也是应具的条件之一。选择种黄牛的标准也是这样，但毛色方面，黄、黑、花随牧人所好，没有一定的标准。通常在一个帐幕圈内（三四家到五六家），如有雌牦牛五六十头，就需种牦牛、种黄牛各一头。

种马必须体格高大，头、颈、四肢比例均匀，耐长跑，小走、大走要平稳快速，最好是黑色或枣骝色。

为了改良品种，人民政府曾以蓝哈羊、乔科马、秦川牛和土种杂交。1952年曾以秦川牛在甘家乡交配各种母牛80头，贷出蓝哈种羊12只，估计交配了275只，1953年产羔70余只，成活率为66%。用乔科马作种马的很少。甘家牧民认为乔科马虽然体态雄大，但不及甘家马的速度快。总之，品种的改良由于为时尚短，新种的优点尚未显著表现出来，加以牧区顾虑多，以致这项工作尚未普遍展开。

（2）配种。牛、羊、马各有不同的发情季节。羊的发情季节通常在阴历六月，如饲养与管理都很周到，可提早至四月；如羊体健康不良，饲养与管理欠佳，则可能迟至阴历八月。羊的怀孕期一般是5个月。

牛的发情期是阴历七、八月。如果是雌牦牛与雄牦牛交配，则怀孕期为9个月；如与雄黄牛交配，则怀孕期是10个月。产犊为犏牛。如果雌犏牛与雄黄牛交配，怀孕期为10个月；与雄牦牛交配则孕期为9个月，产犊称为"尕勒巴"。据说不易成长，且乏劳动能力。因此一般牧民待"尕勒巴"出世后即将其宰杀，以免浪费母乳。雌黄牛与雄黄牛交配，怀孕期9个月，与雄牦牛交配则怀孕期为10个月。

马没有一定的发情期，怀孕期较牛、羊都长，通常是12个月。

羊和马都听其自然交配。牛则需要人力替雌牛带上笼头，缚住前腿，以免雌牛跳动。此项工作如家中没有男子，则由妇女操作。有的雌牦牛不愿与黄牛交配，普通的办法是在雌牦牛面前拴上一头雄牦牛，再暗中牵一头黄牛往交，这样才能成功。牧民们相信种公马不愿和自己的母、女交配，牛、羊则没有这种现象。

产羔方面，羊有一岁即产羔的，牧民称为羔产羔，所产羔羊大多不能存活。通常羊是两岁产羔，但第一次产羔，大都对羔羊不加哺养。加以产羔多在寒季，以致形成死亡现象。牧人的办法是将母羊拴住饲养，以便及时哺乳，使小羊成活。老母羊在产羔后，多用舌将小羔身上舔干，使小羔能早站立起来，以便哺乳。羊的产羔期普通在腊月或正月。母羊产羔后，由于气候寒冽，牧草有限，身体都趋瘦弱，对小羊的健康也有影响。本区牧民对于接羔和护养一般都不注意，大多听其自然。因此每年羊羔的成活率仅达60%—70%。在九、十月产的羔较好，母羊与羊羔都较健康，羔羊的成活率也较大。母羊在怀孕期中仍照样剪毛。一般母羊如果饲养得宜，一生可产10只羊羔，也有一胎双羔的，但不能再超过此数。一般母羊可活十一二岁。

马3岁可产驹，但必须在一两岁时饲养得宜，并且不使担任沉重的劳动。否则，影响身体发育，以致5岁才能产驹。马在快临产时，一般牧民都予以特殊注意，因为马驹产下后，有的要靠人工弄破包衣，否则有缺乏空气而闷死的危险。一般母马可活20岁，通常隔一年产驹一次，也有连年产的。每胎只产一个马驹。最多的一生中可产十七八只小马。马驹的成活率如果没有传染病，可达90%以上。由于产驹时管理不善，以致小马闷死在衣胞内的现象并不多见。

牛3岁可产犊。产期通常在阴历四、五月。一头雌耗牛可活十一二岁，通常间年产犊一次，也有连年产的，但最多不能超过10个牛犊，一般是六七个，也有一胎二犊的现象。牛在中年产犊时奶最多，幼年或老年产犊，奶都较少。牛犊的成活率如果没有传染病，可达90%以上。

（3）阉割。牧民除留种畜外，公畜都予阉割。一般有经验的牧民会阉割牛、羊。但阉马却有专门的阉匠。牧民们认为，阉马是杀生的行为，和做恶事无异，对自己将来不利。因此，都不愿自己动手。专门的阉匠遂随之出现。

羊羔通常在一岁时阉割。阉割时间是阴历三月二十、二十一，及四月初一。阉割的方法：将羊按倒在地上，用手紧捏睾丸根部，徐徐把睾丸推至外面软皮的尖端，然后用刀将软皮割一小口，挤出睾丸，用刀割掉。并不敷药，有的流血甚多，也有肠随之坠出的个别现象，但将坠出之肠由伤口慢慢抖进去，然后用少许羊毛线将伤口捆住即可。因阉割而致死亡的现象甚少。

种公羊在满口（满6岁）一两年后通常亦行阉割。阉割的方法是取一根羊的颈筋放在水中泡软拉长，再缠绕在种公羊的睾丸根部，颈筋两端接头的地方则用羊毛线捆紧。此后颈筋愈干愈紧缩，约半月时间遂将睾丸缢掉。此种阉法多在每年的十月及十一月施行。

阉羊的寿命最长，可活十二三岁，母羊较短。一般说来山羊又较绵羊的寿命长些。

牛（犏牛、牦牛）的阉割时间不定，但必须是没有蚊、蝇的季节。否则，伤口如被蚊、蝇侵袭，就有腐烂不易复原的危险。阉牛和阉羊羔的方法相同。但牛的力气较羊大，因此通常都先将四肢捆住再行阉割。牛通常在两岁时阉割。

通常种公牛在七八岁后亦行阉割，方法与阉牛犊相同。牧民们说牛是不会阉死的，也没听说过被阉死的牛。如果真被阉死了，则是好的预兆，表示一年的畜群灾害都将随之而消失。普通一头犏牛或雌牦牛可活二十几岁。牦牛可活十五六岁。黄牛比牦牛的寿命长。通常牛在两岁穿鼻，4岁使用，也有在4岁以前使用的。

马的阉割时间多在三、四月中的十四日或二十一日。夏季六、七月在大利加山上，气候凉爽，也可施行阉割。主要仍是避免蚊蝇危害伤口。阉马有3种方法：一是将睾丸的肉皮割开，挤出睾丸然后割掉，与阉牛、羊相同。一是割开睾丸肉皮，将睾丸挤出来后，用细麻线将睾丸与肉皮之间相连的筋捆紧，七八天后睾丸即被缢掉，此法可免大量流血。一是将睾丸连根以麻线捆紧，使其逐渐干掉，此法亦需七八日时间。

无论用哪种方法阉割，必须使伤口内部先愈。如果外面伤口已经合口，内部尚有瘀血，易引起阉马死亡。因此，一般牧民在阉马后，并不让它休息，仍照常骑乘，借免伤口外部先合口。马的阉割年龄通常是三四岁。马满一岁后即可骑乘，做短途训练，使其驯服，但不可重压，否则影响身体的发育。

3. 剪毛

甘家牧区的羊毛韧性大、纤维长、毛脂多，是驰名甘南藏族自治州的。牧民全年的主要经济收入就靠售卖羊毛。羔毛中最好的是2毛，长约2寸。羊羔生下来一月以后，毛就差一些了。一月以下的羔毛称为"查日"（羔皮之意）。一月以上至两月的羔皮称为"八党"。两月以上则称为"应巴"。此后便可进行第一次剪毛。剪过第二次毛时就不再称为"应巴"。一般说来，这时的羊毛最好。

羊群每年剪毛一次，时间通常在阴历的五月间。据仁景部落的牧民工布扎西说，一只最大的阉羊，每年可剪毛约5市斤。但这是较突出的现象。平均说来每年每只羊可以剪2市斤。怀羔的母羊到剪毛季节时，仍不例外，照常剪毛。

剪毛时，羊群大的人家多雇临时工人剪毛。平均每人每日可剪羊50只。由于照顾到羊群吃草的时间，普通只在上午剪毛。羊群在800到1000只左右的牧户，剪毛时常需20余人共同工作，由家长领导。工作时通常将人力分为3组：一组将羊圈住，以免逃逸；一组捉羊、绑羊；一组剪毛。圈羊的多为家中老弱妇孺。捉羊、绑羊的全是年轻力壮的男子。剪毛的除家中的有经验的男子外，也有临时雇的工人。剪毛时每人一口气可剪10只羊，如为20人，则1000只羊在一天内即可剪完。当羊的四肢被绑好后，一部分人就开始剪。另有一两人专将剪完的羊松绑、放走。另外一两人则专门担任磨剪刀的工作。羊毛剪下来后，由家中妇女老弱拧成一束一束的。如果人力充裕的话，也有部分人实时进行撕毛、擀毛，将羊毛擀成毛毡的个别现象。这都是妇女的工作。

剪毛时除自行开剪或雇临时工人外，也有换工的现象。换工通常是亲友之间的互助形式。剪毛之家对协助剪毛者，仅供给饮食，不另给工资。通常都是一工换一工。在剪毛的季节，各家剪毛的日期并不一致，其中是有一个参差期的。牧民们为了缩短自己的剪毛时间，节省雇工剪毛的支出（剪毛工资是相当高的），并保证自己剪毛时一定的人手，换工就成了不可少的现象。这说明了剪毛参差期具有调剂牧区劳动力的作用。

牦牛不分雌雄每年五六月间也剪毛一次，唯怀有牛犊的雌牛不剪毛。剪毛的主要部位，是尾、腹、后腿。一头大牦牛每年可剪毛1市斤半。一头普通牦牛剪毛不及1市斤。

剪毛的方法，过去用手或用弓拔毛。这样，所得的毛虽较长，但拔时不仅增加牛的痛苦，且影响健康，有时拔得鲜血淋漓。近几年来，牧民已开始使用剪刀，虽然毛较短，但并不影响牛的健康，并且从长远看，毛的产量也有增加。腹与后腿的毛每年都剪，但尾上的长毛则隔一年剪一次。

牧民剪下的牛毛是不出卖的，全供自己使用。牧民日常生活中所需用的各种毛绳、口袋都以牛毛作原料。生活中最必需的帐幕也是牛毛织成的。

4. 牲畜的宰杀

甘家牧区对于牛、羊的宰杀，多采用闷死的方法。牧民们认为这样牲畜不流血，肉味就更鲜美。方法是用绳紧缚牛或羊的口、鼻，使窒息而死。死后，先用刀将心房的血管割断，然后割下头来。这样血才不致向外喷射。

在杀羊时通常是先用一勺清水从羊头淋至羊尾，再用一勺白水（清水中加少许牛奶）从羊尾淋至羊头，羊身既湿，羊受刺激自然会抖动全身，这就表示羊的灵魂已被山神捉去了。另一种方法是在杀羊前先在羊的两角中间、两角尖端、两角中段各抹上一小块酥油，从脖子至尾部再抹上3小块酥油，这就表示把羊献给神灵了。藏民不主张杀牲，这两种方法可能都含有推脱杀牲之责给神灵的意思。开始窒息时，牧民便口诵六字真言。杀牛时且在所供的佛前点上一盏酥油灯。这是杀害生命的缘故。原则上杀羊也得燃一盏酥油灯。但杀羊的时候较多，普通都省略了这一项手续。

　　宰杀牲畜的数量有季节性的差异。夏季杀牲最多的人家，平均每月杀羊一只，冬季尤其是在过年时是大量宰牲的季节。因为春季的肉食和夏季的干肉都在这时准备。平均一年中，富有的牧户约杀羊50只、牛2头；中等人家约杀羊20余只、牛1头；较穷的人家不杀牛，杀羊10只至20只。

（四）畜群灾害与防治

　　甘家牧区的畜群灾害可分为狼害与兽疫两种。

　　狼害多在冬季，由于大雪封山，狼不易寻食，便增加了对羊群的危害。牧人的羊圈如筑得不好，对羊群的管理又欠佳，则羊只每于夜晚被狼拖走。牧人们说有的狼可一次拖走两只羊羔。有的牧户一年中因狼害而损失的羊只可达五六十只。其次，除羊以外，牛、马如遗失在山上，也可能被群狼吃掉。不过这种现象并不多见。牧民对于狼害除消极的预防外，积极进行打狼的行动尚未普遍展开。兽疫对畜牧业的威胁甚大，一家畜群很大的牧人一旦遭遇严重的畜瘟，牲畜大批死亡，短期中便可由富而贫。畜瘟造成牧业经营中的不稳定性。甘家牧区兽疫的种类很多，最常见的有牛瘟、口蹄疫、炭疽、马流行性感冒、羊痘、腹泻、胸膜肺炎等病。不传染的疫病如扎洛、洛（均为羊病）等，虽也导致病畜死亡，但数量不大，危害性有限。传染性的畜病如牛瘟、炭疽、口蹄疫等蔓延极快，实为牧业的大敌。例如1952年底夏河牧区发生口蹄疫，短期中就向各处蔓延。曾实行交通管制，并调派兽医多方防治，于1953年4月间才基本扑灭。在即将扑灭的同时，县中桑科、甘家、黑错等牧区又相继发生牛瘟，经几个月后才算扑灭。甘家牧区的马流行性感冒也相当严重。据甘家乡副乡长官木曲乎说是1946年从青海传过来的，每年约死马30匹，1952年仅牧民桑知加一家就死了12匹马。

过去牧民从经验中总结出一些对各种疫病的防治方法。但这些方法只能在防治兽疫上起一部分作用。牧民不得不求助于宗教迷信，请活佛念经禳解，或避瘟。所谓避瘟是通常在每年正月请活佛算卦，如算出某一地区本年将发生瘟疫，牧民便提早赶起牛羊逃往另一地方去避瘟。

1950年夏河成立了兽疫防治站，在疫病防治上起了一定的作用，展开了预防注射、门诊治疗、检疫畜群、巡回医疗等工作。1953年春夏之交，甘家发生牛瘟，防疫人员及时把疫区封锁起来，予以消灭，减少了畜群的死亡。但在防疫工作中，由于宣传不够，和甘家上层头人的联系不够，群众又相信念经禳解，并且怕借打防疫针调查牲畜数目，这些都使工作的推动受到阻碍。例如防疫人员在甘家乡贴防疫宣传标语，被群众撕掉；向他们宣传瘟病的危害与防疫的必要性，部分群众却说："没瘟疫提瘟疫，是不祥之兆。"又如甘家的马腺疫较多，由于死亡率不大，兽医人员了解病畜情况时，部分牧民认为这种病是无关紧要的，待其肿胀部分破裂后，即可自愈，并嫌麻烦，不愿拉去医治。

科学的兽疫防治工作的推进，虽曾受到一定的阻碍与困难，但为了增加畜群数量与增进畜群健康，为了提高牧民的生产和生活，这项工作必须广泛展开。事实上，近几年来已经收到了一定的效果。科学的医疗防治工作的成果、生动的事例，必然会逐渐扭转牧民的迷信思想。所以这项工作必须坚持下去。

（五）副业生产与贸易

甘家牧区每家牧民都从事一些副业来解决日常生活中的需要。作为商品而生产的很少。副业的种类如下：

1.搓绳。牧民所用的绳是牦牛毛作的，坚韧耐用，是牧民生活中不可缺少的东西。搓绳是男子的工作，利用放牧的闲暇来做。通常一人一天可搓绳五六尺到十六七尺。

2.鞣皮。鞣皮有一定的技术，熟练的每天每人可鞣羊皮两张，每两天可鞣牛皮一张。鞣牛、羊皮的方法相同。先把皮放入碱水中泡软，过一定的时间，取出拔掉毛，用脚踩鞣及用木棍反复鞣刮而成。皮的用途很广，通常用作口袋、皮靴、马具等。

3.捻线。分牛毛线和羊毛线，是纺织原料。

4.褐子。分牛毛和羊毛的两种，宽约8市寸，长数丈不等。牛毛褐子用作口袋和帐幕原料。每顶帐幕每年必须换上两节新褐子。从帐幕顶端开口处换起，一边一节。新的换上后，和地面相接的旧的便一边取去一节。这样每年轮换，以保持帐幕长期使用。羊毛褐子可做口袋、褡裢，或缝成单子，可铺可盖，用途很大。

5.制毡。制毡是妇女的工作。把羊毛撕开摊平，放在地上往来擀压，便成毛毡。毛毡用途极广，可做雨衣、马鞯、坐垫及其他日用品。

6.缝衣。缝衣是男子的工作，利用闲暇缝制全家冬季的厚皮袄与夏日的薄皮袄。约两年缝一次。

7.做酥油。把加热后的牛奶倒入做酥油的木桶，盖上有孔的木盖，用木棍从孔内插入奶中，上下搅动。酥油浮起来后，排去水分，取出捏成团即成。桶内余下的水，加火烧开，倒入羊毛口袋过滤，剩下的即成"曲纳"——奶渣，晒干后，储存起来以备食用。

8.狩猎。甘家牧区的狼、狐、麝、旱獭、黄羊等都很多，但牧民因宗教关系，狩猎的较少。猎物除自用外，兼运至夏河市上作为商品。

9.挖蕨麻。蕨麻是一种富有淀粉的食品。春秋二季妇女多利用闲暇去挖。除自食外，多的就拿到夏河街上去卖。

10.拾牛粪。牛粪是主要燃料，牧区中很多，随处可得。5袋牛粪在夏河市区可卖一元。有钱的牧民不愿搞，没钱的牧民又没有牲口去驮运；但为了贴补生活费用，贫苦牧民仍有贩卖牛粪的。

这里我们可看出甘家牧区副业的特点。上述10种副业活动中，前面7种都是畜产品的加工。这些基本手工业和日常生活关系太密切，而所需原料，每家牧民又可自给，这样，原料的供给和原料的加工便统一了起来，而以家庭为生产单位。于是每个牧人又或多或少同时是个工人。这种牧人和工人不分的情形造成牧业活动中的自给性。各家牧民既有相同需要，又有相同原料，因此，为了减少无谓的支出，不管怎样简单，每家牧民都或多或少会经营一些相同的带有手工业性质的上述的副业，以满足他们在牧业活动及日常生活中的需要。由此可见，这些副业主要带有自给性，一般并不为商品而生产（多余的自然可以出卖）。这种不求人的自给活动，把牧区手工业普遍而孤立地分散到每个牧民家中，自然就谈不到分工合作了。因此，如果要组织牧民发展副业生产，我们必须认识牧区副业的这一特点。

副业中狩猎、挖蕨麻和拾牛粪三项：就富有的牧人来说，每年畜产品的收入已足够全家开支而有余，拾牛粪作为自用燃料是必需的，但贩卖牛粪就不愿干了。对挖蕨麻的看法，也大体如此。狩猎则由于宗教关系，搞的也不多。贫穷的牧人呢？这三项副业都是他们生活所必需的。因此，不仅自用，作为商品而生产的也非常普遍，且有依靠打旱獭所得为生活大部分来源的。

由此可见，一般牧民是否从事这三种副业，和他们的牧业收入具有密切关系，这和前面几项副业在性质上就有差异了。

总之，从上述材料来看，牧民的副业基本上是牧畜经济的延伸，而且主要是自给自足。这也是由他们的自然经济决定的。

在商业贸易方面，以畜牧业本身而论，一方面没有经济上的分工，家家都生产同样的畜产品，除个别情况外，基本上就不需要交换。因此，牧民彼此间的经济关系表现在畜产品作为商品而交换的这一点上是不显著的。另一方面，牧区既不出产粮食，只靠畜产品本身又不能直接满足牧民全部生活需要，牧民必须通过商业形式，用自己的畜产品如毛、皮等换取青稞、面粉等农产品。因此，牧区与农区之间表现在产品交换方面的经济联系却是很重要的。

甘家牧区所产羊毛由于纤维长、韧性大，被夏河畜产公司列为第一等，极受市场所欢迎。羊毛便是牧民作为商品外销的主要对象，亦即收入的主要来源。除羊毛外，羊、牛、马和兽皮也是牧民提供给市场的重要商品。兽皮可分牛皮、羊皮（包括羔皮）、野兽皮三类。此外，带有手工业性质的牧区副业，如前所述，主要在满足牧民自身需要，故作为商品投入市场的不多。

牧民们买进的货物主要是青稞、炒面（已磨成粉的青稞）、面粉、大米、挂面、茶叶、糖等食品，其次才是布匹、绸缎、帽、鞋及日常零星用品如针、线等。由于牧区的生活比较机动简单，其他商品尚不易畅销。牧区畜产品及其他土特产品以夏河市为集散地，所需粮食除由夏河市买进一部分外，多由青海循化第五区和甘肃临夏输入。至于茶叶、布匹等则经由夏河市买进。甘家牧区中也有从临夏去的回、汉族及以及从青海去的撒拉族小商贩。资金都很少，出卖的东西有大蒜、青盐、花椒、糖果、针线、小玻璃镜等有限的日用品。牧民由于季节的改变而迁移放牧地区，购买商品往往不太方便。但这些小商贩不是挑担子，就是赶小驴驮着商品往来于各部落间，使牧民在购买零星用品方面得到一定的便利。因此，商品的价格虽比夏河市上贵些，却仍不难找到买主。

货币方面，夏河过去是个银元市场。一切交易都以银元为计算单位，纸币始终未能推行。中国人民银行夏河支行在1950年成立。几年来在推行人民币、打击银元的工作上起了很大作用。1953年秋我们去夏河时，市面上已普遍使用人民币。但甘家牧区仍普遍通行银元。在大宗交易中除银元之外，还使用银锭，每个50两，可换13只羊。人民币的行使尚未普遍展开。三种并存的货币中，人民币约占三分之一强，银元、银锭约当三分之二弱。但由于牧区各种贷款和发放救济金都以人民币为本位币，加以夏河市也普遍行使人民币，使牧区人民币的使用日益巩固和扩大，逐渐限制了银元和银锭的使用范围。

除货币交易外，甘家牧区尚有物物交易方式。比如牧民常用一定数量的酥油、曲纳（奶渣）或羊毛换取临夏或循化小商贩的货物如水果、青盐、干粉等，但只限于少量的交换。牧民也有互相交换马匹的个别现象。两匹马必有优劣之分，交换时，劣马主人必须加上几只羊使对方满意，交换才能成功。

前面已提到牧区不产粮食，因而农区产品对牧民的需要来说具有绝对的供给作用。然而，由于农区藏民除农业役畜外，普通都畜养一些牛羊，供给自己需要的奶、酥油以及部分皮毛，所以对牧区产品并不绝对需要。和甘家牧有贸易关系的非藏族农区如临夏、循化等地则主要是销售自己剩余的农产品，对牧区产品也并不是必需的，一旦农业减产，就会影响外销。例如1953年天旱，循化粮食减产，就停止向外出卖；临夏方面也减少了出售量，结果造成甘家牧民购买粮食的困难。甘家牧区对农业区的依赖性大，农业区对甘家牧区的依赖性小，造成甘家牧区的畜产品对农民的需要并没有绝对的供给作用，从而影响了畜牧业和农业间的直接交换。

农民虽不一定购买牧区畜产品，但却得用农产品去换取生产和生活中必需的工业品如农具、鞋、帽等。于是，从事中间剥削的商人正好用工业品换取农民的农产品，再用农产品及一些工业品换取牧民的畜产品，换得的畜产品如毛、皮等则运出作为工业原料卖出去。这样，获利的是商人，吃亏的则是农牧人民。寺院和一般土司、头人大都经营商业。他们资金既厚，又利用宗教迷信和政治权力，低价收购牧区产品，使一般牧民在买进卖出之间吃亏很大，造成牧区资金外流的现象，直接影响牧民生活。不等价的交换是过去甘家牧民生活贫困的重要原因之一。

现在，国营贸易公司在夏河成立了支公司，并成立了甘家牧区流动组。这样，夏河商业乃得在国营经济的领导下向等价交换的方向发展，提高畜产品和土特产品的价格，并充分供应牧区所需的日用品。市场物价得到稳定，城乡的物资交流也活跃起来了。贸易公司并大量收购牧区畜产品和土特产品，提高了甘家牧民的生产情绪和生活水平。过去一张牛皮只能换到1丈2尺雁塔布，1952年可换到6丈；100斤羊毛可换5块天泰茯茶，1953年可换30块；过去蕨麻市面上不易卖掉，1952年贸易公司却以一斤大米换一斤蕨麻。牧民眼见土特产品都有了销路，无怪生产情绪比过去大大提高了。

贸易工作中也存在着不少困难。比如1952年畜产品的收购多由私商转卖给畜产公司。私商以低价收购，甚至去牧区包买整群羊毛，雇人剪下，运回夏河，获取高利，离间了牧民与国营贸易机构的直接联系。造成这种现象的主要原因是畜产公司收购皮毛标准严格，牧民不习惯，怕麻烦。加以过去一般羊毛交易都是通过中间人（私商），牧民习惯了这种方式。这样，给私商一个钻空子的机会，使牧民在经济上受到不应有的损失。总之，随着国营贸易业务的开展，这种不应有的现象是会逐渐消除的。

二、经济关系

（一）草山的所有权、使用权与管理情况

草山是牧民最重要的生产资料，没有草山，就没有畜群，无怪甘家牧民都把草山视作"命根子"。甘家牧区草山所有权属于甘家6个部落公有，因此，6个部落的牧民对于草山都有使用权。甘家牧民虽然是拉卜楞寺的教民，但拉寺派到甘家的"郭哇"和甘家部落的头人，对于甘家草山都没有出卖、租借或让给其他部落的权力。由于甘家部落的羊群较大，草山较小，为了适应气候的变化并合理使用草山，各部落虽有其使用权，但得按照一定的使用制度，每年抽签分配草山。

为了执行草山的合理使用制度，甘家部落有类似草山管理委员会的组织。管理人员称为"邱德黑"。每一部落有"邱德黑"5人，每年由5户牧民轮流充任，但家中无男子者例外。每部落的"邱德黑"组成为一小组，并有小组长一人称为"邱德黑洪布"，由"郭哇"指定。"邱德黑"的任务是具体执行草山管理制度，管理草山界限，阻止越界放牧。对于越界放牧的惩罚制度是这样的：当阴历四月时，各部落已由散居的冬季牧地分别集中放牧，各有由抽签决定的放牧区域。部落与部落之间如遇羊群越界吃草，不论羊群大小，越界吃草一天，罚一岁小羊一只。由草山管理委员捉去，与"郭哇"各分一半。四月到六月的惩罚规则就是这样的。六月到八月牧场上青草苗茂，如有羊群越界吃草一天，罚两岁羊一只。八月到十一月是畜群上膘的重要季节，也正是进入冬窝子以前的一段放牧时间。这段时间是相当重要的，如果畜群有足够的牧草，就会肥壮起来，可减轻冬季牧草缺乏与严寒的威胁。因此，对于羊群越界吃草的惩罚也更严一些，普通是罚4岁大羊一只。至于外部落的羊群越界吃草侵入甘家牧区，通常由甘家牧区抓取六七岁大羊一只，以表示其违犯草山制度。一般说来，甘家部落间如有羊群越界吃草的事件发生，由"郭哇"或草山管理委员们即可解决，并不致引起其他事故。但甘家部落与外部落间如有上项事故发生，如果双方素无隔阂，则依共同了解的惯例办事就可解决。如果双方关系在平时不够融洽，则往往因此引起草山纠纷。

　　甘家与青海省同仁县加吾部落由于争夺夏河与同仁交界处阿吉大当尼哈以东、帕浪南畔以西，长约30华里、宽五六华里不等的赛庆沟草山，发生纠纷、仇杀械斗达35年。双方人畜伤亡都很大，仅甘家部落即死28人，损失牛羊3000头只。当时政府虽多次派人调解，但或因受贿偏袒，挑拨离间，故意制造矛盾，或因互争地盘，暗中支持一方，嗾使互不相让，以致纠纷不仅未能解决，且不断扩大。后来人民政府本着民族团结的精神，在团结友爱、互相让步、民主讨论、公平合理的原则下进行调解，并顺利地调解了纠纷，划定了双方草山界限，使双方关系趋于融洽，在解决民族纠纷这一问题上起了极大的示范作用。虽然如此，由于畜群越界吃草，双方有时仍不免有轻微的意见。

　　直到1953年秋尚未圆满解决的另一草山纠纷即甘家色如、仁景二部落与青海岗查部落的草山争夺事件。据初步了解，双方都是拉卜愣寺大法台火尔藏仓的教民，目前的争执区域也属火尔藏仓所有。在二三十年前，双方关系是和好的。由于双方当时替火尔藏仓所尽义务相等，畜群吃草也就未分彼此，从无明显的草山界限。发生纠纷的地区名叫"唐从卡"。甘家的色如、仁景二部落的畜群在该地每年秋季吃草10日，青海岗查部落则于次年春季在该地吃草一月，一个是秋草，一个是冬草。后来岗查部落以本身既属青海，每年对青海方面有一定负担，因此不愿替火尔藏仓尽义务，但其畜群仍照旧例，每年在"唐从卡"吃草。由于岗查的负担减轻，甘家方面色如、仁景二部落的负担遂无形加重，于是甘家二部落对于岗查部落的畜群照旧吃草不愿担任负担的现象表示不满。双方因此发生隔阂。15年前火尔藏仓曾调解一次，并明确岗查部落的义务。此后双方关系，虽得以勉强维持下去，但仍不时发生小的冲突。岗查部落虽然照旧按时在"唐从卡"放牧，但因对青海方面负担了牧业税，对火尔藏仓的义务遂几乎完全停止。于是，甘家二部落遂提出停止岗查部落在"唐从卡"放牧的权利。火尔藏仓对甘家二部落也表示同情。双方冲突遂告扩大。1953年7月夏河县人民政府与青海循化县人民政府曾组织了调解委员会进行调解，经两月余的努力，才算告一段落。

（二）畜群占有情况

甘家牧民对畜群占有数字顾虑最大，均讳莫如深，极不易了解。这主要由于过去当地统治者的压迫剥削，造成牧民"怕露富"的思想。此种思想对牧区工作的开展是有一定影响的。比如畜群数字截至1953年尚不能进行全面调查，牧业税也没有开始征收，仅依旧例征收公粮而已。我们根据甘家牧区白石崖塔哇村的乡委员排毛才让、甘家仁景部落牧民工布札西、甘家直属乡乡长尺只木及乡文书杨某等所供给的资料，比较研究，得出下表的估计数字：

表 1　甘家牧区畜群数字估计表

（单位：只）

畜别	数量	百分比
羊	93390	92%
牛	6565	6%
马	1854	2%
共计	101809	100%

从表内看得出甘家牧区羊最多，占畜群总数92%；牛次之，占6%；马最少，占2%。如和夏河全县1952年畜群估计数字来比较，甘家羊占全县绵羊数（779406只）的12%，牛占全县牛数（190855头）的3%，马占全县马数（48890匹）的4%。羊群所占百分比总是较高，说明羊群的经济价值对甘家牧民说来比牛马都大。

三种畜群的占有情况是不均衡的。我们根据和我们接触的牧民的看法，依照占有畜群的数量，姑且把牧民分成上、中、下、贫穷、最穷五种人家。自然这不是划阶级，也不是定成分，只是为了获得一个较明显的概念而已。

平均说来，最富的人家有羊1200只、牛85头、马35匹，而最贫的人家则一无所有。在牧区，畜群的大小决定牧民的贫富。这两种人家不仅生活上极端悬殊，在生产上，前者具有发展畜群的优越条件，而后者尚未摆脱饥饿的威胁。这种不平衡的发展情况，直接影响牧业经济的发展。关于此点，我们在牧民生活一节中还要提到。

由于人民政府正确地执行了发展牧区经济的政策，主要的是在牧区不进行社会改革，不划分阶级，不分草山，不分牧群，不在牧区盲目发展农业，禁止开荒。甘家各部落畜群数字一年比一年有所增加。据乡长尺只木说甘家牧民每家的牲畜比过去普遍增加了三分之一。畜群的增加与草山的使用具有密切关系。如果畜群逐渐扩大，则对草山的使用、管理和牧草改良工作都应加强，为畜群发展创造优良条件。

表 2   羊群占有情况估计表

（单位：只）

户别	户数	占有羊数	占比	户均羊数	人均羊数
上等	25	30000	32%	1200	317.28
中等	107	53000	57%	500	132.45
下等	40	8000	9%	200	52.98
贫穷	27	1890	2%	70	18.54
最贫	15	无		无	无
共计	214	92890	100%		

表 3   牛群占有情况估计表

（单位：头）

户别	户数	占有牛数	占比	户均牛数	人均牛数
上等	25	2125	32%	85	22.51
中等	107	3745	57%	35	9.27
下等	40	560	9%	14	3.71
贫穷	27	135	2%	5	1.32
最贫	15	无		无	无
共计	214	6565	100%		

表4　马群占有情况估计表

（单位：匹）

户别	户数	占有马数	占比	户均马数	人均马数
上等	25	875	47%	35	9.27
中等	107	805	43%	15	3.97
下等	40	160	9%	4	1.06
贫穷	27	14（13.5）	1%	0.5	0.16
最贫	15	无		无	无
共计	214	1854	100%		

（三）雇佣关系

甘家牧区中富有的牧民羊群大，牛、马多，自己照顾不过来，往往雇用男、女工人。最富的牧户一般雇男女工人各一位。做牧工的都是穷苦牧人，藉此解决生活问题。牧工分为长工和短工两种，雇佣情况也有分别。以长工而论，男工与女工的工作与报酬各有不同。男工从事挡羊（牧羊），无论羊群大小，普通都只雇一位牧工，至于工资的高低则视牧工技术的优劣和羊群的大小而定。工资通常是先付。按年计算，由15元至40元银元不等。除货币工资外，主人得供给牧工以衣、食、住。吃、住和主人相同，衣服方面主人每年得供给牧工冬季厚皮袄一件，夏季薄皮袄一件，避雨毡衣一件，衬衣裤一套、腰带一根、靴一双、防雨雪的厚靴一双、毡帽羔皮帽各一顶。到剪羊毛时另有工资，即将毛剪完后给予羊毛5市斤约合银元6元。

羊群产羔时，由主人给好羔皮一张。有的牧工在上工时讲好先向主人借钱（通常有借银元125元或65元的两种），不付利息，但必须于辞工前偿清。牧工借钱后即用以购买羊只合于主人羊群内一同牧放，以便管理，如此可逐渐发展自己的羊群。挡羊技术很好的牧工，平时很受主人的尊重，不敢随便得罪。

牧工在上工时双方先讲好工作与报酬，由一位中间人作证。上工时议定挡羊，但有暇时也可照顾牛群或马群，或做其他临时工作。工作期限由一两年到数年不等。如果双方满意，可继续数年之久，否则不满的话一年也有退辞的。牧工有随时提出辞工的自由，主人也有辞退牧工的自由。如工作不及一年，牧工在主人家中患病停止工作，除工资照旧计算外，主人得出医药费，并请喇嘛念经，如牧工患病回家，则停止计算工资。

女工的工作是挡牛、挤奶、做酥油、鞣皮、纺线及其他日常工作。工资最多不过30元，按年计算。此外主人供给衣、食、住，与男工的待遇相似。

无论男女长工，如工作得很好，又与主人的关系很融洽，有由主人为其招婿或娶妻的个别现象。此后长工便算为主人家里的人，不再计算工资。如果相处日久，关系欠佳，长工决定离开此家分居，则主人得给予其财产的一部分，如帐幕、牲畜、用具等。

除男、女工外，也有雇童工的现象。童工的工作是协助成人照顾牛群或马群，或照顾小牛犊，每年可得工资七八元，衣、食、住由主人供给。做童工的都是家中很穷苦的牧民。

雇短工多在剪羊毛的季节。每人每日可剪羊50只，过去可得一大斤（合5市斤）羊毛，现在一般仅得半斤（2市斤半）羊毛的价钱；饮食由主人供给。也有雇短工鞣皮、缝衣或做靴的。除从事专门技术性工作的短工外，其余做零活的短工通常每日工资是银元5角。短工的工作时间是太阳将上山时开始工作，太阳落山时下工，家住得远的，天一亮就出门了。无论长短工，1950年后工资都未调整。由于畜产品价格提高，银元贬值，造成实际工资降低，直接影响牧工的生活。这是当前雇佣关系方面存在的一个问题。

（四）牧民的负担

甘家牧民的负担在过去是很重的，最普通的有下列数项：

1.摊派马匹。当地政府征马的命令下后，由"郭哇"会同部落的"老人"，根据每户经济情况划分等级，按户摊派，富有的牧民有一次摊派多至一匹马的。

2.征马鞍、马鞯、肚带、皮绳等，均须齐全，以实物缴纳。

3.缴皮口袋。最穷者两三户缴一只。

4.支应乌拉差。无偿支应牛、马差役。

5.缴公粮。

以上各项都是按照牧民的经济情况计算分数后摊派的。计算的方法是每1匹马总作1分，2头牛算作1分，每10只羊算作1分。如全家有羊200只、牛16头、马6匹，则共应为34分，每分约合人民币3角。如果今年增加了羊羔、马驹、牛犊或牛、羊、马有死亡数字，则待第二年再加入或除去。原则上规定每三年计算分数一次。如果没有特别事件，就顺延下去，并不按规定时间划分。因此，分数与畜群数目并不是很一致的。计算分数时由"郭哇"主持，自报公议，为了表明所报不虚，且有发誓现象。

除了上述的负担外，牧民对"郭哇"的负担也是相当重的。在"郭哇"家中如背水、烧火、供给牛粪燃料等均由瓦尔塔部落的人民轮流担负。每次派两人，工作一年，一年期满再由其他牧民轮替。通讯员二人替"郭哇"传达命令。"郭哇"外出尚须派随从一人，由部落人民轮流充任。上述工作都是无偿劳役，伙食亦由自己负担。唯担任通信与柴水差的，其家中可免去其他的差役。此外，"郭哇"搬帐幕时，牧民得供给12头驮牛，并派二人押运。此项差役由6部落人民轮流负担。

除差役外，如有分家事件，分家者得送给"郭哇"一头牛；如有纠纷则又得送调解钱、开口钱、伙食费等，由"郭哇"及部落"老人"各得一半。此项剥削常是很重的。每年七月是草丰牛肥的季节，此时雌牛产奶量大，酥油产量也丰。这时"郭哇"即去甘家贡玛、卡家、夕固尔、瓦尔塔等部落募化酥油。牛多的人家得多给，少的少给，但一般都尽量供献。每年"郭哇"可募得酥油400市斤左右。此外，部落间羊群越界吃草所罚的羊只也归"郭哇"及"邱德黑"所有，每年"郭哇"在此项下的收入达五六十只羊。

过去由于草山纠纷频繁，一般牧民都得购买枪枝子弹；遇有伤亡，命价由全部落负担。这也是一项较大的支出。

现在，牧民的负担较过去大大地减轻了，过去的苛捐杂税均已取消，牧民仅按照分数缴公粮而已。

至于牧民对"郭哇"的负担，现在也较过去减轻了些，如分家、送礼、调解纠纷钱、伙食费等据说多已无形消除。但每年七月募化酥油仍照旧供给。以1953年而论，"郭哇"尚募化了酥油350市斤；越界放牧所罚羊只也仍为"郭哇"所有。至于"郭哇"家中的柴水差、通信差仍和过去一样，并无任何改变。

此外，宗教上的负担也是牧民的一项重大支出。家人有做喇嘛的，每年须供给其衣食必需。并经常向寺院送布施。牧民家中有人死亡，须请寺院念经，并向寺院送布施，每每花费大量钱财。至于死人的所有物和衣饰、鞋、帽、碗，用具如火皮袋、锅、皮袋、褡裤等也得酌量赠送给寺院。此项负担现在尚没有什么改变。

（五）牧民的生活

牧区中畜群是牧民的主要财富。甘家牧区最富的约有羊1500只，牛八九十头，马三四十匹，最穷的则全无牲畜。在生活上，最穷者与最富者的相差是很悬殊的。但上等人家和中等人家日常生活的享用上则相差极微。这是由于牧区生活比较简单，在衣、食及其他日用必需品的消耗上，二者都相似的缘故。如果一户上等人家与一户中等人家，人口相同，在日常生活的享用上又相似，上等人家的余钱较多，按理说来，投入扩大畜群的资金也就较多，自然畜群就比中等人家的发展快，换言之，其财富的积累也就比中等人家快。但在过去一般情况并不是这样的。由于当地政府除了用苛捐杂税来剥削牧民外，并尽量压低畜产品的价格，进行着不等价的交换，牧民的主要收入是靠出卖羊毛，从而买进粮食及日用必需品。但由于卖出的羊毛价格太低，买进的货物价格太高，在经济上使牧民感受极大的困难，只有降低生活水平来维持收支平衡。但往往支出仍超过收入。于是在无可奈何的情况下，只有出卖部分牛羊来贴补生活需要。牛、羊群遂逐渐缩小，富有的可逐渐变为贫穷，贫穷的更会变成赤贫而形成流离失所的现象。再加上统治者有意识地制造民族矛盾，挑拨部落间的感情，利用小误会扩大成草山纠纷，以及兽疫及其他自然灾害的流行，造成了牧区经济的长期落后现象。

过去，由于生活困难，一般牧民纷纷借债，连上等人家也有借贷的，放债的以拉卜楞寺院为主。利息月利最高5分，最低2.5分或3分。这使穷苦牧民在困难生活中更背上了高利贷的包袱。牧区借贷时得写字据，并需有保人。如借银元100元，一年期满，连本利为160元。如再有数月不付利息，连本利共积为200元时，除所借100元的本应照付利息外，其余100元的利息也变成了本。于是本遂变成200元。以后得按照200元的本照付利息。这叫作"利滚利"。许多牧民经过数年的借贷后，就难将本利还清了。这样，维持生活都不容易，更谈不上发展畜群了。在牧区中许多穷苦牧民经常吃不上酥油、牛奶，并不是奇怪的现象。

现在由于人民政府正确地执行了发展牧区经济的政策，提高了畜产品的价格，对贫苦牧民更进行贷款、救济，刺激了牧民的生产情绪，逐步改变了牧区的经济面貌。例如过去100市斤羊毛仅可卖银元七八元，最多可能卖至20元，但现在100市斤羊毛可卖银元120元，几乎比过去增加了10倍。过去羊皮一张卖银元1元余，现在可卖四五元。又如一只大羊过去卖七八元，现在则可卖20元。过去的苛捐杂税均已取消，也有利于牧民生活的改善。兹将1950年后夏河历年物价列表如下，借以看出畜产品的价格不断提高，一般物价日趋稳定的情况。

表5 解放后夏河历年物价表

品名	单位	1950年	1951年	1952年	1953年
大米	市斤	0.35元	0.5元	0.32元	0.34元
青稞	市斤	0.11元	0.102元	0.1048元	0.136元
面粉	市斤	0.166元	0.181元	0.22元	0.21元
红紫布	匹	23.00元	34.00元	34.00元	33.8元
粉龙碗	个	3.00元	2.5元	1.2元	0.7元
羊毛	市斤	0.8元	0.7元	1.1元	1.2元
天泰砖茶	块	4.5元	4.5元	4.3元	4.00元

注：1.表列物价均藏民日用品。

2.物价均以新币折合。

3.数据源：甘南藏族自治州夏河县经济调查资料。

　　这样，一般贫苦牧民，生活逐渐好转。突出的例子如瓦尔塔部落的牧民才不旦过去生活很苦，仅有1头雌牦牛、1只牛犊及1匹老马。向政府贷款后，现在已有了80余只羊，生活也逐渐过得容易些。虽然如此，一般贫苦牧民和富有牧民间的依存关系仍然存在着。一般贫苦牧民的帐幕仍扎在富有牧民帐幕的左近，以便替富有的牧民做零工、看牛羊，来维持生活。有的贫苦牧民除替人做牧工外，也替富有者放牧一部分畜群借以增加收入，维持生活。一般的习惯，代人牧羊时，畜主并不付给工资，唯羊如被狼咬死或因其他原因死掉，则代牧者可食其肉，但羊皮归畜主所有。代人牧马也没有工资，唯所牧养的马可供代牧者乘用。代人牧放雌牦牛的，每头牛每年得给畜主酥油15市斤，剩余的归代牧者所有。如牛犊死亡，皮归畜主所有，大牛死亡则肉、皮皆属畜主所有。代牧公牛也无工资，唯可充驮物之用，每年所剪之牛毛属于代牧者。无论羊、牛、马，凡有增加，均归畜主所有，如有死亡，代牧者不负赔偿的责任。

　　自从畜牧贷款和发放救济金的工作展开后，贫苦牧民的确获得了不少帮助，也极为他们所欢迎。贷款的数额，根据实际需要每户以一百几十元至二百余元贷放，使贷款户买羊能买二三十只，买牛能买两三头，买马能买一两匹。一般贷款户都了解贷款的主要意义，主动地购买了牲畜。但他们最大的顾虑就是贷款买了牲畜后，恐怕牲畜死亡，将来无法还款。如果借此机会向他们进行新畜牧知识、兽疫防治等宣传工作，是可能收到一定效果的。1953年4月夏河人民银行曾到甘家乡配合政府工作组进行贷款工作。个别中等牧民也申请贷款。于是决定在贷款小组中每四五户贷款户中加上一户。这样一方面可促进他们在生产上的积极性，另一方面也促进他们与贷款户相互间的团结。

　　在发放救济金方面，规定凡无羊、无马，虽有牛，但在5头以下的可以得救济金。1952年最多可得21元，最少8元；1953年最多的40元，最少的10元。对于贫苦牧民来说，救济金与畜牧贷款一方面给他们以物质的帮助，实际地改善他们的生活；另一方面也刺激并鼓舞了他们的生产情绪。这在改善他们的生活上也是起着决定作用的。

富有的牧民由于牧群大，畜产品价格提高后，收入方面比过去增加了许多倍。比如一个有1000只羊的牧民，他每年可剪2000市斤羊毛，即以最高毛价每百斤20块银元计算，也不过收入400块钱，除掉各种苛捐杂税、念经布施，剩下来作为生活费用的就很少了。现在，同样的2000市斤羊毛，每百斤值120块钱，共可卖2400块钱（合人民币2400元），比过去增加了6倍，而支出方面则已不再有从前苛捐杂税的重负了。毫无疑问，生活有了很大改善。下面用两个实例说明上等人家和中等人家现在的生活情况。由于一般牧民素无记账的习惯，更不愿别人了解其家庭收支情况，我们只间接调查了这两户牧民，对他们收支情况做了尽可能的估计，但不够全面，和实际情况可能出入很大。兹表列如下：

表6 甲上等人家（甘家白石崖寺塔哇村乡委员排毛才让的一位朋友）收支情况估计清单

人口：8人（两位老太太、一个老头、一对壮年夫妇、一个养女、两个长工）
畜群：羊1000只、牛50头、马30匹
收入：
1.现金收入部分：羊毛2000斤，卖人民币2400元
2.自给部分：副业产品、酥油、奶渣、牛毛等自用
支出（仅以现金收入部分支付）：

项目	数量	开支（元）
1.饮食：		
面粉	700斤	140
炒面	1200斤	300
☆酥油	240斤	240
豆面	120斤	30
大米	4升	40
挂面	160斤	96
茯茶	3块	12

项目	数量	开支（元）
青油	20斤	20
青盐	38斤	12.5
干粉	20斤	10
糖（黑、白）	5斤	3
冰糖	—	4
枣、梨	—	80
花椒	3碗	2
馍、麻花	—	15
☆牛	2头	120
☆羊	15只	150
小计		1274.5
2.衣服：		
汗衫	8件（白市布11丈）	37.4
裤	4条（青布2丈5尺）	7
腰带	8条	22
☆冬皮袄	4件（每人两年一件）	164
☆夏皮袄	8件的三分之一（每人三年一件）	85
☆羔皮帽	4顶	12
呢帽	2顶	14
冬鞋	5双	60
夏鞋	8双	56
小计		457.4

续表

项目	数量	开支（元）
3.宗教费用：		
一般念经及布施		75
4.工资：		
长工	2人	40
短工	20人（剪羊毛）	100
小计		140
5.公粮：		
公粮	170分（每分合3角）	51
共计		1997.9
结余		402.1

注：1.衣服中尚有毡衣8件，系自制，价不悉，未列入。

　　2.杂支一项，多有多用，少有少用，无从估计，故未列入。

　　3.有☆者是自给部分折合成现金。

　　4.以斤计算的项目都是市斤。

这家在两年内曾为两个老人念大经，每人念经用费如下：

项目	数量	折合现金（元）
1.饮食：		
茯茶	—	300
酥油	350斤	350
面粉	240斤	50
矽面	300斤	75
大米	6升	60
青油	40斤	40

项目	数量	折合现金（元）
牛	1头	60
2.念经费：布施寺院		
钱		25
☆酥油	35斤	35
大米	1升	10
单人合计		1005
两人共计		2010

表7　乙中等人家（甘家白石崖寺塔哇村乡委员排毛才让的一个亲戚）收支情况估计清单

人口：7人（包括一位长工、一位喇嘛在内）
畜群：羊450只、牛30头、马8匹
收入：
1.现金收入部分：羊毛900斤，卖人民币1080元
2.自给部分：副业产品、酥油、奶渣、牛毛等自用
支出（仅以现金收入部分支付）：

项目	数量	开支（元）
1.饮食：		
面粉	520斤	109.2
炒面	600斤	150
☆酥油	210斤	210
豆面	120斤	30
大米	4升	40
挂面	120斤	72
茯茶	1块	4

续表

项目	数量	开支（元）
青油	15斤	15
青盐	34斤	12.5
干粉	12斤	6
糖（黑、白）	3斤	2
冰糖	—	2
枣	3升	45
花椒	2碗	1.4
馍、麻花	—	8
☆牛	1.5头	90
☆羊	10只	150
小计		947.1
2.衣服：		
汗衫	6件（白市布9丈6尺）	32.6
裤	4条（青布2丈5尺）	7
腰带	6条	18
☆冬皮袄	3件（每人两年一件，喇嘛不在内）	123
☆夏皮袄	2件（每人三年一件，喇嘛不在内）	64
☆羔皮帽	3顶	9
呢帽	1顶	7
冬鞋	3双	36
夏鞋	6双	42
小计		338.6

续表

项目	数量	开支（元）
3.宗教费用：		
一般念经及布施		50
4.工资：		
长工	1人	20
短工	6人（剪羊毛）	30
小计		50
5.公粮：		
公粮	80分（每分合3角）	24
共计		1423.7
下欠		343.7

注：1.衣服中尚有毡衣6件，系自制，价不悉，未列入。

　　2.杂支一项无从估计，未列入。

　　3.有☆者是自给部分折合成现金。

　　4.以斤计算的项目都是市斤。

表 8　两家自给部分和现金支付部分占总支出的百分比

	甲		乙	
	数量（元）	占总支出（%）	数量（元）	占总支出（%）
现金支付部分	1226.9	61	777.7	55
自给部分	771	39	646	45
合计	1997.9	100	1423.7	100

　　表内两家收支方面都包括现金与自给两部分。自给部分仅限于畜产品，两家都足够自给，其余物品就靠用现金向市场购买了。支出栏内，我们把自给部分也折合成现金，计算两部分支出总数，再比较二者所占总支出的百分比，就可看出自给

的程度了。甲家占39%，乙家占45%。两家现金支出都比自给部分所占比重大，而现金支出中又以购买农产品所占比重最大，说明农产品在牧业经济中所占的重要地位。

再看表内甲家全部支出仅以现金收入来抵偿，收支相抵尚有不少盈余（402元）；乙家用现金收入抵偿全部支出则嫌不足（差343.7元）。如不把自给支出部分（折合成现金）算入，则两家现金收入抵偿现金支出后都有剩余，甲家可余1173.1元，乙家可余382.3元，生活都相当富裕。这笔剩余资金如果投入畜群扩大再生产，则畜群必然发展。甲家会比乙家发展更快。

然而事实并不如此。剩余资金投入生产活动中的并不多，不仅这两家如此，甘家牧区中上人家大都这样。这种现象夏河县其他牧区也有存在。那么牧民如何处理这项资金？甘家牧区畜群数字又是怎样增加的呢？

首先，畜群增加的主要原因，并不是甘家牧民从外部落买进牲畜，而是部落内部畜群的增殖。增殖的原因，一是牧民生活改善，向市场出卖牲畜，特别是出卖母畜的情况减少，直接有助于畜群的增加。一是夏河成立了兽疫防治站，逐步展开了注射、检疫、治疗等工作，在疫病防治方面起了一定的作用，降低了疫病蔓延与畜群死亡。还有些牧民在秋季牲畜膘大时，出卖一些年老的牛羊。肉多，卖的钱也多。即用这笔款项买进羊羔或牛犊，来扩大自己的畜群。前面所举乙家就用此法扩大畜群。

其次，关于剩余资金的数量。前表中支出部分我们未列入杂支一项，包括买烟、酒、枪弹，去夏河市零花等费用。这笔费用是多则多用，少则少用，数量不定。但就拿富有牧民如甲家来说，杂支所占剩余资金的数量仍然是有限的。

剩余资金的安排，从牧民的特别费用上找到了回答。过去部落间纠纷多，买枪买弹是必需的；如发生命案，部落内的牧民还得共同赔偿命价。各种苛捐杂税的负担也很重，使一般牧民不仅缺乏剩余资金，连生活都成问题。现在这些情况已基本消除。因此，这里所谓特别费用主要是指宗教方面的特别费用，目的是一方面替自己积福，一方面保佑畜群。由于宗教信仰，一般牧民到老年都希望在逝世前能念一次大经，放一次大布施。前面提到的甲家，为两个老人念了这样的大经就花掉2030元，可见这笔费用之大。自然也是量家之有无，不是每个牧民都花这样多的钱，但这总是一笔很大的开销。至于遭遇疾病或婚、丧大事，富有的牧民向寺院放布施、供饭，一次花去几十块钱以至几百块钱也是常有的事。

如前所述，扩大畜群不一定用钱去买。但为了避瘟、免灾，使畜群顺利发展，一般牧民在宗教信仰与传统经营方式的支配下，就把一部分资金投入寺院和喇嘛身上，希冀求得保佑。为此而放布施、请喇嘛念经、请活佛打卦避瘟也是常有的事。这样，牧区剩余资金不断流入寺院，大大阻碍了牧业经济的发展。这些流入寺院的资金大多被用来作为寺院商业贸易的资金及寺院和喇嘛个人的消费，而被用作扩大再生产的则绝无仅有。这是牧区经济的一个问题。

（六）发展牧区生产中的问题

综上所述，我们看出甘家牧区在发展生产上存在着三个较大的问题，在一定程度上延缓了发展的速度。

1.雇工与雇主关系矛盾。牧工工资低，一直是牧区经济中的一个问题。过去阻碍牧区生产突出的因素是有关全部落的草山纠纷、不合理负担、不等价交换、压低畜产品价等等，而牧工工资一般按银元计算，当时银元价值较高，所以相对的比现在工资高。因此，雇佣关系的矛盾并不怎样突出。现在上述阻碍都基本消除，畜产品价格提高，银元贬值，但牧工工资并没有什么改变，造成实际工资降低的现象。因此，牧工生活都很贫困，影响他们的生产情绪。另一种情况是临时性的剪毛工，过去由于羊毛不值钱，每人每天的工资是一大斤羊毛（合5市斤）；现在羊毛价提高了，一般牧主都改付银元，剪毛一天给两三元，而现在5市斤羊毛值6元（合人民币6元），大大降低了剪毛工的工资。牧民工布扎西说："现在有良心的人才给一大斤羊毛了。"这样，雇佣关系的矛盾日益显著。

总之，牧主在工资方面减少了支出，牧工却减少了收入，造成双方的矛盾。如何改善劳资关系，调整工资待遇是亟应注意解决的问题。

2.剩余资金的利用。剩余资金如能投入生产，则对发展畜群有很大作用。但是，如前所述，剩余资金大部分未投入生产，其主要部分为宗教活动所占据。主要的是请喇嘛念经（包括家庭和部落的）和对寺院布施、供饭、抓经等负担。例如前述的甲家念两次大经，就花费了2030元。如以10元折合普通羊一只计算，共用去200只羊以上，相当于其羊群总数的五分之一。此外部落间械斗纠纷因而发生命案时，则由全部落群众共同负担赔偿命价。这也成为剩余资金的出流之一。多余的资金不用于生产活动，就影响了牧业生产的发展。寺院不仅通过经济活动如商业、高利贷等，并通过牧民宗教活动，吸收牧区大量资金，这是发展牧区生产中值得注意的问题。

3.贫富悬殊的倾向。根据我们对牧民生活情况的调查以及甘家牧区一般牧民的反映，畜产品价格提高后，畜群愈大的人家，生活改善愈多，没有牲畜的人生活改善得最少。畜群的有无和大小与生活改善的程度成正比例。甘家直属乡文书杨某说："现在一般羊多的人家，生活改善了百分之百，无羊之家最多好了百分之二三十，出去做长工更不合算。"贫苦牧民虽得到一些畜牧贷款与救济金，但牲畜及畜产品价格提高，购买牲畜（主要是羊）的能力究竟有限，加以过去没有基础，有的且全无牲畜，所以畜群发展慢。又由于缺乏畜产品向市场出卖，现金收入不多，生活改善也受到限制。一些穷苦牧民说："贸易公司收购皮毛的价钱很好，但只对有皮毛的人好，我们穷人没有皮毛，享受不到这种利益。"这种不平衡的发展易增大贫富悬殊，直接影响牧业生产的发展。

景颇族的山官制社会①

　　景颇族是一个跨国境而居的民族，在我国的称为景颇，在缅甸的称为克钦，少数在印度阿萨姆东部的自称新辅。我国境内云南德宏傣族景颇族自治州的景颇族，据1957年调查有近8人，1990年人口普查增至近12万人。景颇语属汉藏语系藏缅语族景颇语支。民族内部主要分为景颇、载瓦、茶山、浪速四个支系，在国内载瓦人数最多，景颇次之，茶山、浪速最少。

　　解放前景颇族地区存在着两种不同的社会制度，一种称为"古木萨"，即以山官为首领形成的一种制度；一种称为"古木朗"，即山官制度已被群众推翻或名存实亡。20世纪50年代初大部分景颇族地区仍然是实行山官制度的社会。本节将从经济基础到上层建筑对景颇族社会进行研究，以期认识景颇族的社会形态。

　　在漫长的历史时期中，景颇族和附近各民族，特别是和发展较先进的汉族和傣族长期接触，互相影响，这就使得景颇族社会不可能如同古典社会般具有独立发展的条件，而是在民族间互相影响之下向前发展的。因此，我们对于景颇族的社会性质，不能脱离这个历史上形成的民族地区的整体观点，孤立地去进行调查。换言之，必须结合民族关系，充分估计民族关系对景颇族的社会发展所起的作用。

　　由于地理位置和历史条件的差异，各地景颇族的发展是不平衡的。这种发展上的不平衡性，从我们于1956年到1957年调查的五个地区也反映出来。根据五个地

---

① 本文于20世纪50年代由笔者写成，朱家祯同志曾参与起草生产关系部分。所用资料为1957年景颇族调查组（恕不一一列名）集体调查所得。本文曾收入1958年人大民委编《景颇族调查材料之三》，此次付印前有所删节。

区的发展面貌，可以分为两种类型：一类是"原始残余因素"比较显著的地区，如瑞丽雷弄、陇川邦瓦、潞西弄丙；一类是"封建因素"比较发展的地区，如潞西弄垱和盈江邦瓦。

从地理位置和景颇族与傣族的力量对比来看，两类地区各有特点：

第一类地区是：（1）位于景颇族聚居的中心区，或紧接中心区的外围地区，本族人多，势力较大，保留本民族原来的特点较多。（2）位置比较偏僻，不在主要交通线上。（3）距傣族土司的统治中心较远，土司统治力微弱，政治上和经济上的控制都不强。（4）本民族聚居，很少掺杂外族；附近没有汉族聚居区，汉族的政治和经济力量都未深入。

第二类地区的特点是：（1）距景颇族聚居中心区较远，外族力量居于优势。（2）邻近主要交通线，易和外界接触。（3）距傣族土司统治中心较近，傣族土司统治力量较强。（4）和其他民族，主要是和汉族杂居，或附近有汉族聚居区，经济上遭受汉族地富分子掠夺与地富经济的刺激，文化上受汉族影响较深。

我们调查的五个地区都是以载瓦为主，共有人口351户，1921人。

这次调查是在解放后几次调查的基础上进行的。1953年中共云南省委边委会调查组以及1955年全国人民代表大会民族委员会调查组都先后对景颇族社会做了较全面的调查研究，搜集了许多资料，并对景颇族社会性质提出了看法。这些资料和分析给我们在调查工作中不少启发和帮助，使我们得以在已有基础上继续深入。

这个研究报告是根据上述五个地区的调查资料加以分析比较，先对两类地区景颇族的生产方式及其发展的脉络加以考察，找出解放前景颇族社会发展的总趋势。其次，考察上层建筑诸方面和经济基础间的相互关系，试图揭露景颇社会发展中的基本矛盾，从而获得对景颇社会性质的初步认识。

一、社会改革前景颇族的社会生产方式

景颇族的主要生产活动是农业。采集、渔猎、畜牧和手工业，仅作为从属于农业的家庭副业而存在。

由于自然条件的便利和经济生活的需要，景颇族对野菜、野果的采集是很普遍的，食用蔬菜中，除部分由园地供给外，颇大部分依靠采集野菜。采集在收入中所占比重，各地有些差异，甚至同一寨子，由于经济情况的不同，采集收入比重亦不同，贫苦户采集收入比重大些，富裕户则较小，例如雷弄典型户调查，贫苦户采集收入占总收入的11.6%，而富裕户仅占2%。采集比重虽不大，但对贫苦户在青黄不接时解决粮食困难，有一定的作用。

狩猎在生产上的意义不大，猎得野兽除送山官（本民族首领）一条腿外，余皆由亲友分食。狩猎工具主要是铜炮枪、子枪，亦有用竹刺、木笼等方法。

景颇族捕鱼的很少，只是在靠近有江河的地方，农闲时下山去捕几次鱼，主要是自食，出卖者不多。捕鱼工具有鱼网、鱼篓、鱼钩、炸炮等。

家畜饲养普遍的有水牛、黄牛、猪和鸡，个别户还养少量的骡马。水牛是农业用的耕畜，骡马供驮运，黄牛和猪、鸡主要作祭鬼食用。部分家畜亦有出卖，以猪、鸡为多，出卖家畜的收入，视各户的经济情况而异，一般较富裕户出卖家畜收入的比重小，贫苦户则较多，例如雷弄典型户调查，贫苦户依靠出卖猪、鸡等收入，占总收入的15%，而富裕户只占5%左右。

景颇族的手工业不发达，手工业的部类也很少，主要有编竹器、织筒裙和织通帕（挂包），还能制木耙和犁架，此外还用简陋的方法煮酒、榨油和熬火药。编竹器都是男子的事，用的工具是一把长刀，能编制各种箩筐，主要是自用，很少出售。织筒裙和通帕是妇女的事，工具简单，编织甚为细致美观，是景颇族最突出的艺术品。筒裙、通帕系自用，一般不作商品出售。犁架木耙由男子制作，供自用，亦有少数出售。景颇族几乎家家都做水酒，方法是：用米煮成饭，渗上酒药，装入竹篮，发酵后放入罐内，掺入冷水，即是水酒。或者在发酵后不掺水当甜酒吃。比较富裕的还自煮烧酒，方法是：煮饭掺酒药，装入竹篮发酵，然后用锅蒸成烧酒（锅需两口，从外族买来）。景颇族还能用大烟籽榨油，方法是：把烟籽炒干，臼成面，放入竹篾编制的小盒内，用两片板夹紧，板缝里捶入楔子，挤出油来，榨油工具很简单，均自制。景颇族每年都要熬火药，其方法是：将含有硝的房基土挖出，放入一个宽三尺高四五尺的笋叶筐内，用水滤出硝水，置大锅内熬，水将干时，取出倒在竹槽内，干后即成硝，再配合硫磺、火炭，用手舂到最细时，取出少许，燃以火，若烧尽则质良好，即成火药。

景颇族内部分工不发达，因此内部的商品交换极少。商品交换主要是与外民族之间进行的。据典型户调查，通过市场交换而取得的商品部分，占全年消费量（包括生产的和生活的）的35%—70%。景颇族从事商业活动的很少，有些寡弱户和无田户生活困难，贩卖一些酒类，以贴补生活，亦有个别户有较多的资本，从事较大规模的贩卖活动，这种商业活动，各地都有一两户或四五户不等。但这种商业活动大多不是经常的，基本没有脱离农业生产。

总之，采集、渔猎、畜牧、手工业和商业在景颇社会中都只是从属性的，很不发达。

（一）生产力

农业是景颇族的主要生产部门，作物以水稻、旱谷为主，兼种少量苞谷、棉花、豆类、蔬菜及瓜果，并有少量茶树，大部分是从前德昂族留下的。解放前五个地区的景颇族一般都种植大烟。解放后略有减少，开始培植咖啡、紫梗等作物。

农耕地分为水田和旱地两种，五个地区都以水田为主要生产资料。水田比重的大小和地理条件的好坏有密切关系，因而水稻占水旱谷总产量的比重，各点也不相同。潞西弄丙水稻占水旱谷年产量62%，陇川邦瓦占69.01%，瑞丽雷弄占90.78%，潞西弄垱占95.05%，盈江邦瓦占90.8%。

各地景颇族的生产工具和谷物加工工具的种类、形状、质量都基本相同。我们调查到的生产工具共计34种，其中铁制15种，木制8种，竹制9种，骨制1种，石制1种（石磨）。除部分竹、木制工具自制外，铁制农具均从外族（汉族、阿昌族）购买，因而主要农具如犁、锄、斧、镰等的质量、规格和附近傣族和汉族所使用的相同。铁制农具中有一种小手锄，叫"灰作"，旱地点种挖穴用，目前只有第一类地区的瑞丽雷弄使用，过去用竹制，现仍保留在宗教的破土仪式中。

从这些工具中可找到本区较先进的工具，也可找到本民族最落后的工具，但主要农具并不次于附近的汉族、傣族，这就保证了景颇族在水田经营中具有比较高的生产力水平。

水田和旱地都是一年耕种一次，水田是固定的农业耕地，产量比较稳定，旱地中除住宅外边的小块园地用畜肥和草木灰固定下来以外，仅有少量大烟地用肥料固定下来。旱谷地都是轮歇地。水田和旱地都不施肥。选种是每年打谷时把扬净的比较饱满的谷留作种籽。

各地景颇族的水田都位于山区和坝区的过渡地带，临近有水源的地方，因而梯田比较普遍。梯田的田丘不能开得过宽，由于地面倾斜，田丘过宽则底层红土上翻，失去肥力；田丘亦不宜过窄，否则犁田不便。有的地方倾斜度大，田丘只宽约一公尺，耕牛难以转身，而且田埂多，耕作费工。

景颇族是以种籽数量计算耕地面积的，通常以箩种为单位。各地箩的大小也不一致，大的40余斤，小的20余斤，通常是30斤左右。一箩种水田面积的大小也不相同，根据在弄垴和弄丙的实测约合5亩。

开水田时先挖水沟，过高过低都影响水流，由于不会测量，一般是边挖沟边放水，坡陡、埂多的费工也较多。在平坝开一箩种水田需20—30个工，梯田要50—60个工。

每年农历一、二月开始犁板田，九、十月收割，一般是三犁二耙或四犁二耙，中耕一次。每箩种需工量，各点随技术水平、劳动效率、距离远近，以及气候、土质、坡度等条件的差异而不同，即使在同一个地区，也因条件不相同而有差异。瑞丽雷弄每箩种水田一般仅50个工，陇川邦瓦则多到101.5个工。

水田的单位面积产量都比较高。五个点中雷弄的平均产量最低，也达到种籽的50倍，弄垴最高，平均产量是种籽的80倍。以雷弄为例，每箩39斤，每箩种产量合1950斤，每箩种面积约合6.5亩，每亩合300斤，产量不算很低。弄垴一箩产百箩的水田并不少见，平均每亩达600斤。这种较高的产量是和优厚的地理条件有关系的。

　　旱地也就是山地，一般坡度都较陡，坡度愈陡，表层沃土愈易流失，产量愈低。开垦旱地，通常是选坡度较平、土质好、抛荒时间长、野兽不常出入的地方。种旱谷地，一般都不施肥，三四年后，地力用尽，必须抛弃，形成轮歇抛荒。每年三月开地前，先砍倒杂草、树木，再放火烧，灰烬即成肥料。撒种时根据挖地情况，能挖多少，撒多少，以免鸟雀吃掉种籽。

　　瑞丽雷弄种旱谷的方法在各点中最落后。烧地后，不翻地，用小手锄沿山坡从低到高，挖穴点种，后一穴的土挖出即盖在前一穴内。小手锄是铁制，但破土仪式中仍保留使用竹制手锄的形式，当地老人说景颇族从前就用它种旱地。这种工具其他四个地区都已不用。

　　旱谷地播种面积也按箩种计算。但每箩种面积的大小和坡度大小、土质好坏关系很大，而且同一块地，在不同耕作年限，由于表层沃土流失程度不同，播种量也不同，一般是播种量逐年增加。弄丙一块旱地，头年播两箩种，第二年播两箩半，第三年播三箩，我们以第二年作标准，实地丈量，每箩种旱谷地合2.5—3.5亩。

　　每箩种旱谷地需工量也随耕作年限不同而异。开荒后第一年种旱谷时杂草不多，薅草只要10个工左右，第二年后杂草逐年增多，往往与谷物并齐，薅草就要30余工，需工量大大增高。五个地区地理条件不同，也影响需工量。以开地第一年为例，每箩种需工量最少的是雷弄，只需34.5个工；最多的是陇川邦瓦，需74个人工，11个牛工。

　　各点旱谷地产量都较低，一般产量都是种籽的15倍左右。以每箩种面积合3亩，每箩重30斤，则每亩产150斤，仅及五个地区中水田平均产量最低一个地区的一半。

　　园地是固定下来的旱地，在住宅附近，通常都很少，只几升种（箩的二十分之一）面积。瑞丽雷弄的旱谷地杂种菜蔬，群众大都没有园地。园地年可二熟，一熟是大烟，间种蔬菜，一熟是苞谷，间种南瓜、黄瓜及豆类。

　　苞谷不作主粮，主要作为猪的饲料。一升种苞谷地（约合旱谷地0.4箩种）从挖穴点种到收获，约需21个工，一般产6—7箩。种大烟耕作较细，施畜肥，中耕除草，并壅土一次，每升种苞谷地面积约产大烟25两。景颇族重视种大烟，部分自己消费，部分出卖，换回食盐、衣服等日用品，甚至作为财富储藏起来，清偿债务也可以用大烟支付。

景颇族在农业劳动上有比较明显的男女分工，水田上男活较多，旱地上女活较重。

有些农活如水田上的栽秧、薅秧、割谷，旱地上的挖地、撒种、薅草、割谷等受季节性的限制较大。为了争取季节，群众通常进行"伙干"，调剂劳动力，称为"吾戈龙"。各家根据所需的劳动力，请人帮助，再还工，一工换一工。如请人"伙干"后，缺乏劳动力还工，收割后可按工作性质给谷，但这种"伙干"并不计较换工双方的强弱，也有的地区并非严格地一工换一工。

由于地理条件和生产技术的限制，劳动效率不高。各地景颇族的村寨都在山上，水田在山脚，下田劳动，往返很浪费时间。一般实际工作时间只有6小时左右。景颇族有"串姑娘"的习惯，称为"干脱总"。入夜，青年男女常出外谈情说爱，每至深夜，甚至彻夜不眠。次日下田，往往劳动强度不高。由于耕地距家远，各家都在田里盖有一间茅棚，到农活最紧张的季节（五、六月和十一、十二月），男劳动力都住在田里，每天可以工作8—10小时，劳动强度较高。

前面叙述了农业生产工具、生产技术和劳动力情况，下面我们再看一下在这种生产力水平上，一个正常的劳动力可以生产多少农产品以及提供多少剩余产物。

根据五个地区出工情况，一个劳动力最多的，出工达200多天，出工最少不到100天，一般出工都在150天左右，水田每笋种面积需工量，最少的地区约需50个工，最多的地区达101.5个工，一个男劳动力所能担负的水田面积是1.5—2笋种，可生产出约100笋粮食。

一个普通劳动力的生活所需，口粮约需25笋，加上衣服、盐巴、酒类、槟榔、草烟等折合粮食需44—48笋谷子。扣除生产成本和劳动者的生活消费量，就可看出一个劳动力所能提供的剩余生产物，一般都超过自身消费量一倍以上。

实际上一个劳动力所担负的耕地面积，在季节限制最大的农忙时期是忙不过来的，要靠换工调剂劳动力。但在农闲时，又从事其他副业劳动，所以一个劳动力在一年中的实际生产的产品是可以达到100箩谷的。

上面我们是根据景颇族已有生产力水平来计算一个正常劳动力所能创造的价值。但这种生产力水平往往受到客观条件的限制，没有充分实现出来，因而一个正常劳动力实际创造的价值和能创造的价值并不完全一致。

以潞西弄丙和弄坵为例。弄丙平均一个全劳动力的全部土地收入是70.84箩谷，加上副业收入共合83.92箩谷，不到100箩。弄坵平均一个全劳动力的全部土地收入为67.05箩谷，农副业总收入为83.83箩谷，也不到100箩。这种情况是由下列条件的限制造成的。

第一，按全部劳动力所能担负的土地面积比较，全寨土地不足；

第二，由于已经发生土地集中和产生一定的阶级分化，部分土地租出外寨。这就造成农业劳动力不能充分利用到土地上。

弄坵全寨劳动力折合全劳力118人，水田96.9箩种，租出寨外20.2箩种，旱谷地37.95箩种，共计水田旱谷地114.65箩种，平均一个劳动力不到1箩种，显然劳动力未能充分利用。弄丙全寨劳动力折合全劳力202人，水田95.8箩种，租出外寨4箩种，旱地236.9箩种，共计328.7箩种，平均一个劳动力只能耕种1.63箩种，劳动力也未充分利用。何况两地旱谷地单位面积需工量及产量都比水田要低。

再看全寨创造的财富和消费的情况。弄丙全寨农副业总收入为16952箩谷，平均每人44.49箩，可够全年食用。但如扣除生产支出、浪费性支出（吸大烟及祭鬼），及外寨债利支出，每人仅得30.56箩谷，再除去必需的嗜好品（酒、草烟、槟榔）以及衣服外，口粮就不够了。同时民族内部已产生剥削，产品通过再分配的结果，贫苦户往往连最低限度的口粮都不能维持。

弄坵全部农副业总收入9892.21箩谷，平均每人49.21箩谷，足够全年食用。但如扣除生产支出、浪费性支出及外寨抵押债利支出后，平均每人只得39.42箩谷，除去烟酒衣服，勉强能维持口粮。但由于内部剥削关系的存在，产品通过再分配的结果，也出现了许多缺粮户。

由于比重较大的浪费性支出起了抵消作用，财富的积累和扩大再生产受到了阻碍。

另一方面，景颇族在这种较高生产力水平的基础上，尚未分化出独立的手工业者，内部交换不发达，也没有形成自己的集市。

这种现象必须从民族关系来分析。我们把这个地区作为一个整体来看，各民族之间，由于发展不平衡，而又密切接触，互相影响，加之山区和坝区由于地理环境的差异，形成经济上的互相依赖，民族之间早已存在着一定的分工了。

景颇族在发展上是本区较落后的民族。当内部生产力的发展程度尚未达到第二次大分工时，由于和较先进的民族接触，虽然景颇族尚未发明采矿和铸造铁器的技术，但外族铁器的传入却提高了生产力。据调查，景颇族的铁器历来都由外族市场（汉族、阿昌族）供给，无论从传说或历史线索中都未发现本民族发明冶铸的迹象。

民族内部生产力虽有所提高，但和外族街子发生联系，依靠外族市场的商品，阻碍了本民族社会内部的分工，由于内部分工不发展，就更依靠外族市场。这种交互影响，实际上已使景颇族经济在一定程度上从属于为汉族或傣族所主导的市场。近百年来帝国主义商品经济的侵略，虽对景颇族的社会经济结构没有显著影响，但对他们的日常生活是有一定影响的。

前面已经提到，景颇族通过市场交换而取得的商品部分，据典型户调查，占全年消费量（生产和生活）的35% — 70%（全寨估计占25% — 37%）。这就表明景颇族内部具有数量较多的作为交换而提供市场的商品。这些商品中除家畜、柴薪、野菜山果外，大烟是景颇族提供市场的重要商品。五个地区中除雷弄外，其余都较普遍地种烟。例如弄丙年产烟3510.5两，合谷3510.5箩，占农业总收入24.58%，其中自吸2376两，出卖1134.5两。

除粮食外，一般生产和生活中的必需品都要靠外民族市场，大烟具有换取外来商品的作用，因此大烟具有显著的商品作物的性质，一般景颇群众都很重视，甚至作为财富储藏起来。大烟的经济价值虽较高，但它本身并不是正常的农作物，不仅促进社会浪费性的支出，影响财富积累，而且败坏健康，破坏劳动力。种大烟也是从外面传进去的。

总之，景颇社会发展了较高的生产力水平，却未发生第二次大分工，这和民族之间的影响分不开。

另一方面我们仍应看到，景颇族社会的生产力已有一定发展，劳动者所创造的剩余生产物量是不小的。这种生产力水平使一个阶级对抗的剥削制度社会的产生已经成为可能。那么让我们考察一下景颇族社会在这样的生产力水平的基础上产生了什么样的生产关系。

（二）生产关系

首先考察一下生产资料的所有制。

景颇社会中除土地以外的一切生产资料和生活资料都完全为个体家庭和私人所有，并可世代继承。

各种土地的占有关系因土地的利用情况和重要性的不同而有差异。水田是已经固定的农业耕地，因而水田的私有性比较显著。旱地无长期使用的价值，抛荒后原来的使用者一般并无特权，因而旱地的公有性较显著。园地和住宅相连，都已利用畜肥和草木灰固定下来，长期占有使用，因而私有性也比较显著。不过这类土地面积很小，各家只占有一小块，瑞丽雷弄的群众大多没有园地。

山官和群众对土地具有支配权的大小，五个地区不尽相同。除盈江邦瓦外，其余四个地区的山官和群众大体上对土地都有如下的权力：

山官对土地的支配权有如下几个方面：

（1）对土地的分配与调整。当新来户迁入本寨向山官要水田时，山官有义务把多余的田分一块给他或设法调整。这种情况雷弄较多，弄垱、弄丙新来户向山官要水田时，要送礼，弄垱已成为惯例。

（2）收回水田。寡妇或丧失劳动力的人家，山官可收回其所占有的水田。迁走户和死绝户的水田也由山官收回。但陇川邦瓦山官无此权力，而弄垱山官曾借故抽回群众水田。

（3）山官可将自己占有的土地典当、抵押、出租，但不能卖出辖区。

（4）可以允许辖区外的群众来辖区砍伐树木。

（5）迁走户留下的房屋、竹林、树木由山官处理。

（6）山官可以"号"田"号"地。

（7）弄丙山官曾以水田陪嫁女儿（辖区相连的土地）。

群众对土地的权利有如下几方面：

（1）可自由"号"田"号"地，但一般在"号"了可开水田的荒地后，要通知山官。辖区树木可自由砍伐。

（2）在正常使用情况下，水田可以世袭。

（3）可将占有的水田典当、抵押、出租，但不得买卖。陇川邦瓦有买卖事例，但不能出辖区。弄垱群众抵当水田，必须通过山官。

（4）新来户可向山官要水田，弄垱必须给山官送礼（至少一条牛）才能取到，要土地受到限制。

（5）陇川邦瓦和弄丙迁走户的竹林、树木可以自由处理。

（6）迁出辖区即失去土地（包括水田、旱地、园地）的占有权和使用权。

盈江邦瓦的情况变化很大，无论水田、旱地、园地，甚至竹林和"号"下的成材树木，都已为私人所有，持有者可自由典当、买卖、租佃，山官及任何人都无权干涉。实际上山官对土地已毫无特权，也无分配土地给群众的义务，山官和百姓在土地关系上是一样的。盈江邦瓦水田的所有制已经是完全的私有制。

从上述情况可以看出山官和群众对土地权力（权利）的差异，同时各地区之间山官和群众对土地所具支配权的程度又各不同。如果我们把五个地区土地所有制联系起来考察，就可找到景颇族社会土地由公有逐步向私有过渡的线索。

瑞丽雷弄土地的村寨公有性比较显著。对于土地，村寨中任何人（包括山官在内），都不具有超越村寨以上的权力，土地被完整地保留在辖区内，山官只有分配、调整、保管之权。这里土地部分再分配的情况比其他几个地区都多。但这种公有权力在陇川邦瓦、潞西弄丙、弄垱就逐渐地、部分地为山官所篡夺。如陇川邦瓦，山官调整和分配土地的公共权力已不显著，但山官借故侵占土地的权力却加强了。在弄丙，则山官对土地已具有某种特殊的支配权力，凭借这种权力，他可以收回百姓的土地或索取百姓的礼物，但这种情况尚未定型。在弄垱，山官不仅可借故抽回土地，而且向群众索取重礼已成惯例，水田的耕种权操在山官手中，送不起礼就无法要得水田。土地的私有性随山官权力的增长而逐步加强，但仍保留了土地村寨所有的面貌，最后所有权仍未走出辖区范围。

但这种土地村寨公有的所有制，在土地私有性逐步加强的情况下是可以被打破的，而且在有些地区毕竟被打破了。盈江邦瓦的土地已不再受辖区的限制，持有者具有完全的支配权力。山官失去从前的特权，在土地关系上，他是作为群众的一员而存在的。辖区已不具有什么作用。土地的占有和分配，不再通过山官，而是通过群众间直接的经济关系了。

但这种私有性的发生和发展，五个地区都是从水田上反映出来。旱地则仍保留了原来的公有性。这并不意味着旱地不能产生私有制。这和其他历史条件有关，由于各地可利用的旱地比较多，重要性又远不如水田，而且旱地是轮歇，没有固定，不能长期使用，从而阻碍了私有制的产生。如果使旱地成为固定耕地，情况就会不同。或者由于每户轮歇使用的旱地已固定在某几块地上，每年轮流使用其中的一块，实则全部耕地的一部分已具有长期使用的价值，人与地的关系也比较固定起来，这样也可以产生私有性。莲山县猛典乡乌帕寨的旱地就有这种情况。总之，土地之由公有向私有过渡，和生产技术及其他内外历史条件都有关系，个体生产只是提供了一个必要的前提。

上述土地所有制表明山官对于土地比群众具有更多的权力，因而比群众容易集中水田。五个地区的山官都比群众占有的水田多。以弄垱最突出，一户山官即占有全寨水田的33.43%，弄丙比重最小，但一户山官也占有6.26%。

群众对土地的占有也已经不平衡起来。无劳力户和寡妇多无水田。景颇族一般实行幼子继承，长子婚后分家，由于水田不多，大半不能分到水田；也有因债务而抵当出水田，这些都促使无田户或少田户的产生。

由于生产资料占有不平衡，已产生不同程度的阶级分化。根据土地集中程度和剥削程度，五个地区都分化出相当于地主、富农、中农、贫雇农的阶层。相当于地主的，除盈江邦瓦有一户官种、二户山官外，其余四个地区都是山官。相当于富农的大多是各寨苏温（寨头），也有群众。相当于中农的以群众为主，也有个别不当权的官种。相当于贫雇农的几乎全是群众。

把五个地区生产资料集中的程度比较一下，可以看出土地的集中程度比耕畜、农具等生产资料的集中程度要高些，土地中水田集中的程度又比旱地高。各个地区中占总户数30%的相当于中农的群众占有全部水田的50%左右；占总户数10%以下的相当于地富的占全部水田的24%—40%。这种情况表明各地都具有向两极分化的趋势，但还不很剧烈。

旱地的占有又是另一种情况。各寨相当于中农的占全部旱地的50%左右；相当于贫雇农的约占40%；相当于地富的占10%左右。山官占有旱地特别少，甚至全不占有旱地。这就表明土地中竞争的对象是水田而不是旱地，使用价值较大的是水田，旱地可以无条件占有，因而贫苦户虽然不占有水田，但仍不致变成完全不占有生产资料的无产者。

其次，我们考察一下在上述生产资料所有制的基础上，人们之间所发生的相互关系。

景颇族社会中山官和百姓的区分是很明显的。他们之间的相互关系和地位，通过下述的一些经济联系表现出来：

第一，作为辖区的成员，每户景颇人要向山官负担"官工"或"官谷"。"官工"载瓦话称"拾瓦龙"，意思是"公共的劳动"，即每户每年在山官的土地上出几天白工，通常是2至4天。有的地区群众每年还得给山官送几箩谷子，载瓦话称"拾瓦谷"，意即"公共谷"，但实际已为山官所私有。

雷弄群众每年春耕开始时，先要去山官的地上盖一小茅屋，称为"拾瓦约扎"，然后举行破土播种仪式。做两天白工，不负担官谷。

陇川邦瓦群众的负担和雷弄相似，但无偿劳动是3天。

弄丙景颇族群众每户每年出官工3天，种水田户并出官谷3箩，种旱地户2箩，共计官工186个，官谷74箩。辖区内汉族出官工7～8天，德昂族3天。汉族还每户负担官烟6两，德昂族每户也负担两三箩谷。

弄坵负担更重，群众每户每年出官工4天，汉族负担驮谷，德昂族负担打谷。景颇群众每年每箩种田还交官谷10箩（山官代土司征收，大量中饱），全寨共出官工148个，官谷437箩。

盈江邦瓦山官制度已趋解体，群众对山官已无任何负担。

第二，百姓杀牛祭鬼，要给山官一只后腿，称为"宁贯"，猎得野兽也给腿一条或给肉一包。盈江邦瓦已无"宁贯"负担。

第三，山官家有婚、丧、建屋、过年（雷弄除外），百姓都要送礼。山官举行"总戈"（祭鬼），百姓要负担牛、酒等物。

可见群众对山官有一定负担。但山官对群众也有义务。山官有保护群众人身和财产安全的义务，调整、分配土地的义务，以及处理辖区事务调解群众间的纠纷。山官凭借习惯法行使权力，没有自己的武装、法律等强制机构，不能过分苛虐百姓，否则百姓会迁走。百姓基本上保有人身自由。

个别山官如弄丙、邦瓦，还占有一两个奴隶，从事家务和生产劳动，但仅属个别现象，对社会生产不起多大作用。

群众之间在生产和生活上保持着"吾戈龙"的习惯，即集体劳动，生活上的"吾戈龙"主要是建房时的互助，生产上的"吾戈龙"基本上已成为换工的性质。

此外，作为被统治民族，五个地区的山官都对当地土司有不同程度的负担。负担轻的如雷弄，群众通过山官向土司交黄豆、棉花、竹笋等物，负担重的如弄坵、陇川邦瓦，群众要交坎色谷和门户钱、霜降钱等。

五个地区的景颇族，如前所述，生产资料占有不平衡，土地已有不同程度的集中，并已产生一定的阶级分化，因而土地的租佃、抵当以及雇工、高利贷等剥削形式，也都已发生。

先说租佃关系，五个地区的发展是不平衡的。雷弄内部发生租佃关系的占水田总数的7.07%，租额125箩，占水旱谷年产量的2.33%。雷弄水田最多，每户平均3

笋，水田中有20.71%是出租给傣族的。

陇川邦瓦租佃关系较少，寨内发生租佃关系的仅占水田总数的4.82%。外寨租入1.5笋种，共计租额119笋，占水旱谷年产量的0.87%。

弄丙租佃关系，占水田总数9.16%，租额168笋，其中由寨负担的租额86笋，相当于水旱谷年产量的0.9%。

弄垎出租水田占水田总数35.8%，租额总数691笋，其中由景颇族承担的租额332笋，相当于水旱谷年产量的4%。

盈江邦瓦租佃关系在五个点中最突出。出租水田占水田总数的37.46%，租额总数1263笋，其中由景颇族承担的696笋，占水旱谷总产量的5.37%。盈江邦瓦的水田已完全私有，表现在租佃关系上，也最突出。

其次，雇佣关系，五个地区都有一定的发展。雷弄雇季工的3户，占总户数的10%，雇零工的8户，占总户数的24%，全部雇工剥削量约合谷226.7笋，相当于水旱谷年产量的4.23%。

陇川邦瓦雇长工的4户，占总户数的3%，雇季工的25户，占总户数的18%，雇零工的12户，占总户数的8.8%，全部雇工剥削量约合谷845.9笋，相当于水旱谷年产量的6.17%。实际上卖零工的户是很多的，解放前约有50%的农户经常去坝子给傣族帮零工，亦有部分给傣族帮长工的。

弄丙雇长工的2户，占总户数的3%，雇零工的13户，占总户数的20%，全年雇工剥削量约合谷412.32笋，相当于水旱谷年产量的4.3%，此外农忙时亦有部分农户去坝子帮傣族做零工的，但主要是在本寨内部。

弄垎雇长工的3户，占总户数的7.7%，雇季工的2户，占总户数的5%，雇零工的13户，占总户数的33%，全年雇工剥削量约合谷925.82笋，相当于水旱谷年产量的11.13%。

盈江邦瓦的雇佣关系比较发展，雇长工的10户，占总户数的12.82%，雇零工的27户，占总户数的34.6%，全年雇工剥削量约合谷592.64笋，相当于水旱谷年产量的4.58%。

再次，高利贷剥削，五个地区亦都普遍存在，但轻重的程度不一，雷弄存在于本寨内部的高利贷年息相当于水旱谷年产量的1.51%。而对外寨（包括外族）的高利贷，贷出数为本寨贷出数的4.35倍，高利贷主要是对外寨的。

陇川邦瓦发生在本寨内部的高利贷约合谷298.75箩，自外寨借入的高利贷81箩，借给外寨的高利贷有115.75箩，全年高利贷剥削量相当于水旱谷年产量的2.77%。

弄丙发生于本寨内部的高利贷有178.32箩，自外寨（亦是景颇族）借入的高利贷236.49箩，借给外寨的有26.66箩，全年高利贷利息折谷416.76箩（其中付给外寨的利息229.44箩，占全部高利贷利息的55%），相当于水旱谷年产量的4.35%。

弄坵发生于本寨内部的高利贷占全部高利贷的32%，外寨借入的高利贷占68%。全年支付高利贷利息达水旱谷年产量的4.7%。

盈江邦瓦本寨内部的高利贷年利支出相当于水旱谷年产量的1.81%，与外寨间的债务关系很少。

土地的抵押关系以弄坵为最多，其他地区很少见。弄坵水田中发生抵押关系的占39.3%，其中绝大部分是抵给汉族的，全寨现存的16件抵押关系中，14件是抵给汉族的，占抵押水田的86%。每年付出的利息相当于全寨水旱谷年产量的10.64%。

此外土地的典当、买卖关系，各地区不一样。雷弄由于水田多而且占有比较平衡，在所有制上土地的公有性保存较多，因此没有发生过土地的典当、买卖现象，据说典当是允许的，买卖则不能。

陇川邦瓦水田中发生过典当的关系的占水田总数的49.21%，其中绝大部分是发生在本寨内部，占44.79%。水田发生买卖的占水田总数的11.25%，其中自外寨买入的仅有2箩种，占1.27%。

弄丙水田中发生过典当关系的占水田总数的11.90%，其中自外寨典入的3箩，占3.13%，解放前有一件明当暗卖的1箩种，解放后公开买卖的一件1箩种。

弄坵没有典当，亦无买卖。

盈江邦瓦则水田的典当买卖较普遍，水田中本寨内部发生过典当关系的有38箩种，占水田总数的17.57%，典出寨外的28.1笋种，水田中发生买卖关系的占16.5%，其中和外寨发生的占7.6%。

将上述生产诸关系中的剥削关系综合一下，加上各寨官工、官谷的负担，剥削量为：雷弄，折谷为458.012笋，相当于水旱谷年产量的8.543%；陇川邦瓦为1460.81笋，相当于水旱谷年产量的10.657%；弄丙为1079.85笋，相当于水旱谷年产量的11.27%；弄坵为3076.08笋，相当于水旱谷年产量的36.99%；盈江邦瓦为1522.64笋，相当于水旱地粮食产量的11.76%。

上述情况反映了两类地区在生产关系的面貌上，是有差异的。在第一类地区，土地的公有性比较显著，任何个人不能自由支配土地，超越群众以上的独特权力还未定型。而在第二类地区，土地的私有性大大加强了，在弄坵土地的最高占有权属于山官，任何人都必须向山官"买"得土地的使用权，山官具有超越群众以上的独特的权力。在盈江邦瓦则土地完全为个体农民私有，土地占有者具有完全的支配权力。但不管其表现的形式有如何差异，其本质都反映了土地私有性的加强。在生产资料的占有上，首先在水田的占有上第二类型亦较第一类型更为集中些。第一类型中，相当于地主富农占有的水田，在雷弄为29.81%，陇川邦瓦为25.84%，弄丙为24.53%；第二类型中，相当于地、富占有的水田，在弄坵为41.68%，盈江邦瓦为31%。在各种剥削关系上，第一类型各种剥削量的总合，约占水旱谷年量产的10%，而在第二类型如弄坵高达37%以上。盈江邦瓦的剥削量比重没有弄坵那样高，是有其原因的。弄坵的诸剥削关系中与外寨汉族发生的抵押、债务关系，占了极大比重，而盈江邦瓦则周围离汉族较远，没有直接受到汉族的剥削。此外在剥削量的计算上，因地区而有所不同，例如邦瓦的雇佣关系很普遍，但由于用工量较多，产量较低，相对地可能提供的剥削量也小些，因而在总的产量中所占比重要小些。但从各种剥削关系的本身来看，盈江邦瓦的租佃关系和雇佣关系都比其他四个地区要发展得多，这和个体农民的生产资料所有制是相一致的。

总的说来，从生产资料的占有和人们在生产中的地位及其相互关系看来，第二类型地区的封建性因素，较第一类型地区为发展。

二、生产方式的历史演变

以上说明了两类地区的景颇族社会在发展上的不平衡，第一类地区的原始残余比较显著，第二类地区的封建因素比较发展。要说明这种差异之所以形成，并对形成差异之前两者的社会面貌有所了解，必须从它们的具体历史发展来追溯。在漫长的历史时期中，由于两者所处历史条件、地理位置的不同，在发展上才逐渐产生了差异。

让我们先对全州的民族情况做一鸟瞰。三个主体民族——景颇、傣、汉——在地理位置上各有特点，平分山区和坝区。景颇族是山区的主体民族，并控制着山区其他人数较少的德昂、傈僳及部分汉族，而且在一定程度上还控制着山脚的少数傣族村寨。但总的说来，山上的景颇族却在不同程度上受坝区傣族土司统治。本区在地形上的特点，是山脉和河谷平坝相间。总方向都是由东北走向西南。历史上傣族形成了几个较大的互不隶属的土司力量，分别控制着辖区内的景颇族及其他人数较少的民族。这种分割式的统治，对景颇族向统一方面的发展具有一定的阻碍作用。但是傣族土司势力又从属于本区以外的汉族统治机构。

明代以来，汉族势力大量进入本区。越过滇西的怒山山脉及怒江后，地理环境的阻碍减退了。本区由东北走向西南的山脉和坝子，给汉族力量的进入提供了有利的条件，而汉人基本上也正利用了这一有利条件，由东北的保山一带不断移入本区。明正统年间的三征麓川，给本区各民族带来极大影响。明统治者更在元代基础上，进一步加封本区傣族土司，实行"分而治之"的政策，造成土司并峙、互不相下的局面。清代则承袭明制，进一步加强对本区各民族的统治。

封建的政治统治与经济掠夺是分不开的，但也有他的两面性，较落后的民族和较先进的民族长期文化交流，互相影响，对各族的发展具有一定的影响。封建的民族关系不是平等互助的民族关系，而是统治与隶属、剥削与被剥削的宝塔式的民族关系，有团结的一面，也有斗争的一面。在这样交错复杂的民族关系中，处于较落后地位的景颇族是不可能独立发展而不受外族影响的。因此，考察景颇社会的历史演变，实际就是研究一个比较落后的民族在强大的外族封建压迫下的具体发展过程。要说明这个问题，必须结合历史上的民族关系来分析。

景颇族的老家在本州北的恩梅开江和迈立开江上游一带的所谓"卡苦"地区，即江心坡一带（以景颇支为主），以及江心坡以东的浪速地、之非河一带地区（以载瓦、茶山、浪速为主）。他们迁来本区以后的发展经历了两个时期。这两个时期从我们调查的五个地区来考察都普遍存在过，只是时间的早迟有所不同。

第一个时期的特点是两类地区都以旱地为主要生产资料，具有比较显著的原始农村公社的土地所有制和经济关系。但由于已经使用铁器，生产力也有一定的发展，已分化出世袭的"官种"、百姓和为数极少的奴隶。内部封建因素不明显。这个时期各地区的发展基本相同，所以尚未分化出发展上不平衡的地区来。但由于民族压迫关系的存在，五个地区的景颇族已和当地傣族土司发生封建剥削关系。由于各地区历史条件不同，这段时期结束的时间也不一致，在170—180年以前。[①]

第二个时期的特点是两类地区各点的主要生产资料逐渐自旱地转向水田。标志着内部生产力有不同程度的提高，给新生产关系的产生提供了物质前提。封建因素在各点都有了萌芽或不同程度的发展。各点在发展上的不平衡逐渐显露，产生了两类地区的差异。这些变化和外部发展较先进的汉族和傣族的影响分不开。由于五个地区景颇族的地理位置、力量对比、受土司控制的程度和外部影响深浅不一样，内部水田比重也不同，各点内部生产力水平虽使封建的生产关系的发展成为可能，但这个可能要成为现实，却受到上述因素的制约，因而在发展上呈现出差异来。这个时期的起点五个地区也不一致，在170—180年以前[②]。

下面就按这两个时期做系统的叙述。

（一）封建因素产生以前的社会面貌

景颇族迁来以前的本区历史，我们有必要简单追述一下。

远在元代，这里的傣族已经形成一个相当大的力量并和中原统治的力量接触，

---

① 此节撰写于20世纪50年代，时间是按照当时来推算的。
② 时间是按照撰写此文的20世纪50年代推算的。

傣族统治者并受封为土司。傣族土司成为本区各族的最大的统治者。明代，傣族统治者与明王朝曾发生几次大战争。明正统年间的麓川之役，明统治者发动了全国大量兵力，反复用兵三次才击溃傣族麓川土司的武装力量。这表明傣族在15世纪的社会已发展到相当高度了。这几次战役中随着汉族移民进入本区，内地较先进的因素也随之传入，对本区的发展起了一定的作用。

景颇族南迁的原因，由于调查地区的限制，这个问题这次没有解决，应结合江心坡一带的民族关系和景颇族自身社会的发展、人口的增长以及地理条件的影响等方面来进行研究，才可能解决。

景颇族南迁的路线及时间，在这次调查中，从五个点的资料来看，获得一些线索。

在迁移路线上，瑞丽雷弄、潞西弄丙、弄垱、陇川邦瓦等四个地方的景颇族都是由瑞丽附近，缅甸的猛坝地方，顺山脉走向，由西南向东北迁移，逐渐分布于今潞西东、西山，遮放和陇川坝之间的大片山区，以及瑞丽的山区。这表明一部分景颇族由江心坡一带南迁到八莫以东的山区，再折向东北，进入本区。盈江邦瓦的景颇人自称由缅甸的昔董东南行，进入本区的盏西，再由盏西沿山南迁到盈江邦瓦，更有由此进入陇川山区，经王子树继续向东南迁的。这又是一条迁移的路线。可能还有第三条、第四条路线，这里不做重点讨论了。

景颇族迁入本区的时间，根据五个点建寨的历史来看，有200年到300年的历史。通常是"先有百姓后有官"。瑞丽雷弄寨最早的勒蚌家已传11代，约270年历史。陇川邦瓦建寨历史在200年左右，从盖雪山官账目中查出乾隆五十六年曾向邦瓦第二代山官功陆借银1两4钱（有汉傣文借据），据此，第一代山官约当乾隆三十年（1765年），距今也将200年了。又据陇川土司家谱记载"山头族甲子年入陇"，土司书办杨少成说是在康熙年间，甲子年为康熙二十三年（1684年）。这个资料有一定的可靠性。潞西东山弄垱和西山弄丙的景颇族，据遮放土司多英培说：当第十代土司多士禄时（现已传到21代），景颇族开始迁来遮放地区，当200多年前。这个说法和东西山弄垱、弄丙群众的说法大体相合。弄垱群众说：到弄垱的以刀、雷、排三姓最早，刀家已传8代，以25年一代计算，已200年历史，山官家晚于百姓，只有6代，但在这户山官家之前，还有另一户官种也做过官。再看盈江邦瓦，首先建寨的是张姓，有寨母之说，自称从缅甸昔董迁来已经12代，但能数清的只有8代。相继而来的是雷姓，从最小一代算起，已传10代。排姓山官由昔董迁来稍晚于群众，传了8代。雷家第五代祖先泡浪的坟是仿汉族式样建立的，碑上刻着"道光十九年岁次已亥建立，泡浪享年七十九寿"。道光十九年为1839年，加上泡浪本身及前四代，已有250年左右的历史，何况张家尚早于雷家，估计建寨有300年的历史了。[①]

比较一下五个寨子的建寨历史，就可看出，靠近西面和北面，距国境线较近的，建寨历史也较长。

景颇族并不是经过一次大迁移后，就定居本区，而是陆续移入，村寨地址也有所移动。例如"猛坝"地方，在国境外，距瑞丽雷弄不远，弄坵寨的景颇族就是那里迁来的。弄坵群众说，他们原来在猛坝的村寨叫弄坵。所以迁到潞西东山后，寨名仍叫弄坵。两个弄坵相距约300里。我们在雷弄听说境外距雷弄约30里，有个地方叫弄坵，现在已无人居住了。我们无意中到了弄坵景颇族约200年居留过的旧址的附近，这说明他们历史记忆相传的迁移路线和居留过的地方，距今日所住的地区较近，时间又不太久，可靠性还是比较大的。

本区德昂族受傣族排挤，已先迁到各县山区。景颇族迁来后，便和德昂族接触了。当时德昂人数较多，力量较大，有些寨子还有自己的寺院、和尚和佛爷，社会内部已分化出一个不事生产劳动的僧侣阶层了。

景颇族迁来本区后的早期社会情况，由于缺乏文献记载，没有直接可供说明的资料。不过，分析今日遗留在生产方式和山官制度中的落后成分，追溯生产方式的变化和较先进因素的发生和发展，是可以重现出早期景颇社会的轮廓的。

生产资料之从刀耕火种的旱地向具有长期使用价值的水田转移，是景颇族社会发生变化的一个重要因素，至少使内部新生产关系的发生成为可能，而这种可能之

---

①　以上年代的计算，均自20世纪50年代逆推。

成为现实，尚有赖于其他历史条件的情况而定。

景颇族迁来本区后的第一个发展时期是以旱地为主要生产资料的时期。这个时期结束的早迟，各点不尽相同，但这个时期的生产方式是相同的，这种生产方式，由于历史条件的差异，甚至在不同程度上保留到第二个发展时期中。

当时在旱地上的耕作技术很落后，刀耕火种，不施肥料，三四年后地力用尽，必须丢弃，形成轮作；有的一年一丢。这种耕作方法甚至各点在不同程度上保留到今天。

生产工具都已使用铁器，有锄（主要是铁制小手锄）、镰刀、长刀、砍刀等。使用铁器已很久了，不能追忆起来，但从一些宗教仪式中，还可窥见景颇族曾经过一个以竹、木做生产工具的时期。

瑞丽雷弄的景颇族在山官旱地上举行一年一度的破土的宗教仪式时，董萨念鬼、献祭后，由两对青年男女举行破土仪式。女的手执硬竹做的小锄，一手掘洞，一手点种，并不翻土，男的在后面用竹制扫帚，扫土盖种。据参加仪式的老人说，他们祖先就是那样耕作。

这种情况在今日莲山乌帕景颇族（景颇支）的现实生产活动中反映出来了。在旱地上，几个妇女在前面用小铁锄掘地点种，一个男子在后面用竹扫帚扫土盖穴，所不同的是竹制小锄已改为铁制了，偶尔在群众家中还可找到竹制小锄。

今日雷弄现实的旱地耕作活动中，在技术上比莲山又进了一步。妇女用铁制小锄，由低处向高处挖土点种，当向高处挖第二穴时，顺手就将土盖在第一穴中，这样省去扫土的工作和一个男劳动力。

莲山乌帕景颇族的旱地耕作技术，把瑞丽雷弄景颇族保留在宗教仪式中的旱地耕作技术和现实生活中的实际耕作技术中间失掉了的一环连接起来了，这个事例生动地说明景颇族旱地耕作技术的变化。潞西弄垆和弄丙景颇族在旱地耕作上则进了一步，不再用小铁锄了，弄丙寨门上还保留着这种小锄的痕迹。在实际耕作中，用一般傣族和汉族使用的锄头，而且翻土撒种。

今天耕作旱地的技术如此，在以旱地为主要生产资料的时代，技术是不会高到怎么样的。但五个地区的景颇族都异口同声地说，过去曾经有个旱地产量高的时期，薅旱地时杂草不多，产量达种籽的50—60倍。今日各地产量一般都未超过种籽的20倍，而且杂草丛生，往往与谷物并齐。但少数地区，如潞西三台山，少数旱地产量仍达种籽的六七十倍，说明过去的高产量是可能的。这种情况只能表明森林破坏不久，生荒多，土壤肥沃，而较高的产量并不决定于刀耕火种的耕作技术，因为同样的耕作技术，到今天最高产量不过种籽的30倍，低的还不到10倍。

轮歇耕作的技术，不仅破坏森林，更主要的是使已经开垦的土地不能固定下来长期利用，使用价值受到限制，熟荒地力更不及生荒。这就决定了使用者不能长期占有一块耕地，抛荒后，便失去占有权。当这块地的地力恢复后，原来的使用者正占有其他土地，而这块土地也就可为任何人所占有使用。但村寨壁垒在当时就已确立，土地占有者当迁出本寨后，就失去土地的占有权，这种利用土地的方式，反映在所有制上，表明作为景颇族主要生产资料的旱地具有比较显著的村寨公有性。

山官和群众一样受到旱地耕作技术的限制，也不能长期占有一块土地，抛荒后和群众一样的去"号"，所以当时在旱地上还没有显示出山官支配土地的特权，至少是不显著，山官和群众在土地的利用上基本上是平等的。山官没有权力去强迫群众为他耕作，因而山官占有旱地的面积，受自己所能支配的劳力的限制。群众在生产上和生活上基本是自由的小农，用自己的生产工具，耕作自己占有的土地，收获的粮食也归自己使用。

但山官和群众之间毕竟已发生差异。群众杀牛祭鬼时，要给山官一只后腿，称为"宁贯"，表示对山官的尊敬和承认他的领导。"房无脊，房不成；寨无官，寨不成"，认为寨子必须有官。山官在生产上具有领导作用，每年农事开始之前，山官要领导群众祭官庙，祈祷辖区之内五谷丰登，人畜吉利。要先在山官的土地上举行破土播种仪式，然后群众才在自己的土地上开始耕作。山官虽然和群众一样去参加"吾戈龙"，并未独立于这种群众性劳动之外，但群众每年还得另外去山官地上出白工两至四天，称为"拾瓦龙"，意为公共的劳动，汉话叫"官工"。这种劳动是否具有剥削性，必须先考察山官从这些土地上的收入是供其私人及其家属所享有，还是用在寨中的公共支出。

五个地区中，雷弄、陇川邦瓦、潞西弄丙到今天山官仍然有一定的公共支出，而盈江邦瓦和弄垱则不是这样。但弄垱在以旱地为主的时期，山官是有不少公共支出的。我们以弄垱为例，来考察当时"官工"的性质。

弄垱在以旱地为主的时代，当时群众每年出四五个官工。但山官土地上的收入一部分作为公共支出，群众有困难请山官帮助，可以得到一两箩谷子，薅旱谷地，青黄不接时山官要送饭包给贫苦户，去山官家调解纠纷，山官供给饭食，群众到山官家"帮吃"的日子可超过官工的天数，全寨性祭鬼活动例如祭官庙，山官要负担较大的一部分。当时弄丙山官也有类似支出。可见群众出官工所付出的劳动，较显著地反映在山官的公共支出上。弄垱老人说，"山官要帮群众过日子"。山官及其家属也同样参加劳动。群众出官工不是去养活官家。

由此可见，当时的官工是不同于封建劳役的。

轮歇抛荒的旱地不具有长期使用的价值，而且占有土地又不需要任何代价，因此，没有发生土地的典当、抵押、租佃等封建性的剥削关系，在这种土地所有制的基础上，劳动者保有自由的人格，作为村社的自由农民而存在。山官无权把群众束缚于辖区内的土地上，也无力使群众成为不占有生产资料的无产者。山官的权力通过习惯法体现出来，习惯法是全民性的。当时村寨内较大姓氏各有苏温（汉话称寨头）。山官不能独专处理事务，必须会同各姓苏温协同处理。在这种情况下，难以产生专权独断的山官，权力的行使是通过比较民主的形式的。因此，山官对群众在政治上的统治和经济上的剥削都同样不显著。

由此可见，在以旱地为主的时代两类地区景颇族的社会内部封建因素都不明显，似尚保留着比较显著的农村公社所有制的形态和经济关系。

但景颇社会毕竟已跨进了阶级社会的门槛，以轮歇旱地为主要生产资料的时期，生产力水平并不是低到不能提供剩余生产品的程度。相反，当时由于地理条件的优越，旱地的产量还是比较高的。

当时的社会已经分化出"官种"、百姓和奴隶（载瓦话"准"）三个等级。群众不属于"官种"，所以不能当山官，"南瓜不能当肉，百姓不能当官"，群众不是官种，也不能占有奴隶。奴隶来源于买卖（多为孤儿）、赠送、陪嫁、掠夺、人身抵债和女奴生子，奴隶从事生产和家内劳动，食住和主人差别不大，但有时受到虐待。奴隶随官姓，群众当面称他们"官家老大""官家老二"，背地里提到他们时都称"准"。奴隶的社会地位较低，一般群众不愿和他们通婚。有时当山官死后，家人令奴隶牵着山官的马或背着篮子，内盛死者用具，后面跟着董萨念鬼，让死者知道这个奴隶是去服侍他的，这个迹象显示出在更早的时期可能用奴隶殉葬。事实上潞西弄丙第一代山官"功代利"死后，据老人们说曾杀了一个奴隶同葬墓内。五个地区的山官都曾占有过奴隶，数目不多，多的不超过五六人，陇川邦瓦和潞西弄丙的山官曾占有一两个奴隶。

总之，奴隶的比重极小，在社会生产中并未显示出什么作用。值得注意的是，只有山官才能蓄奴，而从我们接触到的山官来说，都属景颇支，后来变了载瓦，有的代代相传至今还会讲景颇话，可见奴隶问题涉及景颇支和载瓦支的关系问题，由于资料限制，目前无法阐明。

奴隶制度从我们调查的五个地区来看，始终没有发展起来，这和内外条件都有关系。由于旱地所有制的特点，群众可自由使用旱地，不可能完全失去生产资料，变为无产者，因而本族内部缺乏广泛产生奴隶的条件，外部受到较先进的封建傣族和汉族所包围，且处于被统治地位，也缺乏奴隶来源。潞西弄丙附近的跌撒山官去缅甸娶媳妇买不到奴隶，结果以牛代替。还有，山官辖区一般都不大，奴隶行动比较自由，山官又缺乏强力机构，对奴隶不易控制，奴隶遭受虐待，容易逃跑。潞西弄丙前代山官曾占有6个奴隶，先后就逃走了3个。这些都表明奴隶制度在景颇族社会内部没有能发展起来的原因。

但是，各地景颇族在不同程度上受傣族土司的统治，封建性的统治关系就意味着剥削和压迫，作为一个统治民族，傣族土司通过政治控制，对景颇族进行经济剥削。五个地区的景颇族每年都向傣族土司交纳"坎色"（负担），包括棉花、豆子、笋子等实物，陇川邦瓦景颇族每年在土司练兵时，还要负担一定数量的火药，称为霜降钱。

总结上面的情况，可以看出在这一个时期中，两类地区的景颇族社会面貌基本相同，前封建社会的因素，特别是村社经济的因素仍占主要地位。但作为一个被统治民族，景颇族和傣族土司之间已经存在着封建性的剥削关系。

下面接着要考察的问题是五个地区景颇社会内部封建因素的发生和发展是在什么历史条件下进行的，又是在什么条件下使得社会面貌基本相同的五个景颇寨在发展上出现了差异。

（二）封建因素的发生和发展

景颇族在迁入各县山区时，如前所述，和山区的德昂族接触。德昂族以种水田为主，生产力比较高，崇信佛教，社会内部已分化出脱离生产劳动的僧侣阶层，社会发展比景颇族先进。在这个时期，景颇社会生产资料逐渐从旱地转向水田，外来因素起了显著作用。景颇族学会种水田主要是受德昂族和傣族的影响，种水田所需的生产工具从外面输入，耕作技术也逐渐从德昂族和傣族学来。生产工具和技术的改进都和外部影响分不开，在生产力提高的基础上所引起生产关系的变化，也和外部条件有关系。

最初景颇族经营的旱地产量高，耕作简单，生荒地多；个别种水田的仍以旱地为主。

由于人口增长以及辖区内生荒地日益减少，轮歇抛荒的年限逐渐缩短，地力不能充分恢复，旱地产量逐年降低。旱地产量的下降，使景颇族对水田的优越性普遍重视起来，开种水田的人逐渐增加。但由于水源和地形的限制，可开水田的地方并不很多，这样，在生产资料的竞争上使景颇族和德昂族的关系日益尖锐起来。盈江邦瓦的景颇族曾向当地的德昂族要田、买田，都遭到拒绝。土地竞争终至引起冲突。在百余年前，各地都发生景颇族和德昂族冲突甚至战争的情况。盈江邦瓦景颇族破坏德昂族的庄稼，烧毁德昂族的房屋和寺庙。德昂族在力量对比上处于劣势，先后被迫离开原来的地方，大批向缅甸迁移，只有少数留在原地。

旱地从前产量高，后来降低了；曾和德昂族发生过冲突，德昂族被排挤出去了；

今日耕作的水田许多是德昂族留下来的。这是各地景颇族的普遍反映。从前德昂族人的村庄只留得片片废墟。在上述几个景颇族地区还可看见德昂族人寺庙的遗址、通向村庄的石板砌成的小径、遗留下来的茶园，甚至景颇人还在地下掘出德昂族使用过的陶器。德昂族人成为被景颇族统治的一个弱小民族。这段历史是民族之间为争夺生产资料而发生斗争的历史。弄垞的德昂成为山官的百姓，给山官出负担。这种民族关系直到解放后才开始改变。

耕作水田的技术比旱地复杂得多，水田在山区和坝区过渡地带，梯田多，田埂也多，糊田埂就是一个需要一定技术的工作。景颇族最初耕作水田时，技术很低，且不掌握季节，不仅产量低，而且没有保证。以潞西弄垞为例，当地景颇族最初耕作水田时只是一犁一耙，田边地角还犁不到，实际插秧面积受到限制，当时水田产量不过种籽的三四十倍，不及旱地高。后来逐渐掌握了技术，产量逐渐增加，旱地产量则继续降低。弄垞在第三代山官早诺后期（约60年前）水田产量已达籽种的四五十倍，和旱地产量相当。到第四代山官早相时，水田产量超过旱地，终于成为主要生产资料。上述五个地区生产资料由旱地转向水田，生产力获得提高，都经过了一个类似的过程。

水田成为主要生产资料，表明社会生产力大大提高，同时也就进一步扩大了可能的剥削量。和旱地比较，水田还有一个显著的优点，即水田是固定了的农业耕地，有长期占有和使用的价值，一旦掌握技术，不仅产量高，而且有保证。这样，从另一方面来说，剥削量也就更有保证。

上述五个地区的景颇社会，在从旱地转向以水田作为主要生产资料的过程中，标志着社会生产力获得提高，使新的生产关系——封建的生产关系的产生成为可能，但这个可能之成为现实，还和其他历史条件有关。由于五个地区历史条件不尽相同，封建因素的萌芽和发展程度也不同，因而社会面貌也逐渐发生差异，由发展基本相同的状态下，逐渐分化出两类不同的地区来。

由于景颇社会轮歇抛荒的旱地耕作技术，限制了土地的使用和占有，有的只能占有和使用一年。土地不能固定下来长期使用和占有，即使生产力水平已能提供一定数量的剩余生产物，某些新生产关系的发生也是受到阻碍的。特别是在景颇社会中，旱地的村公有制尚比较显著的条件下，这类旱地就很难发生封建性的租佃、典当、抵押等生产关系。假若向人借钱，用一块只能使用一两年的土地做抵押，债主是不愿意接受的，何况他也可同样去占有一块，要典当或出租这种土地，自然没有人要。在我们调查的五个地区，还没有找到一件典当、抵押或租佃旱地的事例。分散的劳动是土地私人占有及向私有制过渡的前提，但要成为现实，还和其他历史条件，如人口和土地的比例、利用土地的技术、使用价值和其他耕地的比较等都有关系。

但如果把这种土地利用肥料和水利固定下来，使其具有长期占有使用的价值，则产量比较稳定，人与地的关系也比较容易确定，是可能出现抵当或租佃关系的。古代华北平原的汉族就在固定下来的旱地农业上产生了高度发展的封建社会。

在我们所调查的景颇社会中，只有水田具有长期占有使用的价值，生产粮食的旱谷地并未固定下来。因此，当基于水田农业的社会生产力提高后，封建因素便在水田耕作的生产力上萌芽和发展起来。

两类地区的生产资料都以水田为主，各地区水田所占全部土地的比重如前节所述也相差不太远，但两者封建因素的发展程度却不一致，这就得具体分析两类地区的历史条件了。

由于景颇社会，如前所述，不是古典的社会，因而不可能独立发展，必须考虑到外在的条件，景颇族比傣族和汉族都落后些，对来自这两方面的影响就必须有充分的估计。因此，内部发展了较高的水田农业，只是给封建关系的萌芽和发展提供了必要的前提。但处于封建的大民族主义的包围下，团结自卫是谋求生存的首要条件，所以内部封建关系的发展程度，还必须取决于在当时力量对比之下的民族关系。

先考察第一类的地区。属于第一类的3个寨子都位于景颇族聚居的中心区，这个地区是几条相联的山脉，由东北走向西南，直到瑞丽雷弄出国境。在这片广阔的山区中都分布着景颇族，人口多，力量大，附近没有汉族聚居区，外族势力不易深入。因而保留本族原来的社会面貌较多，汉族在经济上的影响很小。

在民族压迫时代，景颇族和傣族土司之间的关系，总的说来表现在两个方面：一方面是作为统治民族的剥削与压迫，一方面是作为被统治民族内部的团结和反抗。在这种历史条件之下，景颇族社会反映共同文化的民族传统的习俗和习惯法，亦即景颇族的"道理"——"通德拉"遂长期保留下来，成为民族团结的象征。这种力量愈强，对土司势力要求深入的对抗性也愈大，土司对这片地区虽可能一时以武力征服，但不能长期以武力统治，不得不采取分化的办法，利用山官间的矛盾挑拨离间，以便分而治之，进行剥削，但实际的统治力量微弱，所以剥削量也是有限的。

山官力量的强大是因为有群众作为后盾，习惯法是具有群众性的，山官要凭借群众的支持，以加强自己的力量，因而不敢任意破坏传统的"通德拉"。山官一方面是反抗民族压迫的领导者，另一方面也凭借自身的力量甚至剥削压迫其他民族。所以在这一类地区，从民族间的关系来看，山官也可以成为剥削者。但从民族内部来看，他的剥削面貌又不显著，因而山官和群众之间的阶级矛盾也不显著。例如陇川邦瓦山官是陇川一带的大山官，所辖保头区共计10乡44寨1020户，包括傣、汉、阿昌3个民族，每年保头费的剥削收入极大。但民族内部的剥削很轻微。由于本身力量强，土司的剥削也极有限。

但是这类地区在以水田为主要生产资料后，还是发生了一些变化。

首先，表现在所有制方面就有差异。水田是固定了的农业耕地，可以长期占有使用，并世代继承，私有性比旱地显著。旱地自开自丢，山官不去过问。水田则由山官管理，新来户迁入本寨，山官一般要调整一块水田给他，迁走户的水田，由山官管理。由于水田的重要性日益显露，第一类地区的弄丙，有时群众要向山官送一些礼物才能取得一块水田的使用权。山官也往往利用特权集中水田，其中多半是占有迁出户和死绝户的田。自己也雇工开田，还有撵走德昂族后留下的田。

其次，3个寨子在水田上都发生了租佃关系，但占全部水田的比重不大，例如潞西弄丙发生水田租佃的只占水田的6.3%。典当在弄丙和陇川邦瓦也发生了，弄丙全寨116箩水田，发生典当关系的只有6.8箩，邦瓦个别有当死的情况，接近买卖的性质。但不得出辖区。雷弄则尚未发生典当和买卖。

山官占有的水田较多，在没有权力强迫群众多出官工，在无偿地替他劳动之外，只有出租土地和雇工耕作，三个地区的山官都是如此。百姓雇短工的较多，也有雇季工的。

再次，在生产资料中，水田的重要性最大，山官占有的水田又比较多，因而百姓过去在旱地上出的官工，这时便转移到水田上来了，但并未加重，仍照原来日数。三个地区的官工，只有瑞丽雷弄仍在旱地上（一天在旱地，一天在水田）。弄丙百姓还要给山官出"官谷"，但全寨不过74箩。此外陇川邦瓦的山官调解纠纷时还要收"火塘钱"（火塘边调解纠纷），带有封建剥削的性质。

这时傣族土司的剥削方式也有所改变，开始收"门户钱"。

我们试以三个地区中的弄丙为例，把各种剥削关系大致归纳一下，计：（1）官谷74箩、官工186个，以每工提供剥削量0.488箩谷计，共合90.77箩。（2）债利416.76箩。（3）田租86箩。（4）长工2人，全年剥削量约86.4箩。（5）短工剥削量合325.92箩。全部剥削总量占全寨水旱谷年产量（1079.85箩）的11.27%，在社会生产中尚未占主要地位。这些项目中，除债利一项外，其余四项都和水田发生关系，如果我们说官工、官谷在一程度上属于领主经济的范畴，则属于地主经济成分的比重已远远超过它了。同时从山官职权机构来看，山官既无较完整的为自己服务的机构，也没有强制群众的武力，一般群众基本仍保持人格的自由。因此，整个社会中领主经济的成分并不重。实则在封建傣族土司控制下，景颇族社会向封建领主经济发展是有困难的。这一类地区出现的租佃、典当、雇工等剥削关系，实际也表明景颇社会已向封建地主经济转化了。

再看第二类地区。这类地区的盈江邦瓦和潞西的弄垱都位于景颇聚居区外围，邻近主要交通线，距傣族土司统治中心区较近，力量的对比上，处于劣势。加以和汉族寨杂居（弄垱）和附近有汉族聚居区，因此一方面受土司控制较强，一方面受汉族影响也较深。弄垱群众大都知道自己的属相，并且模仿汉族清明上坟扫墓，过汉族的年；盈江邦瓦群众房屋普遍仿汉式，土基砌墙，中间开门为堂屋，两边为卧室，着地建屋，不采楼式，因此房内大都用床，家畜另盖栏棚；和弄垎一样，群众也知道自己的属相，过汉族的年节。

两个地区都位于出国境的大路上，近几十年来帝国主义传教士影响深，弄垎39户中有12户信基督教，盈江邦瓦72户中有52户信教。土司控制强，汉族影响深，普遍信基督教，这三个因素使得两地的景颇社会的习俗信仰等起了较大的变化。同时两地景颇族内部水田的比重比第一类地区大。

由于具有这些客观条件，在由旱地转向水田过程中，生产力提高了，生产关系的变化比第一类地区更显著，而且，受傣族土司统治较严，作为一个被统治的民族，内部生产力的提高，首先是给作为统治民族的傣族土司提供了进一步剥削的可能，土司剥削的加强，在从旱地向水田转移的过程中就反映出来。

这类地区的变化可以从下面几个方面来考察：

首先，在从旱地向水田转化的过程中，两寨的土地所有制都发生了变化。旱地仍然保留原来的所有制，但比重小，在社会生产中作用不大。

反映在水田的所有制和旱地的所有制有相当显著的差异，潞西弄垎，当在发展的第一个时期，个别户已开始种水田，但产量还不如旱地，不受重视，山官也不进行管理。当旱地产量降低，水田的优越性显露以后，水田被大大重视起来，从前开种水田不必向山官送礼，后来要得一箩种面积的水田，必须给山官送一头牛及其他礼物，才能占有使用这块田。这种送礼的方式逐渐形成惯例，因而无力送牛的人家便失去耕种水田的权利，成为促进水田集中的一个因素。

水田的占有、使用权是稳定的，只要不得罪山官，不迁出辖区，可以子孙世袭，私有性很显著。但水田尚不能买卖，迁走户的水田仍归山官处理。

山官对水田已具有一定的特权，例如给田所得的礼物归山官私有。再从弄垎山官水田的来历，可以看出用强力集中水田的情况，一部分水田是德昂族留下的，一部分是雇工开的，一部分是迁走户、死绝户留下的，还有一部分是从群众中借故收回的，还有一箩种是群众租给汉族，山官又从汉族手中夺回。

　　盈江邦瓦水田所有制的变化比弄垤更突出。由于寨内山官和雷、明、张三大姓势力均衡，所以山官对内统治力不强，对外则受土司的统治。这里的水田已完全私有，占有者可自由买卖、租佃、陪嫁女儿等，山官、头目及其他任何人都不得干涉。山官没有支配群众土地的权力，迁走户的土地自行当卖，死绝户的土地由近亲继承。山官也无分配土地给新来户的义务，由新来户自行购买。再看山官自己水田的来源，一部分雇工开荒，德昂族留下一部分，购买一部分。

　　这里反映在水田的所有制比弄垤更发展一步，已达到完全私有。从各项剥削关系来考察，由于水田私有性显著，占有不平衡，封建性剥削关系的发展也相当显著。盈江邦瓦发生租佃关系的水田占着水田数的37.46%，弄班水田发生租佃关系的占总水田数的35.14%，大大超过第一类地区的租佃比重，而且租额高，盈江邦瓦在解放前租额一般是产量的50%。

　　抵押水田的情况在弄垤很突出，发生抵押关系的占水田总数的39.3%。这个问题明显地反映出民族关系的影响来。弄垤山官辖区内就有几个聚居的汉族寨子。汉族地富分子对景颇族的剥削方式和傣族土司不同。傣族土司是通过政治统治进行经济剥削，给景颇的影响是领主经济的影响，汉族地富分子则是通过密切的经济联系直接进行剥削，一些景颇族人还认为在他们有困难时，汉族肯借钱帮助他们。但这种关系一旦发生，就成为难以摆脱的沉重负担了。

　　在以旱地为主的时代，弄垤景颇族和汉族很少发生经济关系，也无抵押、典当土地的情况。由于景颇社会内部条件不具备，所以汉族的封建剥削方式无从运用。当水田成为主要生产资料，社会生产力获得稳定提高后，早已存在的外在因素很快就和内因结合起来。这种由于水田耕作提高的生产力使新的封建的生产关系的发生成为可能，这种可能由于外在条件早已具备，便很快实现出来。

　　当地汉族以种大烟为主要职业，并不经营水田。景颇族普遍耕种水田后，向汉族借钱时，汉族就提出以水田作为抵押。但汉人并不耕种，仍交欠债户耕种，每年以稻谷作为利息。于是因借款而发生抵押关系，进而转化为变相的租佃关系，这种关系有的人家已继续了二三十年之久，成为不易摆脱的沉重负担。

其次，雇工剥削和高利贷（抵押水田除外），在两个寨子都比较普遍。一般是山官、寨头水田较多，雇长工耕种，群众雇短工的较多，高利贷通常是放钱和谷子，年利是借一还二。

再次，从群众对山官和土司的负担来看。在以水田为主要生产资料的时期，群众的负担加重了，由于山官水田较多，水田产量高，于是山官把官工从旱地转移到水田上。官工的性质也发生了变化，这要从群众出这份劳动的产品分配来看了。

弄坵山官的公共支出，和前一时期比较大大减少。从前的接济谷子，调解纠纷招待饭食，送饭包等支出，如今都不存在，而且在调解纠纷时还发生了给"烟盘钱"的剥削，这种方法也是从汉人那里学来。山官不再参加生产劳动。群众出官工，实际是白工，带有封建劳役性质。此外，山官还要从群众交给土司的官谷中剥削一大部分，山官自从信基督教后，宗教方面的开支也没有了。

盈江邦瓦的情况变化更大。水田普遍后，官工是转向水田了，但由于山官权力不能集中，剥削没有什么增加，只收了两年官谷，官工已15年不叫了。没有什么公共支出，山官也信了教，连杀牛祭鬼方面的支出也没有了。但调解纠纷时却要收"压吉钱"，和弄坵的"烟盘钱"相似。

傣族土司对这两个地区的景颇族的统治力量原来就比较强，这时期为了增加剥削，控制得更强了。群众除给土司交笋子、豆子等实物外，弄坵群众每年每笾种田交官谷10笾（其中山官剥削一大部分），盈江邦瓦每户每年交官烟2两。此外，两寨都有当土司兵的义务。

土司统治的加强也表现在山官制度的组织机构方面。弄坵的苏温从4个逐渐减少到一个并且有了"苏温田"，即无负担的田，免去对土司的负担说明他已从寨中长老的身份逐渐转变为替山官和土司的统治服务。"恩道"——叫寨子的人——也有恩道田，他的工作是按时叫群众给山官和土司上负担。"波郎"——土司在山区的代理人——这时期也上山了。

盈江邦瓦改变得更突出。土司在邦瓦山官辖区设立了畊（畊，是土司制度中的一级行政组织，相当于乡），畊头、头目由土司任命，原来的苏温已不起作用。山官、畹头、头目都由土司给予薪俸。"山官"这个名称虽然还存在，但已丧失了独立性和本来的特色，山官制度实际已是名存实亡，成为干崖土司的一级行政机构了。

最后，我们试以这类地区的弄坵为例和第一类地区的弄丙比较。弄坵景颇族各项形式的剥削关系包括水田的租佃、抵押、高利贷、雇工、官工、官谷等的总剥削量合谷子3076.08箩，相当于水旱谷年产量8310.1箩的37%。封建因素的发展比第一类地区高得多，再分析一下这些剥削关系，计：（1）田租687箩，其中景颇族承担的332箩，相当于水旱谷年产量的3.99%；（2）抵押水田利息884箩，相当水旱谷年产量的10.64%；（3）借贷利息390.7箩，相当于水旱谷年产量的4.70%；（4）雇工剥削合谷925.82箩，相当于水旱谷年产量的11.13%；（5）官工、官谷合谷543.55箩。

以上5项，除债利关系外，都和水田发生关系，从性质看，只有官工、官谷一项含有领主经济性质，但比重还不及其他几项大。可见第二类地区也和第一类地区一样，发展的主流似不是朝向领主经济，而是向封建地主经济直接过渡了。

根据上面对两类地区的分析，可以归纳如下：

两类地区景颇社会封建因素的发展是不平衡的，第二类地区比第一类地区显著。但两类地区发展的总趋势相同，都是从原始农村公社向封建社会过渡，其间还带有一些蓄奴的痕迹，由于社会内部旱地具有较显著的村社公有性，群众不致完全失掉生产资料，长期保持了公社自由农民身份，因而社会内部缺乏广泛产生奴隶的条件；外部受到较先进的傣族和汉族所包围，且处于被统治地位，也缺乏奴隶来源。加以山官辖区小，又缺乏强力机构，难以约束奴隶。奴隶制度在景颇社会没有能发展起来，而且早已被排除于发展的主流之外，在社会生产中不具有什么作用了。

由于内部生产力的提高，水田成为主要生产资料，景颇社会开始向封建社会过渡，各地区由于内外条件的差异，发展不平衡起来。官工和官谷在一定程度上具有封建领主经济的剥削性质。但由于旱地公有制仍然存在，而且，作为被统治民族，在封建傣族土司控制下，山官制度未能形成一个有力的为山官自己服务的政权机构，没有为自己服务的武装和法律，山官只是在某些地方利用了习惯法。这就使得景颇群众得以长期基本保持属于村社个体农民的自由人身份。这种身份使山官无力任意把群众束缚于他所占有的土地上为他劳动，阻碍了向封建领主经济过渡，从而促使山官雇工耕作或出租土地。

这种迹象表明，景颇族在向封建社会过渡时，个别地区虽产生了轻微的领主经济的成分，但总的看来，由于内外条件的限制，两类地区都具有跨越封建领主阶段的趋势，直接向封建地主经济的方向转化，而且根据前面的分析，地主经济的成分远比领主经济的比重大。自由的公社农民，在向不自由的农奴身份转化时，由于上述条件的限制，又转向农民的身份发展了。

这种历史条件形成景颇社会多种经济成分同时存在，从原始农村公社到封建地主经济的因素都可同时找到。在向封建社会过渡时，由于更落后的生产关系的阻碍和民族关系的影响，较先进的生产关系尚未充分发展，随着内外条件的影响，又转向另一种生产关系过渡。这就形成景颇社会发展中的特点：不是循序渐进地从一个发展阶段向另一个发展阶段过渡，而是具有跳跃的性质。

必须说明，这种跳跃性的发展之所以能够实现，是因为景颇社会生产力的发展已达到应有的高度，只是由于内外历史条件的限制，而没有按部就班从一个发展阶段完整地向另一个发展阶段过渡。

既然景颇社会发展的总趋势是向封建地主经济过渡，而属于地主经济的生产关系是先进的经济成分，是适应于当时生产力的水平的。但诸种经济成分中落后于地主经济的生产关系则不适合生产力水平的要求，落后于生产力。由于落后经济成分的阻碍，适应于生产力水平的地主经济也没有能发展到应有的高度，比如旱地的公有就阻碍了土地的进一步集中和阶级分化，阻碍了农民向两极分化。因此，总的说来，生产关系是落后于生产力的。

那么，作为上层建筑的诸方面和基础之间具有什么样的相互关系，并如何反映这个带有过渡性质的基础呢？让我们在下面一节来考察这个问题。

三、上层建筑与经济基础的关系

从前面的叙述中可以看出，景颇族社会是在复杂的民族关系影响下向前发展的，这种发展不是循序渐进地从一个发展阶段向另一个发展阶段过渡，递变关系随外在条件的影响而具有跳跃的性质。首先是生产力发生变化，随之引起生产关系的变化，但究竟不同于古典社会的发展形态，一种生产关系才刚发生，由于内外条件的变化，又转向另一种生产关系过渡，形成多种经济成分同时存在。但总的说来，适应较发展的生产力的封建地主经济的生产关系没有能充分地发展起来，生产关系是落后于生产力的。生产关系中，落后的经济成分更成为生产力发展的阻碍，反映这种过渡形态的经济基础的上层建筑诸方面就更落后于经济基础，跟不上，不能发生相应的变化；民族压迫的关系长期存在，更增强了上层建筑的保守性，也就增强了对经济基础的反作用。

但是上层建筑诸方面的变化也不一致。反映经济基础最直接的，变化也最大；愈是间接反映经济基础的，变化也愈小，变化的色彩愈向上愈淡。

从前一节的叙述中，可以看出景颇族社会发生封建生产关系的历史还不长，还不足以使上层建筑各方面发生相应的变化。山官制度反映经济基础最直接、最显著，因而变化较多。两类地区封建因素的发展不平衡，反映在山官制度上也就发生了一定的差异。但总的说来，上层建筑却是反映前封建社会的基础；在封建因素产生之前，两类地区的发展阶段和社会面貌基本相同，因而上层建筑的各方面也基本相同。

关于上层建筑和经济基础的作用，我们可从下面几方面来考察。

（一）从山官制度来考察

作为景颇族政治制度的山官制度和经济基础的联系最直接，所以我们先分析它。

"山官"，载瓦话称为"早"，又叫"崩早"，"崩"是"山"，"早"是"主人"即"山上的主人"，当地汉族称为"山官"。山官是景颇族的领袖，一个山官辖几个到十几个村寨，形成一个独立的辖区；各村寨有寨头，称为"苏温"，管理本寨事务，并协助山官处理事务。陇川邦瓦有一种称为"管"，由山官任命。和一般苏温不同的地方是他可以世袭，职权较大，而且有吃"宁贯"的权力。

辖区内有专门主持宗教事务的人，最大的称为"齐瓦"，一般称为"董萨"。由于山官是辖区领袖，并有领导生产的作用，因而辖区性的宗教活动都和山官有关，山官决定重大事件也往往先请董萨打卦，董萨在政治上具有一定作用。

如前所述，以山官为首形成的这一套政治制度即所谓的山官制度，景颇语称为"古木萨"。直到解放前，山官制度仍是大多数景颇地区的社会政治制度。少数地区这一制度由于群众反抗而被推翻，或者山官名存实亡。这类地区称为"古木朗"，如前述盈江邦瓦。

山官之上没有更高的统一机构。各山官在本辖区有独立处理事务的权力，没有相互的隶属关系，这种情况使景颇山区存在着许多独立的辖区，没有统一的政治局面，山官之上既无更高的政治机构，也就缺乏更高的仲裁力量，因而辖区之间的纠纷，往往演变成武装冲突。

武装冲突多发生于不同山官辖区之间，较大规模的战争则多发生于民族之间，主要是和傣族土司及国民党军队之间。民族间的战争有关山官往往联合起来，集合武力共同对付。

景颇族尚无独立的军队和严密的军事组织，没有专职的军事领袖，持有武器（从前是弓、弩、刀、矛，现在是火枪和快枪）的青壮年都是战士。战争中山官是最高指挥，并与管、苏温、董萨等组成领导核心。战斗队伍每二三十人一组，由董萨打卦选出武勇善战的人做指挥，另选一人侦察联络。出兵、停战均经董萨打卦。出兵前先侦察敌情，选择地形由领导核心研究布置。一般是拂晓进攻，战士在前，山官督战，以铓为令，铓声紧，战亦紧，铓声停，战亦停，攻进敌寨，可拉走牛猪，但必须回本寨献官庙后才能吃。战俘可互相交换，一方杀俘，则他方亦杀；一方无俘，可向对方购买，但对方也可处死或转卖为奴。战死者由山官给牛二条，由家属祭家鬼及洗寨子（大家吃）。

总之，景颇族在战争中（特别是民族战争）已学会一定的战术，但在民族内部尚未产生一套固定的军事组织形式，这是与其落后的政治制度相适应的。

如前所述，两类地区景颇社会发展的总趋势是向封建地主经济过渡，基础具有过渡性质，存在着不同的经济成分。反映这个基础的山官制度，其性质也是复杂的。

在较早的时期，亦即以旱地为主要生产资料的时期，内部封建因素不明显，山官都具有较浓厚的公社领袖的色彩，通过他在生产上和生活上的公共事务体现出来，而且负担辖区内主要的公共支出，剥削面貌并不显著。弄垤老人说："当时的山官要帮百姓过日子。"

在向封建社会过渡中，经济基础发生变化，山官制度的性质也复杂化起来，随着各地历史条件不同而发生差异。今日盈江邦瓦，山官具有的公社首领的性质已很不显著，其他四个地区的山官尚在不同程度上具有公社领袖的性质，通过分配调整土地，领导辖区生产活动和辖区性的宗教活动等公共事务表现出来。阶级分化较显著的地区，山官又具有轻微的封建领主和一定程度的封建地主的性质，通过各种剥削形式表现出来。第一类地区山官具有较显著的公共领袖的性质，也具有一些封建地主的性质和轻微领主性质，但剥削较轻微，和群众的联系较密切；第二类地区的弄垤山官则具有较显著的封建地主的性质和一定程度的封建领主的性质，盈江邦瓦山官所具封建地主的性质，比弄垤山官还显著。

因此，景颇社会山官制度的性质不能泛指属于某一社会范畴，必须根据各地山官制度的情况做具体分析。总的说来，各地山官制度的组织都很简单，山官缺乏为自己的利益服务的强力机构，权力是通过习惯法行使出来，广大群众都基本具有人身自由。因而山官制度显得软弱无力，对群众的控制性不强。

各地区苏温的性质也同样不一致，这和山官制度的性质有关系。第一类地区苏温具有一定程度的"长老"身份，而第二类地区的苏温则更多的表现出来是替山官和傣族土司服务，通过被授予的"苏温田"（带有薪俸田的性质）或薪俸谷反映出来。

由此可见山官制度的性质比较复杂，有的山官具有较显著的封建地主性质（盈江邦瓦），有的又具有较显著的公社领袖的性质（雷弄）。山官制度内部蕴藏着矛盾，具有两面性，对景颇社会的发展，同时具有促进和阻碍的作用。这正具体反映出基础的过渡性质。

首先，我们考察阻碍社会进一步发展的因素。

第一，山官制度早在封建因素萌芽之前便已存在，内部组织简单，对农民缺乏强制权力。山官的权力建立在习惯法上，而习惯法不专为山官和官种服务，山官要使群众为自己服务，就会背离传统的习惯法。比如山官要增加官工的数目就会受到群众的反对。在民族压迫时代，为了团结对外，为了获得群众的支持，山官是不敢轻易背离习惯法的。恰相反，他还是习惯法的体现者，这样，山官制度在景颇社会中显得软弱无力，山官在政治上对群众控制不严格。这种政治形态对于向封建社会过渡是具有一定阻碍作用的。

第二，在土地所有制上，山官制度认可并支持旱地上的公有制，使辖区内不占有水田的人仍然享有生产资料，不致被剥夺成为无产者，阻碍基本具有公社性质的个体农民向奴隶和农奴转化，这是景颇社会村社经济残余能长期存在的一个重要原因。

在大量使用水田后，两类地区的五个寨子中，除盈江邦瓦外，水田的私有制仍未彻底实现，水田一般都不能买卖，连山官自己都基本上没有摆脱这一传统的束缚力。这种情况，第一类地区更明显。群众买卖土地，山官要干涉，新来户可以向山官要得一份田，但通常要送一份礼才能得到。这种情况两类地区都存在。例如瑞丽雷弄33户中只有5户没有水田，这种情况也以第一类地区更突出。

显然，这些因素阻碍了土地的进一步集中和阶级的分化，从而阻碍了租佃、典当、雇工等剥削关系的进一步发展。

第三，山官辖区的界线严格，不能随便突破，使山官间的力量长期保持均势，互相兼并不起来。这种情况长期阻碍景颇族内部向统一的局面发展。

这里又得考虑到民族关系了。景颇社会内部的发展和外部因素的作用是分不开的。景颇族这种政治上的分散性，对傣族土司分而治之的企图是有利的，因此土司利用各种手段维持这种分散的局面。

但这种分散的政治形态，支持了落后的村社经济的存在，巩固了经济上的分散性，对较先进的封建因素的发展起了限制作用。土地集中和阶级分化似乎以山官辖区为单位进行，尚未冲破辖区壁垒。这种情况成为促使各地景颇族在向封建社会过渡中发展不平衡的一个因素。

第四，拉事和战争破坏生产。景颇族中同一山官辖区的群众发生纠纷，通常由山官、苏温等按习惯法进行调处。但各山官辖区之上，本族内部没有更高的政治组织和仲裁力量，因而辖区间群众发生纠纷往往采取拉事的手段以求解决。"拉事"载瓦话称为"纳吉"，直译为"牛兵"，即"武装拉牛的人"。当事一方拉走对方的牛只后，对方可请和双方有关的山官或群众进行调解或径自拉走对方的牛以资报复。有些地区景颇族有"吃新谷话旧仇"的习俗，每年秋收后吃新谷时，老人常提醒家人他家和某家有仇未报，要后辈伺机报复。这样，辖区间的拉事往往世代延续，旧恨未消，新仇又结。

由于过去拉事比较普遍，社会中逐渐游离出一些不事生产劳动、专靠拉事甚至进行抢劫的人，称为拉事头，成为景颇社会的赘疣。拉事对生产具有较大的破坏作用，破坏耕牛、破坏劳动力，长期的拉事甚至使土地荒芜。潞西弄丙山官和相距20余里的毛江山官拉事，双方都不敢到红球河边耕作，部分已耕土地，收割时都要半山望哨，提防对方袭击。

有的山官更利用拉事进行兼并，在一定程度上扩大成为辖区间的战争。傣族土司更从中挑拨，往往兵连祸结，人畜伤亡，土地荒芜。山官之间的兼并战争，和傣族土司的挑拨离间也是分不开的。

由于山官制度的落后性，政治上的分散性，使拉事长期保存下来，对社会生产起了显著的破坏作用。

其次，我们再从促进社会发展的方面来考察。

尽管山官制度有上述的落后一面，在生产关系发展变化的过程中，它也受到影响，而且生产关系的变化，首先就从山官制度中反映出来。

第一，当水田成为主要生产资料后，在使用价值和重要性上远远超过旱地，成为群众竞争的对象，山官在这里起了一个新的作用，即管理水田的调整和分配，只有山官具有这种权力，也只有山官能够利用这一权力为自己服务。

最初土地的再分配比较普遍（瑞丽雷弄今日仍然如此），山官占有水田数量和群众相差并不大，这种情况在前封建因素比较显著的地区，仍然看得比较清楚。随着山官支配土地范围的扩大，山官对水田的权力也逐渐突出，而且超越了公共权力，具有一定的特殊权力，这种情况在封建因素比较发展的地区比较突出，例如潞西弄垱，最初山官对水田也同样不重视，水田的重要性日益显著后，山官在水田上的权力也日益显露，群众取得水田逐渐困难起来，最后发展到必须向山官送一份重礼才能取得一箩种面积的水田权。这种情况限制了贫苦户得到水田，使土地的公社集体所有制遭到破坏，但却有利于山官集中土地。山官更利用特权长期占有迁走户的水田，甚至借故抽夺水田，扩大自己占有的面积，弄垱山官一户就占有全寨水田的33%。盈江邦瓦山官，由于内外条件的限制，对水田失去了特权，也没有分配调整之权，却进一步促进地主经济的发展。

第二，官工的性质发生了变化，在第二类地区比较显著。盈江邦瓦连官工都已消失。随着水田成为主要生产资料，山官对水田的特权发生了，有支配辖区土地的最大权力，官工从旱地转移到水田上，向封建劳役制度过渡。同时，在土司控制下，山官制度的机构有相应的变化。

苏温过去具有的长老身份的性质日益消失。从这个角度看，山官制度是有利于封建因素发展的。

但是，作为被统治民族，在民族压迫的时代，景颇族要发展成为完整的封建领主经济是有困难的。在土司统治力较强的地区，土司不允许山官势力的扩展。潞西弄丙一带的山官为了扩大辖区而发生战争的情况是有的，但往往遮放土司从中挑拨离间或扶弱抑强，使山官间兼并不起来。

第三，山官缺乏为自己服务的强力机构，要巩固和发展封建领主经济有困难，促使山官雇工经营和出租水田，而且山官利用特权，出租迁走户留下的水田，这就表明向领主经济发展受到阻力时，山官制度又转而促进封建地主经济的发展了。而且从发展的角度上看，这种经济成分已远超过封建领主经济成分。

第四，在普遍种水田的时代，山官的特权收入增加了，使辖区内当权山官和官种间在政治地位和经济力量的差异上进一步明朗化，促进山官内部的分化，等级和阶级的交错关系复杂起来。在阶级关系上，山官可以相当于地主富农。当然，相当于地主富农的并不都是山官，也有山官相当于中农的。

比较上述两个方面，就可以看出山官制度的作用具有两面性。作为剥削者，山官支持封建剥削关系的发展，而且土司通过山官榨取景颇族人民，甚至为了这个目的支持山官。但在民族压迫下，山官之所以有力量，受到土司的一定重视，是因为山官具有群众基础，群众基础的好坏和社会内部山官和群众之间阶级矛盾的强弱成反比例。山官本身就蕴藏着矛盾。

总之，由于旱地的重要性已不显著，山官制度的落后性虽然认可了旱地的前封建所有制，阻滞了社会发展，但在经济比重上不占主要地位，这种从旱地所有制中保留下来的具有自由人格的个体小农的长期存在，在山官不能发展出一套强力机构的情况下，向封建领主经济过渡是有困难的，而向地主经济过渡却比较有利。事实上地主经济成分已超过领主经济成为发展中的主流。但进一步发展地主经济，山官制度仍有阻碍，例如严格的辖区界限就阻碍了地主经济的进一步发展。因此，总的说来，山官制度仍然是落后于它所反映的生产关系，而生产关系又落后于生产力。

（二）从家庭婚姻制度来考察

景颇族现行的家庭和婚姻制度是父系、父权的一夫一妻制个体小家庭；山官苏温及个别群众间或有多妻的，但社会的基本婚姻制度是一夫一妻制。

生产力水平达到使单个家庭可以成为社会生产单位，是产生一夫一妻制个体小家庭的经济前提。因此，景颇族社会在进入地缘为基础的生产资料——主要是土地——集体所有、私人占有的农村公社以后，一夫一妻制的个体家庭便开始了。

由于历史条件的影响，景颇社会的发展不是循序渐进，而是具有跳跃的性质。

生产关系变化的程度尚未达到引起上层建筑发生相应的变化时，又向更高一种生产关系转化，因而上层建筑中愈是间接反映基础的部分，改变愈少，保留本来面目愈显著。两类景颇地区的家庭形态、婚姻制度、结婚过程、配偶关系、财产继承等都基本一样，没有反映出像山官制度方面那样多的变化清楚地说明了这一点。

景颇族的家庭和婚姻制度究竟反映哪一个社会发展阶段的基础呢？下面我们试分几点来考察一下。

第一，在今日景颇社会中还可找到群婚制的残余。

首先，从现在的亲属称谓中可以找到早期家族形态的线索。

在亲属称谓上，景颇（载瓦）男子称自己的子女和自己的兄弟的子女均为"阿作"（我的孩子），称自己姊妹的子女为"扎奥"（甥）；景颇（载瓦）女子称自己的子女和自己的姊妹的子女均为"阿作"（我的孩子），称自己的兄弟的子女为"阿图"（侄）。这种亲属称谓表明父亲兄弟的子女和母亲姊妹的子女都分别是兄弟姊妹，有着共同的父母，所以不能通婚。父亲姊妹的子女已不是他的子女，母亲兄弟的子女已不是她的子女，所以在称谓上有区别。诸子女间已不是兄弟姊妹，他们的父母也不是共同的父母，所以他们可以互相通婚。

这种情况形成姑舅表优先婚配。但有个例外，即通常姑家女不嫁舅家子，舅家子不娶姑家女，形成单方面的姑舅表优先婚。景颇（载瓦）称谓中，舅父与岳父同称"阿扎"，舅母与岳母同称"阿尼"，公公与姑父同称"义古"，婆婆与姑母同称"阿媄"，这种单方面的姑舅表优先婚，形成景颇社会中所谓的"姑爷种"与"丈人种"。

其次，族外群婚的残余反映在景颇社会比较流行的转房制度上。这种转房制并且打破了辈分的限制，有下列的形式：子承父妾，叔伯娶侄媳，侄娶婶母，兄娶弟妇，弟继兄嫂，等。由于父系社会的确定，财产由父系继承的结果，使用大量聘礼娶来的妇女，当丈夫去世后，自然仍留在夫家，甚至寡妇再嫁时，聘礼仍归原夫家。这种情况进一步支持了转房制度。

再次，妇女婚前性自由也反映出群婚残余。景颇村寨中尚保留"公房"供青年男女"干脱总"（串姑娘）之用。青年男女可在"公房"中谈情说爱，父母并不干涉。婚前性关系自由，受孕后，可以"指腹认父"。婚前性自由造成社会较多的非婚生子，称为"嫡作"，但一般不遭受社会歧视。

但"干脱总"并不是乱婚，凡受族外婚限制不能结婚的男女青年不能在一起谈情说爱，否则会遭受到责难，甚至惩罚。

以上三种现象显然是早期社会的残余，并不是反映现存社会的经济基础。

第二，在今日景颇社会中还可找到从妻居向从夫居过渡的遗留。

首先，从婚姻的缔结形式中反映出来。景颇族结婚形式中有所谓"迷确"（拉妻子）、"迷弄"（抢妻子）、"迷考"（偷妻子）。这三种方式并不是不付聘礼，不过后两种是为了保证婚姻缔结成功，先造成既成事实，再议聘礼；前一种则作为一种仪式保留下来。这几种形式，特别是第一种，都或多或少反映出由妻方居住向固定的夫方居住制过渡的遗留。

其次，景颇族有婚后坐家的风俗，往往怀孕后才回夫家长住，甚至坐家时期，性关系也比较自由。景颇族中舅父的权力比较大，也可说是母权制的遗留。

以上的情况显然也是早期社会的遗留，而不是现实社会经济基础的反映，哪怕是基础中最落后的成分。

第三，"姑爷种"和"丈人种"这一求偶方式的普遍流行，在今日仍具有较大的现实意义。景颇族各山官间由于政治上的独立性和经济上的分散性，互相影响，互相制约，辖区壁垒特别显著，缺乏辖区间政治上和经济上的正常联系。但"姑爷种"和"丈人种"通婚关系的普遍流行，突破了辖区界限。这种单方面的姑舅表优先婚，使得至少要三个异姓家族同时具有婚姻关系，才能解决配偶问题。而且"姑爷种"不在一姓，"丈人种"不在一姓，没有具备这种关系的人家，彼此间仍然可以通婚，但一旦通婚，便形成"姑爷种""丈人种"的关系。虽然连续几代不通婚，但这种关系还是确定的。

这种婚姻关系的普遍流行，加强了各姓氏之间的联系，婚姻关系突破了辖区的限制，特别是山官通常都和山官通婚，由于同姓不婚，使异姓山官之间因姑爷种、丈人种关系的确立，普遍具有亲谊关系，有互相帮助的义务。在民族压迫时代，在没有统一的政治局面和经济联系的情况下，促进了本族的内聚力，具有团结本民族的显著作用。

过去如遇民族间的战争，当事的山官常利用"散牛毛"的方式集合武装。杀一条牛，不剥皮，连皮毛带肉割成小条，送给有关山官及其亲属，收到的立刻集合辖区的青壮年，带着武器去支援。在较短的时间内可以集成庞大的力量。

群众间具有姑爷种、丈人种关系的人家在婚、丧、建屋、遭遇困难时都有互相帮助的义务。不同辖区群众之间发生纠纷，酿成"拉事"（拉走对方牲畜，以资报复，同时又具有进一步的调解纠纷的作用）时，首先通知亲友协助，不受辖区限制。

景颇族很重视亲戚关系，姑爷种、丈人种之间，即使住在距离很远的两个山官辖区，来往仍是不断的，每年二、三月农闲时就是"串亲戚"的时间，借以加强联系。

由于重视这种关系，山官之间因利害关系发生冲突时，也受到一定制约，而且由于冲突双方辖区的群众具有的这种关系也起了制约作用，使冲突不致扩大为整个辖区间的对立和敌视。

第四，景颇族重视幼子继承。家庭中当较长的儿子结婚后，通常都迁出去另立家庭，有的在本辖区内，有的甚至迁到较远的地方去，这种传统反映生产力水平已能使个体小家庭足以成为社会的最小经济细胞，而且由于这种小家庭不断分散出去，破坏血缘纽带，促进以地缘为基础的新性质的社会集团的形成。换言之，幼子继承权的实行，促进了景颇族内部从基于血缘的父系家族公社向基于地缘的农村公社过渡。我们调查的地区没有发现由同姓人家组成的村寨，也没听说过这种例子，一个村寨通常都包括四五姓或五六姓人家。瑞丽雷弄寨只有33户人家，却由10个不同姓组成。

幼子继承权和山官支系的复杂化也有密切关系。幼子称为"乌玛"，继承当权山官的职位，因此幼子的地位比诸子高，财产继承方面也占优势，诸兄则不断离开老家，向外分散。

最初，在景颇族居住的广大山区，尚有未建村寨也没有山官管辖的地方，诸兄分别带着从人离开老家，到别的地方另建村寨，成立辖区，招集群众，扩大了同一支系的分布地区。由于新成立的辖区，不在旧辖区范围之内，不受旧辖区管辖，因而同姓山官各辖区形成互不隶属的独立单位，使山官辖区日益增加，支系日益复杂，例如山官中的勒排一姓就分了龙准排、陆促排、崩瓦排等几个分支。但当新辖区因条件限制，不能再成立时，当权山官的数目受到限制，不当权的官种就愈来愈多，因而促进各支系和同支系山官间争辖区而引起矛盾和冲突。

幼子继承的习俗和农村公社的性质是适应的，但当社会生产力继续发展，生产关系发生变化，这个习俗的严格程度各地就不一致起来。我们调查的第一类地区，幼子继承山官的职位还保留得比较完整。但封建因素比较发展的第二类地区，幼子当权已不及前类地区严格。潞西弄垢的山官已经连续三代由长子继承，似与封建因素的增长有一定的关系。

在广泛耕种水田后，通常各家占有水田不多，一家中较长的儿子分家出去时，往往不能分到水田，促进近亲和同姓内部贫富悬殊。山官则由于辖区内群众普遍耕种水田后，特权收入增加，造成当权山官和官种间政治地位和经济力量上进一步的差异，促进内部阶级分化。

总之，幼子继承权这个习俗一直被保存下来，随着社会变化发生不同作用。但景颇社会向封建社会过渡时，这个习俗也开始受到破坏了。

第五，景颇族实行不很严格的等级内婚。一般观念是山官出于官种，不和百姓通婚，百姓社会地位高于奴隶，也不和奴隶通婚。不过在今日实际社会生活中，这种制度已受到破坏，各等级间已发生通婚情况，但由于娶官家姑娘，聘礼很重，一般百姓无能为力；官家娶民女，在某些地区会影响到社会地位，以致影响某些重要宗教仪式的举行；百姓嫁男奴会影响到自己的社会地位，随之成为奴隶，百姓娶女奴则官家要的聘礼又相当高。这些阻碍实际仍是等级观念的反映，因此等级之间的婚姻并不普遍。

显然，世袭官种的产生和等级的划分，不属于原始社会范畴，而是由农村公社向阶级社会过渡的产物。这种社会制度是景颇社会封建因素萌芽之前发生的。景颇族的老家江心坡一带，据文字记载，当地景颇支的山官多有蓄奴的，最多的达到百人。英帝国主义侵占上缅甸后，曾赎买一部分作为军队和矿工。我国境内根据调查载瓦支山官情况看，曾经蓄奴的比重很小，而且不是每个山官都蓄奴，辖区内的成员基本仍以自由的小农身份存在。因此，这种等级观念可能受到景颇支的影响。

这种等级关系反映了景颇社会向奴隶社会过渡的生产关系。在国内，由于内外条件的限制，奴隶制度没有能发展起来。当景颇社会封建因素萌芽，这种等级观念对向领主经济过渡是有利的，有利于肯定主奴关系。但领主经济，从我们调查的地区来看，也由于内外条件的限制，没有发展起来，而转向封建地主经济发展了。

基于水田农业发展较高的生产力，促进内部阶级分化，等级关系在这种较先进的冲击力之下，受到影响，官种和百姓内部在经济地位上进一步发生变化，等级关系和阶级关系也交错复杂起来。由于经济地位的变化，等级内婚也受到影响，变得逐渐不严格了。

总之，从景颇族的家庭和婚姻制度中，还看得出比较显著的原始社会的遗留。随着社会经济基础的变化，家庭和婚姻制度也受到一些影响。但从前面的分析来看，反映基础的主要仍属于前封建社会范畴，封建因素的发展也开始带来了变化。

（三）从宗教信仰来考察

景颇族的宗教信仰，两类地区没有什么差异，除人有灵魂外，他们认为自然界和生物如日、月、星、辰、鸟、兽、虫、鱼、怪石、巨树都有鬼灵，总称为"纳特"，对人类可以降祸福，因此，必须在一定时间用牛、猪、鸡等祭祀。

主持宗教活动的有专门的宗教师，最大的称为"斋瓦"，可以主持杀牛祭祀的念鬼活动。其次为"董萨"，本领较高的可以在杀猪祭祀的宗教活动中念鬼；一般的小董萨只能以鸡、鱼、蛋念鬼。董萨念鬼有一定的内容，包括天地和人类的起源传说、景颇族的历史来源等，用修饰过的词句，甚至保留下来的、早于今日口语的词句朗诵出来。但这些内容不一定在一切宗教活动中都朗诵，主要内容自然是根据念鬼的目的向鬼祈求，以求得满足。

作为辖区的首领山官对于辖区性的宗教活动有密切联系，主要是生产活动方面，以求五谷丰稔，人畜吉利。

景颇人在埋葬死者后，要请"董萨"念鬼，送死者的鬼魂回老家去，勿危害家人，送不走的便供在家里，通常是最近逝世的长辈，按时祭祀，祈求保佑。这种信仰和祖先崇拜还有一定的区别，供奉的目的不是崇德报功，慎终追远，而是出于惧怕，既送不出去（如送魂后，家人患病，董萨打卦，认为死者作祟，魂未离家），只得供起，以求转祸为福。

这种鬼灵信仰产生于低下的生产力水平。人们对自然现象的变化不了解，对自然作斗争显得软弱无力，生产生活没有保障。这种信仰和今日景颇族的生产力水平并不符合，落后于生产力，显然是早期社会的遗留。

在民族压迫时代，景颇族长期困处山区，文化被冻结在落后的水平上。当生产关系由于历史条件的影响跳跃式地向前发展时，这种在低下生产力水平上产生的信仰跟不上，而且成为社会发展的阻碍，但这种信仰在景颇社会发展过程中，也并非一成不变，已开始渗入新的成分。

下面分几点来考察这种信仰如何反映基础的变化，以及在社会发展中起了什么作用。

第一，景颇族的宗教活动和农业生产具有密切联系，农业在社会经济中比重最大，因而和农业有密切联系的地鬼成为最大的两个鬼之一。专为狩猎和畜牧的祭鬼活动一般已不存在，这说明景颇族的农业经济早已确立。

农业中最大的祭鬼活动是祭官庙，每年两次，一次在春耕之前，一次在秋收之前，官庙实际是一个没有四壁的茅屋，附近竖有一些祭鬼时用的鬼桩。官庙附近的树木禁止砍伐，认为是神树，树林茂密，显得有些阴森。

第一次是祈求辖区五谷丰登，耕作过程中诸事顺利，由董萨念鬼，以鸡、干鱼、鸡蛋等向地鬼及其他和辖区安宁有关的鬼献祭。董萨念完鬼后，全寨两三天内禁止劳动，并给山官公建一间小茅屋，叫"拾瓦岳扎"（意为"公共盖的窝棚"）作为官家田间工作时休息之用。然后去山官地上举行破土撒种的仪式，由董萨念鬼祝告地鬼，祈求保祐。这个仪式举行后，宣告春耕开始。

第二次祭官庙是农忙之后，表示庆祝并祈求谷粒饱满，不受灾害。杀牛、猪、鸡祭鬼，仪式隆重。

两次祭官庙都由山官主持，表明山官是领导全寨生产的人。

值得注意的是，两类地区的破土仪式都在旱地上举行。仪式中反映出旱地上的耕作技术。可见这种仪式是反映景颇族在以旱地为主要生产资料时的生产方式。不过在普遍种水田后也发生了一些变化，即插在举行破土仪式的那一小块旱地上的鬼桩，除绘有各种谷物农具外，也画上了水牛和耕犁。

第二，这种宗教信仰已和原始信仰不尽相同，已具有一些较先进的成分，反映了景颇族向阶级社会过渡的一些社会关系。

在现实社会中已分化出官种、百姓和奴隶，在死者的世界中也有这种区分。例如山官逝世，家人要仪式化地让董萨念鬼，让奴隶去服侍他。

现实社会有等级之分，鬼的世界中也有大小之别。

这种对鬼的信仰还进一步肯定人间的等级关系。诸鬼中木代（天鬼）和官庙中的地鬼是最大的，只能由山官祭或由山官主持。根据景颇族的传说，山官的祖先和木代鬼曾有过婚姻关系，因而山官的来源不同于百姓，也只有山官才能供木代。供木代鬼是地位和权力的象征，只有当权山官才能供，官种和百姓不能供，因为当权山官是辖区的领袖，有吃"宁贯"的权力。和宗教信仰联系起来，山官的首领地位进一步得到肯定。

在宗教活动中，如前所述，也反映出山官是生产的领导者，因此只有山官才能祭鬼，这种祭鬼的权力，反过来又具有肯定山官在生产上的领导地位的作用。

所以，山官在政治地位上的领导地位和生产上的领导地位都在宗教上得到肯定。由于山官是辖区的领袖和代表者。因此辖区性的宗教活动由山官主持。

这种反映在宗教信仰中的等级关系是前封建社会的产物，因而它反映的是前封建社会的经济基础。在向封建社会过渡时，阶级分化使得人们的社会地位发生变化。今日据说官种和百姓为了使自己有面子有地位，都可举行最大的宗教仪式——跳"总戈",但跳"总戈"必须祭木代,如能向官家借得木代鬼,又能担负浩大的费用,就可以举行,这种情况或许是阶级分化、社会地位变化的反映。

第三,必须说明,景颇族信鬼,不是由于社会中已有天堂地狱的观念,或祈求来世幸福,而是由于长期困处山区,文化落后,对自然做斗争,遭遇生产和生活上的困难时,没有更有效的办法去解决,只有依靠落后的宗教形式去争取现实世界中的生产和生活过得更有保证,因而景颇族的宗教观是现实的,是为了解决实际生活中的困难。

新中国建立前,西方国家的传教士进入靠国境的景颇山区,有些景颇人信了基督教。信的动机,有的是因为家中有病人,请董萨念鬼不起作用,杀掉所有的牲畜献鬼,结果病人仍死去了,因此认为鬼不灵,转信基督教。有的因为信教后,患病有药吃,而且比信鬼少杀牛。潞西弄垱3户景颇族,原来都信鬼,因家人生病,杀牛祭鬼不灵,后来转信基督教。信教后,又因家人患病,祷告后,不见起色,有的甚至病死了,认为基督教也不灵,又改为信鬼。上述例子就可以说明景颇族一般群众对宗教的态度了。山官信教后,往往受帝国主义利用,造成政治上的外倾。

景颇族社会财富积累的形式一般是购买牛。牛不仅是生产资料,而且在一定程度上起着货币的作用。由于景颇族使用金属货币的时间不长,而且不是从本民族内部发展起来的,积累金属货币的不多(积累鸦片的较多)。靠近汉人聚居区的景颇族知道银子,而且还说曾用过银子,在国境边上瑞丽雷弄的景颇族就只知道卢比了。大多数地区的土地都未能买卖,而且借贷关系的发展程度,特别是在第一类地区,还不很高,因而财富积累的出路受到一定限制。

牛在本民族内部具有一定的货币作用,结婚的聘礼以牛只计算,赔偿命价和赔偿损失以牛只计算,清偿债务也可以用牛只计算,向官家要田送礼也有用牛的。牛的多少表示所有者的财富和社会地位。特别是牛和传统的宗教活动联系起来,较大的宗教活动或祭大鬼就要用牛。做"总戈"可表现自己的财富和提高社会地位,一次要数十头牛。因此,牛在一定程度上成为社会财富积累的主要对象。

但是在一个农业社会里,牛在生产上的需要是有一定限度的,而且牛又和具有群众性的宗教活动有密切联系。因此，在过多畜牛的情况下，往往以杀牛祭鬼的形式大量屠杀，形成社会财富的大量消耗。这种形式的财富积累不能用于扩大再生产，反而形成非生产性的大量浪费。这种现象使景颇社会的财富积累受到限制，阻碍进一步向封建社会发展。

潞西弄丙寨排勒丁家几年来生产情况良好，生活有了改善，但他认为是鬼的保祐，为了答谢，于1956年祭了3天大鬼，杀牛2头、猪6头、鸡20只，以及米酒等共花243.7元，形成财富的大量消耗。由于祭鬼普遍，念鬼的董萨也就很多。陇川邦瓦136户，有董萨16人，平均不到9户就有一个董萨，而董萨愈多，念鬼的事也愈多，当地汉人说："山头的鬼，魔头的嘴。"据了解，邦瓦136户每年因病祭鬼要1000多只鸡，较富裕户杀牛、猪。解放前仅群众每年因病祭鬼，杀牛约50头，其中水牛约占三分之二，对农业生产也有直接影响。而且凡是宗教活动的杀牲祭鬼，不是一家独享，而是全寨"帮吃"，似乎显示出共同消费的遗留。这种习俗和全寨有互相帮助的义务，同样使景颇人对生活缺乏计划，不做长远打算，这也是影响社会财富积累的一个因素。

总之，这种宗教信仰是早期社会的遗留，大大落后于解放前景颇社会的生产力水平。这种信仰在经济生活中造成社会财富大量消耗，成为景颇社会发展中一个显著的阻力。

（四）从艺术的发展来考察

景颇族的艺术包括美术、音乐和舞蹈。美术中以工艺美术——编织、刺绣——为主，其次是雕刻和绘画。工艺美术绝大部分表现在服饰方面。其中织物图案最丰富，而且精致美观，潞西、陇川、瑞丽部分景颇族地区就有300种以上，盈江、盏西一带织物图案更多。图案大部由直线组成，点面很少。一般是黑底，在红色基调上织成黄、绿等色相间的图案，色调对比较强烈。图案取材很广，包括动、植物和自然现象。

刺绣也主要表现在服饰方面，色调和织物相似。据说刺绣晚于织物，因而刺绣图案大部模仿织物图案。照一般规律，刺绣比织物易于表现和发展，因它不受经纬线的限制。但景颇族的刺绣却尚停留在模仿织物图案的阶段上，没有进一步发展。

绘图的发展比较落后，大都和宗教活动有联系，描绘对象有动植物、农作物、生产工具等，但只是简单的模拟，使用红黑二色。

雕刻可分为园雕和竹、木刻。园雕只表现于坟墓上竖立的木人和木鸟；竹木刻种类较多，图案也不少，通常表现在妇女的腰圈圈、织裙的梭子、口弦筒、扇筒等方面。

无论编织、刺绣或绘图、雕刻，工具都很简单，技术尚保留在一般人手中，尚未产生专业者。

景颇族的舞蹈可分为四类，即祭祀性舞蹈、狩猎和军事性舞蹈、生产劳动性舞蹈和欢庆性舞蹈。各种舞蹈的特点，除属于军事性舞蹈的刀舞外，都是集体舞，律动和步法重复的地方较多。舞蹈和本民族的宗教活动以及生产活动紧密联系，这是景颇族的舞蹈特点。但舞蹈受到宗教活动的约束，发展上受到限制。

景颇族的音乐可分为声乐和器乐。音杂和舞蹈的联系很密切，有时载歌载舞，有时以乐器伴奏舞蹈，自然也有单独的唱歌。声乐的内容很广，包括祭祀、婚丧、生产劳动，以及生活中节日的歌唱和青年男女的抒情歌。特别是后者，往往是即景生情，即情作词，互相唱和，极少拘束。有些祭祀性的集体歌舞，象征人众威力的吼声，有如海潮怒吼，气势磅礴，反映出景颇族朴质爽朗的性格。

器乐可分为打击乐器如木鼓、象脚鼓、铓等，簧管乐器如"盏西""三比""锐作"以及不用簧片的管乐器，弦乐器有二胡和三弦琴，但都由外族传入。各种乐器中以本族固有的簧管乐器和管乐器种类最多，在生活中不断发展创造，达到较高水平，具有民族特色，而借自外族的乐器则仍停留在原有水平上，但也丰富了音乐和舞蹈的内容。

随着景颇社会的发展，经济基础发生变化，作为上层建筑一部分的艺术也起了一些变化，在原有形式内增加了新的内容和意义，而且由于历史条件的差异，不同艺术部门的发展也是不平衡的。

以舞蹈为例。景颇族在"总戈"、"龙洞戈"和"金再再"的舞蹈中，手执武器，狂热地呼喊"啊日啊"，跳着螺旋形的步位，酷似狩猎包围野兽的情景。在"金再再"舞中，两人裸身绘成鸟形，跳跃而舞，和原始社会的狩猎者装扮野兽，以便接近和猎取野兽似有共同之处。因此，这些舞蹈可能反映了狩猎时期的艺术，部分形式一直流传下来，保留在农业社会中，但却有了新的意义。今日跳"总戈"是具有祈求辖区兴旺、表示地位和财富的意义，跳"龙洞戈"和"金再再"则是死者的丧仪。

景颇社会进入农业时期后，艺术有了较显著的发展，现有艺术大都是这个时期的产物。美术中的编织、刺绣、竹木刻、绘画，音乐和舞蹈方面表现的生产劳动状况，都在不同程度上反映出农业生产情况。"布滚戈"舞反映出开地、砍地、烧地、种豆子等活动；在地鬼桩的绘画上、筒裙图案上、情歌的唱词中，不仅反映出旱地耕作，而且也反映出水田农业的情况。但舞蹈中尚未反映出水田农作活动，可能由于耕种水田的时期不长，还未普遍反映到各个艺术部门中去。

发展的不平衡性也在各艺术部门中表现出来。祭祀性的艺术受宗教意识的束缚，发展上受到限制。以舞蹈而论，一方面似保留了农业时期以前的舞蹈成分，另方面水田农业却尚未在舞蹈中反映出来。发展较快的如织物图案，取材广，内容丰富。音乐的发展也较快，情歌也发展到即兴抒情歌曲；器乐则由不规则的音律发展到较有规则的音律，由表现力比较单一的乐器，发展到表现力比较丰富的三比。

和在生产部门一样，民族关系在艺术领域内也起了一定作用。由于和外族接触，景颇族不断吸收外族艺术，丰富了本民族的艺术内容，而且融合在自己独具的风格中。如织物图案中的汉文、佛教图案中的"卐"，舞蹈中的"丁戈"是从傈僳族学来，三弦琴也一并传入；胡琴和象脚鼓则分别从汉族和傣族传入。

尽管各艺术部门都有不同程度的发展，但一个共同特点则是各艺术部门的内容都尚未反映出阶级性来，也还没有专业从事艺术工作的人。而且艺术多和宗教意识密切联系，因而在发展上受到一定的约束。

总之，景颇族艺术领域中各部门的发展是不平衡的，可以找到早期社会的遗留，甚至有些因素对社会发展具有反作用，但随着社会经济基础的发展，艺术中各部门也起了不同程度的变化。

最后，让我们根据前面的分析，把社会改革前景颇社会的发展状况简单归结如下：

景颇社会在社会改革前发展的总趋势，是从原始农村公社向封建社会过渡，其间还带有一些蓄奴的痕迹。由于内外条件的限制，奴隶制度没有能发展起来，早被排除于发展的主流之外。在向封建社会过渡时，也由于内外条件的限制，封建领主经济没有能发展起来，又转向地主经济过渡，形成多种经济成分同时存在。这就造成景颇社会发展上的特点：不是循序渐进，而是具有跳跃的性质。

发展中具有跳跃的特点，使生产关系变化的程度尚未达到足以引起上层建筑诸方面发生相应的变化时，又向更高一种生产关系转化，这就使上层建筑跟不上基础，虽然也有变化，但愈是间接反映基础的部分，改变愈少，保留本来的面目也愈显著，具有更多的落后性。由于多种经济成分同时存在，落后的生产关系和落后的上层建筑的阻滞，使先进的代表地主经济的生产关系也未发展到应有的高度。这就表明发展中的基本矛盾是生产关系落后于生产力，反映前一时期的生产关系的上层建筑又落后于较先进的生产关系，互相制约，互相影响。因此，尽管生产力水平已能提供一定数量的剩余生产物，但剥削关系尚未发展到相应的高度。

如前所述，景颇族社会发展的道路不同于古典社会，民族关系的影响对景颇社会发展一直起着作用。解放以前的民族关系的实质是统治与被统治，剥削与被剥削，虽然群众之间也有友好来往和经济文化交流，但总的说来，民族矛盾是长期存在的。民族矛盾随历史条件而变化，例如景颇族与傣族土司的矛盾，有时缓和，有时可激化成为一时期的主要矛盾。矛盾缓和时，群众间经济文化交流较多，对景颇社会发展较有利，矛盾激化时甚至可使生产遭到破坏。例如遮放傣族土司曾和弄丙发生战争，弄丙失败，弄丙寨被烧光，田园荒芜，人畜伤亡很大。

必须说明，社会改革前，景颇社会是向完整的阶级社会发展，但社会内部尚未形成两个完整的对抗性的阶级。因此，内部虽然出现了一定程度的阶级矛盾，如弄垱群众对山官就有不满情绪，但尚未出现较大规模的阶级斗争。山官利用特权集中土地，在一定程度上破坏了习惯法。在集中土地和扩大自己对土地的权力的过程中，山官力图摧毁旧的生产关系。但由于民族矛盾的存在，山官必须得到群众的支持，又不敢任意破坏传统的"通得拉"，旧制度在不同程度上遂得以保存下来。另一方面，也因为民族矛盾的存在，山官是本民族的领袖，群众要依靠他，民族矛盾掩盖了一定程度的阶级矛盾。这就形成景颇社会生产关系和生产力矛盾表现形式的特点。

四、结束语

景颇族是跨境而居的民族。根据五个地区的调查，他们在历史上曾经历了两个发展时期。第一个时期各地景颇社会发展阶段基本相同。都以旱地为主要生产资料，具有较显著的原始农村公社的土地所有制和经济关系。由于已经使用铁器，生产力已有一定的发展，已有了一些蓄奴的痕迹。内部封建因素不显著，但作为被统治民族，已和傣族土司发生封建剥削关系。

第二个时期是各地景颇社会的主要生产资料逐渐由旱地转向水田，内部生产力提高，封建因素在各点都有萌芽和不同程度的发展。这些变化和外部较先进的傣族和汉族的影响分不开。由于五地景颇族的地理位置和外族力量对比，受土司控制程度和外部影响的深浅不一样，内部水田比重也不相同，因而发展上逐渐不平衡起来。五个地区的社会面貌大体可分为两类，一类是"原始残余因素"比较显著的地区，一类是"封建因素"比较发展的地区。

但两类地区发展的总趋势是相同的。发展的总趋势是从原始农村公社向封建社会过渡，其间还带有一些蓄奴的痕迹。由于内外条件的限制，奴隶制没有能发展起来，而且早早被排除于发展的主流之外。在向封建社会过渡时，也由于内外条件的影响，封建初期的领主经济没有能发展起来，又转向地主经济过渡。这就造成景颇社会发展上的特点：不是循序渐进，而是具有跳跃的性质。

由于这一特点，当生产关系变化的程度尚未引起上层建筑诸方面发生相应的变化时，又向更高一种生产关系转化。这就使上层建筑的变化跟不上基础，愈是间接反映基础的落后性愈大，由于内部上层建筑和生产关系中更落后的成分的阻滞、外部民族关系的影响，封建生产关系没有能发展到应有的高度。

因此，解放前，五个地区景颇社会的性质，应是由原始农村公社向封建社会过渡的过渡性质的社会。

藏族、维吾尔族和傣族部分地区
社会改革前的农权制度[①]

20世纪50年代初，我国少数民族约有4000万人。在这些少数民族中，约有400万人口的民族地区，民主改革前还保持着封建农奴制度。[②] 这些民族主要是藏族、云南边疆地区的傣族、新疆南部的部分维吾尔族以及其他一些少数民族。[③] 由于我们参加了少数民族社会历史调查工作，对这些少数民族的农奴制有了初步的认识。下面拟将云南西双版纳的傣族、西藏的藏族、南疆墨玉县夏合勒克乡的维吾尔族在社会改革前保留的比较完整的封建农奴制度，尝试着做一个初步的比较研究。

一、基本情况

云南西双版纳的傣族、西藏的藏族和新疆墨玉县夏合勒克乡的维吾尔族，都分别分布在我国西南和西北边疆地区。[④] 西双版纳是傣族的一个聚居区，其中傣族共

---

① 本文由林耀华、陈永龄、宋蜀华、王辅仁集体讨论，宋蜀华执笔写成。

② 《十年民族工作成就》上册，民族出版社1959年版，第18页。

③ 贵州和云南的一部分彝族，云南的阿昌族、拉祜族，云南红河南岸部分哈尼族以及云南宁蒗部分纳西族等，也都在解放前保留着农奴制或较多的残余。

④ 为免重复，以下即用西双版纳、西藏、夏合勒克分别代表上述三个地区。

有12万余人，约占傣族全部人口四分之一。西藏是广大藏族地区的一部分，藏族人口共约120万人，约占藏族总人口的二分之一弱。夏合勒克乡是新疆维吾尔自治区和阗专区墨玉县第四区的一个乡，1949年，全乡有维吾尔族居民2200余人，在维吾尔族总人口中比例很小。[①] 无论藏族、维吾尔族或傣族，在国内都具有悠久的历史，各有自己独特的语言、文字和丰富的文化传统，他们和国内各民族一样，对我国伟大祖国的缔造，都有重要的贡献。

社会改革前，这三个民族地区在生产上除西藏北部以畜牧经济为主（不在本文讨论之内）以外，都以农业为主。手工业一般都具有家庭副业的性质，和农业紧密地结合在一起，民族内部商业交换的发展受到一定的阻碍，自然经济居于统治地位。与此相应，这三个地区都处于封建庄园制的农奴社会。但就各民族全面的社会经济发展而论，由于具体历史条件不同，农奴制所占的比重是不一样的。以傣族而论，占人口三分之二以上的边疆地区基本上处于农奴制的发展阶段，而以西双版纳地区保留得最为完整。广大藏族农业地区包括西藏以及甘、青、川、滇四省的藏族地区，也基本上处于农奴制阶段。至于在广大的维吾尔族地区，则农奴制只是在整个社会经济中作为一种残余而保存于南疆墨玉县夏合勒克等比较偏僻的少数地区。

建筑在农奴制度的基础上，这三个地区都各有一套维护农奴主阶级利益的统治机器，它在西双版纳表现为替最高农奴主"召片领"（意为"广大土地之主"）服务的封建权力机关——"议事庭"；在西藏则表现为僧俗农奴主对广大农奴进行联合专政的一整套"政教合一"的地方政权组织；在夏合勒克，每个农奴主"和加"（一译"和卓"，意为"圣裔"）也有一套统治农奴的强制机构。宗教在这三个民族中具有广泛而深远的影响。傣族普遍信仰小乘佛教，藏族普遍信仰藏传佛教，维吾尔族信仰伊斯兰教。今天这三个民族旧日的社会面貌已经发生了根本的变化，呈现出蓬勃发展、欣欣向荣的景象。

作为历史发展规律的探讨，现在让我们回到这三个民族的农奴制度中去。

---

① 关于傣族、藏族和维吾尔族人口，参见1958年8月21日《光明日报》载《我国少数民族简表》。

二、封建土地所有制

社会改革前，西双版纳、西藏和夏合勒克的农奴制，就其实质而论，都是相同的，但由于具体历史条件的差异，在表现形态上却各自具有一定的特点。

一定的生产资料所有制形态，是一定的社会生产关系的基础。在这三个地区，作为主要生产资料的土地（包括耕地、牧场、荒地、山林、水源），都属于农奴主所有，在西双版纳和西藏更明显地表现为属于最大农奴主亦即最高封建领主所有。西双版纳最高领主召片领这一傣语"广大土地之主"的称号，就体现出这种土地所有制；傣族的一句成语"喃召领召"（意为"水和土都是官家的"），也生动地反映出这种土地所有制。[①] 由于全区土地所有权属于最高领主，因而境内存在着"田里不鬻"的现象。作为直接生产者的农奴，对土地只能是有条件的占有和使用。例如西双版纳的农奴凡耕种领主的土地，必须履行"吃田出负担"的规定，不领种土地的成年人，既然头顶着领主的天，脚踏着领主的地，也必须"买水吃，买路走，买地面住家"，照规定出一份负担。甚至农奴被折磨死了，还要向领主"买土盖脸"。这种情况充分反映出这种大土地所有制的残酷剥削的实质。

土地被农奴主所垄断，造成农奴在经济上对农奴主的依附关系。农奴成为土地的附属品，被牢牢地束缚于土地上，形成农奴主对农奴人身的不同程度的占有。这种占有关系在西双版纳为召片领的法律所明确规定：农奴"只要头脚下地（脱胎），就是召片领的奴隶；长在头上几亿根头发（比喻臣民），都是召片领的财产"。[②] 几十年前，领主之间乃至整村地买卖农奴和把农奴作为陪嫁品。农奴被折磨死了，领主甚至有权没收死者全部或部分遗产。这种对农奴的占有关系，反映在西藏地区即所谓的"人不无主"，意即没有无主的农奴。农奴主可以把农奴连同庄园领地转让、抵押或赠送给其他农奴主。农奴结婚，如果男女双方不属于同一农奴主，必须

[①]　云澜：《西双版纳傣族地区民主改革以前的封建领主经济》，载《民族研究》1959年第4期。

[②]　《西双版纳傣族自治州社会概况》调查材料之三，全国人民代表大会民族委员会办公室编，1956年，第10页。

首先取得双方农奴主的同意，由一方向对方交换一个农奴，或者夫妻隶属关系暂时不变，将来生男归男方农奴主，生女归女方农奴主。农奴是由农奴主按名登记造册的，农奴生男育女，就是农奴主增加了劳动人手。农奴在得到农奴主同意后，可以外出，但须缴纳数量不等的"人役税"，以表示隶属关系仍然存在。农奴逃亡或死后没有家属的，全部财产即归农奴主所有。[①] 在夏合勒克，农奴主和加把农奴作为自己的"动产"，并有权买卖和分配农奴的子女，或者当作礼物赠送。和加有权征用和霸占农奴家中的一切财产和农奴全家的人。七八十年前，农奴的女儿出嫁时，所属和加还有"初夜权"。[②]

尽管在这三个地区农奴主对农奴都具有严格的占有关系，但无论在哪一个地区，农奴主对农奴不像奴隶主对待奴隶那样任意地生杀予夺。作为直接生产者的农奴也不是丧失了一切生产资料，他们还有简陋的农具，少量的耕畜、家禽，以及少量的种籽和肥料等，唯有土地和他们分离而体现为农奴主的财产。因而农奴自身在某种程度上是属于自己的，并能经营自己的小经济。农奴主这种对土地的垄断和对农奴的不完全占有关系，正如斯大林所指出："在封建制度下，生产关系底基础是封建主占有生产资料和不完全占有生产工作者，这生产工作者便是封建主虽已不能屠杀但仍可以买卖的农奴。"[③]

但是，由于这三个地区具体历史条件的差异，土地所有制的表现形态也就各有自己的特点。

西双版纳由于残存着比较完整的原始农村公社的躯壳，封建领主的大土地所有制在这种原始社会残余的掩盖下，表现得比较隐蔽，不像在西藏和夏合勒克那样赤裸裸地表现出来。这一历史持点在一定程度上模糊了傣族人民对封建领主大土地所有制的认识，因而同时具有"领主所有"和"村社公有"的两种土地所有制的观念。关于农村公社，马克思在论述古代东方社会经济制度时指出："在印度和中国，生产

---

① 叶鲁、禾示:《西藏封建农奴制度的初步分析》,载《民族研究》1959年第3期。
② 中共中央新疆分局宣传部编:《南疆农村社会》,新疆人民出版社1953年版,第13–15页。
③ 斯大林:《列宁主义问题》,人民出版社1955年版,第713页。

方式的广阔基础，是由于小农业和家内工业的统一形成的。在印度，还有以土地公有为基础的村落共同体的形态；并且在中国这也是原始的形态。"① 这段话对于傣族的历史也做了恰当的说明。西双版纳的每一个傣族村寨都有自己的土地界限，铲草立寨时划下了一大片土地，属于公社集体占有（历史上应为集体所有，但在领主所有的前提下，事实上已经变为集体占有）。凡经村寨头人批准加入村寨的，就可以分得一份土地；迁离村寨，必须把土地交还村寨，不再具有对土地的占有和使用权。村社的土地在村社成员间进行定期分配，分散经营。因此，取得村社成员的身份，是占有和使用村社土地的前提，从而单独的个人对土地不可能具有私有权。这种情况正如马克思在分析古代东方形态的农村公社时所指出："在那里，财产仅仅作为公社的财产而存在，单独的成员本身只是一块特殊土地的占有者，或是继承的，或不是继承的，因为财产的每一小部分都不属于任何一个单独的成员，而属于作为公社的直接成员的个人，……因此这种单独的人只是占有者。只有集体的财产，也只有私人的占有存在。"② 由于这种农村公社是走向阶级社会的过渡形态，在生产力有了一定发展的基础上，存在着集体所有、分散使用的土地关系。值得注意的就是这种分散的劳动，因为"分散的劳动是私人占有制的源泉。它使得诸如牲畜、货币，有时甚至是奴隶和农奴等动产有集中起来的可能"③。这种情况不可避免地促使村社成员之间产生贫富分化。村社头人凭借其分配土地、接纳新成员等公共权力，霸占、垄断村社土地，剥削村社成员。随着时间的推移，这些头人在一定时期内所具有的公共权力，逐渐变成为世袭权力；由公社的"公仆"，逐渐变成公社内的特权家族；最后，由公社的代表者，逐渐变为高居于公社之上的剥削者和统治者了。对于村社成员来说，土地变成有条件的占有和使用，不再属于村社公有，实际的所有者是这些剥削者和统治者，他们可以发展为前一时期的奴隶主，也可以进一步发展为后一时期的封建主。这一变化过程，解放前在西双版纳村社内仍有线索可寻，只是傣族

---

① 马克思：《资本论》第三卷，人民出版社1953年版，第412页。

② 马克思：《资本主义生产以前各形态》，人民出版社1956年版，第11页，马克思原注。

③ 马克思：《答维拉·查苏里奇的信和草稿》，《史学译丛》1955年第3期，第23页。

社会早已经处于封建领主的大土地所有制之下，缺乏进一步发展起来的历史条件罢了。① 由于这一变化，随着地权的丧失，自由的公社成员变为被奴役的依附农民，并且随着傣族社会的封建化而变为农奴。

必须说明，这种农村公社形式所以能长期保留于封建社会中，是因为农奴制的土地关系乃是剥削者的大土地所有制和被剥削者的小块土地占有使用相结合的形式，而这一点，属于古代东方型的傣族农村公社的"集体所有，私人占有"的土地关系恰好对农奴主阶级有利。因此当农奴主侵夺了村社的土地权后，他们并不去触动村社的形式，而且就利用这种形式为自己的利益服务。他们利用村社分配土地的成规，把土地以及与土地联系起来的封建负担分配给村社农民，让村社仍以土地"集体所有"的形式束缚着村社农民，让农民也继续以"私人占有"的形式去进行个体生产。自然，这一切都发生了本质上的变化，所谓"集体所有"已经不复存在，而私人占有部分，则已经成为农奴主保证劳动人手而分给农奴的份地罢了。这种变化，傣族人民在生活实践中已经觉察出来，从"吃田出负担"，认识到"水和土都是官家的"，但村社躯壳的存在则又模糊了他们的认识，因而对于土地在不同情况下反映出"领主所有"和"村社公有"的两种观念来。

西双版纳傣族土地所有制的特点就是这样。

西藏和夏合勒克由于没有残存的原始帷幕，农奴主土地所有制表现得都比较明显突出，但是二者也各有自己的特点。在西藏，由于宗教上层分子直接以农奴主的身份而存在，在土地占有上表现为宗教农奴主和世俗农奴主的结合体。西藏从9世纪到13世纪初叶，是藏族社会由奴隶制向封建制转化的时期，也是佛教与藏族原有的"苯教"经过长期的融合之后，形成为藏传佛教的过程。在这一过程中，藏族新兴的封建势力与藏传佛教紧密地勾结在一起。藏传佛教不仅为封建统治服务，而且

---

① 例如景洪的曼达，建寨已数百年，辖区直径步行一日程，除在历史上土地被召片领直接夺去一部分外，解放前在该寨地面上还有七个附属寨子。这些寨子的农民称曼达寨的头人为"召勐图"（小土司）或"召纳"（田主），自称为"鲁农"（本义是"小辈"，引申为"仆从"，泛指一切具有隶属关系的人）。凡遇曼达全寨性事务，他们都要去服劳役。曼达头人有征收贡纳、征派劳役的特权，甚至在解放前曾以一万两千元银币的代价，把一个寨子卖给勐海土司。

藏传佛教中的上层统治集团本身，往往就是占有大片土地、直接统治压迫广大农奴的农奴主。这一僧俗农奴主对广大农奴群众的联合专政，实肇端于藏族封建社会的形成过程中。这一历史因素的长期存在，使西藏的土地所有制形式表现为全部土地属于三大领主所有。这就是藏传佛教寺庙和贵族各占有全部土地的30%左右，维护僧俗农奴主利益的西藏地方政府占有全部土地的40%左右。[①] 当然，封建地方政府直接占有的土地仍由农奴主中的当权派控制，因此剥去僧侣的外衣，所谓三大领主所有制，实质上就是一种农奴主的所有制。

在宗教农奴主和世俗农奴主的合一这一点上，在维吾尔族的历史上也存在着类似的情况。18世纪维吾尔族地区四大领主之一的额敏和卓，连续数代都是他辖区内的大阿訇，有世袭农奴14700余户。[②] 根据夏合勒克流行较广的传说，当地和加的祖先也是伊斯兰教的大毛拉，圈占广阔的土地，占有许多依附农民而成为大农奴主。解放前夏合勒克的农奴制，总的说来，虽然在这个地区内保留得比较完整，但由于在整个维吾尔族社会发展上，已经作为一种残余的、局部的形态而存在，以致历史上具有的这一特点已经不明显了。

三、阶级和等级制度

基于上述土地所有制形态和农奴主对农奴的不完全占有，作为土地所有者的农奴主和隶属于他的直接生产者农奴，就构成解放前这三个民族地区社会内部的两个基本的对立阶级。但是这种阶级关系却是通过等级制度表现出来的。这正符合列宁所指出："在奴隶社会和封建社会中，阶级的差别也是用居民的等级划分而固定下来的，同时还为每个阶级确定了在国家中的特殊法律地位。所以奴隶社会和封建社会

---

① 《人民日报》编辑部：《西藏的革命和尼赫鲁的哲学》，载1959年5月6日《人民日报》。另据1959年6月30日《西藏日报》载张国华《关于访问山南地区的情况和今后几项主要任务的报告》，山南地区的土地，寺庙占了39.5%，贵族占29.6%，地方政府占30.9%，部分地区和全面的土地占有比例稍有出入。

② 松筠：《新疆识略》卷三。

（以及农奴制社会）的阶级同时也是一些特别的等级。"① 在这里，列宁所说的"等级的阶级"，极其正确地指出了等级制度的阶级实质。在我们考察的这三个地区中，农奴主和农奴之间的等级划分都是十分严格的。农奴主的经济地位即使下降了，他所处的阶级地位也随之下降，但他所属的贵族等级和身份地位仍然保存。农奴的身份地位即使上升了，阶级地位发生了相应的变化，但等级身份却仍然不变，不可能因此上升为农奴主等级。除农奴等级外，三个地区都以家奴的形式保留着奴隶制残余下来的最低层的一个等级。以上这些都是三个地区相同之点。当然，这三个地区的等级划分又各自具有一定的特点。

　　先就农奴主阶级而论，在封建社会内，农奴主的"政治地位是由占有土地的多寡来决定的"。② 因此土地的占有权就带有等级的属性，而土地占有的等级结构就是农奴主集团分配地租的反映。基于土地的分封及享有地租的数量以及血统、身份（实质仍然是土地关系的反映）的不同，就构成了等级不同的大小领主。这种等级阶梯在西双版纳表现为，最高领主召片领之下又分为34个次一级的领主，称为"召勐"，意为"一片土地之主"。历史上，大多数地区的召勐都是召片领征服这些地区后，以领地的形式分封自己的亲属去建立统治机构，对当地人民进行直接统治，而世有其民其土的。小勐和大勐之间具有等级从属关系，层层节制，而居于这一整套等级结构顶端的就是召片领。召片领和召勐又把"畿内"和"勐内"的土地以采邑的形式分封给自己的各级臣僚，由他们分掌各种职务，督促农奴提供各种赋役，如"召龙纳帐"（养象官）管理提供养象劳役的村寨，"召龙乃麻"（养马官）管理提供养马劳役的村寨。这些人就构成千百年来骑在傣族农奴头上的封建领主集团。领主集团中属于贵族身份的分为两等，第一等称为"孟"（意为"天庭骨"），以人体最高贵的部分来命名。这等人是召片领的血亲，只有他们才能承袭召片领的职位或充任封建权力机关议事庭的庭长，以及受封为各勐的召勐。第二等称为"翁"（意为亲属），指召片领的贵族出身的官员，凡属翁这一等人，都能在召片领的统治机构

---

① 《列宁全集》第六卷，人民出版社1959年版，第93页。

② 恩格斯：《家庭、私有制和国家的起源》，人民出版社1954年版，第165页。

中获得大小不等的官职。此外，领主集团中还有平民出身的被封为"叭""鲊""先"的各级村寨当权头人，为领主管理农奴的代理人，他们可凭借特权，占有较多土地，剥削农奴群众，但他们并不能上升为贵族领主。整个领主集团只占这里傣族总户数的8%，其中大、中领主约占2%，村寨当权头人约占6%，但他们却占有全部土地和统治剥削着全体农奴。①

和西双版纳一样，西藏农奴主阶级内部也划分为不同的等级。农奴主阶级包括藏传佛教寺庙的统治上层、世袭贵族、地方政府的官吏以及为僧俗农奴主经营庄园、管理农奴的代理人如管家、头人等。这些人共计约占西藏全部人口的5%，其中僧俗农奴主约占2%，农奴主代理人约占3%。他们几乎占有西藏的全部土地、牧场、森林和绝大部分牲畜，统治、奴役占人口90%以上的农奴和占5%左右的奴隶。② 基于土地所有制的特点，僧俗农奴主在统治阶级中表现为密切联系的两大等级结构，这和西双版纳的情况显然不同。在喇嘛集团中，居于等级阶梯顶端的最大的活佛，同时也居于世俗贵族的最高等级之上，既是宗教上的最高领袖，又是政治上的最高统治者，同时在名义上也是全部土地的所有者和支配者。第二等是可以出任西藏地方政府的"摄政"的几个大活佛，历史上他们所属寺庙占有的土地，最多时曾达到西藏全部土地的三分之一。此外还有少数受过封建朝廷册封或历史上掌握过地方政权的大活佛，也都是一个地区的大农奴主。第三等是地方政府中的喇嘛官员，绝大多数出身于世袭贵族，其官阶和政治地位的高低取决于出身的贵族世家。至于世俗贵族，由于其占有土地和农奴数量的不同，而有大、中、小贵族之分。据调查，在600多家贵族中，最大的不过20家左右，他们共占去整个贵族所占土地的一半以上，在西藏农奴制的全部历史中，一直掌握着地方政府的实权，垄断了三品官阶以上的职位。中等贵族约占整个贵族世家的一半，各占有一定数量的土地和农奴，可取得"宗本"（县官）之类的中级官职。小贵族约占全部贵族的40%，占有土地和农奴不多，一般可任地方政府的低级官员。

① 云澜：《西双版纳傣族地区民主改革前的封建领主经济》，载《民族研究》1959年第4期。
② 《万恶的西藏农奴制度》，民族出版社1960年版，第3—4页。

　　至于夏合勒克的农奴制，在维吾尔族社会中只作为一种残余而存在，就整个维吾尔族社会而论，历史上等级从属的农奴主阶级，已经随着社会的发展，被封建地主阶级所代替。解放前夏合勒克还有15户农奴主和加，他们占全乡总户数的2.21%，却占有该乡全部荒地和72.8%的耕地。① 这些和加之间均各自独立，并无上下隶属关系，这就表明农奴主阶级内部的等级划分已经消失，不过和加的身份地位，仍然具有严格的世袭性质罢了。

　　尽管这三个地区农奴主阶级内部等级划分的具体情况不同，但其实质却是相同的。不论是西双版纳的村寨头人、西藏的头人总管，还是夏合勒克和加的大管家，虽然他们在经济地位和对农奴的阶级关系上属于农奴主集团，成为农奴主统治、剥削农奴的代理人，但他们并不能和贵族农奴主相比拟，并不可能变成贵族。他们的职务以及对农奴的一定特权，也并不具有必然的世袭性质。因此，这些上升为农奴主阶级的人，并不属于严格意义上的农奴主等级。只有这三个地区的贵族农奴主才具"有一定严格限定的特权"②，因而也只有"世袭贵族是名副其实的等级"③。由此可见，农奴主阶级内部的等级划分，体现为世袭地位和政治特权的结合。

　　再就农奴阶级而论，和农奴主因占有土地、分享地租的差异而划分为世袭的、具有一定特权的不同等级，相对应，农奴则是被迫提供封建地租的。由于他们的来源不同，提供封建地租的形式和数量不同，而划分为世袭的、具有不同封建负担的等级。西双版纳和西藏农奴阶级内部，都分别有着两个不同的农奴等级，夏合勒克的农奴虽有不同的划分，但严格意义上的等级则已不是明显的存在了。

　　西双版纳的两个农奴等级，都具有严格的、世袭的身份地位。较高的等级是由农村公社成员演变而来的"傣勐"。傣勐意为"本地人""土著"，占农民总户数的54.9%。④ 联系傣勐村社对土地的集体占有和定期分配，以及历史上傣族农村公社进入阶级社会后的质变，"寨公田"变为"负担田"，就不难看出这一农奴等级的历史

① 中共中央新疆分局宣传部编：《南疆农村社会》，第6页。

② 《马克思恩格斯全集》第四卷，人民出版社1958年版，第197页原注。

③ 《马克思恩格斯全集》第一卷，人民出版社1956年版，第386页。

④ 缪鸾和：《西双版纳傣族自治州的过去和现在》，云南人民出版社1957年版，第14页。

地位正是农村公社的农民。随着傣族进入封建社会，当公社的土地所有权被领主所夺取，而公社农民必须在完纳封建负担的前提下才能使用公社土地时，自称为"波海咪纳"（意为"地之父、田之母"）的傣族人民，就转变成"买水吃，买路走，买地面住家"的农奴了。地位较低的等级称为"滚很召"，意为"主子家内的人""官家的人"，从名称上就看出他们的身份和地位不同于傣勐。"滚很召"占农民总户数的39.2%。① 从历史上看，"滚很召"的身份是奴隶。随着傣族向封建社会过渡，滚很召逐渐被释放出来，分与土地，自立门户，建立村寨，有了自己的小经济，逐步封建化而成为农奴。这一变化在西双版纳是仍有线索可寻的。② 但是必须指出，当傣族进入封建社会后，"滚很召"这一名词仍然沿袭下来，成为农奴中较低等级的名称，而且随后还陆续有许多农民被农奴主编入这一等级，如外来的依附农民、战俘、买卖而来的农奴、领主从别处召来建寨的人，以及傣勐触犯贵族领主而等级下降的等等。因而作为一个封建农奴等级的滚很召，并非都是由原来的家庭奴隶转化而来。

值得注意的是，不仅傣勐农奴化后其村寨仍然保留农村公社的形式，自成村社，不与其他等级混居，甚至在滚很召农奴化以后，也因袭傣勐村社的形式建寨，集体占有村社土地，单户分散经营，定期分配或调整，迁离村社即失去占有和使用土地的权利。因而村社和等级划分是一致的，领主则根据不同等级的村寨分配负担，使村社成为提供封建负担的单位。这样，随着滚很召的不断分出建立村寨，农村公社的形式在不断被领主利用的过程中，继续得到巩固和扩大。这是领主经济的实体与农村公社的躯壳结合起来后的表现。但对于傣族农民中的非农奴等级，农村公社的土地关系便不再起束缚作用了，从而村社的躯壳也就失去继续存在的必要。

---

① 缪鸾和:《西双版纳傣族自治州的过去和现在》，云南人民出版社1957年版，第15页。

② 家庭奴隶农奴化的过程，在景洪、勐海等地都还能找到具体事例。如几十年前召片领在景洪宣慰街附近有私庄田250亩，派农奴早出晚归去耕种。过了一段时间，这些家奴为了便于耕作，得到召片领的允许，在田边搭起临时居住的茅屋，后来逐渐建立了永久性的村寨，进行独立经营，以私庄田的一半作为份地，自种自食，另一半的全部产品上缴召片领，成为一个以农业经营为主的滚很召寨。由于这一变化，他们不仅具有了自己的小经济，而且摆脱了领主的完全支配和绝对奴役，取得了半自由人的身份。可见就滚很召整个等级而论，农奴化的过程已基本完成，但并不排斥少数残余的家奴继续向农奴阶级转化。

比如除领主和农奴两大对立的阶级外，还有一个农民等级称为"召庄"，意为"官家的子孙"，是贵族领主的远亲远戚，不能再分享剥削饭，而由领主给予土地，建寨农耕。召庄只占农民户数的5.7%。① 除景洪等部分地区外，他们占有的土地不与封建负担相结合，土地不再定期分配，可以自由支配，甚至买卖，具有私有的性质。因而只有他们没有套在农村公社的躯壳里，具有一定的自由农民的身份。这是在封建大土地所有制下农民私有土地的一个特殊现象，也只有这一等级的农民没有被束缚在领主的土地上，从而在分化过程中，失去土地后比农奴更易向手工业和商业方面发展，而不像农奴等级一样地受着领主的一定程度的人身占有的限制。这一点是西藏和夏合勒克所不存在，而为西双版纳特有的现象。

西藏的农奴阶级占总人口90%左右，其中包括中、小"差巴"和"堆穷"两个等级。差巴意为支差的人，即在庄园内领种封建官府的"差岗地"的人，是地位较高的农奴等级，根据部分地区估计，约占农奴人口的一半。② 差巴这个等级的分化非常明显而突出，尽管所有的差巴都受各自领主人身依附关系的束缚，但少数向大农奴主承包庄园，转租给其他农奴耕种，进行中间剥削的大差巴，已经爬上农奴主代理人的地位。其他中、小差巴则属于农奴阶级，特别是约占差巴总人数70%的贫苦差巴，份地少、劳力弱、牲畜农具缺乏，却担负着沉重的差役和债务，在经济生活上有时还赶不上堆穷中的富裕户。堆穷意为"小户"，地位低于差巴，大多来源于差巴的下降和外地逃亡的依附农民，构成农奴阶级的另一半人口。一般堆穷的经济地位低于差巴，但他们可以在领主允诺的前提下，向领主缴纳标志人身隶属关系的"人役税"即可外出谋生，而成为手工业者的主要来源之一。这些堆穷和西双版纳的召庄在等级地位上虽然不同，但由于通过不同的途径，获得较多的人身自由，较易离开土地，从而可较自由地向专业的手工业者转化，在这一点上又和召庄相似。

---

① 缪鸾和：《西双版纳傣族自治州的过去和现在》，云南人民出版社1957年版，第15页。

② 叶鲁、禾示：《西藏封建农奴制度的初步分析》，载《民族研究》1959年第3期。

夏合勒克的农奴阶级又是另一种情况。占全乡人口90%以上的农奴[1]，由于使用土地的数量和提供封建负担的不同，而有不同的划分。在这里，农奴被分为全农（普通抵项）、半农（耶任木抵项）和帮农（拜卡尔抵项），他们是庄园内的农业、畜牧业和手工业劳动者。全农从和加那里领得一份土地、一把砍土曼（锄，象征每年给和加出一个全劳动力）和一份口粮，出一个全劳动力给和加常年劳动。半农领得半份份地、半份口粮，两家合领一把砍土曼（象征每年两家合出一个全劳动力），每10天中给和加劳动5天。帮农一般只从事畜牧业、手工业劳动以及给和加喂鹰、打猎、跑腿等，服役日数及领用口粮数量视领得份地多少而定。[2] 这种划分并不表明这几种农奴的来源不同，而是由农奴主根据农奴的劳动和占有生产资料如耕畜、农具等的多少来决定，以便更好地进行剥削。因而全农、半农、帮农的身份不是一生不变的，而是随同他们的经济情况的变化而变化的。事实上这已经不是严格的世袭等级界限，与西双版纳和西藏的情况显然不同。

三个地区都以家奴的形式保存着奴隶制的残余。西双版纳景洪的宣慰街是历来召片领和各大农奴主居住之处，据调查，解放初期农奴主尚蓄养家奴"卡很"129人、勐笼的召勐亦蓄奴20余人。1949年，夏合勒克15户和加占有家奴"苦尔"19人。[3] 西藏的家奴"朗生"，占总人口5%，[4] 比上述两地的比例均大。不论是卡很、苦尔还是朗生，一般都不负担农业劳动，而是从事各种卑贱的、侍候农奴主的家内劳役。他们大都来源于买卖、收养、农奴破产以身抵债，少数来源于战俘和死罪犯的转化（西双版纳）。他们的地位很低，在西藏尤甚，被看作"会说话的牲畜"，既无财产，又无家室，"受牛马苦，吃猪狗食"，终生受主人驱策，甚至被任意杀害。在这三个地区，尽管奴隶制的残余有多有少，但都同时存在，构成被统治阶级的最底层。事实表明，在东方，奴隶制的残余长期存在于封建社会中，的确是比较普遍的现象。

---

① 《南疆农村社会》，第6页。

② 新疆调查组：《南疆墨玉县夏合勒克乡的调查报告》，载《民族研究》1958年第2期。

③ 《南疆农村社会》，第8页。

④ 《万恶的西藏农奴制度》，第3-4页。

从上面的比较分析可以看出，这三个地区社会的阶级差别表现为等级的划分，而等级和阶级又不是完全重合的。这样就使阶级对抗的情况更加复杂化了。但是，封建社会的基本的、有决定意义的生产关系，具有阶级对抗的剥削性质，从而农奴主和农奴成为两个基本的对立阶级。只有从这种基本的阶级关系出发，才能阐明那些次要的、以它为转移的阶级内部的等级划分及分化，再进而透视全部封建等级制度的实质，就可以获得比较深刻的认识了。

四、土地占有和地租形态

基于上述的土地所有制以及由之出现的阶级对立，作为直接生产者的农奴要与土地结合，只能通过两种方式：一是农奴在农奴主自留的土地上工作；一是农奴在农奴主分给他的那一块土地上工作。这样，在农奴主的大地产中就出现了庄园与份地的划分。农奴以自己的耕畜、农具，耕种自己的份地，从而获得衣食；另外的时间还得用自己的耕畜和农具无偿地在领主庄园上劳动，这种劳动则是农奴获得份地的前提。在这种土地制度下，农奴为自己的劳动和为农奴主的劳动，在时间上和空间上都是划分开的。"农民的份地在这种经济中好像是实物工资（用适合于现代概念的话来讲），或者是保证地主以劳动人手的手段。农民在自己份地上的'私人'经济，是地主经济的条件，其目的不是给农民'保证'生活资料，而是给地主'保证'劳动人手。"[1] 列宁的这段话，鲜明地揭露出像西双版纳的召片领、召勐，西藏的僧俗贵族领主，以及夏合勒克的和加这些封建主所直接占有的庄园和农奴份地的关系的实质。

但是，在这三个地区里，庄园和份地的比例并不完全一致。在这一点上，西藏与夏合勒克比较接近，即庄园比份地的比重大。西藏农奴的份地只占农奴主土地的

---

[1]　列宁：《俄国资本主义的发展》，人民出版社1956年版，第143页。

25%到30%①，夏合勒克农奴的份地只占25%②，而西双版纳农奴的份地却占农奴主土地的86%③。产生这种差异的原因，无疑和各地土地占有的特点有关。西藏和夏合勒克在土地关系上没有农村公社残余的落后性的阻碍，农奴主对土地的支配完全是赤裸裸的。比如夏合勒克的和加可以给农奴一块小得不足维持农奴全家衣食的份地，从而迫使农奴去开荒，待荒地变成熟地后，和加就把地并入庄园，再让农奴去开新荒。这样，和加的庄园不断扩大，农奴的份地则仍然不足。而在西双版纳，由于"各个人对公社的关系不是独立的，生产的范围只打算保证自己的生存，农业和手工业的结合为一等等"④，加以公社本身作为一个单位，在一定程度上具有"对抗外间世界的联合体"⑤的作用，也使得公社形式久久不易解体。尽管这种公社形式可以而且事实上为封建领主所利用，但是要大量地把公社成员世代占有的寨公田直接转变为庄园，则是有困难的。解放前在勐海地区因为农村公社的形式较强固，所以还隐然存在着封建领主与傣勐村寨之间的敌对形式，傣勐所占有的土地不仅较多，而且质量上也不在领主庄园之下。但封建化较深的地区，只要封建领主力量较强，并夺村社的土地作为庄园的事例也就较多。例如景洪地区是召片领统治的中心，大小领主集中，政治的统治力量较强，体现在土地关系上则是领主庄园多，农奴份地少。占人口13%的大、小领主占有56.6%的土地，而占人口87%的农民只占有43.4%的土地。⑥

　　尽管各地的庄园与份地的比重有所不同，土地占有的形式有所差异，但土地都同样属于农奴主所有，而"地租的占有是土地所有权由以实现的经济形态"⑦。因此，作为直接生产者的农奴，当他一与土地结合后，就必然遭受残酷的地租剥削。而且在这三个地区，农奴主的土地都被划分为庄园和份地，从而表明地租的主要形态必

---

①　叶鲁、禾示:《西藏封建农奴制度的初步分析》，载《民族研究》1959年第3期。

②　《南疆农村社会》，第7页。

③　云澜:《西双版纳傣族地区民主改革以前的封建领主经济》，载《民族研究》1959年第4期。

④　马克思:《资本主义生产以前各形态》，第20页。

⑤　马克思:《资本主义生产以前各形态》，第9页。

⑥　《西双版纳傣族自治州社会概况》调查材料之五，1957年，第1页。

⑦　马克思:《资本论》第3卷，第828页。

然是徭役劳动，农奴主以份地为手段，榨取农奴的剩余劳动和保证非生产性的劳动人手。自然，随着生产的发展和历史条件的变化，并不排斥一定的实物地租甚至货币折纳的存在。

在西双版纳，无偿代耕领主的庄园是各等级农奴的共同负担，而以傣勐为主。每到春耕季节，傣勐和其他等级的农奴就带着自己的农具、耕畜到领主庄园上去劳动。为了按季节完成耕作任务，根据庄园大小和远近，分别由一寨、两寨或更多村寨的农奴去共同完成，并由头人督促进行。由于农奴被迫进行无偿劳动，而且影响自己份地的耕作，以致劳动兴趣低下，消极怠工，甚至以浅犁、浅耙、倒插秧等行动进行反抗，使庄园地的产量大大低于份地。客观实际迫使领主征收实物租以代替劳役，以便让农奴具有"耕种土地，并从自己收成中拿出一部分实物缴给封建主所必需的某种劳动兴趣"[1]。领主强迫农奴"包产交纳"，正是地租形态转变的反映。这种转变虽尚远未占居主导地位，但由于这种转变，使得"生产者为自己做的劳动和他为地主做的劳动，不复在时间和空间上显明分开了"[2]，因而"在这个地租形态上，代表剩余劳动的生产物地租，不会把农业家庭的全部剩余劳动抽得干干净净"[3]，这是实物地租的进步性所在。就领主而论，在这种情况下，只要保证榨取一定数量的谷物，至于它产自庄园或份地并没有什么关系。而这一点，反映到土地使用上，出现实物地租的地区，有的村寨在分配土地时，寨公田（份地）和波朗田（采地、庄园）就合并起来分配，甚至有的村寨只有波朗田而无寨公田，从而庄园与份地的划分便逐渐失去必要了。这是劳役地租转变为实物地租必然出现的结果。至于西双版纳也出现少数的货币折纳，则是与民族之间的交换、帝国主义的经济侵略以及领主便于对远地农奴的掠夺等原因相关联的。

非农业性劳动反映了不同农奴等级的历史地位。领主家内的各项劳役，领主从

---

① 斯大林：《列宁主义问题》，第713页。
② 马克思：《资本论》第3卷，第1038页。
③ 马克思：《资本论》第3卷，第1038页。

衣、食、住、行到生、老、病、死的有关劳役共计106种，[1] 主要由滚很召等级的农奴负担。傣勐等级的农奴则负担被称为"古规"的所谓地方劳役，如修桥、筑路、修水利等等。从历史角度看，这些项目正是村社之间的公共事务，在领主统治下成为封建地租的内容之一。由于经济掠夺和政治统治的紧密结合，特权剥削包括一切敲诈勒索，就成为农奴的沉重负担。傣族农奴的宗教负担也很沉重，只是宗教上层之直接表现为农奴主不像西藏那样显著罢了。根据调查，西双版纳傣族601寨、19145户的不完全统计，社会改革前每户农奴负担的地租额占全年收入的30%左右，其中劳役地租约占70%，实物代役租约占30%，加上极为繁重的特权剥削和一定的宗教负担，夺去农奴全年收入的一半以上，农村中口粮不足者比比皆是。

在西藏，徭役劳动也是主要地租形态。农奴在僧俗农奴主庄园内进行的无偿劳动称为"内差"。一般说来，凡分到可下10克（每克25斤）种籽的份地的农奴，要以一个劳动力终年在领主的庄园地上工作，因此内差是一种纯劳役地租，通常要占农奴全家劳动力的三分之二左右。内差的剥削率，根据西藏调查组综合6个庄园的调查材料做出的统计，最低为68.9%，最高达到81.5%，这个数字是惊人的。除农业劳役外，为领主从事各种卑贱的家庭劳役也是农奴，特别是家奴的负担。"外差"是为封建政府支差，是劳役、实物、货币三者的混合租，而以劳役为主。外差又分为"都岗差"（平时差）和"马岗差"（兵役）。一个都岗约为可下40克种籽的土地，种都岗地的农奴几乎负担了官府的一切需索，主要包括：第一，无偿供应持有官府执照往来的人员/货物的运送所需的一切人力、畜力，接送往来官吏及分散外出的军人，并无偿供应食宿，是即通常所谓"乌拉差"；第二，无偿供应官府所需的实物如柴草、氆氇、特产等。[2] 这种外差十分沉重，不论农忙、农闲，官府征召，必须立即应差，有的农奴甚至常年奔波在外，份地陷于荒芜。一个马岗的土地面积比一个都岗地略小，种一马岗土地的农奴要出兵一名，并负担其常年全部给养。事实

① 云南调查组：《西双版纳设洪傣族民主改革前的领主经济》，载《民族研究工作的跃进》，科学出版社1958年版，第284–287页。

② 《万恶的西藏农奴制度》，第6–9页。

上外差负担种类远不止于上述各端，西藏有一句俗语"差税如牛毛，从生缴到死"，即主要指对外差的负担而言。从剥削率看，以种一都岗地的农奴为例，一般说来，一年支应的劳役要占到一家劳动力的30%到50%；[1] 支付实物和货币的名目极端庞杂，一般要占全家收入的20%到30%。

上述负担，内差主要是由堆穷等级的农奴负担，非封建政府直辖、人身属于僧俗领主的差巴等级的农奴，一般也负担一部分内差；外差则全部由差巴等级的农奴负担，不支应外差的农奴是不能被称作差巴的。西藏农奴在这样沉重的剥削下，生产积极性十分低下，生活十分贫困，农村中大约有80%以上的农户欠债，[2] 不少农户的债务是世代相传，根本无法还清，高利贷实际上是农奴主进一步束缚农奴和最大限度剥削农奴的凶恶手段。近百年来，帝国主义商品经济的侵略，进一步扩大了僧俗农奴主的贪欲和寄生性消费的内容，从而对广大农奴进行更加残酷的掠夺。这种劳役租和混合租的并存，表明农奴份地上的收入也大量地被三大领主所掠夺。此外，藏传佛教寺庙以宗教为幌子，以布施为手段的种种封建特权和剥削，进一步使广大农奴沉沦于悲惨的境地。

在夏合勒克，地租的主要形态也是劳役，其次是实物贡纳。每当耕作季节，农奴必须带着自己的耕畜、农具、肥料等等走向和加的庄园，在管家的监督和鞭笞下，每天从日出工作到日落。他们每年从春耕到秋收，汗流浃背，劳苦困顿，直到收割下粮食，晒干扬净，还得全部装入和加的粮仓。冬季农闲，农奴又要顶着风雪到戈壁滩给和加开荒，先运走沙石，再从数十里外抬土垫地，劳动十分沉重。平时农奴还得替和加从事手工业劳动，如纺织、缝纫、铁木工等。此外，农奴特别是家奴，还要负担各项家内劳役，从挑水、砍柴到捶背、捏腿，不一而足。全年中，农奴的绝大部分时间被无偿劳役所占去，经营份地的时间不足，而且往往无法按季节耕作，加以份地都是坏地，以致产量很低，再加上宗教粮及额外贡纳，余下来的就

---

① 叶鲁、禾示：《西藏农奴制度的初步分析》，载《民族研究》1959年第3期。

② 叶鲁、禾示：《西藏农奴制度的初步分析》，载《民族研究》1959年第3期。

远远不足农奴全家口粮之需了，[①] 全部剥削量占农奴全年收入的70%以上。[②]

无论是农业劳役或家内劳役，在类别上虽和西双版纳与西藏不尽相同，但这种地租形态的实质和其他两个地区则是完全相同的。所异的是这里的历史条件究竟有其特点。首先，农奴制已非南疆的主导生产关系，例如和加在外乡的少数土地，虽只占其全部土地的3%左右，[③] 但已在其直接的政治力量控制之外，在这里不便实行劳役租，转而采取实物地租的方式。这表明了南疆大部分地区地主经济占优势的情况，也正反映出残留的农奴制与较先进的封建地主经济的接轨处，并逐渐受其侵蚀作用的影响。其次，和加虽占有夏合勒克乡全部荒地、戈壁，自称"夏合勒克的上天下地都属于他们"，[④] 但实际上并未占有全部耕地。这是由于清末英帝国主义走狗阿古柏叛乱以来，夏合勒克部分地区适当军运频繁之区，商旅往来不绝，后来形成定期集市，居住着一些外来商贩、手工业者以及一些摆脱农奴身份占有一定耕地的农民。这些农民使用的土地并未被囊括于和加的庄园内，因而他们和工商户一样地比领种份地的农奴具有较多的自由，受无偿劳役的扰害也较少。[⑤] 但他们每年仍得按规定替和加服两天农业劳役，而且水利灌溉在和加把持下，他们在生产上的独立性也是有限的。很显然，这种情况在西双版纳和西藏是不存在的。这就表明夏合勒克的农奴制在广大的地主经济包围下，逐步走向瓦解的趋势。

综上所述，三个民族地区由于处在相同社会发展阶段，因而封建地租的主要形态是相同的，但由于它们都是处于运动的、不断发展的过程中，又各具有历史过程的特点，它们的地租形态又是复杂的，又各有不同的表现形式，正如马克思所指出："各种不同的地租形态会在无穷无尽的不同的结合中互相结合起来，并由此成为不纯的、混合的……"[⑥] 这不啻是三个地区地租形态变动发展的写照。但就农奴而

---

① 《南疆农村社会》第8–12、第19页。

② 《南疆农村社会》第223页。

③ 新疆调查组：《新疆维吾尔族夏合勒克乡民主改革以前的封建庄园经济》，载《民族研究工作的跃进》，第239页。

④ 新疆调查组：《南疆墨玉县夏合勒克乡的调查报告》，载《民族研究》1958年第2期。

⑤ 《南疆墨玉县夏合勒克乡的调查报告》，载《民族研究》1958年第2期。

⑥ 马克思：《资本论》第三卷，第103–1039页。

论，不论在哪个地区，他们在野蛮的农奴制压迫下，都同样地遭受着残酷的剥削和榨取，过着非人的生活。

五、政权组织及其他

既然这三个地区的农奴主对农奴的剥削表现为搜取封建地租，因而"不管地租的起源怎样只要它存在，它就是土地经营者和土地所有者之间激烈争执的对象"①，如果农奴主没有强制农奴的权力，农奴是不会替他劳动和缴纳劳动产品的。为了保证实现封建生产和搜取封建地租，最高领主在"授土授民"时，必然随同土地赋予较低领主以一定的行政权和司法权。由此可见，"在封建时代，军事上诉讼上的裁决权，是土地所有权的属性"②。这就正确地表明为什么在这三个地区农奴主对农奴的经济掠夺和政治统治的直接结合表现为它们共同的特征。

首先，简略探究一下它们的政权组织形式。

在西双版纳，维护农奴制度的强制机构是召片领的行政中枢议事庭。议事庭不是单纯的议事机关，而是常设的权力机关，由庭长和管理行政、财粮、司法、户籍等高级官吏组成。召片领之下的各级行政机构为版纳（相当于小县）、勐（相当于区）、"陇"（相当于乡）、"火西"（相当于行政村），也都有具体而微的类似组织，从而形成一整套统治和剥削系统。为了便于分配负担，陇及火西基本上按不同的农奴等级来划分，并以农村公社为基层统治单位，利用村社对农奴的束缚作用，进一步保证农奴提供封建负担。凡属全区性的劳役和钱粮，召片领通过议事庭会商决定征收数字，逐级分派下去，各勐议事庭和各火西又分别会商决定它们的分配数。村社的各级头人则是征派夫役和钱粮的具体执行者，他们把各村社的负担数最后分配给各农户。他们利用农奴在生产和生活上对村社的依赖，而以开除出寨等等手段，迫使农奴提供负担，从而村社成为农奴主"按连环保原则向农民征收赋税的一种便

---

① 《马克思、恩格斯全集》第四卷，第181页。
② 马克思：《资本论》第一卷，第398页。

利的工具"①。为了保证封建负担的交纳和镇压农奴的反抗，农奴主政权设有军队、法庭和监狱，而且使用各种骇人听闻的酷刑，除一般吊打、监禁外，还有割耳、割乳房、断手、火烘、油烫等残酷的刑法。

和西双版纳比较，西藏的农奴主对农奴有同样的统治机构，只是规模更大和表现形式不同罢了。在西藏，由于土地属于僧俗农奴主所有，维护农奴主利益的统治机构表现为所谓"政教合一"的封建政权，对农奴实行严格的联合专政。与此相适应，这个政权的官员分为僧俗两大系统：俗官系统的官员几乎全部出身于世俗贵族，僧官系统的官员也基本出身于贵族世家。最高统治机构称为"噶厦"，就是西藏地方政府。以下各级分为"基恰"（相当于专区）、"宗"（相当于县）和"谿卡"（行政上相当于区，即庄园）。不仅封建地方政府有一套完整的压迫广大农奴的统治机器包括军队、法庭和监狱，就是僧俗农奴主在各自的庄园内也凭借其封建特权，设置刑室、刑具和牢室，豢养爪牙，任意刑讯他们认为违法或逃亡的农奴。除通常的鞭打外，甚至施用剜眼、割鼻、断手、刖脚、挖心、刺肺等野蛮的酷刑，对农奴进行赤裸裸的血腥统治。

夏合勒克的强制机构基本上是以和加的庄园为统治单位，因而就没有西藏和西双版纳那样的一整套规模很大的统治机器。尽管如此，和加却是庄园内农奴的统治者，他设有刑房、刑具、监狱和豢养爪牙，对农奴进行暴力统治，新疆当时的反动政府并不直接统治和加庄园内的农奴，一切行政事务一般均通过和加的管家办理，庄园内的民刑案件也由和加自行处理。事实上和加是在反动政府的认可和支持下对农奴进行残酷的统治和剥削。

其次，与政治统治和等级划分相配合，无论在名讳、衣着、婚姻、丧葬和日常礼法上，三个地区的农奴主和农奴之间都存在着为传统习俗所确定的不可逾越的鸿沟，他们的举止言行必须符合自己的等级身份。西双版纳的农奴尊称领主为"召"，而自己卑称为小人或"卡"（奴才）；农奴见"孟"级领主时必须除去头巾，膝行而前，不能正视其面。在西藏，"本波"（意为"官长"）是广大农奴对农奴主的通称；

---

① 《联共党史简明教程》，人民出版社1954年版，第17页。

贵族特别是大贵族出行，农奴必须回避，走避不及，立于道旁，弯腰脱帽，吐舌低头，不得仰视。夏合勒克农奴主的名字后面都无例外地加上被认为是高贵的字眼如"汗""和加"等等，而农奴的名字后面则附加着世代相传、含有侮辱性的绰号如瘸子、秃头、毛驴等，名讳界限十分森严，不容混淆。各地区农奴主的衣着或绫罗绸缎，或呢绒哔叽，穿布衣者，绝无仅有。西藏衣着的等级差别特严，颜色品类均有规定，如黄锻袍、红云绣靴，仅四品以上官吏才能服用，平民一般只能穿自织粗氆氇。夏合勒克的农奴，即使经济较富裕，亦不得着用细料服饰。各区均严格实行等级内婚，贵族纳民女为妾者有之，但贵族之女绝不与平民通婚。丧葬方面，西双版纳贵族领主和平民的"龙山"（坟山）各别，不容混淆；西藏活佛、大喇嘛、大贵族实行火葬，与平民的天葬也有所区别。所有这些，都说明各地区农奴主通过生活习俗等各方面的严格差别，进行各种精神奴役，以肯定农奴主和农奴之间具有上下主从和贵贱的关系。

再次，如前所述，尽管三个地区的宗教信仰不同，但是宗教却都同样地被利用为维护农奴制度的有力工具，宗教寺庙的封建特权和封建剥削制度长期地与农奴主的封建统治密切结合起来。所不同的是，在西双版纳和西藏，与土地的等级占有和政治的层层隶属相适应，宗教寺庙也有一套层层节制的阶梯组织；而在夏合勒克，与农奴主以庄园为统治单位相适应，宗教组织也比较简单，它只是庄园内部与统治机构密切结合的一个工具。西双版纳全区最高的佛寺在召片领统治中心的景洪，叫作"洼龙"（主寺），有权管理各勐佛寺；各勐召勐所在地也有一座大寺，管辖全勐佛寺；陇和火西也各有中心佛寺，管辖所属各村寨的佛寺。[①] 西藏藏传佛教寺庙的组织系统庞大严密，层层隶属，遍布西藏各地，而统于所谓四大寺[②]。三个地区的农奴主都通过宗教寺庙向农奴灌输宿命思想，进行精神上的奴役，以配合世俗的压迫制度。农奴主反动、黑暗的封建统治就是在宗教外衣的掩盖下进行的。西双版纳召片领的尊称叫作"至尊佛祖"，召片领举行即位典礼和加封各级官员，都在佛寺

---

①　缪鸾和：《西双版纳傣族自治州的过去和现在》，第37页。

②　即拉萨的哲蚌、色拉、噶丹三寺及日喀则的扎什伦布寺。

中举行。① 西藏的活佛、大喇嘛更是精神世俗的统治者。夏合勒克的和加自称为"圣裔"，其庄园内有专用的清真寺和神职人员阿訇、依麻木等。农奴每天早上在这些神职人员的引领下，先向真主祈祷，然后由管家率领去向和加叩头请安。由于和加是"圣裔"，是"神圣不可侵犯的"，因而和加的器用，农奴不能接触，甚至和加走过留下的脚印，农奴也不能重踏。② 列宁说："僧侣、地主和资产阶级都是假借上帝的名义说话，为的是要来贯彻他们的剥削阶级利益。"③ 三个地区的宗教以及寺庙的组织形式虽然各有不同，但和统治机构的密切结合，作为维护农奴制度的工具则全是一致的。

六、结束语

综上所述，可以看出在这三个地区无论从经济基础、上层建筑以及二者之间的相互关系，都具有一般农奴制的共性，同时又具有自己的特点。在土地所有制方面，西双版纳和西藏地区的土地都属于最高领主所有，其余的大小领主则是作为领地或采邑、世袭的或非世袭的占有。但是这种封建的大土地所有制，在西双版纳却被残余的原始农村公社的外壳所掩饰，在西藏则表现为"三种领主所有"。夏合勒克的农奴制则是新疆广大维吾尔族地区地主经济包围中的孤岛，土地属于农奴主所有，但农主阶级内部不复具有等级划分，与此相应，农奴阶级内部也不存在明显的等级区别。而在西双版纳和西藏，封建的等级阶梯则是很显著的。和农奴制并存，三个地区都在不同程度上保留着奴隶制的残余，且奴隶一般都以家奴的身份而存在。

就剥削关系而论，三个地区都以劳役地租为主，从而领主地段与农奴份地的划分都很显著，庄园经济成为各地共同的特征。但就西双版纳而论，原始农村公社残

---

① 《西双版纳傣族社会经济史料译丛》调查材料之一，全国人民代表大会民族委员会办公室主编，1958年出版，第99-100页。

② 《民族研究工作的跃进》，第230-231页。

③ 《列宁全集》第32卷，人民出版社1959年版，第258页。

余的束缚作用和落后性，给庄园和份地的划分带来自己的特点。

由于农奴制度在西双版纳和西藏是主导的社会经济制度，因而建立于其上的封建政权都具有比较复杂而庞大的组织与规模。而夏合勒克农奴主对农奴的强制机构则比较简单，这是因为它是作为广大地区的残余而保留下来的。尽管这三个地区封建强制机构的形式和规模不同，但就其实质和作用而论则都是相同的。至于日常礼法、宗教等等也都是为其经济基础服务的。

总之，藏族、维吾尔族和傣族这三个地区的农奴制，其共同之点反映出同一社会发展阶段的基本内容和性质，其特殊之点则是在不同历史条件下的不同表现形式。这种情况正如马克思所指出："同一 —— 就主要条件说同一的 —— 经济基础，仍然可以由无数不同的经验上的事情，自然条件，种族关系，各种由外部发生作用的历史影响等等，而在现象上显示出无穷无尽的变异和等级差别。对于这些，只有由这各种经验上给予的事情的分析来理解。"① 这段话揭示出历史发展中的本质和现象、共性和特点的关系。我们只有根据这三个地区的具体历史条件，进行具体的分析比较，才能阐明这三个地区农奴制的共性和特点。

---

① 马克思:《资本论》，第三卷，第1033页。

社会改革前西双版纳傣族地区的封建领主经济

　　傣族有102万余人（1990年），主要分布在云南省西双版纳傣族自治州、德宏傣族景颇族自治州以及耿马、孟连、景谷、新平、元江等自治县，还有的散居在省内30余县市。德宏、西双版纳等边疆傣族地区与缅甸、老挝、越南接壤。

　　傣语属于汉藏语系壮侗语族壮傣语支，主要有西双版纳、德宏和金平方言。有自己的拼音文字，但各地不尽相同，新中国成立后，进行了文字改革。

　　关于傣族的先民，汉族史籍中很早就有记载。汉晋时期称为"滇越""掸""擅""僚"或"鸠僚"。唐宋文献中称为"金齿""银齿""绣脚""绣面""茫蛮""白衣"等。元明时期仍称为"金齿""白衣"，"白衣"又写作"百夷""白夷""伯夷"，有的误写作"僰夷"，致与白族混淆。清以来称为"摆夷"，新中国成立后，名从主人，正式定名为傣族。

　　傣族多居住在亚热带河谷平坝地区，物产丰富。其地理环境基本特点是：海拔较低（1000米左右），气候湿热，雨量充沛，土壤肥沃，四季青葱一片，常年不见冰雪。

　　傣族经济以稻作农业为主，兼种旱谷、苞谷、豆类等作物，具有较优良的水利灌溉系统。

　　由于各地生产力发展水平不尽相同，加以历史条件也不完全一致，社会改革前各地的傣族虽已处于封建社会发展阶段，但在发展上是不平衡的。从边疆到内地，在几个大的傣族聚居区内留下了傣族社会从封建领主经济到地主经济的递变过程。大而言之，边疆傣族地区以封建领主经济为主，但发展仍有差异；内地傣族区则早已进入了封建地主经济阶段。根据各地生产关系的特点，扼要叙述如下：

1.领主经济为主的边疆傣族地区，根据发展上的差异，又可分为两类地区：

一类是领主经济基本完整保留的西双版纳傣族地区。在这里，封建领主对土地具有最高所有权，历史上残留的农村公社结构成为领主对农民进行地租剥削和各种政治特权剥削的工具。奴隶制残余在社会生产和生活中尚有线索可寻，但具有奴隶身份的阶级在历史进程中基本上早已农奴化了。个体农民私有的土地尚未普遍产生，只部分地区具有属于领主赠与的少量私有地及召庄（贵族支裔）的土地，土地尚未商品化，新兴地主阶级的发生很缓慢。阶级矛盾的主要方面是农奴与领主的对立，表现在剥削关系上，徭役劳动和各种超经济剥削居于主导地位。

另一类是孟连、耿马、孟定和德宏傣族地区。从西双版纳沿边疆地区向西北弧形而上的广大傣族地区的社会经济结构，基本上介于西双版纳和内地傣族地区之间。特点是：封建领主大土地所有制已经逐渐削弱，并已在部分地区被破坏，开始向地主经济过渡。农村公社的结构逐渐消失。个体农民私有土地开始或者已经出现，成为向领主大土地制度进攻的前哨，土地开始突破村寨界限而集中，农村内部阶级分化已相当显著。表现在剥削关系上，劳役地租比重减轻，实物地租普遍出现。高利贷关系和土地的抵押、典当交织在一起，进一步促使贫苦农民失去土地，走上农村无产者的道路。这类地区在发展上也不一致，其中孟连、耿马、孟定大部分地区和德宏的遮放、陇川、瑞丽等地，领主经济尚较显著，和西双版纳近似。而孟连、耿马、孟定少数地区和德宏的芒市、盈江、梁河则地主经济开始发展。

以上两类地区又有着共同特点：在分布上都位于边疆地区，大片聚居，经济上受汉族地富阶级的剥削不太显著，只局限在部分地区；政治上直接受本民族土司统治，内地政府的统治不太深入。

2.地主经济早已确立的新平、元江、景东、景谷等内地傣族区。在这里，封建领主大土地所有制早已消失，地主经济普遍确立，土地高度集中，阶级分化突出，地主与农民之间存在着尖锐的矛盾。

这类地区也有其特点：在分布上除德宏地区的盏西区外，都位于内地区，与汉族及当地民族交错杂居，没有自己独立的经济体系；本民族土司早已消失或名存实亡；傣族人民在政治上受汉族统治阶级和与其相勾结的本民族地富上层的直接统治，经济上遭受汉、傣地富阶级的剥削。

上述两类傣族地区又有一个共同之点：解放前在国外帝国主义的侵略和国内买办官僚资本的掠夺下，都在不同程度上具有半殖民地的色彩。

这就是社会改革前，傣族地区的社会经济概貌。

下面就社会改革前西双版纳傣族地区的封建领主经济，做一个概括的探讨。

一、社会改革前西双版纳傣族社会的土地所有制形态及其和农村公社的关系

（一）封建领主的大土地所有制和对农奴的人身占有

社会改革前，西双版纳傣族社会生产关系的基础是封建领主的大土地所有制。这种所有制生动地体现在这个地区最高领主的称号上："召片领"（意为广大土地之主）；也生动地体现在傣族的一句成语里："喃召领召"（意为水和土都是官家的）。因此，农奴猎得野兽，必须把倒在地面的一半兽身献给领主，捕得鱼，要献上最大的一条，飞鸟、走兽、游鱼都是领主的。农民耕种领主的土地，必须"吃田出负担"，不耕种领主土地的成年人，也要"买水吃，买路走，买地面住家"，照规定出一份负担。农奴被折磨死了，还得向领主"买土盖脸"。领主甚至有权没收死者的全部或部分遗产。领主之间尚有买卖或赠送整寨农奴的现象。按照领主的法律，农奴"头脚落地就是召的奴隶，几亿根头发（比喻臣民）都是召的财产"[①]。农奴被牢牢束缚在领主的土地上，用自己的农具和牲畜进行个体的、分散零碎的耕作，这样的大土地所有制和小农经济，反映出领主经济的实质。这种情况正如周代诗人对当时的土地制度和隶属关系所概括出来的诗句："溥天之下，莫非王土；率土之滨，莫

---

① 《西双版纳傣族自治州社会情况》调查材料之三，1956年全国人民代表大会民族委员会编印，第10页。

非王臣。"①

（二）傣族社会的农村公社及其进入阶级社会的变化

然而，在这里，由于原始农村公社结构的存在，却又给领主大土地所有制加上了一层外衣，模糊了广大农民对领主大土地制度的认识。

关于农村公社，马克思曾指出："在印度和中国，生产方式的广阔基础，是由小农业和家内工业的统一形成的。在印度，还有以土地公有为基础的村落共同体的存在；并且在中国这也是原始的形态。"② 这段话在傣族历史上也是适用的。西双版纳每个傣族村寨及其所属的土地，便构成一个农村公社。各寨在铲草立寨时都划下了或占住了界线明确的一大片土地，属于村寨集体占有（历史上应为集体所有，但变为领主所有后，已成为集体占有），而不属于任何单独成员。凡经批准加入村寨的农民，就可同其他成员一样，分得一份土地；迁离村寨必须交还土地，从而失去占有权和使用权。因此，取得村寨成员身份，是占有使用村寨土地的前提，从而单独的个人对村寨土地也就不可能有私有权。村寨集体占有的土地，在成员之间进行定期分配，单家独户分散经营，产品归自己支配。由于公共事务的需要，成员必须付出无偿劳动，如修路、造桥、修水利、祭社神等。个人无私有权，这和景颇族村社农民的"来时修，去时丢"相似。这种情况正如马克思在分析古代东方形态的公社财产时指出："在那里，财产仅仅是作为公社财产而存在，各个成员本身只是特殊部分的占有者，或是继承的，或非继承的。因为每一小部分的财产不是属于任何单独的成员，而是属于作为公社直接成员的个人，也就是属于作为与公社一致生活而不脱离公社之人。因之这种单独的人，只是占有者。只有集体的财产，也只有私人的占有。"③

基于上述情况，可以追溯早期傣族历史进程中确有这样一个时期，即所有土地都是农民的，而且属于公社集体所有。傣族农民自称为"波海咪纳"（地之父，田

---

① 《诗经·小雅·北山》。

② 《资本论》第三卷，人民出版社1954年版，第412页。

③ 马克思：《资本主义生产以前各形态》，人民出版社1956年版。

之母），就是早期傣族人民与土地关系的真实写照。

　　但是，当傣族进入阶级社会，古老的农村公社随之发生质变。公社的地权被统治者和剥削者所篡夺。由于地权的丧失，自由的公社成员变成被奴役的依附农民。这种转变正如马克思所说："在时间的进行中，这种公地被军事上宗教上的高官侵夺了。自由农民在公地上从事的劳动，也被他们侵夺了。自由农民在他们的公地上做的劳动变成他们被公田盗占者做的徭役劳动了。农奴关系就是这样发展的。"①

　　这种转变中的统治者和剥削者可以是由公社内部成长起来，也可以是由外部派进来或强加的。

　　先说内部成长。我们知道，由于生产力的发展，出现了分散的小土地劳动，这就给私人占有创造了条件。在公有私耕的农村公社阶段，由于部分生产资料如耕畜、农具、种籽以及消费品私有和主要是土地的私人占有，社会上逐渐产生了贫富之分。那些占有较多的牲畜财产的人，在公社中逐渐占有了重要地位，随着时间的推移，他们在一定时间内作为公职领袖所具有的公共权力，逐渐变成为世袭权力；由公社成员的公仆逐渐变成为特权家族；最后由公社的代表者转变成为高居于公社之上的统治者了。社会改革前西双版纳傣族村社中被领主加封为"叭""鲊""先"等官衔的当权头人，在内部仍被称为"波曼"（寨父）、"咪曼"（寨母），外人称呼他们则在寨名上冠以官名如"叭曼达""叭曼扫"等。从这里可以看出，他们兼有家长身份和代表村社共同体的身份的痕迹。他们在村社内部具有管理和分配土地的特权，对外代表村社领有土地，也就有可能利用特权盗窃村社土地，进行各种剥削。外人要到本寨土地上开荒，必须向本寨头人送礼，以取得同意；头人往往利用其身份和特权，要寨内各户每年在他的田地上做几天白工；甚至凭借特权霸占寨内的宗教田、绝户田、迁走户留下的田以至私人开荒田。可见他们凭借特权已经不难成长为一个村子的小"召片领"，如果有适当的历史条件，还可以发展成为居于许多村社之上、甚至高居于一切村社之上的"召片领"。②从景洪的傣勐老寨曼达，尚可

----

① 马克思：《资本论》第一卷，人民出版社1954年版，第268—269页。

② 云澜：《西双版纳傣族地区民主改革前的封建领主经济》，载《民族研究》1959年第4期。

看出这一转变过程的明显线索。据说曼达已建寨数百年，辖区直径达一日路程。该寨土地除在历史上被夺去一部分外，社会改革前在该寨地面上还有7个附属寨，多半是外地迁来的依附农民。他们称这个老寨的头人为"召勐囡"（小土司）或"召纳"（田主），自称为"鲁农"（小辈，引申为"仆从""奴隶"，泛指一切有隶属关系的人）。村民要给该寨头人服劳役，猎获野兽要送给该寨头人一腿肉。还有几个外族寨子如哈尼寨曼妙、曼南，汉族寨曼贺帕，也属该寨头人管辖，每年要向该寨头人进贡。解放前该寨头人曾以12000元银币代价，把一个汉族寨子卖给勐海土司。曼达头人实际已居于数个村社之上，发展成为一个小地区的统治者了。①

另一种情况，表明西双版纳某些地区的封建领主是由外面派进去的。各地流行的"先有傣勐，后有召"的说法，既可理解为前一种情况，召是从傣勐中发展出来的，也可理解为后一种情况即派进去的。解放前勐海地区就存在着勐海领主与傣勐老寨隐然敌对的情况。勐海土司被派进来后，把傣勐寨划分为4个"火扫"（直译为20个头）和8个"火西"（10个头）委派波郎分别节制。这种改变，表明在原来的村社集团之上，建立了封建的行政区划，通过波郎（"波"意为父，"郎"意为用一条绳子把牛拴起来），监督对村社成员的管理。②

这一巨大变化，导致两方面的结果。一方面，公社丧失了土地所有权，只作为集体的承袭的占有者而出现，而真正的最高的所有者可以是前期的奴隶主，也可以发展为后一时期的农奴主。另一方面，自古以来就是"波海咪纳"的傣族劳动人民，被盗窃者、统治者改称为"卡喃卡领"（水的奴隶、土的奴隶），陷于被奴役的境地，从自由的村社成员的身份转变为奴隶般的依附地位，最后逐渐封建化而成为农奴。

（三）封建领主土地所有制的内容与村社集体占有制的形式相结合

傣族社会的村社虽已发生质变，但其组织结构对农民的束缚作用则是对统治者有利的。因此，当他们侵夺村社的土地权后，并不触动原来村社的组织结构，而是

---

① 《西双版纳傣族调查材料》之五，1957年编印。

② 《西双版纳傣族调查材料》之四，1956年编印。

利用它来为自己服务。傣族领主利用村社分配土地的陈规，通过村社把土地以及与土地相连的封建负担，分配给各户成员，让他们仍照旧进行个体生产，村社则起了劳动编组的作用，而村社头人实际已成为领主的代理人，督促农奴履行一切封建义务，否则农奴便可能被开除出村社而失去所占有的土地。村社之上则由波郎进行直接控制。

为什么领主不去触动原有的村社组织？这是由于封建领主经济的生产关系，乃是剥削者的大土地所有制和被剥削者的小土地占有制相结合。而属于古代东方型的"集体所有，私人占有"的农村公社的土地关系，恰好和它相适应。当"集体所有"改变为"一人所有"时，由于个体农民原来就没有土地私有权，所以不必破坏村社组织，就可以让村社仍然用"集体所有"的形式（其实已变为"集体占有"和"单户使用"）束缚住村社成员，让他们仍用"私人占有"的形式去进行个体生产。

这种改变，傣族人民在生活实践中已经觉察出来，认识到"吃田就要出负担"，但由于村社的组织结构仍然存在，在一定程度上模糊了农民的认识，而在不同情况下反映出"领主所有"和"村社公有"的观念来。而这种"村社公有"的观念进一步巩固了村社的组织结构。例如村社内部发生典当、买卖土地的个别行为，就会为社会舆论所非难，从而成为延缓村社土地集中和阶级分化的因素，这正是领主所最欢迎的，因为在大土地所有制下是禁止买卖土地的，"田里不鬻"。另一方面，个人对村社的依赖关系，又有利于封建人身依赖关系的建立。因此，封建领主所有制的内容，很自然地与村社集体占有制的形式结合起来。

（四）庄园和份地的划分

召片领虽然是"广大土地之主"，全部土地的最高所有者，但所有田地并非由召片领及整个领主集团来直接经营，而是把领有的土地划分为两部分：领主地段和农民地段。由于公社形式的存在，领主把村社集体占有的土地，强迫划分一部分出来作为自己的私庄（庄园），其余土地就变成了农民的"份地"。农民自耕份地，获得衣食，另外的时间利用自己的耕畜、农具，无偿耕种领主的私庄田。这样，农民为自己和为领主的劳动，在时间上和空间上都是分开的。因此，"农民的'份地'

在这种经济中好像是实物工资，或者是保证地主以劳动人手的手段。农民在自己的份地上的'私人'经济，是地主经济的条件，其目的不是给农民'保证'生活资料，而是给地主保证劳动人手"①。傣族领主庄园和农民份地的实质，就在于此。而这些，却被掩盖于村社的外衣之下。

领主集团（召片领到鲊以上村寨当权头人）直接占有和经营的土地，约占西双版纳傣族地区全部耕地的14%，通过村社给农奴使用的份地约占86%。景洪为统治中心，体现在土地关系上则是领主土地多于农民地段，占人口13%的大小领主占地56.6%，而占人口87%的农民，只占有43.4%的土地。②

领主土地包括：

（1）宣慰田（纳龙召）和土司田（纳召勐）：召片领和召勐直接世袭领有的土地。来源于强划村社开出的田，由百姓代耕。景洪的宣慰田分布在15寨以及宣慰街，占全部耕地面积的8.51%。

（2）带有薪俸田和采邑性质的官田：如波郎田、头人田、龙达田（督耕、催租者），认官不认人，不世袭。例如从前召景哈（议事庭长）打仗有功，召片领提升他来景洪做议事庭长，夺去兵权，就近监督。召片领在曼纽抽出寨田1200纳（4纳为1亩）作为其薪俸田。

农民地段分为3类：

（1）纳曼（寨公田）又称"纳倘"（负担田），据25勐统计约占全部耕地的58%，"寨公田"一词就反映出其原始的公有属性。当封建主窃取了村社土地，无形中转变了土地所有权，再通过个人所属的村社，利用村社分配土地的陈规，把土地和与土地联系起来的封建负担一块分下去，各户分用的土地就起了本质的变化，由寨公田变成负担田。傣族农民说"纳曼就是纳倘"，这句话正体现了这一变化。

由于这一变化，原来各村寨"铲草立寨"时所形成且为村社成员所共同把守的土地界线，亦即村寨界线，现在也变成"负担界线"，界线以内的土地是负担田，

---

① 列宁：《俄国资本主义的发展》，人民出版社1956年版，第160页。

② 《西双版纳傣族自治州调查材料》之五，1957年编印。

而村社也就成为领主的负担单位。各户成员也就成为领主的负担户，耕种负担田。

分配份地时，通常在傣历七八月（阴历四五月）犁田以前，在佛寺召开群众大会，由叭龙、鲊龙等当权头人主持。如有新来户、新立门户户、无田少田户提出分田要求，或有迁走户、出不起负担户交回田地，才进行调整分配。分田办法有两种：一是打乱平分，此种方法很少采用，除非因占有份地极不平衡而引起重大争执时。另一种是在原耕基础上抽补调整，这是绝大部分村社经常采用的办法。如有机动田时划给新户即可，否则从几家份地中抽出几块，拼成一份（往往是分散的），或在几家份地中间划出一块（较完整）。调整时，新户多要求打乱重分，老户则主张挖补调整，头人则支持老户，故新户土地质量一般均不如老户。

由于领主不以各寨耕地面积计算负担，而以负担户数为单位，规定了每寨负担户数目，因而村社内部份地大小没有规定。这样，如果实有户数增加，各户负担数就可相对减少。傣族人民说："多一户，漂起来一点；少了一户，沉下去一点。"因而遇有分家户、外来户，大家都乐意分给份田。田地多，负担重的村社，甚至主动招邀外来户（如曼回宫寨人少田多，备有安家费，远来的给70挑谷，近的30—50挑谷，解放初曾吸收4户）。与此相反，虽有多余田或荒地，如外村占有，则寸土必争。

由此可见，寨公田之变为负担田，反映出村社庄园化和村社成员农奴化的历史过程。

（2）家族田（纳哈滚）：约占总耕地面积的19%，是村寨内同一家族的人员共同占有使用的耕地。每家族有一个家族长（诰哈滚），由长辈或老人担任，负责本家族土地的管理分配事务，寨内头人无权干预。儿子另立门户或女儿出嫁寨内，可以分一份，如儿子到外寨上门或女儿嫁出，不能分走土地。家族界线以外，还有个村社界线，家族田实际是村社以内的家族集体占有，所有权仍属村社。这种土地实质仍然是份地，是负担田。

（3）私田（纳很）：约占总耕地面积的9%。多是在田边小块荒地开出，数量不大，可不参加调整，世代相承，可租可典，甚至买卖，但不能卖出寨子，迁离村寨就须交回。灌溉区以外的，具有较大程度私有性质；在灌溉流域以内的，一般熟荒3年，生荒5年收归寨公田；耕地多的寨子，往往形成事实上的长期占有。这和封建地主经济范畴的所谓私有，具有显著区别。而且按领主法规来说是"非法"的，是对上隐瞒的情况下产生的，多从当权头人开始，群众效尤。但往往被发现后，就被并入寨公田或波郎田。尽管如此，这是新的萌芽，是地租形态开始由劳役租向实物租过渡，领主"认租不认田""认租不认人"，反映出领主开始与土地脱节。

但也出现了具有真正私有性质的土地，那就是农民中"召庄"（贵族的远亲）占有的私田。除景洪外，一般都免出负担，可自由买卖，迁离村寨，也可享有所有权。此种土地比例不大，只占9%，但在大土地所有制领域中冲破一个缺口，成为促进农村内部土地集中和阶级分化的一个重要因素。

二、封建等级制度和傣族农民的农奴化

基于上述土地所有制形态和领主对农奴的人身占有，作为土地所有者的领主和隶属于他的直接生产者农奴，就构成了社会改革前西双版纳傣族社会两个对立的基本阶级。但这种阶级关系却是通过封建等级制度表现出来的。一方面，由于领主有大小之分，分享的地租有多寡之别，而划分为不同的等级；另一方面，由于农奴的来源不同，他们提供地租的性质和数量不同，也划分为不同的等级。在这里，耕种某一种土地的农奴就隶属于那种等级，就受那种等级的领主或领主代理人管理。但是，在这里也开始分化出一小层自由农民，除景洪的以外（由于是统治中心，统治较严），他们一般不出封建负担，站立在负担系统以外。也只有这一小层农民的土地，如前所述，由于未与封建负担相结合，而真正具有私有的性质。

（一）领主集团和采邑的分封

在封建社会里，"政治地位是由占有土地的多寡决定的"。[①] 因此，土地的占有权就带有等级的性质。土地占有的等级结构就是领主集团内部分配土地及地租的表

---

① 恩格斯:《家庭、私有制和国家的起源》，人民出版社1954年版，第165页。

现。基于土地的分封和享有地租的数量，以及血统身份（最本质的自然还是对土地的占有）的差异，就构成等级不同的领主。

在西双版纳，最高领主召片领之下，还有三十几个次一级领主，称为"召勐"（一个坝子或一片土地的主人）。历史上，大多数地区的召勐都是各勐被召片领征服后，由召片领分封宗室亲信去做召勐，后来就在当地照样建立小朝廷。例如很久以前，勐养本地的"土司"不服召片领管，且动兵攻打景洪。召片领遂命其弟率领召龙纳花（右榜元帅）领兵迎战，击败勐养土司，并追至勐养将其子孙杀尽。于是召片领封其弟为勐养土司。召片领和各勐召勐又将畿内或勐内的土地分封给自己的臣僚：兼管各寨各勐的称为"波郎"，管理一个至数个村寨的头人划分为"叭""鲊""先"等各级，这就构成长期以来骑在农奴头上的领主集团。

领主集团中分为不同等级，属于贵族的分为"孟""翁"两等：

第一等"孟"。"孟"意为头上的"天庭骨"，至高无上，即最高的贵族，召片领的血亲，只要官衔上有"孟"字的就是这等人。只有这等人才能继承召片领（宣慰使）的职位，或充当议事庭长（权力机关首脑）或受封到各勐当召勐。一般波郎如召龙纳花等是不能称"孟"的。从第二等以至农奴，见了"孟"的子女，男的称"召孟"，女的称"召喃"，自己的年龄再大，也只能见面后自称"卡"，即"奴才""小人"之意。百姓有事会见第一等人，除必须行一般头人的礼节如进门除帽或包头，跪着进去以外，不能正视其面，否则要挨骂受罚。"孟"不仅具有最高政治地位，婚姻方面，孟只与孟通婚，姑娘不下嫁，但有少数"孟"的男子娶其他等级姑娘为妾。

第二等"翁"。意为"亲属"，如一般有亲属关系的叫"翁沙"。召片领的家臣才能称"翁"。户口比第一等多，各级波郎都是翁的当权者，只有翁才能继承波郎，如召龙纳掌、召龙帕萨等都是。凡属翁者，成年后大都可得一官半职，从而得到一份薪俸田。一般头人和百姓会见这等人，必须称他们为"召"。

以上二等虽地位高低不同，但都是贵族，靠剥削为生。领主集团中也有一些出身平民，即被封为叭、鲊、先的村社各级当权头人。领主集团约占傣族总户数的8%，其中大、中领主占2%，村寨当权头人占6%。

　　和等级相适应的是领地和采邑的分封，根据官阶等级的高低，领地采邑数量也有差异。各勐土司的领地是按"纳先龙"（大千田）和"纳闷龙"（大万田）来分封的。小勐属大勐管，形成了封建统治者的等级从属制度。各级家臣采邑的大小，也按爵位的大小来确定，这些家臣也就是各级采邑的波郎。解放前还有五等"田官等级"（探朗召曼纳），各级领主可按其级别规定，在其采邑（或封地）上一般以100纳（25亩）收30挑（每挑50斤）实物地租的标准，向农民掠夺，并在有300—500纳采邑的村寨，设置"龙达"（意为"下面的眼睛"），督耕收租，以收入地租谷10%为其薪俸，这五等田官等级是：

　　（1）百田级（纳怀朗）：实收租谷530—3700挑

　　（2）大二十田级（纳少龙）：230—1200挑

　　（3）小二十田级（纳少囡）：120—300挑

　　（4）十田级（纳西）：80—300挑

　　（5）五田级（纳哈）：50—200挑[1]

　　百田级有的不如大二十田级收租多，这是由于食采邑与实际管寨子分开之故。实际管寨子及农奴的均比大二十田级的多，因而可得到更多的劳役、摊派和贡赋。这正如马克思所说："封建领主的权力，不是依存于他的地租摺的大小，而是依存于他的臣属的人数，后者又依存于自耕农民的人数。"[2] 这是在领主制下经济剥削与政治统治直接结合的必然结果。这些田官根据最高领主统治的需要，分掌各种职务去管理按经济需要而分工的各个村社，督促农奴提供各种赋役。这类田都不能世袭，但贵族家一般在父亲死时，其子已经为官，有了官田。即使有个别未做官的，靠上辈剥削的积蓄，已够吃一辈子了。

　　贵族升官的步骤。除召片领的血亲外，其他如波郎、家臣升官都有一定步骤：从小必须当和尚，还俗后为召片领充当滚课（侍从），然后提升为昆欠（文书）、站抗（传达员）、纳哈、纳西，最后到纳怀郎。逐级上升，到怀郎时不少已是

---

　　① 《西双版纳傣族调查材料》之二，第76—77页。

　　② 《资本论》第一卷，人民出版社1954年版，第906页。

五六十岁老人了。一般不能越级任职，当然也有少数一步登天的。

基于领主经济的自给自足性、孤立分散性，以及各级领主间的相对独立状态，为了争夺、扩大封建特权和剥削，大小领主之间的等级从属关系，其严格程度往往在不同时期和历史条件下有所不同。正如恩格斯所指出："整个封建经济的基本关系——分封采邑以取得一定的人身服役和贡赋——甚至在其最初和最简单形式中，也为争吵造成充分的口实，而在有这样许多人寻找叛乱借口的时候更是如此。当所有各地采邑的关系因权利与义务（如赐给的、剥夺的、重新恢复的、因过时而终止的，加以改变或以任何其他方式加以限制的），而形成一团乱丝时，怎样能避免中世纪的那许多冲突呢？……这就是为什么在那纵横捭阖的漫长世纪中，有使诸侯归附中央王权的向心力……，有由这种向心力不断地、必然地变成的离心力；这就是王权和诸侯之间不断产生斗争的原因。……"[①] 由于这种现象的存在，迫使召片领不断寻求措施，以加强向心力，削弱离心力，以巩固自己的统治。具体办法则是：一方面尽量加强和各勐土司的关系；另一方面则尽量集中自己的统治权力，因而在召片领与下级领主之间的关系中，突出地表现出他的专制集权倾向。

对于召勐，召片领除对只有十寨以下、人少力弱、闹不出大乱子的各勐，如勐阿、勐康、勐宽、勐醒、勐远、景真、勐宋、勐旺等，加封其首领为各勐土司外，对较大的勐，为了掌握统治权，一是派自己的兄弟子侄等直系或旁系近亲去担任土司，如对勐罕（叔）、勐混（叔）等；一是把姊妹侄女嫁该勐土司为妻，以母系联系着，如对整糯、勐海、整董等，他们的外亲都是宣慰的血亲。有这两种关系所生之子，就可以世袭土司。如后代死绝，召片领再派子侄或把女的嫁去。既然是宣慰血亲（勐级），即使不住在宣慰街，也可被封为土司，如勐龙土司从勐养封去，勐捧土司从整董封去。这样，全西双版纳就形成了一种宗法式的统治制度。体现这种封建从属关系的是各勐召勐每年傣历九月（阴历六月）的奈瓦沙（关门节）和十二月（阴历九月）的奥瓦沙（开门节），都要向召片领纳贡、拜节，称为"书马戛纳

---

① 恩格斯：《论封建制度的解体和资产阶级的兴起》，载《封建社会历史译文集》，生活·读书·新知三联书店1955年版，第12–13页。

瓦"。各勐土司袭位，也必须由召片领加封。

召片领对各勐土司的集权活动，除通过血族和婚姻以加强与各勐的联系外，并表现在版纳的划分上。如前所述，最初召片领是按地区把相邻的若干个勐划为一个版纳，如景洪、勐养、勐罕划为其直辖版纳，勐遮、勐满、景鲁、勐翁为另一版纳。后因相邻的各勐有联合进攻景洪的事发生，危及召片领的统治。于是在傣历1147年（1785年）由议事庭长召景哈召集各级波郎及各勐召勐开会另划版纳，把相邻的勐分隔开，如一版纳的勐海、勐养与勐远，四版纳的勐混与勐腊，六版纳的景洪与勐仑，都是天南地北的。召片领一直想以版纳作为勐之上的一级行政单位，但到解放前也未能如愿。

最初，各勐召勐都要出席议事庭会议。后来召片领派自己的家臣作为各勐召勐的驻会代表，实则这些家臣都变成各勐的波郎，因而又称"波郎勐"，如内务总管就管勐养、打洛二勐。

另外，召片领也不放松能实现集权的任何机会。如前面提到的召片领一次战败，景哈土司率兵援救，击败敌人。事后召片领提升景哈土司为议事庭长，此后称议事庭长为"召景哈"，调驻景洪，另给采邑。其实是调虎离山，有如汉代皇帝对功臣加封王侯，而令其"就食长安而不至国"，以便就近监视。

对于各级波郎，召片领则有意识地使其与采邑分开。领有波郎田的波郎和管理波郎田所在村寨的波郎并不是同一官员，而且波郎的采地很零碎、分散。如都龙稿管行政、财政、税收的采地合3000余亩，分布于10个村寨内。另一方面，一个村寨内有的同时有三四个波郎的采地，如曼景泰的波郎田分属召龙帕萨、那花、那扁，以消除其背叛的物质基础。[①]

从这些材料，可以看出领主集团内部上下级之间正如恩格斯所说，是不断存在着矛盾和斗争的，矛盾激化时，往往形成领主之间的混战，如清末（1909—1911年）勐遮土司与宣慰之战，加上英帝国主义的阴谋活动，使矛盾更加复杂激化。历史上也往往导致境外势力乘机而入。但是，作为统治者，他们的基本利益又是一致

---

① 《西双版纳傣族调查材料》之三，1956年。

的，即镇压农奴的反抗是一致的。

（二）傣族农民的农奴化

再看农奴阶级。

在傣族农民农奴化的过程中，原来的公社农民和家庭奴隶（即家内奴隶）是西双版纳傣族农奴的两大来源。在进入封建社会后，农奴中仍然分为由公社农民演变而来的傣勐和由家庭奴隶演变而来的滚很召两大农奴等级。当然，作为农奴等级的滚很召并非完全由原来的奴隶演变而来。

1. 两大农奴等级

（1）傣勐：意为"本地人"，即建寨最早的人，占农民总户数的54.9%。他们说："有了傣勐才有水沟，才开田；有了田，才有召（官家）；有了召，才有滚很召。"且有证据表明，滚很召建寨的耕地，也是从傣勐的寨公田中分割出来的。如果我们联系前述关于村社土地所有权的变化，寨公田之变为负担田以及领主庄园之出现并和份地对立等问题，就可看出傣勐等级农奴的历史地位，正是原来的村社成员。而且就是在领主统治下，占寨公田最多的仍然是他们。总之，随着傣族社会的封建化，他们就从村社农民变成为"买水吃、买路走、买地面住家"的农奴，从"波海咪纳"，变为"卡喃卡领"。

（2）滚很召：占农民总户的39.2%，意为"主子家内的人""官家的人"。从名称上就可看出他们的身份和地位都不同于傣勐。历史上他们具有家奴身份，事实上解放前这一等级中仍然有少数家奴。在傣族社会封建化过程中，他们逐渐被释放出来，分与土地，自立门户，建立村寨，有了自己的小经济，才逐步封建化而为农奴。这一变化过程，解放前还有线索可寻。例如宣慰街附近，召片领有私庄田250亩，派家奴早出晚归去耕种，后来逐渐由盖田房到建寨子，独立经营，此后125亩自种自食，另125亩交纳全部产物。勐海土司有一片私庄田在流沙河对岸，家奴耕作时渡水困难，后来土司允许在田地附近修建房屋和谷仓住下，吃剩部分一律上交。后来规定上交数量，变为定额官租，即后来的曼扫寨。这些不甚久远的事实，说明家奴变成农奴的过程。由于这一变化，他们不仅摆脱主人的完全支配和奴役，而且获得了半自由的人格，有了自己的小经济。

滚很召内部由于身份、地位和职务的不同，又分为不同等级：在景洪，分为"领囡"和"卡召"，并有少数寺奴"卡宛"。领囡地位较高，为领主服专门劳役如养象、养马，做听差等。卡召又称"卡很"（家奴），专供宣慰或"孟"等级人使唤，或作陪嫁品。

在勐海，滚很召内部又分为领囡（土司卫兵）、冒仔（为土司挑水煮饭、提桶裙等）、滚乃（家奴）、郎木乃（召片领为了加强对各勐的控制，将其亲信家奴郎木乃安插到各勐建寨，作为"陇达"——下面的眼睛。一有风吹草动，必须立即上报，否则宣慰就要诅咒他们，直到"死尽灭绝"）。[①]　总之，在封建化过程中，滚很召中一部分由家奴转化而来，但在作为农奴等级后，陆续又有不少农民因各种原因而被编入这一等级，因而不断扩大，直至占农民总户数的39.2%，并不是历史上滚很召人数就有这样多。

由于傣勐和滚很召的历史来源不同，其身份地位也有所不同。

政治地位：

①傣勐除个别寨外，当头人都能当到叭、叭龙，而滚很召一般只能到鲊。滚很召的说法是："不应封而受封，福气小，受不住禄位会病死。"实则是不同的政治待遇。每年八月关门节时封傣勐头人，十二月开门节才封滚很召头人。

②举行会议，傣勐头人即使后到，也坐前面，滚很召的同级头人则自动坐后面。发言也是傣勐居先；卡召中最老头人老鲊，则往往无发言机会。

③土司死，由傣勐穿衣入殓，被认为是一种光荣权利，他等人只能去打杂。

社会地位：

①傣勐可称为"哈滚召"（官家的亲戚），而滚很召则被认为是官家的奴隶。

②主客观念。滚很召说："声勐是主人，我们是客家，是来要地方住的。"因而地方上的主要事务如祭龙等均由傣勐主持。

③数十年前傣勐不与滚很召通婚，认为降低了身份。而召片领却从中作梗，如

---

①《西双版纳傣族调查材料》之四，1956年。

禁止孟马寨农民到傣勐寨上门，以保证劳动人手，即使上门，也不能改变身份，名字前仍须加上原滚很召寨名，如冒宰寨曼两的岩教到傣勐寨上门后，就叫岩教曼两。

经济地位：

①傣勐寨田多，多出租给滚很召寨，发生集体租细关系，如勐海有14寨、傣勐2226人，占有耕地11764亩，而滚很召27寨、4077人，只占9914亩，其中傣勐老寨占地最多，卡召占地最少。

②由于等级不同，对领主负担也不同。

③滚很召不能转嫁自己劳役给傣勐，傣勐却能转嫁，如修桥、补路等。

④傣勐老叭可派滚很召服劳役，后者的头人却不能派前者服劳役。

2. 农奴化中的特点

农奴不仅分不同等级，尚有如下特点：

（1）农奴等级特别是滚很召等级中有所谓"内""外"之分，从而在身份地位上又有所不同。属于"内"的，其对召片领和召勐的人身隶属关系较强，保留家奴身份的残余较多；属于"外"的则恰相反，具有更多的农奴身份。但在傣勐和滚很召之间，则后者是土司或召片领家里人，较亲近，自然是"内"，而傣勐自然是外。从而形成一种复杂关系。

（2）傣勐农奴化后，其村社结构仍保留，不与其他等级混居。值得注意的是，滚很召分与土地，建寨农耕后，也采取傣勐村社结构，集体占有村社土地，定期分配调整，单户经营，迁离村社即失去使用权。滚很召亦自成村落，不与他等级混居，甚至滚很召内部不同等级也各自建寨居住，因而村寨和等级关系是一致的。领主则根据不同等级的村寨分配不同负担，使村社成为提供封建负担的单位。这样，随着滚很召等级的不断分出建寨，村社形式也不断得到扩大。

（3）家奴等级农奴化，必须建寨农耕占有耕地，划入滚很召等级，从而反映出领主对傣勐土地的掠夺，再加以领主阶级对滚很召和傣勐进行分化，形成严格的村寨等级界限，在一定程度上破坏了傣勐和滚很召两大农奴等级的团结，从而削弱了对领主集团联合斗争的力量。这甚至在民主改革时仍然是发动群众、加强农民内部团结的阻碍。

（三）自由农民开始出现

除领主集团和农奴等级外，在西双版纳农奴社会中，还有另一农民等级，称为"召庄"（"贵族后裔""官家子孙"），其中一部分已形成一小层自由农民。召庄地位在傣勐之上，姑娘不嫁其他等级人，只有娶其他等级姑娘的。甚至称谓前加"召"字。一当头人就是鲊，称为"召鲊"。在勐海等地，甚至龙山都是单独的，不容他等人埋葬。

召庄实际是高级领主的远亲远戚，不可能再分享剥削饭，而由领主给与土地，建寨农耕。在景洪，召庄须为宣慰充当"侍卫"，为他等人所不能享有的义务，但耕种波郎田的须交纳一定负担，约100纳交20挑谷。在勐海等地，召庄受到土司照顾，免除一切负担。他们的土地既不与负担相结合，因而缺乏"纳倘"（负担田）的观念。既无负担可分担，也就不必分配土地，因而只有他们没有套在村社结构里，独立于负担系统之外。这样，土地是无条件的占有，具有真正私有的性质，可以自由分割继承，甚至当卖。但当卖完后，就成了穷光蛋，不能向寨里平白地分一份田。因此，这一等级的农民处于显著的分化状态，当田卖地的事不断出现，不少的人变成了"无业游民"，无怪勐遮有的老人感叹地说："抽大烟的是召庄，做小偷的也是召庄！"但必须指出：也只有召庄更容易向手工业和商业方向发展。如勐海召庄寨曼奥，几乎每家都学会打铁，虽尚未完全脱离农业生产，但已成为相当主要的职业。这是因为召庄不受土地和负担的束缚。反之，农奴等级中个别不想接受负担而去经营手工业或商业的人，就为舆论所不容，甚至为村寨所不欢迎。

（四）农奴化与奴隶制问题

如前所述，傣族农民农奴化过程中，部分滚很召等级的农奴，其前身是领主的家奴，亦即领主的家庭奴隶，主要从事家内劳役。解放前，贵族集中居住的宣慰街，大小领主还蓄奴129人。在勐腊还有少量耕奴。耕种召勐田"纳召勐"的几十名奴隶，没有任何生产资料，所需农具、籽种和耕畜都由召勐发给。他们集体从事农耕，受监工督促，粮食全部上交，再由召勐定期发给生活资料。1927年第36代召片领刀承恩死，殉葬品中，除器物外还有马2匹、象1对、象奴2人；但并不实际殉葬，而是赕（布施）给寺庙，再由召片领家属以银99两赎回。①

由此可见，在西双版纳傣族地区曾存在过奴隶制度。但首先应分清家庭奴隶制与家长奴隶制（即父权奴隶制）的区别，在后者，家长一般并未脱离生产劳动，奴隶劳动不过是作为生产的补充，而且奴隶是以家庭成员的身份出现，剥削比较隐蔽，这种奴隶制实际是从原始社会末期向阶级社会过渡的奴隶制。因而具有二重性，即原始平等的一面和阶级剥削的另一面，这和傣族贵族领主和农奴之间关系的性质显然不同。虽然贵族领主也有收"养子"承担劳役的，但贵族领主本身并不从事生产劳动，与从事生产劳动的父权制大家族的家长也是显然不同的。因而家庭奴隶是属于阶级社会的奴隶制，它是与生产奴隶相对而言。不过依奴隶主的需要，前者也可在一定程度上转化为后者。

至于家庭奴隶制是否可以发展成为一个社会占主导地位的生产方式的奴隶占有制，则与其具体的历史条件有关。马克思、恩格斯都认为，在古代世界，奴隶制要发展成为主导的生产方式，总是与商品货币经济的发展密切相关。马克思说："在古代世界，商业的影响和商人资本的发展，总是以奴隶经济为其结果。"② 恩格斯则说："要使奴隶劳动成为整个社会中占统治地位的生产方式，那就还需要生产、贸易和财富积累有更大的增长。"③

然而傣族的农村公社却是农业和手工业密切结合、商业不发达的自给自足、独立自存的一种社会组织。它是不利于奴隶制的发展的。下面看一看傣族村社，它除集体占有土地外，村社内部还有一套足以独立自存的组织和旨在于自给自足的分工。

"被村社成员称为'寨父''寨母'，又被封建领主加封为'叭''鲊''先'的

---

① 《西双版纳傣族调查材料》之一，第15页。

② 《马克思恩格斯全集》第25卷，第371页。

③ 《马克思恩格斯全集》第20卷，第175页。

当权头人，他们有管理居民迁徙，代表村社接受新成员、管理村社土地、代领主征收各种贡赋、管理宗教事务、管理婚姻及调解争端等职权。在他们下面，有管理武装的'昆悍'；有向下传达、向上反映类似乡老的'陶格'；有通讯跑腿的'波板'；有职掌文书的'昆欠'；有管理水利的'板门'；有管社神的'波摩'；有管佛寺的'波沾'……有的村社还设有金工、银工、铁工、木工、猎手、屠宰师、酒师、商人、医生、马医、理发师、阴阳家、诗人兼音乐家等。他们都不脱离农业生产。村社内部还留有村社议事会和村社民众会议的原始民主残余。"①

上述傣族村社的土地制度和组织结构，与"建立在土地公有、农业和手工业直接结合以及固定分工的印度公社"十分相似，如出一辙。② 这种类型的村社都有集体占有的土地，有保证农业生产、水利灌溉以及村社成员生活需要的组织和分工；在生产上农业和手工业密切结合。这些条件使村社成为自给自足、不假外求、独立生存的社会单位。但它不利于工商业的发展。马克思曾称之为亚细亚形态或东方形态的公社。他认为"亚细亚形态必然保持得最牢固也最长久。这在亚细亚形态的前提里已经奠定了基础：各个人对公社的关系不是独立的，生产的范围只打算保证自己的生存，农业和手工业的结合为一，等等"③。历史上这种村社的原生形态即"土地公有、私人占有"没有统治和奴役的人际关系的村社，曾构成傣族社会的一个个原生细胞。（但在进入阶级社会以后，这种村社已是发生了质变的次生形态的村社。）

根据这种村社土地制度的常规，村社成员都有权占有使用部分土地，有自己的小经济，因而村社内部不易普遍地分化出被剥夺了一切生产资料的无产者并转变成奴隶。换言之，这种村社的土地集体所有制，客观上阻滞了村社内部的阶级分化，免除了大量村社成员沦为奴隶，同时也限制了平民奴隶主的产生和奴隶制的发展。

另一方面，作为公仆的村社领袖，在向阶级社会过渡的分化过程中，他们利用手中的公共权力，掠夺公社财产首先是土地，逐渐变为特权家族，进而成为高居

---

① 缪鸾和：《西双版纳傣族自治州的过去和现在》，云南人民出版社1957年版，第16–17页。

② 《马克思恩格斯通信集》第一卷，生活·读书·新知三联书店1957年版，第553–554页。

③ 马克思：《资本主义生产以前各形态》，第20页。

于村社之上的世袭贵族，甚至发展成为一方的统治者和专制君主。他们之间互相兼并而形成大大小小的政权组织。前述景洪曼达寨的发展，就折射出这一历史的影子。这些统治者不仅占有奴隶，而且奴役广大的村社成员。从滚很召的来源和身份看，大致可分三类：一类是"领囡"，其中包括"冒仔"和"滚乃"，主要是封建化过程中投靠或招来的依附农民、战俘、傣勐犯法等级下降者、无力偿债而沦为"冒仔"等级者；另一类是"洪海"，意为"水上漂来的人"，他们多系外地流民和小商、小手工业者；第三类是"卡召"、领主的家奴，后来建寨农耕。三类中，第一类人数量多。可见原为奴隶身份者不多。奴隶劳动并未形成为占社会主导地位的生产方式。

国内外史学界一般都认为，在古代东方社会里奴隶的数量不多，社会的生产基础是公社农民。马克思把东方形态的公社所有制下的农民称作"普遍奴隶"，我理解这是他对东方专制制度下公社农民所受奴役的一种形象化的提法。正如《国际歌》的第一句就是："起来，饥寒交迫的奴隶！"这是形象化地指以现代工人阶级为首的劳动者。当然，在古代傣族社会中，役使家庭奴隶的奴隶主是存在的，同时他又奴役公社农民。但这种具有个体经济的公社农民和没有任何生产资料的严格意义上的奴隶是有区别的，而且公社农民的个体经济始终占着主要地位。随着时间的进展，当傣族社会向封建农奴制转化时，质变了的次生形态的村社仍然是西双版纳傣族社会的基层细胞，村社农民则逐渐转化为农奴。

综上所述，西双版纳傣族社会在从原始社会向阶级社会过渡时，父权制的家长奴隶制逐渐发展成为属于阶级社会范畴的家庭奴隶制。它由本身社会历史发展的条件决定，还没有发展成为发达的奴隶占有制社会时，便向封建社会过渡了。

三、封建剥削和强制手段

基于前述的领主大土地所有制以及由之出现的等级和阶级划分，广大农奴群众就必然遭受残酷的地租剥削。"地租的占有是土地所有权由以实现的经济形态；并且地租又总是以土地所有权……这一个事实，作为假定。"① 因而"不管地租的起源怎样，只要它存在，它就是土地经营者和土地所有者之间激烈争执的对象"②。看看西双版纳傣族社会的具体情况，就可以理解为什么领主集团对农奴大众的掠夺，总的说来是以地租形态表现出来，而且不得不以封建法权甚至宗教迷信来保证了。

（一）地租形态

前面已经谈到领主从村社土地中强迫划出一部分作为庄园，其余的土地就成为农奴的份地，农奴耕种份地的前提是为领主保证劳动人手。在有些地区如勐海，领主的私庄并非都从村社土地中划出来的，而是靠近城子边的大片土地，但既然由农奴代耕，仍具有庄园与份地的关系，亦即仍然以给领主提供劳动人手为前提。可见，在这里，徭役劳动必然是封建地租的主要形态。然而随着生产力的发展和阶级斗争的进行，部分地区如景洪、勐罕、勐养也开始出现了实物地租。

1. 农业劳役

农业劳役除宣慰街上述家奴外，各等级均有份，而以傣勐为主。每年春耕季节，傣勐和各等级农奴就带着自己的农具、耕畜，无偿耕种各级领主的私庄田。由于领主的庄田分散而不集中，并为了按农业季节完成耕作任务，领主乃派头人督促农奴去耕种。例如召片领在景洪宣慰街附近的1000纳（250亩）私庄田，分由曼纽、曼莫龙、曼德、曼喝勐等各寨傣勐代耕；曼景兰（领囡）、曼龙坎（洪海）等寨土地则由滚很召等级农奴负责耕种。由属于家奴寨的曼景兰寨头人充当龙达（督耕者），他所种龙达田不上租，但要负担撒秧、看水、围篱笆等准备工作。上述各寨所种私庄田收获的稻谷，全部上交召片领。又如傣勐老寨曼达，每年代耕召片领在曼洒的私庄田240纳（60亩），由曼洒（滚很召）头人当龙达。该寨农奴还要代耕另一处私庄田，于是不得不将劳力分为两组同时到两处去代耕，全寨74户中每户出一人，每处各去37人，负担全部耕作任务。收获稻谷全部上交召片领。此外，还要

① 《资本论》第三卷，1954年版，第828页。

② 马克思：《哲学的贫困》，载《马克思恩格斯全集》第四卷，1958年版，第181页。

替怀郎庄往、召景哈、召龙纳扁及本寨叭龙负担部分劳役及其他杂事。[①] 这样，每户农奴在同一季节内耕种自己的份地就大受影响了（约占全家劳力二分之一）。

各等级农奴在代耕领主土地时，地位是不同的。由于有"内""外"之分，滚很召属内，傣勐属外，故一般由滚很召当龙达，监督农奴耕种，在生产上负担较多责任。

但是，随着生产的发展和阶级斗争的进行，这种农业劳役已开始发生变化，出现了实物代役租。由于农奴被迫无偿代耕领主私庄田，而且影响到自己份地的耕作，故普遍存在着劳动兴趣低下和消极怠工的现象。几十年前，景洪农奴耕种召片领的私庄田"纳允"，犁田很马虎，故意倒插秧，且株行距极大，曼纽从犁田到插秧一天即完成。有的收割时许多谷子抛撒在田里，以此进行反抗，从而影响产量，私庄田比寨田的产量低。为了保证剥削，召片领指定以耕作较好、产量较高的曼莫龙寨作为标准，规定包产，不够要补足，但这仍然是不保险的。后来索性规定每"永"（36亩）交纳80挑（4000斤），称为"考汗"，意为"懒谷"，含有惩罚农奴定量交纳之意。另外，有的农奴代耕私庄田，对自己生产耽误太大，而用"赎买"的办法，交纳一些谷子，以求减免部分劳役。这样逐渐产生了实物代役租。

实物代役租的出现，是生产力提高的结果，而对领主来说，客观实际使他们不得不征收实物租代替劳役，以便让农民具有"耕种土地，并从自己收成中拿出一部分实物交给封建主所必需的某种劳动兴趣"[②]。所谓"包产缴纳"，只不过是由劳役变为实物租的反映。这本身就反映出生产力水平的提高。例如即以每亩产量以150斤计算，36亩只达5400斤，而领主只能收4000斤，这对领主来说，已超过其通过劳役租所能获得的产量，但却又不能夺取全部产量，这并非是贪欲不大，而是农民斗争的结果。事实上，地租形态的变化和阶级斗争分不开。

社会改革前，景洪、勐养、勐罕等地，由于实物地租的出现，地租和土地面积的比例关系变得密切起来。劳役租时，农奴负责完成全部生产任务，征收实物则是

① 《西双版纳傣族调查材料》之五，1957年编印，第107页。

② 斯大林：《辩证唯物主义与历史唯物主义》，人民出版社1957年版，第24—25页。

农奴必须在一定面积的土地上交纳一定量的粮食。因而在这几个地区使"纳"（4纳合1亩）在实物地租形态下出现了一种新内容，即地租按"纳"计征，标准是30纳收10挑（每挑50斤），50纳收15挑，70纳收20挑，100纳收30挑。这4个租率由召片领规定，记在案册里。既然"吃田出负担"，这几个勐的村社内部分配土地时，也就相应地以纳为单位来计算。如每份田100纳、70纳等等。特别是晚期建立的寨子，只有波郎田而无寨公田，即所有份地都要交实物地租（官租）。在向实物地租发展的趋势下，取消不上官租的寨公田是完全可以理解的。有些村寨分田时，寨公田与波郎田混淆起来分，也同样标志着地租形态的过渡。这种情况正如马克思所指出："生产物地租 …… 它和前一个形态是由这一点来区别：剩余劳动不复在它的自然形态上，也不复在地主或他的代表人直接的监督和强制下进行。直接生产者宁可说是由各种关系的力量，而不是由直接的强制，是由法律的规定（按：如100纳交30挑），而不是由鞭子来驱使，那就是由他自己负责来进行剩余劳动。"[1] 由于"生产者为自己做的劳动和为地主做的劳动，不复在时间和空间上显然分开了"。因而"在这个关系下，直接生产者对于他的全部劳动时间如何利用，已经多少有权可以自己支配了，虽然这个劳动时间的一部分（原来就是其中剩余劳动的全部），现在还是和从前一样，要无代价地属于土地所有者，不过地主现在已经不是在劳动的自然形态上直接得到这种剩余劳动，而是在劳动借以实现的生产物的自然形态上得到它"[2]。

显然，在劳役地租情况下，领主榨取的是农奴的剩余劳动，因而庄园与份地的划分很清楚，而在实物租的情况下，领主是榨取剩余产品，从而庄园与份地的划分就变得不是那样明显了。前述有些寨子只有波郎田而无寨公田，有些寨子的寨公田与波郎田混起来分，都反映出这种情况，即直接生产者的必要产品和剩余产品，都在同一的土地上生产出来。因而，与劳役地租比较，生产者有更大的活动范围，对提高劳动生产率也具有较大的兴趣。

---

[1] 《资本论》第三卷，1954年版，第1037页。

[2] 《资本论》第三卷，1954年版，第1037页。

必须指出，实物地租，"依然是以自然经济为前提；经济条件的全部或最大部分，还是在本经济单位内被生产，是直接由本经济单位的总生产物得到补偿和再生产"①。因而，和劳役地租相同，实物地租仍然具有地租的自然性质，领主用自然形态来榨取剩余产品，如征收粮食等。可见这两种地租都属于地租的早期形式，即具有自然性质。进一步发展，便出现封建社会晚期的货币地租，即"直接生产者不是把生产物付给他的地主（不管是国家还是私人），而是把生产物的价格支付给他。……虽然直接生产者还是和以前一样，至少要生产他自己的生活资料的最大部分，但现在已经有一部分生产物必须转化为商品，当作商品来生产。因此，整个生产方式的性质，多少要起变化"②。而这种普遍的转化则是以"商业、城市、产业、商品生产一般，及货币流通已有显著发展这一件事作为前提"③。西双版纳傣族在以劳役地租为主的情况下，也出现了个别以货币折纳的现象，这就必须考虑其具体历史条件：①民族之间的交换；②帝国主义商品倾销；③远处的农奴缴纳货币；等等。

由劳役地租向实物地租转化，是召片领改变食采制为食禄制的根本原因：

如前所述，领主集团内部各级领主在对待封建地租和特权方面是有争夺的。召片领为了削弱地方领主的势力，加强向心力，曾采取了各种集权措施。景洪等地的地租形态向实物代役租转化，恰好对召片领这一集权要求有利。对于各级波郎，召片领虽按其职位给以采邑，但由于折交实物（100纳交30挑的官租），从而对土地的直接控制的关系不大，只要按规定收租，不论是出于波郎田或寨公田。这样，召片领才实现了各大波郎逐渐集中居住于宣慰街，"衣租食税"，并使他们所管地区与所收官租的地区交叉起来。这就割断了他们与采地及其农奴的直接联系，从经济上挖掉了他们造反的墙脚。这一变化之得以实现，则是和劳役地租向实物地租过渡分不开的。

西双版纳这一地租形态的变化，有助于我们了解春秋战国时期地租形态的

---

① 《资本论》第三卷，人民出版社1954年版，第1038页。

② 《资本论》第三卷，人民出版社1954年版，第1038页。

③ 《资本论》第三卷，人民出版社1954年版，第1040–1041页。

变化。

孟子说："夏后氏五十而贡，殷人七十而助，周人百亩而彻，其实皆什一也。彻者彻也。助者藉也。……惟助为有公田。"（《滕文公》）

这里，与其如孟子把贡、助、彻分属于夏、商、周三代，不如理解为三个不同的历史阶段。贡是公社向国王交纳的贡赋。郑玄注《周礼》释贡说："贡者，自治其所受田，贡其税谷。""助者借民之力以治公田，又使收敛焉。"郑玄注王制说："藉之言借也，借民力治公田。"这些都是指劳役地租。彻是后来的实物地租。赵歧注《孟子》说"耕者百亩，彻取十亩以为赋，彻犹彻取物也"，即是征取实物。

孟子的话，启发我们考虑一个问题："惟助为有公田"，其逻辑意义则应是"彻无公田"。既然助是劳役地租，因而庄园和份地划分明显。彻既是实物地租，农奴为自己和为领主的劳动在时间和空间上都未分开，因而庄园和份地严格划分的意义不大。西双版纳地租形态的变化情况，正是如此。实行实物租后，景洪曼暖典的寨公田和波郎田合并起来进行分配，每份份地的数额是75纳，但规定其中25纳是波郎田，实行每个负担户必须按照25纳的官租租率交纳实物代役租（每户9挑，合450斤）。这种情况正如赵歧所注"彻取十亩以为赋"反映了地租形态转变的历史影子。

2. 非农业性劳役

各等级农奴除为领主提供农业劳役外，还要提供非农业性劳役。值得注意的是，这些劳役都按不同等级和村寨来划分，这反映了各等级的历史地位和傣族进入封建社会以前劳动者的负担。具体说明如下：

（1）家内劳役：主要由从奴隶身份转变而为农奴的滚很召等级的农奴负担。领主从衣、食、住、行到生、老、病、葬的有关事务，都由他们负担。这种劳役多达106种，各寨世袭专业分工。如景洪滚很召寨曼沙、曼令轮流做厨师，为召片领炒菜、做饭，份地称"纳炸"（炒菜田）；曼列、曼养养象，份地称"纳掌"。其他各寨亦均有专职，如曼缅、曼勐打金伞、敲铓，曼弄里吹号，曼广抬孔雀尾，曼别、曼洒榨糖，曼的熬糖、熬盐，曼蚌囡、曼贯纺纱、织布、染布，曼勐、曼别、曼红春米、煮饭，曼广、曼飞龙烧茶、送茶水，曼戛、曼腊、曼别、曼英任勤杂、听差、打扇、拿洗脸和洗脚水（曼则），曼列为领主妻女做绣鞋等，曼的、曼英因为领主盖厕所，曼龙匡为领主唱歌。在外勐属于召片领的郎木乃寨也要定期到景洪服役，如勐罕曼达、曼岛的专业劳役是在召片领死时来服丧、哭泣，待死者火葬后，又"背鬼"回寨祀奉。从这些劳役的性质就可看出不仅是身体的奴役，而且是精神的奴役。这种劳役也开始折实交纳，如勐海属于召片领的八个勐马寨，以前要挨户轮流到宣慰街去养马，为期半年（另外半年由景洪三寨负担3个月，景真的曼乃麻寨负担3个月），后来折成钱，每月折交84元，各寨按户摊派，但在每年开门节和关门节仍须轮流去一两次。

（2）地方劳役（甘勐）："甘勐"意为"地方上的负担"，主要由傣勐负担，包括挖沟渠、建水闸、修路、造桥、灵披勐（祭地方鬼）等。值得注意的是，这些都被称作"古规"，其实正是村社之间的公共事务；进入封建社会后，已经转变成为领主一人服役，成为封建地租的内容之一。但在封建社会中，这些项目根据领主的意愿而不断增加，如对内地封建王朝的贡赋（恩钱廊）和民国政府的各项摊派、伕役等，也成为这类负担的重要内容之一。

（3）特权剥削：建立于经济掠夺和政治特权的紧密结合，包括一切敲诈勒索。如波郎下寨子借口骑马腰酸了，要出"腰酸钱""腿痛钱"，路遇打架的，借口不尊重他，对他不利，罚钱。还要少女陪酒，任意糟蹋。此外，每遇节日，婚丧嫁娶，领主升官等，农奴均要献礼，负担开支费用。此种掠夺，或零敲碎打，或整整一笔，简直无法统计，剥削十分沉重。

（4）历朝政府的掠夺：通过土司、头人进行摊派，层层中饱，甚至有所谓"党费捐"、禁烟捐等，狼狈为奸，进行剥削。

根据西双版纳255勐633寨、19145户粗略统计，1948年一年之内农民提供各级领主的徭役劳动折谷计算，占地租总数的81%弱，实物地租占地租总数的19%强[1]。由于村社贫富分化，剩下的收入当然不可能平均分配，即不是自然分配，而是

---

[1]　缪鸾和：《西双版纳傣族自治州的过去和现在》，云南人民出版社1958年版，第15页。

通过村寨内外各种剥削关系进行再分配。这样，贫苦农民就衣食维艰了。

（二）保证封建剥削的手段

在上述剥削情况下，如果没有外来的强制力量，农奴是不会替领主劳动以及把自己的劳动果实交纳给领主的。因为"不管地租的起源怎样，只要它存在，它就是土地经营者和土地所有者之间激烈争执的对象"①。在这种情况下，"如果地主没有直接支配农民人身的权力，他就不能强迫被分与土地而自行经营的人们来为他作工。因此必须有超经济的强制……"② 这就是说，对农奴不同程度的人身占有，使农民的人身自由受到局限，被束缚在土地上，为领主工作。因而超经济的强制就构成了封建经济的普遍特征，傣族社会自不例外。傣族领主除不完全占有农奴，凭借封建特权剥夺农奴的自由、任意支配农奴外，还利用村社结构，作为束缚农奴的工具。

1. 两套封建剥削组织

（1）分配负担的火西制度

所谓火西制度，据傣族历史记载，傣历640年（1292年），为了便于管理地方，维持地方安全，"叭勐乃"（景洪的召）做出决定：在10个人中设一个头，作为"乃火西"（什长），5个乃火西设一个火哈西（五十人首领），如此层层上推，还有火怀（百夫长）、火板（千夫长）、火闷（万夫长）等。统帅为"火先"（10万人的首领），协助叭勐乃办理地方事务，战时任军队的总指挥。这是一套正规化、制度化了的组织，后来逐渐变化为行政组织和负担系统了。

这套行政组织和负担系统可能开始于16世纪。1570年，宣慰使刀应勐为了便于统治和分配负担，将辖区划分为12个行政单位，傣语称西双版纳，从此有了"西双版纳"这一名称。每一版纳包括若干个勐，相当于区，勐下为笼（乡）—火西（行政村）—村寨—火很（负担户）—自然户。景洪为统治中心，组织较完整严密，全景洪由"叭龙办"管辖，他相当于勐的土司，为了便于管理、分配和提供负担，笼及火西的划分基本上以等级为基础。景洪共辖三陇、二直辖火西。"陇洒"及"陇

---

① 《马克思恩格斯全集》第四卷，第181页。

② 《俄国资本主义的发展》，人民出版社，第161–162页。

匡"共23寨，其中三分之二以上为傣勐，7寨是滚很召，但由于滚很召寨租种傣勐寨的土地而成为其附属寨。因此，此二陇属于傣勐，负担也以傣勐提供为主。陇领因：42寨分7个火西，全为领因，负担自然以滚很召的负担为主。火西滚课共9寨，三分之二以上为召庄，说明以此等人及其专业为划分基础。火西洪海：全属卡召寨子，其负担以家内劳役为主，而且是较卑贱的。火西之下的基层则是利用村社形式来束缚农奴。

属于全区性的各种负担，经召片领的议事庭（议事机关和权力机关）会商决定分配数字后，就按此系统层层分派下去。各勐议事庭和各火西头人又分别会商决定他们的分配数。宣慰议事庭的大臣被任命为各版纳和各勐的波郎，各勐议事庭的大臣则又被任命为各火西的波郎。他们的主要任务即督促催收各项封建负担。至于火西和村寨中的各级头人则是征派夫役和钱粮的具体执行者。

属于全勐的负担，由议事庭开会（各火西波郎为议事庭组成人员），并召集"召火西"参加决定后，以"负担户"为单位分摊负担数。然后按照每个火西的负担户数，将相应的钱粮、劳役分派下去。每个负担户又包括若干自然户，由于分摊承担，一户不交，各户连带负责，村社就以驱逐出寨、没收财产等措施，保证交齐，因而村社具有连环保似的强制作用。

（2）提供负担的"黑召"制度

"黑召"意为"替官家服役"。这套制度是为了平均分配和提供负担，主要用以适应劳役负担（钱粮、实物则逐级向上解交）。为了保证轮流负担，又就时间长短，区分为1夜、1天、3天、5天、15天、1月等6种劳役，并视各种劳役的安全性（如战时和平时）和季节性（农忙、农闲）做临时伸缩，如战时带路，虽只3天，可抵平时一般劳役15天。同时又在村社内部组成几个循环圈，把各户安排在内，依次轮流。有人出外经商或做工，也必须事先留下钱谷，请人代替，这成为限制农民中工商业发展的原因。而召庄因为不在这个负担系统内，因而，如前所述，为专业工商业者的产生，提供了便利条件。①

----

① 《西双版纳傣族调查材料》之五，第37-43页。

2.封建政权的强制和宗教影响

马克思说："每一种生产形式都产生出它持有的法权关系、统治形式等等。"[1]傣族领主经济的特点是经济剥削和政治统治的直接结合。领主集团凭借其政权、法律、监狱、武装，以及利用宗教对农奴思想意识的麻痹来实行其经济掠夺。

（1）政权机关——议事庭

为了有效地进行统治，从村寨头人到最高领主召片领，都通过作为议事和权力机关的议事庭来进行统治。召片领之下的议事庭，以召景哈为首，是西双版纳最高行政机关，有专门办公地点，商议重大事务，如各勐土司及各级波郎不能自行决定的事，关于制度的兴革、负担的制定、叭龙以上头人的任免，以及其他宣慰交议的重大事项。这种议事会争执很少，最后决定权属于召片领。

（2）法规和监狱

"法律不过要使已经夺得的私有财产神圣化，而阻碍后来的夺取。"[2] 这句话在西双版纳领主制社会也是适用的。在召片领的大臣怀郎曼轰的司法文簿上用傣文记有以下几条重要法规：

①"头脚落地（出生），就是召片领的奴隶；亿万根头发（比喻臣民众多）都是召片领的财产。"这反映出严格的隶属关系。

②"凡有徒弟告师傅，和尚告佛爷，寨子百姓告头人，奴隶告主人，人民告土司或官家，小勐反大勐，波郎反召片领，以及儿子告父亲者，都是不通人道，不懂礼信的人，就是有理也不准告。寨子人民告老叭，各勐人民告土司，要在本地解决，不声扬至外寨、外勐。孝顺父母、师傅、头人、贵族、波郎、佛爷者，都是聪明、懂道理的人，应加以保护。"

③"刺杀官家者，斩首示众，子女没为奴；毁坏佛像或砍伐神树者，重者杀头，轻者罚为寺奴。"

④"买水吃，买路走，因为水和土都是召的"；"熟荒三年，生荒五年，照上官

① 《政治经济学批判导言》，人民出版社1955年版，第151页。

② 《剩余价值学说史》第一卷，生活·读书·新知三联书店1957年版，第81页。

租"。①

　　上引第①、第④条，规定了农奴的人身隶属和封建负担。第②、第③两条则是领主阶级为了维护封建秩序所规定的。总之，这些法规都是为了维护领主阶级的利益，其阶级属性显而易见。

　　为了维持封建秩序，镇压农奴的反抗，保证封建负担的交纳，农奴主政权设有军队、法庭和监狱，而且使用砍头、吊打、断手、割耳等各种骇人听闻的酷刑。他们还利用农奴在生产和生活上对村社的依赖，而以开除和驱逐出寨等手段，迫使农奴就范。村社对土地的集体占有，农业和手工业的密切结合，使得傣族村社足以独立自存，从而形成村社具有一定的孤立性。这种孤立性使广大农奴群众力量分散，不易联合起来与领主进行有效的斗争。因而历史上傣族人民的反封建斗争虽然此起彼伏，从未间断，但往往限于局部的对某些统治者的打击，却缺乏全局性的、大规模的反封建斗争。

　　（3）宗教与农奴制度

　　小乘佛教在傣族人民的生产和生活中具有深刻的影响，宗教活动总的说来也是从属于封建领主阶级的利益的。召片领又称为"松利帕兵召"，意为"至尊佛祖"。农村当权大头人叫"叭"，原是"帕"——佛或和尚，"亚"是"命令"，快读成"叭"（pia），与宗教有关。召片领任免官员多在开门节或关门节等宗教节日进行。农村中基本上每寨一佛寺。佛寺的管理、经费的使用，都受到该寨当权头人的干预。各寨僧侣如和尚与佛爷多以当权头人为义父。还俗需当权头人批准。僧阶比佛爷更高的"祜巴"，则由召片领当义父，还俗亦需召片领批准。

　　由于宗教与政治统治具有如此密切的联系，在西双版纳傣族农奴制社会中，封建领主支持宗教活动，宗教也为封建领主的统治服务就不言而喻了。

────────

　　① 《西双版纳傣族调查材料》之二，1956年版，第10页。

四、结束语

以上旨在探讨社会改革前西双版纳傣族社会的封建领主经济制度。由其具体的历史条件决定，这里的傣族社会在社会发展的一般规律的轨道上具有自己明显的特点，即在封建领主经济中，保留着比较完整的农村公社的组织结构。在人类社会发展进程中，农村公社是从原始社会向阶级社会过渡的一种过渡形态。它的原生形态的土地制度乃是村社成员对村社土地的集体所有和私人占有使用或者说"共有私耕"的土地制度。进入阶级社会后，村社土地转变为集体占有、私人使用，公社不再具有土地的所有权。

封建领主经济的土地制度乃是领主的大土地所有制和农奴基于小块土地占有使用的小农经济相结合的土地制度。傣族的这种村社土地制度在领主大土地所有制的前提下发生了质变，从集体所有变为集体占有，村社农民则仍然以私人占有的形式进行耕作。傣族村社成员从来不是土地的私有者，必须通过村社获得土地，村社结构对成员具有束缚作用，这种束缚作用和农民对土地的依赖，是对领主有利的。因而封建领主侵夺村社土地权后，并不触动村社组织，而是利用它为自己的利益服务。领主利用村社分配土地的陈规，通过村社把土地以及与土地相连的封建负担分配给各户农民，让他们仍旧进行个体生产，村社具有了对村社农民进行劳动编组的作用，村社头人则由原来村社的公仆变成领主的代理人，而村社本身则成为领主统治农奴的基层组织。

这种次生形态的农村公社的存在，给西双版纳傣族社会的封建土地制度、阶级和等级制度、统治和剥削制度，带来一系列特点。就傣族封建领主经济的本质而论，它与其他领主经济或农奴制度并无两样，但就其表现形态而论，则具有自己的特点。研究西双版纳傣族领主经济的共性和特点，不仅具有学术价值，且对社会改革的实践以至现代化建设都具有一定的实际意义。①

---

① 本文初稿写于1961年，此次付印对原稿做了一定的修改。

云南民族志与农村公社问题

关于农村公社的研究，直接涉及阶级和国家的产生、古代史分期以及"亚细亚生产方式"等问题的探讨。新中国成立，我国史学界在研究上述问题时，大都不同程度地谈到农村公社问题，有的并做了比较详细的讨论。然而，古史资料不足，全面深入的研究受到局限，甚至对相同的史料做出了不同的解释。另一方面，我国某些兄弟民族原有的社会经济结构中所保留的有关资料，却又未能得到应有的发掘和使用。这些活生生的、宝贵而丰富的资料，把村社比较系统地展现在人们面前，这对上述问题的研究，显然是有参考价值的。

下面拟就云南民族志的有关资料，对农村公社的产生、村社的基本特征、村社所处历史时期的整个社会结构，做一个初步分析。

一、农村公社的产生

农村公社是原始公社的一种类型，是从较早类型的公社发展而来的。关于原始公社，马克思曾指出："它们有好多种社会结构，这些结构的类型、存在时间的长短彼此都不相同，标志着依次进化的各个阶段。"[1] 农村公社就处于这个演进序列的最后阶段，它"既然是原生的社会形态的最后阶段，所以它同时也是向次生的形态过渡的阶段，即以公有制为基础的社会向以私有制为基础的社会的过渡。不言而喻，

---

[1] 《马克思恩格斯全集》第19卷，第448页。

次生的形态包括建立在奴隶制上和农奴制上的一系列社会"①。可见历史上村社的存在，具有普遍性。

马克思的上述论断，不仅完全符合早期人类社会阶级和国家产生的历史，如古代东方的埃及、巴比伦、亚述、印度、中国和古代西方的希腊、罗马，以及古代美洲的马雅和阿兹特克印第安人的历史实际，而且也符合我国社会改革前以农业为主，不同程度地具有原始公社制残余的兄弟民族如云南的独龙、怒、傈僳、佤、景颇、布朗等民族的社会实际。明确了农村公社产生的历史时期，就可进而探讨它所产生的历史条件了。

人类历史上农村公社的产生，是社会生产力发展的必然结果。这个时期的到来和生产方面金属器的使用密切相关，它相当于考古学上的金石并用时代到初期金属时代。尽管金属器的投入使用，不能短时期内就全部取代石器，但它有力地增强了人类对抗自然界的力量，它不仅本身可以作为生产工具，而且可以用来更好地加工木、角等原料制作的工具，从而导致劳动生产率的显著提高。这表现在两个方面，一方面是生产上集体的规模逐步缩小，过去需要较大的集体才能对付的事情，现在小集体甚至个体也能对付了。于是，父系家族公社中作为消费单位的个体家庭，逐步转变为社会的生产单位了。在社会生产中，集体劳动逐渐向分散的个体劳动转化了。另一方面，劳动生产率的提高，表现为人们生产的东西比消费的多，从而造成剥削的物质前提。于是，劳动力的使用有了新的意义。恩格斯指出："第一次社会大分工，在使劳动生产率提高，从而使财富增加并且使生产场所扩大的同时，在既定的总的历史条件下，必然地带来了奴隶制。"②

分散的个体劳动所带来的社会影响是划时代的。它是"私人占有的泉源"，"它是牧畜、货币，有时甚至奴隶和农奴等动产积累的基础。……它把别的因素带进来，引起公社内部各种利益和私欲的冲突，这种冲突，首先会破坏耕地的公有制，

---

① 《马克思恩格斯全集》第19卷，第448页。

② 恩格斯：《家庭、私有制和国家的起源》，载《马克思恩格斯全集》第4卷，第157页。

然后会破坏森林、牧场、荒地等等的公有制"。① 总之，"小土地经济和私人占有产品，促进了个人的发展，而这种发展同较古的公社机体是不相容的"②。在这里，马克思所说的较古的公社机体，就是指早于村社的血缘公社。尽管私有观念首先体现在动产上，而作为主要生产资料的土地仍然是集体的财产，但是私有制的产生，引起氏族内部以及家族公社内部的矛盾和分化，血统关系的束缚作用日益松弛，一些个体家庭甚至由于经济关系脱离原有的部落或氏族，加入别的部落或氏族，从而打破了血缘联系，代之以地缘联系，形成新的社会结构，即是农村公社。

这个变化过程，在人类历史上很难找到记录下来的完整史料，而在解放前的云南怒族社会中，人们尚可追溯出这一变化过程的史影。

在云南西北部的怒族社会中，石斧曾经作为生产工具被使用过。碧江一区九村的怒族老人说，他们的祖先曾用石斧砍伐树木和剥离兽皮。在怒族农业发展过程中，也曾有过以竹、木锄作为重要农业生产工具的时期。怒族称竹锄为"阿俄溃"，用较粗大的龙竹竹竿作柄，并把竹竿上长出的一个最大的叉枝削成竹板而成。木锄叫"时而溃"，形制和竹锄相似。两者的功用都是翻土、除草。后来从兰坪等地传入铁刀、铁锄等工具，大大提高了农业方面刀耕火种的能力。最初的铁锄是在木锄板上镶以铁板，叫"俄中溃"。百余年前又传入较进步的铁锄"俄尔哥"。铁器的传入并逐步代替竹、木工具，反映了生产力的发展。在地理条件较好、地势较平坦的地方，还传进了板锄，甚至少数地方传进了铁犁，有力地促进了农业技术的改进和生产力的提高。这样，在轮歇抛荒的火山地之外，出现了半固定的耕地以及固定的旱地和少量的水田。③

这种农业生产发展上的不平衡，在土地制度和社会组织方面，反映出历史发展的差异性来。这种差异性表现为从土地公社所有制到私有制，以及从父系氏族、家族公社到农村公社的递变痕迹。

---

① 《马克思恩格斯全集》第 19 卷，450 页。

② 《马克思恩格斯全集》第 19 卷，450 页。

③ 全国人民代表大会民族委员会办公室编印：《怒江傈僳族自治州社会情况》调查材料之三，《碧江县第一区第九村怒族调查报告》，1958 年，第 14–18 页。

由于生产力水平低下，耕地无法固定下来长期使用，怒族最早的耕地是前述的轮歇的火山地。开辟这种土地，需要砍树烧山，清除森林。由于生产工具落后，个人能力薄弱，从而产生了共同劳动的必要性。共同劳动，开辟耕地，就导致了共同占有耕地，共同担负生产支出和产品按户分配。这就是怒族血缘公社时代所形成的先是氏族、后来是家族公社的公有共耕关系。解放前，怒族地区火山地的面积虽然在逐步缩小，但是存在着火山地的地方，就可以看到公有共耕关系的存在。

随着铁器的使用、生产力的提高以及个人在生产劳动中作用的加强，集体劳动的需要和范围由之缩小，家族公社的土地逐渐被分割开来，由几户家庭成员集体占有，形成特殊的伙有共耕制。它实际是从公有共耕到公有私耕以至私有私耕的过渡形态。

也是由于铁农具的使用，它给人们在改进耕作技术和更有效地利用土地方面创造了条件，从而地理条件较好的耕地，总是先被半固定以至完全固定下来，成为可以长期使用的土地。在怒族地区，已固定的土地大部分表现为个体耕作，这说明土地愈固定，生产也愈个体化。这种个体化，正如马克思所指出，它是私人占有的泉源，它会破坏森林、牧场、荒地等等的公有制。[①] 在固定的耕地上进行的个体耕作，既然导致私人占有土地和产品，因而一般有劳动力的家庭都纷纷在公社范围内"号地"[②]，并进行加工，使其变为固定耕地。于是，怒族的这些个体家庭在这个变化过程中，逐渐成为社会的生产单位（当然也是占有产品的消费单位）。他们对公社的土地，最初只是占有，但对固定的耕地，经过长期耕耘，子孙逐渐获得土地的继承权，走上了私有化的道路。随之而来的是土地占有的不平衡，从而导致贫富分化、雇工、高利贷和土地的抵押转让。人们之间的这种经济关系，起初是在小范围内，后来则不断扩大[③]。

---

① 《马克思恩格斯全集》第19卷，第450页。

② 所谓"号地"，就是把选中的一片土地，砍树或垒石为界，标明已为人所占有。在各民族中，号地的方式不尽相同，但它之具有社会性和为舆论所承认，则都是一样的。

③ 全国人民代表大会民族委员会办公室编印：《怒江傈僳族自治州社会情况》调查材料之三，《碧江县第一区九村怒族调查报告》，第18-25页。

就怒族公社本身而论，在这个变化过程中，公社的血缘纽带逐渐削弱、松弛，而且直接被破坏。过去基于血缘关系的公有共耕，渐次转变为同一村寨中不同血缘关系的几户人家之间的伙有共耕，甚至单家独户私人占有、个体耕作。人们之间日益为一种前所未有的经济关系联系起来。这就突破了血缘公社的狭隘壁垒，出现了更为广泛的、基于地缘联系和经济关系的组织结构，实际已是属于农村公社的范畴了。

那么，农村公社有些什么特征以别于较古类型的公社呢？

二、农村公社的基本特征

农村公社以下述基本特征，区别于较古类型的公社。

第一，地域联系的确立。"所有较早的原始公社都是建立在自己社员的血统亲属关系上的。农村公社割断了这种牢固而狭窄的联系，就更能够扩大范围并保持同其他公社的接触。"① 这就是，个体劳动和私人占有的产生，导致公社成员间的贫富分化和阶级萌芽。新的经济利益和社会关系，突破血缘公社的狭窄范围，造成公社成员的流动，产生了由不同血缘关系的人们组成的农村公社。它在一定时间内不同程度地保留着氏族或家族公社的残余，则是比较普遍的现象。

第二，房屋园地的私有。"在公社内，房屋及其附属物 —— 园地，已经是农民的私有财产，可是远在农业出现以前，公社的房屋曾是早先各种形式的公社的物质基础之一。"② 房屋园地之成为私有，显然是个体家庭之从社会的消费单位转变为生产单位的直接结果。

第三，公有私耕的确立。在村社内，"虽然耕地仍归公社所有，但定期在农业公社各个社员之间进行重分，因此，每一个农民用自己的力量来耕种分配给他的田地，并且把生产得来的产品留为己有，然而在较古的公社中，生产是共同进行的，

---

① 《马克思恩格斯全集》第19卷，第434页。
② 《马克思恩格斯全集》第19卷，第434页。

只有产品才拿来分配"①。这就是从"公有共耕"的氏族和家族公社发展为"公有私耕"的农村公社。由于"公有共耕",所以劳动产品由公社成员平均分配;由于"公有私耕",从而劳动产品归私人占有。

总之,农村公社最突出的特点,就是它所具有的二重性和过渡性:从血缘关系过渡到地缘关系,但往往还有血缘联系的残余;在所有制方面,表现为房屋、园地的私有和土地的公有,然而随着时间的推移,耕地也将逐渐地转变为私有;在生产方面,表现为集体劳动逐渐为个体劳动和分散经营所代替。分散经营,导致耕地和生产物的私人占有,从而促进个体经济的发展、私有制的产生、贫富的分化和阶级的出现。这种二重性和过渡性,不仅表明农村公社比以前的公社先进,而且随着时间的进展,其中私有的比重不断增长,终于导致村社自身的解体。

解放前,怒族的村寨一般由原属两个以上的氏族的人家组成,因此一个村寨基本上就是一个农村公社。每个村社有自己的辖区和公有的山林、猎场、黄连地及火山地。碧江九村怒族村社的大部分土地分别为两个残余的氏族所占有,而氏族占有地又大部分为各家族所占有。这样,每一家族都有家族占有地,家族占有地之外有氏族占有地,氏族占有地之外有村社共有地。同一村社的家庭成员,沿着这一阶梯似的占地关系,有权使用自己所属的家族、氏族和村社的土地。

在怒族村社中,距村寨较近的肥沃土地,一般已被村社成员所分割,进行加工,提高地力,私人占有使用。村社的公有地都是距离村寨较远的生荒地,或轮歇抛荒的火山地。凡属村社成员,征得村社头人同意,都可以自由垦种。由于这类土地在生产上不具有长期连续的使用价值,因而地力耗尽,即行抛弃,另开新地。这片地既已抛弃,就不再属原耕者占有。待数年后地力恢复,村社中任何成员均可用"号地"方式占有使用。② 这正是村社土地制度的特点。它的前提是个人必须首先属于某一村社,才能使用该村社的公有地,迁离村社,便失去对村公地的占有和使用

---

① 《马克思恩格斯全集》第19卷,第434页。

② 全国人民代表大会民族委员会办公室编印:《怒江傈僳族自治州社会悄况》调查材料之三,《碧江县第一区第九村怒族调查报告》,1958年,第14-18页。

权。这种土地制度在景颇族地区被形象地称为"来时修，去时丢"[①]。

如果说解放前保留在怒族社会中的村社有着比较明显的氏族、家族公社残余，那么残留在云南西盟佤族社会中的村社，就是一种已经进一步发展了的村社了。

西盟佤族村社的发展，最初是由不同家族中分离出来的大家庭组成村寨。当时辖区内绝大部分土地为村社公有，各家族或个体家庭分别占有、使用。随着生产力的提高，大约在三百年前开始土地私有化的过程，好地、近地先转化为私有，后渐扩展至远地和较差之地。到社会改革前，佤族村社土地绝大部分已转化为私有，村社公地只表现为远地、坏地及荒山、森林了。

前述的地缘联系、个体耕作、私有制等等，在佤族村社中都很明显，原始公有的因素仅仅是些残余。二重性的表现，私有制居于主导地位。但在某种程度上，村社仍然是一个经济整体，凡办理内外公共事务如公益修建、对外交涉等所需费用和劳动，都由成员按户分担。甚至本寨人欠外寨人的债，后者可到本寨拉任何一家的牛。这些都是村社整体观念的反映。重要的宗教活动如祭大鬼等，也以村社为单位来进行。此外，村社成员对"我们寨子"的观念很强，虽然村社内部由于贫富分化和剥削而存在着矛盾和斗争，但在对外方面，却常能团结一致。[②]头人虽在群众中逐步形成，但由于贫富分化，已出现世袭现象。总之，解放前的佤族村社，仍然存在着一定的二重性和过渡性的特点。

社会改革前，景颇族社会农村公社的特点保留得也比较明显。在这里，一个村社通常由几个不同姓氏的、自然形成的村落组成。村社的界限又体现为山官的辖区，说明它不仅是地缘关系，而且具有政区的含义了。显然，这和景颇族社会阶级关系的明显存在分不开。村社范围内的土地，包括耕地、森林、牧场都属于村社公有，任何成员都可以"号"用，但只是在耕种期间有占有使用权，抛荒后，他人即可"号"用，说明这类土地的最后所有权属于村社，而耕种才是实际的占有。随着

---

① 全国人民代表大会民族委员会办公室编印：《景颇族社会经济调查总结报告》调查材料之三，1958年，第39–40页。

② 全国人民代表大会民族委员会办公室编印：《云南西盟佤族社会经济调查总结报告》佤族调查材料之一，1958年，第65页。

生产的发展，条件好的土地逐渐被加工成为固定耕地（主要是水田），从而变为长期占有，并和园地一样逐渐转变为私有。村社对这类土地渐次失去约束力，占有者可以出租、抵押、典当，甚至买卖，并开始越过村社范围。这类土地的不断扩大，导致村社逐渐走向解体。在这个变化过程中，作为村社首领的山官，首先利用他所掌握的调整、分配村社土地的权力，扩大他所占有的好田、好地，并转变为私有，例如把迁走户、死绝户和无劳力户的水田，收回村社，据为己有。这样，村社的代表者首先变成促使村社解体的私有者和剥削者。然而，景颇族村社的特征，它的二重性，仍然在一定程度上残存着，村社成员之间共同的政治和宗教生活，为公共事务而支付的几天劳动，甚至村社内部虽已存在着阶级矛盾和斗争，但又一致对外，等等，仍然标志着变化了的景颇族村社还残存着。①

必须指出，上述怒、佤和景颇族山区的农村公社，都不存在定期分配土地的制度。这和地理的、历史的条件分不开。马克思在研究古代公社形态时，就指出地理条件有不可忽视的影响②。恩格斯在研究日耳曼公社时，也曾指出山区的日耳曼公社，由于地形的限制，"耕地的重分，在这里不太可能进行"，因而，"不单是宅地，就是耕地，也从公有财产中、从马尔克中划分了出来，作为世袭财产分配给各个农民"③。这种情况，和上述几个民族的土地制度有类似之处。至于"号地"，虽不是定期的，实际也是对村社公地的一种自然分配。因为事实上的占有，体现为占有者的实际耕耘。一旦土地失去使用价值，便被抛弃，直到地力恢复，又是一轮"号地"——自然分配的开始。

同样是云南的民族，居住在西双版纳平原地区的傣族，虽早已进入封建农奴社会，但还保留着比较明显的农村公社结构。在这里，村社就始终实行着定期分配土地的制度。每个村寨在"铲草立寨"时，都划下一大片土地，有严格的土地界限。土地属于村寨集体占有（其早期形态应是集体所有，但进入阶级社会后，先是奴隶

---

① 全国人民代表大会民族委员会办公室编印：《景颇族社会经济调查总结报告》调查材料之三，1958年，第39—40页。

② 马克思：《资本主义生产以前各形态》，人民出版社1956年版，第20页。

③ 《马克思恩格斯全集》第19卷，第356页。

主、后是农奴主篡夺了土地所有权），而不属于任何单独成员；村寨成员集体占有的耕地称为寨公田。凡经村社头人批准加入村寨的，就可以分得一份土地，迁离村寨，必须交还土地，实际也是"来时修，去时丢"。村寨土地在村社成员间定期分配，分散经营。因此，取得村寨成员的身份是占有和使用村寨土地的前提，从而单独的个人对土地不可能具有私有权①。如果说，前述怒、佤、景颇的村社形态类似山区日耳曼公社的情况，则西双版纳傣族村社土地制度的特点，恰好类似马克思所分析的"亚细亚形态"的村社土地制度："在那里，财产仅仅作为公社的财产而存在，单独的成员本身只是一块特殊土地的占有者，或是继承的，或不是继承的，…… 只有集体的财产，也只有私人的占有存在。"② 每个傣族村寨及其所占有的土地的历史形态，基本上就类似这样的一个村社。

至于傣族村社的定期分配土地，最初乃是村社成员平等地使用村社公有地的权利的体现，以及平等地负担村社公共义务所必需。可是后来，村社公地的所有权已被（先是奴隶主）农奴主所篡夺，他们利用村社的组织结构为自己的利益服务，利用村社定期分配土地的成规，把土地以及与土地连在一起的封建负担，分配给村社农民，从而把农民"私人占有"的土地变成农奴主为了保证劳动人手而分配给农奴的份地。因而村社定期平均分配土地，实质上是平均分配封建负担，和村社最初定期分配土地的性质完全两样，只不过还保留其形式而已。

总之，村社的基本特点 —— 地缘联系、二重性和过渡性，在上述几个兄弟民族所残留的村社中都有所体现，而且就二重性而论，私有的部分都已居于主导地位。不过就怒、佤、景颇三族来说，原始公有的成分还或多或少地有所残留，而西双版纳傣族村社，则只不过是质变了的村社的结构而已。

---

① 参见拙文：《解放前傣族的封建领主土地所有制及其和农村公社的关系》，载《民族团结》1963年第4期。

② 马克思：《资本主义生产以前各形态》，人民出版社1956年版，第11页。

三、农村公社和家长奴隶制

基于上述村社的二重性以及向阶级社会过渡的过渡性，最早的人奴役人的现象在村社内得到了发展。

早在父系大家庭中，随着生产的发展，一个劳动力所提供的产品，除维持自己生活必需外，开始出现剩余，从而出现把战俘、养子等作为奴隶的现象。但是，这种奴隶劳动在于满足父权家庭的直接需要，家长一般并不脱离生产劳动，奴隶被视作家庭的一员。由于它被原始外衣所掩盖，故剥削压迫比较隐蔽。这种奴役方式就是所谓的家长奴隶制。

当村社形成后，家族公社的残余往往不同程度地保留下来，家长奴隶制继续存在于村社之中。这是自然的现象，因为家长奴隶制本身，就其性质说，具有两重性：阶级剥削的一面，原始平等的另一面，这和村社的二重性是相适应的。蓄奴者一般是富有的家长和公职人员。由于家长奴隶制本身的这种过渡性，因而它尚未形成为完整的、阶级对立的社会的经济基础。但是，这种"以隐蔽的形式在家族中存在着的奴隶制度只是逐渐地随着人口和需要的增加，随着表现为战争和物物交换的对外关系的扩大才发展起来的"①。

关于远古时期家长奴隶制的情景，由于资料限制，往往语焉不详。但保留在我国民族志方面的资料却是比较丰富的，它正好补充了这方面的不足。

在百余年前，云南的怒族开始蓄奴。奴隶多半是独龙、傈僳等外族人。奴隶的来源主要是买卖，也有抵偿债务而为奴的。怒族奴隶制的特点是：蓄奴数量少，时间短，一般只蓄养一两人，一两年后就转卖出去。由于数量少，加以主人一般未脱离生产劳动，因而奴隶劳动在社会生产中所占比重是不大的。在生活上，奴隶被视作家庭成员，他根据主人年龄大小而称之为祖父、伯、叔等，主人则直呼其名。奴隶一般和主人同吃同住（一所房屋内分间而居）；如男主人死，男奴可和女主人结婚，男主人也可娶女奴。但奴隶和养子却有不同，他是主人的财产，可被主人买

---

① 《马克思恩格斯全集》第4卷，第12页。

卖，触犯主人，甚至有被处死的。养子则被视作儿子，并可继承财产。

怒族奴隶制的发展极为缓慢，因除独龙族外，周围的民族都比较先进，外部缺乏发展奴隶制的有利条件。六七十年前蓄奴最多的福贡县谷乃比地方，奴隶主户数不超过总户数的13%，奴隶的绝对数更少，奴隶劳动在社会生产中始终不占重要地位。家长奴隶制未能继续发展，便趋衰落，而向其他剥削形式转化了[1]。

解放前，西盟佤族也有这一制度的残余。蓄奴户占各寨总户数的3%到14.5%不等，大部分是"珠米"（富人）。奴隶人数占各寨人数的1%到7%，女性多于男性，本族最多，外族极少。就来源而言，约80%以上是债务奴隶[2]。奴隶是奴隶主的财产，可被奴隶主处罚、转卖甚至杀害，这构成了奴隶占有关系的基本特征。另一方面，奴隶主对奴隶的剥削，却又是在亲属关系的掩盖下进行的。大多数奴隶称奴隶主为父母，自己居于小辈的地位；和奴隶主子女则是兄弟姐妹相称。奴隶在食、宿、衣着方面，与主人有别，但不太显著。奴隶主一般不脱离劳动，但劳动范围和强度与奴隶不同。虐待奴隶的现象是存在的，但社会上还未形成明显的贱视奴隶的观念。奴隶可以和自由人通婚，并参加一般宗教和社会活动。这种奴役关系显然具有一定的家长奴隶制的性质。

尽管如此，奴隶主与奴隶之间仍然是一种压迫和剥削的关系，因而也必然存在着反抗和斗争。逃亡是奴隶通常采取的一种比较有效的斗争方式，而且往往逃到敌对的村寨或部落去，以免被奴隶主追回。

和上述两个民族的家长奴隶制残余有相似之处的，是景颇族的奴隶制。但在这里，奴隶制曾在历史上有过一定程度的发展，而且各地不平衡，因而作为家长奴隶制就更是一种残余的形态了。

然而，和西盟佤族的奴隶制相比较，尽管解放前景颇族蓄奴的只是个别现象，而且仅限于少数山官，这里奴隶制的发展仍然比前者走得更远。在景颇族社会中，

---

[1]　全国人民代表大会民族委员会办公室编印：《怒江傈僳族自治州社会情况》调查材料之三，《福贡县木古甲村怒族社会经济调查报告》，1958年，第45页。

[2]　全国人民代表大会民族委员会办公室编印：《佤族调查材料》之一，第44页。

人们早已区分为官种（贵族，做山官的人家）、百姓和奴隶三个等级，而山官往往就是奴隶主。三个等级间存在着严格的界线，所谓"南瓜不能当肉，百姓不能当官""女不嫁男奴，男不娶女奴"，就反映出这个社会在阶级分化的基础上所形成的严格的等级观念。虽然奴隶作为一个阶级，解放前已濒于消灭，山官与百姓的经济地位也有所变化，但这种等级观念仍然存在着。这种严格的等级划分，在怒族和西盟佤族社会中是看不到的。百年前部分景颇族地区奴隶制较发展，等级划分也就必然更为严格了[①]。

　　总之，上述三个民族解放前所残存的家长奴隶制，它的产生早于农村公社，但由于它具有的二重性和过渡性，因而得以和村社共存。

　　那么，在这个时期农村公社以上的社会组织又是什么呢？

四、农村公社和部落、部落联盟

　　在原始社会时期，在国家产生之前，部落和部落联盟是人类社会中规模最大的组织结构。关于农村公社和部落制度的关系，马克思曾经指出："古代各国的部落都建立在两种方法上：有的按氏族，有的则按领土。按氏族特征组成的部落，比之按领土特征形成的部落较为古老，而且前者几乎到处都被后者所排斥。"[②] 恩格斯则把按氏族特征组成的部落称为"血族部落"（Gentiletribe），把按领土特征组成的部落称为"地区部落"（Localtribe）[③]。由此可见，较早期的部落是由一定数量的基于血缘联系的氏族公社和家族公社组成、受公有共耕特点制约的。一般说来，除在父系家族公社时期产生了以家长奴隶制和债利为标志的阶级剥削因素外，原始民主主义原则尚体现于部落生活中，完全脱离人民的、高居于人民之上的权力机关尚未形成，一般公职领袖都是民主选举出来的。

---

　　① 　全国人民代表大会民族委员会办公室编印：《景颇族社会经济调查总结报告》调查材料之三，1958年，第40–41页。

　　② 　马克思：《资本主义生产以前各形态》，人民出版社1956年版，第13页。

　　③ 《马克思恩格斯全集》第21卷，第134页。

但是，在农村公社产生过程中，在氏族制度解体的同时，部落也必然发生相应的变化。事实上，后一时期的部落乃是由具有氏族公社和家族公社残余的农村公社组成。由于农村公社是以地缘联系为主的，因而这一时期的部落也就相应地形成地域部落了。在这种部落内部，由于私有制、阶级和剥削关系的产生，以及部落领袖不断把过去在一定时期内所掌握的公共权力，逐步变成为世袭权力，从而形成特权家族和世袭贵族。既然他们的身份已经变了，部落内同时又不断分化出富裕户和剥削分子，这样，他们所掌握的部落习惯法也反映出二重性来：为部落成员服务的、属于原始公有的民主的原则，以及为这些人服务的属于阶级剥削和压迫的原则，而且随着时间的推移，后者在各个领域中不断战胜前者。

这种地域部落，解放前西盟佤族还保留着一些特点。部落由数目不等的村社组成。以马散部落为例，它包括10余个村社、40余个自然村，一万多人口。马散寨是马散部落中最早建立的村社，其余各寨均是从它分出另外建立的。因而部落以马散寨得名，各寨亦以马散寨为老寨，承认该寨的大头人为最大的"官"，各寨遇到疑难，都到该寨询问"阿佤理"（习惯法）。但各寨对老寨并无明显的从属关系。村社之间亦相互独立。各村社有"头人会议"，处理有关全村社重大事务如械斗、重大宗教活动等。头人会议之上，还有寨民大会。村社头人一般由群众民主认可，但经济条件已起着极重要的作用，如头人中绝大多数都属于"珠米"阶层，而且还出现了世袭头人的趋势。头人一般都参加一定的生产劳动，对群众尚无明显的政治特权和摊派，和群众的联系尚较密切。但头人多属剥削阶层，他们自然地会代表这一阶层的利益。他们在经济上对群众有不同程度的剥削，反映到政治关系上，也就不可能是完全平等的。但总的说来，部落内尚未分化出脱离生产、专为某一阶级服务的统治集团[1]。

然而，这种从村社内不断发展的私有制和阶级关系的成分，不仅在部落生活中有所反映，而且也反映到部落之间的关系上来。部落之间由于扩大土地、掠夺财

---

[1]　全国人民代表大会民族委员会办公室编印：《云南西盟佤族社会经济调查总结报告》佤族调查材料之一，第66—72页。

富和奴隶以及出于防御等原因，而发生日益频繁的武装冲突，军事领袖的地位和作用日益增长，部落之间基于利益的一致而形成先是暂时的、后来是持久的联盟。当然，这种部落和部落联盟，较之基于血缘联系的部落和部落联盟，已是跨上国家形成的门槛了。

存在于这一过渡时期的所谓军事民主制，深刻地体现了这一时期的特点。所谓军事民主制，就是在国家产生过程中，部落之间发生了频繁的掠夺战争，部落内部也开始出现阶级对立和斗争，从而在原始民主主义的基础上，出现了与之相并列的军事首长的个人权力，而这个权力又尚未达到国家统治权力的程度，部落议事会和成年男子大会之类的组织还具有一定的作用。

西盟佤族各部落之间，由于共同的利害关系而产生临时性的联盟。但是，这种共同的利害关系一旦消失，联盟也就宣告结束。另外，由于部落组织比较松弛，某些村社由于地域相连，关系密切，也有结成联盟的，这种联盟比较稳固持久。但是，一般联盟都带有军事性，有的部落在遇到军事行动时才结成联盟，有的则在这时，原有的联盟关系才明显地表现出来。大规模联盟，往往是一致对外。没有固定的"盟主"，如果有，那也就是主动去联合其他部落而且是对联合行动最积极的部落。同时"盟主"与"盟员"之间关系平等，并不具有统属关系①。1899年中英第一次会勘边界，英帝国主义武装侵入阿佤山，当时以永和部落为首，联合周围各部落武装三千余人，敲起战鼓，奋勇反击，狠狠地打击了侵略者。这便是佤族部落联盟一致对外的一个极好的例证。

西盟佤族的部落和部落联盟也还残留着一定的军事民主制的特点。这方面，景颇族的情况也是如此。首先，就参战的人员来说，虽然一般有为头人所依赖的基本成员，但总的说来，部落男子平时劳动生产，战时就是战士，并未形成脱离生产而为某一阶级服务的常备军。其次，就战争性质说，除大规模反帝和反民族压迫斗争外，一般的武装械斗，往往由于掠夺财物而引起互相仇杀，在一定程度上还具有血

---

① 全国人民代表大会民族委员会办公室编印：《云南西盟佤族社会经济调查总结报告》佤族调查材料之一，第66—72页。

族复仇的残余。

在这个时期，由于械斗、战争频繁，设防的城堡出现了。西盟佤族的村寨都有坚固的、难以摧毁的防御工事：村寨四周根据地势修筑土垒，土垒外围则遍布带刺植物及竹签，有的还挖有壕沟，供出入交通的狭长甬道则设有结实的木门。这些防御工事，显然就是堡垒、城池的雏形。正如恩格斯所指出："在新的设防城市的周围屹立着高峻的城墙并非无故：它们的壕沟深陷为氏族制度的墓穴，而它们的城楼已经耸入文明时代了。"①

综上所述，农村公社、地缘部落及其联盟以及军事民主制，都存在于同一历史时期，即原始公社解体向阶级社会过渡的时期。村社的财产关系体现了这一时期的生产关系，部落联盟则是反映在上层建筑方面的政治组织结构，进而论其性质，则是所谓的军事民主制。换言之，农村公社所有制和经济关系的二重性，在其上层建筑方面也相应地反映了出来。二重性和过渡性是这一历史时期的基本特点。

---

① 恩格斯：《家庭、私有制和国家的起源》，载《马克思恩格斯选集》第4卷，第162页。

第二编

南方民族历史文化研究

从樊绰《云南志》论唐代傣族社会

　　《云南志》，又有《蛮书》《云南记》《云南史记》《南夷志》等名称，是唐朝人樊绰所著。唐懿宗咸通三年（862年），蔡袭代王宽为安南经略使，樊绰为从事。他认识到南诏地方政权和唐朝关系的重要性，对南诏统治区的政治、经济、民族、山川、交通等方面，做了一番详细的调查研究，并参考唐代在他以前去过云南的袁滋所著《云南记》、韦齐休所著《云南行纪》，以及《后汉书》、王通明《广异记》、《蛮城图经》等书，结合自己所搜集的资料，写出《云南志》十卷。

　　该书比较详细地记述了唐代的傣族社会，也是比较详细记录傣族的最早的一部书，具有极为重要的史料价值。著者写该书，是当时人记当时事，不仅比较具体地介绍了当时傣族的分布区域和生产发展情况，而且勾画出傣族社会的概貌，及其和南诏地方政权的关系。这些事实，有力地说明作为我国云南省的兄弟民族之一，傣族人民自古以来就和云南各族人民以及全国人民一道，为共同创造祖国的历史和文化，做出了自己的贡献。

一、名称和分布

　　《云南志》卷四主要记述了南诏辖区内的各民族及其分布。其中对傣族的称谓基本上都是他称，即以傣族居住地区和服饰的特点来称呼，因而没有统一的族称。

　　首先，该书按傣族居住地区的特点而称之为"茫蛮"①。傣语称"地方"为"勐"，

①　《云南志》卷四。

"茫"显然是勐的异译。傣族是坝居民族，"茫蛮"用牛耕，种水田，[①] 表明唐代茫人就居住平坝，故"茫"又含有"坝子"之意，被称为"茫蛮"，即意为"住在坝子上的人"，以别于住居山区的民族。

茫人的分布很广，地名一般都冠以"茫"字。该书卷四说"从永昌城南，先过唐封（今凤庆），以至凤兰苴（今临沧），以次茫天连（今孟连），以次茫吐薅（疑今勐阿）"[②]，都有茫人的分布。这是从永昌由北往南举了一些茫人分布区。这些地方位于滇西到滇南的广大弧形地带，今天仍然是傣族分布区。

说了往南的茫人分布区，该书接着便说滇西及其附近地。同书卷四说："又有大赕、茫盛恐、茫鲊、茫施，皆其类也。"[③] 这几个地方中，大赕的地望该书卷二说它在永昌西北，赕，"彝语若州"[④]，大，言其广阔，"周回百余里"[⑤]。这样大的平原，又在永昌西北，说明大赕当为南诏丽水节度辖区北部的大平原。茫盛恐，疑为位于勐卯西北、宋初曾兴盛一时之勐兴古（MuonSingu）或勐盛郭（MongSungKo），[⑥] 其地包括《明史》之孟养、孟拱等地。茫昌疑为勐卯，"昌"为"冒"之误写。茫鲊无考。至于茫施，《元史·地理志》说："茫施路，在柔远路之南，泸江之西，其地曰怒谋，曰大枯赕、小枯赕，即唐史所谓茫施蛮也。"《明史·云南土司传·芒市》说："芒市，旧曰怒谋，又曰大枯赕、小枯赕，在永昌西南四百里，即唐史所谓茫施蛮也。"芒市，傣语古名郭利罗（Kolilo），或即"枯赕"一名之所由来。元代的茫施路和明代的芒市御夷长官司，都是今天德宏傣族景颇族自治州首府芒市一带地，可见茫施应即芒市。又芒施附近，首外川之西有茫部落，也就是茫人部落。上述这几个地方，顺次由西北到东南，看来都在南诏丽水节度和永昌节度境内，亦即在今德宏自治州及境外一些地区。

---

① 《云南志》卷七。

② 上述今地名，除茫吐薅疑为今勐阿外，余从《中国历史地图集》。

③ 《云南志》卷四。

④ 《新唐书·南诏传》。

⑤ 《云南志》卷二。

⑥ 马司帛洛：《宋初越南半岛诸国考》，载《西域南海史地考证译丛》一编，商务印书馆1962年版。

茫人分布地区还不止此。《云南志》卷四说茫人居住在南诏开南节度地区。开南节度的南部有地名茫乃，今西双版纳的景洪过去称为"勐泐"或"勐乃"，现在民间唱词中仍然这样称呼，"茫""勐"乃一音之转，应该说"茫乃"即"勐乃"，也就是今天的景洪。这就说明茫人的分布，南到西双版纳，而西双版纳至今仍然是傣族的主要分布区之一。今天西双版纳和德宏两地区的傣族，虽有方言差别，称谓也稍有差异，前者称傣泐，后者称傣纳，但都是族名之后冠以地名，同属一个民族，差别是次要的。《云南志》称滇南地区的傣族为茫人，并用以称滇西傣族，是可以理解的。

其次，《云南志》按傣族服饰的特点，而称之以金齿、银齿、黑齿、漆齿、绣脚、绣面诸名。该书卷四说："黑齿蛮、金齿蛮、银齿弯、绣脚蛮、绣面蛮，并在永昌、开南……黑齿蛮以漆漆其齿，金齿蛮以金镂片裹其齿，银齿以银。有事出见人则以此为饰，寝食则去之……绣脚蛮则于踝上腓下，周匝刻其肤为文彩。衣以绯衣，以青色为饰。绣面蛮初生后数月，以针刺面上，以青黛傅之，如绣状。"

傣族以金饰齿，不仅见于唐代，元初意大利人马可波罗旅行到今德宏地区，尚见此俗。他说："此地之人，皆用金饰齿，别言之，每人齿上用金作套如齿形，套于齿上，上下齿皆然，男子悉如此，妇女则否。"[1] 元人李京行役滇西，亦有"金裹两齿，谓之金齿蛮"[2] 的记载。由于滇西傣族较广泛流行此俗，元代至以金齿作为永昌地区的地名。元初分云南为五大行政区，金齿即其中之一。[3] 可见金齿不仅作为族名，后来且作为地名。元、明时期，金齿地区即今德宏自治州一带的土司几乎都是傣族，说明金齿地区是傣族的主要分布区之一。至于唐代傣族流行以金饰齿之俗，当与滇西产金较多有关。《云南志》卷七说："生金，出金山及长傍诸山，藤充北金宝山……麸金出丽水……长傍川界三面山并出金，部落百姓悉纳金，无别税役征徭。"长傍在今德宏自治州以北，距片马地区不远。景颇语称山为"崩"或"蚌"，

---

① 冯承钧译：《马可波罗行记》第二卷第119章"金齿州"。

② 〔元〕李京：《云南志略》。

③ 《元史·世祖本纪》："至元四年九月，遣云南王忽哥赤镇大理、鄯阐、茶罕章、赤秃哥儿、金齿等处，诏抚谕吏民。"

"长傍"意为"长山"。足见唐代长傍山区已有景颇族的分布，而且是盛产生金的地方。藤充即今腾冲，丽水即今伊洛瓦底江。这些地方都在滇西及其附近，因而金齿一名就主要用以称呼滇西的傣族了。

"黑齿""漆齿"与嚼槟榔和石灰的习惯有关，由于长期嚼食，以致齿染为黑色。但这不仅限于傣族，佤、景颇等族也有此俗。不过《云南志》卷四说茫蛮"或漆齿"；又卷六提到茫乃时，同时提到黑齿部落，可见其中至少一部分是指傣族。

此外，红河流域亦有傣族分布，称为"白衣"。《云南志》虽未明确提到白衣之名，但已见于《新唐书·南诏传》，提到"白衣没命军"[①]。宋代周去非《岭外代答》、赵汝适《诸蕃志》等书也都提到"白衣蛮"之名。到元初，"至元二十五年四月癸未，云南省各丞爱鲁上言：自发中庆（今昆明），经罗罗、白衣入交趾，往返三十八战"[②]。这里所指的白衣，正是在滇东南的红河流域。不过元代以白衣称傣族用得越来越广泛，例如至元十三年（1276年）所指白衣在红河流域，大德五年（1301年）的白衣在车里地区，至大三年（1310年）的白衣在德宏地区以西的蒙光地区，泰定二年（1325年）的白衣则在木邦地区。[③] 至于白衣一名的由来，元《招捕总录》的叙录说得明白，在白衣、金齿等名下注明："此以其服饰及所有为种名者。"而白衣一名，则最早见于唐代。

总之，《云南志》所载唐代傣族的分布，从滇东南的红河流域，到滇南的西双版纳地区，再弧形而上到滇西德宏地区，已经和今天傣族的分布基本上一致了。

二、生产和交换

唐代傣族的名称和分布既明，下面让我们看看傣族在唐代生产的发展状况。

先说农业。《云南志》卷四"茫蛮"条说"土俗养象以耕田"；卷七又说"通海

---

① 《新唐书·南诏传》：大中时，李琢为安南经略使，苛墨自私，以斗盐易一牛，夷人不堪，结南诏将段酋迁，陷安南都护府，号"白衣没命军"。

② 《元史·世祖本纪》。

③ 〔元〕《招捕总录》有关各条。

以南多野水牛，或一千二千为群。弥诺江以西出犛牛，开南以南养处，大于水牛。一家数头养之，代牛耕也"。①

通海为南诏所设二都督府之一，通海都督所辖南部地区，即为有傣族分布的红河地区。弥诺江为今亲敦江，属南诏丽水节度南部地区。上面两段记载，说明唐代傣族从滇东南的红河地区，到滇西的德宏地区及其附近地区，都已跨过了刀耕火种的原始耕作方式，发展了种水田的犁耕农业经济。力畜既用象，也用牛。用牛挽犁，各地皆然。至于象，用于载运，负重致远；用于战争，冲锋陷阵，东南亚有关国家如缅、泰、老、柬等国均如此。傣族古代不仅用象作为役畜，且有"火摆"这一专词，意为"象阵"，说明也用象于战阵，历史记载也正如此。但象耕的记载则并不经见，这当另做讨论。不过傣族在唐代已普遍实行犁耕、种水田则是肯定的。

水田农业和水利灌溉是互相联系着的。傣族地区总的说来属于亚热带气候，全年分为干、湿两季，雨量集中，如无水利灌溉，旱涝不均，很难保证稻田的正常生长。因而各地傣族很早就发展了比较完整的灌溉系统。《云南志》上虽未记述唐代傣族农业生产中水利灌溉的情况，但从解放前傣族人民对农田水利的重视，也还可反映出与历史上农田水利的必然联系。西双版纳群众说：种田必须有水沟，先有水沟后有田。每年修整水沟是傣族农民重要的公共劳动。② 西双版纳的大小农奴主为了保证其剥削收入，从宣慰司署到各勐土司署以至各村寨，关于整修水沟，分水灌田，也都设有专管人员。宣慰使的内务总管"召龙帕萨"就兼任总水利官，各勐有水利官"勐当版闷"，分布在各勐的各条大沟渠，设"版闷龙"和"版闷囡"，即正副水官，在灌区内的各村寨，也设有"版闷曼"，并推选二人协同正副水官工作。这两个人惯常是选水头寨和水尾寨的版闷来充任，以便上下照应，不使水头田占便宜，水尾田吃亏。由"召龙帕萨"到各寨的"版闷"，构成管理水利的垂直系统。③

既然傣族人民种水田的历史实践是"先有水沟后有田"，则傣族人民的水利灌

① 本文引用《云南志》之本，均采用向达《蛮书校注》。

② 缪鸾和：《西双版纳傣族自治州的过去和现在》，第24页。

③ 《西双版纳傣族社会经济史料译丛》，人大民委办公室编印，第43页，1958年。

溉知识是由来已久的,《云南志》记载唐代傣族各部已种水田,表明当时已相应地具有一定的水利灌溉设施了。在当时的滇西地区,傣族的农业是居于领先地位的。

手工业也有了一定的发展。前述藤充、长傍、丽水等地都产金,当时傣族有以金、银饰齿之俗。既已用金作饰品,金、银器的制作当已产生。西双版纳统治者叭真于1180年建立景龙地方政权,在其举行登位礼时,陈设的器物中有金水瓮一个,嵌宝七种,① 工艺水平已达到相当高度了。金属器皿亦普遍为贵族上层所享用。

唐代傣族分布的滇西一带,汉晋时期就已有产铜、锡和铁的记载,② 制作和使用金属器,时间当已相当久远了。关于傣族制作和使用铜、铁器的情况,一些有关记述是值得注意的。傣族受南诏地方政权统治,要为南诏服兵役(后详),应征兵员都得自备武器。每年十一、十二月农事毕,例须操练,"集人试枪、剑、甲胄、腰刀,悉须犀利,一事阙即有罪"③。这就是说,傣族兵员的武器必须符合南诏军队的要求。而南诏军中所用武器都是铁兵器,甚至炼铁成钢,打制刀剑。造剑之法系"锻生铁,取进汁,如是者数次,烹炼之……浪人诏能铸剑,尤精利,诸部落悉不如"④。还有铎鞘,产于丽水,"状如刀戟残刃","所指无不洞"。⑤《岭外代答》说"今世所谓吹毛透风,乃大理刀之类",亟言其锋利。这些都说明南诏兵器之犀利以及铸造刀剑已达到相当的水平。"金齿、茫蛮部落"和其他部落虽有所不如,但也使用"犀利"的铁兵器了。当时傣族既经营犁耕水田农业,犁铧当系金属制造,开沟挖渠亦需金属工具。这些都说明唐代傣族已比较普遍地使用金属器了。

取卤煮盐,是唐代傣族另一成就。金齿、茫人等分布的地区,除长傍、丽水等地均有盐井外,滇西地区的"威远城、奉逸城、利润城,内有盐井一百来所"⑥。威远城在今景谷县,奉逸、利润二城不能确指,但应在景谷之南至西双版纳易武及其

---

① 李拂一译:《泐史》上卷,第1页。
② 《华阳国志》卷四,记永昌郡"出铜锡","又有貊兽食铁"。
③ 《云南志》卷九。
④ 《云南志》卷七。
⑤ 《云南志》卷七。
⑥ 《云南志》卷六。

附近地。至今景谷之南盐井仍多，著名的如普洱的磨黑，勐腊的磨龙、磨歇等等。值得注意的是这些盐井的名字大都是傣语音译。"磨"，傣语"井"或"矿"之意，磨黑即"矿井"或"矿山"，磨龙，可能是"大矿"或"大井"之意。景谷以南至今仍是傣族分布区，可见傣族取卤煮盐由来已久了。

再说纺织，唐代傣族的纺织技术也已发展到相当高度。《云南志》卷四说茫人"皆衣青布袴，藤篾缠腰，红缯布缠髻，出其余垂后为饰。妇人披五色娑罗笼"。同卷又说黑齿、金齿、银齿等部，"以青布为通身袴，又斜披青布条"。织这种布的原料，不是一般的棉或麻，而是傣族地区特产的所谓"娑罗子"。《云南志》卷七说："自银生城、拓南城、寻传、祁鲜以西，蕃蛮种并不养蚕，唯收娑罗树子破其壳，其中白如柳絮。纫为丝，织为方幅，裁之为笼段。男子妇女通服之。"

可见织这种布的原料是娑罗树子实中的丝。在此以前，万震《南州异物志》有类似记载说："五色斑布，以丝布古贝木所作。此木熟时，状如鹅毛，中有核如珠珣，细过丝棉，人将用之，则治出其核，但纺不绩，任意小抽牵引，无有断绝。欲为斑布，则染之五色，织以为布。"[①] 又《太平广记》卷四百零六"娑罗棉树条"谓黎州通望县"有娑罗棉树，三四人连手合抱，方匝。……其花蕊有棉，谓之娑罗棉"。看来这些记载，都表明以木棉织布，为与傣族有族源关系的壮、傣各族所普遍利用。这种木棉亦即李时珍《本草纲目》卷三十六所称之"斑枝花"，今日云南仍称作"攀枝花"。历史上傣族以纺织著称，元、明以来驰名远近、充作贡品的"干崖锦"以及"坚厚缜密，颇类丝绸"的"百叠布"，[②] 都是唐代傣族纺织技术长期发展的结果。

至于茫人妇女所披之"娑罗笼"，有谓当即今马来亚、爪哇一带土人所著之沙笼，出自梵文之Saranga一词，义为衣服。[③] 查马来语之Sarong一词，意为裙子，[④] 而

① 《太平御览》卷820，引万震《南州异物志》。
② 陈文：《云南图经志书》金腾两指挥使司志，转引自《永昌府文征·记载》卷三。
③ 向达：《蛮书校注》，第105页。
④ 《大英百科全书》，1964年版，Sarong条。

《云南志》提到娑罗笼时，都叫作"披娑罗笼"，[1] 看来是指衣服，否则不会说"披"。今德宏傣语称大衣衫为"色和龙"或"色龙"，音近娑罗笼，"色"为衣之意。娑罗笼一词，也可能就是傣语译音。

再说商业交换。傣族地区自古就是中外交通孔道，商旅往来不绝。早在两千多年前，张骞出使大夏，见蜀布、邛竹杖，便是四川商人运抵云南，再经滇西转运印度去的。《史记·大宛列传》所说今洱海地区以西"可千余里，有乘象国，名曰滇越，而蜀贾奸出物者或至焉"，便是指的这种情况，而"滇越"就是傣族的先民。《三国志·魏书》引鱼豢《魏略》说："大秦道既从海北陆道，又循海南而南，与交趾七郡夷相通，又有水道通益州永昌，故永昌出异物。"由于永昌地当内外交通孔道，故出异物，所谓异物，应指珍贵商品，这说明当时永昌已是商货的集散地。

到唐代，云南通中印半岛的交通线，见于记载的有四条，都通过傣族分布区。《云南志》卷六说："银生城 …… 又南有婆罗门国、波斯、阇婆、勃泥、崑崙数种外道。交易之处，多诸珍宝，以黄金麝香为贵货。"这是从傣族地区南通南海诸国，而被视作"贵货"的黄金，正是傣族地区的出产。另一条是从拓东（今昆明）经晋宁驿、通海镇、龙武州、古涌步等地达于交趾，这条路经过有傣族分布的红河流域。第三条路，由滇西永昌西渡怒江，至诸葛亮城（位今保山、腾冲间之怒江坝），又南经乐城（今芒市）入骠国（今缅甸）境，再西度黑山（阿拉干山脉）至东天竺迦摩波国。第四条路则是由诸葛亮城西去腾冲城（今腾冲），经弥城（今莲山西北境外）、丽水城，渡丽水（今伊洛瓦底江）至安西城（今孟拱），再渡弥诺江（今亲敦江），行千余里至东天竺北界箇没卢国。[2] 后两条路均经过今德宏傣族地区，一条由保山渡怒江，西南行经芒市等地达于缅甸和印度；一条则由腾冲正西行，达于缅印。两道均会合于印度阿萨密地区的迦摩波或箇没卢，两者实为一地，即《大唐西域记》中所述之迦摩缕波。

前述唐代傣族的生产已经发展到一定高度，几条商道又都经过傣族地区，如果

①《云南志》卷四、卷七。

②《新唐书·地理志》及《云南志》卷十，又所引地名之今名，从《中国历史地图集》。

说当时的商业活动和傣族完全无关，是难以想象的。事实上傣族地区出产的黄金、宝石、琥珀等，唐以前早已成为交易对象，唐代也用"以交易货币"。[①] 傣族人民织的婆罗布，以及荔枝、槟榔、椰子、波罗蜜、麝香等土产均曾流入市场，特别是西双版纳出产的茶叶远销大理，已经成为南诏奴隶主贵族所喜好的饮料。至于食盐，"蛮法煮盐，咸有法令，颗盐每颗约一两、二两，有交易即以颗计之"[②]。这说明食盐的买卖已有一定的规定了。总之，唐代傣族的商业交换有了一定程度的发展，它吸引了内地不少商人往来贩运，甚至羁縻不归，成为被人吟咏的题材[③]，这是傣族社会生产发展到一定高度的反映。

三、政治和社会

关于唐代傣族社会的生产关系，《云南志》中缺乏反映这方面情况的直接材料。但是，前述傣族社会生产力发展的水平，比如具有灌溉系统的犁耕水田农业、金属器的制作和使用、煮盐和纺织，以及商业交换等，都足以说明这种生产力水平已经超过原始社会阶段，如果我们再联系有关傣族政治方面的资料来看，更足以说明唐代傣族已经属于阶级社会了。

《云南志》卷四说："茫蛮部落，并是开南杂种也。茫是其君之号，蛮呼茫诏。"接着便列举了茫天连、茫吐薅、茫盛恐、茫施等茫人分布地区的地名。"茫是其君之号，蛮呼茫诏"，显然该书著者樊绰弄错了意思，或后人传抄中出的毛病。茫即今之勐，是"地方""坝子"之意，前已说明。"茫诏"则显然是"诏茫"，亦即"诏勐"之倒误。"诏勐"今译作"召勐"，意为"一个地方之主"，即一个勐的统治者。这种情况在解放前，甚至民主改革前的西双版纳仍然是存在的。茫人既以茫（勐）为地区单位，而且范围相当广大，例如茫天连为今之孟连地区，茫施为今之芒市地区，

---

① 《云南志》卷七。

② 《云南志》卷七。

③ 同上，提到在今德宏地区一带的商人"羁旅未还者，为之谣曰：'冬时欲归来，高黎共上雪。秋夏欲归来，无那穿瘴热。春时欲归来，手中络赂绝。'"

并且有了前述较高的生产力水平，则这种茫（勐）必非基于血缘的组织，而是具有辖区性质，亦即阶级社会的政区性质。考虑到解放前边疆傣族地区相当普遍地存在着农村公社的残余，而以西双版纳为最明显，那么唐代茫人社会的基层组织，不可能是以血缘关系为主的氏族或家族公社，那是属于原始社会范畴，只可能是具有氏族和家族公社残余，而且已被"诏茫"统治了的基于地缘联系的农村公社。

关于唐代茫人的社会性质，考虑到茫人生产力发展已超过原始社会水平，考虑到宋末西双版纳统治者匋陇建仔以大量的人作为陪嫁品，[①] 元初德宏地区傣族在战争中大量房掠俘虏，[②] 并以"俘奴"作为劳动力使用[③] 等情况，可以认为唐代茫人已经是役使奴隶的社会了。

至于诏茫（勐）对一个茫（勐）的统治，必然和掌管全茫（勐）的水利灌溉事务分不开。因为"政治统治到处都是以执行某种社会职能为基础，而且政治统治只有在它执行了它的这种社会职能时才能继续下去。不管在波斯和印度兴起或衰落的专制政府有多少，它们中间的每一个都十分清楚地知道自己首先是河谷灌溉的总的经营者，在那里，如果没有灌溉，农业是不可能进行的"[④]。如前所述，在傣族地区既然水利灌溉是水田农业必不可少的条件，因而控制了水利灌溉就等于变相地控制了水田耕作水利和水田这种密不可分的关系，仍然生动地体现在民主改革前西双版纳傣族农民的朴素语言中："南召领召" —— 水和土都是官家的；而农奴主分得了份地，就是"米南米领" —— 有了水有了土。这是在农奴制下，农奴主控制了水和土，从而作为统治、剥削农奴的一种手段。唐代傣族奴隶制度下的诏茫，又何尝不是利用掌管全区水利灌溉，把孤立的村社联合在灌溉网内，使生产得以进行，从而形成一个辖区。当然，掌握水利灌溉，说到底还是为了诏茫的剥削利益。这种以茫

---

① 《泐史》卷下，傣历599年（宋嘉熙元年）勐泐地方政权第四代统治者匋陇建仔嫁女于景海酋，以猛龙埔卡及猛叭等地及人民陪嫁。

② 房掠战俘事，李京《云南志略》"金齿百夷"条及元《经世大典·招捕录》均有记载。

③ 《马可波罗行记》第二卷第119章"金齿州"说："一切工作皆由妇女为之，辅以战争所获之俘奴而已。"

④ 《马克思恩格斯全集》第20卷，中译本，第195页。

（勐）为单位的辖区，不论滇西或是滇南，看来是普遍存在的。① 不仅如此，比茫（勐）更大的辖区似乎也已形成，而且有迹象可寻。

前述南诏开南节度辖区内的茫乃即勐泐，亦即今景洪地区。《云南志》卷六说："开南城在龙尾城南十一日程 …… 茫乃道并黑齿等类十部落皆属焉。"开南城在今景东地区，为南诏开南节度治所。茫乃道与黑齿十部落并提，表明南诏在开南节度下面的茫乃设道一级政权，所治理的应包括黑齿十部落在内。这就表明茫乃是黑齿十部落的一个重镇，而傣族的另一个称呼就是黑齿。由此可见，茫乃道所辖，应是包括以今景洪为中心的西双版纳各勐。

证以西双版纳傣族古史传说，早在傣历542年（1180年）叭真于勐泐建立景龙地方政权之前，有叭阿拉武者，追赶金鹿，入主勐泐，成为西双版纳早期统治者。② 所谓阿拉武，并不是某一具体人名，乃是西双版纳梵化名称阿罗毗（Aravi）的异译，③ 亦即《庸那迦国纪年》对西双版纳所称的 Alavirastra。④ "叭"，傣语意为"官""统治者"，叭阿拉武即西双版纳的统治者，犹如《明实录》所记招榄章之为南掌的统治者一个意思。⑤ 可见今西双版纳作为一个较茫（勐）更大的地区，至少在宋代景龙地方政权建立之前即已形成。这和《云南志》所记茫乃道并黑齿十部落一事，可以互相参证。

再看滇西傣族区及其附近地。《云南志》卷六述及南诏在此地区置永昌和镇西节度，其下置都督城及道，管理金齿、银齿、漆齿、绣脚等部。南诏的设治，和滇西一带傣族等各族的发展情况分不开。早在汉初，傣族的先民"滇越"就已知道役使象，因而被称为"乘象国"。东汉之世，"永昌徼外"和傣族具有族源关系的"擅人"或"掸人"又曾三次派遣使者到洛阳，贡献珍宝，东汉王朝赐擅人首领雍由调金印

---

① 《云南志》卷六。

② 云南民族研究所印《西双版纳傣族史料译丛》。

③ 《泐史》卷下。

④ 转引自《西域南海史地考证译丛》一编，商务印书馆1962年版，第130页。

⑤ 《明实录·弘治实录》

紫绶，封之为"汉大都尉"。① 这说明擅人社会已有相当发展了。傣族古史传说谓6世纪瑞丽江流域勐卯一带之傣族亦有较大发展，② 到10世纪末，以今瑞丽地区为中心建立了强大的勐卯地方政权；其西北为勐兴古，包括后来《明史》之孟养、孟拱等地；南为勐兴威，即《明史》之木邦；木邦之南则为勐兴色，其辖地有时及于其南部的孟艮。此四部虽各有其独立性，但也常联合起来，奉其中之一部统治者为共主，称为"憍赏弥国"（KauSambi），③ 这是一个梵化名称，见于玄奘《大唐西域记》。今德宏之瑞丽即是勐卯，其古名傣语称为Kot-sampi，即是借用"憍赏弥"一名。由此可见，勐卯曾为此四部之共主和中心，其辖境亦远超过一勐之上。

如前所述，《云南志》著于9世纪中叶唐代南诏地方政权时期，下距10世纪末以勐卯为中心之"憍赏弥国"不过百余年。而且《云南志》中已经提到"憍赏弥国"四部之一的勐兴古，称为茫盛恐，可见"憍赏弥"四部之联合体恐已出现于当时。这说明滇西茫人地区的政治组织，在唐代也已经有了较高的发展。这和其生产的发展，是相适应的。

由于傣族社会在唐代有了较高的发展，故南诏地方政权在傣族地区设置相应的政权机构进行统治。例如在开南节度之下设茫乃道，管理今西双版纳一带地区。也由于傣族社会的一定发展，产生了较大的首领，因而南诏统治者从便于统治出发，任命傣族首领在南诏地方政权中任职。例如南诏阁罗凤立《南诏德化碑》于太和城（今大理太和村），表明南诏"世奉中国"，辨明其叛唐是出于"不得已"。在这个碑的碑阴题名下，有"大军将赏二色绫袍金带赵龙细利"，这个赵龙细利可能就是出身于茫乃道的傣族首领，解放前西双版纳领主制度中，仍保留着"召龙西利"这一职官名称。

但是，傣族在唐代终究是南诏地方政权统治下的一个民族。南诏的永昌节度管辖着境内所属金齿、银齿、漆齿、绣脚、茫人等部，其中多数是傣族。镇西节度所

---

① 《后汉书》之《和帝本纪》《安帝本纪》《顺帝本纪》，又见同书《陈禅传》。

② 邦德里：《泰族侵入印度支那考》，载陆翔译《国闻译证》；又见方国瑜《元代云南行省傣族史料编年》，云南人民出版社1958年版，第28页。

③ 《西域南海史地考证译丛》一编，商务印书馆1962年版，第144–146页。

管辖的亦有金齿、银齿、黑齿等部。开南节度所管亦有金齿、黑齿、茫人各部。不管是金齿、银齿、黑齿，还是茫人，"皆为南诏总之，攻战亦召之"①，可见傣族不仅受南诏统辖，而且如前所述，要为南诏服兵役，例如"咸通三年……亦有此茫蛮于安南苏历江岸聚二三千人队"②，就是南诏军中的傣族兵员。傣族受南诏统治，是十分明显的。

　　总之，我们从《云南志》对傣族的记述，结合有关史料，可以看出唐代傣族的分布、社会经济的发展以及傣族人民对丰富我国文化宝库所做出的贡献。这些资料对深入研究傣族古代史，具有重要的意义。同时，该书所提供的资料也明确无误地指出了傣族和南诏地方政权的关系，对研究云南地区民族史也是十分重要的。

---

① 《云南志》卷四。
② 《云南志》卷四。

唐宋时期傣族史上若干地名人名研究

在古代民族史研究中，往往遇到一些地名和人名，中外史籍与本民族文献传说互不一致、对不上号的情况。弄清楚这些地名和人名的时代和相互关系，复原其所处的历史背景，对阐明某一民族的历史和某些历史事件的因果关系，是有补益的。

傣族古代史资料，以汉文记载为最早，但唐以前仅一鳞半爪，往往语焉不详。唐代较多，仍感不足。本民族史料，除比较丰富的历史传说外，元代之前尚无文献记录；元以后，亦尚待深入发掘。国外有关资料也不多。在这种情况下，具有史料价值的一个地名、一个人名，都是重要的，如和各方面的史料相互印证，互为补充，也可补于史料之不足。

本文试图从上述角度，对唐宋时期傣族史上几个比较重要的地名和人名，做一个初步研究，提出一些粗浅的看法。

一、阿罗毗和茫乃道

在西双版纳傣族古老的民间传说中，有反映傣族早期历史的《叭阿拉武的故事》。[①] 这个历史传说的大意是：叭阿拉武因狩猎追赶一只金鹿而进入景洪，后来便率领百姓在这里开荒辟地，建寨农耕。这个传说也反映了佛教的传入及其战胜原始宗教，并透露出当时的傣族社会已经存在着奴隶等现象。剥去这个传说的神话部

---

① 中国科学院民族研究所云南民族调查组、云南省民族研究所编印：《西双版纳傣族史料译丛》，1963年。

分，可以说它所反映的时代，应早于宋代傣族首领叭真建立"景龙金殿国"于西双版纳的时代。

叭真于傣历542年（1180年，宋淳熙七年）建立景龙政权，[①] 此后世代相承，不可能插入上述传说中所反映的叭阿拉武的时代，此其一。叭真建国后即称"景龙金殿国至尊佛主"，表明他已信奉佛教，而上述传说所反映的则是佛教开始传入时的情况，应较叭真所处时代为早，此其二。佛教传入傣族地区的时代，汉文史籍迟至14世纪尚无肯定的记述，[②] 傣族地区的传说则谓早至千年以上，确切年代，目前尚无定论。然而佛教传入东南亚以及印度文化对东南亚的影响则为时甚早。七八世纪缅甸的骠国已是"喜佛法"的国家，[③] 骠国梵名Criksetra，即玄奘《大唐西域记》所述的"室利差呾罗"国。骠国王称摩罗惹，当为Maharaja的对音；其相称摩诃思那，则可能是Mahasena的对音。这些都反映出印度文化的影响。至于云南，东汉设置永昌郡时，境内已有"身毒之民"。[④] "身毒"即印度，这说明我国云南接触印度文化也很早。唐代南诏阁罗凤立《南诏德化碑》于太和城（今大理太和村），碑阴题名中，有"大军将赏二色绫袍金带赵龙细利"，在解放前西双版纳封建领主制度中仍然保留着这一职官名称，汉文写作"召龙西利"。"召龙"傣语意为"大官人"，"西利"意为"吉祥""光华"，具有明显的佛教色彩。这就表明唐代西双版纳地区很可能已有印度文化的影响，联系上述传说和傣族地区出现的梵化地名来看，佛教可能已经传入。事实上唐代傣族地区梵化地名的出现，已非个别现象。

传说"叭阿拉武"根据自己的名字给今天的景洪起名"阿拉米龙"，[⑤] "龙"，傣语"大"的意思，即"广大的阿拉米"。这个阿拉米其实就是西双版纳傣文编年

① 李拂一译：傣文《泐史》上卷，云南大学西南文化研究室印。据巫凌云同志说，"景龙"为"景洪"的异读，古音为"龙"，今音为"洪"。

② 《马可波罗行记》第二卷第119章"金齿州"，冯承钧译；钱古训《百夷传》。

③ 《新唐书·骠国传》。

④ 〔晋〕常璩：《华阳国志·南中志》。

⑤ 中国科学院民族研究所云南民族调查组、云南省民族研究所编印：《西双版纳傣族史料译丛》，1963年，第4页。按此名该书排印时，漏掉一"拉"字，可参见第5页。

史——《泐史》所载"十二版纳古名阿罗毗"的异译，阿罗毗就是一个梵化名称，[①]全名为"阿罗毗刺侘"（Alavirastra），与唐代玄奘游历古印度时所经东印度的"摩诃刺侘"（Maharastra）和西印度的"苏刺侘"（Surastra）两地地名的字尾完全相同。[②]阿罗毗这个名字也载入邻近西双版纳的泰国北部历史古籍《庸那迦国纪年》中，该书称西双版纳为"Alavirastra，XienRun，Sibsonphanna"，[③] 第一字系阿罗毗，第二字为景龙，第三字为西双版纳。有意思的是，三个名字中阿罗毗最早，所以放在最前面，景龙政权在南宋时才建立，所以放第二，西双版纳一名16世纪中叶才出现，[④]时代最晚，放第三。这个次序也表明阿罗毗一名早于景龙。

但是，阿罗毗既是一个梵化名称，就必然还有一个傣族名称来称呼西双版纳。一般说来，梵化名称总是派生的，如果傣族的社会经济水平没有发展到一定高度，没有形成一定范围的带政治意义的辖区，就不会产生称呼这地区的名字，从而就连梵化名称也不会存在了。要阐明这个问题，有必要对唐代傣族社会经济的发展做一个概括了解。

唐人樊绰的《云南志》比较详细地记述了唐代的傣族社会情况，是记录傣族的最早的一部汉文史籍。从这部书中，可以看出唐代傣族的名称和分布、生产和生活等方面的情况。首先，该书按傣族居住地区的特点，而称之为"茫蛮"。傣语称"地方""坝子"为"勐"，"茫"显然是"勐"的异译。"茫蛮"即是"住在坝子上的人"，以别于住居山区的民族。茫人分布很广，从滇西到滇南都有茫人居住，地名一般都冠以"茫"字，这和今天傣族地区地名的构成冠以"勐"字相同。其次，该书按傣族服饰的特点，而称之为金齿、银齿、黑齿、漆齿、绣脚诸名[⑤]。《云南志》所载唐代傣族的分布，从滇东南的红河流域，到滇南的西双版纳地区，再弧形而上到滇西德宏地区，已经和今天傣族的分布基本一致了。

---

① 《泐史》下卷及附录。

② 张星烺编注、宋杰勤校订：《中西交通史料汇编》第六册，中华书局1979年版，第270–271页。

③ 转引自G.马司帛洛：《宋初越南半岛诸国考》，载冯承钧译《西域南海史地考证译丛》一编。

④ 《泐史》中卷。

⑤ 〔唐〕樊绰：《云南志》，即《蛮书》，本文所引均采自向达《蛮书校注》。

　　再看看唐代傣族生产发展状况。根据《云南志》的记载，可以看出唐代傣族已越过刀耕火种的原始耕作方式，发展了种水田的犁耕农业经济，用牛和象耕田，手工业也有了一定的发展，会打制金银器，使用铁制刀剑；会取卤煮盐，用木棉织布；并发展了一定的商业交换。[①] 这样的经济水平早已超过原始社会生产发展的高度了。联系前述《叭阿拉武的故事》中已有奴隶存在，宋末西双版纳统治者匋陇建仔以大量的人作为陪嫁品，[②] 元初德宏地区傣族在战争中仍然大量掠夺俘虏，[③] 并以"俘奴"作为劳动力使用[④] 等情况，可以认为唐代傣族已经是役使奴隶的社会了。

　　与社会经济的发展相适应，唐代傣族在政治方面也有了一定的发展。《云南志》卷四说："茫蛮部落，并是开南杂种也。茫是其君之号，蛮呼茫诏。"接着便列举了茫天连、茫吐薅、茫盛恐、茫施等茫人分布地区的地名。前面已经提到"茫"是"勐"的异译，"茫诏"疑为"诏茫"，亦即"诏勐"的倒误。"诏勐"今译作"召勐"，意为"一个地方之主"，即一个"勐"的统治者。这种情况在解放前，甚至民主改革前的西双版纳仍然存在。茫人以"茫（勐）"为地区单位，范围相当广大，如"茫天连"为今孟连，"茫施"为今之芒市，等等。而且各有"诏茫（勐）"进行统治，说明这种"茫"已具有辖区性质，亦即阶级社会的政区性质。[⑤] 这种以"茫"为单位的辖区，看来在各傣族地区是普遍存在的。不仅如此，包括若干个勐的更大辖区可说也已经形成。今西双版纳的景洪，过去又称"勐泐"或"勐乃"，是一个很古老的傣族名称，这个名称今天仍然保留在民间唱词中。唐代南诏的开南节度辖区的南部有个茫人地区，称为"茫乃"，也就是勐泐，正是今天的景洪地区。《云南志》卷六说："开南城在龙尾城南十一日程，……茫乃道并黑齿等类十部落皆属焉。"开南城在今景东，为南诏开南节度治所。茫乃道与黑齿十部落并提，表明南诏在开

---

　　① 《云南志》第四、第六、第七等各卷；并见拙著《从樊绰〈云南志〉论唐代傣族社会》，载《思想战线》1978年第6期。

　　② 《泐史》下卷。

　　③ 虏掠战俘事，元人李京《云南志略》"金齿百夷"条及元《经世大典·招捕录》均有记载。

　　④ 《马可波罗行记》第三卷第119章"金齿州"。

　　⑤ 前述"茫诏"一词，即使不是"诏茫"之倒误，二者含义的性质仍然近似，前者意为"主子的地方"，后者意为"一地方之主"。

南节度辖区内的茫乃设道一级政权，所治理的自应包括黑齿十部落。这就表明茫乃是黑齿十部的中心，而唐代傣族的另一个名称就叫黑齿。西双版纳傣族又称为"傣泐"，这应和勐泐一名有关，说明傣泐一名可能在唐代即已出现，而《云南志》却是以汉称"黑齿"记载下来的。由此可见，茫乃道所辖，应包括以今景洪为中心的西双版纳各勐，而傣族的这一政治发展，遂成为南诏统治者设立茫乃道的基础。

总之，唐代傣族已经在西双版纳建立了茫乃政权，有其一定的辖区，包括若干个"勐"。"茫乃"是傣族自己的名称，而"阿拉米"或"阿罗毗"则是它的梵化名称。"叭"，傣语意为"官""统治者"，所谓叭阿拉米应该就是茫乃道的统治者，而前述题名于《南诏德化碑》的赵龙细利，可能就出身于茫乃道，而且可能就是茫乃统治集团的主要人物，并以这种身份参加了南诏政权，成为该政权的高级官员 —— 大军将。

根据上面的分析，过去一般认为《泐史》所载"景龙金殿国"为西双版纳傣族建立的最早的政权的看法，就值得商榷了。景龙政权建立于12世纪后期，而茫乃政权在9世纪中期《云南志》成书时，就已经出现，比前者至少早300多年。

根据上面的分析，还可进而探讨国外一些史学家如马司帛洛（G.Maspero）等据《庸那迦国纪年》和《金城国纪年》做出的有关论断。他们认为"车里Alavirastra久列金城国（XienSen）之版图"；[①] 又引《庸那迦国纪年》谓庸那迦（Yonaka）国分为二部，北部为阿罗毗–西双版纳，南部为庸那迦–景线（即金城），并曾隶属于吉蔑帝国，其北部国境与南诏接界。[②] 所谓北部国境，即西双版纳北境。

按《庸那迦国纪年》中提到阿罗毗时又提到西双版纳一名。西双版纳一名初见于16世纪中叶，说明《纪年》内记述此事的时间不能早于16世纪，所记的史事显然是一种追记。《云南志》所记茫乃的事，则是当时人记当时事，可靠性当然大得多。前述茫乃道既为南诏所设置，又属开南节度辖区，则茫乃亦即阿罗毗不可能是庸那迦国或金城国的组成部分，而只能是南诏国的组成部分。唐代傣族受南诏所统

---

① 《西域南海史地考证译丛》一编，第129页。

② 《西域南海史地考证译丛》一编，第130页。

治，还要为南诏服兵役，咸通三年（862年）南诏攻交趾，《云南志》的作者亲见南诏军中"亦有此茫蛮，在安南苏历江岸聚二三千人队。"①《云南志》的记载，明确可信。由此可见，茫乃并未隶属于吉蔑帝国。所谓吉蔑即两唐书之真腊。《云南志》卷十谓南诏南部为镇南节度，此镇南节度应为开南节度；接着又说"水真腊国、陆真腊国，与蛮镇南相接"。近人考证水真腊主要为今柬埔寨之地，陆真腊主要为今老挝之地。② 茫乃既属南诏，则其南境即为南诏国之南境，而与陆真腊相接。从而说明当时真腊的政治力量并未达到今西双版纳，其与南诏之边境，只能在西双版纳南境，而非马司帛洛等所说之北境。

二、匐蟒莱与浑乞滥

到了宋代，西双版纳傣族有了进一步发展。这时期，云南南部境内外的形势都发生了变化。境内大理政权取代南诏政权，成为云南的统治力量。在这个变化过程中，云南南部傣族分布地区，逐渐向北扩大。《元史·地理志·威楚路》说："开南州，昔朴、和泥二蛮所居也 …… 至蒙氏兴，立银生府，后为金齿白蛮所陷，移府治于威楚。"又说："威远州，在开南州西南 …… 昔朴、和泥二蛮所居 …… 其后金齿白夷蛮酋阿只步等夺其地。"朴、和泥分别为布朗族和哈尼族，金齿白夷则为傣族，分布地区向北扩大，说明傣族力量还在增长。另一方面，西双版纳境外原被真腊统治下的傣语诸族，随着真腊势衰而纷纷摆脱其羁绊，获得独立发展的机会。因为南宋孝宗乾道七年（1171年），真腊已与其东邻占城关系转恶，发生战争。淳熙四年（1177年）五月，占城国王以舟师袭破真腊国都，杀其王，真腊遂失国，直到绍熙元年（1190年）真腊始击败占城而恢复独立。③ 在这近二十年中，真腊受制

---

① 《云南志》卷四。

② 黄盛璋：《文单国——老挝历史地理新探》，载《历史研究》1962年第5期。

③ 〔宋〕赵汝适：《诸蕃志》卷上，"真腊国"条。按该书记真腊于1199年大举复仇，击败占城。但占城之《美山碑》及《衙庄浦那竭罗碑》均谓在1190年，故取此说。此二碑有关部分为G.马司帛洛《占婆史》所证引。

于占城，自然无力顾及其北部及西部广大傣语诸族。后者则于此期间发展自己的力量。

就在这时，前述傣族首领叭真于淳熙七年（1180年）"入主猛泐"，"诏陇法名菩提衍者，则制发一虎头金印，命为一方之主，遂登大宝，称景龙金殿国至尊主"。①在这里，《泐史》所载叭真入主勐泐，是继茫乃政权之后建立的政权。诏陇法，傣语意为"大天王"，是对中原帝王的称呼。方国瑜先生谓是时大理已取代南诏统治云南，诏陇法只能是大理王段智兴（1172至1190年在位），②这是有道理的。茫乃道受南诏统治，景龙受大理统治，接受大理封赐，也是顺理成章的事。

值得注意的是，真腊于1190年击败占城而国势复振。就在这一年，傣语各族中的兰那、崆岢、刺隗、金占等各部首领纷纷参加景龙国，而以"天朝皇帝为共主"，景龙遂成为一个"有人民八百四十四万人，白象九千条、马九万七千匹"③的大国。这些数字可能有所夸大，但也反映了大理国境外傣语各族对抗真腊统治、要求独立的愿望，而且这一愿望终于获得实现。在这种新的历史条件下，真腊由于无力再恢复从前的地位，因而宋末元初，西双版纳境外便先后有地方王朝崛起。如在今泰国境内以拉玛甘亨（即元史之敢木丁）王为首的素可泰王国，1296年其兵力曾远达真腊王城吴哥通。④又如与拉玛甘亨齐名之孟莱王为首的景线王国，这个王国曾和元朝发生较多的关系，《元史》称之为八百媳妇国，一作八百大甸，简称"八百"。前面已经提到，兰那曾参加景龙国，后又独立发展，一时成为泰国北部的强国。但兰那与景龙的关系一直是密切的，这在《元史》《泐史》以及有关泰国史籍中都有所反映。⑤弄清楚双方的关系，大有助于了解宋末元初以及元朝和八百之间的关系。

《泐史》记载，景龙第四代统治者匋陇建仔之女倭敏庄猛出嫁兰那统治者叭老，于宋嘉熙三年（1239年）生一子名匋蟒莱。匋蟒莱成人后，继其父为主，后战胜兰

---

① 《泐史》上卷。

② 方国瑜：《元代云南行省傣族史料编年》，云南人民出版社1958年版，第22页。

③ 《泐史》上卷。

④ 〔元〕周达观：《真腊风土记》。

⑤ 兰番佛·巴德里：《永部揽那国或八百媳妇国史迹考》所引《揽那纪年》，载陆翔译《国闻译证》。

那等地，乃划出一部分地方作为外祖父母汤沐邑，每年并向景龙呈送方物，景龙主亦逐年赠土产予其外孙。这说明兰那与景龙统治者之间的密切关系，以及兰那在匐蟒莱即位后逐渐强大的情况。

这段记载和《兰那纪年》所记基本相同，唯《兰那纪年》将孟莱王之出生系于1241年，较之《泐史》晚出两年。孟莱王于二十岁即位，在位时间为1259年到1317年，与素可泰之拉玛甘亨同时。他先建都于清莱（1268年），后来又把首都迁到清迈（1296年），称兰那泰王国或清迈王国。他击败孟高棉语族的孟人后，把南奔并入景线的版图，后又攻占南邦，统一今泰国北部。[①] 从景线的发展壮大，版图一直向南扩大，可以看出景线在泰国北部确立统治权的过程是无后顾之忧的，或者说是得到景龙的支持的。

然则孟莱王在汉文史籍中究竟是谁呢？

孟莱王生当13世纪30年代到14世纪初，正值宋末元初。宋代有关云南特别是境外的史料不多，没有直接涉及孟莱其人的记录。但南宋灭亡之前，云南于1253年即为南下之蒙古军队攻克，因而元初史籍涉及彻里（或车里，即西双版纳）及八百媳妇之史料较多，如果进行一番比较分析，是可以弄清问题的。

1253年（宋理宗宝祐元年、蒙古宪宗三年），忽必烈率军进入云南，击败并结束了大理政权，在南诏、大理政权长期统治的地区内，设立了以昆明为中心的云南行中书省。

元朝建立行省之初，对傣族地区的经营首先侧重西部地区。"宪宗甲寅（1254年）大将兀良吉歹专行征伐，金齿内附。"[②] 这里"金齿"指今德宏一带傣族，后又兼作地名使用。到"中统初，金齿白夷诸酋各遣子弟朝贡"[③]，蒙古便在中统二年（1261年）建立金齿等处安抚司，统治今德宏一带地方，金齿遂成为元初组成云南

① 〔泰国〕姆·耳·马尼奇·琼赛著：《老挝史》兰那泰王国一章，1971年曼谷第二版（英文）；又见《揽那纪年》，载陆翔译《国闻译证》。

② 〔元〕李京：《云南志略》。

③ 《元史·地理志》

行省的五大区域之一。①

在南部傣族地区，元朝首先经略元江地区，再逐步达到西双版纳。元《经世大典·招捕录》说："至元十三年（1276年）十月，云南省调蒙古、寸㸒诸军征白衣、和泥一百九寨。"《元史·世祖本记》说："至元十四年四月，云南行省招降临安白衣、和泥分地城寨一百九所。"这里说的"白衣"即傣族，"和泥"即哈尼族，地在西双版纳北部和东北部。这些地区，特别是元江地区的傣族，和西双版纳的傣族是有联系的，安定了这些地区，就为进一步经营西双版纳准备了条件。到至元二十九年（1292年），元朝就平定了西双版纳。《元史·步鲁合答传》说："步鲁合答从征八百媳妇，至车厘，……诸王阔阔命步鲁合答将游骑三百往招之降……遂入其寨，其地悉平。"元朝于是在西双版纳设立"彻里军民总管府"，以景龙政权首领为总管，实行世袭的土司制度。景龙的辖区，正式成为云南行省的组成部分。

当元朝经营西双版纳地区时，八百和元朝的关系日趋紧张，这是因为八百和景龙壤地相接，关系密切。而景龙政权内部在是否附元的问题上也发生分歧，而分裂为大小彻里二部，大体说来，澜沧江以东为小彻里，以西为大彻里。②《元史·成宗本纪》载：贞元二年（1296年）"大彻里地与八百媳妇犬牙相错，今大彻里胡念已降，小彻里复控扼地利，多相杀掠"。这就是说，大彻里附元后，"小彻里结八百媳妇为乱"，联合进攻大彻里。元朝要安定彻里，须消除八百在西双版纳的势力，处理好和八百的关系。另一方面，西双版纳安定了，八百的态度也会随之发生变化。

在1292年以后的十余年间，西双版纳战乱相寻。元朝多方招谕，必要时示以武力，使西双版纳逐渐趋于安定。对于八百，元朝数拟出兵未果，又多次遣使招谕。直到1312年八百始遣使赴元廷，"献驯象及方物"。次年，元使随八百使者赴八百。这次，元使会见了八百的统治者浑乞滥，建立了进一步的联系。又过了一段时间，随着西双版纳局势的稳定，八百统治者不仅"来献方物"，而且"请官守"，元朝便

① 元初云南之五大区域为：大理、鄯阐、茶罕章、赤秃哥儿、金齿。
② 《元史》及《经世大典·招捕录》均提到大小彻里，但未记载二者如何划分。按《明史·地理志》车里宣慰司条下注说："元车里路，泰定二年七月置，即大彻里。"又说"东北有澜沧江"，又注说"东有小车里部"。可见大小彻里大体以澜沧江为界，西为大彻里，东为小彻里。

在八百地区推行了土司制度。①

如前所述，元史所述之八百媳妇即景线王国（清迈王国）。宋末元初这段时间，景线王国的统治者一直是孟莱王，亦即景龙统治者匋陇建仔的外孙。他在位的时期是景线王国最强大的时期。此期间，西双版纳与景线之间的关系和他的动向是分不开的。元代文献中仅有元初的《经世大典·招捕录》记载了这段时间八百统治者的名字——浑乞滥。这个名字显然是傣语音译。傣语"浑"是"官""统治者"之意，"乞滥"应是"清莱"的异译，"浑乞滥"即是"清莱的统治者"之意，清莱是景线王国的首都，"浑乞滥"自然就是景线王国亦即八百的统治者了。由此可见，《经世大典·招捕录》所记之"浑乞滥"，应该就是孟莱王。

浑乞滥之为八百统治者，还可由下述资料证明。《经世大典·招捕录》记载元使法忽剌丁至景线境内后，"浑乞滥男南通来见。使者言：行省先遣胡知事招尔等，尔等遣乃爱等出降，故圣旨令我辈来诏尔父子"。这段话说明浑乞滥之子名叫"南通"，八百第一次赴云南的使者，是由浑乞滥派遣的。浑乞滥卒后，《元史本纪》载："泰定四年（1327年）二月庚寅，八百媳妇蛮酋招南通来献方物。"这说明南通是时已继父位而为八百统治者了。南通既继父位为八百统治者，则浑乞滥自然也是八百统治者了。

总之，西双版纳傣文《泐史》中之匋蟒莱即《兰那纪年》中之孟莱王，其在位的时间正是《经世大典·招捕录》所载八百统治者浑乞滥活动的时间，故匋蟒莱应该就是浑乞滥。元朝与八百建立正式政治关系后，西双版纳的形势也就进一步安定了下来。

三、勐卯、憍尝弥和茫盛恐

前面所讨论的都是滇南傣族区的历史情况。滇西地区的傣族在唐宋时期也同样有较大的发展。在史料不多的情况下，我们就传说和文献记载的"勐卯""憍尝弥"

---

① 《元史·泰定帝本记》。

和"茫盛恐"这几个地名，结合有关史料进行讨论，是有助于说明此期间滇西傣族的某些历史情况的。

滇西傣族的先民"滇越"，早在西汉初年就已经知道役使象，因而被称为"乘象国"。[①] 东汉之世，"永昌徼外"和傣族具有族源关系的"擅人"或"掸人"曾三次派遣使者到洛阳，贡献珍宝，东汉王朝赐掸人首领雍由调金印紫绶，封之为"汉大都尉"。[②] 这是古文献记载，可与今德宏瑞丽（勐卯）地区傣族古史传说互相印证。传说谓两千年前就有傣族居住在瑞丽江流域，6世纪中叶有了较大的发展。[③] 到10世纪末，在滇西以今瑞丽地区为中心，出现了强大的勐卯政权。它的西北为勐兴古或作勐盛郭，即后来《明史》之孟养、孟拱等地；南为勐兴威，即《明史》之木邦；木邦之南则为勐兴色，其辖区有时达到南边的孟琏。此四部虽各有其独立性，但也常常联合起来奉其中之一部统治者为共主，称为"憍尝弥国"（Kausambi）。[④] "憍尝弥"也是一个梵化名称，见于玄奘《大唐西域记》卷5。古代勐卯政权的中心，即今德宏地区的瑞丽，其傣族名称今日仍称"勐卯"。勐卯的另一古名，傣语称为 Kotsampi，就是借用"憍尝弥"一名。由此可见，宋代勐卯曾为憍尝弥国四部之共主和中心，恰如前述勐泐之为景龙国各部的中心；憍尝弥是勐卯的梵化名称，也正如阿罗毗是茫乃的梵化名称一样。

憍尝弥国既存在于10世纪末，则其产生必早于此时。究竟产生于何时呢？关于这方面的确切史料虽然极难找到，但前述唐人樊绰的《云南志》却给我们提供了一个重要线索。

《云南志》卷四在叙述茫人的分布时，先从永昌由北往南列举了一些茫人分布的地名，接着又列举滇西及其附近地区，如"大赕、茫昌、茫盛恐、茫鲜、茫施、皆其类也"。这几个地方中，开头一个"大赕"的地望，该书卷二说它在永昌西北，

---

① 《史记·大宛列传》。
② 《后汉书》之《和帝本纪》《安帝本纪》《顺帝本纪》，又见同书《陈禅传》。
③ 据瑞丽傣族民间传说，并见邦德里：《泰族侵入印度支那考》，载陆翔译《国闻译证》，第89—91页。
④ 马司帛洛：《宋初越南半岛诸国考》，载《西域南海史地考证译丛》一编，第144—146页。

赕，"彝语若州"，① 大，言其广阔，"周回百余里"。② 这样大的平原，又在永昌西北，说明大赕当为南诏丽水节度辖区北部的大平原。最后一个"茫施"，《元史·地理志》说："茫施路，在柔远路之南，泸江之西，其地曰怒谋，曰大枯赕、小枯赕，即唐史所谓茫施蛮也。"《明史·云南土司传·芒市》说："芒市……在永昌西南四百里，即唐史所谓茫施蛮也。"元代的茫施路和明代的芒市御夷长官司，都是在今德宏傣族景颇族自治州首府芒市一带，可见"茫施"应即芒市。看来《云南志》叙述这几个地方是顺次由西北到东南，都在南诏丽水节度和永昌节度境内，亦即在今德宏自治州及境外一些地区。值得注意的是，茫盛恐的地望可能即在大赕东南、勐卯西北，正是憍赏弥国四部之一的勐兴古的所在地，二者的读音也几乎完全一致。应该说茫盛恐或勐盛恐即为勐兴古。

再从当时滇西地区内外形势来看，原来金齿、银齿、茫人等部位于南诏和骠国两大政治力量之间，成为二者争夺的对象。《新唐书·地理志》载从安南通天竺道说：从永昌故郡"西渡怒江至诸葛亮城二百里，又南至乐城二百里，又入骠国境，经万公等八部落至悉利城七百里"。（按：诸葛亮城在今保山、腾冲间之怒江坝，乐城在今芒市地区。）进入骠国后提到的第一个地名为万公。方国瑜先生考证万公即太公，而太公即傣掸语之Takawng，意为"鼓渡口"，当以该地有傣掸人之分布而得名。③ 由此可见，金齿、茫人等部位于南诏和骠国之间，有的且在骠国境内。

832年，南诏攻陷骠国都城，并俘虏去骠民三千人，从此骠国一蹶不振，以致灭亡。④ 骠国对境内的金齿、茫人，也就随之失去控制。南诏在滇西及境外取得胜利后，又于9世纪40年代到70年代以大军连年进攻安南、黔南、西川等地，对西川甚至不惜"倾国来攻"。⑤ 南诏统治者这样大规模地进行掠夺性战争，"兵出无宁

---

① 《新唐书·南诏传》。

② 樊绰：《云南志》卷四。

③ 方国瑜：《元代云南行省傣族史料编年》，第24页；又见哈威著，姚梓良译：《缅甸史》，商务印书馆1957年版，第一章，第39—40页。

④ 〔缅甸〕波巴信著，陈炎译：《缅甸史》，商务印书馆1965年版，第21—22页；又见《新唐书》卷222下《骠国传》。

⑤ 《资治通鉴·唐记》。

岁，诸国（各部落）更仇怨，屡复从，国耗虚。蜀之役，男子十五以下悉发，妇耕以饷军"①。掳掠战争的结果，给南诏奴隶制政权带来的是经济凋敝，国力虚耗，广大奴隶、农民和各部落百姓纷纷起义，终于导致南诏政权于902年灭亡。在这数十年的战乱中，南诏军队的主力在东不在西，自然无力强化对西部金齿、茫人诸部的控制，加以骠国已亡，缅族建立的蒲甘王朝尚未崛起，这样的形势自然极有利于金齿、茫人各部的发展。

由此可见，以勐卯为中心的憍尝弥国在9世纪时应该已经出现，茫盛恐即是其中的组成部分。从文献资料和传说互相印证分析，说明滇西地区金齿、茫人的政治组织，在唐代已经有了较高的发展。正因为如此，南诏乃在滇西傣族地区设置相应的政权机构进行统治。南诏的永昌、丽水两节度管辖着境内所属金齿、银齿、绣脚、茫人等部，与开南节度在滇南所起的作用相同。

四、结束语

以上我们对唐宋时期滇南和滇西傣族史上的几个地名和人名，结合中外有关史料，进行了比较研究，对一些有关问题做了新的探索，提出了一些粗浅的看法。现在归纳如下：

在滇南，西双版纳傣族早在唐代即已建立了茫乃政权，茫乃的梵化名称为阿罗毗；茫乃政权的建立，比南宋时的景龙政权至少早三百余年。茫乃为南诏版图的一部分，并不属于庸那迦国或金城国的版图，说明当时真腊的政治力量并未达到今西双版纳，而真腊与南诏的边境也不在西双版纳之北境，是在其南境。宋末，《泐史》中之匋蛮莱，即《兰那纪年》中之孟莱王，其在位时间正是《经世大典·招捕录》中所载八百统治者浑乞滥活动的时间，故匋蛮莱应即浑乞滥。由于八百与西双版纳关系密切，元朝与八百建立正式的政治关系后，西双版纳的形势也进一步安定下来。

――――――――

① 《新唐书·南诏传》。

在滇西，10世纪末原有傣族各部建立的"憍尝弥国"，勐卯是其组成部分。勐卯的另一古名即"憍尝弥"，说明它是这个政权的中心。憍尝弥则是其梵化名称，正如阿罗毗是勐乃的梵化名称一样。憍尝弥国既存在于10世纪末，则其产生必早于是时。它的另一组成部分叫"勐兴古"，就是南诏后期金齿、茫人中的茫盛恐部。当时南诏已衰，骠国已亡，形势有利于金齿、茫人的发展，表明憍尝弥国在9世纪中应该已经兴起了。

唐宋时期傣族的政治发展及其和南诏大理政权的关系

　　唐宋时期，南诏、大理政权先后兴起于云南，版图包括今云南及其附近地区。傣族是自古居住在云南的一个兄弟民族，亦曾建国称王。国内学术界对以彝族和白族为主体建立南诏、大理政权的看法，已经成为定论。但对南诏统治者是彝族还是白族，尚有不同看法。国外研究者中流行较普遍的观点，则是南诏、大理政权为泰族所建立。他们所谓泰族，实际包括了同属一语族的不同民族，且把我国傣族亦包括在内。如果从语言系属的角度说，傣语和国内同一语族的各族语言具有系属关系，和国外缅甸的掸语、泰国的泰语以及老挝的老语也具有系属关系，因而这些民族语言，在不同程度上具有相同之处。由于它们属于同一语族，因而在族源上也或多或少地具有一定的历史渊源关系。然而，语言系属和族源方面有关，并不等于语言系属相同就同属于一个民族，客观实际显然也是如此。如果那样看问题，就会得出我国属于壮侗语族的各民族和国外的泰、掸、老等各民族都同属于一族的错误结论，从而人为地否定了有关各民族的历史发展和客观存在。民族是一个历史范畴，世界各民族都有其形成发展的历史。傣族史不能等同于壮、侗、布依、水等族的历史，也不能等同于其他有关各族的历史。既然南诏、大理是以彝族和白族为主体建立的政权，即使把傣和泰混为一谈，也无法证明傣族建立了南诏、大理政权。

　　那么，唐宋时期傣族和南诏、大理政权的关系究竟如何？是傣族建立了南诏、大理政权还是从属于南诏、大理政权？这就是本文所要讨论的问题。

一、傣族是南诏大理境内的民族

要弄清傣族和南诏、大理政权的关系，必须首先弄清傣族当时的分布情况；而要弄清分布情况，又应首先弄清傣族的称谓，因见于记载的各地傣族并无统一的族称，而且基本上都是他称。唐代记录傣族较详的著作，莫过于樊绰所撰的《云南志》①。该书对傣族的称谓，一是按傣族居住地区的特点而称之为"茫蛮"②。傣语称"地方"为"勐"，"茫"乃勐之异写。"茫蛮"用牛和象耕种水田③，说明唐代的茫人和今日傣族一样居住于平坝地区，故茫又含有"坝子"之意，被称为"茫蛮"，意为"住在坝子上的人"，以别于住居山区的民族。

茫人的分布很广，地名一般都冠以"茫"字。在南诏政权中心区的洱海地区是找不到这类地名的。但在滇西和滇南，根据《云南志》的记载，有不少带茫字的地名，显然这些地方都有茫人的分布，正与今天傣族的分布相合。

《云南志》卷四又按傣族服饰的特点，而称之为"黑齿蛮、金齿蛮、银齿蛮、绣脚蛮、绣面蛮"等。他们既分布在南诏永昌节度区，又分布在开南节度区内，亦即今滇西和滇南，这和上述茫人的分布地区是一致的。

红河流域的傣族，《新唐书》及宋人记载则多以"白衣"称之。《新唐书·南诏传》提到"白衣没命军"④，宋人周去非《岭外代答》、赵汝适《诸蕃志》等书也都提到"白衣蛮"。元代除对红河流域傣族称呼此名外⑤，更是广泛用于西双版纳的车里、德宏地区及以西的蒙光（应为"勐拱"的同音异写）、木邦等傣族地区。

此外，在白衣分布区中，部分人被称为"棠魔"（"棠"字《云南志》作"祟"，今据《太平御览》卷789引《南夷志》改），此为《云南志》中所记傣族名称中的唯一自称，乃"傣勐"的异写。解放后民主改革前西双版纳农民中多数为傣勐，其

---

① 《云南志》又有《蛮书》《云南记》《云南史记》《南夷志》等名称，撰于咸通年间。
② 《云南志》卷四。
③ 《云南志》卷四。
④ 《新唐书·南诏传》。
⑤ 《元史·世祖本纪》。

历史身份则为农村公社成员，亦即棠魔之身份。

　　总之，唐宋时期傣族的分布并不在南诏大理政权的中心洱海地区，而是东南起红河流域，到滇南的西双版纳，再到滇西德宏地区，和今天傣族分布地区基本相同。这些地区都在南诏、大理政权的版图内成为其组成部分，居住在这些地区的傣族自然是在南诏、大理政权的统辖之下。

二、滇南傣族的政治发展和周边关系

　　由于傣族所处的特殊地理政治环境，它的发展不能不受到周围各政治势力的影响。就滇南和滇西各主要傣族分布区而论，其西及西南，前有骠国，后有蒲甘，南有真腊，北及东北则为南诏、大理政治中心地区。傣族处于各大政权之间，其政治发展必然和周围各政治势力之间的联系和斗争以及盛衰消长分不开。

　　《云南志》卷四说："茫蛮部落，并是开南杂类种也。茫是其君之号，蛮呼茫诏。"关于"茫诏"，可能是该书作者樊绰不明白傣语形容词后置的特点，或后人传抄之误。茫即今之勐，是"地方""坝子"之意，如前所述。"茫诏"应是"诏茫"，亦即"诏勐"之倒误。"诏勐"今写作"召勐"，意为"一个地方之主"，即一个勐的统治者。这在解放前，甚至民主改革前的西双版纳仍然是存在的。茫人既以茫（勐）为地区单位，且范围相当广大，如茫天连为今之孟连地区，茫施为今之芒市地区。茫人已越过刀耕火种的原始耕作阶段，发展了种水田的犁耕农业经济，使用牛和象耕田；手工业也有了一定的发展，会打制金、银器，战士佩带铁制刀剑；用木棉织布，会取卤煮盐；商业交换也有一定的发展[①]。这些都说明茫人已具有较高的生产力水平，越过了原始社会生产力的范畴。这样，这种茫（勐）必非基于血缘的公社组织，而是以地缘公社为基础，并存在着血缘公社的残余。前述红河流域的棠魔（傣勐）即为农村公社的成员。这就可以反证具有越过原始社会生产力水平的茫人，至少已具有向阶级社会过渡的村社组织，从而这种茫已在一定程度上具有阶级社会的

---

　　① 《云南志》卷四、卷七。

政区性质。

至于诏茫（勐）对一个茫（勐）的统治，必然和掌管全茫的水利灌溉事务分不开。如前所述，茫人既然发展了水田农业，水利灌溉也自然是不可少的条件，因而控制了水利灌溉就等于变相地控制了水田耕作。水利和水田这种密不可分的关系，仍然生动地体现在民主改革前西双版纳傣族农民的朴素语言中："南召领召"——水和土都是官家的。这里在农奴制下，农奴主控制了水和土，从而作为统治、剥削农奴的一种手段。唐代傣族社会中的诏茫，又何尝不是利用掌管全区水利灌溉，把孤立的村社联合在灌溉网内，使生产得以进行，从而形成一个辖区，不论在滇西或滇南，看来是普遍存在的①。

那么，比茫更大的政治局面是否也已形成了呢？

就滇南和滇西的两个主要傣族分布区而论，应该说，早在唐代大于茫（勐）的政治局面即已形成。但如前所述，由于傣族在分布上所处的特殊地理政治环境和内外关系的制约，傣族的统一政权则未能形成。

以滇南的西双版纳而论，今天的景洪过去称为"勐泐"或"勐乃"，是个很古老的名称。南诏开南节度南部有个茫人地区称为"茫乃"，也就是勐泐，正是今天的景洪地区。《云南志》卷六说："开南城在龙尾城南十一日程……茫乃道并黑齿等类十部落皆属焉。"开南城在今景东，为南诏开南节度治所。茫乃道和黑齿十部落并提，表明南诏在开南节度下面的茫乃设道一级政权，治理黑齿十部，茫乃应为黑齿十部的中心，而黑齿正是唐代傣族他称之一。勐泐一名应与西双版纳傣族称为"傣泐"有关，既然唐代白衣中已有棠魔（傣勐）的名称出现，则"傣泐"一名也很可能在唐代即已出现，而《云南志》却以汉称"黑齿"记录下来。由此可见，茫乃所辖应包括以今景洪为中心的西双版纳各勐，自然是较勐为大的政治结构。而傣族社会的这一发展，遂成为南诏统治者设立茫乃道的基础②。

根据西双版纳傣族古史传说，早在傣历542年（宋淳熙七年，1180年）叭真于

---

① 《云南志》卷六。

② 王军：《试论西双版纳茫乃政权》，载云南省历史研究所《研究集刊》1982年第2期。

勐泐建立"景龙金殿国"之前，有叭阿拉武者，追赶金鹿，入主勐泐，成为叭真之前的西双版纳统治者①。传说他按照自己的名字给今天的景洪起名"阿拉米龙"，"龙"傣语"大"之意，即"广大的阿拉米"。其实阿拉米就是西双版纳傣文编年史——《泐史》所载"十二版纳古名阿罗毗"②的异写。所谓阿罗毗，乃是一个梵化名称，全名为"阿罗毗刺侘"（Alavirastra），与唐代玄奘游历古印度时所经南印度的摩诃刺侘（Maharastra）及西印度的苏刺侘（Surastra）两个地名字尾完全相同③。阿罗毗既是一个梵化名称，则是派生的，必有另一本地名称，而时代相当的就是茫乃（勐泐）。

尽管唐时傣族已在滇南建立了包有今西双版纳各勐的茫乃政权，但仍在南诏开南节度辖区内。《云南志》卷十说："水真腊国，陆真腊国，与蛮镇南节度相接。"镇南即南诏南疆之开南节度。近人考证水真腊主要为今柬埔寨，陆真腊即文单国主要为今老挝之地，④南诏南境实与陆真腊即老挝相邻。茫乃既属南诏疆域一部分，则其南境当然就是南诏国之南境。这就说明当时真腊的政治力量并未达到西双版纳，其与南诏之边境只能在西双版纳南境。又据《新唐书》卷222下《真腊传》："文单西北属国曰参半，武德八年使者来。"《册府元龟》卷970载参半除武德年间遣使来聘外，并于贞观二年（628年）十月遣使与真腊使节同来中国。参半的地望在陆真腊西北，其西又与骠国（缅甸）相接，则参半国应即庸那迦国。《庸那迦国纪年》还载有其受制于吉蔑（即真腊）的情况。同样，庸那迦国北境也只能与南诏南境相邻。

由于南诏境外吉蔑人与孟人所建立之文单国（陆真腊）及哈里奔猜国势力强大，阻碍了南诏势力向南发展。南诏兵力虽曾及于境外今泰国北部及东北部一带，亦往往受阻退回。《云南志》卷十说南诏开南节度以南三十余日程为女王国，南诏军二万曾侵入其境，"被女王药箭射之，十不存一"，乃退回⑤。按《庸那迦国纪年》

---

① 云南民族研究所印：《西双版纳傣族史料译丛》。

② 李拂一译：《泐史》下卷及附录。

③ 张星烺编注：《中西交通史料汇编》第六册，中华书局1979年版，第270、第271页。

④ 黄盛璋：《文单国——老挝历史地理新探》，载《历史研究》1962年第5期。

⑤ 向达：《蛮书校注》，第244–245页。

说："庸那迦国 …… 南部为 YonakaXienSen，当其隶属吉蔑帝国时，其南境与八百 Haribhunjaya（XienMai）接界。"① 这就是说，庸那迦国南部为景线，当其作为真腊属国时，其南境与元代八百媳妇国之前身即孟人建立的哈里奔猜国相接。此哈里奔猜国以暹北南奔为中心，且为一女王查马德维者所建立，② 故此国应即《云南志》所谓之女王国。南诏兵力虽远达此处，终受阻退回。南诏无力再南下远图，而境外诸国亦无力侵入南诏，西双版纳傣族之政治发展，自然受此种政治形势之影响。境外傣语诸族在吉蔑帝国及孟人国家统治下，势分力弱，未能形成强有力之政治力量。此种政治形势一直延续到9世纪末、10世纪初始起变化。

9世纪中后期，南诏反复对外用兵，从40年代到70年代以大军连年进攻安南、黔南、西川等地，对西川不惜"倾国来攻"③，进行掠夺性战争。掠夺战争的结果，给南诏奴隶制政权带来的是经济凋敝，国力虚耗，奴隶、农民和部落百姓的反抗，终于导致南诏政权于唐昭宗天复二年（902年）灭亡。此后经过几个短暂的政权交替，段氏大理政权最后取代南诏而为云南的统治力量。

在这数十年的动乱中，南诏军队的主力投入其东北、东方和南战场，对滇南主要是西双版纳的傣族黑齿、茫人诸部的控制力量削弱，从而给傣族的发展创造了条件。在这个变化过程中，滇南傣族分布区逐渐向北扩大。《元史·地理志·威楚路》说："开南州，昔朴、和尼二蛮所居也 …… 至蒙氏兴，立银生府，后为金齿白蛮所陷，移府治于威楚。"又说："威远州，在开南州西南 …… 昔朴、和尼二蛮所居 …… 其后金齿白夷蛮酋阿只步等夺其地。"朴、和尼为布朗族和哈尼族，金齿白夷指傣族，分布地区向北扩大，说明傣族力量的增长。

与此同时，境外的政治形势也在发生着变化。南宋淳熙四年（1177年）五月，占城国王击败真腊，直到绍熙元年（1190年）真腊始击败占城而恢复国力。在这近二十年中，傣语诸族乘机发展自己的力量以反抗真腊的统治。

---

① 《西域南海史地考证译丛》一编，第130页。

② 姆·耳·马尼·琼赛:《泰国与柬埔寨史》（中译本），福建人民出版社1976年版，第27页。

③ 《资治通鉴·唐纪》。

随着傣族势力的增长，西双版纳傣族首领叭真，经过十年的兼并战争，统一各部，于傣历542年（宋淳熙七年，1180年）"入主勐泐"，建立景龙金殿国。景龙国的建立，是西双版纳傣族继南诏时期建立茫乃政权之后政治发展的又一新阶段，其疆域广大，超过了今西双版纳地区的范围。当时已属大理政权时期，西双版纳受大理政权统治，和南宋政权并无直接联系，茫乃道受南诏统治，景龙政权受大理统治，接受大理王封赐，也是顺理成章的事。《泐史》载宋光宗绍熙三年（1192年）叭真去世，其幼子继位时，又"归顺天朝，天朝皇帝规定其进贡之礼，封之为九江王"。景龙国和大理的政治联系是很密切的。

总之，唐宋时期滇南西双版纳傣族在政治方面有了较大的发展，先后建立了茫乃政权、景龙金殿国。前者在南诏国疆域内，成为其组成部分；后者在大理国疆域内，亦为其组成部分。茫乃和景龙政权的建立，与境内外政治形势的变化分不开，同时又给境内外的政治形势以深远的影响。

三、滇西傣族的政治发展和周边关系

和滇南地区傣族的政治发展情况相似，唐宋时期滇西傣族地区也同样有较大发展，且和滇南傣族地区一样，其发展受着境内外政治形势的影响。

早在西汉初年，傣族的先民"滇越"便已见于司马迁所著《史记》。滇越一名乃是地名和所在族名的结合，类似于闽越、南越，当属百越一部，其地望为当今德宏傣族景颇族自治州一带。滇越和后来傣族一样用象作交通工具，因而被称为"乘象国"。[①] 东汉时期，"永昌徼外"和傣族具有族源关系的"擅人"或写作"掸人"，其大长雍由调多次遣使到洛阳"重译贡奉"，和东汉王朝建立了政治联系，见于记载的有永元九年（97年）、永宁元年（120年）和永建六年（131年）三次。雍由调被东汉朝廷封为"汉大都尉"，给以金印紫绶，成为东汉王朝的边郡太守[②]。这是永

---

① 《史记·大宛列传》。

② 《后汉书》之《和帝本纪》《安帝本纪》《顺帝本纪》及同书《陈禅传》。

昌徼外的情况。永昌境内，居住在这一带地区的哀牢人在此以前已主动内附，东汉永平十二年（69年）汉朝廷在哀牢地区建立了永昌郡①。哀牢人分布的地区很广，"东西三千里，南北四千六百里"②。在这个广阔地区不仅居住着哀牢人，还居住着闽越、濮、鸠僚等族③，其中鸠僚的分布自滇西一直到滇东南。鸠僚应是僚的一支，僚则属于百越族群。僚由于从百越中分化出来，仍有越族的残余特征，如夜郎的主体民族为僚，而夜郎王亦称越王④。

关于鸠僚的分布，《华阳国志·南中志》说："兴古郡 …… 多鸠僚。"又《太平御览》卷791引《永昌郡传》说："兴古郡 …… 邻九县，…… 九县之人皆号曰鸠民。"鸠民实即鸠僚。兴古郡为今文山州和红河州一带地，永昌郡则包有今德宏至西双版纳的广大地区。鸠僚和唐宋时期金齿、茫人及白衣等同属百越系统，且分布地区相同，说明鸠僚即金齿、茫人及白衣等的先民。可以说西汉初的滇越即部分鸠僚的前身，《史记》以后有关史籍不见滇越一名，乃为鸠僚一名所代替。

鸠僚的社会发展情况，史料缺乏，不得其详。但哀牢地区为多民族分布区，鸠僚是其中之大者。哀牢王内属时，境内称邑王者七十七人⑤，鸠僚酋长当在邑王之中，亦随之内属。

鸠僚与掸同属百越系统，而且都和东汉王朝建立了政治联系，这是汉文史籍记载。证之傣族古史传说及傣文地方编年史，今德宏瑞丽（勐卯）地区两千多年前就有傣族先民居住并有一定的发展，建立了所谓Pong王国⑥。传说可能反映了一定的史影。又据傣文勐卯及兴威编年史记载，6世纪勐卯地区有了较大发展，到7世

---

① 《后汉书·南蛮西南夷传》载：明帝"永平十二年（69年），哀牢王柳貌遣子率种人内属，其称邑王者七十七人，户五万一千八百九十，口五十五万三千七百十一 …… 以其地为永昌郡"。

② 〔晋〕常璩：《华阳国志·南中志》。

③ 〔晋〕常璩：《华阳国志·南中志》。

④ 《太平御览》卷771引《异物志》说："有一山，在海内，小而高，似系船杙，俗人谓之越王牂柯。"夜郎即在牂柯地区，是夜郎王即为越王。

⑤ 《后汉书·西南夷·哀牢传》。

⑥ 据瑞丽傣族民间传说，并见邦德里《泰族侵入印度支那考》，载陆翔译《国闻译证》，第89—91页。

纪，勐卯王国形成。沿瑞丽江流域各勐均由勐卯统治者派遣诸子或亲属进行统治。[①]
直到11世纪，勐卯政权均保持不同程度的繁荣。它的西北为勐兴古或作勐盛郭[②]，
南为勐兴威[③]，勐兴威之南则为勐兴色，勐兴色的辖区有时达到南边之孟艮。此四
部虽各有其独立性，但也常联合而奉其中一部之统治者为共主，称为"憍尝弥国"
（Kausambi）[④]。"憍尝弥"乃是一个梵化名称，见于玄奘《大唐西域记》卷5，古代勐
卯政权的中心，即今德宏地区的瑞丽一带，傣名仍称"勐卯"，而其梵化名称则为
"憍尝弥"。憍尝弥国实为包括四部及若干个勐的政治组织，类似西双版纳之茫乃和
景龙国。

　　以上关于勐卯及憍尝弥国情况，系转引国外研究者所据之傣掸文献。由于此类
文献乃口耳相传，后来形之于书，所记古史及历史事实的时代往往不甚准确，但用
汉文史料分析印证，亦可有助于复原其本来面目。关于憍尝弥国产生于何时，迄今
尚无确切史料可以说明，但樊绰《云南志》却提供了极为重要的线索。

　　《云南志》成书于9世纪中叶，此期间应是憍尝弥国开始形成之时。前述滇西金
齿、茫人的分布时，曾提到《云南志》卷四所载茫昌、茫盛恐及茫施等地名，这几
个茫都是金齿、茫人的分布区。"茫昌"应即"茫冒"之误，而"冒"乃"卯"的异写。
勐卯是憍尝弥的中心，其统治者是联合起来的各部的共主；茫盛恐即11世纪之勐兴
古，为组织憍尝弥国之一部。憍尝弥四部之联合体可能在9世纪中后期即已形成。

　　从当时滇西地区内外政治形势看，金齿、茫人等部正位于南诏和骠国两大政
治力量之间，成为二者争夺的对象。南诏政权兴起于8世纪30年代，但南诏兵力于
唐肃宗宝应元年（762年）始达滇西及境外。是岁，南诏阁罗凤亲率大军西开寻传
（"寻传"疑为"寻傅"之误，寻傅即景颇之异写）、裸形、祁鲜之地，今滇西怒江
及伊洛瓦底江上游俱归南诏。南诏为置永昌节度及丽水节度，"凡管金齿、漆齿、绣

①　Padmeswar Gogoi: "The Tai and the Tai Kingdoms", Gauhati University Press, India, 1968: 113–117.

②　勐兴古:《明史》之勐拱、勐养等地。

③　勐兴威:《明史》之木邦。

④　马司帛洛:《宋初越南半岛诸国考》，载《西域南海史地考证译丛》一编，第144–146页。并详本书
《唐宋时期傣族史上若干地名人名研究》。

脚、绣面、雕题、僧耆等十余部落"以及"穿鼻、裸形、磨些、望外喻"等诸族①。显然,这时金齿、茫人等部已为南诏所统治,在南诏强大兵力控制下,是很难联合起来形成强大政治局面的。

境外,缅甸境内的骠国早在南诏兴起之前即已见于记载。成书于3世纪末之《南中八郡志》说:"永昌,古哀牢国也。传闻永昌西南三千里有剽(骠)国,君臣、父子、长幼有序。剽(骠)国……以金为刀戟。"②骠国势力强盛,统治了周围(伊洛瓦底江)各族。骠国在南诏向滇西及境外发展其势力后,遂与南诏接触频繁,并通过南诏与唐建立了友好的政治联系。唐德宗贞元十八年(802年),骠国王摩罗思那曾遣其子悉利移因南诏入唐聘问。③在骠与南诏的斗争中,南诏处于优势,此种外交活动,客观上具有从政治上牵制南诏的作用。自9世纪初寻阁劝之后,南诏王皆称"骠信",意为骠王;《新唐书》卷222下《骠国传》说:"南诏以兵强地接,常羁制之"。该传又说异牟寻"且令骠国进乐人",说明骠国已在南诏控制之下。唐文宗太和六年(832年),南诏复以兵侵骠国,攻陷其都城,俘骠民三千徙于滇东昆明地区。从此骠国一蹶不振,以致灭亡。骠国对境内的金齿、茫人诸部随之失去控制。南诏在滇西及境外取得胜利后,又于9世纪40年代到70年代以大军连年进攻安南、黔南、西川等地。长期掠夺战争的结果,使南诏国力虚耗,内外交困,终于唐昭宗天复二年(902年)灭亡。此后经大长和、大天兴、大义宁等短暂政权更替,最后始由白族段氏大理政权于后晋天福二年(937年)统一云南。在这数十年中,统治政权不仅对滇南,同样对滇西金齿、茫人诸部亦无力控制。境外则骠国已亡,缅族建立的蒲甘王朝尚未崛起,这样的形势极有利于金齿、茫人诸部的发展。故9世纪中后期,以勐卯为中心的憍赏弥国得以建立,至10世纪遂逐步强大起来。《元史·地理志》说:"唐南诏蒙氏兴,异牟寻破群蛮,尽虏其人以实其东南北,取其地南至青石山缅界,悉属大理。"这句话反映了南诏强盛时情况。接着又说:"及段氏

---

① 《云南志》卷六。

② 据王叔武辑著:《云南古佚书钞》,云南人民出版社1978年版,第10页。

③ 〔缅甸〕波巴信著,陈炎译:《缅甸史》,商务印书馆1965年版,第21—22页;又见《新唐书·骠国传》。

时，白夷诸蛮渐复故地。是后，金齿诸蛮浸盛。"这句话则反映了南诏、大理之际西部傣族的发展。

总之，唐宋时期滇南和滇西傣族在政治方面均有较大发展，但由于具体历史条件的制约，各地傣族在南诏、大理政权治统下，却未能形成一个统一的政权。

四、傣族统治者与南诏大理政权

从上面的分析可以看出，唐宋时期傣族的分布已和今天的分布基本一致，其政治发展表现为一些地方性政权的产生，这些地方性政权与傣族的分布地区一致，特别是西双版纳和德宏这两个傣族的主要分布区。在南诏大理政权统治中心的洱海地区不是傣族分布区，也从无傣族地方性政权的建立。

那么，南诏、大理政权的统治集团特别是王族是否为傣族或者与傣族有关呢？

根据大量资料，南诏、大理是以彝族和白族为主体在云南建立的政权，这在国内已经成为定论。就语言而论，彝语和白语均属汉藏语系藏缅语族，而傣语则属于壮侗语族。南诏时期遗留下来的有关名物制度的一些词汇，如王母称为"信么"，主兵者称为"幕爽"，小府主将称为"幕伪"等都是彝语，称州为"赕"，也和彝语"甸"相同。又如称五亩面积的土地为"一双"，虎皮为"波罗皮"，腰带为"佉苴"，兄为"容"，臣为"昶"等又都是白语。① 至于称王为"诏"，这和与彝、白族有族属渊源的古代氐、羌族就称王为"诏"有关，如前秦苻坚称"苻诏"。② 因而摭拾一两个相同的词汇，如以傣语称王为诏，便断定南诏为傣族所建，则是荒谬的。其实二者在语法上并不相同，傣语之"召"置于形容词之前，如"召勐泐"，而南诏之"诏"则置于形容词之后，如"蒙舍诏"。

父子连名制是彝族和彝语支一些民族所特有的习俗，这是傣族以及壮侗语族各

---

① 《云南志》卷八，并见马长寿《南诏国内的部族组织和奴隶制度》，上海人民出版社1961年版，第16页。

② 《晋书》卷114《苻坚载记》。

民族所绝对不存在的。南诏则严格遵行父子连名制。《新唐书·南诏传》说："王蒙氏，父子以名相属。自舍龙以来有谱次可考。舍龙生独逻，亦曰细奴逻。"以下子连父名为逻盛 — 盛罗皮 — 皮罗阁 — 阁罗凤 — 凤伽异 — 异牟寻 — 寻阁劝，等等。这一习俗今日在一些彝族地区仍严格保存着。大理政权的白族贵族亦有行父子连名制的，如协助段思平起兵建立大理政权的高氏，有高智升 — 升祥 — 祥坚 — 坚成 — 成生 — 生福，等。① 这一习俗在傣族各土司家谱中从来没有发现过。《泐史》记载西双版纳景龙金殿国创建者叭真及其后代的世系，代代相传，但却绝无子连父名的情况，便是证明。

还有，建立南诏政权的蒙舍诏，兴起于今巍山地区，当地彝族自称"迷撒拔"，"拔"意为"人"，"迷撒"即"蒙舍"的对音，当地彝族中有的家谱仍以蒙舍诏细奴逻为其始祖，子连父名，代代相传。② 南诏和彝族的关系是十分清楚的。

婚姻关系也值得注意。《云南志》卷四说："独锦蛮，乌蛮苗裔也 …… 其族多姓李，异牟寻母独锦蛮女也，牟寻之姑亦嫁独锦蛮，独锦蛮之女为牟寻妻。"《云南志》卷三说："六诏并乌蛮。"《新唐书·南诏传》说南诏是"乌蛮别种"。因而南诏均和乌蛮通婚。反观傣族，土司通婚亦在傣族内部土司之间进行。如南诏王室为傣族，则应与金齿、茫人、白衣等通婚，而见于记载的事实却并非如此。

显然南诏、大理政权非傣族所建立，王室亦非傣族，但傣族先民如金齿、茫人等都是南诏、大理国内的一个民族，唐宋时期境内各族都在南诏、大理政权统治下。③ 不管是南诏的永昌节度、丽水节度，还是开南节度，境内的金齿、银齿、黑齿还是绣脚、茫人、漆齿，"皆为南诏总之，攻战亦招之"。④ 可见傣族不仅受南诏统辖，还要为南诏服兵役。

另一方面，也要看到，由于傣族社会政治的一定发展，产生了较大的首领，南诏统治者从便于统治出发，乃任命傣族首领在南诏政权中任职。例如《南诏德化碑》

---

① 徐嘉瑞：《大理古代文化史稿》，中华书局 1978 年版，第 345 页。
② 刘尧汉：《南诏统治者蒙氏家族属于彝族之新证》，载《历史研究》1954 年第 2 期。
③ 《云南志》卷四有明确介绍。
④ 《云南志》卷四。

中的赵龙细利可能就是出身于茫乃道的傣族首领，解放前西双版纳领主制度中，仍保留着"召龙西利"这一职官名称。

总之，唐宋时期傣族的分布已和今日基本一致，其政治社会已有较高的发展，有了自己的地方政权。但傣族地区是南诏、大理辖区的组成部分，其地方政权亦从属于南诏和大理。因而傣族与南诏、大理政权的关系是统治与从属的关系，而并非傣族建立了南诏、大理政权。至于南诏、大理政权的统治集团特别是王族，也并非傣族。

论古代岭南的百越民族①

　　岭南是百越民族的一个主要分布地区。岭南，又称为"领表""岭外"，即五岭② 以南地区，主要指今广东、广西及海南岛等地。

　　公元前214年，秦始皇以武力平定岭南，设立三郡进行统治，岭南从此归入秦帝国版图。《史记·南越列传》说："秦时已并天下，略定扬越，置桂林、南海、象郡。"这三郡包括了整个岭南地区。汉朝人贾谊《过秦论》说秦始皇"南取百越之地，以为桂林、象郡"。《汉书·地理志》更明确指出："粤（越）地 …… 今之苍梧、玉林、合浦、交阯、九真、南海、日南，皆粤分也。"即上述诸郡均为越人分布地区。可见，不管称为百越或扬越，岭南地区有越人分布是毋庸置疑的。解放后，考古工作者在两广地区及海南岛普遍发现具有百越文化特征的实物，如有肩石斧、有段石锛、印纹陶器、干栏住房及铜鼓等，也有力证明了这一事实。

　　但是，扬越和百越乃是古代越族的泛称，其中包括具有不同族称的越人。根据有关文献记载和考古文化特点，岭南越人基本上应分为三支：一是分布在今广东北部、东部以及中部，以广州为中心的南越；二是分布在广西大部地区以及广东西部的西瓯；三是分布在广西西部、南部、越北以及雷州半岛至海南岛的骆越。但必须指出，岭南越人地区介于东南越人和西南越人地区之间，考古资料所表现出来的文化上的大同小异以至不同类型，反映出有关越人族系在物质上的创造和相互影响。它说明岭南东部越人与东南越人早在远古就有来往，岭南西部越人则和西南地区，

---

　　① 原载宋蜀华著：《百越》，吉林教育出版社1990年版。

　　② 南岭中的五岭，自东向西分别为大庾岭、骑田岭、萌渚岭、都庞岭及越城岭。

更确切地说，和云贵高原上的越人有着相互联系。因而探讨岭南越人的支系，有必要注意到这一特殊的地理历史条件，把他们置于更大的地域范围来考虑，同时还要注意到岭北的楚文化和中原文化的影响。

一、南越

南越为百越的一支。南越一名最早见于《史记·南越列传》。秦汉之际，中原群雄并起，互相攻伐，谁也无力顾及遥远的岭南地区。秦南海郡龙川县令中原人赵佗，听从南海郡尉任嚣的建议，隔绝通往岭北道路，聚兵自守。秦亡，赵佗以南海郡为基础，武力兼并桂林郡和象郡，建立南越国，定都番禺（今广州）。由此出现"南越"这一名称，故"南越"既是族名，又是国名。公元前196年（汉高帝十一年）汉王朝正式封他为"南越王"。南越国的疆域，东西自南海郡至象郡西部，南北自五岭直达南海包有海南岛。力量强盛时，势力所及东至闽越，西至云贵高原的夜郎及其以西的地方。

由于南越包有整个岭南地区，作为族名，广义的南越应是岭南越人的泛称，但史家一般称南海郡即今广东地区的越人为南越。其实南越和东越、西越一样，是按照越族居住的方位来命名的。因而，南越并不是严格意义上的族称，它和"西瓯""骆越"和"苍梧"这几个族称的关系与东越和"东瓯""闽越"的关系相似。

关于南越人的来源，《史记·越王勾践世家》说，越王无疆被楚破灭后，"越以此散，诸族子争位，或为王，或为君，滨于江南海上，服朝于楚"。班固《汉书·地理志》则说岭南各郡越人，"其君禹后，帝少康之庶子云"。看来班固不仅完全继承了司马迁"越为夏禹之后"的观点，而且用以说明岭南越人君长皆禹后。换言之，越国灭亡后，王室子孙及其部分臣民播迁岭南，为王为君。根据这个观点，吴越灭亡后，可以如此；闽越紧邻南海郡，闽越灭亡后，更可如此。不过，即使真是如此，迁入者也只能是岭南越人中的极小部分，或者说岭南越人中有从他处迁来的成分，但主体居民绝不可能是外来的越人，因为找不到这方面的证据。

与此相反，今天岭南考古工作的成就，却充分说明，早在吴越、闽越亡国之前，岭南即已居住着越人的先民。这就是说，"在新石器时代晚期，距今4500年至3000年前后，广东进入了原始社会末期。以发达的几何印纹陶文化为代表，石器以通体磨光的有肩、有段斧碎为主，精巧多样，数量丰富，工艺进步，是这期文化的主要特征"①。这种情况说明，在进入新石器时代，早在中原的夏、商之前，广东地区土著居民的文化创造已明显地表现出百越文化的特点。可见南越是由当地土著居民发展形成，而广东的古代民族即越族，正如吴越和闽越是由当地土著居民发展形成的一样。

广东新石器时代晚期百越文化遗址的大量发现，表明南越族在广东的分布是很广泛的。这个时期以曲江石峡下层、中层，增城金兰寺中层和佛山河宕遗址为代表，遗址数量很多，几乎遍布全省。这时期几何印纹陶文化分布范围广，拍印技术普遍流行。从各地不同层次遗址出土的陶器可以看出，广东几何印纹陶文化有自身的发生、发展、兴盛和衰亡的历史过程。有的遗址的陶器纹饰表现出向青铜时代的夔纹过渡的迹象，这类遗址的下限可能已经到了商代。根据各地区文化特征的差异，广东新石器时代文化大致可以分为六个区域，即粤北地区、粤东平行岭和粤中东江地区、粤东韩江流域地区、粤中珠江三角洲地区、粤西西江流域中游地区和粤西南雷州半岛以及相邻的海南省。②各地文化特征虽小有差别，但都明显反映出百越文化的共性。

（一）先秦时期的南越

关于赵佗建国前南越的历史情况，虽然《史记·南越列传》失于记述，有关史籍也只是一鳞半爪，语焉不详。尽管如此，这些资料也是十分宝贵的。解放后，考古工作者给我们提供了比较丰富的考古文物，使用这两方面的资料，大体能够勾画出先秦时期南越的社会历史情况。

中原对岭南地区以及生活在当地的民族，早在先秦时期便有一定的了解。《尚

---

① 徐恒彬：《南越族先秦史初探》，载《百越民族史论集》，中国社会科学出版社1982年版。
② 文物编辑委员会：《文物考古工作三十年》，第327-328页。

书·尧典》说，尧"申命羲叔宅南交"，命令羲叔治理南方的交阯。《大戴礼记·五帝德篇》说，"帝舜……南抚交阯"。《史记·五帝本纪》也记有舜命禹"定九州，……南抚交阯"。可以说"南交"或"交阯"是最初对岭南的泛称，所以西汉王朝在岭南地区建立的刺史部称为"交阯刺史部"，为全国十三个刺史部之一，这实在不是偶然的。商周时期，根据《逸周书·王会解》的记载，"正南瓯、邓、桂国、损子、产里、百濮、九菌，请以珠玑、瑇瑁、象齿、文犀、翠羽、菌鹤、短狗为献"。又提到瓯人贡蝉蛇、路人贡大竹、苍梧贡翡翠等等。这些方物土产出于商的正南方，又是亚热带的珍禽异兽和海产品，说明正是岭南地区的物产。贡献这些方物的民族，据史家考释，瓯即瓯人或西瓯，路人即骆越，桂国即秦置桂林郡地。[①]至于苍吾（梧），为上引书作注的晋人孔晁说"苍梧亦蛮也"，也是岭南的一族。这些都说明，早在商周时期，岭南各族和中原地区已经有了往来。包括南越、苍梧和瓯、骆社会生产的发展都是受到岭北楚文化以至中原文化不同程度的影响。这种影响随着南越族社会由新石器时代晚期向金属器时代过渡便逐渐表现出来。

　　在粤中增城县金兰寺村新石器时代晚期遗址中，考古工作者发现用粗砂红陶制成的男性生殖器——陶祖，说明这时已进入父系氏族社会，陶祖成为崇拜对象。用碳–14测定同一文化层出土的贝壳年代，说明距今约4000年前。[②]

　　前面提到的广东新石器时代晚期的六个分区的特点是：粤北地区，石器以长身斧锛、有段石锛为主，有肩石器很少。陶器以泥质和夹砂印纹陶共存。粤东平行岭和粤中东江地区与粤北地区的特点基本一致，石器以有段和梯形锛为主。陶器以夹砂陶和印纹软陶为主，但后者发现过陶鬲和陶鬶却不是广东的发明。粤东韩江流域地区临近福建，石器主要是有段石锛，少数有肩石器肩不明显。陶器也是夹砂陶与印纹软陶共存，但有的夹砂较粗，几何印纹不够发达，与福建南部原始文化有密切关系。粤中珠江三角洲地区，以有肩石器为主，有段石器也不少，几何印纹陶很发

---

　　① 蒙文通：《越史丛考》，人民出版社1983年版，第85–86页；江应樑：《傣族史》，四川民族出版社1983年版，第64–65页。

　　② 莫稚：《广东考古调查发掘的新收获》，载《考古》1961年第12期。

达，有的遗址上层有向青铜时代以夔纹为代表的几何印纹陶过渡的性质。粤西西江流域中游地区，大体与粤中珠江三角洲相同。但在与广西临境的封开地区发现的有柄舌形大石铲，为其他地区所不见，而常见于广西东南。最后，粤西南、雷州半岛及海南岛地区，虽以有肩石器和夹砂红褐陶为特征，但几何印纹不甚发达，延续时代较其他地区晚。海南岛的有肩石斧，器身短，肩多呈直角，与珠江三角洲地区发现的看来是一脉相承。[1]

概括说来，从上述六个地区可以看出：

第一，除粤西南及雷州半岛和海南岛外，越人文化的主要特征 —— 几何印纹陶及有肩、有段石器表现得都很突出，这说明岭南东部广东地区的南越文化，接近东南越人文化，属于印纹陶文化范畴。其中珠江三角洲的发展最高，已向青铜时代以夔纹为代表的几何印纹陶过渡。琼州地区最不发达，但延续时间较其他地区为晚，有肩石器的特点又与珠江三角洲的一脉相承，说明这里的印纹陶很可能是从珠江三角洲地区传播去的。

第二，粤西西江流域中游地区已不属于秦代南海郡范围，这种印纹陶文化向西已经越过南海郡，进入秦桂林郡东部。根据考古发掘研究，桂东北部也属于印纹陶文化范畴，这个地区是汉代苍梧郡的一部分。可见汉苍梧郡东部地区与南海郡同属以印纹陶为特征的文化区，但又小有差异。这种差异可能就是印纹陶文化区内的地区和支系差异。"苍梧"这个名称无汉语意义，应是这一族称的汉语音译。替《逸周书》作注的晋人孔晁就说"苍梧亦蛮也"，说明苍梧是越人的一支。苍梧既是族称，又引申为苍梧族所居住的地区名。《史记·五帝本纪》中写道："舜帝 …… 南巡狩，崩于苍梧之野。葬于江南九疑，是为零陵。"九疑是山名，又作九嶷，在今湖南宁远县之南，宁远在汉代属零陵郡。舜是否葬于九疑，我们不必去考察。但舜既归葬于九疑，说明苍梧在九疑之南，正是汉武帝设立苍梧郡的地区，辖境相当于广西都庞岭、大瑶山以东，广东肇庆、罗定以西，湖南江永、江华以南，广西藤县、广东

---

[1] 见文物编辑委员会：《文物考古工作三十年》，第327-328页。

信宜以北。①

第三，粤西对开地区发现其他几个地区所不见的大石铲，这种大石铲却在粤西南、桂东南直到桂西均有大量发现，出土的有肩石器也很多，而几何印纹陶却很少发现。这说明桂江和西江以西是另一越人文化区，这一文化区应该就是骆越所创造的。这些文化差异，进入青铜时代仍然是明显的。关于骆越和西瓯，我们将在下一节介绍。

再从社会发展角度看，上述六个地区中，除最后一个地区由于具体的地理和历史条件，在秦统一岭南之后的相当一段时期内，还保留着比较明显的原始社会晚期的特征而较其他五个地区发展迟缓外，其他"五个发达的新石器时代晚期的经济文化区域，是南越人最先结合成部落联盟的地区，时间相当于我国的夏商时期"。②

这时期人们的生产活动，南部近海地区以捕捞、渔业为主。北部丘陵地区发展了原始锄耕农业，在曲江县石峡和泥岭发现了目前广东最早的栽培稻，以籼稻为主，还发现不少石镞、石铲等农业生产工具。③中部佛山河宕一带，既有近海沼泽，又有草原森林，兼具渔农之利。在一处不到一公里的范围内，就发现七八处贝丘遗址，表明这里有人口密集的聚落。大量的印纹陶器及窖穴以及开辟山林的双肩石斧、石碎，说明这里的经济生活是以定居的原始锄耕农业为主，并饲养猪狗等家畜。④

随着生产的发展，社会开始出现贫富分化。粤北地区曲江石峡遗址，考古工作者发掘墓葬约130座，其中大型墓葬随葬品多达60—110件，并有精美饰物如石琮、石璧、石璜等，而中小墓型的随葬品不过4—12件，这种情况反映出死者生前的社会地位和财富的差异。⑤随着生产力的进一步发提高，青铜器进一步代替石器，

① 《辞海》"苍梧"条释文。

② 徐恒彬：《南越族先秦史初探》。

③ 《文物考古工作三十年》，第327页。

④ 林乃燊：《珠江三角洲的发育和佛山最早的百越聚落》，载《百越民族史论丛》，广西人民出版社1985年版。

⑤ 广东省博物馆曲江县文化局石峡发掘小组：《广东曲江石峡墓葬发掘简报》，载《文物》1978年第7期。

进入青铜时代，标志着岭南地区由原始社会过渡到阶级社会，这个时间大约在商末周初。

"岭南地区青铜器可分为早、中、晚三期。早期为商末至西周时期，在两广出土了商代兽面纹铜盉、铜戈和西周铜卣、铜钟等中原类型的青铜器。中期为春秋至战国早期，除北方传来的中原和楚国青铜器外，出现本地铸造的青铜器。晚期为战国中期至秦统一前，青铜铸造技术进一步提高，并出现了铁器。"①

具体以广东地区而论，最早的青铜器是出土于信宜县的一件西周铜盉，造型巧妙，纹饰精美，工艺水平高，不是本地青铜时代早期的工艺所能铸造出来的，而且具有中原文化特点，显然是从岭北输入，说明两个地区的文化交流早已存在。本地铸造、具有明显地方特点的青铜器，是饶平县出土的青铜戈。这件铜戈的形制与岭北出土的颇不一样，直内，援部平，无胡无栏，援的后部和内的后部各有一个穿孔，而且工艺较粗。时代相当于周代。由此可见，至迟在东周，广东地区已经掌握青铜冶铸技术。春秋至战国时期墓葬，大量青铜器作为葬品，这些墓葬大部分在西江地区，少部分在北江、东江、韩江等流域。这些河流正是古代南越人与岭北长江流域进行经济文化交流的主要通道。这就不难理解，南越青铜文化受长江流域楚文化，甚至中原文化的影响了。例如清远县墓葬出土的两件铜罍，和中原地区出土的同类器物完全相同。又如鼎的三条实心脚细长外撇，耳饰云雷纹、绳纹，鼎壁很薄。这类鼎在湖南、江西、江苏等地均有出土。各式青铜剑和岭北流行的式样一致。容器和乐器的纹饰多为云雷纹、蟠虺纹、锯齿纹等等。他如鉴、盉、缶、壶、盘、钟、钲、铎、矛、斧、凿、削等均常见于楚墓。这些都说明，广东与长江流域青铜文化关系很相近。显然，战国时期楚用吴起为将"南平百越"②，进一步促进了经济文化交流。另一方面，广东出土的青铜钺和戚，其形制，钺有扇形、靴形、铲形，戚则为椭圆形，均为长方形或椭圆銎口。类似器物多见之于桂、黔、滇，而楚地却绝无仅有。这表明早在春秋战国时期，广东与西江上游各地以至于滇黔已经有

① 徐恒彬：《南越族先秦史初探》。
② 《史记》卷65《孙子吴起列传》。

了经济文化交流。至于具有浓厚的本地特色青铜器如饶平青铜戈、匕首、附耳箭、圆球形器、篾刀、人首柱形器等，多用人物、人面、藤纹、席纹等为装饰。①

在出土的许多青铜器中有着大量的铜锄、铜舌等农具，并有少量铁锄。农具的改进，必然促进农业生产的进一步发展。广州是秦汉南海郡治所，称为番禺，三国吴时才改名广州。晋朝人裴渊写的《广州记》②记录了一个关于广州的古老神话传说，说的是楚国时期，有五只羊口衔着谷穗来到这里。裴渊还看见州衙的房梁上画着五羊衔谷穗的图画作为祥瑞的象征。后来广州就有了五羊城、羊城、穗城和仙城之称。以后还流传着类似的传说。这个神话从一个侧面反映出先秦时期广州地区从原始锄耕农业发展为水田农业。

制造陶器的技术也进一步发展。这时期广东青铜器时代的陶器，根据考古发掘的遗址可以分为两类型或两阶段：一类以夔纹、云雷纹陶器为主要特征，除青铜器外，并还有少量磨光石器；另一类以米字纹、方格纹和刺划纹陶器为主要特征，除出土青铜器外，并有少量铁器。两类都属于几何印纹陶发展而来，由于使用青铜器，陶器制作技术和印纹陶的发展达到鼎盛阶段，陶器普遍经过慢轮修整，器表拍印清晰，胎质硬，火候高。拍印的纹饰与青铜器的纹饰一致。后一阶段是前一阶段的发展，轮制为主，多精致的大型器物，如米字纹卷沿宽肩平底大陶缶和大匏壶等，但几何印纹已经衰落。这两类遗址的时代与墓葬大体相同，第一阶段即以夔纹陶为代表的印纹陶遗址主要属于春秋时期，下限至于战国初还有这类陶器随葬。第二阶段即以米字纹为代表的遗址，主要属于战国时期，在西汉早期墓中也偶有发现。③

随着农业和手工业的发展，商品交换也已经出现。番禺最早发展成为南越地区的经济中心，后来又成为政治中心。秦始皇进军岭南时，分五路并进，其中"一军处番禺之都"，说明早在秦军南下五岭之前，番禺已经为中原所知的政治经济中心了。后来秦置南海郡时，把治所设在番禺也就不是偶然的了。

---

① 《文物考古工作三十年》，第329页。
② 王谟：《汉唐地理书钞》；裴渊：《广州记》，中华书局1961年版。
③ 《文物考古工作三十年》，第330页。

以青铜器为主的生产力的发展，进一步推动了南越社会的发展，南越族进入阶级社会，产生了奴隶制。清远县马头岗发现的两座春秋末至战国时期的墓葬，规模较大，随葬品很多，那些"铸造精美的铜垒、成套的铜编钟、较多的兵器及铜钲等器物，表明墓主绝非普通的南越人，而是奴隶主贵族。南越族奴隶制的存在，从该墓随葬的人首铜柱器上得到进一步证明。人首的双耳穿孔可贯，额中黥刻'↓'形记号，显然塑造了奴隶的形象"①。贯耳和黥首是战国时期的刑法。《左传》载楚国将围攻宋国，楚王命令大将子玉整饬军队，"终日而毕，鞭七人，贯三人耳"②，由此可知。必须指出的是，广东各地社会发展并不平衡，如先进地区已经出现奴隶制，边远如琼雷地区仍然处于原始社会末期阶段。至于当时的政治发展，由于史料缺乏，无从说明。不过西汉人贾谊所著《过秦论》提到秦始皇统一岭南，击败越人武装力量时，说"百越之君挽首系颈"；《淮南子·人间训》曾记载西瓯人的君长译吁宋因坚决抵抗秦军进犯而被秦人所杀。这些越人君长应该就是奴隶主贵族，他们组成一些分散的、大小不等的"君国"。直到秦统一岭南，实行郡县制以及秦汉之际赵佗建立南越国，包括南越族在内的岭南越人的历史便进入一个新的时期。

（二）秦始皇统一岭南

公元前221年秦始皇统一六国后，对秦继续构成严重威胁的即北边的胡人和南边的越人。对北边的匈奴等族，"使蒙恬将三十万众，北逐戎狄，收河南，筑长城"③。对南边的百越人，前217年秦始皇派尉屠睢率领50万大军分五路进军岭南，"一军塞镡城之岭，一军守九疑之塞，一军处番禺之都，一军守南野之界，一军结余干之水。……以与越人战"④。除集结在鱼干的一路秦军指向东越，以切断与南越的联系外，其余四路秦军均向岭南进攻。据考证，第一路秦军从今湘桂交界的越城岭南下，向岭南西部越人腹地进攻；第二路秦军从今湖南江华的萌渚岭推进，指向广西贺县；第三路秦军越过今湖南彬县与宜章之间的骑田岭向广东西北部突进，沿

① 徐恒彬：《南越族先秦史初探》，载《百越民族史论集》。
② 《左传》卷7《僖公二十七年》，四部丛刻本。
③ 《史记》卷88《蒙恬列传》。
④ 《淮南子》卷18《人间训》。

武水南下，入北江，直取岭南重镇番禺；第四路军则从江西南部大庾岭进入广东北部会攻番禺。[①]

秦军攻入岭南后，遭到各地越人的强烈抵抗。秦军四面受敌，"三年不解甲驰弩"[②]，加以"粮食绝乏"，进退两难。秦始皇派遣史禄"以卒凿渠以通粮道"，秦军有了粮食补给，才继续向越人发起进攻。西瓯人在其君长率领下与秦军展开殊死搏斗，西瓯君译吁宋战死。西瓯人又推举智勇善战者为将，组织队伍继续战斗，并利用有利的地形"夜攻秦人"，终于大破秦军，"杀尉屠雎，伏尸流血数十万"[③]。秦始皇又派遣任嚣、赵佗率领援军进入岭南，准备长期戍守。经过几年的剧烈战斗，终于击溃越人的武装抵抗，于前214年平定岭南，从此岭南归入秦朝版图。

为了巩固对岭南越人地区的统治，秦朝政府采取了几项措施，这些措施在客观上有利于岭南地区的发展，加强了岭南与内地的联系和经济文化交流。

第一，设立南海、桂林、象三郡，把岭南纳入全国郡县制之内。秦制郡置郡守，主管全郡事务，郡尉辅佐郡守掌管全部军事。但秦始皇在岭南采取了只设郡尉不设郡守的特殊措施，而且以海南郡尉典三郡事。这表明岭南越人各部力量仍然强大，秦朝的统治有待进一步深入；赋予南海郡尉军政合一的更大权力，有利于对岭南地区进行有效统治。

第二，修道路，筑关隘。秦军南下，必经五岭。宋朝人周去非《岭外代答》说："自秦时有五岭之说，皆指山名之。考之，乃入岭之途五，非必山也。"四路秦军进入岭南即沿着其中四条通道前进。"（一）'南野之界'即从江西南康过大庾岭入岭南北部的南雄境，再沿浈水入北江到番禺。（二）由湖南彬县、宜章之间的骑田岭，南下顺武水入北江而下番禺。（三）'九疑之塞'，即由湖南之湘江，入潇水至萌渚岭，越岭沿贺江而到岭南西部越人腹地。（四）'镡城之岭'，系沿着湘江、漓水上源孔

───────────

① 郭在忠：《秦始皇经略岭南越人地区述议》，载《民族研究》1983年第6期；周忠贤：《论秦瓯战争》，载《学术论坛》1982年第4期。

② 《淮南子·人间训》。

③ 《淮南子·人间训》。

道，逾越城岭入漓水，经岭南西部郁江，出苍梧入西江至番禺。"[1] 江南和岭南都是河道纵横，水上交通占有重要地位，这就不难理解秦始皇为什么"使尉屠睢将楼船之士南攻百越"[2]。秦朝把南岭上这四条进军岭南使用过的古道加以整修，称为"新道"，并在今兴安县开凿灵渠，沟通了湘江和漓江，把长江水系和珠江水系联接起来。这些措施便利了五岭南北的水陆运输，更好地沟通了珠江水系和长江水系，促进了岭南和中原的交通，加强了三郡和秦朝的联系。

为了控扼这几条"新道"，秦朝在一些战略要地都构筑了关隘，如秦城当越城岭道，横浦关当大庾岭道，阳山关当骑田岭道，湟溪关雄踞今连江口附近，为番禺北边门户。这些关隘具有重要的军事意义，进可攻，退可守，使广大越人处于屯戍秦军的严密控制之下。

第三，移民实边，"与百越杂处"[3]。为了开发和治理岭南，秦始皇把进入岭南的50万大军，除阵亡和病故者外，全部留在岭南，"行者不还，往者莫返"[4]，"谪戍以备（越）"[5]。又"使尉佗将卒以戍越"[6]。尉佗[7]为了安定将士长期戍守，"使人上书，求女无夫家者三万人，以为士卒衣补。秦始皇可其万五千人"[8]。这些妇女遂与戍守将士成家，落籍岭南。还有，有罪的官吏、犯人、强迫移居的大量秦民以及上门婿和商人连同他们的家属，也都长期流放岭南。大批的中原人移居到越人地区，使民族人口的组成发生变化。"与百越杂处"的结果，在岭南广大越人地区出现了许多中原移民的村落，星罗棋布，与越人村落比邻而处。中原移民带来比较先进的生产技术和封建文化，对岭南地区的开发和发展具有积极作用，两族人民长期友好相处，促进了文化上的相互借鉴和吸收。但是，中原移民和中原文化的影响，先是沿着几

---

① 郭在忠：《秦始皇经略岭南越人地区述议》，载《民族研究》1983年第6期。

② 《史记》卷112《平津侯主父列传》。

③ 《汉书》卷1《高帝纪下》。

④ 《汉书》卷45《伍被传》。

⑤ 《汉书》卷64《严助传》。

⑥ 《史记》卷112《平津侯主父列传》。

⑦ 尉佗，即赵佗。《史记索隐》："尉他（佗），尉，官也，他（佗），名也；姓赵。"

⑧ 《史记》卷118《淮南衡山列传》。

条交通线展开，这在先秦时期中原和楚文化对岭南越文化的影响就说明这种情况已经存在了。秦统一岭南后，中原文化的影响随着移民的增加而不断增强，到赵佗建立南越王国时，不仅南来的势力集团成为其政权的支柱之一，中原文化的影响也更加明显，广东和广西东部地区的越族很早就和汉族互相融合，是有其历史根源的。

（三）南越国的兴亡

公元前210年秦始皇死，秦二世继位，全国爆发了以陈胜、吴广为首的反抗秦朝暴政的农民大起义，各诸侯王也纷纷起兵反秦。一时群雄并起，互相攻伐，谁也无力顾及岭南。面对这一形势，南海郡尉任嚣请龙川令赵佗密商大计说："中国扰乱，未知所安，豪杰畔秦相立，南海僻远，吾恐盗兵侵地至此，吾欲兴兵绝新道，自备，待诸侯变，会病甚。且番禺负山险，阻南海，东西数千里，颇有中国人相辅，此亦一州之主也，可以立国。"[①] 当时任嚣已经病势垂危，他得到赵佗赞同后，即令他代理南海郡长官，控制岭南局势，以免卷入中原战火之中，静以待变。不久，任嚣病死，赵佗立即行文命令横浦、阳山、湟溪等关守将："盗兵且至，急绝道聚兵自守！"[②] 即断绝交通，闭关自守。他用政治手腕除掉不服从他的官员，代之以自己的亲信，按照他的命令，严格控制南海地区。秦朝覆灭后，他不失时机地用武力兼并了桂林郡和象郡。于公元前206年自立为南越王，以岭南三郡之地建立南越国政权，定都番禺。赵佗的这一行动，强化了对岭南三郡的统治，稳定了岭南三郡的局势，保证了生产的正常发展，基本消除了越人君长和地方势力集团之间的争斗，并促进了越人和中原移民之间的和谐关系。而且他的政权建立于当时的特定历史条件下，即中国的旧王朝已经灭亡，新王朝尚未产生之际，应该说这个政权的建立是无可非议的。何况汉兴，他便和汉朝建立了政治上的臣属关系。汉高祖刘邦在封赵佗为南越王的诏书中，对他有明确的评价："天下诛秦，南海尉佗居南方长治之，甚有文理，中县人（指中原移民）以故不耗减，粤人相攻击之俗益止，俱赖其

---

① 《史记》卷113《南越列传》。

② 《史记》卷118《淮南衡山列传》。

力。"①

赵佗是今河北省正定人。作为一个中原人要在岭南越人地区建国称王，虽有中原移民的支持，但如不能团结广大越人，争取他们的支持，是不能成功的。因此他执行了"和集百越"的政策，首先必须不自外于越人，尊重他们的风俗习惯，"弃冠带"，从其俗，在这方面，赵佗是身体力行的。公元前196年（汉高帝十一年），汉高祖刘邦派遣陆贾出使南越国，赵佗"魋结箕踞见陆生"②，效法越人头上梳起如椎形的发髻，屈膝张脚而坐，接待陆贾。他给汉文帝上书时，自称"蛮夷大长"③，俨然以越人君长自居。可以设想，由于他的倡导，南越国内南来官吏也尊重越俗，而且上行下效，有利于中原移民消除民族偏见，逐渐适应和接受某些越人习俗，从而缓和了民族矛盾，促进了和越人的友好关系。

在政治上，赵佗的一项重要措施，是任用越族豪酋为吏为将，以争取他们的支持。如在南越政权中居于重要职位的丞相吕嘉以及将军毕取、桂林郡中监居翁等④，他们在越人中都是极有势力和影响的人物。南越政权实际成为南来势力集团与越人豪酋对广大越人和中原移民的联合统治。他还鼓励和越人通婚。赵氏王室就广泛与越人联姻，南越国的衡阳侯建德，就是南越王婴齐的越妻所生。史载丞相吕嘉"宗族官仕为长吏者七十余人，男尽尚王女，女尽嫁王子兄弟宗室，及苍梧秦王有连（联姻）"⑤。当然，统治集团之间的婚姻是一种政治行为，借以扩大势力、巩固自己的统治。但影响及于民间，则有助于越人与移民之间通过联姻而促进民族关系的和谐，促进内地先进文化的进一步传播和封建社会制度的推行。

赵佗的这些政治措施也有利于协调越人的内部关系。在秦开岭南以至赵佗建立南越国之前，岭南越人各部并未形成一个统一的政治局面，岭南西部的西瓯和骆越各有自己的君长和王侯，东部的南越地区也有自己的君长豪酋，为了扩大自己的势

① 《汉书》卷1《高帝纪下》。

② 《史记》卷97《陆贾列传》。

③ 《史记》卷113《南越列传》。

④ 《汉书》卷95《两粤传》。

⑤ 《史记》卷113《南越列传》。

力范围而常常互相争斗。赵佗建国后实行"和集百越"的政策，他把岭南东部南越境内的首领豪酋吸收到各级政权中来，对岭西的西瓯、骆越也加以笼络，这样就大大缓解了越人内部的斗争，形成一个比较安定的政治局面。南越国的政治影响，东到闽越地区，西到云贵高原的夜郎，超过了岭南地区的范围。

在经济方面，由于岭南地区的发展落后于中原，赵氏王室从赵佗在位时起，即大力推广中原的先进生产技术，引进"金、铁、田器、马、牛、羊"①，大大提高了农业生产水平。根据考古发掘资料，广东出土战国时期的铁器仅有铁口锄、铁斧两件，而出土的秦汉铁器多达300余件，种类由两种增加到22种之多。铁器的普遍使用，促进了农耕的推广和对牛的重视，以至西汉时期广东的墓葬普遍以陶牛作为随葬品。②

手工业也比过去有了明显的发展。从南越时期墓葬出土的随葬品中的漆器、陶器，工艺精美，汉式陶器很快发展成为主要随葬品。有的器物还有汉字"番禺"铭记，表明为本地产品。青铜铸造技术也有进一步的提高。广东西部与广西邻境的罗定、信宜、郁南、云浮等县，均曾发现汉代的铜鼓、铜锅、铜鼎等器物，造型精美，颇具特色。广西贵县罗泊湾一号汉墓出土各类铜器200多件，其中铜鼓、羊角钮钟等，造型奇特，具有明显的地方特色。有的器物如有的铜器鼎盖面和勺柄都刻有"布"字，"布"应是"布山"的省文，有的漆耳杯底部有"布山"铭文烙印，布山为秦时桂林郡治所，即今之贵县，说明这些产品也是当地产品。其他青铜武器、生产工具和日用器具亦屡有出土，表明当时仍普遍使用青铜器。1983年发现的广州象岗山南越王墓中，出土成捆的铁剑、铁矛等兵器和铁铠甲，并发现70多件冶铁工具，表明当时已掌握了锻铸铁器的技术。广西贵县等地同时期墓葬中，也发现不少铁制生产工具和生活用具，这说明南越国时期已经进入铁器时代。③

岭南河道交错，水运在交通上占有重要地位，广东又滨临南海，这些都促进了

---

① 《汉书》卷95《两粤传》。
② 《文物考古工作三十年》，第331页。
③ 广州象岗汉墓发掘队：《西汉南越王墓发掘初步报告》，载《考古》1984年第3期。

造船业的发展。1974年底，在广州发现了秦汉造船工场遗址，规模巨大。船只结构采用船台与滑道下水相结合的原理，可同时建造几艘载重量达五六十吨的木船，显示出秦汉时期广东造船技术的高水平。①

　　随着农业和手工业的发展以及日趋便利的交通条件，南越国时期商品交换也日趋繁荣。一些郡、县所在地交通便利，居民集中，往往发展成为商品集散的城镇。其中番禺是著名的大都会，是当时我国南方犀、象、瑇瑁、珠玑、银、铜、果、布进行贸易的集散地，"中国经商贾者多取富焉"②。不仅和中原有商贾往来，公元前135年（汉建元六年），汉武帝命令番阳令唐蒙出使南越，南越人用四川生产的枸酱款待他。他才知道巴蜀商人经夜郎（今贵州）沿牂牁江（今北盘江）可直达广州。③前述广州象岗山南越王墓，出土物中有不少象牙器、玛瑙、水晶、琉璃等多种质料的珠饰，并有一块浅蓝色玻璃，据考证，其中部分来自中亚或南亚。广州与海外通商贸易的时间至迟在南越国时期就存在了。

　　南越国时期南越族的社会性质，应是从奴隶制进一步向封建制过渡。早在秦始皇统一岭南，设置郡县，就是把岭南越人地区纳入全国的封建郡县制之内。这一制度和秦朝法令的推行，对岭南原有的奴隶制无疑是一个很大的冲击。赵佗是秦王朝派往岭南镇守的地方长官，必然推行秦王朝的封建政令。秦亡，他建立南越国后，和汉王朝建立了称臣纳贡的臣属关系，王位由朝廷册封，也必然继续推行封建制度和大力推广汉文化。赵氏王室积极推广中原先进生产技术，发展生产，在客观上为过渡到封建制创造了物质前提。现有文献尚不足以说明南越政权统治机构的详细组织情况，但大体可以看出是承袭秦汉制度：政权首脑称王，其下为丞相、太傅、内史、中尉，郡有守、尉、监，县有县令。④对国内重要地区如西瓯、骆越地区，则派同姓王去治理以表示重视。地方也分郡和县，各有长官。武职则分越将、越郎等。和汉朝朝廷往来文书以及对国内发布命令，也都使用汉文，说明在南越国内汉

---

① 《文物考古工作三十年》，第332页。
② 《汉书》卷28《地理志》。
③ 《史记》卷116《西南夷列传》。
④ 《汉书》卷19《白官公卿表》。

文已经得到一定程度的推行了。

广州象岗山南越王墓出土的实物资料足以说明南越王室竭力仿效汉朝制度和使用汉文。汉初诸侯王国的百官建制如同京师，但具体而微。南越王墓和满城中山王墓虽然大小不同，局部构筑也有区别，但作为一种墓制的构思则是一致的。"墓主身着玉衣，与满城中山王墓也非常相似。玉衣是汉代皇帝、皇后、诸王侯、贵人、公主等高级贵族死后的殓服，第二代南越王着玉衣入葬，表明他慕效汉朝而不自外。""汉初诸侯王可以自己设官置吏，'宫室百官同制京师'，可以有自己的国号和自己的纪年。第二代南越王墓中发现许多封泥、铭刻和陶器上的戳印文字，其中有'长乐宫''私官''泰官''厨丞'；在过去发掘的南越国官吏墓中，曾发现'居室''长秋居室''食官''常御'等文字，都可以证明南越王国的百官制度和宫室名称都是仿效汉朝的。从出土的编钟、编磬、编铙看，可以推知南越国的礼乐制度也是慕仿汉朝的。五色乐石和药具的出土，表明南越国统治者迷信长生、幻想升仙的思想也同汉朝贵族一样。"[①]

尽管以赵佗为首的南越政权对内也进行一些改革，废除一些野蛮的酷刑如"除其故黥劓刑，用汉法"[②]，但奴隶制的某些方面仍然顽固地存在着。首先，人殉制度仍然存在。在南越王墓中发现十多具殉葬人的尸骸，"其身份应是南越王生前的姬妾、侍从和杂役奴隶。同样的情形在广西贵县罗泊湾的西瓯君夫妇墓中也有发现。在中原，这种野蛮的殉葬制度，曾盛行于殷周时代，到了汉代已基本消失，在已发掘的汉诸侯王列侯墓中也没有发现。南越国上层统治者仍用人殉，说明它还不愿意废弃这种落后习俗"[③]。其次，买卖奴隶看来也是存在的。南越丞相吕嘉准备发动叛乱，反对南越王兴并太后入朝天子，别有用心地攻击说：南越王年幼无知，太后又是中原人，带了许多随从，到长安后，这些从人都将被卖做奴隶以图获利！吕嘉的这些话恰恰说明南越国内还有奴隶买卖，而吕嘉就是一个大奴隶主。总之，南越国

---

① 《西汉南越王墓发掘初步报告》，载《考古》1984年第3期。

② 《史记》卷113《南越列传》。

③ 《西汉南越王墓发掘初步报告》。

时期正是岭南越族从奴隶制向封建制过渡，处于新旧制度交替的时期。

早在西汉王朝建立之初，赵佗已经建国称王。对刚兴起的汉王朝来说，汉高祖刘邦以为，中原饱经战乱，民生凋敝，满目疮痍。生产亟待恢复，用兵南越，困难殊多。赵佗既已称王，也就顺水推舟，册封他为"南越王"，赐以玉玺，确立臣属关系，允许贸易往来，命他"和集百越，毋为南边患害"①。对于赵佗来说，与汉王朝抗衡，力量悬殊，对自己不利。因此前196年即汉高祖十一年，汉使陆贾到南越，晓以利害，赵佗即"稽首称臣"②。刘邦死后，吕后专政时，听信谗言，想从经济上困住南越，禁止向南越输入铁器和马、牛、羊等牲畜。赵佗认为："此必长沙王计也，欲倚中国，击灭南越而并王之，自为功也。"③于是更号为"南越武帝"，发兵攻打长沙王边邑。汉与南越的关系变得紧张起来。

至汉文帝时，又派陆贾出使南越，双方关系得以和解。赵佗表示："愿长为藩臣，奉贡职。"并下令国中说："自今以后，去帝制、黄屋、左纛。"④到汉景帝时，仍"称臣，使人朝请"。赵佗死后，其孙赵胡继位，胡死，子婴齐代立，和汉王朝都保持着友好的臣属关系。汉武帝建元六年（前135）闽越王郢兴兵攻打南越。时赵胡在位，他向武帝上书说：两越都为汉之藩臣，不应互相攻击，故南越不出兵，听候天子处置。武帝很满意，兴兵制止了闽越的进攻。赵胡为表示对汉王朝的信任，特派太子到长安作人质，仍按时进贡。

尽管南越诸王和汉王朝保持着友好的臣属关系，但南越政权统治集团内部本地越人和南来汉人之间却矛盾重重。越人吕嘉连任三世南越王的丞相，其弟为越将，掌握兵权，早已形成自己的权力集团。赵佗死后，政权实际掌握在吕嘉手里。他对汉王朝早就心存戒备。第三世王婴齐即位之前，在长安作人质，并娶邯郸人樛（音鸠）姓女子为妻，生子兴。婴齐死后，兴即王位，其母为太后。正值朝廷使者来番禺，劝说南越王入朝。太后见王年幼，大权旁落，也图依仗汉王朝的威势以自重，

---

① 《史记》卷113《南越列传》。

② 《汉书》卷1《高帝纪下》。

③ 《史记》卷113《南越列传》。

④ 《史记》卷113《南越列传》。

劝王和群臣上书朝廷，要求内属，拆除边关，三岁一朝。这就和吕嘉集团的矛盾发展到顶点。吕嘉趁机大造舆论，煽动反汉情绪，向国内宣称："王年少，太后，中国人也，又与使者乱，专欲内属，尽持先王宝器入献天子以自媚，…… 无顾赵氏社稷，为万世虑计之意。"① 于是吕嘉与其弟弟率领军队攻击王兴、太后以及汉使，拥立婴齐的长子即越后所生之子衡阳侯建德为王。派兵扼守通往岭北的要隘之地。汉武帝早已察觉吕嘉的阴谋活动，既已公开反叛，于是决定出兵南越，"令罪人及江淮以南楼船十万师往讨之"。"元鼎五年秋，卫尉路博德为伏波将军，出桂阳，下汇水；主爵都尉杨仆为楼船将军，出豫章，下横浦；故归义越侯二人为戈船、下厉将军，出零陵，或下漓水，或抵苍梧；使驰义侯因巴蜀罪人，发夜郎兵，下牂牁江；咸会番禺。"② 汉兵十万分四路进讨吕嘉。在大军压境、分道合围的形势下，南越军队纷纷倒戈。元鼎六年（前111年）后，汉兵攻入番禺，吕嘉集团彻底覆灭，汉王朝统一岭南，取消南越政权，重新设置郡县。自赵佗到南越国除，共传五世，凡93年而亡。从此，南越国作为一个政治实体，便在中国历史上消失了。

二、西瓯

西瓯也作西呕，又叫西越，岭南越人的一支。西瓯这一族称最早见于西汉人追述秦及汉初史事的著作。例如刘安《淮南子·人间训》记载秦始皇平定岭南时，秦军"与越人战，杀西呕（瓯）君译吁宋"。《史记·南越列传》记述汉初吕后专政时，图谋从经济上封锁南越，南越王赵佗"因此以兵威边，财物赂遗闽越、西瓯、骆，役属焉"。他在上汉武帝书中提道"蛮夷中间，…… 以西瓯、骆、裸国亦称王"。以上所述，《汉书·两粤传》也有类似记载。由于《史记》《汉书》往往瓯骆并称，对此，史家有不同的理解。梁顾野王《舆地志》说："交趾，周时为骆越，秦时为西瓯。"瓯即西瓯，骆即骆越，意指不同的时代以不同的族称称呼同一民族。注《汉

---

① 《史记》卷113《南越列传》。

② 《史记》卷113《南越列传》。

书》的颜师古则说："西瓯即骆越也。言西者，以别（于）东瓯也。"就是说，西瓯就是骆越，之所以成为西瓯，乃是在方位上与东瓯对称，实则瓯与骆乃是一回事。后来的学者中有的也有类似看法，认为西瓯和骆越只是同族而异名。

有的学者认为，西瓯和骆越是有区别的，并非同一支越人，名称也并不混淆。《史记·南越列传》记载："越桂林监居翁谕瓯骆属汉，皆得为侯。"篇末记："太史公曰：……瓯骆相攻，南越动摇。"文中用"皆得""相攻"，说明瓯与骆是二而非一。《汉书·两粤传》记载赵佗上书汉文帝时明确指出："蛮夷中间有西瓯。"西瓯应在南越之西，从西瓯活动的地区看，正是如此，而且和骆越活动的地区也有所不同。前一节提到秦始皇平定岭南的战役，秦军进入南岭山区，遭到粤人顽强抵抗，而且坚壁清野，使秦军野无所掠，粮食断绝，处于进退两难的境地。不得已，"以卒凿渠而通粮道"。这条渠即今灵渠，亦即广西北部兴安县境内的兴安运河。秦军越过这条运河，"与越人战"，才杀掉西瓯君译吁宋。可见当时运河之南有西瓯人的分布，明区大任《百越先贤志》说"湘漓而南，故西越也"，是颇有见地的。[①]为了保卫家乡，西瓯君长和人民不惜奋力战死。这条运河之南的广大地区，正是南越之西，即桂江流域和西江流域地区，位于秦所置桂林郡内，亦即南越王国桂林郡的范围。汉武帝平定南越时，南越桂林郡监居翁"谕告瓯骆四十余万口降"[②]。这些瓯骆人自然是桂林郡境内的。秦和南越的桂林郡大体相当于汉代的郁林郡和苍梧郡，正好位于南越的西方。晋朝人郭璞注《山海经》说"郁林郡为西瓯"，这和上述情况也基本吻合。

关于西瓯的活动地域，稍后的有关史籍也曾涉及过。《旧唐书·地理志》"党州"条说：党州（今广西玉林县境）"古西瓯所居"。又说贵州郁平县（今玉林县西北）"古西瓯骆越所居"。同书"潘州茂名县"条说：茂名（今广东茂名县境）"古西瓯、骆越地"。同书"邕州宣化县"（今邕宁县）条又说："骥水在县北，本牂牁江，俗呼郁林江，即骆越水也，亦名温水。古骆越地。"骆越水应即今南宁附近的邕江及其上游，已纯属骆越的活动地域。同是一位作者写的书，把西瓯和骆越的分布写得如此

---

① 《四库全书总目》卷58《史部传记类》。

② 《汉书》卷95《两粤传》。

清楚而明确，可见西瓯并非骆越。此外，唐李甫吉《元和郡县志》、宋乐史《太平寰宇记》等书也有类似记载。总之，"西江（浔江）以南，今茂名、贵县一带，已是西瓯、骆越的杂居地区，可能是西瓯人活动的南界。因此，西瓯活动中心只能在五岭之南，南越之西，骆越之北，恰当今桂江流域和珠江中游（即浔江流域）一带"①。有的认为西瓯地区在"五岭之南，南越之西，骆越之东，大体包括汉代郁林郡和苍梧郡，相当于桂江流域和西江流域一带"②。二者结论几乎完全一致。这是有道理的。从文献记载、地理分布以及进一步结合考古资料进行分析，应该说西瓯和骆越属于百越中的不同支系。至于前引《舆地志》所谓"周时为骆越，秦时为西瓯"，是不同时代的同族异称，事实却并非如此。按照这一说法，骆越一名在秦代就应消失，实则东汉马援征交趾时，骆越一名仍然存在。③反而是西瓯在西汉中叶汉武帝平定南越后，便逐渐不再见于史籍了。作为族称，西瓯消失于骆越之前，和上述说法也是矛盾的。

"西瓯"这一族称虽在史书上出现较晚，始见于《史记》，但商周时期已知岭南有瓯、苍梧等族的存在已如前述。特别是西瓯人活动的地区，考古研究的成果为我们了解西瓯先民的活动提供了宝贵的资料。1958年"柳江人"及同时期文化遗物的发现，说明这个地区在几万年前的旧石器时代就有人类的活动。新石器时代遗址的分布很普遍。根据广西考古工作者的比较研究，这个地区新石器时代中期遗址的文化特征和桂南、桂西、桂西南同期遗址的文化特征已不尽相同。但值得注意的是，二者都已开始显露出百越文化的某些特征。桂北、桂东、桂东北地区如全州卢家桥和富川鲤鱼山遗址，出土磨制石器为主，有梯形石磋、穿孔石斧、三棱石簇等生产工具。陶器多手制，已出现印纹泥质红陶，并发现火候较高的印纹灰陶，纹饰有网纹、方格纹和回纹等。器型有釜、罐、鼎等。估计当时农业已占主要地位。这种文化特点和桂南、桂西、桂西南地区遗址以有肩、有段石器为代表的器形，形成对

---

① 蒋廷瑜：《从考古发现探讨历史上的西瓯》，载《百越民族史论集》，第219页。

② 张一民：《西瓯骆越考》，载《百越民族史论集》，第135页。

③ 《后汉书》卷24《马援传》。

比。这一情况在新石器时代晚期更为突出。①

　　桂北、桂东、桂东北地区新石器时代晚期文化，一般说来，是从中期文化发展而来。磨制石器有进一步提高，促进了农业的发展。陶器多为印纹硬陶，新出现雷纹、夔纹等纹饰。在贺县中华遗址还发现少量青铜器，平南县石脚山遗址还发现铸范，这些地区已先后进入了青铜器时期。② 以明显的印纹陶文化为特色的文化结构，说明西瓯为土著越人的一支，其文化属印纹陶文化的范畴。这种情况和桂南、桂西南同期遗址突出表现为有肩、有段石器及大型石铲的文化特点，形成各自的特色。

　　商周时期，中原地区已知岭南的瓯、苍吾等族，周代青铜器上的铭文中就有"苍吾"字样，《逸周书·王会解》也提到苍梧贡献翡翠，西瓯地区和中原已存在着经济文化交流。晚近灌阳钟山出土的圈带纹铜钟，忻城县大塘出土的乳钉纹铜钟以及1978年荔浦县栗木出土的西周兽身铜尊等，在器物的形制、纹饰和铭文方面，体现了商周中原地区的风格，有的又具有浓厚的地方色彩。

　　春秋战国时期，特别是楚悼王用吴起"南平北越"，楚国文化的影响日益深入西瓯地区。1974年平乐县银山岭发掘的一批战国中晚期墓葬，提供了具体的证明。"这批墓葬有明显的特点，如墓底设置腰坑，可能由商周葬俗演变而来，这和当时岭南地区仍处于奴隶制阶段的社会特点有关。随葬实用的生活用具、兵器和生产工具；器物中有扁茎剑、双肩铲形钺、靴形钺等，陶器纹饰多弦纹、锥刺篦纹、水波纹、米字纹和刻画符号。这都是当时南方百越文化的独特风格。另外，这批墓葬同湖南等地早期楚墓有不少相似之处，如长方形墓穴，随葬品有实茎剑、扁銎矛和戈、铁锄、刮刀等，都是楚文化器物。证明当时楚越在经济文化上的关系是相当密切的。"③

　　关于秦始皇统一岭南之前西瓯社会的性质，学术界大致有三种不同看法：一是认为至战国时期，西瓯社会仍处于军事民主制末期，虽已产生较大阶级分化，但不

---

① 《文物考古工作三十年》，第340页。
② 《文物考古工作三十年》，第340页。
③ 《文物考古工作三十年》，第342页。

等于进入阶级社会。西瓯社会未经奴隶制发展阶段，直接由原始社会向封建社会过渡。① 二是认为经过奴隶社会。② 三是认为自商周时期原始社会逐步解体之后，即进入农村公社，到了战国逐步向封建社会过渡。③

尽管先秦时期有关西瓯社会面貌的文献和考古资料目前尚不够充分，但到春秋战国时期，考古资料说明西瓯地区出土的大量青铜器，还发现铁器、青铜器制造技术已经发展到相当高度，较普遍用于制造生产工具、武器和生活用具，应已进入青铜时代，这绝非原始社会的生产力水平。尤其是桂东北恭城县加会发现的一座春秋晚期墓以及平乐县银山岭等地发现的战国中晚期墓葬中，不仅出土相当数量的青铜武器、生产工具，还出土诸如鼎、尊、钟、编钟等为统治上层所用的多种礼器。再结合墓葬制度如使用棺椁、墓底挖掘置放随葬品甚至殉人的腰坑来考虑，这些都和中原商周奴隶制的文化礼俗特征极为相似。从秦始皇平定岭南到秦朝灭亡和赵佗建立南越国，为时短暂，不到10年。1976年在原为秦桂林郡、汉郁林郡郡治所在地的贵县罗泊湾发现的一座西汉前期的木椁大墓，墓主人被认为是西瓯君夫妇合葬墓。这座墓的椁室呈"凸"字形，分前中后三室，12个椁箱，前部有斜坡室墓道，墓道东侧有车马坑。在椁底板下有两个器物坑和7个殉葬坑，中有7个殉人，说明这里还存在着奴隶制残余。出土随葬品有铜器、铁器、漆木器、陶器、玉石器、纺织品及植物果品等1000余件。其中铜器200余件，包括本地制作的铜鼓、竹节铜筒、羊角钮钟等。有的铜器上篆刻有"布"字铭文，不少漆耳杯底有"布山"烙印。④ 布山即今贵县。秦汉之际，西瓯地区的生产力水平已达到相当高度了。

再说西瓯的社会组织。从不同规模的墓葬、葬式和随葬品的种类，可以看出西瓯社会的分化是明显的。上述大墓是最高首领君王的坟墓，随葬品之丰富及以奴隶殉葬，反映出西瓯君生前的生活情景。君之下为将，是军事首领。有的墓规模不

① 　杨琮：《战国时期西瓯社会性质探讨》，转引自《关于西瓯、骆越若干历史问题的讨论》，载《广西民族研究》1987年第4期。

② 　《壮族简史》，广西人民出版社1980年版。

③ 　张一民等：《西瓯社会经济形态初探》，转引自《关于西瓯、骆越若干历史问题的讨论》。

④ 　广西壮族自治区文物工作队：《广西贵县罗泊湾一号墓发掘简报》，载《文物》1978年第9期。

大，随葬品也比较简单，但是有成套的铜铁制兵器以及生产工具，可以推断墓主人既是武士，又是从事农业生产的农民。他们可能就是西瓯社会中为数众多的耕战结合的平民。有的墓只有少量生产工具和纺轮，却没有武器，可能是当时男女分工的一种反映。西瓯社会的最底层是奴隶。在抗秦战争中，面对装备着坚甲利兵的数十万秦军的进攻，西瓯君能动员、组织那样庞大的武装力量，进行坚决抵抗，而且终于大败秦军，不用说西瓯战士配备的主要也是铜和铁制造的武器。像这样强大的政治、军事、经济力量和组织力量，不是原始社会的部落联盟首领所能具有的。总之，秦始皇统一岭南之前，西瓯社会已经进入阶级社会，产生了奴隶制度，但奴隶制度发展的情况如何，奴隶制是否尚未得到充分发展，又因历史条件的变化而向封建社会转化，这些问题都有待做进一步的研究。

秦代，岭南被纳入全国的郡县制度。秦王朝在西瓯地区建立了桂林郡，以布山为郡治所在地。布山即今贵县，是西瓯人活动的重要地区。当时西瓯的力量仍相当强大，桂林郡的建制是不完备的，实际是以南海郡尉遥领。秦王朝的统治为时短暂。赵佗原为秦南海郡尉，建立南越国后，仍旧沿袭秦制，保留桂林郡的建制。但赵佗称王之后的一段时间，并未真正做到统治西瓯，而是采取以武力威胁和物质利诱的软硬两手，使西瓯为其所用，而西瓯君则"南面称王"如故。

随着南越政权的巩固和壮大，它对西瓯地区的控制便逐步深入，桂林郡的机构、职官随之逐步完善。秦制，地方官制和中央官制互为表里，中央以丞相、太尉、御史大夫分掌最高政务、军事、监察三权。地方则郡守、郡尉、郡监与之相应。① 汉武帝平南越时，史载"粤桂林监居翁谕告瓯骆四十余万人口降"②。居翁就是南越政权派驻桂林郡的郡监，执行法令和监察官吏。这就说明赵氏政权的统治是深入了。但这并不意味着西瓯君长的地方势力便完全消亡，西汉前期贵县西瓯君大墓的发现，便是证明。

另一方面，桂林郡东部地区紧连南越政权统治中心番禺，苍梧是这一地区的中

---

① 《史记》卷6《秦始皇本纪》及《汉书》卷19《百官公卿表》。
② 《汉书》卷95《两粤传》。

心，看来南越政权对这一地区的统治较之西部为深入，故南越王封同姓宗室为苍梧王，镇守此地。苍梧应是岭南越人的一支，和西瓯的关系很密切，有的学者认为苍梧应即西瓯。[①] 西瓯强大后，苍梧则默默无闻，大概已经没有自己的君长，而在西瓯的统治之下，后又受南越政权所封苍梧王的统治。所以《史记·南越列传》集解引《汉书音义》说"苍梧越中王"，即指苍梧王赵光是越人中的王，而他也就是最后归降汉朝的苍梧王。

从百越文化整体看，印纹陶是其中典型特征之一，但百越中具有发达印纹陶文化的并不就属于同一族，例如句吴和于越。岭南的越人同样如此，甚至同属于南海郡的越人，尽管都具有明显的印纹陶文化特征，但其发达的程度以及共享的其他文化特征如有肩、有段石器组合成的整体面貌，各地并不完全相同。如前所述，除西江流域中游地区不属南海郡以外，还可分为五个存在着一定差异的地域。更不用说南越、苍梧和西瓯，虽都具有较突出的印纹陶的文化特征，却并不排除他们曾属于三支越人。这说明汉武帝平定南越吕嘉集团的叛乱后，把岭南重新纳入全国的郡县制度，除继续保留南海郡建制外，又分桂林郡为苍梧、郁林二郡，并不是偶然的。

秦朝对岭南的统一和实行郡县制度，给封建制度的推行开辟了道路。大量中原移民的不断迁入，带来了先进的经济技术和文化，使岭南地区在政治、经济和文化方面与中原地区联系日益密切，差距日益缩小。就西瓯地区而言，秦军南下岭表时，一路大军从今湘桂交界的越城岭南下，向西瓯地区进攻，另一路秦军从今湖南江华的萌渚岭推进，指向广西贺县，两路秦军矛头所指都是西瓯地区。秦军进军路线也是沿着桂江和西江（浔江）流域的交通线前进，这些交通线的存在，有利于岭北和岭南的沟通和中原移民的迁入。这些大量"与越杂处"的中原移民，首先必然是居住在当时作为政治、经济、文化中心的郡县治所所在的地方和军事要地，然后向交通方便、土地肥沃的地方扩展。这些地方也正是桂东北、桂东、桂中和桂东南的西瓯地区中受汉文化影响最深的地区。这样的历史条件使这些地区的西瓯人较快地接受汉文化和汉族融合，封建制度也获得较快发展。经过几代人的努力，西瓯人

---

① 蒙文通：《越史丛考》，人民出版社1983年版，第85页。

和南海郡的南越人一样，逐渐和北方来的汉人基本融合，成为岭南汉族的一个组成部分。正如有的学者指出："在这个地区发现属于西汉中叶以后的墓葬则大体与内地的相似，说明当时居民确已与汉人融合为一体，大部分化为编户齐民了。西瓯一名，从此不复再现。除此之外，也有部分西瓯人很可能退入云开大山区，与部分骆越人结合在一起，成为东汉时代的乌浒人。"①

三、骆越

骆越或作雒越，《史记·南越列传》所记载的瓯、骆之骆，"瓯"指西瓯，"骆"即为"骆越"，岭南越人的一支。"骆越"这一族称首见于《汉书·贾捐之传》。但据史家考证，《逸周书·王会解》所载向商王贡献大竹的"路人"，就是骆越。清人朱右曾《逸周书集训校释》说："路音近骆，疑即骆越。"《吕氏春秋·本味》说味之美者有"骆越之菌"。汉朝人高诱注说："骆越，国名；菌，竹笋。"晋朝人戴凯在《竹谱》中把"越骆"引作"骆越"，可能他所见的本子就是"骆越"②。路人贡献大竹，骆越的竹笋又是美味，这二者之间的关系就不言而喻了。可见中原地区知有骆越（路人），是相当早的。骆越名称的由来，有不同说法。一说骆越与种骆田有关。《水经注》引《交州外域记》说："交趾，昔未有郡县之时，土地有雒田，其田从潮水上下，民垦食其田，因名为雒民。"司马光《资治通鉴》引《广州记》说："交趾有路田，仰潮水上下，人食其田名为骆侯。"按"雒"与"骆"相通。骆越后裔的壮族称山麓、岭脚之间为"六（lok）"，"六"与"骆"音近。故"骆田"就是"六田"，即山麓、岭脚间的田。岭南特别是广西左、右江及越南红河三角洲一带，丘陵很多，不少田地是在山麓岭脚间开垦出来的。这种田壮语叫"那六"，汉语即"六田"或"骆田"。古人就是把垦食骆田的越人称为骆越。③ 另一种说法认为"雒"和"骆"

① 蒋廷瑜：《从考古发现探讨历史上的西瓯》，载《百越民族史论集》，第228页。

② 蒙文通：《越史丛考》，第85页。

③ 张一民：《西瓯骆越考》，载《百越民族史论集》，第131–132页。

是同音异写字。《说文》释"雒"为"鹡鴒",意为"小雁"。"雒田这个词本身已经包含着一个'鸟田'的传说在内。……由于得到雒鸟的助耕,所以骆越人民感怀此鸟,于是把它奉为图腾。从而他们便自称为'骆民'。"① 不同的说法中,主张把垦食骆田的越人称为骆越的说法比较普遍,骆越分布的地区广,《旧唐书·地理志》邕州宣化县条说,县北有骢水,本为牂牁河,即是骆越水,为骆越分布地区。骆越水应为今南宁附近的邕江及其上游。又明人区大任《百越先贤志》说:"牂牁西下邕雍绥建,故骆越也。"② 可见骆越活动的中心地区,大体相当于桂西南左右江流域,黔西南(属汉代牂牁郡)以及越南红河三角洲一带。粤西南、海南岛以及广西陆川、博白、玉林、贵县、灵山、合浦一带,应是骆越和西瓯的交错杂居地区。③ 这些地区大体在秦代所置象郡的范围内。看来可以这样认为:秦南海郡大体以南越人为主,桂林郡以西瓯人为主,象郡则以骆越人为主。但根据《后汉书·任延传》的记载,骆越不仅分布在交趾郡(今越南北部红河流域),连九真郡(越南中部)当任延做太守时,也有骆越之民。

关于骆越的历史,文献资料十分缺乏,解放后考古工作者给我们提供了地下出土的宝贵资料,我们只能依据这些资料去进行探索。

骆越地区的新石器时代遗址比较普遍。属于新石器时代早期、经过重点试掘的南宁地区的贝丘遗址,有较厚的螺蛳、贝壳堆积,遗址内有居住地和墓地,表明当时骆越的先民靠近江河的地方居住,相对过着定居的生活。从渔猎工具的较多出现和贝壳、兽骨的大量存在,说明当时渔猎经济仍占重要地位。新石器时代中期如桂西南大新县歌寿岩遗址和龙州团结村遗址,出土物以磨制的有肩石斧和有段石锛为代表的器形,出现轮制陶器,以绳纹夹砂陶为主,这与桂北、桂东、桂东北遗址以印纹陶为代表的器物已有明显差异。在这类遗址中并发现石簇和网坠等渔猎工具,说明当时农业虽有一定程度的发展,但渔猎经济仍占较重要地位。到新石器时代晚

---

① 石钟健:《试证越与骆越出自同源》,载《百越民族史论集》,第194页。

② 《四库全书总目》卷58《史部·传记类二》。

③ 张一民:《西瓯骆越考》,载《百越民族史论丛》。

期，桂南、桂西、桂西南骆越地区文化遗址和桂北、桂东、桂东北同期遗址文化特点的差异更加明显。这个时期遗址的范围大，出土物很丰富，代表器形是大石铲。例如钦州独料遗址出土的农业生产工具有磨制的石铲、石锄、石犁、石镰、有肩石斧、尖把石斧和石磙、石磨盘、石磨棒等，渔猎工具有石网坠、石矛、石簇等。陶器有以绳纹和蓝纹为主的夹砂红陶、灰陶和泥质黑衣陶器。这些情况说明农业已成为主要生产部门，人们已过着稳定的定居生活。扶绥县那淋屯遗址，出土大量石器，如石犁、带肩石斧、石戈、石磙等，特别是出土的大石铲，一般长20—35厘米，宽15—30厘米，用于农业生产。这一器物为桂北、桂东北、桂东地区所不见。作为男性崇拜的石祖的出现，表明这时期父系氏族公社已经形成。①

在商周时期，骆越和中原地区已有了往来，这时期的遗址出现了青铜器。1974年在武鸣县全苏出土的兽面纹铜卣，造型庄重，纹饰瑰丽，具有明显的商代晚期的风格。② 1978年陆川乌石出土的西周兽身铜尊，器型高大，形制特殊，具有浓厚的地方色彩。③ 这些发现表明商周青铜文化的影响已达到岭南地区。

骆越地区在春秋战国到秦汉时期遗址，发现了大量的青铜器。如比较普遍的靴形钺、扁茎剑、羊角钮钟④，以及宾阳县新宾出土的栉纹铜钟，均具有地方色彩。特别是铜鼓被认为是重器，具有财富、身份和统治权力的象征，纹饰精致讲究，多反映地方特色，铸造技术很高。铜鼓的铸造和使用，不仅说明大部分骆越地区已进入青铜时代，而且是进入阶级社会的标志。田东锅盖岭的战国墓也出土不少铜器，有铜鼓、剑、戈、矛、斧、镦等。铜鼓属滇桂系统，体型小，纹饰简单。剑有两式，一为桂叶形短扁茎无格剑，与平乐银山岭所出西瓯剑相同；一为宽扁茎狭格空首剑，与云南石寨山所出相似。⑤

---

① 《文物考古工作三十年》，第340页；广西文物考古训练班、广西文物工作队：《广西南部地区的新石器时代晚期文化遗存》，载《文物》1978年第9期。

② 广西壮族自治区文物工作队：《广西出土的古铜器》，载《文物》1978年第10期。

③ 《文物考古工作三十年》，第340页。

④ 《文物考古工作三十年》，第341–342页。

⑤ 《文物考古工作三十年》，第341–342页。

骆越地区的一些文化特点与云贵高原越人文化近似，在秦汉时考古遗址中仍有所反映。1969—1972年间，在百色地区西林县普驮发现一座西汉前期墓葬。这是一座二次墓葬的"铜鼓墓"，墓内用大小4面铜鼓套合起来做葬具，人骨用大量绿松石珠连缀成的珠襦裹殓，置于两小铜鼓内，铜、铁、玉石器随葬品400余件，分置大铜鼓内外。"这座墓葬出土的器物与云南晋宁石寨山和江川李家山古墓群中的早、中期墓所出土的器物有许多共同之处，如铜鼓鼓面和鼓身都有羽鹭、泛船、跑鹿和羽人等花纹，而无立体蛙饰，如鞋底形铜牌饰、玛瑙环、玛瑙扣等玉石器的造型和风格也基本一致。"① 西林在汉代属于句町地，墓主人可能是句町统治者。句町位于岭南最西端，西北与当时的滇国接壤，东邻今桂西凌云、百色、德保等地与骆越地相接，北接黔西的夜郎国。滇文化东传，首先抵达句町，因而句町文化反映出滇文化的特点并不奇怪。骆越文化受滇文化的影响，在一定程度上是通过句町地区传播和交流的。

如前所述，铸造和使用青铜器乃是阶级社会的标志，它所代表的绝非原始社会的生产力，也和从原始社会向阶级社会过渡的用冷锻法锻造少量红铜器的金石并用时期的生产力根本不同。何况骆越已经能锻造出工艺水平很高的代表权力和地位的铜鼓。因而总的说来，秦始皇统一岭南之前骆越已经进入阶级社会。再从社会组织方面看，《水经注》引《交州外域记》说："交趾昔未有郡县之时，土地有雒（同骆）田，……民垦食其田，因名为雒民。设雒王、雒侯，主诸郡县，县多为雒将，雒将铜印青绶。"这说明岭南设置郡县之前，骆越社会已经分化出明显的等级和阶级差别。王、侯、将应为统治阶级中的不同等级，广大的耕田而食的骆民则属被统治阶级。骆越当时的阶级社会，应是处于奴隶社会的发展阶段。理由是：第一，一般说来，处于大河流域的古代东方诸文明古国，考古学上的青铜时代，相当于历史上的奴隶社会，埃及、亚述、巴比伦如此，中国古代亦如此。岭南的南越、西瓯在先秦也是这样。骆越的大部分地区虽已进入青铜时代，由于地势僻远，受中原文化影响之深不如南越、西瓯，其社会发展应较落后，更不可能在先秦即已越过奴隶社会

---

① 广西壮族自治区文物工作队：《广西西林县普驮铜鼓墓葬》，载《文物》1978年第9期。

发展阶段。第二，给骆越文化以明显影响，同样是使用铜鼓的滇人，据云南晋宁石寨山、江川李家山等遗址出土实物的研究，滇人是实行奴隶制的，甚至出土的类似铜鼓的贮贝器的铜盖上都铸有杀奴祭祀的场面，滇王就是大奴隶主。滇国的社会性质，对我们研究骆越社会应该有所启发。第三，秦汉在广西实行封建的郡县制度，在交通不便、汉文化的影响及秦汉政令尚未深入的偏远地区，封建郡县制度的推行是缓慢的。秦朝设置象郡时，并未能进行直接统治，郡县主要官吏仍大都加封骆越原来的王、侯、将等充任，授权骆将等"铜印青绶"，以治理骆民。到汉武帝平定南越吕嘉叛乱后，重新把岭南置于全国的郡县制度内。但是针对当时的实际情况，在番禺以西新设郡县的某些地区，仍实行"以其故俗治，毋赋税"① 的政策。执行这样的政策是很难从根本上改变骆越原来的社会性质的。

总之，骆越的大部分地区能够铸造和使用青铜器，社会内部已经有了阶级分化，显然有别于原始社会向阶级社会过渡的金石并用时代；另一方面，又没有资料足以证明岭南实行郡县制之前，骆越已经进入封建社会，这样其社会性质只能是处于奴隶社会阶段。但是考虑到骆越内部并未形成统一的政权组织，各地首领是各自为政，各按习惯法进行统治。这种情况表明奴隶制的发展是有限的。各地骆越社会的发展是不平衡的，这种状况直到东汉初年仍然存在。例如"九真俗以射猎为业，不知牛耕，民常告籴交阯，每至困乏"。婚姻习俗方面，"骆越之民无嫁娶礼法，各因淫好，无适对匹，不识父子之性、夫妇之道"。可见九真郡的骆越人，在西汉末东汉初，不仅生产落后而且存在着某些原始婚俗。所谓"无嫁娶礼法"，是指没有封建社会的嫁娶礼法。任延被任命为九真太守后，才使百姓"铸作田器，教之垦辟。田畴岁岁开广，百姓充给"。任延对骆越的婚俗也进行改革，"延乃移书属县，各使男年二十至五十、女年十五至四十，皆以年齿相配。其贫无礼聘，令长吏以下各省俸禄以赈助之。同时相娶者二千余人。是岁风雨顺节，谷稼丰衍"②。任延发展生产，移风易俗的改革措施，促进了当地骆越社会的进步和发展。锡光、马援在交阯，也

① 《史记》卷30《平准书》。
② 《后汉书》卷76《循吏列传》。

同样帮助骆越人发展生产，移风易俗。这些措施得到骆越人民的拥护，以至骆越人生子"多名子为'任'"，即以任延的姓作为名字。

又如海南岛和雷州半岛也是秦汉时期比较落后的地区。前文述及南越时，已经指出广东新石器时代晚期的六个地区，其中琼雷地区就是发展最缓慢的一个地区，其文化特征和其他骆越地区有相似之处，表现为以有肩石器为主要器形，但也有不发达的几何印纹陶。青铜器一直未发现过，岛上与骆越有族源关系的黎族历史上也不懂得冶炼金属。秦汉在岭南推行郡县制度，特别是汉武帝平定南越后，于元封元年（前110年）在海南岛设立珠崖、儋耳两郡，进一步密切了海南和中原地区的政治、经济、文化联系。汉族人民随之陆续移入，带来先进的生产技术，并与骆越人民进行交换贸易，特别是铁器的传入，提高了生产力。当时岛上土著的骆越人民"皆服布如单被，穿中央为贯头。男子耕农，种禾稻苎麻，女子桑蚕织绩。亡马与虎，民有五畜，山多麈麖。兵则矛、盾、刀、木弓弩、竹矢，或骨为镞"。这里被称为"民"的，应是与汉族临近、生产力比较进步的那部分人。由于受到汉族封建经济文化的影响，促使骆越社会发生比较急剧的变化，开始向阶级社会过渡，但由于各地条件不尽相同，从而在发展上出现不平衡现象。远离沿海地区，深入内陆的僻远地区，发展更缓慢。有的地区的黎族甚至到宋代还保留浓厚的母权制残余，著名的部落首领仍由妇女担任。[①]

总之，秦汉时期岭南郡县制度的推行和汉族封建经济文化的进一步传播，给骆越地区同样带来不同程度的影响，郡县制度的建立，具有政治上的进步意义，一些封建官吏的横征暴敛，同样引起骆越人民的反抗斗争，汉族封建经济文化的传播，却加速了骆越社会的发展和进步。那些郡县制度比较完善、和汉族移民往来密切、汉族文化影响较深的地区，如桂东南和西瓯杂居的地区，封建制度发展迅速，骆越人民和西瓯人民一样，逐步与汉族融合，成为广西汉族的一个组成部分。那些郡县建制不甚完善、和汉族及汉文化接触较少的地区，如桂西南左右江流域一带，则较多地保留了原有的、发展不太高的奴隶社会。随着历史条件的变化，才逐步向封建

---

① 《岭外代答》卷2《海外黎蛮》，丛书集成本。

社会过渡，后来发展成为与骆越具有族源关系的少数民族。那些社会发展更加落后、还保留着原始社会特点的地区，如海南岛，随着郡县制度的推行和汉文化影响的加深，其先进部分首先跨越奴隶社会阶段而向封建社会过渡，后来也发展成为与骆越具有族源关系的少数民族。虽然骆越这一族名和南越、西瓯一样后来在历史上消失了，但骆越人民对开发岭南、开发自己的家乡，和骆越有族源关系的后来发展成为广西和海南岛的少数民族，对开发和建设岭南以及捍卫祖国的南疆，都做出了不可磨灭的贡献。

论百越文化

百越民族虽然分布广阔，支系众多，但从文献记载和考古资料的研究来看，中东南、岭南的越人，总的说来，都居住在平原低地或靠近江河湖海水道纵横的地区，甚至分布于山区和云贵高原上的越人，也是沿着较低平的河谷平坝地区居住。因而从地理分布说，百越民族属于南方低平平原民族，而不同于高原山区民族，更不同于北方草原民族。这样的生态环境，在长期的历史发展中，给百越民族的生产和生活带来不可避免的影响，这种影响越是在遥远的古代生产力水平低下的情况下也就越大。由于这种生态环境和人类活动的交互作用，百越民族在生产和生活上，创造出独具特色的文化模式。虽然百越民族分布广泛，在文化上不可避免地存在着这样或那样的差异性，但总的说来，共同性却是明显的。正因为文化上的这种共同性的存在，各地越人虽未形成共同的自称，但作为他称的"越"却能够约定俗成地成为各地越人的通称，这实在不是偶然的。多姿多彩的百越文化，构成中华民族文化的一个重要组成部分。

一、物质文化

（一）善种水稻

百越民族居住的地区多江河湖海，水源丰富。农业耕作为主要生产部门，并以种植水稻为主，渔捞经济也占较突出的地位。所以《史记·货殖列传》说："楚、越之地，地广人稀，饭稻羹鱼，或火耕而水耨。"从古代越人的分布特点及以水稻农业为主要生产活动，结合考古研究的成果，应该是古代越人是稻作农业的较早经营者之一。在我国发现人工栽培稻或其痕迹的二十几处新石器时代的主要遗址中，如浙江余姚河姆渡、吴兴钱山漾、杭州水田畈，江苏吴县草鞋山，上海青浦崧泽，南京庙山，无锡施墩、仙蠡墩，江西修水跑马岭，安徽肥东大陈墩、寿县濠城镇，湖北郧县屈家岭、天门石家河、武昌放鹰台，广东曲江石峡、曲江泥岭山岗，河南郑州大河村、淅川黄栋树，以及云南元谋大墩子等，其中在黄河流域的仅河南两处，其余90%以上均在长江流域。从时间上说，黄河流域的有关遗址距今不过四五千年，而长江流域遗址出土的古稻，有的早达7000年，比黄河流域的早得多。这些遗址基本上都是古代越人的分布地区。因而有的学者正确地指出："最早驯化野生稻的是古代百越民族。"[1]

古代越人善种水稻是从他们的远古先民那里继承下来的。浙江余姚河姆渡遗址，是迄今发现的我国含有人工栽培稻谷遗迹的最早的新石器时代遗址，根据放射性碳14测定的年代，并经树轮校正后，为距今约7000年。[2] 河姆渡文化主要分布在宁绍平原的东部地区，当时这里是靠近山麓的一片由大小湖沼组成的草原灌木地带，气候比现在温暖潮湿。从遗址第四层出土的文化遗物多达1171件，其堆积厚达100—165厘米。农业生产工具和谷物加工工具有石斧、凿、磨石、骨耜、木铲等。在发掘的400多平方米范围内，普遍发现稻谷，属于人工栽培稻中的水稻。遗址的主人已过着定居生活，经营农业，以稻谷为主食。河姆渡的地理位置，恰恰在古代越人分布区内，从居住遗址看，与百越住房的特点完全一致。这个遗址实际就是百越先民的聚落，其遗物体现了先越文化。广东北部新石器时代晚期遗址，如曲江县石峡和泥岭都发现了广东最早的栽培稻，主要是籼稻。[3] 江西新干界埠发现的战国

① 李昆声：《百越——我国稻谷的最早栽培者》，载《云南省博物馆建馆三十周年纪念文集》，第89页，云南省博物馆1981年编印。

② 浙江省文管会、浙江省博物馆：《河姆渡遗址第一期发掘报告》，载《考古学报》1978年第1期；文物编辑委员会：《文物考古工作三十年》，第219–220页。

③ 《文物考古工作三十年》，第244页。

时期粮仓遗址，出土了大量的炭化米粒，经鉴定为粳米。① 以上两处都属于古代越人的文化遗址。又如云南元谋大敦子也出土了3000多年前前人栽培的粳稻，表明这一带稻作农业的历史也很悠久。元谋一带汉代属越巂郡，郡内有青蛉县，传世文物"越归义青蛉长印"，清楚地说明汉代越巂郡居住着越人。②

再从文献记载方面看，《吴越春秋》卷6记载越国始祖无余时代，就已经开始农耕生活，"百鸟佃于泽"，"有鸟田之利"，"随陵陆而耕种"。到越王勾践的时代，耕种稻谷被提到富国强兵的高度。勾践的大臣范蠡对他说："天地之间，人最为贵；物之生，谷为贵。"又说："兵之要，在于人；人之要，在于谷。故民众则主安，谷多则兵强。"③《汉书·地理志》记儋耳、珠厓（均在今海南岛）说当地"男子耕农、种稻禾、苎麻，女子蚕桑织绩"。晋人常璩《华阳国志·南中志》记载有越人分布的云南西部永昌郡，也说该地宜于五谷生长，而且居民种桑养蚕。显然，稻作农业在各地越人的经济生活中具有十分重要的地位。今天水稻已成为我国主要粮食作物之一，更是南方的主要粮食作物。这是百越民族缔造祖国的一项重大贡献。

（二）长于渔捞

由于百越居住地区多江河湖海，不仅有利于发展水稻，而且水产物如鱼、鳖、蛤蜊亦极丰富，成为越人喜好的食物。这种稻作农业辅以渔捞，构成古代越人经济生活的特点。

先秦文献记载："东越海蛤，欧人蝉蛇，蝉蛇顺食之美 …… 且瓯文蜃，共人玄贝。"④ "东越""欧人""且瓯""共人"都是先秦时代东南地区的越人，他们以海蛤、文蜃、玄贝、蝉蛇为美食。这些都是水乡泽国的产物。汉晋人的著作更明确指出："楚越水乡，足螺鱼鳖，民多采捕积聚 …… 煮而食之。"⑤ "民食鱼稻，以渔猎山伐

① 《文物考古工作三十年》，第327页。
② 李昆声：《百越——我国稻谷的最早栽培者》，载《云南省博物馆建馆三十周年纪念文集》，第93页。
③ 《越绝书》卷13《外传枕中》。
④ 《逸周书》卷7《王会解》。
⑤ 《史记》卷129《货殖列传·正义》。

为业，果蓏蠃蛤，食物常足。"① 这可见渔捞在越人经济生活中的重要性。云贵高原的僚人捕鱼时，"能卧水底持刀刺鱼"② 渔猎之术，可见一斑。

在原始锄耕农业时期，渔猎活动在经济上生活中更加突出。考古研究给我们提供了丰富的资料。广东佛山大帽岗东面的河宕一带，现在是一片低洼的农田和鱼塘。间杂着小片台地。但在远古，这里曾经是近海的沼泽、丘陵与台地、森林、草原交错，兼有渔猎之利。考古工作者在不到一公里的范围内，就发现六七处新石器时代的贝丘遗址，文化层是由大量的蛤蜊壳等堆积而成。这些贝壳即当地越族先民捞取贝类等水生小动物食用后的遗存。这种情况不仅说明当地有丰富的可供捞食的贝类，而且也是越族先民的村落所在地。出土的石铲、网坠、鱼骨，大量的贝壳、螺蛳壳等，都说明渔猎经济占有相当的比重。③

广西南宁地区的贝丘遗址和桂林市郊的甑皮岩洞穴遗址，都有较厚的螺蛳贝壳堆积，遗址内有居住地、墓地，出土的生产工具以磨制石器为主，多扁圆石斧、石磷和短柱形石杵，说明原始锄耕农业已经出现。精致的鱼骨钩、鱼骨镖、骨镞、甲刀、蚌刀和蚌网坠等渔猎工具的大量出现以及螺蛳、贝壳、兽骨等大量出土，证明渔猎和采集在当时经济生活中仍占主要地位。④

曾有古越人居住的滇池区域和抚仙湖沿岸的新石器时代遗址，出土大量梯形石斧和石磷，也有少量有肩石斧和有段石磷。出土的陶器上往往印有稻谷和谷壳痕迹，说明水稻栽培在人们经济生活中已占有重要地位。但是在这两个湖泊沿岸的新石器遗址，普遍有较厚的螺蛳壳堆积层，说明渔捞经济仍占有相当的地位。⑤

由于有利的自然地理条件，伴随着水稻农耕的发展，渔捞活动在经济生活中一直占有一定地位。江西武夷山地区贵溪古代越人崖墓中，几乎每座墓内的棺木旁都

---

① 《汉书》卷28《地理志》卷下。

② 《魏书》卷101《僚传》。

③ 林乃燊：《珠江三角洲的发育和佛山最早的百越聚落》，载《百越民族史论丛》，广西人民出版社1985年版。

④ 《文物考古工作三十年》，第339页。

⑤ 《文物考古工作三十年》，第372页。

发现一两只带皮的鳖壳。[1] 汉武帝曾派使者到武夷山祭祀"武夷君用干鱼"[2]。这些，应是古代越人经济生活在葬俗和宗教中的反映。

（三）独特的新石器

在新石器时代，古代越人文化特征日益显著。各地越人或其先民留下来的新石器时代的石器中，最具特色的是有肩石斧和有段石锛，这些石器往往和一般形态的石斧和石锛以及有肩石铲、石刀、石镰、石镞等共存，其使用往往延续到青铜时代。有肩石斧的形制是斧身上部两侧下削，形成钝角或直角，以便安装斧柄，使其在生产活动中发挥更大效用。有段石锛则是在锛身的前面中部横向隆起一个脊棱，以便捆牢木柄。有肩石斧和有段石锛与常型斧、锛相比，在数量上一般较少，但各地普遍发现，而且特征突出，因而被认为是古代越人的代表性生产工具和重要的文化特征。有段石锛普遍发现于浙江、福建和台湾、湖北、江西、广东、广西、香港、海南，在云南、贵州等地也有发现。有肩石斧则主要发现于两广地区和海南岛，云贵高原和台湾部分地区也有发现。

这类石器的分布面虽然很广，但有两点值得注意：一是各地新石器文化之间的相关性，例如云南、贵州一些地方的新石器时代文化，与东南沿海地区的新石器时代文化具有密切关系，台湾圆山贝丘出土的有肩石斧和广东中部的番禺、宝安及海南岛出土的有肩石斧器形相同。[3] 二是这类石器与后来的同类青铜器在形制和风格上有继承性，例如福建出土的有段石锛和后来的有段铜锛相似。[4] 这些都说明，这类新石器是相同的族群"越"或"百越"遗留下来的，代表了这个族群的文化特征。

例如我们在探讨一下有段石锛和有肩石器的功能和作用，便会发现这类石器是和越人善种水田、习水便舟相适应的。器形较大的有段石锛，特别是部分广西和广东出土的石铲，显然是用之于农业生产。至于形体较小的有段石锛、有肩石斧和常

---

① 刘诗中：《武夷山地区自然环境对古越人的生活习俗和经济活动的影响》，载《百越民族史论丛》，广西人民出版社1985年版。

② 《史记》卷28《封禅书》。

③ 文物编辑委员会：《台湾省30年来的考古发现》，载《文物考古工作三十年》。

④ 《文物考古工作三十年》，第252页。

型石斧，则主要用作手工工具特别是木工工具，例如剡制独木舟，加工纺织工具以及建造干栏式住房等等。另外一些通体磨光、形态精美但并不实用、且不耐用的石器，则可能是用之于有关农耕的宗教祭祀活动的器物。

（四）发达的几何印纹陶器

制陶业和农业具有密切联系。如前所述，早在新石器时代古代越人和其先民就已过着种植水稻的村居生活。为满足日常生活所需的器皿和容器，制陶业得到了相应的发展。考古发掘出来的大量资料，不仅有为数众多的陶器，还有烧制陶器的陶窑。在各地遗址发现的大量陶器中，虽然也有一部分常见的夹砂质和泥质的陶器，但具有突出特点的却是使用拍印技术加工陶坯的所谓几何形印纹陶器，在各地越人地区特别是东南越人地区和部分岭南越人地区更是大量发现。由于这种陶器的制作颇具特点，考古学上称为几何形印纹陶器。

几何形印纹陶器的特点，是用带有各种几何形纹饰的陶拍子在陶坯上拍印出各种图案纹饰，以使陶器坚实，并具有装饰作用，然后烧制。大量资料表明，这种陶器出现在新石器时代中晚期，兴盛于青铜时代，大致相当于商代到春秋战国时期，此后逐渐衰落。值得注意的是，在各地越人文化遗址中，这种陶器往往与有肩石器和有段石锛并存，因而同样被认为是百越文化的重要特征之一。

这种陶器在发展的早期阶段，由于技术水平的限制，陶土不够纯，胎骨不够细腻，拍印技术较差，火候也不够高，质地较软，烧成的陶器被称为几何形印纹软陶。较晚的陶器，质地纯，拍印技术精，火候高，胎骨坚硬，烧出的陶器称为几何形印纹硬陶。一般体积较大的罎、罐、瓿之类的容器都是印纹硬陶器。由于地区和时代不同，各地印纹陶器上的几何形图案不尽相同。有的地方如江西的一些文化遗址，在兴盛时期纹饰图案多达30余种，有方格纹、蕉叶纹、花瓣纹、米字纹、水波纹、菱形纹等等[①]，还有云雷纹、回纹等则可能受中原青铜器上纹饰的影响。尽管图案纹饰不同，拍印技术亦复杂多样，但基本的制陶工艺却是相同的。

根据研究，"印纹陶的胎泥原料和烧成温度较以前高的其他陶器有一个新的飞

---

① 《文物考古工作三十年》，第248–249页。

跃，使它成为由陶向磁发展的中介物，并导致了原始瓷的出现。随着商代印纹陶的发展，西周时期的原始瓷已在浙江各地有较多的发现"①。可见从几何印纹陶器到原始瓷再到后来的瓷器，从技术发展史的角度看，是有一定的内在联系的。长期以来我国以出产陶瓷著称于世，古代越人在这方面做出了不可磨灭的贡献。

（五）精湛的青铜冶炼术

冶炼青铜器是百越文化中的一个重要组成部分。越族经历一个辉煌灿烂的青铜时代，发展了高超的青铜冶炼技术，制造出包括生产工具、武器、乐器等生产、生活用具，给我们今天留下了大量精美绝伦的文物。史称："吴粤（越）之金锡，此材之美者也。"② 吴越二国盛产铜和锡，而且品质优良，这是发展金属冶炼所必需的原料，铜和锡的合金就是青铜。由于有丰富的原料，"铸冶之业，田器尤多"③，一般农民都能自铸农具，而无需专门的工匠。④ 这对促进农业生产的发展具有十分重要的意义。近年在江苏、浙江一带，发现大量的青铜刀、削、镰、斧、锯、凿、戈、矛等器以及冶炼遗址，证实有关古籍的记载是有根据的。这里着重谈谈青铜器中最富盛名的剑、钺和铜鼓。

先谈剑。吴越二国崛起的时代正当春秋之世，其时周天子的王权已经式微，各诸侯国之间，强凌弱、众暴寡，强者争当霸主，弱者则求自保。富国强兵成为一些国家的基本国策。吴、越均为一时强国，而且互为敌国。两国除整饬军备、训练甲士外，在冶炼业发展的基础上，自然产生了精良的兵器制造业。在坚甲利兵之中，宝剑更为精绝。

吴、越二国铸造的剑不仅数量多，增强了军队的战斗力，而且有一批能工巧匠，他们铸造的剑不仅成为国宝，而且名闻诸侯。铸剑师中最著名的，吴有干将、莫邪，越有欧冶子，他们都出自同一名师，铸造了多把名剑。《荀子·性恶篇》称赞吴王"阖闾之干将、莫邪、巨阙、辟闾，此皆古之良剑也"。《越绝书·越绝外传记

---

① 《文物考古工作三十年》，第220页。
② 《周礼》卷11《冬官考工记》，郑玄注。
③ 《周礼》卷11《冬官考工记》，郑玄注。
④ 《周礼》卷11《冬官考工记》，郑玄注。

宝剑篇》称欧冶子所铸之剑有五，"一曰湛卢，二曰纯钧，三曰胜邪，四曰鱼肠，五曰巨阙"。其中鱼肠剑虽短，但锋利无比，阖闾在宴请吴王僚时，命刺客专诸化妆成厨师，将剑藏于鱼腹。专诸利用上烤鱼的机会，接近王僚，从鱼腹拔出剑，向王僚猛刺过去，透过王僚所披三重坚甲将他刺死，帮助阖闾夺得王位。至于纯钧剑，可以"水断龙舟，陆剸光甲"，所刺无不洞。因而此类剑被视为无价之宝。

由于珍视宝剑，诸侯之间的馈遗以宝剑为重礼。甚至因一剑之得失，国君之间兵戎相向。[①] 上行下效，民间也重视剑。东汉史学家班固写《汉书》时仍说吴越之民"至今好用剑"[②]。迄今传世和出土的吴王光剑、吴王夫差剑、越王之子剑、越王勾践剑等数十把，而且出土的剑虽埋藏两千多年，仍多色泽如新，极为锋利，这说明吴、越王室和大臣拥有大量宝剑，并非史家所虚构。

春秋战国时期，岭南古代越人文化遗址也发现不少青铜利剑。由于岭南越人地区介于东南和西南越人之间，岭北则楚文化势力深远，因而不免受到各方影响。就以青铜剑而论，有些显然类似岭北早期楚墓出土的实茎剑，更多的却属滇黔桂系统的扁茎剑[③]。

古代云贵高原越人地区，以滇池地区为例，从出土的许多铜器上的人物图像可以看出，当时人们在日常生活中很重视佩剑。在该地区的晋宁、江川、安宁、昆明、昆阳、海口、澄江等不少地方，出土大量佩剑，仅云南省博物馆所藏即达500件以上。早期的青铜剑以无格扁圆柄的为主，一字形格的短剑还很稀少。稍后，一字形格的青铜剑逐渐盛行起来，形成地区性特点。这些剑铸造精致，合金比例成熟，剑身上多有精美细致的阴刻图案，如人、猴、虎相搏等。少数剑茎首为蛇头形，有的铸成各种立体人形；有的茎首作圆球状，茎上饰平行凸弦纹，形式多样，别具一格。贵州清镇地区汉墓出土的青铜剑，形制及所刻图案均与滇池地区江川李

---

① 《越绝书》卷11《外传记宝剑篇》。
② 《汉书》卷28《地理志下》。
③ 《文物考古工作三十年》，第342页。

家山出土的一字形格式剑相似，也可以视为夜郎文化的孑遗。①

次说钺。越人以善于用钺著称。钺中尤具特色的为靴形钺（或斧），其侧面似靴，出土于云南滇池地区的晋宁、江川等地，贵州夜郎故地的清镇以及广西的平乐、恭城，广东的德庆均有发现。另一种为刃呈半圆形的钺（或称月口斧），云南的晋宁、江川、楚雄等地，广西恭城、田东以及广东清远等地均有出土。此种钺在浙江省博物馆中更展出多件。②

再说铜鼓。铜鼓是通体用青铜铸成的一种打击乐器，可用于节日、赛神、祭祀，甚至行军作战，而且还是权力和财富的象征，十分受重视。铜鼓形状类鼓，但仅在鼓身的一端有平展的鼓面。宋人周去非在《岭外代答》中说："其制正圆，而平其面，曲其腰，状若烘篮，又类宣座，面有五蟾，分踞其上。"这段描述对铜鼓的形制可以说得其大要，但由于类型不同，有的鼓面有青蛙、人马等，有的则为光面。现在考古学和民族学工作者，对各种类型铜鼓进行比较研究，总结出它们的共同特征，确切地概括为五句话："通体皆铜，平面曲腰，一头有面，中空无底，侧附四耳。"③

铜鼓发现于两广和滇、黔、川地区。由于地区和制造的时间不同，具有不同的类型。根据学者的研究，各不同类型的铜鼓可以分为两大系统，一为两广系或简称粤系，因两广古代同属粤，称为粤东、粤西。粤系铜鼓主要分布在广西东部、东南部和广东西部西南部相连接的地带，包括雷州半岛和海南岛。一为滇桂系，以云南出土的为最原始，源流清楚，数量众多，故也可称为滇系。滇系铜鼓主要分布在广西西部、西北部、中部，分布中心在云南中部，贵州、四川、湖南也有分布。广西介于广东和云南之间，兼有两个系统的铜鼓。

就形制看，粤系铜鼓普遍高大厚重，铸造精良。鼓面大于鼓身，胸部不甚突出，鼓身明显分为胸、腰、脚三节，鼓面中央太阳纹突起而小，光芒短而较少。鼓

---

① 王大道：《滇池地区的青铜文化》，童恩正：《我国西南地区青铜剑的研究》，均载《云南青铜器论丛》，文物出版社1981年版。

② 汪宁生：《中国西南民族的历史与文化》，云南民族出版社1989年版，第33页。

③ 蒋廷瑜：《铜鼓》，人民出版社1985年版，第4页。

面边缘几乎都有立体青蛙装饰。鼓面和鼓身的纹饰，计有云雷纹、水波纹、鹭鸶纹、兽纹、五铢钱纹等。有云雷纹饰的鼓年代最晚可断为汉代，五铢钱纹的也可定为汉代。再进一步划分，这一系统的铜鼓又可分为以出土于广西北流为代表的北流型和以出土于灵山为代表的灵山型等。这类铜鼓也有人称为云雷纹铜鼓。北流县出土的一个铜鼓，形体高大，重300公斤，周身密布云雷纹，类似中原地区青铜器的纹饰，反映出商周文化的影响。这是迄今发现的最大的一个铜鼓，堪称铜鼓之王。滇系铜鼓一般形体较小，早期的鼓面小于鼓身，鼓胸突出，腰部收缩，鼓面中央太阳纹较大，光芒较长，但不外突。鼓面一般无立体青蛙饰物。这一系统早期鼓的纹饰特征多为划船纹、羽人舞蹈纹、翔鹭纹等。再进一步划分，滇系铜鼓又可分为以出土于云南楚雄万家坝为代表的万家坝型，流行时间当春秋中期到战国初期，这是最原始型的铜鼓。还有以出土于晋宁石寨山为代表的石寨山型铜鼓，铸造时间当春秋晚期至战国中期，它是万家坝型的进一步发展，纹饰精美，可说是早期滇式铜鼓的典型。此外还有西盟、遵义、麻江等类型。[①]

两千多年来，我国西南和岭南的民族如春秋、战国时期的濮越人，秦汉的夜郎、句町、骆越和西瓯，魏、晋的俚人和僚人，以及近现代壮族、布依族、水族、傣族、苗族、瑶族、彝族等，都曾使用过铜鼓。但追本溯源，最初铸造铜鼓的不得不归功于濮越人。

如前所述，万家坝型铜鼓是铜鼓铸造的初期阶段，鼓面明显小于鼓身，器型古朴，纹饰简单粗犷，而且鼓身一般不加装饰。"万家坝出土的铜鼓，在墓坑里都是鼓面向下倒放着，并且有四面外表满是黑黑的烟炱，显然是用来煮过食物，这种现象说明当时铜鼓也可以作为炊具来使用，鼓和釜（锅）还没有完全分家。"[②] 这就告诉我们最初的铜鼓应是由铜釜演变而来。从铸造技术看，万家坝型鼓表面粗糙不平，

---

　　① 铜鼓分布及分类，参见蒋廷瑜：《铜鼓》，人民出版社1985年版，第9—14页、第79—80页；黄增庆：《如何理解"百越"共同文化习俗》，载《中南民族学院学报》1986年增刊；王大道：《云南铜鼓》，云南教育出版社1986年版，第1、第2节；汪宁生：《中国少数民族文库：铜鼓与南方民族》第2章，吉林教育出版社1989年版。

　　② 王大道：《云南铜鼓》，第71页。

合范处花纹互相错开，鼓壁上留有砂眼；铸造时加锡很少，以致鼓呈红色，甚至有红铜鼓，这些都表明铸造技术低下。

从分布地区看，这一类型的铜鼓，"大多数都集中在滇池以西、洱海以东、元江以北、金沙江以南的这片地区，最早最原始的铜鼓集中出土在这里，意味着该地区是铜鼓起源地"①，然后再向四方传播。

再从原料的产地看，西汉时期原属滇国地域的益州郡，据《汉书·地理志》记载：益州郡的俞元（今澄江、江川）、怀山出铜，律高（今弥勒南部）西石空山出锡，东南賁町山出银、铅，贲古（今蒙自、个旧）北采山出锡，西羊山出银、铅，南乌山出锡，来唯（今南涧）从脪山出铜。《后汉书·西南夷列传》还指出，云南西部哀牢人居住的地区主要在今永平、保山、腾冲、龙陵和德宏傣族景颇族自治州各县，也出产铜、铁、铅、锡、金、银等矿产。这些矿产给金属器例如青铜鼓的铸造提供了必要的物质条件。

上述万家坝型铜鼓是世界上迄今发现的最古老、最原始的铜鼓，它集中分布的地区意味着这个地区就是铜鼓的发源地。当时这个地区的主体居民是经济文化发展较高的属于百越系统的濮越人。他们就地取材，冶铸出百越文化的典型器物——铜鼓。在稍后的时代，代表滇文化的石寨山型铜鼓，则是万家坝型铜鼓的改进与继承。滇国的主体居民滇人或称滇濮，也属百越系统。他们制造的纹饰精美的铜鼓，反映了铜鼓文化的成熟和发展，随之开始了铜鼓文化的大规模传播。考古工作者在滇西、川南和黔西北部都曾发现过石寨山型铜鼓，但传播最远、影响最大的则是南传的一支。滇东南的文山壮族苗族自治州汉代属句町国地域，句町的主体居民也是经济文化比较发展的濮越人。这里成为铸造和使用铜鼓的一个重要地区。句町位于岭南最西端，直插云贵高原，西北与滇国毗邻，东接骆越地区。滇文化东传，首先抵达句町地区，句町青铜文化包括铜鼓与滇文化相似，都属濮越文化，这是很自然的。

"铜鼓经过这里继续往东，传到广西壮族自治区的西林、田东以至贵县。经文

① 《云南铜鼓》，第88页。

山、麻栗坡往南进入了越南北部，再到老挝、柬埔寨、泰国、马来亚，越过马六甲海峡，一直到达印度尼西亚的苏门答腊、爪洼、苏拉威西、新几内亚。在上面列举的国家，大都发现过公元五世纪以后的石寨山型的铜鼓。"①

我国南方越人的这一独特创造，随着它在国内外的传播，日益引起人们的重视。今天，国内外不少城市的博物馆都收藏着铜鼓，它们成为引人注目的珍贵展品，展现出古代百越民族杰出的创造力和对人类文化的贡献。

（六）颇具特色的纺织业

在百越民族的经济生活中，纺织是另一种颇具特色的手工业。各地越人善于利用本地的纤维资源，无论是葛、麻、丝、木棉加工织成布帛、丝绸，均各尽其妙。

浙江余姚河姆渡遗址出土的原始纺织工具，表明这里的越人已经知道纺织。而且还有种桑养蚕的迹象。② 稍晚，在浙江吴兴钱山漾遗址出土的绢③、丝、麻布等丝麻织物，显示出越人先民纺织技术的发展情况。他如闽、赣、粤、桂、滇等诸省区有关新石器时代遗址，多有陶纺轮出现，表明在各地越人先民中，纺织已是日常生活不可或缺的事了。

1978年，福建省博物馆在崇安县武夷山麓一处悬崖上的洞穴里，清理了一座被认为是越人的船棺葬，这个船棺距今3000多年，棺内发现一批纺织品残片，经鉴定、分析，纺织原料分别为大麻、苎麻、蚕丝和棉花。这说明早在3000多年前，闽越地区已经生产多种原料的纺织品。更为珍贵的是其中的一块青灰色棉布残片，是我国出土年代最早的棉织品之一。根据对其纤维形态的鉴定，它和近代一年生的草棉不同，而和多年生灌木型木棉的结构形态非常近似，说明这块棉布残片很可能是一种木棉布。这种灌木型的木棉树很早即见于我国南方的闽、粤、黔、滇、川等地。④ 1979年在江西武夷山北麓的贵溪县，考古工作者清理了十几座古越人崖洞墓，出土不少纺织品和纺织工具，"经上海纺织科学研究院鉴定，认为这些机件是属于早

①　《云南铜鼓》，第88页。
②　《浙江河姆渡遗址第二期发掘的主要收获》，载《文物》1980年第5期。
③　《吴兴钱山漾遗址第一、二次发掘报告》，载《考古学报》1960年第2期。
④　高汉玉：《崇安武夷山船棺出土的纺织品》，载《福建文博》1980年第2期。

期斜织机的主要构件。说明在春秋战国时期，越人已使用较为先进的纺织工具"①。织出的布帛当然也就具有一定的水平了。

文献记载："于越生葛絺。"②《说文解字》系部说："絺，细葛也。"于越善织精细葛布，《吴越春秋·勾践归国外传》也有叙述。勾践被释放归国后，吴王索葛布十万匹。勾践命国中男女入山采葛，织出的布"弱于罗兮轻霏霏"，名为"絺素"，可见质量之佳美。西汉时，东越出产的细葛布驰名中土，越繇王闽侯，曾以"荃、葛"赠江都王刘建③。荃、葛都是细布。当时越人所织葛、麻、丝绢等纺织品，已成为越人贵族结交中原王侯的礼品。东汉初年，尚书令陆闳"喜著越布单衣，光武见而好之，自是常敕会稽郡献越布"④。可见东越织布之精美。

稍后的记载说闽、广百越地区还有一种颇具特点、就地取材的织物，称为蕉葛，即用芭蕉茎的纤维织成细布。方法是将芭蕉茎用大锅煮，抽出纤维，然后纺织为极轻而薄的蕉布。⑤晋左思《吴都赋》称赞这种蕉布说"蕉葛升越，弱于罗纨"，意思是说蕉布比罗纨这种名贵的丝织品还要细而薄。⑥唐人梁载言《十道志》说："容州（北流、容县一带）夷多夏少，鼻饮跣脚，好吹葫芦笙，击铜鼓……缉蕉葛以为布。"⑦此书所谓"夷"，就其文化特征而言，应是岭南越人的后裔。由于蕉布质地优良，唐朝特规定为上交的贡品。

前面提到的木棉布，不仅福建和两广，即远至云南西部越人地区也是一项突出的手工业品。汉晋时期，滇西哀牢人地区"土地沃腴，（有）……蚕桑、绵绢、采帛、文绣。……有梧桐木，其花柔如丝，民绩以为布，幅广五尺以还，洁白不受污，俗名曰桐华布。……有阑干细布。阑干，僚言苎也。织成，文如绫锦"⑧。僚人

① 林蔚文:《古代越人的纺织业》，载《民族研究》1985年第2期。

② 《淮南子》卷1《原道训》。

③ 《汉书》卷53《景十三王传》。

④ 《后汉书》卷81《陆绩传》。

⑤ 欧阳询:《艺文类聚》卷87，叶部下"芭蕉"条。

⑥ 《艺文类聚》卷61，"居处"部。

⑦ 〔清〕王谟辑《汉唐地理书钞》，中华书局1961年版，第289页。

⑧ 〔晋〕常璩:《国学基本丛书:华阳国志》卷4《南中志》，记永昌郡物产。

不仅种桑养蚕，织出绢帛等丝织品，并染成彩色，而且纺织出精美的苎麻布。不仅如此，生产出的桐华布即木棉布，幅广五尺，洁白耐脏。这些都表明僚人的纺织技术和纺织品在当时都是很突出的。

（七）居住"干栏"式楼房

百越人自古居住在我国南方气候炎热、潮湿近水而且毒虫猛兽出没的地方。为了适应这样的环境，他们修建了用木、竹桩支撑的高脚房屋，使房屋离开地面，通风干燥，楼上住人，楼下可圈牲畜，即秦汉以后史籍所称的"干栏"，有的也写作"高栏""阁栏""麻栏"等等。虽然干栏建筑具有一定的地区性特征，非百越系民族所专有，但考古发掘和文献记载说明，越人及其先民在远古即使用此种住房。早在六七千年前的新石器时代，浙江余姚河姆渡、吴兴钱山漾、杭州水田畈等新石器时代遗址，都有桩上建筑遗迹的发现。属于青铜时代的云南晋宁石寨山滇人墓葬遗址出土的青铜器上饰有若干"干栏"式建筑模型，反映了当时或以前当地流行这种形式的建筑。

文献记载方面，先秦著作已对干栏建筑有所反映。《韩非子·五蠹》篇说："上古之世，人民少而禽兽众，人民不胜禽兽虫蛇。有圣人作，构木为巢，以避群害，而民悦之，使王天下，号曰有巢氏。"百越族群的僚人，有关史籍说其"依树积木，以居其上，名曰'干栏'。干栏大小随其家口之数"①。《旧唐书》卷197与《新唐书》卷222《南平僚传》都说南平僚所居住的地方：土气多瘴疠，山有毒草及沙虱蝮蛇，人并楼居，登梯而上，号曰干栏。这些资料说明，在越人族群中，楼居干栏是他们的传统居住方式，从而成为越人文化中的特征之一。百越如此，源于百越的傣、布依等民族也具有这一传统。

（八）习于水性，善于操舟

越人居住地区多江河湖泊，东南越人更面临茫茫大海，由于长期和水打交道，练就了习水性、善操舟的本领。文献记载，于越"以船为车，以楫为马，往若飘

---

① 《北史》卷95《蛮僚》；《魏书》卷101《僚传》。

风，去则难从"①，驾舟于江海之上，无不得心应手，已是"越之常性"。所以《淮南子·齐俗训》说"胡人便于马，越人便于舟"，抓住了北方草原民族和南方水乡民族的特点。

由于越人熟悉水性和善于操舟，在生产和生活中大大增强了克服水害、发展水利的能力，从而得以发展水田农业和渔业，并开辟了水上交通。我国东南海上交通，最初应是越人开辟的。《山海经·海内南经》说："瓯居海中，闽在海中，其西北有山，一曰闽中山在海中。"这段话说明东瓯越与闽越均往来于大陆与海岛之间，发展了海上交通。

在军事上越人也利用这一有利条件，建立强大的水师。春秋战国时期，吴、越两国的水师都很强大，成为进攻和防御敌人的重要力量。吴国针对水战的不同要求组建了不同类型的战船，有所谓大翼、小翼、突冒、楼船等。吴王阖闾和夫差均曾凭其强大的水师进攻齐国和楚国。越王勾践伐吴报仇时，动员了水军8000人，戈船300艘。②吴、越两国同处三江五湖之地，舟师都很强盛，因而两国征战多在水上，关系重大的战役更是如此。

除吴越外，其他地区的越人也多以水战见长。汉武帝时，闽越兴兵击南越，南越上报朝廷，武帝准备遣兵攻打闽越。淮南王安上书武帝谏劝他罢兵，书中指出"越人……习于水斗，便于用舟"，而且越人用兵必先造船，扩大水军军力。③这说明闽越也以水战见长。正因为如此，秦始皇统一岭南的战争，"使尉屠睢将楼船之士南攻百越"④。汉朝对闽越、南越用兵也几乎全用水师。

分布在云贵高原上的百越各部，其地理环境虽不似东南越人居处于三江五湖，面临大海，但也沿江河流域、河谷平坝居住。云南的元江古时分布着众多濮人而名濮水，贵州境内的盘江古称牂牁江，云南的澜沧江古称澜苍水，怒江古称周水，沿江流域也都有属于百越族群的濮、僚、哀牢等的分布。高原上湖泊众多，星罗棋

---

① 《越绝书》卷8《外传记地传》。
② 蒙文通：《越史丛考》，人民出版社1983年版，第110—112页。
③ 《汉书》卷64《严助传》。
④ 《史记》卷112《平津侯主父列传》。

布，以滇池最大，在滇国境内。高原上的越人也有渔业之利和航行之便，同样是习水操舟，多食水产，作为农耕的补充。"云南百越部族习水操舟，主要反映在石寨山铜鼓图像上，此类铜鼓之图像常表现羽人划船、龙舟竞渡等场面。江川李家山铜鼓图像上，铸一只平底船，上坐四个操楫羽人，船头、尾两端上翘，船尾似制成鸟首形，尤其重要的是船尾底部明显可见有三角形船锚。"① 显然，这些青铜器上的图像表现出滇人在滇池上的活动。

云贵高原上的越人不仅利用江河的航运之便，文献记载也反映出他们在江河上的武装活动。战国时期，以濮人为主建立的夜郎国取代了牂牁国，成为高原东部以今贵州地区为主的一个大国。夜郎开发了自境内的牂牁江经温水、郁水直达南越首邑番禺（今广州）的航道，与南越发展了经济和一定的政治联系。汉武帝征南越，于元鼎五年（前112年）派遣伏波、楼船、戈船及下濑四将军，将水师前往。同时又"发夜郎兵，下牂牁江，咸会番禺"② 可见夜郎军中必有水师，顺流而下。这说明夜郎也是长于水战的。云南西部的哀牢人沿江河流域而居，"散在溪谷"。东汉建武二十三年（47年）哀牢王贤栗曾遣兵乘箪船（大木筏）沿江而下，南攻鹿荖部落。③ 这些都表明哀牢人近水，也是习水性的民族。

二、精神文化

（一）"断发纹身"

"断发纹身"是百越民族的一种比较普遍而又独特的习俗。说它普遍，因为在东南、岭南和云贵高原越人中都能找到此种习俗，大同而小异；说它独特，虽然这一习俗不限于百越，但以百越最为突出。东南越人中，句吴族有断发纹身之俗。《史记·吴太伯世家》说，太伯和仲雍都是周太王的儿子，为了让位于三弟季历，乃远

---

① 李昆声：《百越文化在云南的考古发现》，载《云南民族学报》1983年。

② 《汉书》卷95《两粤传》。

③ 《后汉书》卷86《西南夷·哀牢传》。

避于越人地区"文身断发"，从俗而居。这说明吴人早有文身断发之俗。《墨子·公孟篇》说："越王勾践，剪发文身。"《史记·越王勾践世家》说："越，方外之地，劗发文身之民也。"又《史记·东越列传》提到闽越王为越王勾践之后，此点不必深论，但越国（包括原吴国地域）为楚所灭后，越人四处流散，一定有不少越人迁入闽越地区和当地越人共居。不难设想，闽越中也有断发文身之俗。

岭南的南越、西瓯、骆越地区，《淮南子·原道训》说："九疑之南，陆事寡而水事众，于是民人被发文身以像鳞虫。"顾野王《舆地志》说："交趾，周时为骆越，秦时曰西瓯，文身断发避龙。"① 可见岭南越人也有此俗。

云贵高原地区，也有此俗见于记载。《后汉书·西南夷列传》记载云南西部的哀牢夷也有文身之俗。唐人记载中有"绣脚蛮""绣面蛮"，都在今滇西和滇南，"绣脚蛮则于踝上腓下，周匝刻其肤为文彩。……绣面蛮初生后出月，以针刺面上，以青黛涂之，如锈状"② 。唐以后不少著作记载此俗。今天滇西和滇南的傣族仍然保留这一习俗。

所谓断发，文献记载颇多歧异，如"劗发""剪发""短发""断发""劗鬋"，均有截发使短之意。还有"被发""椎髻"，这就不是单纯意义上的断发了。有学者对断发做了深入研究，指出："断发不是越人的发式，而是越人对不断生长的头发采取的剪截处理的行为，不反映头发的式样。较长的头发断成较短的头发后，还要梳理成一定的发式。"③ 这个看法是有说服力的。其实，"被发"即披发，散发于背而不挽髻，这自然是一种发式；"椎髻"则是另一种发式。越人断发，和汉代以前中原礼俗完全不同。华夏族实行周礼，认为"身体发肤受之父母，不敢毁伤，孝之始也"④ ，绝不能剪截头发，必须蓄发，到成年时行冠、笄之礼。此种传统礼俗一直延续至明朝末年。清军入关时曾下令薙发，这是汉族人民不能接受的，"头可断，发不

① 《史记》卷43《赵世家·正义》引《舆地志》；〔清〕王谟辑《汉唐地理书钞》，1961年中华书局影印本，第188页。

② 《蛮书》卷4《名类》，向达校注，中华书局1962年版，第103页。

③ 徐恒彬：《"断发文身"考》，载《民族研究》1982年第4期。

④ 《四部丛刊：孝经》。

可薙”，纷纷举行过反薙发斗争，视头发比生命还贵重。从华夏人的角度看，断发是不可思议的异俗，也是不可接受的，而文献记载所反映的是华夏人的观点，因而断发被视为越人的典型习俗，甚至加以歧视。

但断发和不同发式是同时存在的。例如吴国即有断发和椎髻。吴王寿梦于公元前583年朝周适楚，观诸侯礼乐，并从鲁成公观周公礼乐，自愧弗如，感慨地说："孤在蛮夷，徒以椎髻为俗，岂有斯之服哉！"① 可见吴王寿梦既行剪发，又取椎髻发式。又如岭南越人也有断发文身之俗。汉初，陆贾奉诏出使南越，南越王赵佗"魋结箕倨以见陆生"。陆贾批评他说："足下中国人（赵佗为河北真定人）…… 反天性，弃冠带"而从越俗② 。可见椎髻是越人发式。"魋"即"椎"。《史记·陆贾列传》"索引"说"魋结，谓为髻一撮似椎而结之"。云贵高原的越人也采用椎髻发式。越人中建立夜郎国的濮僚、建立滇国的滇濮以及同姓亲缘部落"靡莫"之属，"皆魋结，耕田，有邑聚"③ 的农耕民族。云南晋宁石寨山滇人墓出土的青铜器上的人物模型多为椎髻发式，就是有力的证明。可见，"椎髻"在各越人地区，是普遍流行的一种发式。

"被发"之俗在东南和岭南越人中，也较普遍地见于记载。例如《战国策·赵策》说："被发文身，错臂左衽，瓯越之民也。"《韩非子·说林》说："越人被发。"这是指东南地区越人。韩非子在这篇文中还作为比喻，指出善于做冠和织履的人勿去越国，否则是"以子之所长，游于不用之国"，无从发挥长处而必然受穷。在岭南越人地区，前引《淮南子·原道训》也提到岭南越人"被发文身，以像鳞虫"。既然断发之后，还能披发于背，这说明剪短头发之后还留有相当长度。近年来考古研究中也发现可能和断发有关的材料。江西贵溪79M2：4号棺内男性死者的骨架保存完整，其头体右侧单独存放一束两端剪齐的约5公分长的头发，研究者认为它应

① 《吴越春秋》卷2《吴王寿梦传》。

② 《史记》卷97《陆贾列传》。

③ 《史记》卷116《西南夷列传》。

是古代越人"断发"习俗的反映。①

文身即以针刺、刻画肌肤，使成各种图案形象，再涂以丹青等深色染料，深入皮下，使永不褪色。《淮南子·原道训》高诱注说："文身，刻画其体内，黥其中，为蛟龙之状。"同书《泰族训》又说文身即"刻肌肤、镵皮革，被创流血"。高诱在注中指出："越人以针刺皮为龙文。"可见文身的工具主要用针，在文身过程中，还得忍受被创流血的痛苦。我国少数民族中，在台湾的高山族、海南岛的黎族和云南的傣族都有文身之俗。这几个民族都和古代的越人具有族属渊源关系。高山族男女均文身，文身是成年的主要标志，大半都在结婚前后举行。男子多于婚后在肩背、胸、手臂、两腋，以针刺成花纹，擦以黑烟，深入皮下。女人则于结婚时，用针刺面颊两腮，为网巾纹，称为"刺嘴箍"，如不刺则男子不娶。黎族仅妇女文身，届成年时黥纹，部位在面部、胸部、胃部及腿部。傣族文身只限于男子，部位在胸、腹、四肢，而不文面。一般只在四肢之一部分略刺少许图案。刺后，以一种紫黑色植物汁液涂上，痊愈后，被刺部分便出现永不磨灭的花纹。

越人为什么文身？文献中最通常的解释如《汉书·地理志》所说的"文身断发，以避蛟龙之害"。这种解释显然和越人居近江河湖泊、水乡泽国有关。由于经常和水打交道，故文身"为蛟龙之状，以入水，蛟龙不能害也"。换句话说，黥成龙的花纹，象征和龙是同种，故不会受到伤害。云南西部的哀牢夷也自认是"龙种"，于是"种人皆刻画其身，象龙文"②。这种解释实际上反映了越人的图腾崇拜。图腾崇拜产生于原始社会，从文身习俗上反映出来，说明这种习俗是很古老的。不过越往后发展，文身的意义越复杂，有的是作为成年的主要标志，因而文身行为具有举行成年仪式的性质，而且是否文身也是婚娶的必要条件，如在过去高山族和黎族社会中。在傣族社会中，明人钱古训、李思聪的《百夷传》说百夷（指傣族）"官民皆髡首黥脚，有不髡者，则酋长杀之。不黥脚者，则众皆嗤之曰：'妇人也，非百夷

---

① 刘诗中：《武夷山地区自然环境对古越人的生活习俗和经济活动的影响》，载《百越民族史论丛》，第1986年版，第279页。

② 《后汉书》卷86《西南夷·哀牢传》。

种类也.'"① 这里，傣族把是否黥脚作为男子汉的标志。

总之，在百越中曾相当广泛地流行过"断发文身"之俗。随着华夏族文化及楚文化的向南发展，"断发文身"之俗的流行地域逐渐缩小，后来只是在和百越具有族源关系的几个民族中还不同程度地存在着这一习俗。

（二）拔牙饰齿

拔牙和饰齿的风俗，在国内外一些地区都曾流行过。在古代越人中也曾流行过这一习俗。文献记载，属于百越族群的吴、于越、濮、俚、僚、乌浒、金齿、银齿、黑齿等均如此。

《战国策·赵策》说吴国是"黑齿雕题"之国。黑齿即饰齿、染齿作黑色；雕题也就是文身。屈原《楚辞·招魂》说："魂兮归来，南方不可以止兮，雕题黑齿，得人肉以祀。"唐人樊绰《蛮书》记载云南西部及南部的"黑齿蛮以漆漆其齿，金齿蛮以金镂片裹其齿，银齿以银，有事出见人则以此为饰，寝食则去之"②。这些是饰齿之俗。《管子·内业篇》曾提到吴国和另一个越人建立的小国——干国打仗。干国人少，兵力不足，儿童纷纷拔去乳齿，冒龄参军，为干国立下战功。三国时吴人沈莹《临海水土异物志》说夷州人（高山族先民）的风俗，女已嫁，皆缺去前上一齿。③《新唐书·南蛮传》载乌武僚有凿齿之俗。④ 李焘《续资治通鉴长编》载宋熙宁八年（1075年），熊本疏称南平僚"居栏栅，妇人衣通裙，所获首级多凿齿"。元人李京《云南志略》记载"土僚蛮，叙州南乌蒙北皆是，男子十四五，则左右击去两齿，然后婚娶"。以上所举是拔牙之俗。但去掉牙齿的方法，一是拔除，一是凿齿，即打掉牙齿。类似记载还很多，涉及的民族几乎都属越人族系或其后裔。

近年来，在百越分布地区有关拔牙的考古资料也陆续发现。如江苏大墩子、福建县石山、广东增城金兰寺村及佛山河宕、四川珙县、台湾屏东鹅銮鼻和恒春垦丁等新石器时代晚期遗址，都发现过拔牙标本。其中广东佛山河宕77座墓葬中，发现

---

① 〔明〕钱古训、李思聪：《百夷传》，江应樑校注，云南人民出版社1980年版，第90页。

② 《蛮书校注》，中华书局1962年版，第103页。

③ 张崇根：《临海水土异物志辑校》，农业出版社1981年版，正辑第2-3页。

④ 《新唐书》卷222《南蛮传》。

有19个成年男女拔过牙，主要拔出上颚两个侧门齿。① 四川珙县发现的10具颅骨中，有6具拔过牙，且都是成年人。② 这可能和《云南志略》所说"土僚蛮"有关。

从上面所引资料看，拔牙的动机有的解释为"身饰"，有的指出是婚娶的条件之一。但更多的则认为是成年的标志，因而拔牙的行为，在一般情况下具有成丁礼的性质，和婚姻自然具有联系。在各越人地区新石器时代遗址发现有关实物证据，表明这一习俗在原始氏族社会即已产生。

（三）原始婚俗

从先秦以至秦汉以后，进入阶级社会的各地越人，往往保留着原始社会的婚姻习俗或其残余。东汉初，骆越中保留原始习俗较多的一部分，被认为是"无嫁娶礼法，各因淫好，无适对匹，不识父子之性、夫妇之道"③。这是汉族封建官吏的看法，认为尚无汉族封建社会的嫁娶礼法。其实是骆越还存在着一些原始社会的群婚残余和母系社会的遗风，知母而不识父，父子观念不够明确。

"产翁"之俗，是人类社会从母系制向父系制过渡时确立父权的一种反映。这种习俗的遗风也见于越人后裔中。《太平广记》卷483引尉迟枢《南楚新闻》说："南方有僚妇，产子便起。其夫卧床褥，饮食皆如乳妇，稍不卫护，其孕妇疾皆生焉。其妻亦无所苦，炊爨樵苏自若。又云：越俗，其妻或诞子，经三日便澡于溪河。返，具糜以饷婿。婿拥衾抱雏，坐于寝榻，称为产翁。"元初旅居中国的意大利人马可·波罗，旅行到云南西部，也有类似记载："孕妇一经分娩，就马上起床，把婴孩洗干净后包好，交给她的丈夫。丈夫立即坐在床上，接替她的位置，担负起护理婴孩的责任，共须看护40天。…… 他的妻子则照常料理家务，送饮食到床头给丈夫吃，并在旁边哺乳。"④ 元人李京《云南志略》对滇西地区风土习俗亦有类似记载。总之，这一习俗强调突出父子之间的亲密关系，是父系制努力获取社会确认的

① 《文物考古工作三十年》，第328页。

② 秦学圣：《荆竹坝M18号崖棺两具尸骨的鉴定》，载中国民族学研究会编《民族学研究》第4辑，第229页。

③ 《后汉书》卷76《循吏列传》。

④ 陈开俊等译：《马可波罗游记》，福建科学技术出版社1981年版，第148页。

反映，却长期残存于早已是父子社会的百越后裔中。至于"不落夫家"这一习俗的原始含义，则是妇女婚后由原来长住母家，改为长住夫家的一种反抗表现，是从母系制向父系制过渡的一种过渡性婚俗。这一习俗过去也曾长期残存于被认为是与古代越人具有族源关系的某些西南少数民族和东南及岭南东部曾为古代越人居住区的某些汉族中。

从上述原始婚俗在后代的长期残存，不难想象秦汉时期百越社会中很可能存在着更为明显的原始婚俗。

（四）悬棺葬法

悬棺葬是流行于古代越人中的一种具有特色的葬俗，也是我国南方某些少数民族的葬俗。根据文献记载和考古发掘，几千年来这些葬俗流行于我国长江流域及其以南的广大地区，东起浙江、福建和台湾，中经江西、安徽和两湖，南达广西，西至云贵高原和四川，主要存在于武夷山地区和川滇交界的珙县、兴文、筠连、镇雄、昭通等县。国外东南亚等地也都有发现。"悬棺"一词来源于南朝梁陈间人顾野王（519—581年）称武夷山为"地仙之宅，半崖有悬棺数千"①。1946年中国学者考察四川珙县、兴文悬棺葬时，始将此词作为专称。

所谓悬棺葬，是指人死后将殓尸棺木高置于下临江河的悬崖峭壁之上的一种奇特葬俗。放置棺木的方式，一种是利用峭壁上的断层裂缝或天然崖洞，略加修整后置棺其内，有的且用木桩架置。此种方式最普遍，福建武夷山、湘西沅水流域、长江三峡地区及四川等地更为多见。另一种方式是在临江悬崖绝壁上开凿足可容棺的长方形横龛置放棺木，或开凿方洞将棺木一头置于穴中，另一头有的架于绝壁所钉木桩上。此种方式见于川南、川东、三峡及湘西等地。还有一种方式是在临江的峭壁上开凿方孔，打进木桩两三根，架棺其上。采取此种方式的地方，绝壁上往往有可遮风雨的崖檐突出。多见于川南和湘西。以上几种方式实际上都是露天葬，并非埋入土内，因而棺木的一侧甚至全部暴露在外。置放棺木的地方距离江面三五十米，甚至高达百米以上。长江三峡水面广阔，后人远望崖上棺木依稀可见，又不明

---

① 〔宋〕李昉等辑：《太平御览》卷47地部12《武夷山》。

来历，因而产生不少附会传闻，如秭归县有"铁棺峡""棺木峡"，被认为仙人藏棺处；又有所谓诸葛亮存放兵书的"兵书峡"；武夷山则有所谓"仙蜕""仙函""仙船"等等，其实都是悬棺葬。就时代而论，武夷山地区的最早，有的在3000年左右，当西周到春秋，川南地区有的晚至明代。

悬棺葬的葬具，绝大多数均以楠木等坚硬木料整段挖空而成，棺与盖做成子母口闭合。武夷山的为船形棺，其他地区为圆筒形或方形棺。不管葬具外形如何，用整段木料挖空制成，实际上类似制作独木舟，船形棺就更像一条船。不仅如此，葬地的选择必是依山傍水的悬崖峭壁。这些都表明，悬棺葬俗起源于居近江河湖泊的民族。这也清楚地反映了古代越人"处溪谷之间，篁竹之中，习于水斗，便于用舟，地深昧而水多险"[①]的生态环境和生活情况。闽越人在汉代不离舟楫的生活特点很显著，生前离不开船，死后继续享用，以船形棺装殓死者正是生前水上生活的反映。在中南特别是西南地区，实行船棺葬的主要是百越中的僚、濮人，同样是近水、习水的民族。他们实行类似葬俗，也是很自然的。

悬棺葬俗也反映了古代越人的宗教观念。悬棺中的随葬物反映出越人具有灵魂不灭观念，生前享用的，死后也要继续享用，因而事死如事生。福建崇安和江西贵溪武夷山脉悬棺葬随葬品中有竹、木、石、陶、瓷器以及丝、麻、棉织服饰，陶器中有典型的越人印纹硬陶罐等等。四川奉节县三峡地区楠木棺中的随葬品除竹木制日用品外，还有青铜制剑、矛、斧、带钩、铃、罐等，属獠人葬俗，年代当战国至西汉前期。四川珙县楠木棺中的随葬品有日用陶、瓷、竹器，丝、麻服饰，以及刀、镞等铜、铁器。据考证是仡佬族与土僚蛮的葬俗，年代为宋至明。[②] 以上各地随葬品虽有所不同，但都反映了生前所用器物及服饰的特色。由于相信灵魂不灭，尸骸为灵魂依托之所，将棺木悬置于下临江河的悬崖上，人迹不到，野兽亦无从侵害，这不仅符合保护的目的，而且从崖下仰视弥高，也是对死者的崇敬。唐人张鷟《朝野佥载》记"五溪蛮父母死，……尽产为棺，于临江高山半肋凿龛葬之。自山

---

① 《汉书》卷64《严助传》。

② 林忠乾、梅华全：《武夷山悬棺葬年代与族属试探》，载《福建文博》1980年第2期。

上悬索下枢，弥高者以为至孝"。这也反映了祖先崇拜的观念。

不过实行悬棺葬仅仅是越人的葬俗之一。在江苏南部和浙江北部的吴国地区，地势低而水位高，吴人乃从当地的具体条件出发，在较高台地上实行"土墩墓"葬俗，不挖圹穴，平地起坟。广东佛山河宕的越人也行土葬。实行悬棺葬必具备一定的地理条件，有临近江河的悬崖峭壁，而且必须具备一定的经济条件、大量的人力物力，才能于下距平地数十公尺以至上百公尺以上的峭壁上凿洞椓椿，然后于崖顶悬索下枢，置放棺木及随葬品。这不是一般人都能办到的。因而实行悬棺葬的应以各地越、僚人的首领上层及其子孙臣民为主，如福建的武夷君、江西的"蛮王"、川南珙县的僚人首领、阿大王等等。自然也不排除那些为实行悬棺葬而"尽产为棺"的人。

（五）崖画艺术

崖壁画是百越民族另一杰出的文化创造。迄今在古代越人分布过的地区所发现的具有代表性的崖壁画，其创造者都和他们有关，最著名的是桂西南花山崖壁画，此外还有滇西沧源崖壁画、滇南麻栗坡大王岩崖壁画和福建仙字潭岩壁石刻画。

花山崖画分布在广西西南部宁明县的明江沿岸和龙州、崇左、扶绥等县左江两岸石灰岩峭壁上绵延数百里，其中以宁明县花山崖壁画画幅最大，内容最丰富，故通称花山崖壁画。画面一般距离河面10至20米，最高达40米左右。画呈朱红色，千百年来虽风雨侵蚀，但色泽依然清晰可辨。

壁画的内容有人物、兽类及圆形图案等。人像着重表现四肢，头部耳目不清，多正面形象，双手向上平举，双腿弯曲分开，线条粗犷有力。有的人像比较高大，头插雉尾，腰挂环首刀，脚下有坐骑似的动物，似为军事首领，有的周围有较小侧身人像围绕。有的画面表现为男女交配形象。圆形图案似为铜鼓与铜锣。这说明当时人们已进入金属时代。

作画的目的，有的似为出征誓师，祈求胜利，至少可能与战争有关。有的似为祈求人丁兴旺和生产丰收。有的被认为和防治水旱灾，祈求风调雨顺、五谷丰登而举行祭祀有关。这些崖壁画大部分位于江河边，且画面多在沿江转弯深潭处，因而画面表现的类似祭祀活动可能与治水有密切关系。还有一部分在远离江河的崖壁上，则可能与治旱有关。由于画面很长，内容比较复杂，画面反映的作画目的看来也是多方面的。上述画面内容，也反映出当时人们的宗教观念，画面上的人物应和祈求的事有关，因而应当是保佑人们的祖先、英雄人物以及水神等有关神灵。

关于崖壁画的制作年代，广西壮族自治区的考古工作者进行深入全面的研究，得出了比较可靠的结论。首先，他们从壁画中找出年代明确的典型器物图像，如羊角钮钟、细钮钟、环首刀、有格或有首剑、扁茎短剑、渡船画像等，再结合邻近地区考古发现的同类器物的年代来推定崖壁画的年代。其次，从考古发现的青铜器上找出类似左江崖壁画画像的花纹图案，如青铜卣上的族徽、青铜钺上的纹饰以及羊角钮钟上的阴纹，然后根据该青铜器的年代来推定崖壁画的年代。再次，采集若干位于崖壁画上、下、左、右的钟乳石标本以及可能与崖壁画有关的木质标本，例如被认为是栽在崖壁上的木桩供作画者站立和悬吊之用，进行碳14年代测定。经过这样比较研究的结果，结论是"左江流域崖壁画是战国早期至东汉这段时间内绘制的"[①]。

广西西南部特别是左江流域一带，先秦和秦汉时期都是壮族先民骆越的分布地区，从崖壁画上体现出的文化特点和骆越社会的生产、生活和文化状况是一致的，而且年代上也相当。因此，崖壁画应是骆越人的文化创造。

云南沧源崖壁画分布在县城东北的一些高山崖壁上，目前已发现10个地点，保存较好的一般是上有崖檐和可避免雨水直接冲刷的地方。画呈红色，用赤铁矿之类的颜料绘成。图像近800个，除人物外有牛、马、猪、象、虎、豹、鸟类以及干栏式住房等等。人像大者身高20—30厘米，小者不足5厘米，图像多数似用手指画成。内容多以连贯的图像表现人们的狩猎、舞蹈、斗象、战争凯旋、杂技等场面。作画目的有纪事性的，更多的画面则与宗教信仰有关。作画的时间至少已有千年以

---

① 覃圣敏、覃彩銮、卢敏飞、喻如玉：《广西左江流域崖壁画考察与研究》，广西民族出版社1987年版，第138页。关于作画年代等问题，详见拙著《百越》，第127–145页。

上的历史，甚至可以早到汉代。① 沧源在东汉时属永昌郡，当时这地区的民族有掸人、僚人、濮人等。② 掸人首领曾以"幻人"入贡洛阳东汉朝廷③，可与画面中杂技场面相印证。掸、越、僚同属越人，而永昌濮人，与云贵高原东部之濮有别。从崖画内容看，它至少与僚濮民族有较多关系。

文山壮族苗族自治州麻栗坡县崖壁画共发现两处，现在能看清的人物和动物图像仅数十个，均为赭红色，规模远不如沧源，但人物形体细小与沧源的相似。图像上没有发现任何金属器物以及与阶级社会相关联的痕迹。初步推测应属新石器时代作品。这些崖壁画深受当地壮族人民所崇敬。④

川南珙县洛表公社麻塘坝一带长约5000米的山崖上有19处崖壁画，有骑马、跳舞、佩刀、执弩等多种人物图像和马、虎、野猪、飞鸟等禽兽而以马为主，并有代表铜鼓的图形。古代川南、黔西北、滇东北均产良马，崖画上马多反映了这一情况，正如沧源古代多象，崖画中也有反映。川南古代为一铜鼓分布中心，明代两次对珙县都掌人用兵，即获铜鼓约160面，都掌人为僚人后裔，使用铜鼓是很自然的。崖画中有铜鼓图形就是这一情况的反映。根据画面的图像如佩长刀人像（一般在东汉以后流行佩长刀）、珙县铜鼓不早于汉唐、崖画风格与沧源的相近等方面来推测，崖画年代上限不超过东汉末年，下限不晚于明代初年。和悬棺葬一样，崖壁画亦为僚人所遗留。至于崖壁画与悬棺葬之间的关系，应该说二者之间并无必然联系。即以广西宁明和云南沧源而论，历史上均行土葬。珙县似亦仅麻塘坝地区既有悬棺又有崖画。因该地不仅崖壁平直，也多有崖檐突出可以遮雨，如此有利于长期保存，因此崖画与悬棺兼而有之。⑤

如果把左江流域崖壁画和沧源以及珙县崖壁画进行比较，就会发现一些相同或

---

① 汪宁生：《珙县悬棺附近之崖画和沧源崖画》，载《民族学研究》第4辑，民族出版社1982年版。又见汪宁生：《云南考古》，云南人民出版社1980年版，第124-127页。

② 〔晋〕常璩：《华阳国志》卷4《南中志》。

③ 《后汉书》卷86《西南夷传》。

④ 杨天佑：《麻栗坡大王岩崖壁画》，载《云南文物》第15期。

⑤ 汪宁生：《珙县悬棺附近之崖画和沧源崖画》；沈仲常：《僰人悬棺崖画中所见的铜鼓》，四川省民族研究所《民族论丛》第1辑，1981年版。

相似之处。首先，崖画地址的选择都在深山悬崖，附近有江河或溪流的地方。作画的崖壁多陡峭而较平滑且有不同程度的崖檐突出，以免画面遭雨水直接淋洒。其次，作画的颜料相同，画面多为赭红色，主要使用赤铁矿粉。再次，画法基本相同，画人物很少表现五官，但着力表现四肢，以四肢不同姿态体现人物的动作，甚至可以看出不同的身份和地位。动物则抓住特点着重表现其耳、角、尾、头形，以分辨其为何动物，身体各部比例不够准确，着色深浅基本一致。最后，画面表现的图像种类有较大程度的相似或相同。例如人物多双手屈肘上举，两脚分开半蹲，有的腰佩刀剑。左江和珙县都有带芒星的铜鼓图像等等。当然三者也有差异之处，如崖画距水面高低远近不同，人物图像大小不同，动物种类不同，沧源图像多采用写实手法，内容意义较容易理解，左江崖画偏于抽象，意义隐晦，令人费解，等等。但总起来看，三者之间共同性远远大于差异性。这主要由于族系渊源密切、文化背景相同或相似。左江崖壁画是骆越的文化创造，珙县崖壁画是僚人的文化创造，二者都属百越，而且关系很近，可以说僚即是骆。沧源濮人一般认为与今孟高棉各族如佤、德昂等族有渊源关系，但亦为越僚人分布地区，文化交流长期存在。故应是僚濮人的文化遗留。

福建华安县汰内乡苦田村有石刻崖画5处，几乎全是正面人形图像，长38厘米到15厘米不等。画面布局较杂乱，形态古朴。但却与左江崖壁画有不少相同或相似之处。首先，二者都位于崖壁上，四周山峦起伏，溪河穿流其间，崖画和石刻均在沿河转弯深潭处的崖壁上。其次，人体图像亦着意表现四肢而不注意头部，两腿分开半蹲，但福建石刻多双臂分开下垂，与左江的稍异。两处均有类似的腰佩刀剑的正身人图像。男女性征明显。画面笔法粗放，风格古朴，含义隐晦。左江与华安相距甚远，除一为崖画一为摩崖外，相同之处不少。"左江崖画出自骆越人之手，汰内岩石刻为闽越人所作，因为他们同出于古代越族，有着同源关系，所以在崖画和岩石刻上，自然出现一些相同特征，这是可以理解的。"[1]

---

[1] 石钟健：《论广西岩壁画和福建岩石刻的关系》，载《学术论坛》1978年第1期。又见覃圣敏等：《广西左江流域崖壁画考察与研究》，第204–205页。

（六）迷信鸡卜

越人信鬼，以鸡卜吉凶，见于记载的首推《史记·孝武本纪》和《封禅书》。《孝武本纪》载："是时既灭南越，越人勇之乃言'越人俗信鬼，而其祠皆见鬼，数有效。昔东瓯王敬鬼，寿至百六十岁。后世谩怠，故衰耗'。乃令越巫立越祝祠，安台无坛，亦祠天神上帝百鬼，而以鸡卜。上信之，越祠鸡卜始用焉。"这段文字表明，越人相当普遍地崇敬鬼神，迷信鸡卜，不仅南越，东越也如此。影响所及，连汉武帝也相信起来。当然越巫鸡卜在武帝元封二年（前109年）之前就存在了。唐人张守节在《史记正义》中解释说："鸡卜法，用鸡一、狗一，生祝愿讫，即杀鸡狗煮熟，又祭，独取鸡两眼（疑为腿字），骨上自有孔裂，似人形则吉，不足则凶。今岭南犹此法也。"

唐人段公路在《北户录》中不仅称鸡骨卜为古法，又指出鸡卵卜："邕州之南有善行禁咒者，取鸡卵墨画，祝而煮之，剖为二片，以验其黄，然后决嫌疑祸福，言如响答。据此乃古法也。"①

宋人周去非在《岭外代答》中更加具体地加以描述说："南人以鸡卜。其法：以小雄鸡未孷尾者，执其两足，焚香祷祈，占而捕杀之，取腿骨洗净，以麻线束两骨之中，以竹筳插所束之处，俾两腿骨相背于竹筳之端，执筳再祷，左骨为侬，侬者我也，右骨为人，人者所占之事也，乃视两骨之侧，所有细窍，以细竹筳长寸余者遍插之，或斜，或直，或正，各随其斜、直、正、偏而定吉凶。其法有一十八度，大抵直而正或附骨者多吉，曲而斜或远骨多凶。亦有鸡卵卜者，焚香祷祝，书墨于卵，记其四维而煮之，熟乃横截，视当墨之处，辩其白之厚薄，而定侬、人吉凶焉。昔汉武帝奉越祠鸡卜，其法无传，今始记之。"②

从上述资料可知，越人鸡卜主要为鸡骨卜和鸡卵卜两种，其法或即如周去非所记述。

越人行鸡卜应起于农耕、定居、蓄养家禽和家畜之后。古代越人曾以鸟为图

---

① 〔唐〕段公路：《丛书集成初编：北户录》卷2。

② 周去非：《丛书集成初编：岭外代答》卷10。

腾，应起源于母系氏族社会时期。一个氏族自认为其来源和某种动物植物有关，具有特殊亲缘关系，可以保佑氏族成员，因而把它当作图腾来崇拜，作为氏族的标记，不敢随意加害。但对于其他动植物却并无此种禁忌。进入父系社会以后，图腾信仰为祖先鬼神崇拜所代替，尽管图腾崇拜残余还可能保存，但图腾动植物对氏族成员不再具有保护作用，也不再作为氏族标记。为求得祖先鬼神的护佑，一是通过祈求来表达自己的愿望，二是通过卜卦等方式，显示祖先鬼神的旨意。动物中的家畜和家禽，特别是鸡、犬和人的关系最近，几乎家家有，因而祭祀中作为牺牲，以娱鬼神，在各民族中都很普遍，从而也就产生了以鸡、犬来卜吉凶祸福。越人中行鸡卜，可能与此有关。我国南方的一些民族，特别是和百越具有族源关系的壮、黎、布依、侗、水等民族以及佤、彝等族，至今仍有行鸡卜的，而且方法与周去非所记述的十分相似。

（七）图腾崇拜

图腾崇拜是原始社会母系氏族部落公社时期的宗教形式。"图腾"（totem）一词来源于美洲鄂吉布瓦印第安人语，意为"他的亲族"。在早期氏族社会，由于人极端低下的思维能力和文化水平，人与自然混沌不分，以至把氏族祖先与自然物混为一谈，认为每个氏族都起源于某种动植物或非生物甚至自然现象，这些就是他们的图腾，现存的这些动植物就是他们的亲族，而且往往是他们谋生活动和日常生活中所接触和熟悉的。这些图腾动植物的兴衰，象征氏族的兴衰，所以必须保护、崇拜，并作为氏族标志，而图腾也就是氏族保护者。

古代越族也不例外地有过图腾崇拜，而且进入阶级社会后还不同程度地残留着这一遗俗。由于越人分布广泛，氏族部落众多，作为图腾的对象也不少，不过一般都是他们日常生活环境中所熟悉的动植物之类，残留在阶级社会中的如崇拜龙、蛇、鸟、蛙、竹子等等。

关于崇拜龙，我们在"断发文身"一节中已经提到了。有关文献不少，比较明确的莫如《史记·吴太伯世家》集解及《汉书·地理志》注均引应劭的话说越人"常在水中，故断其发，文其身，以象龙子，故不见伤害"。由于常和水打交道，江河中危险大，故断发，身上黥上龙纹，装扮成龙的儿子，如此就不会受到龙的伤害，甚至可以得到保佑。越人以龙为图腾，在这段话里反映得很清楚。云南西部的哀牢人，即以龙为图腾，是龙的后代，故自称龙种，并通过文身表现出来。

关于以蛇为图腾，《吴越春秋·阖闾内传》有一段记载说伍子胥受吴王阖闾之命："造筑大城……欲东并大越，越在东南，故立蛇门，以制敌国。……越在巳地，其位蛇也，故南大门上有木蛇，北向首内，示越属于吴也。"同书《勾践入臣外传》载勾践战败，入臣于吴，后获赦归国，吴王"送于蛇门之外"。可见蛇是越国和于越的象征，于越以蛇为图腾。不仅如此，汉朝人许慎《说文解字·虫部》说"南蛮，蛇种"，"闽，东南越，蛇种"。闽越也以蛇为图腾。这就可以理解为什么和闽越具有密切族源关系的高山族至今仍残留着不少关于蛇图腾崇拜的现象。

台湾高山族中的"排湾"人以百步蛇为其图腾，认为是祖先所化，对它敬畏而不敢加害。在他们的一些建筑物和一些器皿上都雕刻有蛇纹图案。"鲁凯"人在其传统服饰上以及住屋的门梁上也刺绣或雕刻上百步蛇纹，它象征着地位和权威。此外，部分高山族中至今流传着许多有关蛇和认蛇为祖先的传说。[1]

关于以鸟为图腾，在越国也是很突出的。它和越人的稻作农业有直接关系。《吴越春秋》卷6和《越绝书》卷9都记载着于越地区的一个神话传说，传说的主要内容是大禹治水来到大越，领导越人发展生产。禹死之后，上天为表彰禹德，派遣白鸟为越民耕耘田地。因此，越地"有鸟田之利"。鸟田之利实际上是指鸟类给农业生产带来的好处。越国地处苏南、浙北的滨海和湖泊地区，境内水田众多，必然引来大量鸟类。浙江河姆渡遗址出土野生禽鸟遗骨有鹈鹕、鸬鹚、鹭、鹤、野鸭、雁、鸦、鹰等。这些鸟多为农业益鸟并有候鸟，有除草、灭虫、杀鼠和肥田的作用。所以地方官颁布法令严禁百姓捕杀鸟类，"犯者刑无赦"[2]。由于鸟类和农业生产关系如此密切，越人先民把自己的利害关系和鸟联系起来，认为鸟能保佑他们，从而产生

① 林惠祥：《林惠祥人类学论著》，福建人民出版社1981年版，第168-169页；施联珠：《台湾史略》，福建人民出版社1987年版，第22页。

② 郦道元：《水经注》卷40，浙江水，四部丛刻本。

崇敬观念。鸟逐渐被认为是一种神灵，成为人崇拜对象。因而"大越先民的'鸟田之利'，是越人最初拜鸟图腾产生的社会根源之一"①。

越语为一种独特语言，既不同于楚语，也不同于华夏语，语言中又多唇舌音，因而越语被称为"鸟语"。《孟子·滕文公上》谓"南蛮鴃舌之人";《后汉书·西南夷·哀牢传》谓哀牢人的女始祖说"鸟语"，这正是指越人讲鸟语。越人的文字也被认为是"鸟书"或"鸟篆"，这应是吸收华夏文字后又具有浓厚地方特点的文字。近年出土的"越王戈""越王勾践剑""越王矛""越王钟"等青铜器上都有这种文字的铭文。其中"越王勾践剑"发现于湖北江陵望山Ⅰ号墓，长60厘米，在靠近剑格处，有"越王鸠浅自作用鐱"八个鸟篆铭文。② 鸟篆的特点即每字之旁附加鸟形纹饰。从上述越人的"鸟田""鸟语"到"鸟书"，反映出越人从生产到生活以及精神文化，都和鸟有关，这种关系可能就是越人文化中保留下来的鸟图腾崇拜的残余。

作为西瓯、骆越后裔的壮族，其先民则以青蛙为图腾，这和以稻作农业为主的经济生活分不开。当时人们经过长期观察，发现青蛙的某种叫声预示雷雨将临，某种叫声预示酷旱，而不明白这是蛙的生理结构对不同天候的反应。人们认为蛙能呼风唤雨，预示农业收成的丰歉，可以保佑人们，因而把它当作保护者，尊为图腾，不能任意伤害。人们甚至把青蛙铸在铜鼓这一神圣的重器上。

和古代越人具有密切族源关系的海南岛的黎族，有些地区仍以动植物如龙、水牛、芭蕉、番薯等作为同一血缘集团的称号。有些地区的黎族妇女出嫁前，在纹身和织绣衣裙时，都要遵守古规，编织本氏族特有的图式，如青蛙纹饰等。这些都是母系氏族图腾标志的再现。此外，在黎族神话传说中还有人和龙、狗、蛇、龟、鸟等动物婚配的故事，可能是远古时期不同图腾的氏族实行外婚的一种反映。

---

① 陈龙:《鸟田考》，载《百越民族史论丛》，第271页。
② 湖北省文化局文物工作队:《湖北江陵三座楚墓出土大批重要文物》，载《文物》1966年第5期。

古代云贵高原的濮、僚族及其和百越的关系

一、百越概说

　　秦汉时期，称今云贵高原、川西南及桂西插入高原部分地区的民族为"西南夷"。"西南夷"中族系纷繁，民族众多，学术界一般认为其中"西夷"指氐羌族群，"南夷"指百越族群；他们在分布上各有聚居区而又交错杂居。根据考古学文化特征的研究，代表百越文化特征的典型器物如有肩石斧、有段石锛及几何印纹陶器，在云贵高原不少新石器时代遗址均有发现，这说明越人的先民早在新石器时代，即大约在公元前2000年已经生活在云贵高原上了①。然而，先秦和汉晋时期，有关文献用"越"这一族称来记录西南越人的却并不太普遍，而用其他一些族称如"濮""僚""鸠僚"等所记述的却又反映出百越文化特点。下面先将百越及其文化做一概略叙述，再回到本题上来。

　　百越是我国古代长江以南最大的一个族群，分布很广，支系众多。《汉书·地理志》注引臣瓒的话说："自交趾至会稽七八千里，百粤（越）杂处，各有种姓。"就是说自今越南北部经广西、广东、福建至浙江，都有越人各部杂居共处，却又支系不同，各有种姓，互不统属，因而被称为"百越"。不过百越的分布还不限于上述地区，古代文献记载和今天的考古发掘，都说明云贵高原以至国境外也有越人的分布。

---

　　① 汪宁生：《古代云贵高原上的越人》，载《中国西南民族的历史与文化》。

百越各族虽然分布广阔，但总的说来，其居住环境有一个共同特点，即分布在平原低地或靠近江河湖海水道纵横的地区，甚至分布在山区和云贵高原上的越人，也沿着较低平的河谷平坝居住。因而从地理分布上说，百越属于南方低地平原民族，它不同于高原山区民族，更不同于北方草原民族。这样的地理生态环境，在长期历史发展中，给百越各族的生产和生活带来明显的影响。在遥远的古代生产力低下的情况下，这种影响也就越大。这种生态环境和人们活动的交互作用，表现为百越各族在生产和生活上，和水具有特殊密切关系：善种水稻、多吃水产、习水便舟、居住干栏、文身断发（或椎髻）、龙蛇崇拜、悬棺葬俗、崖画艺术等等，无不与水有关。我国为世界栽培稻起源地之一，而我国最早驯化野生稻的即百越民族。这种独特的文化模式，不仅给中华民族丰富多彩的多元文化增加光辉，而且是我国民族文化宝库中的瑰宝。

早在新石器时代后期，百越文化的基本特征已经显露。从东南到云贵高原曾经是百越分布过的地区，考古工作者都先后发现上述百越文化典型器物，其中印纹陶器一直延续到青铜时代。至于越人冶铸的青铜器如剑、钺、戈以及风格独特的铜鼓等，更为祖国的青铜文化增添了异彩。

另一方面，百越民族由于分布广阔，在文化上不可避免地存在着这样或那样的差异。例如岭南越人地区介于东南和云贵高原越人地区之间，在文化特征上，岭南东部的南越文化在某些方面更接近于东南越人地区的闽越文化；岭南西部的西瓯和骆越文化在某些方面却较接近于滇、黔越人文化。但总的说来，共同性是明显的。

在政治方面，百越中如东南地区的句吴、于越、闽越，岭南的南越、西瓯、骆越，云贵高原的夜郎和滇等，各有自己的政权组织，甚至建国称王；春秋战国时期，吴、越两国更是逐鹿中原，先后成为霸主。秦汉郡县制度在全国建立之前，上述百越各部都实现了局部地区的统一，在宏观上为全国范围的统一创造了条件。因而秦朝平定岭南越人各部后，在原已形成的政治局面的基础上设置南海、桂林、象郡；两汉经略"西南夷"地区时，也利用原已形成的政治局面，在夜郎和滇王国地区，分别设置牂柯郡和益州郡，以纳入统一的郡县制度之内。不过在设郡之初，例如在云贵高原，受王朝政府加封的土著王侯与郡县官吏并存，治理方式也有所不同。这在一定历史时期内，适应当地的实际情况，有利于郡县制度的顺利推行。两汉在"西南夷"地区封授的土著王侯如夜郎王、滇王、句町王、邓谷王、漏卧侯等，其中多属百越族群。这说明两汉时期百越各部在云贵高原上发展较先进，力量亦较强大。

至于"越"这一族称，学术界一般认为这是华夏族以及后来的汉族对越族的称呼，因而是他称。百越虽然分布广，支系多，且各有自称，但由于具有共同的基本文化特征，因而史籍记述时往往在各地越人自称上带上一个越字，如闽越、瓯越、骆越、滇越等等，而"越"这一称呼逐渐成为百越族群的通称。不过有的虽具有共同的基本文化特征，但族名上并不带"越"字，如句吴、句町、僚等。

下面我们着重谈谈濮与僚及其和百越的关系。

二、濮与越

濮是我国古代西南地区的一个大族，由于分布广阔，邑落众多，又称为"百濮"。关于濮和越的关系，学术界存在着不同看法。一种看法认为濮和越是两个不同的民族，濮是古代西南地区的主要民族之一，越则是东南和南方的古代民族，二者在分布上不同，文化特征也有区别。另一种看法，认为濮和越在历史上有着密切的族属渊源关系，实际是同族异名，即在一定的历史时期和一定地区出现的不同名称。与此相近的看法，即认为濮、越同族，是二而一的关系，濮乃是越的自称。还有一种看法，认为濮、越关系不可一概而论，凡分布在云南澜沧江以东广大地区的濮人，虽名为濮，实际属于百越族系；而居住在云南西南边疆的部分濮人则不属于越人族系，而为今南亚语系孟高棉语族部分民族的先民；等等。

这些不同的看法都有各自的根据，濮、越关系比较复杂，文献记载在有些地方又比较含混，仁者见仁，智者见智，因而形成不同见解。

我们先看看濮人的分布，然后再探讨濮与越的关系。

关于濮人的分布，《尚书·牧誓》记载武王伐纣时，在牧野誓师有"庸、蜀、羌、髳、微、卢、彭、濮人"参加。孔颖达疏说："濮在江汉之南。"《逸周书·王会解》说"濮人以丹沙"，濮人贡献周王的方物是丹沙。对这句话，晋人孔晁注说："卜人，西南之蛮。"又《史记·楚世家》说："叔堪亡，避难于濮。"《正义》引刘伯庄云："濮在楚西南。"各家注释对濮人分布的方位均无异词。楚之西南，即自江汉以南至贵州、云南和四川部分地区，均有濮人分布。具体说来，西南地区有位于今贵州和滇东南的牂柯郡和兴古郡之濮①，滇池地区的滇濮②，滇东地区的建宁郡之濮③，洱海地区的云南郡之濮④，川西南地区的越嶲郡之濮和川东地区之巴濮⑤。

当楚人兴起后，曾向濮人地区拓殖。楚武王时，"始开濮地而有之"⑥。到公元前8世纪中楚人已占有大片濮人地区。楚国的武力压迫，迫使濮人向湘西及西南的川、滇、黔迁徙，部分则被楚人所同化。但这并不意味着西南的濮人均来自江汉地区，楚西南与川、滇、黔是相连的一大片地区，川、滇、黔部分地区早就有濮人的分布。东汉时彝族先民进入四川凉山地区和贵州时，当地早已居住着濮人。今日彝族仍称与濮人有族源关系的仡佬族为"濮"。仡佬族自称贵州的土地是他们的祖先所开辟，周围的民族也都认为仡佬族是贵州历史最悠久的土著民族。⑦ 江汉之南的濮人与西南的濮人实际是同族。

下面我们从几个方面来探讨一下濮与越的关系。

第一，从族名上看，百越族系各族由于分布很广，而且发展不平衡，历史上各自为政，未能形成统一局面，在有关文献上没有反映出统一的自称，而是"各有种姓"，即各有自己的族称，如句吴、于越、闽、瓯、骆、滇越等。这是百越族系的一个普遍现象。云贵高原的越人也不例外。我们可以从记述百越族称的有关文献看

① 常璩：《华阳国志·南中志》。
② 常璩：《华阳国志·南中志》。
③ 常璩：《华阳国志·南中志》。
④ 常璩：《华阳国志·南中志》。
⑤ 《华阳国志·蜀志、巴志》。
⑥ 司马迁：《史记·楚世家》。
⑦ 田曙岚：《关于夜郎的都邑和族属问题》，载《夜郎考》讨论文集之一，贵州人民出版社1979年版。

看反映出的越与濮的关系。

《逸周书·王会解》提到向周王献方物的南方各族有"正南瓯、邓、桂国、损子、产里、百濮、九菌，请以珠玑、瑇瑁、象齿、文犀、翠羽、菌鹤、短狗为献"。有的学者考证，瓯应为西瓯，邓为楚国境内的越人部落，桂国为秦置桂林郡之地，损子为岭南之乌浒人，产里当为俚僚，九菌可能为九真。这些均为百越各部，而百濮与之并列，濮与越的族属关系就显而易见了。① 既然瓯、骆等族可称瓯越、骆越，故也有称濮为濮越的。②

这是从较大范围看，具体到云贵高原，位于夜郎西南与夜郎同属两汉牂柯郡的句町，据《华阳国志·南中志》说："句町县，故句町王国名也。其置自濮，王姓毋，汉时受封至今。"句町王是濮人，其民自以濮人为主。值得注意的是，"句町"一名清楚地反映出越人命名的习惯。越人命名，在人名之前常冠以"句"（古时与"勾"互通）或"无"（又作"毋"或"亡"）字，如"句吴""句卑""句践""无颛""无疆""无诸"等。地名前亦常冠以"句"字，如"句无""句容""句章"等。句町一名既以"句"字冠于前，其王又姓"毋"，另有一王叫"亡波"，这种命名习惯恰与越人相同。因而应视为越人的名字。③ 可见句町的濮人实际应是越人。

第二，从居住地区的特点看，濮人和越人相似，多沿地势较低的江河流域而居。前面提到江河地区的濮人受楚压迫而南迁今湖南沅江流域及西南地区。楚平王时，"楚子为舟师以伐濮"④，进一步排斥沅江流域的濮人。这说明濮人居近江河流域，河道纵横，故楚人使用水师，犹如秦、汉对岭南越人用兵，均以楼船水师为主。

西南多山地丘陵，但濮人多沿河谷而居。《华阳国志·南中志》记载夜郎地区有竹王传说，谓竹王产于遯水（按即牂柯江），后来成为夜郎之王。这一传说虽可能与远古图腾崇拜有关，却也反映出濮人是近水的民族。云南元江及其上游礼社江古

---

① 江应樑：《傣族史》，四川民族出版社1983年版，第64—65页。
② 祁庆富：《南夷、西夷考辨》，载《云南社会科学》1982年第3期。
③ 覃圣敏：《句町古史钩沉》，载《广西民族研究》1988年第3期。
④ 《左传·昭公十九年》。

称"濮水"，① 即因沿江河谷地带多有濮人居住而得名。濮人沿濮水北上，直达越嶲郡的青蛉县（今云南永仁、大姚一带），故青蛉县也有"僰（濮）水"。② 可见秦汉时期，濮人自汉代牂柯郡西南溯濮水而上，西北到达越嶲郡青蛉县而进入江水（金沙江）河谷，散居在这一带地区。故《华阳国志·蜀志》越嶲郡会无县（今四川会理县）说："渡泸（今金沙江）得住（堂）狼县，故濮人邑也，今有濮人冢，冢不闭户"。"冢不闭户"可能指越俗行悬棺崖葬，棺木暴露在外。濮人傍水而居，死后亦葬于面临江河的悬崖上，生于斯，葬于斯，自是传统生活习俗与心理意识的反映。堂狼县近金沙江，说明沿江地区散布着濮人村落和墓地。这样的分布状态和越人各部是相同的。

必须指出，滇西哀牢地区即东汉永昌郡内的一部分濮人则是另一种情况。这部分濮人，西汉时称为"苞满"③，东汉时为"闽濮"④，由于风俗习惯的差异，后来又分为"黑僰濮""赤口濮""折腰濮""木棉濮"⑤ 等。唐代称为"朴子蛮""望蛮"。⑥ 元以后濮人多写作"蒲人"或"蒲蛮"。他们实即今日南亚语系孟高棉语族布朗、佤、德昂等族的先民。《史记·司马相如列传》记述武帝元光六年（前129年），司马相如奉派去西南夷地区，提到洱海地区以西的"苞满"，"苞满"即"蒲曼"，先后译写不同。近代俗称布朗族为"蒲曼"，⑦ 望蛮之"望"，即今佤族自称。这些民族都居住在山上，如《太平御览》卷791引晋郭义恭《广志》说："黑僰濮，在永昌西南，山居。"（道光）《普洱府志》卷18说："蒲蛮，又名蒲人，宁洱、思茅、威远有之…… 古称百濮…… 散处山林。"今天布朗族、佤族和德昂族和他们的先民一样，仍居住在山上。这部分濮人和澜沧江以东直至贵州的濮人，在分布地域、风俗习惯上以及前者散处山林、后者"耕田邑聚"的发展水平，都迥然不同。更难设想，早

① 郦道元：《水经注·江水》。

② 班固：《汉书·地理志》。

③ 《史记·司马相如列传》。

④ 《华阳国志·南中志》。

⑤ 《新唐书·南蛮列传》。

⑥ 樊绰撰，向达校注：《蛮书校注》，中华书局1962年版，第96–97页、第103页。

⑦ 尤中：《中国西南民族史》，云南人民出版社1985年版，第62–63页。

在先秦时期滇西属于南亚语系这部分濮人已经分布到了江汉地区。可见同称为濮，并不意味着均属同一族系，正如元明时期白族和傣族都曾被称为僰，但却仍然属于不同的族系。

第三，从考古文物和历史文献反映出的文化特征，表明濮人属于百越族群。汉代的牂柯郡是南夷所建夜郎、句町等国所在地，其主体居民为濮、僚人。益州郡为滇国所在地，其主体居民为滇人，亦称滇濮。前已提及，根据考古研究，百越文化特点开始显露于新石器时代，从东南、岭南到西南，凡有越人分布和活动过的地区，都有越人文化典型器物如有肩石斧、有段石锛和印纹陶器出土于有关新石器时代遗址。贵州夜郎故地亦即汉之牂柯郡，与益州郡之滇地区相连，两地均有濮人分布，两地出土文物均反映出越文化特征。

属于益州郡故地的滇池地区，如晋宁石寨山遗址出土的有肩石斧与广东番禺石蚴塘亦即古代南越的中心地区所出土的有肩石斧相似；有段石锛则与香港出土者相似。元谋大墩子、宾川白羊村、石寨山类型各遗址，均出土少量印纹陶器，纹饰多属斜方格纹、点线纹、圆圈纹等，均与东南沿海地区新石器文化遗址所出土者颇为相同。①

夜郎故地新石器时代文化的分布比较广泛。解放后在今天贵州兴义、盘县、清镇、平坝、威宁、毕节、赫章、织金、水城、黔西、贵阳等17县（市），发掘出和调查征集了大批新石器，包括斧、锛、锄、有孔石刀、刮刀、凿等。这些石器质地坚硬，磨制精湛，刃部多有使用痕迹。其中有肩石斧和有段石锛占有一定比例。威宁、水城两地的38件石锛中，有段石锛即达11件。② 出土陶器的地方也不少，其中清镇、平坝出土的陶器多为轮制，部分手制，火候高，硬度大的陶器都有纹饰，部分模印有方格纹，部分拍印的有几何图案。③ 这些都说明，早在新石器时代，和滇

① 阚勇：《试论云南新石器文化》，载《云南省博物馆三十周年纪念文集》，1981年云南省博物馆编，第55页。

② 贵州省博物馆：《夜郎故地上的探索》，载《文物考古工作三十年》，文物出版社1979年，第361—362页。

③ 侯哲安：《夜郎初步研究》，载《夜郎考》讨论文集之，贵州人民出版社1979年版，第52页。

池地区一样，已有越人活动于夜郎地区了。

到公元前一千年以后，云贵高原产生了以晋宁石寨山文化为代表的高度发达的青铜文化。它与岭南地区以至东南沿海地区的越人青铜文化颇有共同之处。例如石寨山滇文化墓葬中出土一种形状特殊的青铜斧，器形似钺，但刃部两侧很不对称，一般称为靴形斧。此种青铜器在广东、广西、湖南、浙江等百越地区均有发现，越南东山文化遗址中也有大量出土。考古学界大都认为它是古代百越文化遗物。① 又如"晋宁、江川、楚雄等地有一种刃呈半圆形的钺（或称'月口斧'），在广西恭城、田东、广东清远也有出土。浙江省博物馆中陈列这样的钺多件，其中鄞县发现有一件，上有船及羽人花纹，与云南青铜器风格尤为一致。江川、楚雄还发现一种有肩铜斧，与有肩石斧形制全同。在广西平乐、广东清远、四会也有这类器物出土"。② 有肩铜斧和有肩石斧的形制完全相同，反映出技术发展上的连续性，说明这里的青铜文化是滇人创造的。至于铜鼓，也是百越文化的典型器物，近年仅在滇池区域就出土二十余面，石寨山型铜鼓已成为铜鼓分类中的一个重要标志。由此可见，滇文化创造者的滇人，应当属于越人的一支。

夜郎地区出土的青铜器，如石寨山式铜鼓、靴形铜钺（斧）、一字格曲刃铜剑、铜戈以及铜锄等，均与滇文化相同或十分近似，同样反映出百越文化特征。

位于夜郎西南与夜郎同属两汉牂柯郡的句町，青铜冶铸业也很发达，它的政治中心，今广西西林普驮曾出土重达数百公斤的铜棺，出土的铜鼓、羊角钮钟、铜牌饰等，其造型、纹饰均与晋宁石寨山和江川李家山的相似；并以铜鼓作为葬具，一具铜鼓葬中就出土铜器、铁器、玉石器400余件。其中有些铜器为中原汉式器物，如六博棋局、踞坐俑等，反映出与中原的文化联系，而铜鼓、钟、山羊纹牌饰等，则是当地所造。③ 句町的青铜文化表现出明显的越文化特点。

---

① 张增祺：《滇王国主体民族的族属问题》，载《云南省博物馆建馆三十周年纪念文集》，1981年云南省博物馆编，第138页。

② 汪宁生：《中国西南民族的历史与文化》，云南人民出版社1989年版，第33-34页。

③ 《三十年来广西文物考古工作的主要收获》，载《文物考古工作三十年》，文物出版社1979年版，第343页。

第四，今天居住在夜郎、句町故地的壮侗语族各族，学术界公认他们是古代越族的后裔，他们居住在这些地区已经有悠久的历史。这地区古代濮人和他们的关系很明显，"汉晋时期的这部分濮族，是近代贵州境内的布依族和广西、云南境内大部分壮族的先民。布依族的'布'即'濮'；广西、云南壮族的大部分自称'布壮''布依''布泰''布雄'，乃至部分与贵州的布依族同样自称'布依'，都是'濮'名称呼的遗留"[①]。

总之，从上述几方面都说明古代的濮人（不包括滇西南属南亚语系的"濮"）应属于百越族群，亦即《华阳国志·南中志》所指出的"夷"和"越"两大族群中的越族群。

但是，民族是随历史条件的变化而发展变化的。由于濮人分布很广，西南地区自古就是多民族地区，民族之间的交往，必然给濮人带来影响和变化。魏晋以后，濮人基本上不再见于记载。应该说，一部分濮人早已成为汉族的一个组成部分，这主要是江汉地区的濮人。另一部分在分布上比较靠近云贵高原北部的濮人，如越嶲之濮、部分牂柯之濮和建宁之濮等，随着彝语支民族先民的发展而被融合进去。大部分濮人则和僚族结合而以僚族的名称出现于史籍中。

三、僚与濮

关于僚族，史籍记载两汉时期僚族已是牂柯郡的主体居民之一。僚人的分布区域很广，包括牂柯、兴古（蜀汉时分牂柯西南部设置，在今云南文山州和红河州南部）、郁林（当今广西桂林、南宁地区）、苍梧（当今广西桂林西北及广东西部）、交趾（今越南北部）等郡，[②] 地区相连。这些地区大都属于秦朝在岭南越人地区设置的桂林郡和象郡的疆域内。牂柯郡的大部地区属秦时象郡故地，可见这些地区原来就是越人地区。牂柯之僚实即岭南越人中之骆，僚（鲁皓切，音佬）、骆声近相

---

① 尤中：《中国西南的古代民族》，云南人民出版社1979年版，第54页。
② 《太平御览》卷356引晋人郭义恭《广志》。

通。僚族实即越人中的一部分，作为牂柯郡的主体居民之一就是很自然的事了。东汉时期的永昌郡内，《华阳国志·南中志》记载当地出产兰干细布，而"兰干，僚言纻也"，即兰干细布是当地僚人的手工业品，说明永昌郡内也有僚人的分布。

到东晋康帝建元元年（343年），成汉主李寿卒，其子势立。原来"蜀土无僚，至是始从山出，自巴至犍为梓潼，布满山谷，大为民患"①。这在当时历史上是一件大事。僚人主要居住在牂柯地区，为什么如此大规模迁徙？这要结合西南地区民族的盛衰兴替来探讨。下面讨论僚和濮的关系时，再谈这个问题。

东汉时期，一些地区的僚族中又先后分化出鸠僚族。当东汉明帝永平十二年（69年）在云南西部设置永昌郡时，郡内的大部分僚族已称为鸠僚。因此，《华阳国志·南中志》中列举永昌郡的民族，只有鸠僚而无僚。他们和后来德宏地区至西双版纳一带的傣族具有密切的族源关系。云南东南部当蜀汉建兴三年（225年）分牂柯郡设置兴古郡时，境内也"多鸠僚、濮"②。这里的鸠僚和后来文山地区南部与红河南岸一带的壮族和僚族具有密切的族源关系。

关于僚人和濮人的关系，应该说起初他们是支系很近的两支越人，后来融合在一起而以僚的族称出现。濮人的分布是自江汉以南达于云贵，僚人的分布则自岭南达于滇黔。两族荟萃于牂柯地区，交错杂处，文化特征相同，关系密切。岭南是百越的重要分布区，大片聚居，一些越人由此扩散到滇黔地区，成为滇黔越人的一部分。秦设象郡包括了部分牂柯地区，就是把这地区视作岭南越人地区的一部分，显然这地区的越人包括僚人在内，说明僚人在牂柯地区的分布已经具有很悠久的历史，而且是夜郎国的主体民族之一。但《史记》和《汉书》的《西南夷列传》虽列举了西夷和南夷中的不少民族包括夜郎族在内，却对分布相当广的僚没有提到。这种情况表明，由于夜郎国的存在，国名又兼具族名性质，犹如相邻的滇，两汉人著作中有关史事，遂以夜郎名称记录下来，僚的族称反失于记载。

---

　　① 《华阳国志·李特雄期寿势志》。关于僚人入蜀事，《水经·漾水注》《魏书·僚传》均有类似记载。《蜀鉴》卷四引李膺《益州记》记载更为详细。

　　② 《华阳国志·南中志·兴古郡》。

　　至于濮人，情况则有所不同。两汉人以至先秦著述对濮人的记述都颇为频繁：武王伐纣，有濮人参加；成周之会，濮人贡献方物；由于力量强大，对楚构成威胁，以致"楚子为舟师以伐濮"，夜郎国的建立，牂柯濮人与僚人同为主体民族。这些都说明濮人在先秦及汉代均活跃于历史舞台上。

　　魏晋人著作中僚这一族称开始出现，记述僚人的活动也日益频繁，僚与濮这两个族称同时并存，但有的记载偏重濮，有的偏重僚，有的则并重。南北朝以后的著作几乎是只有僚而无濮。下面的几个例子可以说明这种情况。

　　最早记载僚人的似为《三国志》的作者、生活于蜀汉至西晋时的陈寿。《三国志·蜀书·张嶷传》注引《益部耆旧传》（此书亦陈寿著）说："平南事讫，牂柯、兴古僚种复反，（马）忠令嶷领诸营往讨，嶷内招降二千人，悉传诣汉中"。《蜀书·霍峻传》说："永昌郡，夷僚恃险不宾。"

　　稍后，东晋人常璩著《华阳国志·南中志》记载一段史事，说夜郎国竹王被汉都尉唐蒙所杀，"后夷濮阻城，咸怨诉竹王非血气所生，求立后嗣"。竹王被杀，濮人甘冒风险，围阻郡城呼冤，并提出为其立嗣的要求，说明竹王也是濮人，夜郎国的主体居民应是濮人。《后汉书·西南夷列传》的作者刘宋人范晔，也记述了同一件事，而且他的基本史料来源于《华阳国志》，但他却说："夷僚咸以竹王非血气所生，甚重之，求为立后。"在这里，濮人变成僚人。北魏郦道元注《水经·温水》，也同样记述了这件事，却说竹王产于遯水（牂柯江，即今北盘江），成长后"遂雄夷濮"，他被杀后，"夷僚咸怨"。这里，又同时提到濮和僚。《华阳国志·南中志》说："谈稿县有濮、僚。"谈稿在云南富源、陆良二县东部与贵州连接地带，两汉属牂柯郡。这里是说两族杂居。

　　再往后，史籍中就基本上有僚而无濮。唐人段成式《酉阳杂俎·境异篇》说："僚在牂柯。"唐人梁载言《十道志》说："珍州（今贵州桐梓）夜郎郡，古山僚夜郎国之地。"这里把牂柯郡夜郎濮人统称僚人，而且认为夜郎国即僚人所建立。

　　上述情况反映出历史发展中濮人和僚人之间的盛衰兴替及进一步融合。这种情况和云贵高原上氐羌族群与百越族群的发展变化、盛衰兴替分不开。当西汉末年夜郎国灭亡后，统一的政权解体，各地邑君分立，濮、僚人的力量大为削弱。但滇西属于氐羌族群的彝语支民族先民的嶲、昆明族，正日益强盛。他们是随畜迁徙、骁勇善战的游牧民族。据司马迁的记述，汉武帝（前156—前87年）派他去"西南夷"地区时，嶲、昆明族尚主要游牧于今西昌以南、保山至大理之间的广大地区。但到东汉初年，《后汉书·西南夷列传》载："建武十八年（42年），夷渠帅栋蚕与姑复、叶榆、弄栋、滇池、建伶昆明诸种叛。"这里说的昆明诸种已经从今滇西的华坪、大理地区以及姚安和大姚，分布到滇中的滇池地区的晋宁和昆阳。① 到蜀汉建兴三年（225年）诸葛亮南征时，庲降都督李恢与诸葛亮自僰道（今宜宾）分路率军向滇池前进时，恢军被围于昆明。根据李恢进军路线，"此昆明在牂柯郡西部，即所谓牂柯昆明，今滇东黔西地区"② 。这说明昆明人在此以前，即在东汉时期早已分布到滇东黔西了。③

牂柯郡的主体居民是濮、僚人，彝族先民——昆明人进入牂柯郡必然和濮、僚人接触，有友好的一面，也有矛盾，甚至发生战争。贵州彝文《西南彝志》记载："恒师哲纳舍，向濮索猎区；濮的十五寨，只一天之内，被恒家占了。"④ 又载："恒捕濮的人，恒以濮使用……取濮九个城，还不止九个，共取十五城。"⑤ 又载"濮裔以万计，久为彝所平。"⑥ "攻濮地而居，基业大发展。"⑦ 战争是互有胜负的，也有友好相处的一面，如"恒濮要友好，恒濮杀牛吃，两家联盟誓"⑧ 。彼此接触交往多了，也就互相影响，因而《西南彝志》中有所谓"濮变彝"和"彝变濮"的记述。但总的说来，彝族先民在发展中占了上风，统治和融合了大量濮人。

① 地名考释见方国瑜：《中国西南历史地理考释》上册郡县沿革表，中华书局1987年版。

② 方国瑜：《滇史论丛》第一辑，上海人民出版社1982年版，第83页。

③ 据方国瑜《彝族史稿》四川民族出版社1984年版第431页，谓彝族先民迁入牂柯郡在东汉晚年；五种丛书《彝族简史》云南人民出版社1987年版第58-59页，谓彝族迁入黔西北在东汉初年，均在夜郎国灭亡后。

④ 见贵州省民族研究所毕节地区彝文翻译组：《西南彝志选》，贵州人民出版社1982年版，第95页。

⑤ 《西南彝志选》，第122页。

⑥ 《西南彝志选》，第124页。

⑦ 《西南彝志选》，第139页。

⑧ 《西南彝志选》，第95页。

由此可见，夜郎王国解体后，牂柯境内的濮、僚各部已经式微，在昆明族向东发展过程中，各地邑君强者得以在战争中保存下来，甚至融合部分昆明人，弱者则被征服和融合。上引资料提到彝族先民战胜濮人共取了15个城，可能就是对邑君的征服。

由于濮人和僚人均属越人族群，同是夜郎国的主体居民，面对外族的压力，加速了彼此的团结和融合过程。濮人融入僚族后，遂以僚的族称出现。东汉及魏晋南北朝时期，正是濮、僚进一步融合之时，故前引的史籍如《三国志·蜀书》《华阳国志》《后汉书》以及《水经注》等，有的称濮，有的称僚，有的濮、僚并称，都是这一变化过程的反映。

这一历史时期出现的另一重大事件，即僚人大规模地北迁巴蜀。对此，不少文献均有记录。《晋书·李势载记》说："初，蜀土无僚，至此，始从山而出，北至犍为、梓潼，布在山谷，十余万落，不可禁制，大为百姓之患。势……荒淫不恤国事。夷僚叛乱。"《北史·僚传》说："僚者盖南蛮之别种，自汉中达于邛、笮、川洞之间，所在皆有。种类甚多，散居山谷……李势在蜀，诸僚始出巴西、渠川、广汉、阳安、资中，攻破郡国，为益州大患。"郭元韬《蜀鉴》卷四引李膺《益州记》谓成汉主李寿因境内人口稀少，于是自牂柯引僚人入蜀。

僚人大举入蜀，众至十余万户，当时引起巴蜀地区巨大震动，而且导致巴蜀地区人口的变化。据《三国志·蜀书·后主传》引王隐《蜀记》，刘禅降晋时，整个蜀国包括南中地区在内，编户之民不过28万户。又据《晋书·地理志》，晋分蜀汉为梁、益、宁三州，共有编户308600户，稍多于蜀汉末年。虽然少数民族一般不在编户之内，但入蜀僚人的户数和编户相比，约当编户的一半，分布又很广阔，正如上引诸书所载，这不能不成为成汉以及随后几个王朝政府难以应付的问题。

僚人入蜀的原因是多方面的，史籍中有的归之于成汉主李势政治腐败，有的说李势之父李寿招引僚人入蜀。但昆明人迁入牂柯地区后，与土著居民僚（濮）人之间的矛盾和斗争，也应是一个重要原因。由于这些原因，原来作为牂柯地区主体居民的僚（濮）族，在人数上就逐渐减少了。

西南丝绸之路的形成、作用和现实意义

我国很早就以丝绸贸易为主要媒介，打开了通向西方的国际交通线，即西北丝绸之路（西域道）、西南丝绸之路（蜀身毒道）和海上丝绸之路（南海道）。这些国际交通线特别是两条陆路曾是联接中国、印度、波斯、巴比伦、埃及、罗马、希腊等文明古国的纽带。世界三大宗教的佛教、伊斯兰教和基督教，亦在丝路所经的国度形成和传播。随着时间的推移，我国的丝绸织造、造纸、印刷术、火药等伟大的创造发明，先后经丝绸之路流传到全世界；外国的明珠、宝石、琉璃等奇珍异物以及上述三大宗教亦先后传入我国。总的说来，西北丝路和海上丝路时人多有论述，而西南丝路论者较少。本文将着重讨论西南丝绸之路的形成、作用及其现实意义。

一、西南丝路的形成

西南丝绸之路是从今四川成都经云南出国境，经缅甸到达印度，再往西延伸与西北丝绸之路西段汇合，经安息（今伊朗）、条支（今伊拉克）到大秦（古罗马帝国）。这条丝路的中印一段古代称为"蜀身毒（印度）道"。

蜀身毒道的形成与西域道相似，首先由民间商旅往来，以有易无，逐渐形成商贸点，点与点连接而形成交通线。这又与交通线各点特别是交通线两端主要商贸点地区经济发展水平有关。此点将于下节具体论述。

蜀身毒道是由几条道路连接而成。首先是五尺道，即由蜀（成都）南下，经僰道（今四川宜宾）、朱提（今云南昭通）到达滇池（今昆明地区）。所谓五尺道，《史记·西南夷列传》说：“秦时常頞略通五尺道，诸此国颇置吏焉。”这说明秦朝在民间小道的基础上进行开辟，并在邛都、筰、夜郎等族地区，设置官吏进行治理。《史记》司马贞《索引》说：“栈道广五尺。”《汉书》颜师古注说：“其处险阨，故道才五尺。”总之，常頞打通的五尺道，险窄难行。汉武帝时，唐蒙复“凿石开阁，以通南中，迄于建宁，二千余里，山道广丈余，深三四丈”①。建宁为蜀汉建兴三年诸葛亮分汉代益州郡设置，郡治先在滇池县（今昆阳、晋宁），后移治味县（今曲靖）。隋唐时，由于此道经云南大关县北豆沙关（石门关）到朱提，又称石门道；又以朱提为连接蜀滇枢纽，故亦称朱提道。汉晋时期这条道路为蜀滇之间的主要通道，虽经开辟，但山高谷深，且有险窄难行的栈道，往来商人须紧靠崖壁而行，甚至在七里长的窄路上担物不能换肩②。

还应指出，唐蒙在修五尺道时，又曾“发巴、蜀卒治道，自僰道指牂柯江”③。这条道路是由僰道稍往东南至今贵州北盘江（即牂柯江），故称牂柯江道；又因在夜郎王国所在地又称夜郎道。牂柯江南流至番禺（今广州）入海。由于不直接涉及中印通道，故从略。

第二，灵关道。司马相如奉汉武帝之命“略定西夷，邛筰、冉駹、斯榆之君，皆请为内臣，除边关，……通灵关道，桥孙水，以通邛都”④。司马迁也于元鼎六年（前111年）“奉使西征巴、蜀以南，南略邛筰、昆明”⑤，与司马相如走的同一条路。此路从成都西南行，渡过沫水（今大渡河），通过灵关天险，于孙水（今安宁河）造桥而渡，至邛都（今西昌），再渡过与金沙江合流处之雅砻江而至滇西洱海地区。这些地区为“西夷”分布的地区。其中斯榆即叶榆，亦即“昆明夷”，分布在洱海地区。两位司马虽不一定到过洱海地区，但却能招徕、经略洱海地区的“昆明夷”，

---

① 《水经注》卷33。
② 《华阳国志·南中志·南广郡》。
③ 《史记·西南夷列传》。
④ 《史记·司马相如列传》。
⑤ 《史记·太史公自序》。

这说明邛都与洱海地区之间早已存在着交通往来。由于灵关道经过旄牛羌部居住的台登（今冕宁）以北地区，故又称旄牛道。东汉末旄牛羌部阻道，致此路不通。蜀汉时张嶷任越巂太守，与旄牛羌部"酋盟誓，开通旧道，千里肃清，复古亭驿"①。灵关道又重新开通。

唐代，以洱海地区为中心的南诏王国兴起，强盛时其势力达到大渡河以南地区。《通鉴》："太和四年（830年），上命李德裕修塞清溪关，以断南诏入寇之路。"当时西川与南诏在大渡河对峙，清溪关为大渡河以南要塞，为入南诏地界第一站。因此汉代的灵关道在唐代又称清溪关道。

第三，永昌道。永昌（指今保山地区）是蜀身毒道上连接中、缅、印的重要交通枢纽。从上述的五尺道由成都经僰道南下滇池，再由滇池往西经洱海即可到达永昌；走灵关道则由成都经邛都渡过金沙江，再西南行经洱海往西到达永昌。两道均由永昌往西到缅甸北部。因而经永昌往西至缅甸这段道路便称为永昌道。具体说来，这段道路是由洱海地区的叶榆（今大理），逾博南山（在今永平），渡兰仓水（今澜沧江）到嶲唐（今保山），再渡怒江经滇越地区进入缅境。

关于滇越，首见于《史记·大宛列传》。张骞奉汉武帝之命出使西域，到大夏（在今阿富汗境），看见商人从身毒运去的蜀布、邛竹杖等商品，得知有道路从印度通往蜀地。他返长安后遂建议汉武帝开辟此路。探路使者后被洱海地区的昆明人所阻而未成功，但却获知昆明族之西"千余里有乘象国，名曰滇越，而蜀贾奸出物者或至焉"②。按今保山以西的腾冲原称腾越，其与大理的距离恰和滇越与叶榆的距离相当。腾越与滇越音声相近，早在唐代以前已有此地名。南诏王隆舜诗即有"避风部阐台，极目见籛（同腾）越"③的诗句。大理国时设腾越府，即今之腾冲。滇越又称乘象国，以其地产象和役使象得名。《华阳国志·南中志》所载，只有永昌郡有象。《后汉书·西南夷哀牢传》亦载哀牢地区产象，且地望与滇越相当，可见乘象国

---

① 《三国志·蜀书·张嶷传》。

② 《史记·大宛列传》。

③ 《太平广记》卷483引《玉溪编事》。

应在永昌郡。

永昌郡是个多民族地区，有越和鸠僚等族。滇越名称之由来，与闽越、瓯越得名相似。哀牢则得名于一代首领之名而成为族名，但哀牢人讲僚语[1]，应属鸠僚。两者均属百越族系。[2] 学术界一般认为，今天居住在德宏等地区的傣族与滇越和鸠僚具有族源关系。

《南中志》又载"永昌郡古哀牢国……东西三千里，南北四千六百里"，地域甚为广大，"当包有今之保山、德宏地区，西抵伊洛瓦底江流域上游，明清时期之孟养、木邦等地，其南则为凤庆及临沧至西双版纳及以南地带"。[3] 境内称邑王者77人，5万余户、55万余人。在分布的各族中，尚有与今傣族具有族源关系的掸族。掸族在永昌建郡之前就已建立国家。掸族与鸠僚语言相通，境土相连，彼此早就存在着密切联系。因而哀牢（鸠僚）的归顺东汉朝廷和永昌郡的建立，掸国随之三次遣使到东汉首都洛阳，掸国王雍由调被封为汉大都尉。应该说，滇越 — 哀牢 — 掸与属于氐羌族族系的昆明、嶲等族加上蜀地商人的互相联系，共同开辟了蜀、滇、缅、印的交通线。

第四，至于缅印之间的通道，唐代文献有较明确的记载。玄奘《大唐西域记》所记印度之迦摩缕波国位于阿萨姆东部，《蛮书》所记大秦婆罗门国之南。《大唐西域记》说："此国东，山阜连接，无大国都，境接西南夷，故其人类蛮僚矣。详问土俗，可两月行，入蜀西南之境。"《新唐书·地理志》载贾耽"从边州入四夷路程"说得更清楚：从永昌城"西渡怒江至诸葛亮城（在今龙陵）二百里，又南至乐城（在今瑞丽）二百里，又入骠国境（缅甸）……一路自诸葛亮城西去腾充（今腾冲）二百里，又西至弥城（在今盏西），又西过山二百里至丽水城（在今伊洛瓦底江东岸之打罗），乃西渡丽水、龙泉水（今勐拱河）二百里至安西城（在今猛拱），乃西渡弥诺江水（今亲敦江）千里至大秦婆罗门国"。

---

① 《华阳国志·南中志·永昌郡》。

② 限于篇幅，此不详述，请参见拙作《百越》第六章。

③ 方国瑜：《中国西南历史地理考释》，中华书局1987年出版，第20页。

以上贾耽所说自滇西通缅、印之交通线千余年可以通行。特别是在第二次世界大战期间，1942年，缅甸沦陷，滇西的腾冲、龙陵失守。日本侵略军曾由水陆两面封锁我国，我国仅靠空运与国外相通，军需物资供应极为困难。当时我国与盟军自印度阿萨密之雷多经缅北之胡康河谷，沿猛拱、密支那修筑中印公路，以通腾越和保山与滇缅公路衔接，重新打通中国之陆路运输线。这条公路基本上即沿着千百年来之中 — 缅 — 印道，变险峻难行之步道为通行汽车之公路。这条道路在第二次世界大战期间起了历史性的作用。

二、西南丝路的作用

蜀身毒道在张骞通西域得知有这条道路之前早就存在了。这条道路存在的前提乃是有关民族经济文化交流的需要，而这种需要之满足又以有关民族社会较高经济文化的发展为基础，通过双方商旅贸易，僧侣、使节往来等活动而实现。中印均为文明古国，具有灿烂的文化，西南丝绸之路正是连接和传播两者灿烂文化和经济交流的纽带。

我国西南巴蜀地区，在很早的古代便发展了灿烂的文化。本世纪50年代在巴蜀地区曾有多处引人注目的重大考古发现。特别是1986年发掘出的广汉三星堆遗址，面积广，涵盖众多文化层，从新石器时代晚期中经夏、商、周到秦汉的连续地层都很清楚，出土青铜神人立像、头像、金面罩、铜和玉制礼器、武器、象牙等上千件①，还有成都郊外发掘出的商周时期大型木结构建筑群②等均甚罕见。这些发现说明早期蜀文化已达到相当高的水平。

蜀人至迟在战国时已兴修水利，发展农业。秦时蜀守李冰大兴水利后，蜀国成为沃野千里的天府之国。蜀人很早就以养蚕、织造丝织品著称，古代记载中称为"锦"。战国时蜀锦已相当驰名。秦灭巴蜀，张仪、张若修成都城，特设置锦

---

① 《广汉三星堆遗址》，载《考古学报》1987年第2期。
② 《成都十二桥商代建筑遗址第一期发掘简报》，载《文物》1987年第12期。

官。到汉代，蜀锦已名闻天下；成都有锦江，成都又称锦官城，都与发达的蚕丝业有关。

穿井煮盐在汉代已很发达，政府特设置盐官进行管理。至于开矿冶铁，至迟在战国时代已经出现。秦人卓氏在临邛，"即铁山鼓铸，运筹策，倾滇蜀之民"，富比王侯。程郑"亦治铸，贾椎髻之民，富埒卓氏，俱居临邛"①。蜀地的农业和手工业以及商业如此发达，成都的"工商致结驷连骑，豪族服王侯美衣"，以致汉初唐蒙开筑僰道，当地县令因废工无成，百姓愁怨，将受斩刑，他都要求先看看成都市的繁荣景象然后就死。②

由于商人在滇蜀少数民族地区经商而发家致富，因而汉初尽管严令"闭蜀故徼"，禁止与"西南夷"地区交通，仍无法阻止商贾贸易往来。蜀地的丝绸、布匹与铁器等商品，远销云南以至经缅甸到印度而为张骞在大夏所见，也就不奇怪了。

印度人最早称中国为"支那"，是梵文 Cina 的译音，印度古代史诗《摩诃巴剌塔》（Mahabharata）与摩奴法典（LawsofMaim）均提到"支那"。值得注意的是有些梵文古籍提到中国时还和丝并提，如"公元前320至315年印度枛陀罗笈多王（KingCan-dragupta）在位时，其臣商那阎（Chanakya）别名考铁利亚（Kautiliya）者著有《政论》（Arthasastra）一书，书中载有"支那"之名，又记纪元前第4世纪中国丝已贩运至印度。③ 联系上述蜀国丝织业之盛以及蜀身毒道的存在，中国商人运至印度的丝织品中至少有一部分是通过西南丝绸之路运去的。

前述张骞所到之大夏，古希腊人称巴克特利亚（Bactria），是往西经伊朗、两河流域至罗马帝国的主要交通线，也是汉晋时期中印贸易的重要中转枢纽。"据普林尼（第6卷，23，101），单是印度每年由罗马帝国所得的丝款不下5500万铜币（Sesterces约等于60万英镑）。"④ 由此可见，中印通道上丝绸贸易之盛。至于蜀布、

---

① 《史记·货殖列传》。

② 《华阳国志·蜀志》。

③ 张星烺：《中西交通史料汇编》第一册，中华书局1977年版，第450页。

④ 夏德著，朱杰勤译：《大秦国全录》，商务印书馆1994年版，第94页。

邛竹杖、铁器、漆器等商品也是源源外销。

商道总是双向的，有来有往。为当时中国所贵重的五色琉璃、料珠、各色宝石、香料以及羊毛制品等也沿着这条商路输入中国。在云南江川李家山和晋宁石寨山战国和西汉古墓中均曾发现过琉璃珠①，我国在5世纪初才开始自制琉璃，上述古墓中发现的琉璃制品，显然是从印度经这条丝路传入的。

东汉时代，西南丝路有进一步发展。随着哀牢王内属朝廷，东汉明帝永平十二年（69年）在滇西哀牢地区建立永昌郡。境内除鸠僚、濮人等以外，还有僄人、掸人和身毒（印度）人。境内物产丰富，有"黄金、光珠、琥珀、翡翠、孔雀、犀、象、蚕、桑、棉、绢、采帛、文绣……木棉布、阑干（苎麻）细布，又有罽旄、帛叠、水精（即水晶）、琉璃、轲虫、蚌珠。宜五谷，出铜铁"②。上述物产中帛叠、水精（晶）、琉璃、轲虫、蚌珠等系境外产品运入境内；晋宁石寨山滇人墓葬发掘出的数量巨大、用青铜贮贝器贮藏起来的海贝，自然也非云南所产，至少印度是产地之一。《马可波罗行记》第118章"哈刺章州"就说："彼等所用海贝，非本土所出，而来自印度。"永昌郡治为巂唐，在今保山。巂唐不仅为政治中心，而且和腾越都是蜀身毒道上的商货集散地，上述印度人可能不少是侨居的商人。1938年在腾冲县西八里宝峰山下核桃园的荒冢中，曾发现汉五铢钱千余枚，③ 可见当时商业之盛。

在这条丝路上，随着商业交换的发展，文化交流也日益加强。掸国王雍由调于东汉和帝永元九年（97年）、安帝永宁元年（120年）及顺帝永建六年（131年）三次遣使前往洛阳"奉国珍宝"。特别是第二次，"遣使者诣阙朝贺，献乐及幻人，能变化吐火，自支解，易牛马头，又善跳丸，数乃至千。自言我海西人，海西即大秦也。掸国西南通大秦"④。掸国和罗马帝国有来往，罗马的表演艺术家也随掸国使团到了洛阳宫廷。这条丝路也是佛教传入我国的另一途径。印度古代有"以新棉裹

---

① 《考古》1965年第3期和《晋宁石寨山考古发掘报告》。

② 《华阳国志·南中志·永昌郡》。

③ 李根源：《永昌府文征·记载》。

④ 《后汉书·西南夷传》。

尸，更以棉布缠其上，系佛在世时之印度风俗，而在佛涅槃后，传亦如斯，是以哀牢人关于桐华布之'先以复亡人。然后服之'云云，似亦起源于兹"①。这里意指哀牢人此种习俗乃受印度风俗之影响。考虑到哀牢地区有印度侨居之商人或移民，此种推论值得注意。滇西傣、白等族后来信奉佛教，自亦受到印、缅等国的影响。除印度僧人传播佛法于中土外，我国僧人亦有经行西南丝路往印度求佛法的。唐僧慧琳《一切经音义》卷八十一就提到曾有20余僧"从蜀川南出羊柯，往天竺得达"②。他并就蜀川天竺道做了概括叙述。

音乐舞蹈亦有交流。除前述掸国音乐外，玄奘在印度羯朱嗢祇逻国与戒日王相会。戒日王早已闻知"秦王天子"（指唐太宗）的政绩以及歌颂他的"秦王破阵乐"。③缅甸古代的骠国"在云南西，与天竺国相近，故乐曲多演释氏词"④。"唐贞元十七年（802年）骠国王雍羌遣弟悉利移城主舒难陀随南诏使臣入唐，由云南重译进献其国乐。"⑤骠国乐成为唐代乐曲中的一部。

两千多年来，这条商路通过各国商人、僧侣你来我往以及各国使节的往返聘问，促进了西南丝路沿线各国、各地区和各民族的经济、政治和文化交流。

然而，19世纪中期第二次英缅战争后，缅甸南部为英国所吞并，特别是1885年第三次英缅战争后，缅甸为英所灭亡。英帝不仅奴役缅甸人民，而且把侵略矛头指向我国边疆云南。中缅商道不仅民间贸易受到影响，且成为英帝吮吸我国财富、进行侵略的孔道。滇西的腾越自古为商贸枢纽，但自1898年开埠后，由于不平等条约的束缚，对外贸易全为入超。例如1918年以前，出口额仅年达银70万两左右，而进口额则多在200万两以上⑥，大量白银外流。与此同时，法国占领越南后也将侵略矛头指向我国云南，英法两国一在滇西，一在滇南，对我形成钳形攻势，竞相掠夺

①　藤田丰八著，何健民译：《中国南海古代交通丛考》，第458页。

②　《永昌府文征·文录》第一册。

③　《大唐西域记》卷5。

④　《唐会要》卷37。

⑤　《新唐书·礼乐志》。

⑥　夏光南：《中印缅道交通史》，中华书局1948年版，第107—108页。

我国资源，倾销商品，使我国经济遭受严重破坏。

三、重振西南丝路的现实意义

第二次世界大战以后，受到战争破坏的中缅商务往来逐渐有所恢复。新中国成立后，历史上的西南丝绸之路已悄悄复苏。特别是1960年10月1日中缅边界条约的签订，解决了历史上由于帝国主义侵略政策遗留下来的边界问题，进一步促进了中缅两国的友好关系，中缅之间的政治、经济和文化联系进一步加强。

中缅国境线云南地段长约1900公里，其中西南丝绸之路通过的德宏傣族景颇族自治州即占500余公里。云南省是我国跨境民族居住最多的一个省，有独龙、怒、傈僳、景颇、德昂、佤、布朗、哈尼、苗、瑶、拉祜、傣等十余个民族。这些民族与境外相同民族如德宏地区的景颇和克钦、傣和掸、佤和佤等族，不仅语言相同，风俗习惯与宗教信仰也相同，甚至同一家人分居国境内外，亲友往来密切，具有广泛的经济文化联系和深厚的社会基础。这些构成了两国边民之间存在的历史悠久的边境贸易有利条件。缅甸尚有华侨和华人70余万，大都从事商业活动，促进了中缅贸易的发展。据昆明海关统计，改革开放后的1989年，仅中缅边境民间贸易进出口总值即达人民币10亿多元，比1984年增长了26倍。其中以德宏自治州边境贸易最为突出，近年来德宏州边贸额占云南省边境贸易总额90%以上。①

事实上，中缅边境民间贸易在地域上已突破边境两侧的狭小范围和边民互市的传统做法，而具有更大规模的转口贸易性质。自1985年以来，我国商品如纺织品、日用百货、建筑材料和机电产品等经过缅甸大量输入印度及东南亚国家。进口商品虽以缅甸为大宗，但也有泰、孟加拉等国商品，而且这些商品都转输全国各地。可以说，中国对缅甸的贸易已具有以整个缅甸为市场的特点，而且以缅甸为中介进一步与南亚和东南亚的印度、孟加拉、泰、老等国家相沟通。

在我国大力推动四个现代化和对外开放过程中，这条古老的交通线仍具有其

① 李茂兴等著：《边境贸易理论与实务》，德宏民族出版社1991年版，第29页。

重要作用，近年德宏自治州在对缅边境贸易中所起的主导作用就说明了这一点。同时它也有利于各友好国家之间以及跨境民族之间的联系、理解和友谊。展望21世纪，随着中外经济文化交流的进一步加强，这条古老的交通线也将进一步得到振兴。

中国的饮食文化与生态环境

一、生态环境与民族文化

中国是一个多民族、多种生态环境和多元文化的国家。由于地域辽阔、地理生态环境复杂多样，人们生活于不同的地理环境，在对环境的适应和改造过程中，创造出各具特色的文化。概括说来，从新石器时代起，在中国多民族文化中，就形成了下述几个主要生态文化区：

北方和西北游牧兼事渔猎文化区，具有以细石器为代表的新石器文化，文化遗址缺乏陶器共存，或陶器不发达。这体现了随畜迁徙的"行国"的特点[①]。

黄河中下游旱地农业文化区，中游以仰韶文化及河南龙山文化为代表，后来发展为夏文化。下游以青莲岗文化、大汶口文化及山东龙山文化为代表，后来的发展应为商文化[②]。

长江中下游水田农业文化区，中游以湖南石门皂市下层、大溪文化及京山屈家岭文化为代表，文化的主人尚待进一步研究。下游以河姆渡文化、马家浜文化 — 崧泽文化及良渚文化为代表，发展为百越文化[③]。

上述两大河流文化之间，虽然各有自身文化发展上的连续性，但彼此之间仍存

---

① 文物编辑委员会：《河北、内蒙、新疆等地新石器时代考古发展》，载《文物考古工作三十年》，文物出版社1979年版。

② 《河南新石器时代考古》，载《文物考古工作三十年》。

③ 《江苏、浙江、江西、福建、湖北等地新石器时代考古发展》，载《文物考古工作三十年》。

在着一定的联系。例如屈家岭文化在江汉平原与豫南都表现出受仰韶文化的密切影响。大汶口文化遗址中则较普遍地发现一些非本地出产的物品如玉石、象牙原料及其制品和产于长江流域的鳄鱼骨板等。这说明两大河流文化区之间人们互有联系和交往。

总之，生态环境与民族文化类型关系密切。当然，生态环境和民族文化之间的关系，还受其他历史因素如民族关系等的影响，以及人们的主观能动性和客观历史条件的作用，因而二者之间的关系是相对的。作为民族文化一部分的饮食文化，与生态环境的关系也是如此。

下面将以前述三大文化区为主，论述中国的饮食文化与生态环境的关系。

二、饮食传统的形成

中国在先秦时代起，北方黄河流域与南方长江流域的饮食传统已各自形成特色，饮食包括主食、副食、饮料和调味品。当时的农业地区的主食已经有所谓五谷"稷、黍、麦、豆、麻"。[①] 但汉代（前206—220年）人郑玄在《周礼·职方氏》的注里，却说五谷是黍、稷、菽、麦、稻。可以说前者基本概括了先秦时期主要粮食作物种类，后者则是秦汉时的情况。秦代北方主食以粟（小米）为主，而南方长江流域等地区则一直以种植水稻为主。近年考古发现，有人工栽培稻及其痕迹二十几处新石器时代的主要遗址中，除在河南两处属黄河流域外，90%以上均在长江流域。且长江流域出土的古稻有的早达7000年，比黄河流域早得多。这些遗址基本上都是古代越人分布的地区。因而有的学者正确地指出："最早驯化野生稻的是古代百越民族。"[②]

汉代，黄河中下游地区以种植大小麦最多，其次是粳稻、黍、粟；长江流域及

---

① 《礼记·月会》。
② 李昆声:《百越——我国稻谷的最早栽培者》，载《云南省博物馆建馆三十周年纪念文集》，云南省博物馆1981年编印。

其以南地区，以种植水稻为最多。这种因地理气候的差异而形成的不同作物区，至迟在西汉时期就已经形成。不同作物区种植的主要谷类成为各作物区人民的主要粮食。这种北人以面食为主食，南人以米饭为主食的饮食格局已经基本上沿袭了两千多年。

粮食作物不论稻、麦，收成后都有一个加工过程。从汉墓中出土的明器（殉葬品）如石磨、踏碓、杵臼、风车等的模型，可知当时人们已经掌握了谷物加工如脱壳、去秕、磨面等技术。不过一般平民和清廉的官吏，通常仍把麦子等谷物直接煮成饭或粥吃。用大麦米煮出的饭称为麦饭，用粟煮成饭称为小米饭。麦子加工后制成的面食，汉代通称饼，用水煮出的面片、面条等称为汤饼，蒸吃的称蒸饼，从西域经由丝绸之路传入的称胡饼，即今之烧饼。饼是人们爱食之物，皇帝也爱吃饼。东汉质帝时（146年）权臣梁冀忌帝聪慧，恐后难挟制，遂于汤饼中下毒，鸩杀质帝①。面粉发酵蒸成馒头，传说始于诸葛亮（181—234年）南征孟获时。不管是否如此，馒头作为北方主食之一，也有很长的历史了。至于江南的稻谷，湖北江陵凤凰山汉墓所出简牍中记有粢米、白稻米、精米、稻粺米等各种稻米的名称②，反映出不同的加工技术。

到隋唐五代时期（581—979年），面食品种更加丰富。由饼制作发展而来的糕点有米饼、糍团、糖米饼、奶酪饼等，特别是隋唐风俗，盛行每年立春之日吃春饼，春饼是以麦面裹菜肉蒸成或烤成的圆薄饼，为重要的节令食品。其他面食尚有冷淘（过水凉面）、羊肉面、鸡汤面、包子、馄饨、饺子、油条等也很流行。这些也是今天人们喜爱的食品。唐代由于江南水稻生产发展迅速，大量稻米运往北方，成为人们常食之物。当时著名的饭食有"团油饭""王母饭""荷包饭""青精饭"等。"团油饭"是用煎虾、鱼炙、鸭鹅、猪羊肉、鸡子羹、姜桂等合制而成，为富家妇女产子后及满月时食用。"王母饭"为皇家主食，类似今日的盖浇饭。"荷包饭"则以香米杂鱼肉用荷叶包后蒸成。还有流行的"青精饭"，是用一种特殊树叶将米浸

---

① 《后汉书·李固传》。

② 岳庆平：《中国秦汉习俗史》，人民出版社1994年版，第41页。

黑，蒸出的饭其色青黑。据说常食，可以强筋骨，延年益寿①。

副食方面，主要有肉食和蔬菜两大类。秦汉以来，肉食即以牛、羊、猪、狗和家禽为主。江南水乡泽国及沿海地区则多食鱼虾。对于肉食的烹调历代人们精益求精，逐渐摸索出多种方法，如烹（煮）、炖（用文火久煮）、煎、炒、蒸、炸、脍（将肉类细切生吃）、脯（加盐的肉干）等。烹饪必须有调味品，于是有盐、酱、醋、姜、葱、蒜、花椒、糖等。人们用各种烹调方法，将肉类和菜蔬做出各种色、香、味、形俱全的美味佳肴和风味食品。今天在南北各地已形成四大菜系，即丰盛高贵、善烹海鲜的鲁菜，调味多样、偏重麻辣的川菜，品种繁多、肴馔奇异的粤菜以及口味清鲜、咸甜相宜的苏扬菜。特别值得一提的是豆腐，制作之法世传始于汉代淮南王刘安。豆腐颜色洁白，营养丰富，增进健康。中国俗谚说"小葱拌豆腐，一青（清）二白"，用来形容清廉正直的人。豆腐是中国菜肴中颇受欢迎的食物，如今已传遍国外。

再说北方和西北游牧兼事渔猎文化区。北方一些少数民族未入中原之前，以游牧经济为主，多吃牛羊肉。前秦主苻坚（338—385年）灭代国后，他对拓跋鲜卑主什翼犍（318—376年）说：漠北人吃牛羊肉而不长寿，何故？② 这说明牧区多吃牛羊肉。到拓跋族进入中原，肉食之风仍然很盛。至于蒙古族，南宋使臣彭大雅在他的《黑鞑事略》中记述蒙古族以肉食为主，包括牧放的牛、羊和狩猎而得的兔、鹿、黄羊等，煮吃或烧烤。由于随畜迁徙，基本无菜蔬，而多以野菜充食。与汉人杂处的地方，也多吃粮食。

今天，以畜牧业和狩猎为主的民族，如蒙古族、牧区的藏族、哈萨克族、柯尔克孜族、乌孜别克族、裕固族以及鄂伦春族、鄂温克族，肉食仍然是他们日常生活中的主要食物。但各民族的制作方法和风味却各有不同。蒙古族人民爱吃不加盐和其他调料用原汁煮熟后用手拿着吃的带骨肉。举行盛宴则有所谓全羊席。牧区藏族则爱吃手抓羊肉。哈萨克族和乌孜别克族尤喜用碎肉、洋葱、胡椒和酸奶搅拌蒸熟

---

① 臧嵘、王宏凯：《中国隋唐五代习俗史》，人民出版社1994年版，第59页。

② 《晋书·苻坚载记》。

的食物。为了适应放牧和转移牧场的需要，牧民还会制作便于携带的熏肉、肉干、奶酪、奶豆腐等食品。牧区藏族每日必食的还有用高原上生长的青稞（耐寒大麦）磨成的面（称为糌粑）和以酥油茶吃。藏族人民每当客人进门，总会送上一碗既香又热的酥油茶。

鄂伦春族除食兽肉外，烧面圈又称金钢圈也是他们的传统食品，是适应狩猎生活的需要。烧面圈即将和好的面做成圆圈形，埋在热灰中烧熟，表面焦黄较硬，食后耐饥饿，猎人外出狩猎时便于随身携带。

居住在东北黑龙江、松花江、乌苏里江构成的"三江平原"一带的赫哲族，长期从事捕鱼和狩猎，创造出独具特色的渔猎文化。他们以鱼类和兽肉为主要食物。赫哲人将鱼肉剔下切成丝，拌以熟土豆丝、粉皮和各种佐料，制成清香爽口的风味食品。对鱼肉的另一种加工方法，是将切好的鱼肉煮熟后，剔出鱼骨，放锅里炒，炒到既酥且脆时做成鱼松，以备待客和节日食用。最通常的加工方法，是在捕鱼季节在河边用烤叉烤鲜鱼，再撒上盐，鲜嫩爽口。烤鲜鱼已成各地餐厅的一道受欢迎的菜肴。赫哲族是中国人口很少的民族，但他们创造的渔猎文化却是其他民族所无法代替的。

茶与酒自古即是中国备受重视的饮料，在中国饮食文化中占有重要地位。中国饮茶虽有几千年的历史，但作为风俗，上自帝王将相，下至普通百姓皆好茶饮，可说始于唐代。唐人陆羽对茶最有研究，他著《茶经》三卷，造茶具24种。他在《茶经》中说，饮茶之俗，国朝（唐朝）最盛，京都和荆、渝等州几乎家家户户都饮茶。唐人饮茶往往加上姜、椒、桂同煎，另有滋味。煎茶的茶叶、茶具、用水、火候以至如何饮茶都有讲究，形成一套茶文化。宋代（960—1279年）人更是普遍喜欢饮茶，但一般不似唐人煎茶时加姜、桂等物。到明代，品茶于文人士大夫日常生活中所不可少，主张品茶而非饮茶，饮茶意在解渴，品茶则是当作一种精神享受，于是走向品味化、雅致化。满族早期受蒙古习俗影响，多好饮奶茶。入关后，仍保留了饮奶茶习俗，又因受汉族影响，逐渐形成饮清茶的习惯。清宫中并设有御茶房，供皇帝、皇后饮茶所需。今天茶仍是人们最普遍的饮料，但饮茶品类具有一定的地方性，如北京、天津等地好饮花茶，江浙人好饮绿茶，云南人好饮绿茶和烤茶，闽、粤、台湾人则好饮乌龙茶。

北方游牧民族喜欢饮奶茶，这是游牧经济在生活中的体现。蒙古、藏等游牧民族好饮牛、羊奶，蒙古族饲养骆驼，也饮驼乳。牧区藏族也饮牦牛和黄牛杂交出来的犏牛乳，颇富营养。至于北方牧人饮茶的历史可追溯到匈奴时期，蒙古诺颜山匈奴贵族墓中就曾发现茶叶①。牧区人民由于多吃肉食，饮茶可以化解油腻，帮助消化，故很早以来，就有对茶的需要。牧区藏族饮用的酥油茶即是日常生活中必需的饮料。

再说酒。农业生产的发展使谷物酿酒成为可能。在中国，用谷物酿酒已经有很悠久的历史。浙江余姚河姆渡新石器时代遗址人工栽培稻以及陶鬶、陶盉、陶杯等酒具的发现，说明早在7000年前已经使用谷物酿酒了。由于地理生态环境不同，在北方主要以大、小麦和黍、稷等酿酒，在南方则以稻米酿酒。这种酒用谷物发酵而成，如汉族地区的黄酒，南方少数民族地区的米酒或称水酒。后来在发酵酒的基础上采用蒸馏的方法，生产出酒精浓度高、香味浓郁、颜色纯净的酒，俗称白酒或烧酒。这是造酒工艺的一大进步。此外，西域的名酒如葡萄酒、三勒浆酒和龙膏酒等，在唐代也传入内地，丰富了中国古代的酒文化。当时长安胡人开了不少酒店，侍者多为胡女，称为"胡姬酒肆"。②经过历史的发展和选择，今天中国名酒颇多，最著名者如绍兴酒、汾酒、茅台酒、五粮液、泸州老窖酒、洋河大曲酒、西凤酒、剑南春酒等均驰名国内外。

牧区不事农耕，但从农业地区输入酒类。用牛乳、马乳酿酒则是牧区的特产。隋唐时期，突厥人即饮马奶酒③。今天，蒙古、哈萨克等民族仍喜欢饮马奶酒。他们仍用传统方法酿制，即盛鲜奶于皮囊或木桶中，用木棍搅拌，使加温发酵而成。这种酒极为牧区人民所喜爱。

---

① 转引自那木吉拉：《中国元代习俗史》，人民出版社1994年版，第72页。

② 藏嵘、王宏凯：《中国隋唐五代习俗史》，人民出版社1994年版，第61页。

③ 《隋书·突厥传》。

三、饮食文化的社会功能

饮食传统体现社会在饮食方面约定俗成的行为规范，因而饮食文化必有其社会功能。在中国，饮食很早就是在一定礼仪规范下的生活活动的一部分。《礼记·礼运》说"夫礼之初，始诸饮食"，意即最原始的礼仪是从饮食方面开始的。基于饮宴中的礼仪，于是人与人的关系如中国古代君臣、父子、夫妇、兄弟、朋友的五伦关系都体现了出来，各人都得依礼而动。所以礼产生于饮食，又严格控制饮食行为。宴请宾客时，主客座位的安排，上菜肴、酒、饭的先后次序等，古人有古人的规定，今天也同样有一定的规定，否则就是失礼。

饮食文化的社会功能也体现于人生礼俗方面。在中国，不论是汉族还是少数民族，举凡人的出生、满月、成年、结婚、老龄、死亡，均有一定的礼俗活动，而宴饮总是其中的组成部分。

宴饮及特殊食物也是年节活动的组成部分。过新年吃团圆饭，过去，北方汉族多吃水饺，这和以面食为主的传统有关，而南方汉人则吃糯米做的年糕。端午节纪念屈原，吃粽子，中秋节吃月饼，正月十五元宵节吃元宵，等等，都是约定俗成，不如此就缺乏节日气氛。

饮食礼仪也反映出严格的社会等级区分和贫富悬殊的现象。例如元代（1271—1368年），在大都的宫廷宴会均在大明殿举行。大汗坐北朝南，皇后坐在他的左边。皇子、皇孙及皇亲国戚均坐右边，座位较低，他们的头和大汗的脚成水平线。其他诸王、贵族的席位依次降低。① 宴饮过程一切按程序和规定进行。自然还有乐舞伴食。饮食礼俗也反映出鲜明的阶级和贫富悬殊现象。古代有钟鸣鼎食之家，列鼎盛美食佳肴，并伴以乐舞，贫民则瓦盆粗食充饥，形成"朱门酒肉臭，路有冻死骨"的社会不公正现象。

至于利用酒宴联络感情，增进友谊，这是正常的交际行为，但"醉翁之意不在酒"，利用酒宴别有所图的现象也是比较普遍的。中国历史上最突出的事例莫过于

---

① 那木吉拉：《中国元代习俗史》，第101–102页。

宋太祖赵匡胤"杯酒释兵权"的故事。赵匡胤被手下的将领以黄袍加身、夺取政权做了皇帝后，惧怕拥戴他的功臣、将领也黄袍加身篡夺帝位。于是在酒宴上策略性地说明心迹，避免君臣互相猜忌，并指出诸功臣将领自保之道。诸功臣了解皇帝的深意后，权衡利弊，纷纷称病，请求解除兵权，从而避免了唐末那样的藩镇割据之祸，加强了中央集权。这样的军国大事传说就是在酒宴上获得解决的。

中国古代不少文人学士、书画名家，都和酒具有不解之缘。他们往往乘着酒兴，挥毫泼墨，吟诗作画，创造出传世佳作。唐代大诗人李白就有饮酒一斗、作诗百篇之誉，而且常醉卧于长安酒肆，自称为酒中仙。唐代著名书法家张旭也嗜酒如命，"每大醉，呼叫狂走，乃下笔，或以头濡墨而书，既醒自视，以为神，不可复得也"①，他清醒时，却写不出那样的"狂草"。唐文宗（827 — 840年）称李白的诗歌、斐旻的剑舞和张旭的草书为"三绝"。历代文人聚会，以文会友，酒也是不可少的。晋朝王羲之所写兰亭序，就是叙述文人学士于暮春时节集会于会稽山阴（今绍兴），诗酒唱和，颇富人生哲理的故事。

饮茶同样具有其社会功能。唐宋以来艺术的品茶已成文人士大夫日常生活中的一项重要内容。明代，一些嗜茶文人，因具有共同的嗜好、性情、品味、志趣，遂由小集团意识推演而影响一代的风尚，从文人集团中分化出来，成为著名于世且具有时代格调的茶人集团，从而此种文人茶会生活逐渐隔绝于一般庶民社会生活。②这种现象以明代最具代表性。

饮茶及茶馆还有其他社会功能。兹举爱饮茶的北京和四川成都为例。这两个城市一南一北，但却有不少相似的地方。两个城市都有所谓清茶馆，是专卖茶水的地方，相当大众化。通常每日天亮即开门。顾客多是城市平民、悠闲老人、喝茶歇脚的工人。顾客中还有互通信息了解交易行情的小商小贩，还有替人理发的、调解民事纠纷的，等等。另一种是书茶馆，设备较整齐清洁，除整天接待饮茶客人外，下午和晚上则请唱鼓词、说相声（成都茶馆还有一人说的"单口相声"）和说评书的

① 《新唐书·张旭传》。

② 王熹:《中国明代习俗史》，人民出版社1994年版，第51-53页。

艺人来说唱。茶馆还备有五香瓜子、花生米、豆腐干、冰糖葫芦等各种小食品，供顾客购食。这些茶馆成为人们社交、消闲，甚至经商的处所。今日北京的老舍茶馆也有京戏、大鼓、相声等说唱节目，但具有更加浓厚的传统民间文化氛围，除一般饮茶客人外，也是外国旅游者欣赏中国茶文化和传统民间文化的去处。

四、结束语

中国的饮食文化历史悠久，源远流长。中国是个具有多生态环境的国家，各地由于生态环境不同，饮食文化也随之各具特点。前述三个主要生态文化区中，黄河中下游旱地农业文化区，由于地理气候的影响，人们的主要粮食以黍、稷、大小麦为主，形成以面食为主的饮食传统；长江中下游多水乡泽国，很早就发展了稻作文化，大米成为人们的主食。经过各地长期的交流与发展，形成今天各具特点的四大菜系，即丰盛高贵、善烹海鲜的鲁菜，调味多样、偏重麻辣的川菜，品种繁多、肴馔奇异的粤菜以及口味清鲜、咸甜适宜的苏扬菜；北方和西北草原游牧文化区，饮食中多牛羊肉，亦形成自己的饮食传统。

酒的酿造，在三大文化区各有不同的原料，形成各自的特色。茶主要产于南方，牧区多吃肉，饮茶以助消化，对茶亦十分喜好。

饮食文化的社会功能体现在许多方面，诸如人生礼俗、年节活动、人们日常生活中送往迎来，以及酒肆茶馆社会功能的诸多方面。这些都是民族学家研究的对象。饮食文化与生态环境关系的研究，更是民族学家所不可忽视的。

论南诏的兴亡及其和唐、吐蕃的关系

中国作为一个统一的多民族国家，在其形成过程中，往往交织着复杂的民族关系，在邻近的几个政权之间，特别是中原以外的地区更常存在着交错复杂、互相制约的三角关系。春秋战国时期楚、吴、越之间的斗争与联合，庄蹻王滇与秦、楚战争，三国时期"南中"的向背与蜀、吴争夺，以及唐朝时期南诏兴亡与唐、蕃和战之间的关系，类皆如此。这是由于我国的统一局面，在古代基本上是由局部统一而发展为大统一，而局部的统一在边疆地区多由少数民族建立政权来实现。在汇入大一统的过程中往往出现上述复杂情况。本文拟对南诏的兴亡及其和唐、吐蕃之间的关系做一个初步的研究。

一、唐初西南地区的复杂局势

公元7世纪，我国各民族进入一个繁荣发展的新时代。当时的形势是，在中原地区公元618年唐王朝建立，结束了魏晋南北朝长期分裂和隋代短暂统一后的战乱局面。唐朝以其高度的政治威望和繁荣的经济文化，加以唐太宗即位后就标榜胡汉夷越共一体的民族接近政策，赢得了周边各族各部的内向，这对帝国的巩固和发展起了十分重要的作用。

当时西域的高昌、西突厥诸部，青藏高原的吐蕃、吐谷浑、党项、白兰、东女等部以及云贵高原的南诏等，都先后与唐通好，或称臣内附，纳贡请封，或求尚公主，和亲通婚，这些都说明中原汉族和兄弟民族友好关系的发展。然而在唐帝国发展过程中，就交织着局部统一的政权和唐王朝企求大一统之间的友好、矛盾和斗争的复杂多变的关系。西南地区的南诏（738 — 902年）与唐王朝（718 — 907年）和吐蕃（7世纪初 — 843年）的关系就是如此。

隋末大乱后，云南各族首领各擅山川，不相役属。以滇池为中心的"西爨白蛮"（以今白族先民为主）内部矛盾重重；滇西洱海周边地区有六诏（王）[①] 先后崛起，还有"洱河蛮""松外蛮"等；滇西南及滇南则分布着金齿、银齿、黑齿、茫人、望人、朴子等族，各据一方。社会稳定成为当务之急。唐朝建立后，唐高祖立即着手恢复隋初经营所取得的成果，重建隋炀帝时废弃的南宁州，并任命韦仁寿为检校南宁州都督，到滇池、洱海地区招抚各部族。"仁寿将兵五百人至西洱河，承制置八州十七县，授其豪帅为牧宰。"[②] 这些措施有利于恢复并加强王朝中央对云南的治理。唐太宗时除继续招抚云南各族外，又移南宁州治所于味县（今曲靖），统治势力进一步深入，并在各族接受招抚的地区继续设置州县，大体恢复到汉晋时期中原王朝在云南设置郡县的规模。

公元7世纪初，吐蕃政权崛起于青藏高原，统一各部，势力强盛。松赞干布赞普在位时与唐修好，和文成公主结婚，与唐建立了甥舅关系，加强了与唐的政治、经济、文化联系，双方关系密切。松赞干布死后，吐蕃政权向外扩张，蚕食唐朝设置的一些生羌羁縻州。[③] 唐高宗咸亨元年（670年）又攻唐陇右道的龟兹（今库车）、疏勒（今喀什）、于阗（今和田）、焉耆（今焉耆）等四镇。从此唐王朝与吐蕃发生直接冲突，进而形成长期战争。[④] 在西南，吐蕃军队先后攻占四川盐源地区及云南洱海一带，给唐王朝西南地区的安全构成严重威协。

面对这种形势，唐王朝一方面以武力对抗，另一方面则扶植南诏以抗衡吐蕃。

首先，唐高宗在设置青蛉（今大姚）、弄栋（今姚安）两县基础上，设立姚州都督府，统一指挥云南各部以抗击吐蕃。唐军先后击败蒙巂诏主等亲吐蕃势力，又

---

① 六诏即蒙巂诏、蒙全诏、邆赕诏、越析诏、浪穹诏、施浪诏。
② 《旧唐书·韦仁寿传》，中华书局1975版，第4782页。
③ 《资治通鉴》卷201《唐纪》17，中华书局1963年版。
④ 《藏族简史》，西藏人民出版社1985版，第30页。

在政治上争取浪穹诏等20余部，盐源地区各部也相继来降，大大削弱了吐蕃在云南的势力。为挽救这一局势，吐蕃赞普弃都松（弃弩悉弄）于公元703年亲率大军侵入洱海地区，于次年再度加以占领，而赞普本人也就死于这次战争中，可见双方战斗之激烈。唐中宗景龙元年（707年），王朝中央任命唐九征为姚嶲道讨击使，与吐蕃展开争夺战。唐军击毁吐蕃城堡，拆毁吐蕃架在漾水和濞水上的铁索桥，切断了吐蕃与洱海地区的交通，战争获得重大胜利。然而，后继者监察御史李知古到洱海地区后，一味采用军事镇压，放弃政治争取，甚至滥杀无辜，并杀掉邆赕诏主丰咩等在内的一些部落首领，从而失去当地人民的支持。于是部落首领傍名联合吐蕃攻杀李知古，诸部相继反唐，洱海地区复落入吐蕃之手。直到开元十七年（729年）嶲州都督张守素收复昆明城（盐源地区），① 突破吐蕃战线，才扭转西南地区的战争局面。

其次，唐王朝扶植南诏统一洱海地区以对抗吐蕃。这一策略对西南地区的历史发展产生了深远的影响。南诏属六诏之一，同是"乌蛮"（今彝、纳西等族先民）部落，即前述之蒙舍诏，因所处地区位置最南，故称南诏。南诏在政治上一向靠拢唐朝，"率种归诚，累代如此"②，经济发展水平也较高，在诸诏中力量较强，而且南诏所在地（今巍山县南部）较接近唐朝姚州治所，易于指挥。南诏诏主皮罗阁及其子阁罗凤在唐朝的大力扶植下，先后攻取石和城（今凤仪）、石桥城（今下关），夺取太和城（今大理）与大厘城（今喜洲），又筑龙口城（今上关）以为守御，全部占领"西洱河蛮"地区；又击溃受制于吐蕃的三浪诏（浪穹、施浪、邆赕三诏）的武装，并占有越析诏之地（今宾川）。在此以前，南诏起兵时首先兼并了"同在一川"的蒙嶲诏。就这样，南诏在唐朝的支持下，在驱逐吐蕃势力的同时，统一了洱海地区。南诏于是徙治太和城，成为唐朝在西南抵御吐蕃的屏障。开元二十六年（738年）唐王朝册封蒙舍诏主皮罗阁为"云南王"，赐名"归义"。应当说，南诏政

---

① 《资治通鉴》卷213《唐纪》29，中华书局1963版。

② 〔唐〕张九龄：《敕西南蛮大首领蒙归义书》，载《曲江张先生文集》，上海古籍出版社1987版，集部1066册第147页。

权开始于这一年。

二、唐与南诏的天宝之战

南诏统一滇西洱海地区以后，滇池地区的"西爨白蛮"内部时有争端，加以他们在行政上分属姚州、戎州和安南三个都督（护）府管辖，不便协调，矛盾得不到解决。剑南节度使章仇兼琼奉朝廷命令在步头（今元江）开通道路至安宁，并在安宁筑城，作为南北联系据点。诸爨首领恐路通城完后受制于唐朝廷；章仇兼琼又加重对各族部的压迫和剥削，于是诸爨首领于天宝四、五年间纷起反抗。朝廷派遣中使孙希庄、姚州都督李宓并调派南诏武装协助平息叛乱。南诏势力遂乘机并合法地由滇西发展到了滇东。此后不久，诸爨内部又起纷争，李宓从中挑拨以便坐收渔利，达到"以夷攻夷"的目的。阁罗凤则利用婚姻关系进行武力干预，进而尽灭诸爨首领，占有了爨氏统治地区。

天宝七年（748年），南诏王皮罗阁卒，唐册封其子阁罗凤袭云南王。就在这一年阁罗凤命其进驻滇池地区的将领昆川城使杨牟利，以武力胁迫大批爨区白蛮人口西迁洱海地区一带，与当地白蛮汇合。南诏自从合六诏，破吐蕃，并诸爨后，割据云南的形势已近形成，而且"日以骄大"，直接威胁唐王朝对云南的统治，这是唐朝廷所极不愿看到的。于是二者的关系由友好合作而产生猜疑，最后发展为兵戎相见。

为了抑制阁罗凤势力的发展，姚州都督张虔陀不仅加倍征收南诏课赋，而且支持阁罗凤所贬抑的庶弟诚节，以图夺取王位，甚至侮辱阁罗凤及其妻，企图激怒他反叛朝廷，然后加以讨伐。

天宝八年（749年），唐王朝命剑南节度使鲜于仲通率兵六万向云南进发。天宝九年（750年），阁罗凤趁大军未到来之前，先发制人，一举攻陷姚州，杀张虔陀。天宝十年（751年）唐军抵达曲靖。阁罗凤自知兵单力弱，难以抵敌，乃遣使谢罪请和，指出衅由张虔陀而起，如允自新，愿赔偿一切，并再筑姚州府城，否则当归附吐蕃,联合抗御,唐将失去云南! 鲜于仲通对阁罗凤的再三谢罪置之不理,继续进军直抵西洱河,并派大将王天运绕道点苍山后,企图夹击一举歼灭南诏主力。于是阁罗凤决意归附吐蕃,遣使请求援军,合力反击,唐军全军覆没,"仲通仅以身免"①。天宝十一年(752年),阁罗凤受吐蕃册封为"赞普钟(钟意为弟)南国大诏","赐为兄弟之国"。② 南诏遂以是年为赞普钟元年。

时唐朝廷杨国忠为右相,"耻云南无功",他一面掩败为胜,并推荐鲜于仲通为京兆尹,一面暗地派兵强筑姚州城,又被南诏、吐蕃联军击溃。天宝十三年(754年)杨国忠不顾各族百姓死活,悍然决定征天下兵十余万,命剑南留后李宓率领再征云南。李宓率领的这样一支毫无斗志的军队,长途跋涉,孤军深入,直通南诏都城,南诏、吐蕃以逸待劳,联军合击,结果李宓阵亡,全军覆没。

天宝之战以唐王朝的失败而告终,从而给唐、南诏和吐蕃三者之间的关系带来了深刻的变化。唐王朝丧失了对云南苦心经营百余年的成果,抗御吐蕃南翼战线全部崩溃;吐蕃则实现了多年用兵洱海地区所未能取得的胜利;而南诏虽与吐蕃结盟,但摆脱了唐王朝的羁绊,割据云南的局面自此形成。此后,吐蕃的兵锋不再指向洱海地区,而是与南诏合力进攻四川边境,西南重镇成都直接暴露于吐蕃、南诏的锋镝之下。

南诏虽利用唐王朝与吐蕃的矛盾而实现了对云南的割据,然而基于与汉族地区密切的经济文化联系和人心所向,以及对唐王朝总体力量的考虑,仍然为"归唐"留下了后路。阁罗凤收聚唐军阵亡将士的尸体"祭而葬之",此墓今犹存于大理之下关,俗称"万人冢"。阁罗凤又在王都太和城立一巨碑(即《南诏德化碑》),文中说明南诏"世世奉中国"(唐王朝),辩解叛唐乃出于不得已,并说"后嗣容归之。若唐使者至,可指碑澡祓吾罪也"③。对于这次战争,唐代政治家李泌指出:"云南自汉以来臣属中国,杨国忠无故扰之使叛。"④ 这是当时人对这一事件比较正确的评价。

① 《新唐书·南诏传》,中华书局1963年版。

② 见《南诏德化碑》。

③ 《新唐书·南诏传》。

④ 《资治通鉴》卷233《唐纪》49,中华书局1963版,第7505页。

由于天宝战争对内地汉族人民带来的巨大灾难，经济衰减，政治斗争加剧，终于在天宝十四年（755年）发生安禄山的叛乱。吐蕃乘机于次年与南诏合兵进攻川西，攻占嶲州（西昌）、会同（会理）、昆明（盐源），乘胜进据清溪关（大渡河南），直接威协到成都平原，给嶲州地区的社会经济造成极大破坏。此后20年间，吐蕃集中力量与唐争夺河西、陇右地区。南诏从而获得休整机会，开始完善制度，建立城邑，修筑道路。阁罗凤亲率大军"西开寻传"（今德宏地区至境外）之野，南达"黑咀"（傣族）之乡（今景谷至西双版纳一带）。此时南诏的疆城，"东接贵州，西抵今伊洛瓦底江，南达西双版纳，北接大渡河；东南接越南边界，西南界骠国（今缅甸中部），西北与吐蕃的剑川为邻，东北达戎州（今四川宜宾）"①，成为唐代我国西南地区继吐蕃之后出现的又一个强盛的奴隶制政权。

三、南诏、吐蕃与唐的战和

南诏归附吐蕃十余年后，由于吐蕃对南诏征派重税和劳役，并在南诏险要之地修筑城堡，征发南诏军队为其服役，战争中屡充前锋，于是双方关系日益恶化。大历十四年（779年）阁罗凤卒，长子凤迦异早亡，孙异牟寻继立为王。是年冬，吐蕃命南诏出兵，双方合为二十万众，兵分三路再攻西川。时唐王朝已平定安史之乱，中原稍有恢复。唐德宗②乃发禁军，命名将李晟率领，合地方军，大破吐蕃与南诏联军。"吐蕃南诏饥寒，陨于崖谷者八九万人。"吐蕃悔，迁怒于南诏，乃改封异牟寻为"日东王"，从兄弟之邦下降为臣属关系。异牟寻感到危机四伏，遂迁都于阳苴咩城（大理）；并加固城防。南诏清平官（宰相）郑回，原为唐西泸县令（在今西昌境内），战争中被俘，后来作为南诏王子的教师，深受阁罗凤敬重。这时劝异牟寻说："中国尚礼义，以惠养为务，无所求取。今弃蕃归唐，无远戍之劳、重税

---

① 《新唐书·南诏传》；马曜《云南简史》，云南人民出版社1983版，第89页。

② 唐代宗卒于大历十四年五月，太子李适随即继位，是为德宗，次年始改元。故《新唐书·南诏传》谓"大历十四年……德宗发禁军"云云。

之困，利莫大焉。"① 异牟寻深以为然，但慑于吐蕃威势，不敢有所举动。

贞元元年（785年），韦皋任剑南西川节度使。三年（787年）吐蕃权臣尚结赞破坏唐与吐蕃的平凉会盟，战端又起。唐王朝采用宰相李泌"北和回纥，南通云南，西结大食、天竺，如此则吐蕃自困"的战略，而南诏归唐则将造成"断吐蕃之右臂"的形势。因而韦皋于贞元三年（787年）开始多次致书异牟寻，劝其脱离吐蕃归唐。异牟寻亦通过巂州乌蛮部落转答归唐的意愿。

贞元四年（788年）吐蕃再次出兵十万发动进攻成都的掳掠战争，并征发南诏军队。异牟寻虽被迫发兵，但意存观望，屯兵于金沙江岸。吐蕃因韦皋之反间而对南诏产生疑忌，乃派兵两万驻于会川。异牟寻怒，引兵归。韦皋乘机联合诸部落武装，于次年大败吐蕃，擒其大将乞藏遮遮，完全收复了巂州之地。

由于吐蕃对南诏猜忌日盛，遂强迫南诏大臣多送子弟作为人质；更令南诏感到威胁的是吐蕃大力扶植原浪穹诏诏主后裔利罗式（矣罗识）阴谋取代南诏王位，这就更加坚定了南诏归唐的决心。

贞元九年（793年），南诏王异牟寻决心归唐，他把给韦皋的信一式三份，派出三批使者，一出戎州，一出黔州，一出安南，以保证信使到达，并转抵长安。韦皋当即派遣巡官崔佐时于次年正月到达阳苴咩城（大理），与异牟寻子寻阁劝并清平官等会盟于洱海之滨的苍山。盟辞大意是：南诏逐出吐蕃势力，归附唐朝，双方各不相侵，如南诏有难，唐王朝应给予救恤。② 恰在此时，吐蕃在北方与回鹘大战，兵力不足，向南诏征兵一万人。"异牟寻欲袭吐蕃，阳示寡弱，以五千行，许之。即自将数万踵后，昼夜行，大破吐蕃于神川（丽江北）"③，"取铁桥（今丽江北之塔城）等十六城，虏其五王，降众十余万"，拔除了吐蕃在云南的重镇，解除了吐蕃对洱海地区的威胁。贞元十年（794年）六月，异牟寻遣其弟及清平官等到长安献捷，并向唐德宗呈献地图方物并吐蕃所给金印，请求恢复"南诏"名号。同年十月唐王

① 《旧唐书·南诏传》；《新唐书·南诏传》。

② 〔唐〕樊绰：《蛮书》卷10，向达校注，中华书局1962年版。

③ 《新唐书·南诏传》，中华书局1963版。

朝派出的册封使祠部郎中兼御史中丞袁滋等一行抵达南诏首府，举行了隆重的册封典礼，颁发了"贞元册南诏印"。南诏叛唐40余年，至是双方重归于好。

南诏归唐后，要求送质子到长安。为了维护唐王朝与南诏的友好关系，韦皋主动废弃了属国送子弟到京师充当人质的制度，又在成都办了一所学校，专供南诏子弟学习，前后办了50年，去学习的达数千人，对促进汉文化的传播和双方的了解起了积极作用。韦皋又派工匠教南诏制造坚甲利弩，[①]增强战力，以共同对付吐蕃。双方在军事上互相支援，互为犄角，曾多次大破吐蕃。

元和三年（808年）异牟寻卒，继立诸王均幼小不能理事，大权操纵于以王嵯颠为首的权臣之手。出于奴隶主的掳掠目的，他们撕毁盟约，于太和三年（829年）对唐进行掠夺战争。9世纪中后期，南诏更是反复对外用兵，从40年代到70年代以大军连年进攻安南、黔南、西川等地，使日益腐朽的唐王朝穷于应付，给这些地区的社会经济造成极大的破坏。另一方面，由于南诏"兵出无宁岁，诸国（南诏属部）更仇怨，屡履众，国耗虚。蜀之役，男子十五以下悉发，妇耕以饷军"[②]。掠夺战争的结果，给南诏奴隶制政权带来的是经济凋敝，国力虚耗，奴隶、农民和部落百姓纷起反抗，终于导致南诏政权于唐昭宗天复二年（902年）灭亡。南诏自细奴罗至舜化贞共传十三王，历247年。

吐蕃方面，唐高宗永徽元年（650年）松赞干布逝世，此后的百余年间，几代赞普都是幼年即位，例由贵族辅政，每届赞普成年执政总要爆发权力之争。吐蕃虽强盛一时，然而连年用兵，特别是和唐王朝的战争，以致本土民穷财尽，王权日趋衰落，属部不听控制。南诏异牟寻归唐后"吐蕃苦唐诏犄角，亦不敢图南诏"[③]。在唐蕃战争中，吐蕃南翼优势尽失。唐武宗会昌二年（842年）达磨赞普反佛，被僧人射杀，王室内部复发生权力之争。王后与王妃各自挟其幼子并与贵族树党争夺王位，斗争结果王室分裂为二，属部相继叛离，吐蕃境内分崩离析。特别是在吐蕃各

---

① 《资治通鉴》卷252《唐纪》68，中华书局1963年版，第8156页。

② 《新唐书·南诏传》，中华书局1963版。

③ 《新唐书·南诏传》，中华书局1963版。

地爆发的平民和奴隶大起义中，吐蕃王朝覆灭。自松赞干布于公元7世纪初统一吐蕃，到达磨赞普被杀，吐蕃建国200余年，赞普凡传九世而亡。

这期间，唐王朝虽也日趋衰落，但仍然趁吐蕃王朝覆灭之机，力图恢复河西陇右及西南大渡河流域等地区。于是"回鹘、太原、邠宁、泾原军猎其北；剑南、东川、山南兵震其东；风翔当其西；……蜀、南诏深入其境"①，吐蕃频遭败北，力量大为削弱。宣宗大中五年（851年），沙州人张议潮率众起义，驱逐吐蕃在西北地区残余势力，以瓜、沙、伊、肃、鄯、甘、河、西、兰、岷、廓等十一州图籍归唐②。懿宗咸通二年（861年）张议潮光复河西重镇凉州（今武威）。唐王朝自7世纪后期陆续被吐蕃占据的西北各州至是全部收复。僖宗乾符二年（875年），西南大渡河流域地区的吐蕃东境，亦被唐军收复。

四、结　语

综上所述，可见南诏的兴起和衰亡与唐、吐蕃三者之间的互动关系是分不开的。唐王朝在三者之间虽然有时处境被动，但总的说来仍然起着主导作用。

就唐王朝而论，它在隋朝经营云南的基础上，设置了有别于内地的一种管理少数民族地区的政权机构即羁縻州县。这是从民族地区的实际情况出发而采取的一种特殊的统治形式。"关于羁縻之制，虽然可以追溯至秦汉，但是正式作为一种民族自治的地方行政建置乃始于唐代贞观之世。故宋人王溥也说：'统治四夷自此始也。'"③这是在少数民族地区把局部统一地区纳入全国大一统的一种特殊过渡方式。而唐王朝在这一方面是比较成功的。

羁縻州县制的实质，乃是王朝中央通过各族君长实行间接统治。但重要之点在于民族君长必须得到朝廷的正式册封，而且，受官后须按规定定期朝贡或送质子，

---

① 《新唐书·南诏传》，中华书局1963版。

② 《新唐书·吐蕃传》。

③ 田继周等：《中国历代民族政策研究》，青海人民出版社1993版，第143页。

以输诚款。虽属间接统治，但毕竟已纳入王朝中央的管辖之下。然而双方力量对比的情况和与内地政治、经济、文化联系程度的差异，使王朝中央管辖的力度在不同民族地区、不同时期而有所不同。就南诏而论，南诏13个王中，有10个王接受了唐朝册封为"越国公""台登郡王""云南王""南诏（王）""滇王"等不同称号，其子弟被委任为刺史等职。虽然南诏统治者曾一度叛唐并进行掠夺性战争，但唐与南诏之间密切的经济文化联系和双方的力量对比，使南诏统治者不得不对唐王朝保持着密切的臣属关系，频繁入朝于唐，甚至"年内二三至者"。当然，王朝中央的政治措施当否，直接影响云南地区的形势，而云南地区的动向也直接影响到全国形势。

南诏有一套比较完整的政治制度，在统治中心亦即洱海地区设立十赕，《新唐书·南诏传》说"夷语睑（同赕）若州"，应为一级政区的名称。南诏又仿效唐制，在唐朝原羁縻府、州、县的基础上设立节度和都督，兼管军民。节度有六，其中宁北、镇西、开南和拓东四节度，其名称及含义显然受到唐朝建制的影响，犹如唐之安东、安南、安西和安北四都护府的名称和含义。

吐蕃方面，自松赞干布与文成公主通婚后便确立了与唐的甥舅关系，他倾心中原文化，"遣诸豪子弟入国学，习诗书。又请儒者典书疏"[1]。贞观二十二年（648年）松赞干布曾派兵支援唐使平定天竺之乱。次年唐太宗卒，高宗即位后封松赞干布为"驸马都尉、西海郡王"，又进封"賨王"[2]。中宗景龙四年（710年）吐蕃赞普又娶金城公主。自中宗神龙元年（705年）至穆宗长庆元年至二年（821—822年）吐蕃与唐会盟8次之多。[3]长庆会盟后并树碑于逻娑（今拉萨）。盟文中双方重申了历史上"和同一家"的舅甥亲谊。吐蕃与唐虽处于一种时战时和的关系，但使节往来不绝。尤其是吐蕃衰亡后，吐蕃首领对唐王朝的册封仍有渴慕之意，以便籍朝廷为靠山以镇抚部众，巩固和扩大自己的势力。例如宣宗大中五年（851年）吐蕃首领

① 《新唐书·吐蕃传》。

② 《新唐书·吐蕃传》。

③ 张云侠编，王辅仁校注：《康藏大事纪年》，重庆出版社1986版。

论恐热对其下属说："吾今入朝于唐，……请唐册我为赞普，谁敢不从！"① 由此可见，在唐、南诏和吐蕃的三角关系中，唐王朝仍起着主导作用。南诏的兴亡则和三者之间的互动关系是分不开的。

---

① 《资治通鉴》卷249《唐纪》65，中华书局1963年版。

论春秋战国时期楚 、吴 、越之间的
三角关系及其演变

一、引论

中国作为一个统一的多民族国家，在其形成过程中，往往交织着复杂的民族关系，在邻近的几个政权之间，特别是中原以外的地区，更常存在着交错复杂、互相制约的三角关系。春秋战国时期楚、吴、越之间的斗争与联合，庄蹻王滇与秦楚战争，三国时期"南中"向背与蜀、吴争夺，以及唐朝时期南诏兴亡与唐、蕃和战之间的关系，类皆如此。这是由于我国的统一局面，在古代基本上是由局部统一而发展为大统一，而局部的统一在边疆和中原以外的地区，多由少数民族建立的政权来实现。在汇入大统一的过程中往往出现上述复杂情况。本文拟就春秋战国时期楚、吴、越之间的三角关系及其演变，做一个初步的研究。

春秋战国时期，楚、吴、越三国之间既表现为诸侯国之间的关系，又表现为民族关系，并从属于我国总的历史进程，情况错综复杂。当时，百越中建国最早、发展最先进的，首推句吴（吴）和于越（越）。除吴、越外，分布在今安徽、江西、湖南、湖北等地的百越各部，各自为政，互不统属。

楚国统治者传说属于华夏民族，但居于"荆蛮"地区，也就自称"蛮夷"，夏族也称他们为"荆蛮"。① 楚国是个多民族国家，境内分布着众多越人，服属于楚。春秋晚期，楚国凭其强大国力，北向争霸，和晋国兵戎相见。原来服属于楚的吴、越二国，② 这时崛起于长江下游，成为楚国在东方的劲敌。吴、越二国虽同是越人建立的国家，领土相邻，语言相通，习俗相同，但统治者之间结成仇怨，彼此攻伐。当时，晋助吴而楚助越，吴越相攻实际是晋楚斗争的继续。在争霸和兼并的形势下，吴越及中原诸侯国之间形成错综复杂的关系。历史的进程最后表现为越灭吴，楚灭越，秦又灭楚统一六国，出现了我国历史上第一个统一的、多民族的、封建专制主义中央集权制国家 —— 秦。

由于楚、吴、越三国的兴亡与三国之间的联系和斗争分不开，楚国在三国中又最早成为强国，随着版图的扩大而逐步占有境内越人的分布地区，因而有必要先从楚国的兴起和兼并越地谈起，再进而探讨吴、越两国的崛起以及和楚国的关系。

二、楚国的兴起及其对境内越人的征服

当西周初年成王（前1024 — 前1004年）在位时，楚的先王熊绎尚僻处于今湖北西北荆山地区。成王封文王、武王以来功臣后嗣时，熊绎被封为子爵，居丹阳③，成为周的一个比较小的封国。其后五传至熊渠，时周夷王（前887 — 858年）在位，王室式微，一些诸侯相互侵凌，这正是熊渠扩张势力的大好时机。当时的形势是：楚若北向，尚无力与群雄角逐中原；东方，吴越尚未崛起；南方，邑落林立，亦未形成强大的政治力量。这就给楚东进、南下提供了良好机会。熊渠的封地以丹阳为中心，经过其先世百余年的经营，不仅站稳了脚跟，而且"甚得江汉间民和"，在江汉地区扩大政治影响。然而要沿长江、汉水东进或南向发展，都必须先征服位于荆山之西、丹阳西北（今竹山一带）的庸国，以消除后顾之忧，"乃兴兵伐庸、扬越，

---

① 《史记》卷40《楚世家》："熊渠曰：'我蛮夷也，不与中国之号谥。'"又《诗·采芑》："蠢尔荆蛮，大邦为雠。"

② 《左传》卷10《宣公八年》杜注："传言楚强，吴越服之。"

③ 丹阳在今湖北枝江以西。

至于鄂"。① 庸国被制服，攻打扬越到达了扬越控制的今武汉以东的地区。中华人民共和国成立后，在湖北东部包括武昌、黄石、大冶、浠水、圻春等地发掘出具有百越文化特征的考古遗物②，表明当地的越人即扬越。楚人到达鄂地后，刘向《说苑·善说》篇曾记楚令尹鄂君子晳泛舟于江上，舟子是越人，用越语唱歌，鄂君必须通过翻译译成楚语才能听懂。这就进一步说明，鄂君的封地内居住着越人，伐扬越"至于鄂"，自然就表明鄂地是扬越的居地。

扬越这一族称的含义和所指的地域范围，应该说在不同的历史时期是有所不同的。熊渠所攻打的扬越，应指长江中游江汉地区，而当时楚国也仅仅是方圆百里的国家，占领鄂地则是长期而复杂的楚越关系的开始。200余年后到楚成王时，"布德施惠，结旧好于诸侯。使人献天子，天子赐胙，曰：'镇尔南方夷越之乱，无侵中国。'于是楚地千里"③ 成为南方大国。这里"夷"指其他族，越应是指扬越。因后来吴起相楚悼王，继续"南攻扬越"，"遂有洞庭、苍梧"，④ 整个湖南并入楚境，直达南岭。到秦统一六国，发兵岭南，"略定扬越，置桂林、南海、象郡"⑤。这三郡包括整个岭南地区，而岭南越人则被称为扬越。司马迁《史记·太史公自序》中又说南越王赵佗"能和集扬越"。可见扬越所指，已扩大到岭南的越人。但《史记》又把扬越和百越等同起来，《史记·孙子吴起列传》说吴起"南平百越"。汉代扬雄所著《方言》一书，对吴越及扬越往往分别叙述。可见除吴、越以外，扬越这一族名涵盖了分布在长江以南直达岭南的许多越人支系。

随着楚国的发展、版图的扩大，长江以南主要是湖南、江西的越人各部逐步被纳入楚国的统治范围内，楚文化的影响随之不断扩大。"战国楚墓在长沙、衡阳、常德等几十个县市都有发现，总数在两千座以上。"⑥ 出土文物十分丰富，包括铁器、

---

① 《史记》卷40《楚世家》。

② 湖北省文管会：《湖北圻春易家山新石器时代遗址》，载《考古》1960年第5期；王善才：《湖北英山、浠水东周遗址的调查》，载《考古》1963年第12期。

③ 《史记》卷40《楚世家》。

④ 《后汉书·南蛮传》。

⑤ 《史记》卷113《南越列传》。

⑥ 文物编辑委员会：《文物考古工作三十年》，第313页。

铜器、丝织品、漆器、竹简等，充分显示了楚文化在这些地区的传播和影响。

值得注意的是，江西东部武夷山脉西侧的南丰、贵溪、铅山、弋阳、上饶、德兴等地，均有反映越人葬俗——悬棺葬或崖葬的发现。这些地区正是西周、春秋时期越人中干越的分布地区。《荀子·劝学篇》说："干越夷貉之子，生而同声，长而异俗，教使之然也。"这说明南方的干越与北方的民俗不同。干越活动的地区主要是楚和吴越之间的湖泊河流密布的江西东北余干一带地区。干越曾经建立国家，故"干越"既是族名也是国名。由于楚和吴、越都较晚进入这个地区，所以干越在楚、吴、越三角关系中具有一定影响，一度成为三国之间的缓冲国。

总之，楚国兴起后，发展成为南方大国，是和兼并越人地区分不开的。

三、句吴的兴起

句吴和二越均崛起于公元前6世纪，约当春秋中期。句吴即吴，在古器物上又自称为"工𤉲""攻敔""攻吴""邗"①，这几个名称除"邗"外，都是句吴的不同译写。《汉书·地理志》颜思古注说："句音勾，夷俗语之发声也，亦犹越为干越也。"可见句吴是族名的自称。至于邗，或省作干，可能是吴国灭掉干国后，袭用其国名，犹如战国时代韩国灭掉郑国，韩有时也称为郑。郭沫若曾考证出吴王寿梦的一个铜戈，上面的铭文便自称"邗王"。

句吴的地域，大致东至海，在太湖东面与于越错居；南达新安江上游南岸；西临彭蠡，与楚为邻；北界长江与淮夷隔江相望，约相当于现在的苏南、皖南和浙江北部部分地区。②

相传吴王的先祖太伯及其弟仲雍都是周太王的儿子，为了让王位给三弟季历，太伯和仲雍遂远避于长江以南的越人地区，"文身断发"，随俗而居，获得越人的信

---

① 郭沫若：《奴隶制时代》，北京：科学出版社1956版，第131页。
② 辛士成：《句吴族源族属初探》，载《中南民族学院学报》1986年增刊。

任，成为当地越人的首领，是为吴太伯①。春秋以前句吴先民社会经济发展状况，虽然文献缺乏，无从说明，但中华人民共和国成立后考古发掘成果，却也给我们提供一个粗略的概念。相当于西周初期的苏南湖熟文化及稍后的土墩墓，出土的实物表明句吴先民当时已过着农耕定居生活，掌握了冶铸青铜器的技术，但主要生产小件青铜器，说明工艺水平还不高。石镞和网坠的大量发现，表明渔猎占有一定比重。②

　　到了寿梦时期（前585—前560年），随着生产的发展，句吴的力量逐渐强大，开始称王③。吴国的日益强大，是和晋国的帮助以及和中原诸侯国联系的加强分不开的。寿梦即位的当年，便"朝周，适楚，观诸侯礼乐"，对比自己"徒以椎髻为俗"，自愧弗如④。寿梦二年（前584年），逃亡到晋国的楚大夫申公巫臣，受晋之命出使吴国。他带去一队战车，教吴人射御之法和车战阵法。吴军学会车战，武力大为加强，成为自淮南、江北的广阔地带进攻楚国侧面的劲敌。寿梦死后，长子诸樊（前560—前547年）即位，迁都于吴（今江苏吴县）。再四传到吴王阖闾（前514—前495年）。阖闾是一位有作为的君主，他面对强楚、劲越，亟思富国强兵，进而称霸诸侯。要实现这一目标，必须任用贤能，所以他在即王位的第一年，就重用楚国亡臣伍子胥为谋主，对他言听计从。

　　吴国境内江河纵横，土地肥沃。农业生产虽有所发展，但由于缺乏水利设施，往往有"江海之害"。伍子胥帮助吴王进行改革，以实现"安君治民，兴霸成王"的目标。在他的率领下，吴人大兴水利，广开农田，以增加生产，并修建仓库，储积粮食，从而"禾稼登熟"，"仓廪充盈"。⑤又普遍种麻、葛以及种桑养蚕，以满足纺织所需。

　　手工业也有较大的发展。青铜农具如锄、镰等特别是金属犁的广泛使用⑥，为促

　　① 《史记》卷31《吴太伯世家》。

　　② 文物编辑委员会：《文物考古工作三十年》，第203页。

　　③ 《吴越春秋》卷2《吴王寿梦传》。

　　④ 《吴越春秋》卷2《吴王寿梦传》。

　　⑤ 《吴越春秋》卷4《阖闾内传》。

　　⑥ 廖志豪、罗保芸：《苏州葑门河道内发现东周青铜文物》，载《文物》1982年第2期。

进农业生产发展的重要条件之一。吴国金属铸造技术的发展，与干越被吴兼并有一定的关系。干越擅于铸造青铜器，特别是铸造刀剑有很高的技术。《庄子·刻意篇》说："夫干越之剑者，柙而藏之，宝之至也。"干国被吴所吞并，对吴国来说不仅增加了国力，而且提高了青铜铸造技术。

随着农业生产的发展和手工业的日益专业化，商业交换也逐渐发展起来，从而促进各地城镇的兴起。吴王阖闾所造的"吴大城"，既是政治中心，又是经济中心，有宫殿、官署、平民居住区和集市。集市的出现，反映了社会分工和交换的存在。

作为国家政权重要支柱的军队，这时已经相当强大。军队的组成有"将""校""司马""射士""甲士"等。吴王夫差时，与晋国会盟，互争盟长，吴军"方阵而行，带甲三万六千"①。越王勾践誓师伐吴时称"今夫差衣水犀甲者十有三万人"②，可见吴军的强大。吴越地处三江五湖，水上交通和舟师水战都十分重要。春秋时期吴国的造船业有了突飞猛进的发展。伍子胥对吴国水师的建设贡献极大。吴国水师已根据水战的不同需要组建不同类型的战船，包括长12丈、乘战士91人的"大翼"，吴王的旗舰称为"余皇"，规模更大。③

这样，吴王阖闾在伍子胥、孙武等人的辅佐下，艰苦建国，终于使僻处东南的句吴得以西破强楚，南败劲越，北威齐、晋，一跃而成为春秋时期的强国。其子夫差在位时（前495—前473年），国力强盛，四处征战，实现了称霸中原的目的。

四、于越的兴起

当于越的先祖无余之世，人们靠近水滨居住，经营粗放的水田农业，居住在丘陵地区，随土地高下而进行农耕，产量低微，得兼事渔猎为生。作为首领的无余，日常生活与群众没有什么区别，过着简朴平等的社会生活。首领职位的继承，由人

---

① 《吴越春秋》卷5《夫差内传》。
② 《吴王春秋》卷10《勾践伐吴外传》。
③ 《太平御览》卷315引《越绝书》。

们选贤任能。直到无任当首领时，才"稍知君臣之义"①。又过一两代才轮到夫镡为首领，夫镡之前于越领袖的世系是不清楚的。

夫镡生子允常。允常即位称王时（前510 — 前496年）正值吴王阖闾的时代，于越开始强盛起来。允常之世，于越和句吴开始交兵，发生争斗。允常死，子勾践继位（前496 — 前464年）。勾践是一位具有雄才大略的君主。他即位时越国的疆域，"南至于句无（今浙江诸暨句无亭），北至于御儿（今浙江嘉兴御儿乡），东至于鄞（今浙江鄞县），西到于姑蔑（今浙江衢县东北）"②，面积不过4万余平方公里，国小力弱。面对强吴，勾践不得不讲求富国强兵之道。

于越种植水稻具有悠久的历史。早在约7000年前的新石器时代，反映于越先民文化创造的河姆渡文化，就已经出现了人工栽培的水稻。当时人们居住在修建有干栏式住房的村落中，过着定居的生活。勾践时代，他和大臣范蠡、计倪都很重视大力发展农业生产，而且把农耕和积蓄粮食提到了富国强兵的高度。

和吴国相似，手工业中冶铸业占了突出地位。矿山采掘和金属冶炼结合得比较紧密，即山冶铸，就地取材。冶铸的主要金属为铜锡合金的青铜器，除大量制作农具和生活用具外，着重制作武器，还专门设有工官、铜官，管理金属冶炼的有关事务，当时，越国制造的青铜器不在吴国名剑之下。不仅大量铸造青铜器，看来越国和吴国已开始铸造铁器了。《越绝书·外传记宝剑》载："欧冶子、干将凿茨山，泄其溪，取铁英，作为铁剑三枚。"越国在春秋后期开始铸造铁器是可信的。1960年在绍兴城北的西施山，出土越国遗物中有大批刀、锯、镰、斧等青铜和铁制工具，就是明证。③

随着农业的发展和手工业的日趋专业化，促进了商品交换、居民点的扩大和城市的兴起。勾践从吴、越对抗的战略形势考虑，也很注意修筑城郭，以固根本。于是先筑山阴（绍兴）小城，安全有了初步保障，然后开筑大城，城中分设宫室、里

---

① 《吴越春秋》卷6《越王无余外传》。
② 《国语》卷20《越语》。
③ 《文物考古工作三十年》，第220–221页。

间、民居和商肆①。大小二城成为越国都城和全国的政治、经济中心。

由于吴、越两国都处于三江五湖地区，两国的利害关系又是如此密切，以致两个越人建立的国家变成你死我活的敌国。正如伍子胥所说："非吴有越，越必有吴。"② 因而勾践富国强兵的目标，首先是灭吴，进而称霸中原。特别是前494年勾践被吴王夫差打败，以奴婢身份拘留吴国三年被放回越国后，更坚定了富国强兵、报仇雪恨的决心。

为了实现这一目标，他采纳大臣范蠡、文种、计倪等的建议，从政治、经济、军事等方面振兴越国。在政治方面，他推行"得人心，任贤士"的政策，重用大夫文种，使管内政；任用范蠡为上将军，使管军事。再由他们选贤举能。为了争取民心，他不滥用民力，不违农时，"缓刑，薄罚，省其赋敛"③。他关心民间疾苦，问疾、吊丧、尊老、慈幼，"施民所欲，去民所恶"。勾践又以身作则，"身自耕作，夫人自织，食不加肉，衣不重采，……与百姓同其劳"④。

在经济方面，范蠡明确指出，国君要"使百姓安其居，乐其业者，唯兵。兵之要，在于人。人之要，在于谷。故民众则主安，谷多则兵强"⑤。要求把农业生产提高到富国强兵的高度。因此，勾践鼓励"田野开辟"，严格要求"不乱民功，不逆天时"。经过一段时间，越国已经是"府仓实，民众殷"⑥。

在军事方面，勾践不仅要求越军配备坚甲利兵，而且对战士加以严格训练。他还特别着重培养战士临危不惧的坚强意志，制定了"进则思赏，退则思刑"的制度，赏罚分明。经过严格训练的战士，当所乘战船已遭火焚进则必死情况下，一听进军的鼓声，都前赴后继地赴水火而死。越国士兵的这种勇敢善战精神，是勾践能战胜吴国的重要原因之一。

---

① 《越绝书·外传记地传》。
② 《吴越春秋》卷9《勾践阴谋外传》。
③ 《吴越春秋》卷9《勾践阴谋外传》。
④ 《史记》卷41《赵王勾践世家》。
⑤ 《越绝书》卷13《外传枕中》。
⑥ 《国语》卷20《越语》。

在外交方面，勾践采纳谋臣的建议，针对吴与楚有积怨，与齐、晋也有矛盾的情况，主动和这三国搞好邦交；对吴国则表面卑身顺从，暗中积极做攻吴的准备。一旦吴与三国争斗起来，越便乘机攻吴复仇。

经过勾践坚韧不拔的苦心经营，十年生聚十年教训，"人民殷富，皆有带甲之勇"①。勾践及时掌握战机，终于一举灭吴，进而争霸中原。

五、楚、吴、越之间的三角关系及其演变

前面已经谈到，吴、越两国崛起之前曾服属于楚。吴国崛起后，成为楚在东方的劲敌，越国则和楚保持友好关系。吴越之间的斗争在某种意义上实际是晋楚斗争的继续。要阐明吴越之间的关系，有必要把晋楚之间的关系做一个简要的分析。

周初分封诸侯国以屏藩周王室。后来各诸侯国逐步强盛，到春秋时期作为天下共主的周王已经有名无实。大小国家之间，强凌弱，众暴寡，少数民族也向中原节节进逼。谁能控制这种局面，就能成为中原的霸主。齐是东方大国，到齐桓公时（前685—前643年），以管仲为相，进行改革，国力强盛。他首先打出"尊王攘夷"的旗号，联合一些国家制止了戎人和狄人的侵扰。当时楚已成为南方大国，周人称之为"荆蛮"。前656年齐又以楚不向周王纳贡为由，联合鲁、宋、郑、卫、陈、许、曹八国大军，南下伐楚，暂时制止楚军北进。齐桓公死后，诸子争立，国势中衰，楚国遂成为中原支配力量，原来郑、鲁等齐的盟国转而成为楚的盟国。国与国之间，既无永久的敌人，也无永久的朋友，唯以本国利益为重，古今皆然。

当楚称霸时，晋国崛起。晋文公为了称霸中原，就把矛头指向楚国。前633年，楚、陈、蔡三国联军围宋，宋向晋告急。晋采取声东击西的策略，进攻楚的盟国曹和卫，并加以拉拢使背楚从晋，从而迫使楚军北上。前632年，晋联合齐、秦、宋三国军队，与楚、陈、蔡联军会战于卫地城濮（今山东鄄城西南），结果楚及其联军大败。战后，晋文公与齐、鲁、宋、卫等七国之君盟于践土（今河南荥泽），并

---

① 《吴越春秋》卷8《勾践归国外传》。

得到周王册命，从此晋国成为华夏霸主。

　　楚在晋文公、襄公两朝称霸期间，不敢与晋争锋，转而灭掉淮水流域小国，以扩大国土。楚庄王时国势复振。而晋襄公死后，贵族兼并争夺，政权削弱，无暇外顾，从而给楚国创造了争夺中原霸权的机会。当时齐、秦两个大国雄据东西，晋、楚都想争取作为友邦，宋、郑夹在中间，晋、楚为争夺宋、郑等国而爆发几次大战，互有胜负。处于两大国之间的宋、郑等中小国家深受其害，不得不两面应付。由于晋、楚国力基本处于均势，形成平分霸权的局面，兵戎相见相对减少。然而斗争转向另一种方式，即扶植第三国以牵制对方甚至发动战争。这样，吴、越两国便被推上了历史的前台。

　　公元前584年，晋国采纳了由楚逃到晋的楚大夫申公巫臣的策略，扶持吴国以进攻楚国。如前所述，巫臣作为晋使到吴国后，把中原的兵车、射御、战阵之法，都传授给吴人，并"教之叛楚"[①]，"导之伐楚"[②]。巫臣深得吴王寿梦的信任。吴国果然开始叛楚、伐楚，甚至一年打七次仗，使楚军疲于奔命。吴楚两军的主要战场在淮河以南、长江以北的广大地区，战争虽互有胜负，但楚境内的巢、钟离等小国先后为吴所灭。吴国自通晋后，加强了和中原诸侯国的联系，并于前576年开始参加中原诸侯的盟会。中原文化的影响也进一步加强。

　　吴王寿梦数传至吴王阖闾，他重用从楚国逃亡到吴国并立志报仇的伍员（伍子胥），逃亡到吴国的其他楚臣他也加以任用。伍员帮助他富国强兵，并把吴军分为三部，轮番侵扰楚军以削弱其实力，然后看准时机以三军猛攻，达到破楚的目的。这样，在楚昭王时，无岁不有吴师，楚军处于被动挨打的地位。

　　公元前506年，阖闾以伍员为谋主，孙武为将军，联合被楚欺侮的唐、蔡两国，大举伐楚。两军会战于柏举（今湖北麻城），楚军失利。吴军乘胜大举进攻，五战五胜，楚军大败，溃不成军。吴军遂攻破楚建都约200年的郢，俘获大量人民和宝货。楚昭王逃奔到随国。后来得到秦国援助，击败吴军，昭王才得以复国。这次战

---

　　① 《左传》卷12《成公七年》。

　　② 《国语》卷17《楚语》。

争是春秋后期的一次大战，给楚国带来严重创伤，以至失去霸主地位。

　　当晋国通过吴国攻楚时，楚国也采用同样方法，联越攻吴。前537年，楚联越及蔡、陈等一些小国，击败吴国。当前506年吴击败楚攻入郢都时，越知吴国内空虚，乃举兵伐吴，袭击吴国后方，以分吴军之势，[①] 从而助楚昭王复国。文种、范蠡均楚国著名才士，后来二人到越国去，自然也是助越攻吴。越君允常得到楚国帮助而逐渐强大称王。由于越不愿与吴共攻楚，前509年吴国开始进攻越国，越则乘吴攻楚时，出兵断其后路。两个越人建立的邻国，变成了敌国。

　　公元前496年，越王允常死，勾践即位。吴王阖闾乘机伐越。两军战于檇李（今浙江嘉兴），吴军战败，阖闾负伤死。"吴由此怨越，而不西伐楚"[②]，从而楚国得以解除吴国对它的威胁。前494年，夫差为报父仇，兴兵击越，大败越军，并乘胜攻入越国都城。勾践被迫卑辞求和，被视为吴的属国。吴王战胜越国后，认为去掉了后顾之忧，不听臣下劝告，一心北上争霸，对勾践的深谋远虑和越国国力的恢复，丝毫未引起警惕。

　　夫差北上击败齐国后，于前482年亲率精锐大军到黄池（今河南封邱西南）会盟诸侯，夺得霸主地位。国内仅有太子和老弱留守，这正是勾践伐吴报仇的绝好机会，楚也给予积极支持。于是勾践就亲率大军乘虚而入，直逼吴国都城，杀死太子，大败吴兵；又命水师上溯淮水，截断吴军归路。吴军远道旋师，士卒饥疲，无力再战，吴王不得已，向越求和。勾践也自度没有力量在一次战役中灭掉吴国，于是许和退兵。勾践在发动灭亡吴国的决定性战争时，于前476年"侵楚以误吴"[③]，即佯攻楚国，来麻痹吴国，使吴国放松警惕。经过三年的激烈战争，于前473年，吴王夫差战败自杀，吴国灭亡。

　　越灭吴后，占有吴国土地人民，力量更加强大。勾践也一心想称霸中原，于是步夫差后尘，率领越军渡淮北上，直接参与中原的政治、军事活动。他在徐州聚集

---

　　① 《史记》卷31《吴太伯世家》。

　　② 《史记》卷40《楚世家》。

　　③ 《左传》卷30《哀公十九年》。

齐、晋等诸侯，向周王纳贡，共尊周王，被周元王封为诸侯之长。当时越兵横行于江、淮东，诸侯毕贺，号称"霸王"。①

越既灭吴，又成霸主，但西与强楚对峙，北受齐、晋牵制，加以灭吴战争中，"豪士死，锐卒尽"，兵力已大为削弱。楚国想乘机夺回原来吴国侵占它的土地。越既难以胜楚，不得不做出高姿态，主动把淮水流域部分地方给予楚国，即原楚国州来之地（今安徽寿县）。②虽然如此，楚与越已由友邦逐渐转变为对峙以至敌对状态。

勾践死后，数传至越王翳（前411—前376年），国势中衰，被人视为死老虎，③无力北向争霸。至越王无疆（前355—前334年）时，国势复振，乃兴兵北伐齐国，西攻楚国，与诸国争强。前334年楚威王大败越军，杀越王无疆，夺取了浙江以西土地。越国国力大为削弱。至楚怀王二十三年（前306年）左右，楚国乘越国内乱，遂将越国灭掉。④

秦王政二十四年（前223年），秦将王翦、蒙武攻破楚军，俘楚王负刍，楚将项燕立昌平君为楚王，又被秦军所击败。昌平君死，项燕自杀，楚国为秦所灭亡。秦始皇终于统一六国，建立了中国第一个多民族中央集权制封建专制主义国家——秦。

六、结束语

春秋战国时期，楚、吴、越之间的三角关系及三国的兴亡，已如上述。三国之间的这种关系，是中国历史进程中的反映，和中国历史发展总趋势息息相关。

在这个历史时期，周王室式微，各诸侯国打起尊王旗号，互相争夺，谁武力最

---

① 《史记》卷41《赵王勾践世家》。

② 关于州来之地前后归属，参见蒙文通《越史丛考》，第137-138页。

③ 《吕氏春秋·顺民》："齐庄子请攻越，问于和子，和子曰：'无攻越，越猛虎也。'庄子曰：'虽猛虎也，而今已死矣。'"

④ 越国灭亡时间，史籍所载有出入。笔者同意杨宽《战国史》及郭沫若主编《中国史稿》的看法，即楚怀王二十三年。

强就能控制中原，成为霸主，从而形成争霸的局面。在这一历史趋势下，楚、吴、越之间，虽然矛盾重重，但在争霸方面和诸夏强国一样，并不例外。直到秦统一六国，建立秦帝国，才最终结束了这种局面。

　　然而秦以后，不论何民族只要入主中原，建立王朝，就以中国正统自居，并思"混一六合，以济苍生"[①]。这种互争正统、不自外于中国的现象，成为中华民族历史发展上一大特点，值得我们深入探讨，同时也说明中国的历史与文化，是各民族共同创造的。

---

　　① 《晋书》卷114《苻坚载记》。

中国西南少数民族的宗教与巫术①

一、作为文化的宗教

宗教本身就是一种文化，它有巨大的包容性。

在相当长的一个历史阶段内，人类的文化史就是宗教史，人类文化并不是随着人类的产生而产生的，它是人类社会发展到一定阶段的产物。人类在劳动过程中改造着自然，也改造着自身。只有在劳动的基础上人的智力进化到有意识的阶段，文化才产生。但是人类最初的意识活动是和关于自然的幻想联系在一起的，这实际上就是一种自然宗教，从这个角度上讲，人类最初的文化活动就是宗教活动。

各国和各民族在文化形态上有所不同，但是就文化发展而言，他们的第一阶段都是宗教文化，而在其后续阶段的文化发展中，宗教又起到了程度不同但却是至关重要的作用，以致在相当长的时期内，宗教观念和宗教活动一直是人类文化的主题。当然，宗教本身也是一种特殊的文化现象，与之相对应的是世俗文化。

在人类文化发展的早期，宗教文化和世俗文化是混为一体的，在其后的发展

① 本文系宋蜀华先生女弟子李劼编审为表达深切缅怀之情，在宋先生逝世一周年之际，从先生为博士研究生所讲授《民族学中国化与西南少数民族研究》的讲稿中整理出来的一篇文章，原刊发于《中央民族大学学报》（哲学社会科学版）2005年第5期。因系为讲课而写，所以，先生更多考虑的是内容的全面和角度的高深，并有一些启发性的议论，其中关于巫术与宗教、巫术与禁忌的结合对民间社会的组织作用的思考提醒相关学者做深入研究；对某种宗教文化的研究，不能脱离开当时当地的民族社会，这也是应尤为注意的。特予说明。

中，中国文化的世俗色彩强于西方。

宗教文化中，人依附于神，人是神创造的，人必须服从神的旨意，听从命运的安排。但是在世俗文化中，神依附于人，神是人创造的，人有自己的思想和生活，天命在我，因此，人是世间最伟大的存在物。正是由于对人对神的对立看法，宗教文化和世俗文化在价值观、表现内容、表现形式和表现方法等各方面都有极大的区别。

中国的傣族主要信仰上座部佛教，上座部佛教在傣族地区的传播也促成了印度文化在傣族地区的深远影响。佛教传入之前，傣族社会仍处于原始社会时期，其后佛教全方位地影响着傣族社会。

首先，内容丰富的佛教经典其影响最深远。张公瑾先生所著《傣族文化》一书中说，傣族所译三藏经声称有八万四千部，其中，《藏经》五大类两万一千部，《律藏》五大类两万一千部，《论藏》七大类四万两千部，并有一部五卷本的贝叶经（名为《别闷西板酣》）专门讲述这八万四千部佛经的由来传说。傣族佛教经典是否真有这么多，现在尚未得到进一步的考证，但其数量巨大，内容异常丰富却是事实，其中尤以它所包含的哲学思想最为可贵，如"中道""缘起"等思想。"中道"类似于儒家所倡导的"中庸之道"。"缘起"指一切事物和一切现象的产生都是由相对的依存关系和条件决定的，离开关系和条件，就不能产生任何一个事物和现象。佛教因明就是肇始于上座部佛教。虽然在后来的发展过程中，其因明思想不如藏传佛教和汉传佛教那么丰富，但其影响和作用仍不可忽视。上座部佛教之所以在傣族地区占据了主导地位，在很大程度上就是取决于它的理论有助于提高人们的逻辑思维水平。伦理道德同样是佛教经典中的重要内容，它使傣族社会的精神文化提高到一个新的水平。

其次，佛教带来了科学技术包括天文历法、医学和数学等。傣族使用的天文历法有纪元纪时法和干支纪时法两种，前者是由印度经东南亚传入的。公元5世纪以前，印度天文学已相当发达，这种知识随佛教传入缅甸，后经缅甸传入傣族地区。傣族地区寺院里的高僧将其作为一门深奥的学问来学习和研究，并建立了自己的天文学，编制出了较为完善和先进的历法。至今，傣族仍保留着很多天文学文献，如《苏定》《苏力牙》《西坦》《历法星卜要略》和《纳哈答勒》等。干支纪时法则是由中原地区传入的。傣族在佛教传入前就有了自己的民间医学，佛教传入后，傣医学家根据佛经记载的医学资料整理编成《嘎牙山哈雅》一书，这是傣医的第一部医学专著，在生理、病理、诊断等医学理论上继承和发展了佛教医学，如借用了佛教的"四大种"，即土、水、火、风和"五蕴"，即色、受、识、想、行两类概念来建立自己的医学理论体系。傣族数学专著《数算知识全书》和《演算法》介绍了许多数学方面的知识，从中也可看到来自印度的影响。

随佛教来的还有建筑、文学、艺术、语文等领域的发展，佛教文学对傣族文学的影响尤为突出。总之，作为傣族文化重要历史渊源的印度文化，是随着佛教传入的，它使傣族能够吸收印度及东南亚文明的最新成果。

二、自发宗教

自发宗教与人为宗教相对，产生于原始社会晚期及阶级社会早期，亦称原始宗教。各部落和民族中的原始宗教都与氏族社会直接相结合：信仰内容与整个社会意识形态混为一体而未形成独立的部门；礼仪活动和宗教戒规与风俗习惯不分，并由全体成员直接参加而未分化出独立的宗教组织；礼仪的主持者，初期多为自然产生的氏族尊长，平时并无特殊的宗教标志。随着分工的发展，逐渐出现专职化的巫师、神人直至祭司，其有意识的个人主张和行为对宗教本身及信众虽渐渐发生较突出的影响，但就总的属性来说，原始宗教基本上是自发性的。

原始宗教的发展阶段可分为自然崇拜阶段、图腾崇拜阶段和祖先崇拜阶段。对大自然的崇拜是人类最早的宗教意识活动，也是对自然界最初认识的反映。同自然崇拜相关联的图腾崇拜是自然崇拜的发展和深化。图腾崇拜产生的条件：一是人类经历了普遍崇拜的阶段，有了比较成熟的灵魂观念；二是氏族外婚制的确立，有了最初的生殖观念，形成了对集团祖先的最初确认；三是氏族的组织和制度在社会生活中开始起作用。

祖先崇拜产生的条件：一是人类先后经历了漫长的自然崇拜和图腾崇拜阶段，从万物有灵和灵魂观念中，演化出占支配地位的鬼、神观念；二是母权制衰落、父权制兴起之后，男子在生产生活中确立了强固的地位，各集团由不稳定的对偶婚向较稳定的一夫一妻制过渡；三是社会意识对人的崇拜已逐步占据了主要地位。

西南各少数民族都有其信奉的自然宗教。即使是在早先的许多资料中，都被说明是全民信奉上座部佛教的傣族，在其民间社会中仍然有大量的自然崇拜现象，这些信仰对这个社会的正常运转起着不可忽视的调控功能。

傣族原始宗教的主要内容有：（1）打到猎物要用快刀剥兽皮；（2）万物皆有魂，死后变成鬼。所以，父母去世要为他们叫魂，谷子收完了要叫"谷魂"；（3）为了风调雨顺、人畜兴旺，每年要祭寨神——勐神；（4）每年要祭寨心，把祸害送出寨子；（5）不得好死（或凶死）的鬼会害人，要用火去烧，要用刀去砍；（6）人死了还要再生，所以杀牛要留牛毛；（7）各家的魂是各家的，不是自家的人不要进到里屋去。

西南地区许多少数民族的信仰习俗看上去难于理解，但却是当时当地人们对自然与人类社会的纯朴认识，对他们自身社会的有序存在并获得正常运转有着重要作用。

三、人为宗教

人为宗教，用恩格斯的话讲，就是指借助于有意识的人为的力量发展起来的宗教。但也绝不是不具有客观基础而任意做成，当然，自发宗教也不是绝无人为因素。

世界三大宗教于公元7世纪起先后传入云南。佛教于公元7世纪传入，而且派系齐全，有梵文经典系佛教、汉文经典系佛教、巴利文经典系佛教和藏文经典系佛教四大派系。佛教在云南传播的特点是自传入之时起就与封建政治经济制度相结合，形成政教合一的或较密切联系的政教体制，在内容和形式上主要吸收和融合云南多民族的原始宗教及巫术文化，以适应云南多民族的心理素质和文化传统，从而逐渐发展和兴盛。信仰梵文经典系佛教的主要是白族和汉族；信仰汉文经典系佛教的主要是汉族、白族、纳西族；信仰巴利文经典系佛教的主要是傣族、布朗族、阿昌族、德昂族；信仰藏文经典系佛教的主要是藏族、摩梭人、普米族。

基督教的两大派即基督教（新教）和天主教是在近代帝国主义入侵我国的背景下在云南发展起来的，基督教在云南的传播更为重视与少数民族生活习惯相适应，为此，西方传教士用拉丁字母为一些少数民族创造了文字，并用这种文字翻译《圣经》，或是编写更为通俗的圣经故事。信仰基督教的主要是部分傈僳族、苗族、彝族、拉祜族、景颇族、怒族等。

元代伊斯兰教传入云南，当时，随着回民大量迁入云南及色目人赡思丁任云南平章政事，伊斯兰教在云南得到发展，至明清两代，伊斯兰教已经在内容和形态上发生了一系列变化，因此而具备了云南伊斯兰教的特殊品格，突出特点就是社会化，即伊斯兰教与回民的文化教育和风俗习惯融为一体，对回民物质生活和精神生活产生重要影响。云南伊斯兰教经堂教育在中国伊斯兰教经堂教育中别具特色，采用中阿文并授的办法，培养出一批中外著名的专家学者。

其实，在西南地区更为广泛而又深入民间生活中的人为宗教还有道教，它与各个民族的信仰和生活方式相结合，形成来源更为庞杂的新的民族文化类型。也许，道教自身的类型特点如多灵多神的观念，使之非常易于与西南少数民族原有的信仰文化相结合。在彝、瑶、苗、纳西等民族的宗教信仰中，道教文化因子比比皆是。

四、巫教、巫术

巫术被认为是准宗教现象之一。与宗教不同之处在于对神灵的态度，既不把神灵加以神化，也不向其敬拜求告，而是力图通过特殊的方法影响或控制客体。

史前巫术属于原始宗教的性质，它将自然事物和自然力本身直接看作有意志的对象，可以用一定的方法来影响自然界的意志。随着父权制的确立，巫教在信仰上打破了朴实的多神信仰，打乱了诸神的平等关系，开始了以天或上帝为主、以祖先崇拜为辅的信仰，有些巫师不仅从事欺骗性的巫教活动，还介入政治生活，甚至有些统治者就是从巫师阶层分化出来的。

从纵的历史上说，巫教源远流长；从横的民族上说，新中国成立前后各民族还在不同程度上保留着巫教信仰。大体上说来有三种类型：第一类是处于原始形态的巫教，如鄂伦春、鄂温克、独龙、怒、珞巴、基诺、佤等民族的巫教，这些民族的巫教是出于古老而朴实的信仰，其巫师除从事巫教活动外，也掌握不少历史、文学方面的知识，是本民族的文化知识的保护者和传授者。第二类是次生形态的巫教，如凉山彝族有传统的巫师外，还有一种掌握文字和天文历算的祭司 —— 毕摩。第三类是再生形态的巫教，如汉族的巫婆、满族的萨满、壮族的师公，这些巫师基本上脱离或半脱离生产，以巫教活动谋取生活之资。三种巫教形态是不同时代的产物，他们有不同的性质和历史作用。

这里应注意几个问题：第一，巫教不等于原始宗教，而是原始宗教发展到一定阶段的产物，在史前和奴隶社会阶段发展到顶峰。第二，巫教也有自己的发展阶段，史前巫教是原生形态的巫教，奴隶社会阶段的巫教是其次生形态，有的巫师已经成为奴隶主或者是国王的谋士、重臣，此期巫教发展出认识世界的具有一定科学道理的知识。在以后的历史时期，巫教还有变化，但逐渐丧失作为自然宗教的朴素性质。

巫术是在生产力极端低下和思维极为幼稚的情况下产生的，也是人们想改变自然的幻想和行动，一旦人类进入文明时代巫术就失去了生存的土壤。

学术界对巫术有不同的分类。以目的划分，可分为善意巫术和恶意巫术；善意巫术又称白巫术、吉巫术，恶意巫术又称黑巫术，都是试图通过一定的巫术手段，给对方带来好或者不好的后果。前者如祈求丰收、打胜仗、生育等，后者如诅咒，都有相应的巫术操作程序。这些现象在20世纪50年代前的西南少数民族地区都普遍存在。如过去有的民族要诅咒敌人，必须事先千方百计偷来对方的头发、指甲等物，再剪个纸人，诅咒后将其藏在对方的住所下，如此可使对方疼痛如刀割，不久死去。马林诺夫斯基在其《文化论》和《巫术科学宗教与神话》两书中，对巫术都有深刻的认识。他认为："巫术应用最广的地方也许就是人们忧乐所系的康健上，在初民社会中，几乎有关疾病的事都是靠巫术的。"巫术与当地民族朴素的对大自然的信仰结合在一起，控制着人们的精神世界，对个人而言，可以增加自信，发展特定社会所需的道德习惯；对社会而言，则是一种组织力量。

避邪、禁忌也应该属于巫术的一种，如不少民族禁止捕猎怀孕的母兽，一定的阶段要封山禁猎禁牧。关于孕妇的禁忌也很多。有的则兴在住房门框上方挂一面镜子，意为把邪气反射出去。虽然遵守这些禁忌的民族并不能完全说清楚之所以如此的原因，但有的禁忌客观上对社会有着积极作用。一旦违犯了禁忌，当事个人要受惩罚，巫师可用相应的巫术程序消除因此而可能出现的不良后果。

许多民俗虽然起源于巫术活动，但发展演变至今已与相应的巫术观念无关，只是人们表达良好愿望的方式。如要为除夕的年饭宰杀一只红毛大公鸡；端午节时，给孩子在手腕上缠一根五彩绳，到火把节时再烧掉；等等。这些习俗在保留了远古信息的同时，也使时下的社会多了些温情而更趋于和谐。

第三编

民族学理论与方法探索

民族文化研究与历史学

民族学，顾名思义是以民族及其文化为研究对象的一门学科。这里所说的民族，包括前资本主义时期形成的人们共同体。由于民族产生于人类社会发展过程中，是一个历史范畴，因而民族学除研究民族的现状外，还必须研究民族的发生、发展和演变的规律，包括个性和共性的研究，历史地探讨问题、分析问题。

民族学研究的内容涉及民族的社会、经济、文化、习俗各方面，范围广泛，和社会科学中的其他不少学科都有密切联系，而且也和自然科学的一些专业有关，如考古学、语言学、社会学、民俗学、历史学、地理学、体质人类学等等。民族学和各兄弟学科的关系，这里不打算逐一论述，但要着重讨论一下它和历史学的关系。

一、新中国民族学研究的指针

从19世纪中叶民族学在西方形成为一门独立的学科起，便先后出现了各种不同的学派。其中最早的一个学派是进化学派，摩尔根是这个学派的主要创始人之一。继之而起的是播化学派，包括德、奥的文化圈学派，主张不同地区人类文化的相同现象是从一个最早的中心传播出去的结果。美国的历史学派则主张历史仅仅是研究和描写具体的文化现象，不做原则性的理论概括。第一次世界大战后，西方又崛起一个新学派，即功能学派，此派主张研究文化的功能，注意实用，忽视历史。此派至今仍比较盛行。第二次世界大战前后日益得势、迄今仍在美国颇有影响的心理学派，则主张一个民族的心理素质和其文化模式具有密切关系，或者说文化模式是民族性格的反映，而文化模式不同，民族的命运也就不相同。此外尚有新进化论、结构主义等等。

总的说来，上述诸学派中，进化学派的摩尔根通过其研究的实践，自发地达到了历史唯物主义，建立了原始历史研究的体系，受到马克思、恩格斯的肯定和高度评价。此派其他一些代表人物尽管具有唯心主义观点，但通过人类文化的比较研究，指出人类社会循序进化的方向，这在当时还是具有一定的进步作用的。当然，他们的具体论点，如韦斯特马尔克在其《人类婚姻史》中认为父权制先于母权制、一夫一妻制自古存在等等，显然并不符合人类社会发展的共同规律，是和历史唯物论背道而驰的。

除古典进化论和新进化论外，一般说来，其他学派反对或无视人类社会发展中存在着进化规律，因而摩尔根的理论也就成为他们攻击的对象。前述历史学派的罗维所著《初民社会》一书，就是针锋相对地为了攻击摩尔根的《古代社会》一书而作。这些学派既然否定人类社会的发展具有规律性，因而轻视历史，反对用历史发展的观点来研究民族社会及其文化，就不足为奇了。

随着西方民族学传入中国，一些具有代表性的著作，如摩尔根的《古代社会》、泰勒的《人类学》、韦斯特马尔克的《人类婚姻史》、韦士勒的《社会人类学概论》、罗维的《初民社会》以及马林诺夫斯基的《文化论》等等，先后被译成汉文出版，这给解放前中国民族学的研究工作带来不同程度的影响。试观当时一些研究民族社会文化的著作，横的描述的多，甚至是现象罗列；纵的、以社会发展观点进行阐述分析的，可说绝无仅有。另一方面，摩尔根的学说在有些古史研究著作中，倒还有所体现。

新中国成立后，这种情况发生了根本变化，历史唯物论成为历史学、考古学、经济学、民族学和人类学等学科的研究指针，这是完全正确而必要的。但这是否就够了呢？应当说，历史唯物论是历史研究的指针，它统率历史学的研究，但它不能代替历史学。同样，历史唯物论也是民族学研究的指针，它统率民族学研究，但它不能代替民族学。民族既是一个历史范畴，对某一个民族共同体的研究，对其社会结构和文化习俗的研究，必须持历史发展的观点，但不能把理论当成教条，而应当从实际出发，体现于具体材料的观察和分析之中。要做到这一点仅仅掌握现实的、横断面的资料是不够的，还必须详尽地掌握并运用有关的历史资料，才能上下古今，融会贯通，阐明问题，而不至于现象罗列。换句话说，对于一个民族学研究的课题，进行横断面的剖析和描述是必要的，但却是不够的。这只能使人知其然，而不知其所以然。如果要对某一个问题，比如说对某一个民族的社会经济结构做全面的探索，分析其现状，找出其所以形成的途径和原因，以及和有关民族之间的同异及其由来，把问题说透，那就进入具体的历史研究的范畴了。

由此可见，在历史唯物论的指导下，民族学的研究必须紧密地与历史的研究相结合，既有深度，又有广度，历史地分析问题、回答问题。

下面，让我们通过一些具体事例来做进一步的阐述。

二、民族文化研究与历史探索

关于文化习俗的民族学研究，应当和历史研究密切配合。因为文化习俗是从无到有，有一个发展变化过程。仅具有单纯描述的知识，则是不完全的知识。例如有一种被称为"产翁"的习俗，一般认为产生于从母系社会向父系社会转变的时期，并在不同程度上残存于后来的社会中。在世界许多地方都曾有这种遗风存在过[①]。

这些记载表明，这个风俗在于强调、突出父子之间的密切关系，正是从母系社会过渡到父系社会，父系、父权制努力获取社会确认的反映。这个风俗的出现，如果从社会发展观点来考察，并不奇怪，是有其必然性的。但由于各地区各民族的具体历史条件不尽相同，因而其发展的程度、存在时间的长短，就各有所不同。如果只进行平面的描叙，只能使人知其然而不知其所以然。如要问一个为什么，探索其所以然，它为什么产生及其在各民族间的差异性，那就进入历史研究的范畴了。上述我国有关产翁的记载，有助于说明这一习俗在世界范围内存在的普遍性。但为什

---

① 详见本文集之《论历史人类学与西南民族文化 —— 方法论的探索》一文。

么上述书籍只提到僚人和金齿百夷而未提到滇、黔、桂这个广大地区的其他民族呢？有意思的是史籍中提到的这两个族，都属于今天壮侗语族中的民族，其族属渊源都和古代越人有关，而且《太平广记》的记载，直接提道："越俗，……称为产翁。"由此可见，这一风俗在源于古代越人的各民族中发展是较为广泛的。因此，深入研究我国民族中有关这一习俗的分布和发展等问题，就有必要联系古代族源有关的各族的历史来进行研究。

比上述习俗分布更为广泛的则是所谓不落夫家的习俗，它产生于从妻居习俗向从夫居习俗转变过程中而残留于后世。这个风俗，我国古代的室韦、靺鞨即曾流行。"婚姻之法，二家相许竟，辄将妇盗去，然后送牛马为聘，更将妇归家，待有孕，乃相许随还舍。"[1] 这个风俗，过去在我国中南和西南的一些少数民族如壮、侗、布依、水、傣、苗、景颇等民族中也都存在过。一般是婚后新娘即回娘家居住，待到一两年以至七八年，有的待怀孕后才长住夫家。尽管这个风俗在上述各族已是有阶级存在的社会，打上了阶级社会的烙印，然而仍可以从中看出作为父系制条件之一的从夫居的确立，是存在着斗争的。传统有巨大的阻力，旧传统的力量表现在父系制度确立后，母系制度的残余仍然顽固地在许多地方存在下去，不落夫家的习俗就是其中之一。国内民族中，这个风俗在属于壮侗语各族中流行较广，而上述的产翁制也在过去壮侗语族中流行较广，二者是否有什么关系呢？是否从母系到父系两种制度的交替在这些民族中表现得更为长期复杂呢？这些问题都要通过具体历史的探索，才能得到解答，同时也才能回过头来更深刻地对现状做出分析和描述。

三、历史研究与民族学

上面通过一些具体事例说明民族学研究必须和历史研究紧密结合，才能更好地阐明问题、解决问题。那么历史研究是否也需要民族学，需要和民族学研究密切配合呢？我看答案也是肯定的。

---

[1] 《北史》卷94。

首先，我国丰富的有关兄弟民族的文献资料如二十四史的民族传记中，除记述各民族的历史外，也有反映其社会、经济、文化习俗、宗教信仰等各方面的材料。应当说这些材料就是历史民族学的材料。至于唐人樊绰的《蛮书》，明初钱古训、李思聪的《百夷传》，朱孟震的《西南夷风土记》，等等，都是当时人们经过调查研究，记述当时有关民族的情况，更是属于历史民族志的专著。这些都是研究有关民族史的重要资料。自然这些书也是重要的历史著作。因此，研究民族史是不能不参考有关历史民族志的资料的。

其次，研究远古的历史，由于文献无证，或极为贫乏，除必须依据考古学资料外，民族学的资料是不可少的。关于原始社会史及其向阶级社会过渡诸问题，我国社会改革前一些兄弟民族社会中还保留了足资参考的丰富资料。例如关于农村公社的研究，直接涉及阶级和国家的产生、我国古代史分期以及"亚细亚生产方式"等重要问题的探讨。新中国成立后，我国史学界在研究上述问题时，大都不同程度地谈到农村公社问题，有的并做了比较详细的讨论。然而，古史资料不足，全面深入的研究受到局限，甚至对相同的史料做出了不同的解释。另一方面，我国某些兄弟民族社会改革前的社会经济结构中，保存着足以说明问题的有关农村公社的资料，却未能得到应有的发掘和使用。这些活生生的宝贵而丰富的资料，把村社比较系统地展现在人们面前。这对上述问题的研究显然是有参考价值的。由此可见，历史研究和民族学相互配合，是有助于解决问题的。

再次，民族学关于文化习俗等的研究，有助于民族史研究中追本溯源，上下挂钩，找到古代民族演变后的下落。例如在我国长江以南的广大地区，根据文献记载，早在先秦时期便有古代越人的分布。《吕氏春秋·恃君览》说："扬汉之南，百越之际。"《汉书·地理志》注引臣瓒的话说："自交趾至会稽七八千里，百粤（同越）杂处，各有种姓。"这就是说自今浙江、福建，经广东、广西往西，都有古代越人的分布，但却"各有种姓"，互不统属，因而被称为百越。百越各部分布虽广，却有着共同的文化特征，如善种稻田，长于铸造青铜器并创造了铜鼓文化，有文身断发的风俗，居近水和住干栏（高脚楼房）。随着历史条件的变化，东汉以后，百越一名渐为史籍所不载。当然并不是古代越人已经没有了，而是在不同时期、不同地区，演变形成为不同族体。这些不同的族体和今天哪些民族有渊源关系呢？史料的追溯、分析，大体可以找出一条变化线索，如再证以民族学方面的有关研究成果，就清楚地表明，今天壮侗语族各族和古代越人具有族属渊源关系。这些民族不仅地域分布和某些越人有延续性，而且语言有延续性，上述古代越人的文化习俗特点，也正是今天这些民族所具有的特点。可见民族学对族源、社会经济和文化习俗的研究，显然有助于回答某些古今民族之间的关系问题。

最后，民族学的研究有助于澄清古代史中由于资料限制以致众说纷纭的一些问题。例如我国古代史分期问题已经争论多年，至今仍有不同看法。主张西周奴隶制者和主张西周封建制者所依据的主要史料是相同的，但由于对这些史料的认识不同，解释不同，从而得出不同的结论。西周去今已远，史料不足，增加了认识上的困难。但在历史唯物论指导下的民族调查研究，在占有大量资料的基础上去识别一个民族的社会性质，不仅可以引出符合实际的结论，而且具有现实感和亲切感。结论是否正确，还可以为实际工作所检验。民主改革以前西双版纳傣族社会处于封建领主经济发展阶段，这不仅为反复深入的调查研究所确认，而且经受了从这个实际出发所进行的民主改革的胜利所检验。从民族学的角度用"以今证古"的方法，摩尔根用以研究古代社会，做出了伟大的贡献。这个方法同样适用于民主改革前我国少数民族社会与我国古代社会有关问题的比较研究。马曜、缪鸾和等同志用这个方法，就民主改革前西双版纳傣族的封建领主制与西周社会的几个主要方面，如土地所有制、村社制度、地租形态、直接生产者的身份地位等等，进行了深入细致的比较研究，得出了民主改革前西双版纳的封建领主制和西周时期中原地区的井田制颇为类似的结论，有力地加强了西周封建论的说服力[1]。

综上所述，可见民族学的研究不能脱离历史学。既然民族学以民族及其文化为研究对象，承认民族是一个历史范畴，有其发生、发展以至演变的规律，就必须历

---

[1] 马曜、缪鸾和:《从西双版纳看西周》，载《学术研究》1963年第1、第3、第5期；又马曜、缪鸾和、张寒光:《傣族封建领主制与周秦社会的比较研究》，载《思想战线》1980年第1、第2期。

史地研究问题、分析问题。另一方面，历史学的研究也在许多方面有赖于民族学的合作。两者协作，相得益彰。只有这样的研究，才能更好地做到有利于民族工作，有利于民族团结，更好地为实现四个现代化服务。

从百越及其文化发展看中华民族多元一体格局

一、中华民族多源文化发展中汉文化的扩散和汇聚

中华民族多元一体格局这一观点的提出，将使中华民族以及我国作为统一的多民族国家的形成的讨论，进一步引向深入。

在中华大地上，今天各民族的先民都先后创造了灿烂的文化，成为中华民族文化的组成部分。这些文化创造反映了各族先民社会生产发展的状况和水平。各民族在相互接触交往中，不断互相影响和有选择地吸收对方的文化以丰富自己。但一般说来，发展较先进的民族文化，对接触的另一方影响较大。

概括说来，根据生态环境、人们的生产活动和生活之间的交互影响，从新石器时代起，在我国多民族文化中，就形成了几个主要文化区，这就是北方和西北草原游牧区，黄河流域以粟、黍为代表的旱地农业文化区和长江流域及其以南以稻谷为代表的水田农业文化区。

北方和西北游牧兼事渔猎文化区，以细石器为代表的新石器文化，文化遗址缺乏陶器共存，或陶器不发达，这体现了随畜迁徙的"行国"的特点。[①]

黄河中下游旱地农业文化区中，中游以仰韶文化及河南龙山文化为代表，后来发展为夏文化。下游以青莲岗文化、大汶口文化及山东龙山文化、岳石文化为代

---

① 文物编辑委员会：《河北、内蒙、新疆等地新石器时代考古发现》，载《文物考古工作三十年》，文物出版社1979年版。

表，后来的发展应为商文化。①

长江中下游水田农业文化区，中游以湖南石门皂市下层、大溪文化及京山屈家岭文化为代表，文化的主人目前尚难确定。下游以河姆渡文化、马家浜文化、崧泽文化及良渚文化为代表，发展为越文化。②

上述两大河流文化之间虽然各有自身文化发展上的连续性，但两大河流文化之间仍存在着一定的联系，例如屈家岭文化在江汉平原与豫南都表现出受仰韶文化的密切影响。大汶口文化遗址中则较普遍地发现一些非本地出产的物品如玉石、象牙原料及其制品和产于长江流域的鳄鱼骨板等③。这说明两大河流文化区之间人们互有联系和交往。

上述三大文化区中，黄河中游文化的发展，如前所述，导致夏文化的产生；下游文化的发展，导致商文化的产生。夏、商、周三代，商兴于夏之东，周则兴于夏之西的河曲渭水流域；夏居商、周之间，故称为"中国"。《说文》："夏，中国之人也。"那么夏人分布的具体地区在何处？《战国策·魏策》说："夏桀之国，左天门之阴，而右天溪之阳，庐睪在其北，伊洛出其南。"《史记·孙子吴起列传》说："夏桀之居，左河济，右泰华，伊阙在其南，羊肠在其北。"这就是说，夏人活动的中心地区大抵是："西起今河南西部和山西南部，沿黄河东至今河南、河北、山东三省交界的地方，南接湖北，北入河南，和其他氏族部落形成犬牙交错的局面。今河南西部的河洛流域，是夏人居住的中心。"④ 我国考古工作者曾在夏人活动的中心地区，今河南西部偃师二里头发现一处重要遗址，称为"二里头文化"。类似遗址已发现近百处。其时代晚于河南龙山文化而早于郑州二里岗商代早期文化，学术界普遍认为二里头文化即相当于夏文化。⑤

---

① 《河南新石器时代考古》，载《文物考古工作三十年》；中国社会科学院考古研究所编：《新中国的考古发现和研究》，文物出版社1984年版。

② 《江苏、浙江、江西、福建、湖北等地新石器时代考古发现》，载《文物考古工作三十年》。

③ 林耀华主编：《原始社会史》，中华书局1984年版，第322页。

④ 郭沫若著：《中国史稿》第1册，人民出版社1976年版，第142页。

⑤ 北京大学历史系考古教研室商室组编：《商周考古》第一章，文物出版社1979年版。

夏人活动的中心地区虽在豫西河洛流域，但其势力和影响所及应已达到黄河流域以南。和夏有联系的小国，黄河以南最远的是"英""涂山"和"六"，"英"在河南南部今固始附近，"涂山"和"六"则在安徽中部淮河流域。其余的属国和友邦绝大多数都在河南境内，少数如"有扈"在今陕西，"有鬲""三朡""有仍"，则在今山东。传说夏禹曾"（会）合诸侯于涂山，执玉帛者万国"①。替《左传》作注的晋人杜预说，涂山在寿春东北，今寿县附近。所谓万国，应是在夏号召范围内的部落和部落联盟，而涂山则应是夏的友邦"涂山氏"。夏的凝聚力也就止于此了。

然而夏的经济文化发达最早，政治上形成统一体也最早，被认为是中国的第一个王朝。商和周分别吸收了夏文化和商文化，以丰富自己的文化创造，且有所发展。孔子说："殷因于夏礼，所损益可知也。周因于殷礼，所损益可知也。"② 可见夏商周三代的文化具有一定的继承关系，夏商周成为形成华夏族的三个主要来源，创造了中原地区的所谓"礼乐文化"。

中原的礼乐文化虽然走在周围各族文化发展的前面，处于领先地位，对周围的影响较大，但文化的自然传播，一般说来取决于有关双方表现出来的主动性。例如春秋时期，吴王寿梦（前585 — 前560年）在位时，他深感中原文化的优越，在即位的当年便"朝周，适楚，观诸侯礼乐"，自谓"孤在蛮夷，徒以椎髻为俗，岂有斯之服哉！"③ 寿梦二年，楚国大夫申公巫臣逃亡到晋国。后受晋之命，出使吴国。他带去一队战军，教吴人射御、战阵之法。吴军学会车战，武力大为加强，成为自淮南、江北广阔地带进攻楚国侧面的劲敌。前544年，寿梦第四子季札出使中原的鲁、齐、晋、郑、卫等国，他表现高度的华夏文化的修养。季札的儿子在路上死了，他按照中原礼俗为他举行葬礼，孔子都称赞他是懂礼的人。显然，由越族一支建立的吴国，它的逐渐强大是和晋国的帮助以及和中原诸侯国联系的加强分不开的。

① 《左传·哀公七年》。

② 《论语·为政》。

③ 《吴越春秋》卷2。

秦汉时期郡县制度的推行，也有利于华夏文化以及随后形成的汉文化向四周扩散。汉族移民和郡县官吏带到少数民族地区去的是封建制度和礼俗以及较先进的生产技术。在汉族地区，随着生产的发展，必然促进分工和交换，而在某种意义上商人就是先进文化的传播者。汉初，虽然禁止巴蜀人民与"西南夷"地区往来，但因有利可图，巴蜀商人甘冒风险，暗中往来贩运，"贾滇蜀民"①。这在客观上显示了先进文化的外向活力。此种活力不仅有巨大的扩散能量，而且有巨大的汇聚力量。战国时期，赵武灵王改革军事，胡服骑射，兵力强盛。这是华夏文化吸收他族文化的明显事例②。华夏/汉族及中原文化能够大量吸收融合与它接触较多的其他民族及其文化，实在并非偶然，而汉族则像滚雪球一样，人口越来越多。另一方面，少数民族地区的汉族移民中，有的由于政治、经济以及通婚等各种原因，而变成当地民族，史书中记载颇多的所谓"变服从俗""变礼投簪"等，就是这一情况的反映。历史上民族关系的一个方面表明，汉族中融合了少数民族成分，少数民族中也融合了汉族成分，而以前者为主。

必须指出，内地与边远民族地区例如与西南、岭南民族地区的关系，总是先发生经济文化联系，然后再建立政治关系。秦汉以来政治关系的建立，一方面中原王朝主动推行郡县制度；另一方面，有的民族的统治者由于受内地经济文化的吸引而主动"慕义内属"，或受到中原王朝的政治压力，从而"请置吏入朝"。由于有了经济文化联系作为基础，政治关系的建立并非必须靠武力征服。东汉初年即由于云南西部哀牢人的主动"内属"，汉王朝顺利地建立了永昌郡③，从而初步确立了我国在云南方面的西部边疆。总之，文化都有向周边扩散的作用，而发展上走在最前面，又能兼容并包其他文化优点的文化，其扩散力和汇聚力都很强。

---

① 《汉书·货殖列传》。

② 《史记·赵世家》。

③ 《后汉书·西南夷·哀牢传》。

二、百越文化与中华民族多元一体格局

汉文化虽在我国多元文化中影响最大，扩散和汇聚力最强，但汉文化并不等于中华民族文化，只是其中主导的部分。汉文帝曾给匈奴单于写信说："先帝制，长城以北引弓之国受令单于，长城以内冠带之室朕亦制之。"① 匈奴单于在给汉武帝写信中也提到"南有大汉，北有强胡"②。长城以内的农业区，是汉朝建立的封建国家，长城以外的游牧地区则是匈奴建立的奴隶制国家，这是长城内外两个地区性统一体，也是两个文化区。先有地区性统一，再实现更大范围的统一，这是中国这样一个多民族大国，秦汉时期实现大一统的历史途径。长城内外的两个统一体，到汉武帝时情况发生了变化。汉武帝对匈奴开始采取反守为攻的政策，结果导致北匈奴西迁，南匈奴渐与汉族逐步融合。随着双向移民和政治、经济、文化联系的加强，而突破了长城内外的藩篱。但这只是黄河流域旱地农业文化区与北方草原文化区的汇合，仍然是局部而非整个中国的统一。

实际上汉武帝时，他面临的挑战，不仅是"北有强胡"，而且是"南有劲越"，亦即还有一个如何处理好前述三大文化区中以稻谷为主的水田农业文化区的问题。百越民族是我国人工栽培稻的创始者③，也是水田农业文化的主要代表者。长江流域有上游地区的巴蜀文化，中游有江汉地区的楚文化，下游是地区的吴越文化，分别由不同的民族创造，其中吴越文化应属百越文化的一部分。百越民族为中华民族多元文化的发展做出了巨大贡献。

百越即古代越族，是我国古代长江以南最大的一个族群。由于支系众多，战国末又称为百越。《吕氏春秋·恃君览》说："扬汉之南，百越之际。"第一次提到百越。百越的分布很广，《汉书·地理志》注引臣瓒的话说："自交趾至会稽七八千里，百粤（越）杂处，各有种姓。"即自今越南北部经广西、广东、福建至浙江，都有越人杂

---

① 《汉书·匈奴传》。
② 《汉书·匈奴传》。
③ 参见李昆声：《百越——我国稻谷的最早栽培者》，载《云南博物馆建馆三十周年纪念文集》，云南省博物馆，1981年版。

居共处，却又支系不同，各有种姓，互不统属，因而被称为百越。《汉书·地理志》又说："粤地，牵牛婺女之分野也。今之苍梧、郁林、合浦、交趾、九真、南海，皆粤分也。"这是具体指出汉代在岭南所设各郡均有越人的分布。但百越的分布并不限于上述地区，古代文献记载和今日考古发现，都表明古代云贵高原也居住着越人。

百越民族虽然分布广阔，支系众多，但总的说来，其居住环境有一个共同特点，即分布在平原低地和靠近江河湖海水道纵横的地区，甚至分布在山区和云贵高原上的越人，也沿着较低平的河谷平坝居住。因而从地理分布上说，百越属于南方低地平原民族，它不同于高原山区民族，更不同于北方草原民族。这样的地理生态环境，在长期历史发展中，给百越各族的生产和生活带来明显的影响，在遥远的古代生产力低下的情况下，这种影响也就越大。这种生态环境和人们活动的交互作用，表现为百越各族生产和生活上，和水具有密切的特殊关系：善种水稻、多吃水产、习水便舟、居住干栏、文身断发、龙蛇崇拜、悬棺葬俗、崖画艺术等等，无不与水有关。尤以野生稻的驯化和人工栽培稻的发展，为百越民族独特的文化创造，它不仅给中华民族丰富多彩的多元文化增加光辉，而且对人类文明做出了杰出贡献。

关于百越文化的产生，早在新石器时代晚期，百越文化的基本特征已经显露。从我国东南地区到云贵高原曾经是百越分布过的地方，考古工作者都先后发现一种特殊的新石器，即有肩石斧和有段石锛，还有陶器中的几何形印纹陶器，后者一直延续到青铜时代。[①] 学术界普遍认为这些都是代表越人文化的典型器物。至于越人冶铸的青铜器如剑、钺、戈以及风格独特的铜鼓等，更为祖国的青铜文化增添了异彩。百越的青铜文化是在其先民开创的基础上，通过不断的生产实践，而且是在受中原先进文化（包括楚文化）影响的基础上创造出来的。百越的这种青铜文化，是在独立创作的基础上接受外来影响，而这种影响则随着彼此经济文化交流和政治联系的日益密切，而与日俱增。这种情况反映出中原文化向四周扩散和区域性文化向中原汇聚的特点。可以说这是中华民族文化发展过程中的总趋势。

---

① 吴绵吉：《越人文化特征及其形成条件》，载《百越民族史论丛》，广西人民出版社1985年版。

另一方面，百越民族由于分布广阔，在文化特点上不可避免地存在着这样或那样的差异。例如岭南越人地区介于东南和云贵高原越人地区之间，在文化特征上，岭南东部的南越文化，在某些方面更接近于东南越人地区的闽越文化；岭南西部的西瓯和骆越文化，在某些方面却较近于滇、黔越人文化。但总的说来，共同性是明显的。由于文化上这种共同性的存在，虽然史籍中找不到百越各族的共同自称，但作为他称的"越"却能约定俗成地成为百越各族的通称，这实在不是偶然的。

百越各族不仅在各自的历史文化发展上，体现出中华民族多元文化的发展，而且在统一国家形成过程中发挥了自己的作用。

百越中东南地区的句吴、于越、闽越、东瓯，岭南地区的南越、西瓯、骆越，云贵高原的牂柯、夜郎、滇濮、哀牢等，各有自己的政权组织，其至建国称王。春秋战国时期，吴、越二国更是逐鹿中原，先后成为霸主。秦汉郡县制度在全国建立之前，上述百越各部都实现了局部地区的统一，这在客观上为全国范围的统一创造了条件。因而秦始皇平定岭南越人各部后，在原已形成的政治局面的基础上，设置了南海（南越地区）、桂林（西瓯地区）、象（骆越及贵州部分僚族地区）三郡。两汉经略"西南夷"（云贵高原）地区时，也利用原已形成的政治局面，在夜郎国和滇国地区分别设置了牂柯郡和益州郡；在哀牢地区设置了永昌郡。从而把这些土著王侯地区纳入全国统一的郡县制度之内。不过在设郡之初，例如在云贵高原，受王朝政府加封的土著王侯与郡县官吏并存，因而被称为"初郡"，以别于内地郡县；治理方式也有所不同。这在当时的条件下，适应当地的实际情况，有利于郡县制度的顺利推行。

综上所述，在历史的长河中，百越民族和周边各兄弟民族特别是和汉族，发展了密切的政治、经济和文化联系。东南的越人和华夏族以及后来的汉族联系密切。句吴、于越二国积极吸收中原的礼乐文化，随着与中原各国的联系越来越密切，也就不自外于中国。在全国历史于战国末从分裂走向统一的过程中，东南越人先后与华夏族及后来的汉族互相融合。岭南东部的越人，在南越国解体后，随着大量汉族移民的进入和中原文化的传播，也逐渐发生民族融合。岭南西部和云贵高原的越人如瓯、骆、濮、僚等族，在不同的历史条件下，经过分化和重新结合，但仍然保持了共同的基本文化特征和语言上的亲缘关系，因而发展演变成为今天汉藏语系壮侗语族的各民族。

总之，在历史发展中，以稻谷为代表的水田农业文化区的百越文化，成为中华民族多元文化中的重要组成部分，而且与汉族及有关民族文化形成互相渗透、交融的密切不可分的关系。百越民族在中国这个多民族大国由局部统一走向全国大一统的过程中，做出了自己的贡献，而且和各民族长期共处于统一国家中形成不可分割的一体关系。今天，和百越民族具有族源关系的各民族，在新的历史时期中正与各兄弟民族一起，为实现祖国的现代化而奋斗。中华民族的发展必将进入一个更高的阶段。

论现状剖析和历史探索的关系

——从社会改革前景颇族的社会经济结构探索其历史演变及发展上的特点

少数民族社会经济研究，是民族研究中的一个重要课题，在我国民族地区社会主义现代化建设中尤为重要。然而在调查研究中，例如研究一个民族的社会经济结构，如果只做横的剖析或与其他民族进行比较研究，而不结合进行必要的历史探索，则这方面的知识是不完全的。这样研究的结果，只能说明某一民族在某一历史时期中社会经济结构的具体情况和特点，或者和所比较的民族之间的异同。但何以形成这样的特点，形成这些特点的具体途径如何？离开具体的历史探索是无法得到答案的。反之，则有利于人们在社会变革中以历史发展的观点，结合实际，从实际出发。解放前，我国各民族之间社会发展不平衡，包括从原始公社制到资本主义成分同时存在，甚至同一个民族内部存在着社会发展不平衡的现象也不是个别的。要说明为什么形成这种现象，形成这种现象的具体途径如何？离开具体的历史探索，也是得不到答案的。

本文试图以景颇族为例，从剖析其社会改革前的社会经济结构着手，探索其形成的原因、发展上的特点，及其历史演变。

一、社区及生计

景颇族主要分布于云南省德宏傣族景颇族自治州海拔1500公尺左右的山区，以潞西、陇川两县为主要聚居区，更高山上分布着傈僳族，坝区居住着傣族和汉族，有些地区少数德昂族和汉族也和景颇分寨杂居。在漫长的历史时期中，景颇族和附近各民族特别是和发展较先进的傣族和汉族长期接触，互相影响，这就使得景颇族社会相对来说，不可能如同古典社会般具有独立发展的条件，而是在民族间互相影响之下向前发展的。这样的历史条件，是我们研究景颇族社会发展时必须考虑到的，换言之，必须适当估计民族关系对景颇族社会发展的影响。

1956年秋，云南省少数民族社会历史调查组对解放前景颇族的社会经济结构进行调查研究，以期搜集有关景颇族社会发展的宝贵资料。从是年秋到次年夏季，调查组对瑞丽县雷弄、陇川县邦瓦、潞西县弄丙和弄坵以及盈江县邦瓦等5个点，进行了比较深入的调查。调查结果表明，5个点在社会发展上各有特点，但大体可以分为两类地区：一类是包括原始公社制残余在内的前封建因素比较显著的地区，如雷弄、邦瓦和弄丙；一类包括是原始残余较少、封建因素比较发展的地区，为弄坵和盈江邦瓦。两类地区社会经济结构体情况，将在后面阐明。下面先概括说明其社会生产力的发展情况，这是景颇族社会一定的生产关系赖以存在的物质前提。

景颇族以农业为主，采集、渔猎、畜牧和手工业生产，仅作为从属于农业的家庭副业而存在。由于自然条件的便利和经济生活的需要，采集野菜、野果的很普遍，食用菜蔬仅部分由园地供给。采集在收入中所占比重，由于经济情况不同而有差异。一般说来，贫苦户采集收入比重大些，富裕户则较小，例如瑞丽雷弄典型户调查，贫苦户采集收入约占总收入的11%，而富裕户仅占2%，采集对贫苦户在每年青黄不接时渡过粮荒具有一定的作用。渔猎在生产上意义不大，主要是自食。尤其是山居，捕鱼的很少。家畜有水牛、黄牛、猪和鸡，个别户养少量骡马。水牛是耕畜，骡马供驮运，黄牛和猪、鸡主要用于祭鬼、食用，部分出卖。雷弄典型户调查，贫苦户出卖猪、鸡等的收入约占收入的15%，而富裕户只5%左右。手工业不甚发达，部类也不多，主要有编竹器、织筒裙，还能制木耙、犁架，煮酒，榨油和造火药。修建房屋几乎家家会，盖新房时，同村寨里的人按照传统换工互助。

由于分工不发达，民族内部从事商业活动的不多，而且绝大多数没有脱离农业生产。商品交换主要和其他民族进行，如各种铁器、陶器、布匹、棉纱、毛线、银饰、枪支、食盐以及部分耕牛等都须通过外族市场交换而得。

如前所述，农业是主要生产部门，作物以水稻、旱谷为主，兼种少量苞谷、棉花、豆类、蔬菜及瓜果，并有少量茶树。耕地分为水田和旱地。上述5个地区都以水田为主要生产资料。水田位于山区和坝区的过渡地带临近水源的地方，因而梯田比较普遍。水田和旱地都是一年种一次。前者是固定耕地，产量比较稳定，后者除住宅附近的小块园地用畜肥和草木灰固定下来以外，其余都是刀耕火种的轮歇地。

各地景颇族的生产工具和谷物加工工具的种类、形状、质量都基本相同。除部分竹、木农具自制外，铁质农具均在集市上购自汉、阿昌等外族商人，因而主要农具如犁、锄、斧、镰等的质量、规格和附近傣族和汉族所使用的相同。铁农具中有一种小手锄叫"灰作"，用于旱谷地挖穴点种，在更早的时代用竹制。这种农具只有瑞丽县的雷弄还使用，其他四处已经废弃，仅保留在每年春耕破土的宗教仪式中。从这些农具中可以找到这个地区比较先进的，也可以找到落后的，但主要农具并不次于汉族和傣族，这就保证了景颇族在水田农作中具有一定高度的生产力水平。

种水田。每年农历正、二月开始犁板田，九、十月收割，一般三犁二耙，中耕一次。水田按箩种计算面积，每箩30斤左右，面积约合5亩。每箩种面积的需工量，各地因技术水平、劳动效率、出工距离远近以及土质、坡度等条件的差异而有不同，即使在同一个地区也因条件不同而有差异。雷弄每箩种水田一般仅需50个工，而陇川邦瓦则多达100个工。单位面积产量，一般不低于种子的50倍，产量比较高，这和得天独厚的地理、气候条件有关系。

旱地也就是山坡地，一般都较陡，坡度20°到45°不等。坡度愈陡，表层沃土愈易流失，产量愈低。开垦旱地要先经过选择，通常是选择坡度比较平缓、土质好、丢荒时间长和野兽不常出入的地方。据说从前选择旱谷地要经过"梦地"来决定，即从选好的地带回一小撮泥土放在枕下，是夜如做好梦或无梦，就决定开垦这块地；如做噩梦，必须另选新地。这是生产力水平低下，人们对抗自然软弱无力的反映。

旱谷地一般都不施肥，三四年后地力用尽，必须抛弃，形成轮歇丢荒。每年三月开地前，先砍倒树木、杂草，再放火烧，灰烬即成肥料。耕地有两种方法，较平的地方烧后用牛犁一次，播种时犁第二次，边撒边犁；地陡的，撒谷后用锄挖土覆盖。雷弄种旱谷的方法在上述5地中最落后，烧地后，不翻地，用小手锄沿山坡从低到高，挖穴点种。

开荒后的第一年一般不种旱谷，种豆类、棉花等作物，称为"练堆"，这样，第二年种旱谷时才可望有好收成。旱地一般连续种两三年后即抛荒。也有连种三四年后，改种豆类作物，再"练"一次，地力恢复，再种旱谷。这样可连续种上八九年，但这种情况不多。丢荒后的地视杂草、树木生长的情况，过六七年或八九年再使用。每年三、四月开地撒种，八、九月收割，通常薅两次草。无论旱谷或水稻，打谷脱粒和运谷回家时，抛撒都很大，据陇川邦瓦调查，水稻损耗率约占产量的10%，旱谷约占20%。

旱谷地播种面积也按箩种计算。但每箩种面积的大小和这块地的坡度大小、土质好坏的关系很大，而且同一块地在不同的耕作年限，由于表层沃土流失的程度不同，播种量也不同，一般是播种量逐增加而产量逐年降低。每箩种旱谷地合两亩半到三亩半。一般产量则是种子的15倍左右。

景颇族在农业劳动上有比较明显的男女分工，水田上男活较多，旱地上女活较重。砍地、开田、犁耙、挖沟、堆谷等多是男活，薅草、铲埂、种棉花、栽秧、拔秧等多是女活，割谷、打谷脱粒等男女均作。有些农活如水田上的栽秧、薅秧、割谷，旱地上的挖地、撒种、薅草、割谷等受季节限制较大。群众通常进行"伙干"调剂劳动力，称为"吾戈龙"。但这种伙干并不计算换工双方的力量强弱，有的地区甚至不是严格的一工换一工。由于村寨都在山上，水田却在山脚，下田劳动，近者七八里，远者十余里，往返浪费时间。一般早上10点左右离家，11点左右到田里，午饭休息约一小时，晚上六七点回家，实际劳动时间只有6小时左右。农忙季节，男劳动力住田边茅棚，每天可劳动8至10小时，劳动强度较大。

基于上述生产工具、农业技术、劳动力情况和地理条件，以潞西弄丙和弄坵为例，前者平均一个全劳力的全部土地收入近70箩，后者一个全劳力的年平均土地收入亦近70箩。由此可见，两地的一个正常劳动力所能提供的产品，除去生产费用和自身消费外，其剩余部分一般都超过自身消费量一倍以上。这就为一定的生产关系的产生创造了物质前提。

值得注意的是，景颇族在这种生产力水平的基础上，社会内部却尚未发生第二次社会大分工，没有分化出独立的手工业者，内部交换不发达，没有形成自己的集市。

这种现象必须结合历史形成的民族关系来分析了。如果孤立地从景颇族内部来看，尚未发生第二次大分工，但如把这个地区作为一个整体来看，各民族之间由于发展不平衡，而又密切接触，互相影响，加以山区和坝区由于地理环境的差异，形成经济上的互相依赖，民族之间早已存在着一定的分工了。历史上，当景颇族社会生产力的发展程度尚未达到产生采矿和铸造铁器的技术时，由于和较先进的民族接触，外族铁器的传入却提高了社会生产力。据调查，景颇族使用的铁器历来由汉族、阿昌族等供应，无论从传说和有关历史文献都未发现本民族发明冶铸的资料。民族内部生产力虽有所提高，但由于商品的输入阻碍了民族内部分工的发展；内部分工不发达，就更依靠外部的集市和商品。这种民族之间密切的经济联系和互相影响，对各种民族的发展都具有重要意义。

总之，从上述各地反映出来的景颇族社会的生产力已经有了一定的发展，它表现为劳动者生产可以创造一定数量的剩余产品，从而使一个具有阶级剥削的社会的产生成为可能。那么，下面就让我们考察一下景颇族社会在这样的生产力水平的基础上产生了什么样的生产关系。

二、经济制度

要考察社会改革前景颇族社会的生产关系，首先得考察其生产资料的所有制。

景颇族社会中除土地以外的一切生产资料如牲畜、农具、手工工具、武器，以及房屋和日用器具等生活资料，占有者均有完全支配的权力，并可世代继承。各类土地的占有关系则视土地的使用价值而有所不同。水田是加工后的固定耕地，可以长期占有使用，因而水田的私有性比较显著。旱地轮歇抛荒，无长期使用价值，抛荒后，原耕者一般并无特殊权利，因而旱地的公有性比较显著。园地和住宅相连，均已利用草木灰和畜肥固定下来，长期占有使用，也具有较显著的私有性，但面积一般都很小，有些地方且无园地。

至于对土地的支配权，民族内部的首领 —— 山官和群众是有所不同的。一般说来，山官对土地有如下支配权：

（1）对土地的分配、调整与收回：当新来户迁入本寨向山官要水田时，山官有义务将多余的水田分配或调整一块给他，这种情况在雷弄比较普遍。在弄垤、弄丙，新来户要水田时，必须向山官送礼作为交换；弄垤更已形成惯例。迁走户、死绝户、寡妇或丧失劳动力的人家，水田由山官收回，有的地方被山官据为己有，弄垤山官甚至巧立名目夺占群众水田。

（2）圈占可开水田的荒地和旱谷地。

（3）可将自己占有的水田典当、抵押、出租，但一般不能卖出辖区。弄丙山官曾用水田陪嫁女儿。

群众对土地的权利有如下几方面：

（1）新来户可向山官要求给予水田，但有些地区特别是弄垤必须送山官一条牛才能领到。在一般情况下水田可以世袭，并可典当、抵押、出租，但不得买卖。有些地区如弄垤，群众抵当水田必须征得山官同意。

（2）可自由"号"（圈占）田、"号"地，但一般在"号"了可开水田的荒地后，要报告山官。迁出山官辖区，即失去对一切土地的占有权和使用权。

（3）有些地区如盈江邦瓦，无论水田、旱谷地或园地都已成为事实上的私有，持有者具有完全的支配权，可以自由租佃、典当甚至买卖，山官已失去支配土地的权力。

上述情况反映出山官和群众对土地权力的差异。如果我们把5个地区土地所有制联系起来考察，就可看出社会改革前景颇族社会土地从公有逐步向私有过渡的线索。这种土地关系实际上也反映了社会改革前景颇族社会经济的特点。这就是说，景颇族社会还保留着比较显著的农村公社的特点。农村公社乃是原始公社的最后形态，是从以公有制为基础的社会向以私有制为基础的社会的过渡阶段，因而它的基本特征就是它所具有的二重性和过渡性，即在社会组织方面，村社是基于地缘联系，由不同血缘关系的人们组成，但往往还有血缘联系的残余；在所有制方面表现为房屋以及和房屋有联系的园地的私有和耕地的公有，然而随着时间的推移，耕地也将逐渐地转变为私有；在生产方面表现为集体劳动被个体劳动和分散经营所代替。分散经营，导致耕地和生产物的私人占有，从而促进个体经济的发展、私有制的产生、贫富的分化和阶级的出现。这种二重性和过渡性，不仅表明农村公社比以前的公社先进，而且随着时间的进展，其中私有的比重不断增长，终于导致村社自身的解体。

社会改革前，在景颇族山区，一个村社通常由几个不同姓氏的、自然形成的村落组成。村社的界限又体现为作为村社首领的山官的辖区，这说明它不仅是地缘关系，而且具有政治的含义。显然这和景颇族社会阶级关系的存在分不开。村社范围内的土地包括森林、耕地、牧场都属于村社公有，任何成员都可以"号"用，自耕自食，但只是在耕作期间有占有、使用权，抛荒后，他人即可"号"用，说明这类土地的最后所有权属于村社，而耕种才是实际的占有。随着生产力的发展，条件好的土地逐渐被加工成为固定耕地（主要是水田），从而变为长期占有，并和园地一样逐渐转变为私有。村社对这类土地渐次失去约束力，占有者可以出租、抵押、典当甚至买卖，并开始越过村社范围。这类土地的不断扩大，导致村社逐步走向解体。在这个变化过程中，作为村社首领的山官，首先利用他所掌握的调整、分配村社土地的权力，扩大自己所占有的好田、好地，并转变为私有，例如把迁走户、死绝户和无劳力户的水田，收回村社，据为己有。这样，村社的代表者首先变成促使村社解体的私有者和剥削者。然而，景颇族村社的特征，它的二重性和过渡性在一定程度上仍然残存着，村社成员之间共同的社会和宗教生活，为公共事务而支付的几天劳动，甚至村社内部虽已存在着阶级矛盾和斗争，但又往往一致对外，等等，仍然标志着变化了的景颇族村社还残存着。

必须指出，这种私有性的发生和发展，5个地区都是从水田上反映出来。当然，这并不意味着私有制就不能从旱地上产生。这和具体的历史条件分不开。在景颇族山区由于各地可用的旱地比较多，重要性又远不如水田，而且旱地是轮歇地，不能长期占有使用，从而阻碍了旱地上私有制的产生。如果利用肥料和水利灌溉，把旱地加工成为可以长期使用的固定耕地，情况就会不同。或者由于每户轮歇使用的旱地已固定在某几块地上，形成轮耕，每年轮流使用其中的一块，这样，全部耕地中的一部分已具有长期使用的价值，人与地的关系也就比较固定起来，这样也可以产生私有性。莲山猛典乡乌帕寨的旱地，就出现了这种情况。

如前所述，由于山官对土地比群众具有较大的权力，因而容易利用特权集中土地。5个地区的山官都比群众占有的水田多，以弄垎最突出，一户山官即占有全寨水田的三分之一，弄丙的差距最小，但也占全部水田的百分之六以上。群众对土地的占有也已经不平衡起来。无劳力户和寡妇基本无水田。有的因债务而抵当出水田。景颇族一般实行幼子继承制，长子婚后分家，如老家水田不多，往往不能分到水田。这些因素都促使无田户和少田户的产生。

旱地的占有却是另一种情况。一般富裕户如山官、头人等，由于占有较多的水田，故只占有少量，甚至完全不占有旱地。这就表明土地中竞争的对象是水田而不是旱地。水田具有较高的使用价值，可以长期占有，因而需要付出一定的代价才能获得；而旱地，作为一个村社的成员，就可以自由"号"用。这样，贫苦户虽然不占有水田，仍不至于沦为完全不占有土地的农民。这是景颇族社会中生产资料占有方面的一个特点。

由于生产资料特别是水田占有的不平衡，社会内部已产生不同程度的阶级分化。总的说来，属于剥削阶级范畴的，一般都是各地的山官、头人，也有少量群众；属于被剥削阶级范畴的，基本上都是各地群众。

那么，在这样的生产资料所有制的基础上，人们所具有的地位和相互关系以及分配关系又是怎样呢？

在景颇族社会中，山官和百姓的区分是很明显的，"南瓜不能当肉，百姓不能当官"。他们之间的地位和相互关系，通过下述一些情况表现出来：

第一，作为辖区的百姓，每户人家要向山官承担"官工"和"官谷"。官工称"拾瓦龙"，意思是"公共的劳动"，即每户每年得在山官土地上无偿地劳动2至4天。有的地区群众每年还得给山官送几箩谷子，称"拾瓦谷"，意即"公共谷"，这在历史上应是用于村社公共的开支，但后来实际为山官所私有。弄垱的群众负担最重，每户每年出官工4天，官谷达10箩之多。盈江邦瓦则由于山官制度已经解体，群众对山官已无上述负担。

第二，百姓杀牛祭鬼举行宗教活动，要给山官一只后腿，猎得野兽也得送山官一只兽腿。山官称为"崩早"，意思是"山上的官""山主"。这个名称就反映出其特权地位，说明山官是辖区的主人。盈江邦瓦的群众已无这项负担。

第三，山官家遇婚、丧、建房、过年（雷弄除外），百姓都得送礼。山官举行全区性宗教活动，百姓要负担牛、酒等物。

这些是群众对山官的义务。山官则有责任保护辖区群众人身和财产安全，调整、分配土地，凭借习惯法处理辖区事务，调解群众之间的纠纷，等等。由于缺乏为自己利益服务的武装、法庭等强制机构，山官无法过分虐待百姓，否则百姓将会迁移他处。

个别山官如潞西弄丙、陇川邦瓦还蓄有一两个奴隶从事家务和生产劳动，这仅是个别现象，对社会生产影响不大。

至于群众之间，则在生产和生活上保持着"吾戈龙"（伙干）的传统习俗。这种不计报酬的集体劳动，究其起源，应是公社共同劳动的遗留，但性质上已发生一定的变化。生产上的吾戈龙多在农忙季节，已经具有换工互助的性质；生活上的吾戈龙则主要是建新房时的互相帮助。

由于生产资料主要是水田占有不平衡，土地的租佃、典当以及雇工、高利贷等剥削关系也都已发生。在这些剥削关系中，5个地区的比重不尽相同。租佃关系的比重，以陇川邦瓦最小，依次是雷弄、弄丙、弄垱，盈江邦瓦的水田已完全私有，表现在租佃关系上也最突出，出租水田占水田总数的三分之一以上。雇佣关系方面，各地都有雇零工的。除雷弄外，雇长工的也都有所发展，最突出的是弄垱，其余依次是陇川邦瓦、盈江邦瓦和弄丙。高利贷剥削5个地区都普遍存在，但以弄垱发展最高，其次是弄丙、陇川邦瓦等地，雷弄的最低。

上述情况表明各地在生产关系方面的发展并不完全一致。生产资料占有不平衡以及这些剥削关系的存在，使得人们在社会财富的占有上出现不同程度的分化，甚至在一些地区如弄垱和盈江邦瓦出现比较明显的两极分化的现象。这种在发展上的不平衡，在调查的5个点上大体可以分为两类地区：第一类是包括原始公社制残余在内的前封建因素比较显著的地区，如雷弄、陇川邦瓦和潞西弄丙；第二类是原始残余较少、封建因素比较发展的地区，如潞西弄垱和盈江邦瓦。这两类地区的情况，在所有制方面，前者土地的公有性比较显著，超越群众以上的独特权力尚未定型；而后者土地的私有性已大大加强，弄垱土地的最高占有权属于山官，任何人都必须向山官"买"得土地的使用权，山官具有超越群众以上的支配权力。在盈江邦瓦则土地完全为个体农民私有，土地占有者具有完全的支配权力。土地集中的程度，后者也较前者更为突出，从而各种剥削关系如土地的租佃、抵押以及雇工、高利贷等，后者都超越前者，各种剥削量的总和，后者也较前者为高。

总之，两类地区的社会发展是不平衡的。发展总趋势是向封建社会过渡，社会经济结构具有过渡性质，同时存在着不同的经济成分，既有原始公社的残余，又有奴隶制的成分，更明显的则是封建经济的成分。

三、历史演变

两类地区发展上的不平衡是客观存在，但是否历史上也是这样呢？如果不是，是什么因素使其社会发展产生不平衡呢？这种不平衡又是什么时候开始的呢？

通过具体的历史探索，追溯其生产方式的历史演变，我们发现这5个地区的景颇族在进入农业经济后，都曾普遍经历过两个发展时期。在第一个时期，各地社会经济结构基本上是一致的，尚未出现发展的不平衡。只是在进入第二个时期以后，各地才出现不平衡状态，这个时期开始于距今200多年前。

在第一个时期，两类地区都以刀耕火种，轮歇抛荒的旱地作为主要生产资料。这种刀耕火种的生产技术，无法使土地固定下来长期利用，地力耗尽便不得不抛弃而另开新地。长期的占有权在同一块土地上尚未形成。山官也和群众一样受到上述耕作技术的限制，不能长期占用一块土地，抛荒后，和群众一样去另"号"新地，因而山官支配土地的特权尚不显著。然而村寨壁垒在当时已经形成，村寨有自己的土地界限，土地占有者当迁出本寨后，就自然地失去其土地占有权。这种土地关系具有比较明显的农村公社土地公有制和相应的经济关系。作为村社成员，就有权使用村公地，自开自种，迁离村社便失去对村公地的占有使用权，这就是所谓的"来时修，去时丢"。这样，山官难以迫使群众为他耕作，而山官占有旱地的面积也受自己所能支配的劳动力的限制，不能随心所欲地扩大。群众是自耕自食。一般山官及其家属也未脱离生产劳动。

然而，作为一个辖区的首领，山官和群众之间毕竟存在着一定的差异。"房无脊，不成房；寨无官，不成寨"，认为寨子必须有官。群众杀牛祭鬼时，要送给山官一只后腿，承认山官是辖区之主。每年春耕之前，山官要领导群众举行辖区性宗教祭祀，祈祷五谷丰登、人畜兴旺，主要先在山官土地上举行破土播种仪式，然后群众才在自己的土地上开始耕作。山官虽和群众一样地参加"吾戈龙"，并未脱离这一群众性劳动，但群众每年还得另外在山官地上出几天白工 —— 官工，交给山官一定数量的官谷。这和最初山官作为公共领袖、具有一定的公共支出有关，但到后来就越来越带有剥削性了。

总之，刀耕火种、轮歇抛荒的旱地不具有长期使用的价值，而且占有这类土地又不需要任何代价，因此在这类土地上没有发生土地的典当、抵押、租佃等封建性的剥削关系。一般劳动者基本上作为村社的成员而存在。山官的权力是通过习惯法体现出来，而习惯法则仍然具有一定的群众性。村寨内较大姓氏各有头人，山官会同头人处理事务，权力并非集中于山官一人手中。

由此可见，在以旱地为主要生产资料的时代，上述两类地区景颇族的社会内部封建因素尚未发展，尚保留着比较显著的农村公社所有制形态和经济关系，社会发展基本上是平衡的。

然而，以轮歇旱地为主要生产资料的时期，生产力水平并不是低到完全不能提供剩余生产品，相反，由于地理、气候条件的优越，在一定程度上弥补了产量低的缺陷，从而在这个时期景颇族社会仍已跨进了阶级社会的门槛。当时的社会已经分化出“官种”、百姓和奴隶三个等级。百姓不属官种，既不能当山官，也不能蓄奴。百姓就是一般的村社成员。奴隶来源于买卖孤儿、赠送、陪嫁、掠夺、人身抵债和女奴生子。奴隶从事生产和家内劳动，这种奴隶劳动在于满足山官家庭的直接需要。一般山官家属也未脱离生产劳动。奴隶被视为山官家庭的成员，随主人姓，称主人为父母，吃、住和主人差别不大，但有时受到虐待，社会地位较低，一般群众不愿和奴隶通婚。这种奴隶制具有一定的家长奴隶制的性质，它本身所具有的二重性：阶级剥削性和原始性，更易使它和具体二重性的村社并存，二者是相适应的。由于家长奴隶制本身的这种二重性和过渡性，因而它尚未形成完整的阶级社会的经济基础。

上述5个地区的山官都曾蓄过奴隶，最多的不超过6人。奴隶制并未得到较高的发展，奴隶的比重很小，在社会生产中作用不大。这种情况和民族内外历史条件的制约都有关系。由于旱地所有制的特点，群众可以自由使用旱地，不易完全失去生产资料成为无产者，因而民族内部缺乏大量而广泛产生奴隶的条件；外部则受到较先进的傣族社会和汉族的影响且受傣族土司统治，也缺乏奴隶来源。这些都是影响奴隶制向前发展的因素。随着历史条件的变化，民族内部生产力的提高，景颇族社会开始向封建社会转化，奴隶制更失去进一步发展的历史条件，而原来发展基本平衡的社会结构，也向不平衡的社会结构转化了。

这种从基本平衡向不平衡的转化，标志着第二个发展时期的开始。这个时期的特点是两类地区各个点的主要生产资料，都逐渐从刀耕火种的旱地转变为水田。这一转变表明社会内部生产力的提高，从而给新生产关系的产生创造了物质前提。

起初，景颇族经营的旱地农业，耕作简易，生荒地多，产量较高。种水田不仅技术复杂，而且水田都在山脚靠近坝区的地方，气候热，疟疾多，距村子远。因此当时景颇族并不重视水田，个别有水田的仍以种旱地为主。随着人口增长以及辖区内生荒地日益减少，轮歇抛荒的年限逐渐缩短，以致地力不能充分恢复；虽然新开的山地杂草少，腐殖质多，土质肥沃，但森林的破坏日多，山上雨水冲刷，表层沃土流失，使得旱地产量逐步降低。山洼的水田则不仅产量稳定，而且山上冲下的腐叶败草成为天然植物肥料，产量比旱地高。旱地产量的下降，使人们对水田的优越性普遍重视起来，开种水田的人逐渐增加。各地区由于技术水平及地理条件的限制，水田的比重不一样。水田越多的地方，劳动力也越多地转入水田作业，旱地数量更相对减少。总的说来，解放前5个地区的水田均为主要生产资料，产量总额都超过旱地，其中第二类型的弄垱和盈江邦瓦尤为突出，水稻产量各约占其水旱谷总产量的90%。

必须指出，以景颇族社会而论，水田农业的发展是景颇族社会封建因素产生的前提。轮歇抛荒的旱地即使产量已达到能够提供一定数量的剩余生产物的高度，某些新生产关系的产生也是受到阻碍的，在景颇族社会中旱地的村社公有制尚比较显著的情况下，更是如此。这类旱地很难产生封建性的租佃、典当、抵押等生产关系。向人借贷，用一块只能使用一两年的土地做抵押，债主是不愿意接受的，何况他如果需要也可同样去"号"一块；要典当或出租这种土地，自然也没人要。事实上，在上述5个地区没有找到一个典当、抵押或租佃旱地的事例。只有水田具有可以长期占有、使用而且产量较高、较稳定的特点。因此，随着水田农业的发展，封建成分如租佃关系等便在水田耕作所体现的生产力上发生和发展起来。不仅在群众中如此，当山官日益加强其对辖区的统治，特别是强化对辖区水田的支配后，群众在山官直接占有的水田上负担的具有强制性的官工和交纳的官谷，便在一定程度上具有封建领主经济的剥削性质。但是由于旱地公有制的存在，加以山官制度尚未发展成为有力的、为山官自身利益服务的强制机构，山官除把群众所负担的传统的官工转移到水田上外，无力更多地强迫群众在其占有的水田上进行无偿劳动。这就阻碍了封建领主经济的发展。这种情况促使山官出租土地或雇工耕作。总之，由于各地具体历史条件的差异，水田比重的不同，在封建化的道路上便逐渐出现了发展上的不平衡状态。

综上所述，可见社会改革前景颇族的社会发展并不是从来就不平衡的，而是具有一个从基本平衡到不平衡的历史进程，在这个历史进程中，水田农业的发展起了重要的促进作用。至于上述5个地区发展的总趋势则是相同的，都是从原始农村公社向封建社会过渡，其间还发展了一些奴隶制的成分。由于内外历史条件的影响，奴隶制没有能发展起来，便转向封建社会过渡。在向封建社会过渡时，也由于内外历史条件的限制，领主经济没有得到应有的发展，又转向地主经济过渡。这就构成这5个地区景颇族社会发展上的另外一个特点：在向封建社会过渡中的跳跃式发展和多结构的社会形态。①

────────────

① 本文所用资料系笔者当年参加调查所得以及引自笔者参与执笔的调查报告，主要是1958年全国人大民委办公室编印的《景颇族调查材料》之三、之四。

论中国民族学研究的纵横观

　　民族学研究的纵横观，即对研究对象进行纵向与横向、时间与空间，或者说现状与历史的研究相结合的观点和方法。它是基于中国民族的实际状况提出来的，因而，可以说具有一定的本土化的倾向。今天世界上绝大多数国家都由多民族构成，但历史却赋予中国以独具的特色。这就是中国是一个汉族人口最多占总人口92%强、包括约占总人口8%[①] 的55个兄弟民族在内的、具有多元文化的统一的多民族国家。各民族共同创造了中国的历史与文化，形成了伟大的中华民族。把中国各民族作为研究对象是中国民族学的首要任务。半个世纪以来，中国民族学所走过的道路，可以说是为兄弟民族服务，并在服务过程中得到发展的道路。中国民族学者对少数民族实行民族区域自治政策，在少数民族地区进行社会改革和现代化建设，都做出了自己的贡献。展望21世纪，中国民族学的这一实践性将会进一步加强，这是客观需要，也是民族学工作者做出贡献的大好机会。

　　但是把中国民族学的研究对象仅限于少数民族，这是不完备的，而且在中华民族这一整体概念中，体现不出汉族的重要作用以及与兄弟民族之间的历史性的密切联系。因而对汉族特别是汉族和各兄弟民族关系的研究是十分重要的。还有，世界民族也是中国民族学者的研究领域，特别是处于开放性的世界格局中，对世界民族的研究自然是不可少的。然而为少数民族服务，仍然居于主导地位。换句话说，当前中国的民族学研究，应当密切联系中国民族的实际状况和少数民族的社会主义现代化问题，因为少数民族的现代化没有实现，中国的现代化自然也没有完全实现。

---

　　① 　见国务院人口普查办公室编印：《中国第四次人口普查主要数据》，中国统计出版社1991年版。

那么中国民族的实际状况是什么呢？

一、中国民族的实际状况

中国民族的实际状况，可以概括为以下三点：

第一，民族构成上的多元一体格局。"在中国疆域里具有民族认同的十一亿人民。它所包括的五十多个民族单位是多元，中华民族是一体。"[①] 这是长期以来各民族共同生活在一个国度里，彼此经过接触、混杂、联结和融合，同时也有分裂和消亡，形成这样一个你中有我、我中有你而又各具个性的多元统一体。历史上不管是哪一个民族的统治者入主中原，建立王朝，都自认为是中国的正统，不以外国自居，南北朝时五胡建国者的言行，都表现了他们是以两汉以来确立的疆域为自己的祖国。[②] 后来的元朝和清朝更是如此，疆域且更辽阔。特别是近百余年来，在反抗帝国主义的侵略斗争中，各族人民生死与共，义无反顾地浴血奋战，巩固和发扬了中华民族的这一民族凝聚力和认同意识。

这种民族构成和民族关系，总的说来已经存在了至少两千年以上，它还将继续长期存在下去。因而民族之间保持什么样的一种关系是至关重要的。历代王朝的民族政策，直接影响着民族关系，民族关系的好坏，直接关系到国运的兴衰。今天，中国的民族关系已经发生了根本性的变化，出现了平等、团结、互助和共同进步、发展、繁荣的关系。然而历史遗留的不尊重兄弟民族习俗信仰等歧视现象尚未彻底消灭，认真执行国家的民族平等、团结、互助政策，仍然十分重要。特别是在社会主义现代化建设中，各民族地区的面貌日新月异，但在前进过程中出现的必须妥善

[①]　费孝通：《中华民族多元一体格局》，中央民族学院出版社1989年版，第1页。

[②]　此类言行不少，如匈奴人刘渊称汉王前声称："汉有天下世长，恩德结于人心，吾又汉氏之甥，……且可称汉，追尊后主（刘禅），以怀人望。"《晋书·刘元海载记》在他即汉王位的令文中还把汉高祖、光武帝、刘备父子直称为祖宗，表明刘渊虽是胡人，但称王称帝是有根据的；称国号为汉，反映了他所建汉国是上承两汉，继以蜀汉，而非建立一个匈奴国。其后匈奴人赫连勃勃自称是夏禹的后代，起兵建立大夏国，亦以"复大禹之业"为己任，而非建立某一胡人国家。

解决的问题亦复不少，诸如资源开发与民族参与问题、发展生产与保护生态平衡问题、普及教育与专业人才培养问题等等。这些问题都与民族关系特别是汉族与少族民族之间的关系分不开。中国的民族学研究，应当时刻考虑到中国的这一独特的民族构成，重视对民族关系特别是汉族与少数民族关系的历史的规律性的探索，才有利于对前进过程中产生的涉及民族关系的问题的妥善解决。

在这方面，中国的民族学者有极为丰富的历史民族志文献资料可作参考，即使没有本民族文字记载，从汉族或与其邻近的民族文献中也可以找到有关史料。这和西方民族学兴起后，主要以亚、非、拉美及大洋洲一些后进民族为研究对象，受到历史文献的限制而缺乏必要的历史研究的状况有所不同。中国的民族学者更有条件重视现状剖析和历史探索或者说纵横结合的研究。

第二，社会发展不平衡，呈现出多结构状态。中华人民共和国建立时，中国各民族的社会经济发展极不平衡，包括从原始公社制到资本主义成分同时存在，甚至一个民族内部也呈现出多结构状态。概括说来，可以分为以下几种类型：

1.约60万人口的少数民族，包括鄂温克、鄂伦春、独龙、怒、傈僳、景颇、佤、布朗、基诺以及海南岛部分黎族地区，在不同程度上保存着生产资料公有、共同劳动、平均分配的原始公社制的残余。

2.在四川和云南大小凉山地区约100万人口的彝族中还保留着奴隶制度，奴隶主和奴隶是社会的两个主要阶级，但又通过森严的等级关系表现出来。

3.约有400万人口，主要是藏族、傣族以及其他一些民族地区，还保持着封建农奴制度。

4.在大多数少数民族中，包括回、壮、维吾尔、苗、布依、朝鲜、满、白等30多个民族以及蒙古、彝、黎等族大部分共约3000万人，封建地主经济已经占了统治地位，有的还不同程度地发展了资本主义成分。

上述各民族，即使处于同一社会发展阶段，例如西藏的藏族和西双版纳的傣族，其农奴制都各具特点。前者对农奴的压迫表现得更加赤裸裸，这和前者在吐蕃时代曾经历过比较发达的奴隶社会有关；而后者则由于保留了明显的原始农村公社的社会结构，农奴主的大土地所有制被村社集体占有土地的形式所掩盖，因而表现得比较隐蔽。可见对二者特点形成的原因和途径，如果只做比较分析而不结合进行必要的历史探索，是无法得到答案的。1962年我同几位同事对西藏的藏族、西双版纳的傣族和南疆部分维吾尔族地区残存的农奴制，进行了比较研究，找出了彼此的共性和特点。① 然而应该说，这是一篇尚待最后完成的文章，由于缺乏足够的历史探索，未能清楚地回答形成各自特点的具体途径和原因。

上述的各种旧制度对各民族社会进步是有阻碍的，而且在前进过程中反映出的问题也有所不同。弄清各民族的社会性质，对社会改革和现代化建设，无疑是很重要的。

第三，多种生态环境和多元文化的交互作用。前者反映出各民族生存空间的特点，后者则是人们的活动与前者互相影响的产物。我国地域辽阔，地理环境多种多样。人们生活于不同的生态环境，在对地理环境的适应和改造过程中，创造出各具特色的文化。生态环境与民族文化的相互关系，对民族的发展、繁荣，具有长期的作用和影响。如果在发展经济过程中，不研究生态规律，不保护生态环境，不按生态规律办事，就会破坏生态平衡，破坏正常的传统生产活动和生活方式，不利于有关民族地区的发展和繁荣。当然这并不是说民族的生产和生活方式应当一成不变，生态环境也不能改进。既然一个民族的传统文化与其居住地区的生态环境密切相关，这就决定了民族学者在研究一个民族的经济文化传统的同时，必须结合研究其生存空间的生态环境。而生存空间和民族传统文化之间的联系和协调，并非一朝一夕所形成，有一个历史过程，故进行时空结合的研究是必要的。特别是在今天，既要加速实现民族地区的现代化，又要发扬民族的优良文化传统，为现代化建设服务，并扬弃不利的文化因素，对多种生态环境和多元传统文化的时空或纵横相结合的研究，显然是必要的。

以上三点都离不开纵与横、时与空的结合研究。不了解过去很难正确地认识现在和预测未来。进行这样的研究，无疑是有益的。

━━━━━━━━

① 详见《藏族、维吾尔族和傣族部分地区社会改革前的农奴制》。

下面从三个方面谈谈民族学的纵横研究。

二、民族识别的纵横研究

在历史上，中国长期存在着民族压迫和歧视，主要是大民族主义者对少数民族的歧视和压迫。中华人民共和国成立后，随着民族平等、团结政策的贯彻执行，民族关系出现了根本性的变化，许多过去被压迫的少数民族，这时才敢公开自己的族名，作为民族大家庭里光荣的一员。到1953年，自报族名的多达400多个，然而自报的族名不一定和实际相符合，例如分布在不同地区的同一民族，有的具有不同族名，并自报了这些族名；有的民族有着不同名称的支系，有的报了支系名称作为族名，情况很复杂。它涉及少数民族的政治权利问题，比如各级人民代表大会应该有哪些民族的代表，哪些民族应实行民族区域自治，等等，都必须首先弄清楚中国究竟有多少民族。因而从1952年起，民族识别工作便提上了日程。在许多民族学者和广大民族工作者的共同努力下，经过几年广泛深入的调查研究，终于取得了很大成绩。经国务院正式确认：除汉族外我国共有55个少数民族。这就给国家的民族平等政策和民族区域自治政策的推行做出了贡献。

进行民族识别工作，必须回答两个问题：一是被识别的对象，他们是少数民族还是汉族的一部分？二是如果是少数民族，他们是单一的少数民族还是某一少数民族的一部分？在识别工作中，民族来源、共同地域、共同语言、共同经济生活以及共同文化背景和民族意愿，都是识别的重要标志。然而民族是个历史范畴，有它产生、发展和演变的过程，并非一成不变，故必须以历史的观点、动态的观点，去进行现状的横向剖析和历史的纵向探索。这样才能对识别对象表现出来的扑朔迷离的复杂现象，条分缕析，拨开迷雾，找到正确的结论。

潘光旦教授对土家族民族识别的工作，堪称典范。

土家族是分布在湘鄂川边的一个古老的少数民族。语言属汉藏语系藏缅语族，无本民族文字，一般通汉语文。千百年来在封建统治者的歧视压迫下，土家人民茹苦含辛，艰苦创业，变荒山为良田沃土，创造了自己的文化。"土家"作为族称的出现，是和汉人迁入当地直接相关的。宋以后汉人陆续迁入土家族地区，特别是在清代改土归流后，汉人大量迁入。为了区别外来人和本族人，"土家"一词开始出现。他们用汉语自称"土家"，称迁入的汉人为"客家"。① 然而甘肃、云南、广西、贵州等地明清地方志往往把非汉人称作"土人""土民"。甚至民国贵州通志把省境以内的少数民族成分都称为"土民"，实际是名同实异，互不相干，但却又极易混淆。

"土家"是在国家的民族政策推行以后，才在民族成分上受人注意到的一个群体。作为一个聚居在湘西北及川鄂部分地区的族体，它是很古老的；但作为一个调查研究的对象而提到工作的日程上来，却又是很新鲜的。

潘光旦教授克服身体的缺陷，亲自到土家山区走访调查，腿既不便，双目又高度近视，其困难程度可想而知，先生不避艰险的求实精神，实在令人感佩。先生在研究中，充分利用了实地调查和有关民族志资料，又在大量的历史文献中扒梳清理，上下求索；他先用翔实而充分的资料，证明"土家"不是该地区的苗、瑶，也不是古代的"蛮""僚"。再从土家的自称"比兹卡"（卡意为"人"，古代的巴人也自称"比兹"）以及语言、经济、社会、习俗、信仰和文化生活等方面，与古代的巴人进行比较，结果证明："这些特征，只是巴人与'土家'有，而其他人群，作为人群，是没有的，因此，才成为他俩所共有的特征。"② 他以动态的观点，上溯土家与古代巴人的族源关系，无不环环相扣，从而弄清了土家族的源流，得出极具说服力的结论："土家是古代巴人的后裔。"③ 潘先生的结论一出，便为土家族人士和学术界所欢迎。1986年正式出版的由国家民委主持编写的《民族问题五种丛书》之一的《土家族简史》关于土家族的来源，就这样说："土家族来源于楚秦灭巴后，定居在

---

① 土家族简史编写组：《土家族简史》，湖北人民出版社1986年版，第11页。

② 潘光旦：《湘西北的"土家"与古代巴人》，载中央民族学院民族研究所编《民族研究论文集》第三集，1984年版，第167页。

③ 潘光旦：《湘西北的"土家"与古代巴人》，载中央民族学院民族研究所编《民族研究论文集》第三集，1984年版，第139页。

湘鄂川黔接壤地区的巴人。"① 1956年10月国务院批准认定土家族是我国的一个单一的少数民族，从此，土家族人民享有了民族区域自治权利和其他政治权利，建立了自己的自治地方，从而大大激发了土家族的政治热情和爱国爱乡精神，积极投入现代化建设。土家族也是各民族中人口增长最快的民族之一。1953年全国第一次人口普查，土家族尚未作为一个单一民族进行统计，1964年第二次人口普查，土家族人口为525348人，到1990年全国第四次人口普查，土家族人口已增到5704223人，②足足增长了10倍。当然1990年普查数字，并非完全自然增长，相当一部分是从其他民族成分改回土家族的。这是国家民族政策的胜利。

三、社会结构和社会性质的纵横研究

少数民族社会结构和社会性质的研究，是中国民族学研究的另一重要课题，在社会改革和现代化建设中尤为重要。如前所述，过去中国少数民族的社会发展不平衡，呈现出多结构状态。许多旧的社会制度不利于社会进步。要改革社会必须首先认识社会。所以这一课题也是从中国民族的社会实际中提出来的。

在进行这项研究工作时，如果对一个民族的社会经济结构只做横的剖析或与其他民族进行比较研究，而不结合进行必要的历史探索，则这方面的知识是不完全的。研究的结果只能说明某一民族地区某一时期的社会经济结构的具体状况、作用和特点，或和所比较的民族之间的异同。但何以形成这样的特点，形成这些特点的具体途径如何？离开必要的、具体的历史研究，是无法得到答案的。

1956年秋，全国人民代表大会民族委员会组织各大专院校和科研机构对全国少数民族社会历史进行调查，着重研究少数民族的社会经济结构。我参加了云南少数民族社会历史调查组，到了云南德宏傣族景颇族自治州，对景颇族社会经济结构进行调查，以期搜集有关景颇族社会发展的宝贵资料，并为其社会改革和建设提供可

① 《土家族简史》，第13页。
② 见国务院人口普查办公室编印：《中国第四次人口普查主要数据》。

资参考的资料。下面以这次调查为例，谈谈自己的认识。①

　　1956年秋到次年夏季，调查组对瑞丽县雷弄、陇川县邦瓦、潞西县弄丙、弄丘以及盈江县邦瓦等5个景颇族地区，进行了比较深入的调查。调查结果表明，5个地区在发展上各有特点，但大体可分为两类地区：一类是包括原始公社制残余在内的前封建因素比较显著的地区，如雷弄、陇川邦瓦和弄丙；一类是原始残余较少、封建因素比较显著的地区，如弄丘和盈江邦瓦。前者在所有制方面土地的公有制比较显著，后者的私有制有相当发展。在弄丘，民族内部的统治者 —— 山官对土地具有最高占有权，在盈江邦瓦则私人权力比较显著。在土地的占有方面，首先是水田的占有，后者较前者更为集中，从而产生的新的土地关系，后者也较前者为普遍。

　　两类地区发展的不平衡是客观存在的，但是否历史上也如此呢？如果不是，是什么因素使其社会发展产生不平衡呢？通过具体的历史探索，追溯其生产方式的历史演变，我们发现5个地区的景颇族在进入农业经济后，都曾普遍经历过两个发展时期，第一个时期各地社会经济结构基本上是一致的，尚未分化出发展不平衡的地区来。只是在进入第二个时期以后，各地才出现不平衡状态。这个时期大约开始于250年前。

　　第一个时期的特点是两类地区都以刀耕火种、轮歇抛荒的旱地为主要生产资料。这种落后的耕作技术不能使土地固定下来长期使用，地力耗尽，便行抛荒，另开新地；当抛荒数年，地力恢复后，原耕者正占有其他土地。因而对同一土地没有形成长期占有权。这种土地关系具有比较明显的原始农村公社土地公有制和相应的经济关系的特点。作为村社成员，就有权使用村公地，自开自种，迁离村社才失去对村公地的占有和使用权。这样，山官难以迫使群众成为不占有任何生产资料的无产者。当时，景颇族虽已使用铁器，生产力有了一定的发展，社会内部已分化出世袭的"官种"（当山官的人家）、百姓（村社农民）和为数极少的奴隶这三个社会

---

① 以下关于景颇族的资料，引自本人当年参与编写的《景颇族五个点调查综合报告》，云南人民出版社1985年版，以及拙作《中国的民族学研究必须和历史学紧密结合》，载《民族学研究》第一辑，民族出版社1981年版。

地位不同的等级，然而奴隶制没有发展起来。这是由于社会内部村公地的存在，群众可以自耕自食，山官由于劳力限制，不能随意多占土地，一般山官及其家属也未脱离生产劳动。这在内部就缺乏广泛产生奴隶的条件，外部则是比景颇族先进和强大的汉族和傣族，景颇族处于被统治地位，很难掳掠奴隶。这时期各地区景颇族的发展程度和社会面貌基本相同，但由于民族压迫关系的存在，各地景颇族已与当地傣族土司有贡纳关系。

第二个时期的特点是两类地区的主要生产资料，逐渐由刀耕火种的旱地转变成水田。它标志着社会内部生产力的提高，从而给新生产关系的产生创造了物质前提。水田不同于轮歇抛荒的旱地，它是固定耕地，能够长期使用，而且产量高，因而价值很贵重；由于长期使用，形成长期占有，甚至子孙世袭，具有明显的私有性。这样，过去在轮歇抛荒的旱地上没有发生过的诸如典当、抵押、租佃等土地关系以及土地集中的现象，都在水田的占有和使用上反映出来。水田农业的生产力，导致上述各地封建生产关系的产生。由于上述5个地区景颇族的具体历史条件和水田的可开垦量不同，各地社会面貌逐渐发生差异，便由发展基本相同的状态，逐渐分化出两类不同的地区来。

必须说明，具体到景颇社会而论，水田农业是产生封建因素的前提，但这并非意味着只有水田农业才是促使某一民族社会封建因素产生的唯一条件，如果把轮歇抛荒的旱地，用较高的生产技术如水利灌溉、施肥等固定下来，使其具有长期使用价值，而且产量稳定，从而提高了土地本身的价值，也是可以产生土地集中以及典当、租佃等关系的。当然，原始轮歇抛荒的火山地，不能等同于我国周秦时期或欧洲中世纪具有规律性的三圃轮作休耕的农地。

通过上述具体的历史探索，我们发现景颇族的社会发展并不是从来就不平衡的，而是具有一个从基本平衡到不平衡的历史进程，并且找出水田农业在其中所起的重要作用。然而发生这一切变化，却又和历史上形成的民族关系分不开。13世纪中叶元朝建立云南行省后，内地影响不断深入德宏地区，元、明两朝几次大规模军事行动也发生在德宏境内外。此后屯田、驻军，汉族移民不断增加。清初以来，影响更加深入。就这个地区而论，善种水田的傣族是发展先进、力量强大的民族，傣族土司分别统治着境内景颇、德昂等民族。在这样的历史条件下，社会发展落后于汉族和傣族的景颇族，从原始社会末期向奴隶社会或农奴社会过渡，不可能如古典社会那样具有独立发展的条件，对来自汉、傣两方面的影响，应当有充分的估计，甚至人数更少且受景颇族山官控制而又善种水田的德昂族的影响也不能不看到。景颇族内部水田农业的发展，事实上就和傣族和德昂族的影响分不开。5个地区的景颇族所处的地理环境、受傣族和汉族影响的深浅，以及内部水田农业发展的比重各有不同，从而导致社会经济结构的发展逐渐趋于不平衡。

　　以上对景颇族社会经济结构的分析，如不进行现状剖析和必要的历史探索，是得不到比较明确的答案的。

四、传统文化的纵横研究

　　一个民族传统文化的形成，总的说来，与其所处的地理生态环境有着密切的联系，这里所说的传统文化，既包括物质文化，也包括精神文化。它是历史上形成、世代相传、具有其特点的文化。除体现于物质生活特点外，它体现于共同的习俗信仰和共同遵守的习惯法，因而对民族内部具有社会稳定作用，使人们和睦相处，而又一致对外。从历史上说，产生于同类生态环境的各族传统文化，具有较多或基本的共性，如云南的景颇、佤、怒等刀耕火种类型的山区民族。传统文化有一个历史发展过程，研究今天的民族传统文化，就必须看到历史发展，这样，有利于认识今天民族文化的发展趋势；因为中国的现代化并非汉化，而是在现代化过程中繁荣少数民族的优秀文化。

　　根据生态环境和人们生产、生活之间的交互影响，从新石器时代起，在我国多民族文化中，就形成了几个主要文化区，这就是北方和西北草原游牧文化区，黄河流域以粟、黍为代表的旱地农业文化区和长江流域及其以南以稻谷为代表的水田农业文化区。下面试以北方蒙古族的游牧文化和南方壮侗语各族的稻作文化为例来说明。黄河流域文化区暂不讨论。

世代居住于北方草原的蒙古族，基于草原生态环境的特点，很早以前便发展了畜牧业经济，生活方式与游牧经济密切相关，如多吃肉食，服用毛皮，居住毡幕，行用乘骑，千里草原，驰骋纵横，形成一整套传统经济文化模式 —— 畜牧业文化。随着时间的进展，此种传统文化虽然有所演变，但仍保持着畜牧文化的基本特点。

长江下游水田农业文化区以河姆渡文化、马家浜文化、崧泽文化及良渚文化为代表，发展为越文化。① 越文化为古代百越各族所创造。他们虽然分布广阔，支系众多，但总的说来，其居住环境具有一个共同特点，即居住在平原低地或靠近江河湖海水道纵横的地区，甚至居住在山区和云贵高原上的越人，也沿着较低平的河谷平坝居住。这样的生态环境和人们活动的交互作用，在长期历史发展中，百越民族创造了独具特色的文化。它表现为百越民族在生产和生活上，和水有特殊的密切关系，例如，善种水稻，多食鱼虾，习水便舟，居住干栏，等等，都与水有关。② 我国为世界栽培稻起源地之一，而我国最早改良野生稻的即百越民族。今天和古代百越具有族源关系的兄弟民族如壮、傣、布依、侗、水等壮侗语族各族，仍和百越所处生态环境相同或相似，仍然在不同程度上反映出百越文化的特点，而且创造出相应的文化类型 —— 稻作文化。

以上两大文化类型即畜牧业文化和稻作文化，为中国南北古代民族胡人和越人所创造，而且基于此种经济、文化力量，各自形成了强大的政治力量。因而汉武帝在协调南北关系以加强汉帝国的国力时，他所面临的挑战，正如《汉书》所谓"北有强胡"而"南有劲越"。③ 即还有一个如何处理好前述三大文化区中游牧文化区和稻作文化区的关系问题。

今天，在少数民族地区实现现代化，摆在我们面前的一个重要问题，就是如何处理好历史形成的传统文化与现代化的矛盾与协调问题。中国的改革开放和现代

①　《江苏、浙江、江西、福建、湖北等地新石器时代考古发现》，载《文物考古工作三十年》。
②　见《百越》第三章"百越文化"，吉林教育出版社1991年版。
③　见《汉书·匈奴传》。

化，说到底，是一场社会变革，以实现国家富强，民族繁荣。这是一场非常艰巨的变革。如前所述，20世纪50年代初，少数民族的社会发展绝大多数处于前资本主义社会阶段，自然经济比较浓厚。因而一般说来，民族的传统文化具有很浓的非商品性，这和发展经济特别是商品市场经济格格不入。这种自给自足的非商品性的价值观念表现在各个方面，特别是在与外界联系少的边远山区更是如此。属于前述稻作文化区的民族，往往固守着"力农者安，居商者危"的重农轻商的观念。有的人把经商当作不光彩、不道德的行为，甚至看作不务正业。有的甚至到集市卖只鸡，都遮遮掩掩，不讲价钱，结果受人欺骗。有的认为穷人才经商，"不卖东西，也不买东西才是真正富有"。财富的观念和商品搭不上界。牧区中马牛羊等牲畜是财富和地位的象征。一户人家是否富裕，是否属于上等人，全在于牛羊的多少。因而有的宁愿贫穷，也要守住这"财富"和"地位"。真可说是"富裕中的贫困"。

非经济性的消费观念也反映在生活习俗上。有些民族，妇女纺织刺绣、制作的精美服饰，具有很高市场价值，但从不出卖，当作财富保存起来。云南边远山区某些少数民族，由于原始平均主义观念的影响，有东西大家分享被视为美德，成为发展市场经济的阻碍。由于受生产上互相帮助，不斤斤计较于劳动报酬，生活上也形成"帮吃"之俗。牧区由于地理环境的关系，形成必须招待生人，供应食宿酒肉等，不取分文，许多客商也就白吃白住。如主人索费，则认为大不应该。这也是发展商品经济的一大阻碍。至于饮酒，是一些民族生活消费的一大特点。饮酒可以交流感情，舒畅情怀，未可厚非，但嗜酒过度，便会成为社会公害，后一种情况恰恰又是比较普遍存在的。

宗教是少数民族传统文化的一个重要组成部分，有些信仰传统的原始宗教的民族，普遍存在着杀牲祭鬼的习俗，视宗教活动的规模或疾病的严重程度，杀鸡、猪或牛来祭鬼。特别是大的宗教祭典，往往杀牛数头或十数头不等，粮食及其他费用还在外，使社会财富遭到大量破坏。有的人家举办一次大的宗教祭典，获得了社会地位，但长期积蓄的财富，便一下付之东流，足见传统是一种巨大的阻力，是历史的惰力。

当前少数民族传统文化中的非商品性价值观与现代化的冲突是一个亟待解决的问题。当然这种观念并非一成不变，改革开放以来，随着经济建设起步，一些民族的非商品性观念开始有所转变。例如云南路南石林的撒尼彝族不仅向旅游者兜售手工艺品，而且有的妇女还学着讲几句英语。然而，作为一种意识形态，传统观念是在历史上形成的，并非一下子就能改变的。在少数民族地区现代化过程中，社会变迁的障碍并非物质文化，而是非物质文化。因而由少数民族自己起来进行移风易俗，仍是一项长期的任务。

五、结束语

以上试图说明：民族学研究的纵横观是从中国民族的实际状况提出来的。中国民族的实际状况具有以下三个特点：第一，民族构成上的多元一体格局；第二，在中华人民共和国建立前各民族的社会发展不平衡，呈现出多结构状态，因而在新社会中前进的起点不同，带来的问题也各有不同；第三，由于我国地域辽阔，地理生态环境多种多样，人们在对环境的适应和改造过程中，形成多元文化，而且与其生存空间交互影响。由于以上三个特点的存在，中国民族学研究有必要考虑纵与横、时与空或者说现状与历史的研究相结合。不了解过去，很难正确地认识现在和预测未来。

其次，从20世纪50年代以来，中国民族学者曾通过几项主要研究课题，来阐述民族学的纵横研究，即第一，民族识别的纵横研究；第二，社会结构和社会性质的纵横研究；第三，民族传统文化的纵横研究。这些研究体现了民族学的实践性和应用性，不仅具有学术价值，而且具有极大的实际意义。

论历史人类学与西南民族文化研究

—— 方法论的探索

一、历史民族学与民族历史学

近年来，作为民族学分支学科之一的历史民族学（Historical Ethnology）日益受到重视。它以历史上不同时期的族群及其文化为研究对象，与历史人类学（Historical Anthropology）研究对象相同，亦可称为历史人类学。下面谈谈自己的几点认识。

第一，历史民族学主要以记述历史上各族状况的历史民族志（Historical Ethnography）的资料为依据。它着眼于民族及其文化的过去，这与民族历史学（Ethnohistory）有相似之处。但二者的区别在于，前者主要是对历史上某一时期、某一民族或族群的社会经济、生活文化和习俗信仰等方面进行横向的剖析和比较研究，而且资料的来源往往是亲身经历或当时人对当时事情的记述。后者则是按照时代顺序，运用具体历史事实，研究和阐述某一民族社会发展的具体过程和规律，因而是纵向的探索和研究。二者的着重点是不相同的。但在各自的研究中却又是相辅相成的，而且互相补充。关于此问题，我在后面谈到方法论时，将做具体阐述。

第二，历史民族学在研究过程中，由于有时受到历史民族志等资料的局限，因而往往和考古学研究结合起来，使研究的资料和依据更为充实。1992年芝加哥大学的人类学家Marshall Sahlins和Kirch Patrick为首写了一部两卷本的书，名为《夏威夷王国的历史人类学研究》（*Anahulu：The Anthropology of History in the Kingdom of Hawaii*），^①这是几位人类学家和考古学家经20余年合作研究的成果。作者应用历史民族志和考古研究如原有物质文化、住房遗址建筑（格局）等，把夏威夷的历史从外来征服开始，分为3个时期。对每一个时期通过一些具体事件的分析描述，说明夏威夷社会和外部社会及其代理人殖民者、商人、传教士等之间的不同文化的接触，导致内部社会结构的变化：旧制度的衰落，贵族与平民之间矛盾的加剧以及西方文化同化的后果等。^②

另一位历史人类学家，现在瑞典龙德（Lund）大学执教的Jonathan Friedman，高度评价此书为历史人类学的代表作，且是人类学与考古学协作的典范。^③

还有一位人类学家Stephen O.Marray，他在英国《今日人类学》杂志1994年10月号撰文：《一部13世纪帝国的民族志》（*A Thirteenth Century Imperial Ethnography*），以元初出使柬埔寨的周达观所著《真腊风土记》为主要的历史民族志资料，描述当时柬埔寨的社会政治、风土人情、习俗信仰等。尽管他说周达观带有偏见，但仍高度赞扬周达观这位中国民族学家的成就。他指出，由于自然地理气候的影响以及战乱，吴哥时期用贝叶书写的柬埔寨文书已经毁灭，考古资料能够说明的当时情况有限，而周达观作为元帝国使团的一位成员，在吴哥生活了将近一年（1296—1297年），其经过亲身调查和细致观察所搜集的资料，为研究吴哥时期的社会状况做出了很大贡献。^④又如Daniel Rogers和Samuel M.Wilson主编之《民族历史学与考古学》（*Ethnohistory and Archaeology*）一书，就哥伦布登陆美洲引起的文化变迁以及当时

---

① Kirch Patrick and Marshall Sahlins. Anahulu：The Anthropology of History in the kingdom of Hawaii；2vols. Chicago，London：University of Chicago press，1992.

② Kirch Patrick and Marshall Sahlins. Anahulu：The Anthropology of History in the kingdom of Hawaii：2vols. Chicago，London：University of Chicago press，1992.

③ Jonathan Friedman 对上书的书评，载 The Journal of the Royal Anthropological Institute Incorporation MAN. Volume 2，Number 2，June 1996.

④ Stephen O. Marray. A Thirteenth Century Imperial Ethnography. Anthropology Today. Vol. 10，No. 5，Oct. 1994.

社会状况，结合考古发掘进行深入的历史民族志研究，得出了颇具说服力的结论。[①]

关于历史民族志资料和考古研究成果的互相结合，在中国也有很多事例。下面只举一例简要说明。西方普遍地把希罗多德（Herodotus）视作"历史民族学之父"。中国的司马迁同样可称为历史民族学之父。例如他在汉武帝元鼎六年（前111年）奉命到所谓"西南夷"地区，"西征巴蜀以南，南掠邛笮、昆明"，他从西南丝绸之路的灵关道到邛都（西昌）西南，过金沙江到滇西北昆明人地区，据调查和观察及传闻搜集的材料，写成《西南夷列传》，这可以说是很好的一卷历史民族志著作。但其中关于以今天晋宁为中心的滇族和滇国的一段记述却太简略，仅有200余字，不足以说明滇人的生活和文化。当然能第一次把滇人和滇国介绍出来，已经是前无古人了。新中国成立后，由于云南考古学者广泛而深入的发掘研究，终于突破了史料的局限。考古工作者对江川李家山，特别是对晋宁石寨山的古墓群，从1955到1960年先后进行了4次发掘，清理墓葬50座，出土器物4000多件，其中绝大多数生产工具、兵器、生活用具均系青铜器。第六号墓出土篆刻金印一方，文曰"滇王之印"，和《史记·西南夷列传》关于汉武帝元封二年（前109年）"赐滇王王印，复长其民"的记载相符。这说明石寨山墓葬群乃是滇国王室和贵族的墓地，其时代是春秋晚期至西汉末东汉初。[②]

值得注意的是这些青铜器如铜鼓、铜贮贝器、扣饰和各种器物上铸造的人物、鸟兽、屋宇等，栩栩如生地反映出当时滇人的生产、生活、社会结构、战争，以及人殉、人祭、图腾崇拜等习俗信仰。这些长埋地下两千多年的文物，经著名考古学家和人类学家冯汉骥教授以及汪宁生教授等的诠释，[③] 生动地反映出滇人生活的各个方面，大大弥补了司马迁对滇人描述的不足之处。司马迁的记述是当时人记当时

① J. Danial Rogers and Samuel M. Wilson（Editors）. Ethnohistory and Archaeology. Approaches to Postcontact Change in the Americas. Plenum Press, New York, 1993.

② 第一次发掘结果见《云南晋宁石寨山古遗址及墓葬》，载《考古学报》1956年第1期。第二次发掘结果见《云南晋宁石寨山古墓群发掘报告》，文物出版社1959年版。第三、第四次见《云南晋宁石寨山第三次发掘简报》，载《考古》1959年第9期，《云南晋宁石寨山第四次发掘简报》，载《考古》1963年第9期。

③ 冯汉骥：《云南晋宁石寨山出土铜器研究 —— 若干主要人物活动图像试释》，载《云南青铜器论丛》，文物出版社1981年出版。汪宁生：《滇人的经济生活和社会生活》，同上书。

事，是历史民族志的作品；石寨山滇人青铜器所表现出滇人生活的方方面面，经今天考古学、民族学家的科学描述，实际也起了历史民族志的作用。历史民族学有赖于历史民族志和考古学研究成果相结合，应该说，这是一个很好的例证。

第三，历史民族学的研究，对于认识、理解现代有关各民族的族源、历史、社会、经济和文化，具有很大的帮助。因而历史民族学的研究应当是着眼于过去而又面向现在和未来。例如民族学者所熟悉的"产翁"（Couvade）之俗，过去在中国、印度、印度尼西亚、非洲西海岸、美洲印第安人中，在西班牙北部、法国南部以及科西嘉岛，都曾有这种遗风存在过。中国宋代的《太平广记》说："南方有僚妇，生子便起。其夫卧床褥，饮食皆如乳妇，稍不卫护，其孕妇疾皆生焉。其妻亦无所苦，炊爨樵苏自若。"又说："越俗，其妻或诞子，经三日便澡身于溪河。返，具糜以饷胥。胥拥衾抱雏，坐于寝榻，称为产翁。"元初马可波罗曾旅行于云南西部金齿地区，在其《游记》中也有类似记载："孕妇一经分娩，就马上起床，把婴孩洗干净包好后，交给她的丈夫。丈夫立即坐床上，接替她的位置，担负起护理婴孩的责任，共须看护四十天。"[①] 元人李京《云南志略》对滇西金齿百夷的风俗习惯，也做了相似的描述："妇女既产，即抱子浴于江，归付其父，动作如故。"

这些记载表明，这个风俗在于强调父子之间的密切关系，应是社会发展到一定阶段，父系、父权制努力获取社会确认的反映。值得注意的是，上述史籍中提到具有此风俗的僚和金齿这两族，其族源都和古代百越有关，而且《太平广记》的记载，直接指出"越俗 …… 称为产翁"。而古代越族人又和今天壮侗语民族具有族源关系，这是学术界的普遍认识。由此可见，这一风俗在源于古代越人的民族中较广泛存在。另一方面和古代氐羌具有族源关系的今天藏缅语族各民族中，却缺乏有关这一风俗的论述。这就说明，历史民族学的研究有利于民族的族源、历史、社会和文化的古今互证研究。

西南民族地区，这里主要指云贵高原和四川的大小凉山地区，该地区有着丰富的历史民族志资料，除二十五史中的民族传记与有关人物事迹外，还有许多关于少

---

① 陈开俊等译：《马可波罗游记》，福建科技出版社1981年版，第148页。

数民族及地区的专书，如晋人常璩的《华阳国志》，唐人樊绰的《云南志》（又称《蛮书》），元人郭松年的《大理行记》，明人钱古训、李思聪的《百夷传》，等等。这些文献资料为历史民族学的研究提供了十分有利的条件。

在研究方法方面，我们首先要注意到：（1）云贵高原存在着多种生态环境，从白雪皑皑的高原草地到亚热带的河谷平坝；（2）居住着20多个不同的少数民族，并有各具特色的传统文化；（3）除蒙古族和回族居住历史较短外（也有约700年历史），其他民族均从远古即世代居住于此；汉族移民也从2000年前陆续迁入，许多已经和少数民族融合。

针对上述情况，在研究方法上似应具有以下着重点：

1.纵横研究相结合，即对研究对象进行纵向与横向的即历时性（diachronic）与共时性（synchronic）相结合的研究。前者可以就研究对象进行纵深的研究；后者可以对生活于不同地理环境下的民族及其文化做横向的跨文化研究。这是由于云贵高原民族众多，虽然有着丰富的历史民族志资料，但不同朝代对同一民族的名称的记录往往不一致，在同一朝代也有不同称呼，存在着不同时期的民族识别问题。例如傣族先民在汉晋时期称为滇越、濮、僚、哀牢和掸，唐宋时期称为黑齿、雕题、金齿、银齿、茫蛮，元明清时期称为白衣、百夷、白夷、摆夷等。解放后名从主人，统称为傣族。如不用此种方法，就无法分清彼此，理清来龙去脉。

2.民族传统文化研究与生态环境研究相结合。不同生态环境和不同文化类型具有密切关系。处于类似的生态环境的民族，其文化创造虽各有特点，但却具有一定的共性，如景颇族和佤族。另一方面，由于生态环境不同，虽然社会发展相近的民族，在适应和改造各自环境的过程中，却创造出不同特点的文化，如傣族和藏族。

3.文化变迁与民族关系的研究相结合。例如山区与坝区之间，汉族与少数民族之间，通过政治、经济、文化联系和影响而产生的变化等。

上面我们讨论了历史民族学及其对云贵高原民族研究方法上的认识。下面要着重指出，云贵高原是一个多民族、多生态环境的地区，还是中华民族远古的几个主要文化区延伸、接触和交融的地区，它在中华民族文化发展史上具有其特殊地位。而历史民族学对交汇于云贵高原的几大文化及其创造者的研究，具有其明显的作用。

二、中华民族文化发展史上的三大文化区

过去考古和历史学界流行一种看法，认为中华远古文化的中心在黄河流域，主要指黄河流域中游的今陕西、河南、山西及河北部分地区，即以新石器时代仰韶、龙山文化为代表的地区，这也是古籍文献记载的夏商周的主要活动地区。随着近二三十年来考古工作的迅速发展，这种一个中心的看法是不恰当的。1973年在长江下游发掘的浙江余姚河姆渡文化遗址距今约7000年，并不晚于黄河中游的仰韶文化，应该说二者是平行发展的。

概括说来，根据生态环境的特点和人们对其适应和改造的过程，从新石器时代起，在中国各地就形成了多个文化区。下面拟谈谈其中三个主要文化区，这就是北方和西北草原游牧兼事渔猎文化区，黄河流域以粟、黍为代表的旱地农业文化区和长江流域及其以南的水田稻作农业文化区。

北方和西北草原游牧兼事渔猎文化区存在着以细石器为代表的新石器时代文化，文化遗址缺乏陶器共存，或陶器不发达，这体现出随畜迁徙的"行国"的特点。[1] 进入金属时代后，从今内蒙古逶迤而西延伸至今新疆广大草原地区生活着的匈奴、鲜卑、乌孙、月氏等族以及今青海、河湟地区的羌族，由于生态环境的特点，很早便发展了畜牧业经济和相适应的生活方式，如多吃肉食，服用毛皮，居住毡幕，随畜迁徙，行用乘骑，茫茫草原驰骋纵横，形成一整套经济文化模式 — 畜牧业文化。尽管不同民族的帐幕形式、服饰特色有所不同，但畜牧经济的基本特点是相同的。在中国历史舞台上，游牧民族的活动在历朝都扮演着重要角色。

黄河中下游旱地农业文化区，中游以仰韶文化及河南龙山文化为代表，后来发

---

[1] 文物编辑委员会：《黑龙江、内蒙、新疆等地新石器时代考古发现》，载《文物考古工作三十年》，文物出版社1979年版。

展为夏文化。今河南西部偃师发现的二里头文化遗址（类似遗址已发现近百处），其时代晚于河南龙山文化而早于郑州二里岗早商文化遗址，学术界普遍认为二里头文化即相当于夏文化。下游以青莲岗文化、大汶口文化及山东龙山文化、岳石文化为代表，后来发展为商文化。[①] 商兴于夏之东，周则兴于夏之西的河曲渭水流域；夏居商、周之间，故称为"中国"。《说文》："夏，中国之人也。"夏的经济文化发达最早，政治上形成统一体也最早，被认为是中国的第一个王朝。商和周分别吸收了夏文化和商文化，以丰富自己的文化创造，且有所发展。孔子说："殷因于夏礼，所损益可知也；周因于殷礼，所损益可知也。"[②] 可见夏商周三代文化具有一定的继承关系，成为形成华夏族的三个主要来源，创造了中原地区的所谓"礼乐文化"。

长江下游的水田稻作农业文化区，以河姆渡文化、马家浜文化、崧泽文化及良渚文化为代表，发展为越文化。百越民族分布广阔，支系众多，但总的说来，其居住环境有一个共同特点，即分布在平原低地和靠近江河湖海水道纵横的地区。因而从地理分布上说，百越属于南方低地平原民族，它不同于高原山区民族，更不同于北方草原民族。这种生态环境和人们生产、生活的交互作用，表现为百越在生产、生活上与水有密切的特殊关系：善种水稻、多吃水产、习水便舟、居住干栏、文身断发、龙蛇崇拜、悬棺葬俗、崖画艺术等等，无不与水有关。特别是野生稻的驯化和人工栽培稻的发展，为百越民族独特的文化创造，它不仅给中华民族丰富多彩的多元文化增加光辉，而且对人类文明做出了杰出贡献。

以上三大文化在发展过程中，是互相影响和吸收的。例如匈奴的军队"兵利马疾"，作起战来势如狂风骤雨，横扫大漠，中原车战难以抗衡。战国时赵武灵王乃改革军事，胡服骑射，兵力强盛。又如春秋时期，在越人建立的吴国，当吴王寿梦（前585—前560年）在位时，他深知中原文化的优越，在即位的当年，便"朝周，适楚，观诸侯礼乐"，积极仿效中原文化。

---

① 《河南新石器时代考古》，载中国社会科学院考古研究所编《新中国的考古发现和研究》，文物出版社1984年版。

② 《论语·为政》。

尽管这三大文化在中国辽阔的土地上互相影响，然而在北方和西北部却找不到百越文化，在东南和南方也找不到游牧诸族文化。只有在云贵高原才能较清楚地看见这三大文化共同存在。换言之，云贵高原是三大文化延伸、接触和交融的地区，犹如地壳上三大板块的接触和碰撞，从而形成云贵高原民族和文化的多样性、复杂性。历史民族学在理清这种复杂性方面具有其一定的作用。

三、云贵高原是中国三大文化"板块"延伸、碰撞和交融的地区

上述三大文化之所以能共同存在于云贵高原，其原因在于：

第一，云贵高原是青藏高原到东南丘陵地区的过渡地带。青藏高原平均海拔4000米以上，往东便下降到海拔1000到2000米的高原和盆地，即是云贵高原（主要指滇东及贵州等地）。云贵高原东缘一线往东是1000米以下的丘陵和200米以下的平原。云贵高原总的说来北高南低，滇西北的横断山脉虽然海拔3000米以上，但怒江、澜沧江、元江等由北往南纵贯其间，山势愈往南愈开阔，形成不少海拔低的亚热带河谷盆地。由于这种独特的地形和地势，云贵高原呈现出不同的地理生态环境，具有热、温、寒三带景色，有的地区，主要是滇西北和黔西北宜于游牧经济的延伸，低平的河谷盆地则适宜于稻作文化的存在。甚至在同一地区因海拔高度不同，而垂直分布着不同的民族。

第二，由青藏高原东部南下的横断山脉诸山，山谷深切，形成纵贯南北的几条大江，由西往东有怒江、澜沧江、金沙江、雅砻江、大渡河及岷江。怒江和澜沧江分别注入印度洋和太平洋，金沙江为长江上游，东边三条大江均从北往南流入长江。这个六江流域地带，形成历史上纵贯南北的民族流动的走廊地带。

较早见于文献记载的民族流动，是西北以游牧为业的羌族。战国时期羌族主要居住于今青海东部的河湟地区。这地区正是上述民族走廊的北端，青藏高原东麓之间。秦兴起后势力向西扩展，部分羌人首领"畏秦之威，将其种人附落而南，……与众羌远绝，不复交通。其后子孙分别各自为种，任随所之，或为牦牛种，越巂羌

是也；或为白马种，广汉羌是也"①。这些羌人即沿上述民族走廊南下，以后逐渐与当地民族融合。自然并不排除秦兴起之前，已有羌人游牧于走廊之南的一些地区。

云贵高原东缘乃是广西山地、丘陵和平原地区，地势低，气候湿热，自古就是百越民族及其他民族分布的地区。《汉书·地理志》注引臣瓒的话说，"自交趾至会稽七八千里，百越杂处，各有种姓"。就是说自今越南北部经广西、广东、福建至浙江，都有越人各部杂居共处，支系却又不同，各有种姓，互不统属，因而被称为"百越"。然而百越的分布并不止此。公元前214年，秦始皇以武力平定岭南越人地区将其纳入郡县制度管理，在南越地区（今广东）设立南海郡，在西瓯、骆越地区设立桂林郡和象郡。值得注意的是，象郡的区域竟然包括今贵州乌江以南的广大地区，把这块地区也视作越人分布地区。秦朝灭亡，秦南海郡守赵佗建立南越国时，其疆域包括了整个三郡。换句话说，南越国的疆域其政治影响仍然达到了云贵高原贵州乌江以南的地区。我们说百越稻作文化的延伸，意味着越人在稻作文化延伸的地区有所活动。但这并不意味着百越民族及其文化是后来才迁移扩展到云贵高原上去的。例如今贵州乌江以南和云南滇池地区，考古工作者都曾发现具有越人文化特征的新石器文化遗址。② 这说明云贵高原的某些生态环境是适宜于百越文化延伸和扩展的。换句话说，这并非单纯的文化传播，而是在新石器时代即有越人先民生活在云贵高原，创造了自身的本土文化，但是它属于百越稻作文化的组成部分。

至于属于中原地区的华夏 —— 汉文化，秦汉时期由于推行郡县制度，有利于华夏 —— 汉文化向西南地区扩散。汉族移民和郡县官吏带到少数民族地区的是封建制度和礼俗以及较先进的生产技术。另一方面，汉族移民，有的由于政治、经济以及通婚等多种原因而变成当地少数民族，史书中记载颇多的所谓"变服从俗""变礼投簪"就是这一情况的反映。汉族中融合了少数民族成分，少数民族中也融合了汉族成分，少数民族彼此间也有互相融合的情况，这些就形成了民族文化的交融。

① 《后汉书·西羌传》《后汉书·西南夷传》。

② 贵州省博物馆：《夜郎故地上的探索》，载《文物考古工作三十年》，文物出版社1979年版。阚勇：《试论云南新石器文化》，载《云南省博物馆建馆三十周年纪念文集》，1981年《云南省博物馆》编印。

四、历史民族学的共时和历时研究

古今互证研究等方法，有利于理清云贵高原民族和文化的复杂性和多样性。

上述三大文化在云贵高原的延伸和接触，造成民族的复杂性和多样性。其中由中原和其他地区进入的汉族和汉文化地区是比较容易分清楚的，但由北方民族走廊进入高原的以羌人为代表的游牧文化和从东面和东南面进入高原的以越人为代表的稻作文化地区，由于这两种文化的创造者支系众多，缺乏统一的自称，在分布上各有聚居区，而又与他族交错杂居，因而在族系上出现混乱现象。历史民族学要对这种混乱现象进行研究和澄清，就有赖于历史民族志的资料，而《史记·西南夷列传》如上所述，可以说是当时最好的历史民族志著作。该书说："西南夷君长以什数，夜郎最大；其西靡莫之属以什数，滇最大；自滇以北君长以什数，邛都最大；此皆魋髻，耕田，有邑聚。其外西自同师以东，北至楪榆，名为嶲、昆明，皆编发，随畜迁徙，毋常处，毋君长，地方可数千里。自嶲以东北，君长以什数，徙、筰都最大……此皆巴蜀西南外蛮夷也。"

拿这段重要史料进行横向的对比，可以看出，所谓"西南夷"乃是"巴蜀西南外蛮夷"，这说明司马迁以巴蜀为立足点，指称巴蜀西南的少数民族，反映出秦汉以巴蜀为根据地，经营巴蜀西南民族地区的实际状况，而且重要的是他把这些民族的生产、生活和文化做了概括的描述。司马迁在有关纪传中又进而把"西南夷"划分为"西夷"和"南夷"。[①] 我们从历史民族志的角度来分析，上述"西南夷"中可以分为两个族群，一个是头上挽髻，耕种田地，住村落邑聚，过定居生活的夜郎、靡莫和滇等族；一个是头上梳发辫，没有村邑，没有君长，过着随畜迁徙的游牧生活的嶲、昆明等族。《西南夷列传》又说，汉王朝平定"南夷"夜郎国后，设立牂牁郡，夜郎王就派人入朝天子，可见夜郎等族属于"南夷"。再从贵州乌江以南古代夜郎地区和云南滇池等地的考古发现来看，不仅新石器时代文化遗址出土器物中表现出典型的越文化特征，如有肩石斧、有段石锛及印纹陶器，而且进入青铜时代的

---

① 《史记·西南夷列传》《史记·司马相如列传》《史记·平津侯主父列传》等。

器物也表现出百越文化特征，如农耕邑聚、龙蛇崇拜、文身习俗、椎髻发式、竞渡风俗、楼居干栏等等。既然"南夷"的夜郎、滇濮等族属百越族群，那么具有与羌族相同的游牧文化的巂、昆明等族，就应当是"西夷"了。汉武帝在越巂羌分布的"西夷"邛都（西昌一带）等地设置越巂郡也可证明这一点。

应当指出的是"南夷"与"西夷"是一种地理方位的划分，但却直接涉及族群的归属和分布。我们把"西夷"视作氐羌族群的民族，把"南夷"视作百越族群的民族，无疑是有道理的。但还应注意到云贵高原上各族存在着交错杂居的状况。族群和地区方位有关乃相对而言，更确切地说，"西夷"地区以氐羌族系为主，"南夷"地区则以百越族系为主。滇池地区和洱海地区则正是氐羌和百越两大族系和两大文化区接触交汇的中心地带。晋宁石寨山滇人青铜器上的战争和俘虏场面，反映出战败者和战俘总是被发的巂、昆明人，他们和椎髻的滇人的服饰明显不同。

如果我们把不同历史时期有关民族志的资料做纵向的对比，情况就更清楚。晋人常璩所著《华阳国志·南中志》开头一句话便做了明确的概括："南中在昔盖夷越之地，滇濮、句町、夜郎、叶榆、桐师、巂唐侯王国以十数。"魏晋时的南中，相当于秦汉时的西南夷地区。学术界一般认为"越"指百越诸族，"夷"指氐羌各部。滇濮之濮乃越系民族，[①] 与句町、夜郎族系相同，叶榆、桐师、巂唐则属于氐羌族系民族。这里仍是除汉文化以外的两大族系及其文化。

两大族系及其文化既明，那么他们和今天云贵高原各民族的关系怎样呢？要回答这个问题，我们得求助于语言学和民族志进行古今互证的对比研究了。

首先，从语言学方面举例来说。由于篇幅有限，我们各举一个有力的例证。

关于羌人和今天民族的源流关系：汉代的白狼、槃木、唐蕞等羌人部落分布在牦牛羌（在越巂郡）以西。东汉明帝永平中（58—75年），益州刺史朱辅上疏谓："白狼王唐蕞等慕化归义，作诗三章。…… 远夷之语，辞意难正 …… 有犍为郡掾

① 关于濮和百越的关系，笔者认为历史上凡分布在云南澜沧江以东广大地区的濮人，虽名为濮，实际属于百越族系；而居住在云南西部边疆的部分濮人则不属于百越族系，而为今南亚语系孟高棉语族部分民族的先民。详见拙著《古代云贵高原的濮、僚族及其和百越的关系》。

田恭，与之习狎，颇晓其言，臣辄令讯其风俗，译其辞言 …… 帝嘉之，乃下史官，录其歌焉。"这三首歌就是有名的《白狼歌》。[1] 关于对《白狼歌》的研究，首先是丁文江于1936年发表《白狼歌》，认为是彝语。此后，杨成志、王静如、马长寿、董作宾、方国瑜及陈宗祥等均做了有关的研究论述。一般均认为白狼语属汉藏语系藏缅语族彝语支的语言。方国瑜进而指出白狼语属彝语支的纳西语。[2] 可见古代的羌族和今日彝语支各族具有族源关系。

关于百越和今天民族的源流关系：有关古代越语的资料今天保留下来的虽然不多，但语言学家从下面几方面去探索，却取得了很好的成果。首先，汉语方言区中的粤语、吴语、闽语等方言区为古代百越民族的分布地区，这些方言的特点很可能反映出百越民族被同化后在语言上残存下来的遗迹，或称为方言的底层。如粤语中的"ni"等。其次，从有关史籍如《吴越春秋》《越绝书》《说苑》、杨雄《方言》等对越语的一些零星记载，我们再进行对比研究，说明百越民族不仅有共同语言，且和壮语有密切关系。西汉刘向所著《说苑》一书中的《善说》篇，记述了春秋时期楚国令尹鄂君晰在游船上通过翻译欣赏越人舟子唱歌的故事。书中记录的越族舟子之歌，既有汉字记音，又有音译。壮族语言学家韦庆稳对这首歌进行了深入研究，发现越人歌与壮语具有一定的关系。第一，用韵方面，腰脚韵互押与壮歌相同。第二，歌中大部分词语能在现代壮语中找到。第三，语法差异不大，主谓、动宾、壮谓等词组的语序，与现代壮语基本相同。[3] 这就说明壮侗语族各民族如布依、侗、傣、水、仫佬、毛难、黎等，和壮族一样与古代越人具有族源关系。事实上，今天壮侗语各民族分布的地区，也是古代百越民族的分布地区。由此可见，古代的百越和今天壮侗语族各民族具有源和流的关系。

其次，我们再从民族志的角度做一个概括的比较。

古代羌族中如《后汉书·西羌传》所记之先零羌实行父子连名制，如滇零——

① 《后汉书·西羌传》《后汉书·西南夷传》。
② 李绍明：《康南石板墓族属初探 —— 兼论纳西族的族源》，载《思想战线》1981年第6期。
③ 韦庆稳：《试论百越民族的语言》，载《百越民族史论集》，中国社会科学出版社1982年版。

零昌。唐代南诏王国的王族亦行父子连名制，如皮逻阁 —— 阁逻凤 —— 凤伽异 —— 异牟寻等，南诏王室属今天彝族先民。今天彝语支各族仍行父子连名制。羌人实行火葬，《荀子·大略篇》说："氐羌之虏也，不忧其系垒也，而忧其不焚也。"唐代党项羌同样是"死则焚尸，谓之火葬"[①]。南诏也实行火葬。今天大小凉山的彝族仍然实行火葬。在经济生活方面，羌人实行游牧经济，汉代滇西的巂、昆明实行游牧经济，今天的彝族，特别是许多山区的彝族仍以畜牧业作为一项重要的副业。凡此都足以说明，古代的羌族和今天的彝语支各族具有族属的源流关系。

再说越族。如果从今天壮侗语族各民族的一些共同的文化特征来考察，也足以说明他们和古代越人具有历史渊源关系。

古代越人善种水田，今天的壮侗语族各民族也以种水田著称，而且具有久远的经营水田农业的历史。

铜鼓是百越文化的重要内容之一，而岭南地区较早铸造铜鼓的就是壮族的先民骆越、俚、僚。壮族地区铜鼓的铸造一直延续到明清时代。布依、侗、水、傣民族也都有使用铜鼓的悠久历史。国内出土铜鼓的地方，大都是在这些民族分布的地区。当然，后来使用铜鼓的已不限于壮侗语各族，例如苗、瑶和佤族也有使用铜鼓的。

古代越人居住的地区湿热多雨，有住"干栏"的习惯。今天壮侗语各族居住环境大致相似，不少民族仍然保留这种住房的习惯。

古代越人有文身之俗，今天在傣族和黎族中仍然可以看见。

这些文化特征，如抽出某一项来看，在某种意义上可以说是地区特点，如居住干栏的并不只限于壮侗语族的民族，但综合起来做全面比较，则只有壮侗语族的民族和古代越人一样，具有上述的各文化特征。

---

① 《旧唐书·党项传》。

五、结束语

以上旨在就中国西南（云贵高原）民族研究，探索历史民族学的研究方法。历史民族学在研究中由于有时受到历史民族志等资料的局限，往往和考古学以及语言学的研究相结合。历史民族学的研究，有助于认识和理解现代有关各民族的族源、历史、社会、经济和文化，因而它的研究应当是着眼于过去而又面向现在和未来。

在研究方法方面，首先要注意到：云贵高原具有多生态环境、多民族和多文化以及具有悠久的历史和复杂的民族关系的特点。因而在方法上应具有以下着重点：（1）共时与历时研究相结合；（2）民族传统文化与生态环境研究相结合；（3）文化变迁与民族关系的研究相结合。

由于云贵高原所具有的上述几个特点，从而成为中华民族远古的三大文化延伸、接触和交融的地区，它在中华民族文化发展史上具有其特殊地位。由是形成云贵高原少数民族和文化的复杂性、多样性。历史民族学在理清这种复杂性方面具有其一定的作用。

使用上述的研究方法加以古今互证，可以明确指出：云贵高原三大文化中，除汉族及汉文化外，以游牧文化为特点的氐羌族群和今天汉藏语系藏缅语族特别是其中的彝语支各族，具有族属渊源关系。以稻作文化为特点的百越族群和今天汉藏语系壮侗语族各民族具有族属渊源关系。

民族学中国化与中国民族地区现代化

多少年来，"学以致用"这个优良传统不知激励着多少中国学人，以其所学服务于社会。中国民族学者自不例外。民族学是一门应用性很强，并具有强烈时代感的学科，它在实际应用中，随着社会的前进而不断发展和创新，而民族学者则从学用结合的精神出发，为社会做出贡献。

由于中国是一个包括汉族和55个兄弟民族在内的、具有多元文化的国家，中国的历史与文化是各民族共同创造的，因而把中国各民族及其文化首先是少数民族作为研究对象，应是中国民族学的主要任务。

为了更好地为兄弟民族的现代化建设服务，中国的民族学研究应当密切联系中国民族的实际情况，从现实生活中发现问题、研究问题。那么中国民族的实际情况有哪些基本特点呢？

一、中国民族情况的基本特点

中国民族的实际情况，就整体而论可以概括为以下三个基本特点：

1. 历史上形成了民族构成上的多元一体格局

"在中国疆域里具有民族认同的十一亿人民。它所包括的五十多个民族单位是多元，中华民族是一体。"[①]

这样的民族构成绝非偶然，而是长期以来各民族共同生活在一个国家里，彼此

[①] 费孝通：《中华民族多元一体格局》，中央民族学院出版社1989年版，第1页。

接触、混杂和融合，形成这样一个你中有我、我中有你而又各具个性的多元统一体。特别是近百余年来，在反抗帝国主义的侵略斗争中，巩固和发展了中华民族的认同意识和民族凝聚力。今天中国各民族之间，出现了平等、团结、互助的关系。但这并不是说历史上民族歧视的现象已经完全消失了。在改革开放的今天，一方面民族地区的面貌日新月异，另一方面，在迅速前进的过程中，新的问题随之产生，而且这些问题有的涉及汉族和少数民族之间的关系。一个人口超过10亿的汉族和人数较少甚至很少的55个兄弟民族长期共同生活在一个国家里。具有这样民族构成的国家，在世界上是独一无二的。中国的民族学者应当时刻考虑到这一独特的民族构成，从而有利于妥善解决在前进过程中涉及的民族关系问题。

2. 地域上多种生态环境与多元民族文化的交互作用

我国地域辽阔，存在着不同的生态环境，构成各民族不同的生存空间。历史上各民族为适应和改造他们所处的地理生态环境，创造出各具特色的传统文化。举其要者如：①北方和西北游牧兼事渔猎文化区，以蒙古、哈萨克、鄂温克等族为代表；②黄河中下游旱地农业文化区，发展为华夏–汉文化；③长江下游及其以南的水田农业文化区，发展为越文化，古代的百越与今壮侗语各族具有族源关系；④湘、桂、滇、黔山区的耕猎文化区，发展为苗、瑶、畲等族文化；⑤青康藏高原以耐寒青稞及畜养牦牛为特点的农牧文化区，发展为藏文化；⑥河西走廊至准噶尔、塔里木盆地边缘的绿洲人工灌溉农业区，发展为颇具特色的维吾尔等族文化；⑦西南山地火耕旱地农作兼事狩猎文化区，发展为独龙、怒、景颇、佤等适应亚热带山区环境具有一定共性而又各有特点的文化；⑧海南岛五指山区的黎族和台湾的高山族，也都有各具特色的文化创造。如此等等。①

必须指出，民族传统文化与地理生态环境的相互关系，是调适还是冲突，直接影响各民族的发展和繁荣。在今天的现代化建设中，既要发扬优良的传统文化为现代化建设服务，又要扬弃不利的文化因素，对多种生态环境和多元文化相结合的研

---

①　宋蜀华：《人类学研究与中国民族生态环境和传统文化的关系》，载《中央民族大学学报》（哲学社会科学版）1996年4期，第64–65页。

究显然是必要的。

　　3.民族社会的多结构状态

　　中华人民共和国建立时，中国各民族的社会经济发展极不平衡，总的说来，具有以下几种类型：

　　（1）约有60万人口的少数民族地区，在不同程度上保存着生产资料公有、共同劳动、平均分配、社会结构具有氏族、部落或农村公社特点的原始公社制的残余。

　　（2）约有100万人口的民族地区保留着奴隶制度，奴隶主和奴隶是两个主要阶级，但又通过森严的等级关系表现出来。

　　（3）约有400万人口的民族地区，还保持着封建农奴制度。农奴主的政治统治，在有些地区表现为政教合一制度，在有些地区则表现为土司、土官制度。

　　（4）在大多数少数民族地区，共约3000万人，封建地主经济已占统治地位，有的还不同程度地发展了资本主义经济成分。

　　上述中国民族情况的基本特点，都是历史形成的。像中国这样一个历史悠久，民族关系复杂而又地区差异极大的复杂社会，要对它进行民族学或文化人类学的研究，为现代化建设服务，必须认真探索什么是更有效的研究方法。

二、方法论的探索和研究方法中国化

　　关于民族学或文化人类学的研究方法，一般说来，不同学派的学者，其研究的视角和着重点往往受到学派观点的影响。例如传播学派的学者通过比较研究，认为墨西哥古代玛雅文化的金字塔，乃因文化传播而导源于埃及金字塔。其实二者虽然外形有些相似，但却各有不同的功能。一般人类学者并不认为二者同源。又如认知人类学者认为文化是行为的蓝图，或一套行为规范和"语法"，人类学者的责任是译解它。心理人类学者则从跨文化角度研究文化与人格形成的相互关系和作用。虽然，三者研究的着重点不同，然而跨文化比较研究和社区研究等作为一般的研究方法，对不同学派都有其实际意义。这对中国学者也不例外，但却有不足之处。这是由于西方传统的民族学和文化人类学的一些概念和方法，主要是从研究比较简单落后的、且自身无文字记载的民族社会发展而来，因而多注重横向的比较研究而忽视历史的、纵向的探索，这和中国民族社会的实际情况具有明显的差异。[①] 中国的民族学研究要为现代化服务，必须符合中国的国情，结合中国民族的实际情况，才能植根于中国土壤，换言之，必须中国化。在中国化过程中，通过继承（中国固有的经验）、引进（对我们有用的经验）和创新，如能有所前进，引出新的方法论，则不仅是单向的中国化，且可对世界民族学和文化人类学研究复杂社会提供经验。

　　上述中国民族情况的基本特点，给中国民族学研究在方法上带来下述的特点和着重点。同时还应看到，民族是个历史范畴，有其发生、发展和演变的规律，民族文化也是发展变化的，因而在研究中必须持动态的、历史发展的观点，并注意到几个方面的"结合"。

　　第一，纵横研究相结合，即对研究对象进行纵向与横向即历时性的（diachronic）与共时性的（synchronic）研究相结合的观点和方法。前者可以就研究对象进行纵深的探索；后者可以对生活于不同环境下的民族及其文化做横向的比较研究。但这里要强调的是，对一个民族及其文化做横向的或现状的比较分析，应当尽可能地和纵向的或历史的探索结合起来。因为民族文化有其自身的发展过程，特别是在我国悠久的历史中，各民族的历史发展互相影响，因而民族关系的影响和纵横结合的研究不容忽视。[②]

　　1953年达斡尔人民族成分识别问题的研究，就表明纵横研究相结合的方法是行之有效的。

　　当时达斡尔人约有5万人，主要分布在黑龙江省（2.5万人）和内蒙古自治区（2万人）交界的嫩江流域一带，新疆塔城还居住着千余人。20世纪50年代初，黑龙江和新疆两省的达斡尔族均建立了自治地方。但内蒙古自治区的达斡尔人究竟是蒙

---

　　① 宋蜀华：《中国的民族学研究必须和历史学紧密结合》，载《民族学研究》第1集，民族出版社1981年版。

　　② 参看拙著《中国民族学研究的纵横观》。

古族的一支还是单一民族，却不清楚。包括民族学者在内的调查组从现状到历史源流进行了深入的调查研究。从语言特征看，达斡尔语虽属阿尔泰语系蒙古语族，但已发展为独立语言，不同于现代蒙语。经济生活方面，达斡尔人以农业为主，虽然畜牧占较大比重，但定居放牧，不同于蒙古族以游牧为主。社会组织方面，达斡尔人有以"哈拉"（老氏族）、"莫昆"（新氏族）为单位的氏族组织遗留。此两词均为满–通古斯语各族所共有，而蒙古族并无此制。宗教方面，达斡尔人信仰萨满教，蒙古族则信仰藏传佛教。至于民族名称也是显然不同的。然而在生活习俗方面，却有不少类似之处。再从历史渊源来考察，主张达斡尔人是蒙古族一支的历史依据，是在族源上达斡尔和蒙古族可能同出一源。但大量史料说明，两族各有聚居区，关系疏远，语言上已形成自己的特点。另一方面，16世纪初，达斡尔人与讲满–通古斯语的索伦人密切相处，政治上则受制于满族统治者，但仍保留了自己的民族文化特点。在近400余年的历史发展中，达斡尔人已形成单独的族体。再从民族意愿看，根据有广泛代表性的多次座谈会，可以说内蒙古绝大多数达斡尔人自认是达斡尔族的一部分。[①] 后经国务院批准认定他们属于达斡尔族的一部分。1958年内蒙古自治区莫力达瓦达斡尔自治旗成立，从此这里的达斡尔族享有当家作主的自治权利。

第二，宏观（macroscopic）研究和微观（microscopic）研究相结合。

在民族学研究中，对一个通常是涉及面广而且内涵复杂的问题，例如研究一个民族的社会经济结构，探索对它的整体或全面的认识，这是宏观研究的任务；对它的某些具有典型性的局部进行深入细致的调查研究，获得符合实际的认识，这是微观研究的任务。微观研究是宏观研究的基础，宏观认识则有助于微观研究的深化。二者的密切结合，才能更深入全面地认识某一民族的社会面貌。换句话说，即通过不同的微观类型的比较研究，逐步形成全面的宏观认识。

如前所述，社会改革前中国民族的社会经济发展极不平衡，呈现出多结构状态。甚至某些民族内部不同地区的社会发展也不平衡。面对此种情况，使用宏观与微观相结合的研究方法看来是必要的，且应具有动态的、历史发展的观点。下面以

---

① 黄光学主编：《中国的民族识别》，民族出版社1995年版，第192–202页。

景颇族社会经济结构的研究为例，加以说明。

社会改革前云南西部山区的景颇族，由于不同地区历史条件的差异，导致社会发展不平衡，表现为社会经济的多结构状态。对一个地区进行调查研究，无法概括说明景颇族的社会面貌。民族学者根据已经掌握的资料，选择具有一定代表性的5个地区分别进行了深入的调查研究，进而从宏观上加以比较分析，从而认识到，5个地区在发展上虽各具特点，但大体可分为两个类型：一类是包括原始公社制残余在内的前封建因素比较显著的地区，如瑞丽市雷弄、陇川县邦瓦和潞西县弄丙；另一类是原始残余较少、封建因素比较显著的地区，如潞西市弄丘和盈江县邦瓦。那么两类地区的区别是否历史上即已存在？如果不是，是什么因素使其社会发展产生不平衡呢？要回答这些问题，还必须进行现状剖析与历史探索相结合的研究。经过具体的历史探索，结果发现5个地区的景颇族在从事农业经济后，都曾经历过两个发展时期，第一个时期各地社会经济结构基本相同，只是在进入第二个时期以后才出现不平衡状态，大约开始于250年前。①

第三，民族传统文化研究与生态环境研究相结合。

如前所述，我国具有多种生态环境与多元民族文化，生态环境与文化类型关系密切。处于类似生态环境的民族，其文化创造虽各有特点，但却具有一定的共性。例如居住于草原地区的蒙古、哈萨克和部分藏族，基于草原生态环境的特点，很早以前便发展了畜牧业经济，生活方式也与畜牧经济密切相关。如多吃肉食，服用毛皮，居住毡幕，随畜迁徙，古称"行国"，形成一整套传统经济文化模式 —— 畜牧文化。虽然上述民族在服饰、帐幕、节日、习俗等物质和精神文化方面各有特点，宗教也有所不同，但都具有畜牧文化的共性。

另一方面，由于生态环境不同，处于相同社会发展阶段的不同民族，在适应和改造各自环境的过程中，却创造出不同特点的文化。例如前述居住于西藏高原的藏族和居住于亚热带河谷平坝地区的西双版纳傣族，社会改革前基本上同处于封建农奴制的发展阶段，但二者的文化面貌就显然不同。前者在生产上创造了适应高原气

---

① 详见拙著《中国民族学的纵横观》《景颇族社会经济结构的历史演变》。

候、种植青稞等耐寒作物兼养牦牛为主的高原农牧文化；后者则创造了适应河谷低地和亚热带气候的稻作文化。因而生活方式、衣食住行各有差异。

由此可见，民族传统文化的保持和发展的研究，必须和其所处的生态环境的研究相结合，如此更易取得符合实际的结果。

第四，文化变迁与民族关系的研究相结合。

笔者在前述中国民族情况的基本特点时，首先指出，中国各民族在历史上形成多元一体格局。这一格局的形成实非偶然。各民族都创造了灿烂的文化，成为中华民族文化的组成部分。各民族在相互接触交往中，不断互相影响和有选择地吸收对方的文化以丰富自己。战国时期，赵武灵王改革军事，胡服骑射，兵力强盛（《史记·赵氏家》）。这是华夏–汉文化吸收他族文化的明显事例。另一方面，由于各民族之间密切的经济、文化联系，历史上不管是哪一个民族的统治者入主中原，建立王朝，都积极吸取中原文化，自认为是中国的正统，不以外国自居。例如匈奴人刘渊所建立的汉国自认为是上承两汉，继以蜀汉，而非建立一个匈奴国（《晋书·刘元海载记》）。历代史家亦视为中国的王朝。这种现象在世界历史上是不多见的。

至于内地与边远民族地区如西南、岭南民族地区的关系，总是先发展经济文化联系，然后再建立政治关系。秦汉以来政治关系在这些地区的建立，一方面中原王朝主动推行郡县制度，另一方面，有的民族的统治者由于受内地经济、文化的吸引而主动"慕义内属"。由于有了经济文化联系为基础，政治关系的建立并非必须靠武力征服。东汉初年云南西部的哀牢人由于主动"内属"，汉王朝顺利地在哀牢地区建立了永昌郡，从而初步确立了我国在云南方面的西部边疆（《后汉书·西南夷·哀牢传》）。

历史上汉文化对云南西部一些兄弟民族文化的影响，今天仍有迹象可寻。特别是社会改革前的一些山区民族，由于生产力低，社会内部分工不发达，不会冶炼金属，所需铁器和日用百货多为汉族工匠和汉商供应。当地汉人所需农产品及山货等又多仰给于兄弟民族，从而形成民族之间的分工和互相依赖。总之，汉族与少数民族之间，大而全国，小则局部地区，在政治、经济、文化上都存在着历史上形成的千丝万缕的联系，今天各民族正共同治理这个伟大的国家。如果研究少数民族及其文化而不考虑中华民族这个多元一体的民族构成，不结合研究这种民族之间存在的相互依赖关系的影响，显然是不够的。

上述几种研究方法的着重点又都离不开纵向与横向、时间与空间相结合的观点，它是从中国民族的实际情况中引出来的，并应用于民族学的研究工作中，因而可以说具有一定的民族学中国化的性质。

三、民族学的应用与现代化

上述中国民族的实际情况，引出民族学研究在方法论上的着重点和中国化的实践。这对于民族学的应用与现代化问题的研究，自有其积极意义。在这改革开放的十余年里，中国社会正经历着翻天覆地的、迅速而深刻的变化，各民族地区的面貌日新月异。所谓现代化乃是一场深刻的文化变迁，既包括物质文化，也包括精神文化的发展变化。各民族地区社会经济结构等制度文化或社群文化方面，在20世纪50年代的社会改革中已经发生了根本性的变化。社会改革旨在变革旧制度，解放落后的生产力，这对今天的现代化具有先导作用。

一个民族社会的发展变化是无止境的，文化变迁也是无止境的。因而现代化有其相对性，不能视为一个固定的终极目标。即使实现了某一阶段性目标也不能停步，否则便会滞后。生产领域、经济领域方面实现了现代化，并不等于全面现代化，作为现代化主体的人的思想意识也应发生相应的变化，否则一个民族的现代化是难以完全实现的。任何民族的文化均非尽善尽美，均有其时代的局限性，有精华也不免有糟粕，因而在现代化过程中自会出现不协调和矛盾冲突等问题。对这些问题的研究，使用动态的和发展的观点以及上述的研究方法，看来是有所帮助的。下面仅就与民族学研究关系密切的两个问题来进行讨论。

其一，发展生产与生态平衡问题。生态环境反映一个民族的生存空间的特点。它对民族的发展繁荣和对民族文化具有长期的作用和影响。在我国民族地区现代化建设中，如不保护生态环境，不按生态规律办事，就会破坏生态平衡，其结果将破坏传统生产活动和生活方式，不利于民族的发展和繁荣。

我国绝大多数民族以农业经济为主。不同的农作物各有自身生长和繁殖的规律，且有明显的地区性和季节性。因而农业生产必须注意因地制宜，因时制宜。如果不从各地实际情况出发，不适当地改变作物种类，破坏作物的合理布局，无视当地民族群众长期以来探索出的行之有效的生产经验，就会违背生态规律，破坏生态平衡，并且给当地民族群众千百年来形成的和生产相适应的饮食生活习惯和文化传统带来消极作用。

世代居住在内蒙古呼伦贝尔盟大兴安岭林区的鄂伦春族，他们的衣食之源取给于这片茫茫林海，住的是桦树杆搭成的"仙人柱"帐幕，过着狩猎和饲养驯鹿的生活。大兴安岭的开发，特别是现代化建设中，随着交通发展，外来人口剧增，树木大量被采伐，森林覆盖率降低，导致猎场缩小，猎源奇缺。生态环境的变化，使鄂伦春人的狩猎经济陷入困境。① 如何在现代化过程中，保持和发扬他们世世代代生活在大森林的环境中所创造出的文化优势，以跟上时代步伐，实现现代化？显然，民族学工作者在发展生产、生态平衡和传统文化的调适方面的研究，是有许多工作可以做的。

其二，某些传统文化意识与现代化的矛盾和调适问题。中国少数民族中，除回族在其形成和发展中，由于具体历史条件的影响形成了重商传统以外，一般说来，20世纪50年代初少数民族的社会发展绝大多数处于前资本主义社会阶段，自然经济比较浓厚。因而其传统文化中具有比较浓厚的非商品性意识。这种自给自足的非商品性的价值观念，表现在许多方面，与外界接触少的边远山区尤其如此，它和发展经济特别是商品市场经济格格不入。在不少农业文化区的民族中，尤其是年长的人，具有传统的安土重迁、重农轻商观念。有的认为穷人才经商，"不卖东西，也不买东西，才是真正的富有"这是典型的自给自足的经济观念！牧区中马牛羊等牲畜是财富和地位的象征，问其财富，则数畜以对。一户人家是否富裕，全在畜群大

---

① 洪时荣：《鄂伦春民族现代化的抉择》，新疆人民出版社1995年版，第44–55页。

小。因而有的人家宁愿守住这"财富"和"地位"，而不愿冒经商的风险。这种心态不利于发展牧区商品经济。

上述这些观念和发展市场经济显然是格格不入的。市场经济有赖于完善的立法和法制观念。然而在一些民族地区，却远非如此。社会改革后，旧制度虽已废除，但它对人们思想意识、的影响却不同程度地存在着。例如过去凉山彝族之间发生纠纷，由家支头人按习惯法处理。社会改革后，家支解决纠纷的现象大为减少。然而近年家支制度的影响又有所抬头，家支中有影响者往往出面裁决各种纠纷，甚至包括刑事犯罪问题。彝族群众中不少人信家支而不信法律。他们说："政府解决管一时，家支解决管一世。"[①]

非经济性的消费观念也反映在生活习俗上。云南边远山区某些少数民族，由于原始平均主义观念的某些影响，村民之间有物共享被视为美德，分配上不斤斤计较劳动报酬。牧区由于地广人稀，草原上并无旅舍，陌生人投宿，好客的牧民多有供应食宿不取报酬之俗，一些客商也就白吃白住。这些观念都不利于商品经济的发展。

宗教方面，过去有些信仰原始宗教的民族，为了获取社会地位或祈求医治疾病，普遍存在着杀牲祭鬼的习俗，视祭典活动的规模或疾病的严重程度，杀鸡、猪或牛祭祀。有的人家举办一次大的祭典，杀牛数头至十数头不等，获得了地位，但长期积蓄的财富，转眼付之东流。这对社会财富的积累亦极为不利。社会改革和医药卫生条件改善后，此种现象大为减少，但在人们头脑中此种习俗的影响仍然或多或少存在着，而且见于行动。

总之，在少数民族地区现代化过程中，社会变迁的障碍一般说来并非物质文化，而是长期形成的精神文化中不利于现代化的传统观念和习俗。转变观念，移风易俗仍然是一项长期任务。民族学的研究工作在这方面是大有可为的。

---

① 宋蜀华主编：《民族学与现代化》，中央民族大学出版社1994年版，第38页。

四、结束语

以上旨在说明民族学是一门应用性很强的学科。为了更好地发挥它的应用性，为中国各民族首先是为少数民族的现代化服务，民族学的研究必须密切结合中国民族的实际情况，从现实生活中发现问题、研究问题。中国民族的实际情况可以概括为三个特点：第一，历史上形成了民族构成上的多元一体格局；第二，多种生态环境与多元文化的交互作用；第三，社会改革前民族社会的多结构状态。

上述三个基本特点都是历史形成的。在中国这样一个历史悠久、民族众多、关系复杂而又地区差异极大的民族社会，要更好地对它进行民族学或文化人类学的研究，必须从上述三个基本持点引出方法论上的特点和着重点，即方法论上的中国化。这些方法是：第一，纵横研究相结合，即对研究对象进行现状剖析和历史探索相结合的方法。第二，宏观研究和微观研究相结合，后者是前者研究的基础，前者有助于后者研究上的深化。但二者必须紧密结合，才有助于全面深入地得出符合客观实际的结论。第三，民族传统文化研究与生态环境研究相结合。各民族在适应和改造他们所处的地理生态环境的过程中，创造出各具特色的文化。因而民族传统文化的保持和发展的研究，必须和其所处的地理生态环境的研究相结合。第四，文化汇聚和扩散的研究与民族关系的研究相结合。各民族在历史发展中形成了多元一体的民族构成和密切的相互影响的关系，研究少数民族及其文化必须考虑到这种民族关系的影响。

最后，从中国民族学研究的着重点出发，就发展生产与生态平衡问题和某些传统文化意识与现代化的矛盾和调适问题进行了讨论，指出民族学的研究在少数民族现代化中是大有可为的。

生态人类学与中国民族传统文化

人类学中的生态人类学（Ecological Anthropology）或称文化生态学（Cultural Ecology），是应用人类学的一个分支学科，它与民族生态环境和传统文化的研究有密切的关系。

所谓生态环境，是指地球上生命系统和环境系统在特定空间的组合。换言之，即生物（包括动植物和微生物）因素之间，以及生物因素与非生物因素（如气候、水、土、阳光等）之间，存在着的相互依赖和相互制约的关系。这些相互作用的因素，在自然界中构成各种有机联系的整体，即所谓"生态系统"，如江、河、湖、海、草原、森林、农田等均为不同的生态系统。系统内各因素之间保持着一定的相对平衡关系，进行着正常的物质循环和能量交换，此种现象即是"生态平衡"①。地球上一切生物都生存在于一定的自然环境中，人也在一定的自然环境中生产和生活。适应和改造环境所创造的文化包括物质文化和精神文化，均与其所处自然环境有关，无不受生态平衡规律所制约，因而保护生态环境，人们的生产、生活以及文化创造才能顺利进行，否则就会受到影响，甚至带来人为的灾祸。

我国是一个多民族、多种生态环境和多元文化的国家，正确处理三者之间的关系，择善而从，对促进各民族的发展进步，适应现代化日新月异的步伐，显然具有现实意义。因此，对生态人类学的研究，也是具有积极意义的。

---

① 林耀华主编：《民族学通论》，中央民族大学出版社1990年版，第463–466页。

一、什么是生态人类学

　　生态人类学着重研究人类群体与周围环境间的关系，它把人类社会和文化视为特定环境条件下适应和改造环境的产物。因而研究人类与生态环境相互影响的特点、方式及规律，并寻求合理地利用和改造生态环境，以及从生态学角度研究民族共同体的形成、发展及其和所处自然生态环境之间的关系，便成为生态人类学的研究对象。它的重要研究内容包括：人类对环境的生理与形态的适应，人口与生态环境之间的关系，营养结构与人类体质状况，资源的合理开发与充分利用，以及从不同人类群体的谋生手段出发，探讨自然资源开发与生态系统循环的关系，生态和文化的相互渗透和影响，揭示生态系统的运行规律和寻求保护生态平衡的正确方法，等等。

　　生态人类学的研究可以是历时性的（diachronic），即不同时间的；也可以是共时性的（synchronic），即同一时间的。前者可以就一个民族群体进行纵深的研究，后者可以横向比较研究生活于不同环境下的不同群体。这里要强调的是，对一个民族的纵向的或历史的研究，应当尽可能地和横向的或横切面的剖析结合起来。因为民族文化都有其自身的发展过程，特别是我国具有悠久的历史，各民族的历史发展互相影响，因而民族关系的影响和纵横结合的研究不容忽视。在国外，这个领域的研究者还有一个共同的观点，即把人类文化看作一个对环境的适应性的体系。关于此点，我认为不能仅仅强调适应，还应强调改造。固然，当人类远古时期生产力很低下，主要是适应环境，以求生存，因而生态环境类似而地域并不相连，且社会发展水平相似的民族文化模式，具有不同程度的共性。此点为生态人类学倡导者和代表人物、美国人类学家斯图尔德（Julian Steward，1902 — 1972）所十分强调。[①] 但我们还应该强调的是，当人类社会生产力水平逐步提高，改造环境以满足人类需要的能力逐步增强，适应的比重就逐渐降低了，因而不能只强调适应。

---

　　① Serena Nanda. Cultural Anthropology, Chapter 3. Wadsworth Publishing Company, Belmont California, 1987.

虽然"生态人类学"一词在20世纪50年代以后才开始使用，但法国人类学家和社会学家莫斯（Marcel Mauss，1872—1950）和英国社会人类学家伊文斯–普里查德（Edward Evans-Pritchard，1902—1973）早已对生态人类学涉及的内容进行了研究。例如莫斯根据民族志资料，指出因纽特人（爱斯基摩人）的社会生活因环境因素的变化，而在冬季表现为集中，夏季表现为分散。此点类似我国牧区因季节变化影响畜群活动，人们也相应地在生产和生活上开展不同的活动。

20世纪50年代生态人类学在美国的兴起，和新进化论的流行有密切关系。以摩尔根为代表的进化论派，在20世纪初，其影响在其他学派的不断抨击下几乎消失了。但到30年代，美国开始出现一些维护和提倡进化论的学者，主要代表人物是怀特（Leslie Alvin White，1900—1975）和前面提到的斯图尔德以及他们的弟子等。他们不仅在著作中宣传进化论思想，且与反进化论的学说进行辩论，怀特并再版了摩尔根《古代社会》一书，因而被其他人类学家称为"新进化论者"。

怀特早年在纽约布法罗大学教书时，由于同塞内卡（Seneca，是摩尔根曾研究易洛魁人的地方）印第安人联系密切，在研究中，他深入地阅读摩尔根的著作，逐渐认识进化论的正确性，肯定了摩尔根的社会进化原则，他认为技术–经济是文化进化的决定因素，否定摩尔根关于人类进化中心理作用的观点以及家庭进化的某些理论。由于不少人类学家对摩尔根和进化论进行了重新估价，1958年美国人类学家赫斯科维茨（M.Herskovits）在就任美国人类学会主席的讲话中，公开为摩尔根恢复了名誉，承认他对人类学所做出的贡献。[①] 怀特于1964年当选为美国人类学会主席。

斯图尔德在20世纪30年代对肖肖尼（Shoshoni）印第安人进行了研究，并研究了魏德福（Karl A.Wittfogel）关于灌溉农业的理论，使他走向进化论。他主张社会发展的连续性，但并不专注于社会发展中存在的普遍现象，认为任何文化因适应特定的生态环境而表现出地域性变化，从而提出了文化生态学（即生态人类学）理论。他对东西半球五个最早的文明区即美索不达米亚、埃及、中国、秘鲁和墨西哥进行比较研究之后，认为灌溉和治理洪水等治水技术与深耕细作的农业制度，对五个早

---

① 吴文藻:《新进化论试析》，载中国民族学会编《民族学研究》第7辑，民族出版社1984年版。

期文明区的崛起，都起了相当重要的作用，并发展了相应的社会、军事制度和宗教。他提倡的文化生态学主要研究文化制度适应环境的过程和由这种适应性所导致的文化习俗之间的相互适应性。他认为，文化之间的差异是由社会与环境相互影响的特殊适应过程引起的（地形、动植物群的不同，会使人们使用不同的技术和构成不同的社会组织 —— 如细石器的使用）[1]。和怀特一样，斯图尔德也把技术–经济作为文化制度中的最具决定性的因素，但他们都忽视了生产关系的反作用和一定条件下的决定作用。这里不是去全面评价他们的理论，然而在我国现代化建设的今天，应当充分重视生态人类学家所指出的生态环境与民族传统文化的关系以及科学技术对社会繁荣和发展的巨大作用。

到80年代，生态人类学仍然受到西方人类学界的重视，许多新出版的概论书籍中，都列有生态人类学的专章或专节。由美国人类学家Serena Nanda主编的《文化人类学》（1987年第三版）中明确指出："生态人类学是当代人类学中占主导地位的学说之一。"[2]

二、中国的生态环境与民族文化

如前所述，中国是一个多民族、多种生态环境和多元文化的国家。经过几千年的发展，我国在民族构成上已经形成多元一体格局，即"在中国疆域里具有民族认同的十一亿人民，它所包括的五十多个民族单位是多元，中华民族是一体"[3]。由于我国地域辽阔，地理生态环境复杂多样。人们生活于不同的地理环境，在对环境的适应和改造过程中，创造出各具特色的文化。概括说来，从新石器时代起，在我国多民族文化中，就形成了下述几个主要生态文化区：北方和西北游牧兼事渔猎文化

---

① 吴文藻：《新进化论试析》。

② Serena Nanda. Cultural Anthropology, Chapter 3. Wadsworth Publishing Company, Belmont California, 1987.

③ 费孝通：《中华民族多元一体格局》，中央民族学院出版社1989年版，第1页。

区，黄河中下游旱地农业文化区，长江中下游水田农业文化区。① 以上三大文化区，除黄河中下游的旱地农业文化区为中原的华夏族所创造外，北方的畜牧业文化和南方的稻作文化，则为我国古代民族胡人和越人所创造，而且基于其经济、文化力量，各自形成了强大的政治力量。因而汉武帝在协调南北关系以加强汉帝国的国力时，他所面临的挑战，正如《汉书》所谓"北有强胡"而"南有劲越"，即有一个如何处理好上述三大文化区中游牧文化区和稻作文化区的关系问题。②

此外，在我国南方尚有山地耕猎文化区，包括部分滇黔山区、湘桂山区及武夷山区的苗、瑶、畲等民族，垦殖山田，辅以狩猎，部分低平地区间种水稻，创造出独特的文化。康藏高原有以耐寒青稞为主要作物和畜养牦牛的农作及畜牧文化区，以藏族为主创造出独特的藏文化。在西北则有经河西走廊至准噶尔和塔里木两大盆地边缘的绿洲的人工灌溉农业区兼事养牲业的维吾尔、乌兹别克等族，创造出具有特色的文化。此外有西南山地火耕旱地农作兼事狩猎的文化区，包括分布在藏南、滇西北至滇南的横断山脉南段山区的珞巴、独龙、怒、傈僳、景颇、佤、基诺等民族，他们创造了适应亚热带山区环境，具有一定共性而又各有特点的文化。海南岛五指山区的黎族和台湾的高山族，也都有各自特有的文化创造，如此等等。

如上所述，生态环境与民族文化类型的关系密切。处于类似生态环境的民族其文化创造虽各有特点，但也具有一定的共性。正如斯图尔德所指出：生态环境类似，社会发展相似，而地域并不相连，甚至相距很远的不同民族的文化模式，却具有一定的共性。另一方面，由于生态环境不同，处于相同社会发展阶段的不同民族，在适应和改造各自的自然环境过程中，却创造出不同特点的文化。

当然，生态环境与民族文化之间的关系，还受其他历史因素如民族关系等的影响，以及人们的主观能动性和客观历史条件的作用，因而二者之间的关系是相对的。

---

① 参见拙著《历史民族学与中国西南民族文化》。

② 以上关于三大文化区的论述，参见拙著《从百越及其文化发展看中华民族多元一体格局》，载费孝通主编的《中华民族研究新探索》，中国社会科学出版社1991年版。

三、发扬优良传统文化，保持生态平衡

从前面的叙述可知，生态环境反映一个民族的生存空间的特点。一个民族的部分人口，由于某种历史原因可以发生迁徙流动，但整个民族人口远离故土而他徙，这在历史上却是很少见的。民族作为一个整体，和它居住的地区是密切联系着的。共同的地域是构成民族的要素之一。因此，生态环境对民族的发展繁荣和对民族文化具有长期的作用和影响。在遥远的古代社会生产力很低的状况下，自然环境对人类社会的影响较大，人类首先是适应，"适者生存"，改造自然环境的力量十分薄弱，加之人口稀少，在此种情况下，人对自然界的压力很小，破坏生态平衡的现象自然说不上。随着人类社会生产力的提高，人类影响和改造自然界的作用增强，破坏生态平衡的现象随之增加。春秋战国时代，诸侯争雄，战争不息，农田村邑遭到大量破坏，甚至沦为废墟。老子就曾发出慨叹和警语："师之所处，荆棘生焉，大军之后，必有凶年！"[①] 这种情况反映了战争给生态平衡带来的破坏。

今天，人类改造自然界的能力虽然大为增强，然而在我国民族地区现代化建设中，如果不保护生态环境，不按生态规律办事，就会破坏生态平衡，其结果仍将给经济和传统文化带来不协调，从而破坏传统生产活动和生活方式，不利于民族的发展和繁荣。

农业是我国绝大多数民族的主要生计方式。农业的基本生产资料是耕地，劳动对象则是农作物。作物各有自身生长和繁殖的规律，依赖于一定的土壤、水分、气候、肥料等自然条件，具有一定的生长周期，且有明显的地区性和季节性。因而农业生产必须注意因地制宜、因时制宜，不可瞎指挥、一刀切。如果不从实际情况出发，乱改耕作制度，不合理地强调施肥排灌，破坏作物的合理布局，无视当地群众长期以来摸索出的行之有效的生产经验，就会违背当地自然生态规律，并违背当地人民千百年来形成的和生产相适应的饮食生活习惯和文化传统。例如

---

① 老子：《道德经》。

云南、贵州等一些少数民族地区，过去由于"一刀切"地推广双季稻，以图增产增收，而不从当地的气候、水、土等实际条件出发，结果影响了生态平衡，既达不到增产的目的，又打乱了当地群众的生活习惯。这些错误后来得到了纠正，强调因地制宜（按照生态规律）发展农业生产。这是近年农业生产得到发展的一个重要原因。

森林生态系统在保护自然界生态平衡方面占有特殊的重要地位，也是整个陆地生态系统中的重要组成部分。森林能调节气候，保持水土，防风固沙，防旱防涝，以保证农牧业生产，还能净化空气，减少污染，对促进陆地生态系统的良性循环起着关键作用。而森林本身则是国家现代化经济建设和各族人民生产和生活所需木材、毛竹、桐油、橡胶等原料的基地，它在国民经济中的重要性可想而知。然而我国却是一个森林资源贫乏的国家，20世纪50年代初，森林覆盖率仅占国土的8%，经政府大力号召和推动植树造林，后来虽增加到13%，但仍只相当于世界森林覆盖率平均水平的一半。经过各族人民的共同努力，到1977年我国建成了东北山地、四川盆地、南方山地、云南高原、西部高原以及西北内蒙古、甘、新、青、藏等，分别包括用材林、水源林、经济林、农牧防护林、高原草原畜牧防护林的18个林区。这些林区的建立，对保障自然生态环境，保障农牧业生产和促进国家经济建设都具有很大作用。

但是，随着国家经济建设的迅速发展以及执行有关政策出现的失误，使刚上轨道的林业建设遭到破坏。一些主要林区如东北长白山、大小兴安岭，直到华南的南岭山系以及海南岛林区，都不同程度遭到破坏，主要表现为乱砍滥伐，采育比例失调，严重影响这些林区的生态平衡。

内蒙古呼伦贝尔盟的兴安岭林区，占全盟土地面积40%，占全国森林面积10%，林木积蓄量占全国总量的9.5%。这片大森林是我国东北部生态系统的主要环节。20世纪初帝俄和三四十年代的日本帝国主义，对这片林区都进行过掠夺性采伐。中华人民共和国成立后，国家规定了"采伐与更新并举"的方针，情况有所好转，但这一方针并没有得到认真的贯彻执行，据说1976年到1984年间采伐量超过生长量达

80%。大片采伐过的林场没有进行次生林的培育。① 计划外的采伐和偷伐偷运，更是难以估计。这片宝贵的林区，前途殊堪忧虑。

世代居住在大兴安岭的鄂伦春族，衣食之源取给于这片茫茫林海，住的是桦树杆和树皮搭成的"仙人柱"，过着狩猎和饲养驯鹿的生活，创造出独具特色的民族文化。如今在现代化建设中，森林发生了变化，鄂伦春人的生产和生活也不得不发生变化。鄂伦春族虽然是一个只有几千人口的民族，但在长期与自然界的斗争中，他们表现出勇敢和顽强的生命力。今天他们以加倍的努力，加上政府的扶持和兄弟民族的支援，他们也和各民族一道迈向繁荣富裕之路。问题是当他们所处的生态环境发生了变化之后，现代化和传统文化之间产生的矛盾如何解决？如何在现代化过程中，保持和发展他们世世代代生活在大森林的环境中所创造出的文化优势并为当前的现代化服务？这涉及鄂伦春族及其文化的未来。这些问题自然是人类学和民族学工作者应当进行深入研究的。

再说畜牧业。我国的畜牧业生产具有悠久的历史，全国宜于发展畜牧业的地区占我国陆地面积的40%—50%，其中号称五大牧区的内蒙古、新疆、西藏、青海和四川西部，都是少数民族地区。可见少数民族地区是我国畜牧业生产基地，是大小牲畜和牛羊肉以及皮毛等的主要产区。在20世纪80年代中期，我国出口总值中，约有七分之一来自畜产品② 。由于我国草原面积如此广阔，且基本都在少数民族分布区，草原生态系统的好坏，不仅直接影响民族地区经济支柱之一的畜牧业的发展，也会给我国现代化建设带来极大影响。畜牧业赖以存在的草原生态系统在国民经济中占有举足轻重的地位。

所谓草原生态系统，就是草原植被和土壤、阳光、水分、空气等与草食动物、肉食动物以及和人类之间构成的一种复杂的交互关系和物质循环。一般说来，由于草原所处自然环境属于大陆气候，雨量稀少，气候昼夜温差较大，因而草原生态系统具有较强的适应干旱环境的能力，对草原生态环境具有一定的保护作用。如果草

① 费孝通：《行行重行行》，宁夏人民出版社1992年版，第366页。
② 黄万纶：《西藏经济概论》，西藏人民出版社1986年版，第398页。

原植被受到破坏，地下水分流失，就会造成土壤沙化，形成盐碱地以及牧草退化等破坏生态平衡的现象。

　　一般说来，在我国牧区人们取之于自然者多，回馈者少，缺乏科学管理，加之在发展生产方面的某些政策失误，牧区曾出现弃牧毁草，开垦草原，造成草原大面积破坏，严重影响牧区生态平衡。这首先表现为草原退化，其明显标志是单位面积产草量下降，毒草如醉马草、杂草增加。内蒙古草原退化草场一度占草场总面积三分之一[①]。要扩大畜牧业生产，必须根据草原载畜量的能力，而载畜量的大小又与牧草改良、科学管理等措施的效果有关，不能盲目追求牲畜的数量。如果长期超载放牧，就会使草原生态平衡受到破坏，造成草原退化，秋天牛羊吃不饱，长不上膘，冬天就易死亡。其次是草原沙化严重。"文化大革命"期间，由于政策失误，片面强调"以粮为纲"，在草原上盲目开荒，扩大耕地面积，破坏了草原植被，造成草原大面积沙化，使畜牧业生产难以正常进行。这无疑对发展畜牧业生产不利，而且直接影响牧民的生活习惯。

　　近年来调整了政策，在牧区必须以牧为主，集中力量发展畜牧业生产，同时围绕畜牧业生产，因地制宜地开展多种经营，并对草原生态问题开展研究，加强了草原建设和畜牧生产的科学管理，包括加快牧业机械化步伐。同时探索改革流通体制，搞活牧区市场。这些都是发展牧业生产所必需的。

　　在这个过程中，作为人类学工作者，必须研究现代化和民族文化的调适问题。

四、结束语

　　综上所述，在我国这样一个多民族、多种生态环境和多元文化的国家里，各民族在适应和改造他们所居住的地理生态环境过程中，创造了各具特色的传统文化。今天，在热火朝天的四个现代化建设中，各民族地区的面貌日新月异，但前进过程中的问题也随之产生，其中一个重要问题即传统文化与现代化的关系 —— 矛盾和调

---

　　① 林耀华主编：《民族学通论》，中央民族大学出版社1990年版，第479页。

适问题。两者都和维护民族地区的生态环境，亦即维护各民族各具特点的生存空间有关。因而能否顺利发展经济和发扬民族的优良传统文化，与按照各民族地区自然生态规律办事有密切的关系。当我们进行这方面的研究时，生态人类学的知识显然是有助益的[①]。

---

① 关于农、林、牧区的论述，参见拙作《社会主义建设中民族与生态环境和传统文化的关系》，载《民族学研究》第 11 辑，1995 年版。

从民族学视角论中国民族文物及其保护与抢救

民族文物是民族文化的载体，人们可以通过文物去认识和识别某一民族文化，因而民族文物也是民族文化的一种表现形式。它"是反映历史上各时代、各民族社会制度、社会生产、社会生活的代表性实物"[①]，是"反映一个民族物质文化和精神文化的遗迹和遗物，具有本民族的特色"[②]。民族文化与民族文物具有如此密切的关系，而民族学的研究对象正是族群及其文化，故本文拟从民族学的视角阐明如何认识文化、民族文化与民族文物，并对民族文物的保护和抢救做一个初步探讨。

一、文化及其特性

民族学这一学科领域对民族文化的定义和认识，各派学者见仁见智，各说不一。美国人类学家A.克罗伯和K.克拉克洪在1952年合著一书名《文化，关于概念和定义的评论》，此书列举西方世界从1871年到1951年关于文化的定义达161种。后来法国社会心理学家A.莫尔又继续此项统计，到20世纪70年代，世界文献中关于文化的定义已达250多种。[③]言人人殊，莫衷一是。其中，英国人类学家E.B.泰勒在1871年下过一个影响深远的定义："文化，就其民族志中的广义而论，是个复合的整体，它包含知识、信仰、艺术、道德、法律、习俗和个人作为社会成员所必

---

① 《中华人民共和国文物保护法》。

② 《中国大百科全书·文物博物卷》，中国大百科全书出版社。

③ 林耀华主编：《民族学通论》，中央民族大学出版社1997版，第379–380页。

需的其他能力及习惯。"① 这是第一次给文化一个整体概念而为众多的民族学、文化人类学家所接受。然而这一概念似乎有些杂乱。今天，在这一学科领域内对文化的所谓三分法则颇为流行，即按文化的内涵和性质分为物质文化、制度文化和精神文化，这和两位著名的哲学家探讨人类社会生活而对文化的认识是一致的。一位是中国的梁漱溟，他在1929年出版的《东西文化及其哲学》一书中，认为文化是人类生活的样法，即物质生活、精神生活和社会生活三大内容。一位是英国哲学家B.罗素，他说："人类自古以来有三个敌人，其一是自然（nature），其二是他人（otherpeople），其三是自我（ego）。"② 罗素的话比较俏皮，但确有道理。

人类为求生存，首先面对的第一个敌人就是自然界。为了适应和改造它，从而创造了第一种文化，即物质文化（material culture），从人类原始时代制造的最简单的旧石器如打制的石斧，到现代的高科技产品，如卫星、电脑等等都属此类。由于科技进步，人类对付自然的能力大大增强。飞机、电话、电子邮件等缩短了人们交往的距离，地球似乎变得越来越小。1951年，笔者参加西藏科学工作队，从成都经昌都前往拉萨，翻雪山，过草地，走了30多天才到拉萨。今天从成都乘飞机，不过两个多钟头即可到达。

生态环境与文化类型具有密切的相互关系。我国地域辽阔，生态环境复杂多样。居住在北方和西北草原地区的民族，基于草原生态环境的特点，在适应和改造过程中，很早以前便发展了畜牧业经济，生活方式也反映出这种经济的特点，如多吃肉食，服用毛皮，居住帐幕，随畜迁徙，故古称"行国"，形成一整套传统经济文化模式 —— 畜牧业文化。千百年来，这种传统文化虽有所演变，但其基本特点仍然保留。蒙古、哈萨克、藏（牧区）、裕固等民族，虽然服饰、帐幕、饮食等各有特色，但都具有游牧文化的共性。

江南水乡是我国古代百越民族居住的地区。他们在分布上的共同特点，即居住在平原低地和靠近江河湖海、水道纵横的地区，甚至分布在浙江、福建、江西等地

---

① 黄淑娉、龚佩华编著：《文化人类学理论方法研究》，广东高教出版社1996版，第9页。
② 李亦园：《人类的视野》，上海文艺出版社1996版，第110–101页。

区的山越和云贵高原的越人，也沿着较低平的河谷平坝居住。这样的生态环境与人们活动的交互作用，表现为百越各族在生产和生活上和水具有特殊的密切关系：善种水稻、多食水产、习水便舟、居住干栏、文身断发、龙蛇崇拜、悬棺葬俗、岩画艺术等，无不与水有关。今天和古代百越民族具有族源关系的壮侗语族各民族，和百越民族所处生态环境相同或相似，仍不同程度地反映出百越文化的特点，创造出相应的文化类型——稻作文化。

　　以上两种差异明显的文化，都是在与自然界做斗争，适应和改造生态环境的过程中所创造出来的。至于衣、食、住、行，也都属于物质文化范畴，这里就不多说了。

　　第二类文化，即罗素所说的"对他人"。人是社会的人，要生存就必然与他人有所接触，而且要做到与他人和谐共处，以维持正常的群体关系和社会生活，这样就产生一整套约束人们行为的社会规范。一个人在出生、成丁、老年、死亡、丧葬等人生的这些关口，都得按照一定的社会规范行事；又如求偶、结婚、建立家庭、离婚，夫妻、父母、子女间的行为、礼节、权利与义务以及财产关系，等等，也都有一定的行为准则，是即婚姻家庭制度。这些制度先是约定俗成，成为人人遵守的习惯法，后来用文字肯定下来的就是成文法。一切法律和规章制度，以至伦理、道德，构成一个民族社会的行为准则，用以规范个人与个人、个人与群体、群体与群体之间的关系和权利与义务等，是即所谓制度文化（institutional culture）。这是第二类文化。我国是一个多民族国家，每个民族都有自己的约定俗成的风俗习惯。尊重各民族风俗习惯，是搞好民族关系、维护民族团结所必须做到的。

　　第三类文化即所谓"对自己"或说人的主观行为。人们受外界影响而在思想感情上、认识上产生的波动、共鸣、希望、失望以及喜、怒、哀、乐等，通过不同方式吐露、宣泄和表达出来，由此创造出诗歌、音乐、舞蹈、戏剧、文学以及宗教信仰等等，是即所谓精神文化（spiritual culture）。这是第三类文化。例如诗歌就是人们对客观事物触景生情，即兴创作，以表达思想感情的一种方式，所谓形于中而发于言。唐代诗人刘长卿于一个冬夜往友人芙蓉山主人宅投宿，他独行于暮色苍茫的山径上，有感作诗曰："日暮苍山远，天寒白屋贫，柴门闻犬吠，风雪夜归人。"杜甫《后出塞》"朝进东门营，暮上河阳桥。落日照大旗，马鸣风萧萧"，则传达出军队行进中的雄壮苍凉。南宋女词人李清照，痛恨宋高宗不思进取，残害忠良，偏安江左，愤而写出："生当作人杰，死亦为鬼雄。至今思项羽，不肯过江东！"

上述三类文化在各民族的整体文化中并非互相孤立，而是在其功能的联系中，体现出文化的整体性。例如作为物质文化的生产工具的改进，是生产力提高的必要条件之一。生产力的提高则导致生产关系的调适和经济制度的改变，这属于制度文化的范畴。基于此种经济基础的上层建筑，则又会反映经济基础的性质。例如封建社会的文学，一般都带有封建社会的烙印，表现出封建社会的价值观。

这三类文化既有区别又有联系，构成一种文化体系，并表现为不同层次的文化结构，即表层、中层和深层结构。就宗教文化现象说，兹以傣族为例。云南西南边疆地区的傣族（占傣族总人口半数以上），普遍信仰南传上座部佛教，即小乘佛教。在傣族社会中几乎是每村一寺。在竹林掩映中，辉煌的寺庙和佛塔，以及菩萨、佛像和供品等，以物质文化的形式表现出来，看得见，摸得着，可称为表层文化。小乘佛教的各种仪轨、戒法、僧阶等制度，以及节日禁忌等分别规范着僧俗人众的行为和日常生活，则是以制度文化的形式表现出来，虽不可触知，但都见之于人们的行为活动，是为中层文化。至于佛教的宇宙观、人生观、天堂地狱、轮回果报等观念，既看不见，也摸不着，则是佛教文化的更深层次，属于意识形态领域。作为意识形态的深层文化虽是内隐的，但却在宗教文化中具有核心作用。例如在"文化大革命"中，民族地区大量的寺庙遭到破坏，人们原本受到宪法保护的正常的宗教活动受到禁止。然而许多人的宗教信仰却深埋心底，并不因"破四旧"（旧思想、旧文化、旧风俗、旧习惯）而被破掉。因而"文化大革命"结束后，许多民族地区出现宗教狂热，傣族村寨中被破坏的寺庙纷纷修复或新建，有的比过去更加辉煌，宗教信仰一如往昔。要解决意识形态问题，强迫命令是不能奏效的。

二、民族文物的定义与类别

本文一开始已提出民族文物是民族文化的载体，也可以说是民族文化的表现形式。然而民族是一个历史范畴，有其形成、发展、演变甚至消亡的过程。因而在民族形成以前，人类创造的文化虽是文物，却不是民族文物。例如旧石器时代的石器，是人类制造的，是考古文物，而非民族文物，因为当时民族尚未形成，自然无所谓民族文化，也就谈不上民族文物。有一种意见，认为某一民族地区发现的新石器时代遗物，就是该民族祖先所创造的，因而也就是该民族文物。这也不能一概而论，要实事求是地去进行分析研究。

1953年，笔者去青海循化撒拉族地区进行调查，着重探究撒拉族族源问题。当地黄河沿岸台地上的古代村落遗址中曾发掘出不少彩陶文化遗物，多马厂类型，被认为是蒙古人遗留下来的。但蒙古族先民创造的是畜牧业文化，并非彩陶文化；当然也非撒拉族先民所创造，因为撒拉族在元明时期才由他处移居循化。

另一方面，现在商店出售的具有民族特色的服饰，被用来展示或表演民族歌舞等，它反映了民族服饰文化的特点，但尚无历史意义和价值，也不能视为民族文物。

总之，民族文物是历史上形成的，它反映历史上各时代、各民族的物质文化、制度文化和精神文化，是具有本民族特色的遗迹和遗物。可以说，自民族产生以来，凡具有历史意义、民族特点、艺术价值和学术价值的遗物和遗迹，都是民族文物。既然是历史上的产物，是遗物和遗迹，因而是不可再造的。

民族文物又可分为有形文物和无形文物。前者看得见，摸得着，是指各民族的物质文化，举凡生产工具、生活用具，有关衣、食、住、行的一切器物、房舍，都属此类。各民族博物馆收藏的展品，大多数均为有形文物。由于建筑物、大型雕塑等所具有的固定性，有形文物中有的是不可移动的。新疆的交河古城、高昌古城，宁夏的西夏王陵，西藏拉萨布达拉宫，云南大理南诏德化碑，等等，都属此类。

至于无形文物，一般说来，涵盖了各民族的精神文化和制度文化。各民族的语言文字、文学艺术、音乐舞蹈、习俗信仰、节日禁忌、生老死葬和家庭婚姻制度，以及各种习惯法、成文法、作为一个社会人的一切行为规范等等，均属此类。藏族的《格萨尔王传》、蒙古族的《江格尔》、柯尔克孜族的《玛纳斯》、维吾尔族集说唱与乐舞为一体的《十二木卡姆》以及纳西族的大型古典器乐《白沙细乐》，都是无形文物中的精华。至于《三国演义》《水浒》《西游记》《红楼梦》以及唐诗、宋词，已不仅成为汉族文学中的经典，而且为许多兄弟民族所习颂。元朝学者萨都拉用《念奴娇》词牌填词咏南京石头城："石头城上，望天低吴楚，眼空无物。指点六朝形胜地，惟有青山如壁。蔽日旌旗，连云樯橹，白骨纷如雪。一江南北，消磨多少豪杰。……"词中表达出强烈而感染人的苍凉情绪，亦堪称无形文化中的一个典范。

1976年1月18日，周恩来总理与世长辞。清明节前后百万群众汇集在天安门广场人民英雄纪念碑前，用泪水、黑纱和无数花圈悼念总理，满腔悲愤化成缅怀周总理、痛斥"四人帮"的无数革命诗词。[①] 这些诗词风格各异，反映出作者不同的年龄和生活背景，然而篇篇都爱憎分明，战斗性强，矛头直指"四人帮"，反映了时代精神，具有深远的历史意义，因而也是极为重要的现代革命文物。

总之，民族文物是民族文化的载体，它与考古文物既有联系又有区别，它对研究民族文化史、民族经济史、民族制度史以及精神文化的诸多方面，都具有十分重要的意义。

三、民族文物的保护与抢救的方法与手段

关于民族文物的抢救与保护，仍然是一个紧迫的问题。虽然党和政府历来重视民族文物工作，20世纪50年代就开展了大规模的文物征集工作，使民族文物的抢救和保护取得了实质性的进展，各地以及民族院校建立的博物馆、文物室也征集和保护了不少文物，然而几十年的变迁，特别是"文化大革命"，在破"四旧"的运

---

① 七机部502所、中科院自动化所:《革命诗抄》，中国青年出版社1979版。

动中，大量保存在民间的民族文物首当其冲，遭受到极为惨重的破坏。由于解放前我国各民族中的绝大多数还处于封建社会的发展阶段，传统文化，主要是制度文化和精神文化，在某些方面反映出封建性是很自然的事，然而不分青红皂白地加以摧毁，实在毫无道理，若用历史上民族文物不可再造的特性来衡量，其损失更是无法估量的。

党的十一届三中全会以后，民族文物的保护工作被重新纳入正轨。1984年文化部文物局和国家民委联合召开了全国民族工作会议，对各地民族文物的抢救和保护起了极大的推动作用。

1990年，内蒙古自治区人大常委会审议通过了《内蒙古自治区文物保护条例》，该条例明确规定："在自治区境内具有民族特色、历史特点和研究价值的反映北方少数民族的社会制度、生产方式、生活方式、文化艺术、宗教信仰、节日活动等代表性的实物和场所，与少数民族的重大历史事件、革命运动和重要历史人物有关的建筑和纪念物，有重要价值的少数民族文献资料等，均属民族文物，应予保护。"而且指出："对目前处于狩猎经济、游牧经济的各个少数民族有代表性的实物，应予保护。"

尽管如此，如果按照少数民族文物工作要坚持"保护为主，抢救第一"和"有效保护、合理利用、加强管理"的方针来衡量，我们仍然还有大量的工作要做，而且是一项长期而艰巨的工作。首先，由于多年来民族文物的不断流失和遭到破坏，加之文物贩子的盗卖，因而对民族文物的底数可能是不大清楚的。其次，调查研究不够，搜集、抢救文物缺乏足够的目的性，事倍而功半。再次，应进一步加强保护文物的宣传力度，使群众对民族文物有一个清楚的认识，自觉地去珍视和保护民族文物。过去有些古老的石碑，当地群众认为从碑上敲下些石头粉末可以治病，弄得石碑伤痕累累。有的反映社会制度变化的具有重要历史价值的石碑，却被架在水沟上成为任人践踏的石板桥。上述青海循化黄河岸边台地上出土的彩陶罐，有的被用来作为淋浴盛水的罐子。家谱是反映民族社会和人口迁徙流动以及民族关系的一个重要侧面，具有重要的历史价值，然而在反对宗教迷信活动中大量被毁，那些保存有家谱的人家也讳莫如深，不愿让人知道。如此等等，都说明对民族历史文物宣传不够，认识不够，因而也就不去重视和保护，更谈不上抢救了。

搜集和抢救民族文物，并非简单的购买、交换、借用以至赠送的问题。首先必须和实地调查研究结合起来。要到某一民族地区搜集文物，应先深入了解该民族的传统文化，了解其在物质文化、制度文化和精神文化方面的特色、意义、功用及其发展变化。在这里，民族学的田野调查方法是值得参考的。如果民族学的田野调查研究与民族文物的抢救和搜集工作结合进行，则可取得更好的效果。利用民族学田野调查研究方法中的参与观察和深入访谈，不仅能获取资料和信息，而且在亲自参与活动中进行观察，更能深刻地了解该件文物的意义和社会效用。例如20世纪50年代我们在景颇族地区做调查，景颇族在每年旱谷地春播破土的宗教仪式中，山官或头人先用一把竹制的手锄象征性破土，然后村民开始破土播种。原来景颇族在遥远的过去没有铁锄，竹锄是实际生活中的农具，后来有了铁手锄，取代了竹锄。这种竹手锄在我们调查的5个地区，仅在瑞丽县的雷弄山官辖区仍在使用，其他几个地区已经不再使用了，但这种竹手锄却保留在春耕播种的仪式中。直接参加春播仪式，使我们比较清楚地了解到竹手锄的文化内涵及其变化，从而有助于说明景颇族社会生产工具的变化和生产力的提高。这种具有历史意义的竹手锄，自然也就成了文物。

其次，搜集到文物必须现场登记，包括编号、本族名称、附近他族的称呼、制作材料、产地、用途、来源、收集者、收集时间等，使有关这件文物的资料一目了然，成为"活文物"。有些考古文物功用不清，用法不明，依靠民族志的活资料，对了解某些考古文物的用法就会有所启发。例如西南某些民族烧制的肚子大、口较小的陶罐，有些还带有双耳，这些陶罐在现实生活中的用途和用法，就可能对新石器时代彩陶文化中某些器物的用途和用法的解释有所启发。

再次，对无形民族文物的抢救和保护，应尽可能使用摄影、录音、录像等现代化手段加以记录。例如表现民族特色的歌唱的声调特点，世俗舞和宗教舞蹈的不同表现姿态，等等，虽有生花之笔，也难以惟妙惟肖地表现出来。如用录音、录像加以记录，则会栩栩如生地再现得十分真切。在这方面，利用影视人类学的知识和技巧是十分有益的。美国人类学家玛格利特·米德（M.Mead）较早使用电影机拍摄具有民族学学科含量的电影，即用电影形式反映民族志的内容，将其与一般的新闻纪录片区别开来，为发展影视人类学做出了贡献。

我国于1956年在全国人大常委会和国务院民族事务委员会的领导下，开展了大规模的少数民族社会历史调查工作。与此同时，各有关民族调查组组织力量拍摄反映少数民族社会形态的民族志电影，包括有原始社会残余的社会形态、奴隶制社会形态、农奴制社会形态等等。这些民族志影视片反映了有关民族在民主改革前的社会面貌，同时也是有关民族社会改革的起点，具有十分重要的历史价值、现实意义和学术意义。半个世纪过去了，今天的视听手段更为先进，更有条件抢救和保存各民族的有形与无形文物了。

关于抢救和保护属于制度文化方面的民族文物，笔者认为在过去一直是一个比较薄弱的环节。物化了的制度文化如大瑶山瑶族石牌制的石牌，西藏和云南西双版纳农奴制社会维护农奴主阶级利益的成文法，等等，还有保存下来的。然而，如前所述，各民族在解放前绝大多数处于封建社会发展阶段，制度文化的封建烙印最为明显，因而在民主改革和社会主义改造中，首当其冲。虽然如此，在改革时从这些社会的特点出发，制定相应的方针政策，以便顺利地进行改革，对它们进行研究又是十分必要的。

各民族的制度文化，除有些民族具有本民族的成文法外，大量的表现为习惯法、乡规民约、风俗习惯和各种社会制度。它们一方面规范着人们之间的道德、价值观和行为关系，即人与社会的关系；另一方面，规范着人与自然的关系，隐含着保护生态环境的作用。鄂伦春族和鄂温克族关于狩猎和保护猎场，在习惯法中具有严格的规定，不得违犯。经营山地火耕农业的佤族和景颇族，其习惯法中对砍树烧山也有严格的规定。

应当强调指出的是，地理生态环境是各民族的生存空间，在长期的适应和改造过程中，人与自然之间已形成一种可以调适的关系，这种关系通过传统文化主要是制度文化表现出来，因而有些制度文化具有保护生态环境、维持生态平衡和可持续发展的功能和作用，否则一个民族的生计方式不可能千百年地长期延续下去。由此可见，制度文化中的积极因素，应是重点发掘的对象。作为古代百越后裔的傣族，创造了稻作文化。他们和水具有特殊的密切关系，从长期的稻作农业积累的经验中，深刻地认识到没有水源就没有稻田，没有稻田就没有人们赖以生存的大米，傣族地区也就不再是鱼米之乡。因而傣族人民赕佛要滴水，过新年要泼水，称为泼水节。一年一度赛龙舟，也和祈雨、祈丰年有关，音乐、舞蹈、文学、艺术也多以水为创作题材。农村中穿插迂回、密如珠网的水利灌溉渠道以及引水、分水和用水之规范，无不体现出千百年来傣族人民与水打交道积累起来的丰富经验，保护水源便成为传统制度文化的主要组成部分。

边疆傣族在普遍信仰小乘佛教的同时又虔诚祭祀祖先，认为佛祖只管来世，今世的平安幸福要靠祖先保佑，从而认真保护祖先归宿地"竜林"。西双版纳傣族自治州有30多个大小不等的山间盆地，傣语称为"勐"，每勐均有"竜社勐"，即勐神林；600余个傣族村寨，每寨都有"竜社曼"，即寨神林，简称"竜林"。竜林即寨神（氏族祖先）和勐神（部落祖先）居住的地方，是水源之所在。竜林内的土地、水源、树木和一切动植物，都是神圣不可侵犯的。竜林内的树木不得砍伐，严禁狩猎和采集，更不能开垦土地和破坏水源。为了祈求寨神和勐神保佑人畜平安、五谷丰登，每年要定期举行隆重祭礼。

西双版纳竜林内的森林植被、物种的多样性和生态环境，在竜林崇拜的庇护下，都得到了很好的保护，与自然保护区并无二致。全州自然保护区为24万多公顷，占全州土地总面积12.7%。1958年以前，全州有竜林1000多处，总面积约10万公顷，约占全州总面积5%，相当于今天国家自然保护区三分之一强。① 显然在国家颁行保护自然环境等有关法规之前，傣族的竜林文化起到了自然保护区的作用。人们严格遵守对竜林的行为规范，使竜林起到了保持水土、涵养水源、维护生物多样性、调节雨量和温度的作用，农业生态系统获得良性循环。竜林崇拜可以说是体现

───────────

① 高立士：《西双版纳傣族传统灌溉与环保研究》，云南民族出版社1999版，第30—32页。

了傣族人民淳朴的生态观，只不过是罩上了一层宗教外衣罢了。今天，在西部大开发中，为了保护傣族地区的生态环境，恢复在"大跃进运动"和"文化大革命"中遭到破坏的竜林，发扬傣族保护森林、爱护水源的优良传统是完全必要的，但是这种环境保护意识不再依附于宗教迷信，而是建立在科学认知的基础上。

总之，民族传统文化中特别是制度文化，具有调适生态环境的功能，傣族如此，他族亦然。因此，在现代化过程中发扬此种功能，去掉其迷信成分，加强其科学内涵，使其在现代化中继续发挥作用。同时，深入发掘制度文化中的物化形式，如傣族土司发布的有关文书、春耕用水的分水器等，应是民族文物保护与抢救的重要对象。

大力发展文博事业，普遍建立民族博物馆，是保护和抢救民族文物的十分迫切的任务。无论是考古、科技、民族、民俗或其他专业博物馆，都具有收藏、保护、展示、宣传、教育和科学研究的作用。这里仅说收藏和抢救。

改革开放以后，我国博物馆事业进入了一个前所未有的发展时期。就文博系统而论，1980年有博物馆365所，藏品612万件，到1999年发展到1356所，藏品930万件。如果加上其他系统的博物馆，估计总数已突破2000所，藏品超过2130万件。① 这为文物的收藏、保护、展示和研究，创造了绝好的条件。然而其中民族博物馆却是寥寥无几，筹建了20年的"中国民族博物馆"，至今仍在筹建之中，各地民族博物馆收藏的文物也十分有限。"据粗略估计，馆藏近代民族文物约20万件，而且多为工艺品，不成龙配套。"② 这和上举我国博物馆的文物收藏数量存在的差距，实在是大得惊人了。这种状况与我国作为历史悠久、文化灿烂的多民族大国的地位是完全不相称的。在西部大开发的现代化浪潮中，在民族文物快速流失的严峻形势下，这种状况再也不能继续下去了！

---

① 李文儒：《全球化下的中国博物馆》，文物出版社2002版，第602页。
② 中国民族博物馆：《民族博物馆学研究》，民族出版社2001年版，第37页。

第四编

学科发展与队伍建设研究

中国民族学学会第四届学术讨论会开幕词

中国民族学学会学科建设研讨会，今天开幕了。这次会议是由中国民族学学会、吉林省民族研究所和延边朝鲜族自治州民委共同召开的。学会要特别感谢省民族研究所和自治州民委的合作和大力支持，使这次会议能够在这里如期举行。这里，我们热烈欢迎各位领导和各位同行到这个美丽的具有民族特色的延吉市参加这次会议。我们希望通过这次会议，有助于促进具有中国特色的马克思主义的民族学的发展和繁荣。希望同志们本着百家争鸣的精神，各抒己见，互相启发来开好这次研讨会。

我国民族学自从恢复以来，随着改革开放政策的执行，得到了显著的发展。这首先表现在不少高等院校和科研单位先后设立了民族学系、专业和研究机构，有些高等院校还设立了人类学系，从组织机构方面保证了民族学的教学和研究工作的进行。其次，专业人员在逐步壮大。各有关机构培养了一批民族学专业的本科生和研究生；有的过去搞民族学的现在重新归了队。人员方面逐步形成梯队。中国民族学学会的成立，壮大了这支队伍的声势，进一步促进彼此的联系，目前会员已达800余人，大多是专业人员，对于民族学工作的开展，具有积极的促进作用。再次，随着对外文化交流的开展，促进了我国民族学作者与国外同行的联系，包括人员往来、研究成果和资料交流，对我国民族学的发展也具有积极作用。还有，近年来发表了大量的研究成果，包括不少有影响的专著、论文、调查报告等等。我会出版的《民族学研究》也是颇受欢迎的刊物，第10辑即将和读者见面。所有这些，都为党和政府的民族工作和本学科的建设，做出了贡献。

当前我国民族地区社会主义现代化建设，给我们民族学工作者展现了前所未有的、为兄弟民族服务的大好机会。客观形势对我们的要求越来越高，如何建立和发展具有中国特色的民族学体系，应当如何加强民族学的理论建设，如何更好地培养民族学专业人才，更加成为当务之急。由于民族学是一门实践性很强的学科，研究的领域很广，从经济基础到上层建筑，从生产到生活，都有我们用武之地，但必须抓住不同时期的主要环节。

让我们回顾一下我会过去召开的几次大型学术讨论会的主题，就可以看出我国民族学体系的建立是在逐步发展的。首届全国民族学学术讨论会于1980年10月在贵阳举行。这是我国民族学恢复后的第一次大型会议。会议的主题是民族学的定义，它的研究对象、任务、范围和方法是什么，也多少涉及如何发展我国的马克思主义民族学和民族学如何为四化服务等。第二届学术讨论会是1982年9月的西宁会议，主题是民族学与现代化建设，包括社会形态研究和向社会主义过渡等问题的研究。第三届大型会议是1984年10月的南宁会议，主题是纪念恩格斯《家庭、私有制和国家的起源》一书出版一百周年。第四次则是1989年10月的北京会议，主题是传统文化与民族发展繁荣。从各次会议选定的主题，可以看出具有我国特色的民族学体系在逐步建立中，既有理论的探讨（特别是第三届学术讨论会），也有用之于实践的经验阐述和交流。因而在上述历届讨论会的基础上，结合实际的民族学研究，才能更好地为民族地区四化建设服务。也只有在实践中，具有我国特色的民族学体系才能更好地得到发展。因此，这次会议主题的提出，集中反映了我国民族学工作者的迫切要求。同志们提出这次研讨会的主题，这是符合学科发展的逻辑，也是顺理成章的。大家抱着一个共同目标到这里来，希望不吝珠玉，踊跃发言，互相启发，为更好地建立和发展具有我国特色的民族学体系而共同努力。希望在这次会上对某些方面求得共识，以利于今后的进一步完善。

在这里，我还要高兴地指出，民族学界的老前辈费孝通教授对这次会议的召开十分关心，他在百忙中慨然同意参加会议，和大家见面。由于北京方面事务缠身，无法按时前来出席会议开幕。稍后即可到达，这是对我们这次会议的莫大支持和鼓舞，他的讲话也会给大家以极大启发。

最后，这次会议的召开，我们得到国家民委、吉林省和延边朝鲜族自治州各级领导的大力支持和关怀，国家民委副主任李德洙同志不仅自筹备开始就十分关心和支持，而且在百忙中抽出时间亲自出席会议，给予指导，在此我们都表示深切的谢意。还有，中国东北朝鲜族历史协会、延边东北亚实业公司也给我们以支持和帮助，我们表示感谢。

谢谢大家。

1991年7月

中国民族学学会第五届学术讨论会开幕词

中国民族学学会第五届学术讨论会现在开幕了。这一届会议是由中国民族学学会和四川省民族研究所共同举办的。这届会议在这风光如画、热情好客的乐山市举行，不仅体现了四川省民族研究所同行之间的积极合作和对学会工作的热情支持，更得到四川省民委领导的关怀和帮助，特别是乐山市民委领导和同志们的大力支持，多方协助，为我们提供了这样优越的条件和周到的安排。在此，我代表中国民族学学会向省市领导和同志们表示深切的谢意。热烈欢迎各位领导、各位同志和同行前来参加这次会议。

众所周知，民族学是一门实践性很强并具有强烈时代感的学科，它在我国的发展便体现出这一特点。在我国社会主义革命和建设的不同时期，它体现出不同的研究重点，从50年代到今天，在座的许多同志都是亲身经历过的，并反映在大家的教学和科研成果之中。民族的研究领域很广，覆盖面很宽，包括我国以至世界各民族的研究。正因为它所具有的实践性，在我国社会主义建设蓬勃发展、改革浪潮汹涌澎湃的今天，民族学研究的主攻方向，自应结合我国各民族的社会主义现代化建设来进行，这是历史赋予我们的重要使命。而我国民族学工作者也正为此而努力，这实在是我国民族学工作的一个好的传统。当然，我们并不否认世界民族研究的重要性，特别是改革开放后的我国，与世界各国的关系，日益紧密。苏联解体、东欧剧变后引发的民族问题、难民问题、移民问题以及种族主义问题等等，都值得我们认真探索和研究。一部分同志主要从事这些方面的研究当然是必要的。但具体结合我国的实际情况，民族学研究如何更好地为我国各民族服务，如何为加速民族地区的社会主义现代化建设而努力，仍然需要我们投入主要的力量。

　　这次大会的中心议题是"民族学与社会主义建设"。回顾一下1982年9月的西宁会议，主题也是"民族学与现代化"，似乎是有些旧话重提。其实并非如此，随着时间的进展，实际情况与十一年前显然有所不同，面对的问题具有新的内容。在这十一年中，我国社会正经历着翻天覆地的、迅速而深刻的变化，各民族地区的面貌日新月异。机遇与成就、困难与问题，接踵而至，目不暇接。成就巨大，新问题亦复不少。问题主要是在前进过程中产生的，成就则是在困难和问题获得解决的基础上所取得的。机遇需要我们及时抓取，否则稍纵即逝。不研究现实问题，不进行超前预测，是难以抓住机遇、及时做出符合客观实际的预测，以便有助于现实问题的解决的。

　　在当前，在前进过程中出现的必须妥善解决的问题，诸如民族地区资源开发与民族参与、发展生产与生态平衡、普及教育与专业人才培训、旧有社会经济制度的残余对发展生产的阻碍、某些传统文化意识与现代化的冲突和协调等等。这些问题的妥善解决，必将对民族地区的现代化建设有积极的促进作用。这些也正是民族学工作者应当着重研究的问题，但是，一般说来问题包含着两个方面。对一个问题的研究，如果没有理论方面的指导，很难在实践中有所突破；另一方面，理论又只有在实践中去检验和提高，二者相辅相成。因而在1991年的延边会议，根据不少同志的建议，举行了学科建设研讨会，其中重点之一即理论方面的探讨。同志们对共同关心的问题，热烈发言，见仁见智，收到互相启发的作用。我们相信通过这次会议，有助于进一步认识和体会理论实践的辩证关系，以及民族学研究如何紧密而有效地为我国社会主义现代化建设服务。希望同志们不吝珠玉，积极发言，各抒己见，互相启发，共同努力来开好这次会议。

1993年10月

中国民族学学会在京中青年民族学工作者
座谈会开幕词

很高兴参加今天这个座谈会，看到我们民族学队伍中有这么多中青年后继者，由衷地感到欣慰。因为这个会象征着民族学在中国是大有前途的。

民族学是一门实践性和时代感都很强的学科，它重实践，绝不是纸上谈兵。回顾中国民族学的成长道路，始终是在解决如何为现实服务、如何为兄弟民族服务这一问题的过程中，逐步发展的，也可以说，中国民族学就是在这样的实践性服务中不断进步的。

我认为，面向21世纪，中国民族学的实践性会进一步加强。中国是一个文化多元和多民族的统一的国家，区域间和民族间的发展又不平衡，各民族的现代化起点各不相同。这就要求我们认清各民族的实际情况，尤其要侧重研究汉族与少数民族之间的关系。在当今开放的世界格局中，国外民族的研究，当然也很重要。然而对少数民族的研究仍居首要地位，因为民族学与兄弟民族的社会主义现代化有着头等重要的关系。

费孝通先生曾经强调，中国民族学不光要研究少数民族，也要研究汉族。无论汉族，还是少数民族，都是我国的本土民族，这是我们与国外民族学研究的不同之处，因为各自的具体研究对象是不同的。中国民族学还有其他一些优良的传统，比如比较强调民族学研究与历史相结合，在这方面，潘光旦先生对土家族的研究，把平面的分析与历史的探索相互联系，堪称是一个范例。日本民族学家白鸟芳郎在对中国南方民族进行研究时，多次表示绝不脱离历史，我认为这是很有道理的。

我国的民族学不仅与历史学关系密切，还应借鉴其他多学科的方法与成果，而不能有学科之间的门户之见。费孝通先生多次提到，只要是为了研究中国的问题，而不必拘泥于学科的划定。我想我们民族学应该有这样的胸怀。

总之，从中国的实践出发，研究中国的民族问题，保持并发扬中国民族学的特色，进一步推进中国民族学的发展，这正是我想与在座的中青年同志共勉的。

1994 年 5 月

"中国民族学如何面向21世纪"学术讨论会开幕词

"中国民族学如何面向21世纪"学术讨论会现在开幕了。这次会议是由中国民族学学会和东北民族学院联合举办的。会议能在大连这个著名港市和历史名城举行，不仅体现了东北民族学院领导和同志们的积极合作和对学会工作的热情支持，并得到省市民委领导的关怀，使我们能在这样优越的条件和周到的安排下举行这次会议。在此，我代表中国民族学会向诸位领导和同志们表示深切的谢意。热烈欢迎领导和同志们、同行们前来参加这次会议。

从19世纪中期到20世纪前半期，我们中华民族历尽屈辱、磨难和进行了不屈不挠的斗争。在两次抗日战争中，大连都是历史的见证。新中国成立后，中华民族走向了复兴之途。值此抗日战争胜利50周年之际，我们在这座英雄城市的开发区聚会，具有特殊的意义。

我在1993年的乐山会议上曾经指出，民族学是一门实践性很强并具有强烈时代感的学科，它在我国的发展便体现出这一特点。在我国社会主义革命和建设的不同时期，它体现出不同的研究重点。从50年代到今天，在座的许多同志都是亲身经历过的，并反映在大家的教育和科研成果中。展望21世纪，中国民族学的这一实践性将会进一步加强，这是客观需要，也是民族学工作者作出贡献的大好机会。

但是，把中国民族学的研究对象仅限于少数民族，这是不完全的，而且容易引起误解，以为中国的民族学就是少数民族研究。如果这样的话，在中华民族这一整体概念中，就体现不出汉族的重要作用，以及与兄弟民族之间的历史性的密切联系。因而对汉族的研究，特别是汉族和各兄弟民族关系的研究是十分重要的。还有，世界民族也是中国民族学者的研究领域，特别是处于开放性的世界格局中，对世界民族的研究也是十分重要的。然而，为少数民族服务，仍然居于主导地位。换句话说，当前中国的民族学研究，应当密切联系少数民族的社会主义现代化问题，因为少数民族的现代化没有实现，中国的现代化自然也就没有完全实现。

现在20世纪只剩最后几年，很快便将进入21世纪。中国民族学当如何面向21世纪呢？它将如何为祖国的现代化建设服务呢？这是摆在我们面前的一个关键问题。为此，我们把这次会议的主题定为"中国民族学如何面向21世纪"，包括三个内容：①如何进一步建立和完善中国民族学学科理论体系；②如何培养中国民族学的跨世纪教学和科研人才；③在新形势下民族学如何解决民族地区现代化建设中出现的理论问题与实际问题。

这三个问题又是互相关联的。首先，要进一步完善学科理论体系，就有必要进一步明确民族学在社会科学学科分类中的位置。而目前民族学在几种学科分类的位置不尽相同。如何去理解和认识这些学科分类，是值得我们重视的。

其次，要探索和解决四化建设中出现的理论问题和实际问题，必须从民族地区的实际情况出发，在进一步探索中国民族学本土化和实践的过程中去求得解决。如我们的研究成果具有普遍意义，则对世界民族学研究上可做出贡献。当然所谓本土化，是一个不断发展和完善的过程，但绝非固步自封，国外民族学（人类学）的成果、经验，值得我们借鉴的地方，自应吸收过来，以丰富我国的民族学。因此，对这一学科的贡献是双向的，而本土化的发展，在某种意义上具有世界化的因素。

再次，要培养跨世纪的教学科研人才，应编写出一套切合实际，具有国内外最新成果包括学科本身的理论与方法的教材，而且应注意在实际工作中去培养人才。

以上几个方面可讨论的内容很多，希望同志们不吝珠玉，积极发言，各抒己见，互相启发，共同努力来开好这次会议。

1995年9月

中国民族学学会第六届学术讨论会开幕词

中国民族学学会第六届学术讨论会现在开幕了。这一届会议是由中国民族学学会、云南省社会科学院和西双版纳傣族自治州人民政府联合举办的。这次会议能在这风光如画、热情好客和驰名中外的西双版纳举行，不仅体现了云南省社会科学院领导和同行之间的密切合作和对学会工作的热情支持，更体现了云南省领导的关怀和帮助，特别是西双版纳傣族自治州人民政府领导和同志们的大力支持，多方协助，为我们提供了这样优越的条件和周到的服务。在此，我代表中国民族学学会向省、自治州领导表示深切的谢意。热烈欢迎各位领导、各位同志和同行们前来参加这次会议。

这次会议是一次世纪之交的会议，也是一次承先启后的盛会，因而具有特殊的重大意义。这次会议要高举邓小平理论伟大旗帜，贯彻党的指示精神，认真回顾新中国民族学发展的历程、分析中国民族学研究的现状、探讨二十一世纪中国民族学发展目标和任务，为推进我国少数民族地区两个文明建设做出新贡献。因此，我们把会议的主题定为"世纪之交的中国民族学"，即中国民族学的回顾、现状与前瞻，就是想在这世纪之交的时刻，请同行们就半个世纪以来中国民族学所走过的道路、当前的现状和今后如何发展，各就亲身的体会，见仁见智，互相交流，各抒己见。

下面我想谈三点意见，请大家批评。

第一，回顾过去的半个世纪，中华人民共和国成立后，中国民族学经历了曲折的发展道路，有起有伏，直到作为一个学科被取消，最后又重新恢复，并获得显著发展。大家知道，民族学是以民族及其文化为研究对象的一门科学。民族是一个历史范畴，有其发生、发展和演变的规律，故民族学研究的对象，包括处于不同社会发展阶段的氏族、部落、民族等族群，以动态的观点研究其历史发展规律，以及生产、生活、社会组织、习俗信仰等物质文化、社团或制度文化和精神文化的全部内容。因而民族学是一门理论和应用并重的科学。中国是一个多民族、多元文化和多生态环境的国家，即使在民族学作为一门学科被取消的时期，由于民族工作的需要，民族学的研究工作仍旧没有中断。

在过去的实践中，首先中国民族学的研究对象得到进一步确认。中国各民族在长期历史发展中共同创造了中国的历史与文化，形成了伟大的中华民族。因此，把中国各民族首先是少数民族作为研究对象，是中国民族学的主要任务。半个世纪以来，中国民族学所走过的道路，可以说主要是为少数民族服务，在服务过程中得到发展的道路。民族学者在对民族识别、少数民族社会形态研究、实行民族区域自治政策以及少数民族地区的社会改革和现代化建设，都做出了自己的贡献。从50年代到今天，在座的许多同志都是亲身经历过的，并反映在大家的教学和科研成果中。

但是，正如我在1995年大连会议上指出，把中国民族学的研究对象仅限于少数民族，这是不完全的，而且容易引起误解，以为中国的民族学就是少数民族研究。如果这样的话，在中华民族这一整体概念中，就体现不出汉族的重要作用，以及与兄弟民族之间的历史性的密切联系。因而对汉族的研究也是十分重要的。还有，国外民族也是中国民族学者的研究领域，特别是处于开放性的世界格局中，对国外民族的研究自然是不可少的。然而，为少数民族服务，促进民族地区现代化，仍然居于主要地位。

其次，上世纪50年代也是以历史唯物论和辩证唯物论为指导思想的中国民族学的确立时期。我国丰富的历史文献、考古资料以及社会改革前反映少数民族社会发展的民族志资料，无不证明民族社会发展有规律可循。但是以历史唯物论为指导思想，并不意味着在实践中采取教条主义态度，而应结合我国民族的实际状况，进行具体分析，这样也有利于学科本身的理论建设。

第二，70年代末，党的十一届三中全会之后，从民族学得到恢复到今天，是民族学获得显著发展的时期。1979年5月全国民族研究规划会议在昆明举行，会上讨论了民族学的发展规划。1980年10月民族学工作者自己的学术团体——民族学研究会即今天的中国民族学学会正式成立。这给同行们以极大的鼓舞。学会成立18年来分别以民族学的学科建设、民族学与现代化、传统文化与民族发展繁荣、纪念恩格斯《家庭、私有制和国家的起源》出版100周年等为主题，包括这次会议共举行了6次大型学术研讨会，编辑出版了11辑《民族学研究》论文集，出版了130多期《民族学通讯》。这些工作促进了同行之间的学术交流和学科的发展。

各地有关教学科研机构先后成立，制定了规划，开展调查研究工作。近年来，民族科学研究方面取得了下列主要成绩：第一，在国家民委组织领导下编辑出版了《民族问题五种丛书》，其中有不少民族学著作。第二，出版了大型工具书和民族学专著、论文及译著。国外民族研究方面，除恢复出版《民族译丛》外，还陆续出版了《世界各国民族志丛书》以及其他专著和译著。第三，民族学田野调查工作正在各地开展，一般主题大都涉及少数民族地区现代化问题，并做出了自己的贡献。其中西南民族研究学会组织的西南地区"六江流域民族综合科学考察"和中国社会科学院民族研究所进行的民族现状与发展调查最引人注目。但由于经费短缺，各地田野调查工作未能得到应有的开展。

近年来民族学专业人才的培养，除在各教学科研单位实际工作中成长以外，80年代初，国家实行学位制度，先后在一些高等院校和科研机构建立了博士点和硕士点，陆续培养了不少民族学工作者，成为发展民族学的重要力量和生力军。

20世纪后期，随着世界政治格局、经济形势的巨大变化和科学技术的飞跃发展，民族学同社会科学中的其他许多学科一样，在理论建设和研究方法上都有了新的发展。改革开放政策执行的十几年，也造就了一批出国留学、攻读民族学和人类学后返国的学者。他们带回来新的理论、研究方法和研究手段，同样是促进中国民族学发展的重要力量。各地有关机构和学者与国外同行建立了学术交流和联系。这些有助于我们开阔视野，知彼知己，探索我国民族学发展的最佳途径。

第三，中国民族学如何面向21世纪？

这是1995年9月学会大连会议讨论的主题。何星亮同志集中大家的智慧写了一个很好的《纪要》，今后仍然是有参考价值的。

大连的研讨会讨论了如下三个问题，在此我想谈谈自己的看法。

1.关于学科建设

学科建设的首要任务是理论体系和方法论的中国化。一百多年来民族学在西方形成众多的学派，各学派都有自己的理论体系和方法论。其中一些主要流派都先后传入中国。中国的民族学要在中国生根，为中国人民服务，就有一个中国化或本土化问题。这在解放前吴文藻先生就已经提出来了，但有一个不断深化和完善的过程。新中国建立后，中国民族学以马克思主义为指导，紧密结合中国实际，逐步发展具有中国特色的民族学理论体系。对于西方各学派的理论和方法，既不要全盘否定，更不能全盘肯定和照搬。而要以历史唯物论和辩证唯物论的观点加以鉴别，取其精华，去其糟粕。对于西方民族学在田野工作中总结出的调查研究方法如社区研究、跨文化比较研究、参与观察、主位和客位研究方法等，对中国民族学者也是有用的，但似有不足之处。这是由于西方传统的民族学或文化人类学的一些概念和方法，一般说来，主要是从研究一些比较简单、后进的，甚至是自身并无文字记载的民族社会发展而来，多注重横向的比较研究而忽视历史的、纵向的探索，这和中国民族社会的实际情况具有明显的差异。像中国这样一个历史悠久、王朝代兴、民族众多、关系复杂而又地区差异极大的民族社会，要对她进行民族学或文化人类学的研究，什么是更有效的研究方法，就值得我们去认真探索了。大连会议上不少学者指出，历史研究和现状调查相结合的方法是中国民族学和人类学研究的行之有效的方法。我们在中国化过程中，应通过继承（中国固有的经验）、引进（对我们有用的经验）和创新，引出新的方法论，则不仅仅是单向的中国化，而且可对国外民族学和文化人类学研究复杂的民族社会做出贡献。

2.关于民族地区现代化

民族学是一门应用性很强的学科，这门学科自产生之初，便与社会政治紧密地结合在一起。在新形势下，民族学的一项重要任务就是研究解决民族地区现代化建设中出现的理论问题和实际问题。因而学术应该与应用相结合，应该改变那种为学术而学术的研究，应该强调学以致用，重点是为民族地区现代化服务。只有学术与应用相结合，民族学研究才会有强大的生命力。

其次，民族学研究应当扬长避短，加强现代化过程中的文化因素的研究。在现代化过程中，经济是文化的基础，文化的发展则有利于促进经济的发展，二者互相影响，相互渗透，应是协调发展。民族学者的专长主要是对文化的研究。改革开放以来，东西部的发展差距越来越大，原因是多方面的，但一个很重要的原因是观念上的差距。由于少数民族在民主改革前多数处于封建社会阶段，自给自足的自然经济烙印较深，商品经济观念淡薄以及其他不利于现代化建设的一些习俗，都有待改革，所有这些都是民族学者较为擅长的研究课题。

再说，我国的现代化问题，各个学科都在研究，各有自己的理论和着重点。因而民族学的现代化研究必须具有自己的特色，即抓住擅长的族群发展、变迁、族群关系及传统文化等方面的问题，从历史到现状深入探索民族地区的发展途径。

3.关于人才培养

培养大批中国民族学跨世纪的教学和科研人才，是使中国民族学在21世纪能够得到迅速发展和完善的重要条件。这里我只想说一点。由于民族学在我国远远不如经济学、历史学、文学等为社会所了解，因而一般认为学民族学的人只能到与民族学有关的教学科研单位或到民委系统工作，这样民族学使用范围有限，也就影响了人才培养的规模。其实，正如在许多国家那样，民族学、文化人类学都是基础学科，是培养通才的学科，许多学科专业的学生都需要具有民族学知识，毕业后才能更好地到各行各业工作，因而对民族学的需要也就越来越大。所以大力宣传和普及民族学、文化人类学知识，和培养民族学专业人才是相辅相成的。

以上看法，不妥之处请大家批评。

　　最后，希望同志们围绕主题积极发言，各抒己见，互相启发，共同努力来开好这次会议。

1997 年 11 月

1999年中国民族学学术研讨会开幕词

中国民族学学会学术讨论会现在开幕了。这一届会议是由中国民族学学会和内蒙古呼伦贝尔盟委宣传部联合举办的。这次会议能在这风光如画、热情好客、具有悠久历史、素称北方各族绿色摇篮的呼伦贝尔盟举行，充分体现了盟领导的热情关怀及宣传部等有关部门的同志们对学会工作的大力支持，多方协助，为我们提供了这样优越的条件和周到的服务。在此，我代表中国民族学学会，向各位领导和同志表示深切的谢意。热烈欢迎同志们光临指导并参加这次会议。

这次会议是一次世纪之交的会议，也是本世纪最后一次会议，因而具有特殊的意义。众所周知，民族学是一门实践性很强并具有强烈时代感的学科。半个世纪以来，中国民族学所走过的道路便充分说明这一点。换句话说，中国民族学的主要任务是为中国各民族服务，首先是为少数民族服务，在服务过程中得到发展。民族学在对民族识别、少数民族社会形态研究、实行民族区域自治政策以及少数民族地区的社会改革和现代化建设等方面，都做出了自己的贡献，同时也培养锻炼了民族学工作者的队伍。

然而，如果把中国民族学的研究对象限于少数民族，正如我在学会的讨论会中曾经提到的，那是不完全的，而且容易引起误解，以为中国的民族学就是少数民族研究。这样在中华民族这一整体概念中，就体现不出汉族的历史作用及其和兄弟民族之间的密切联系，因而对汉族的研究也是十分重要的。国外民族研究，特别是与我国邻近的民族，对他们进行研究也具有现实意义。然而为少数民族服务，促进民族地区现代化，仍然居于主要地位。

　　如前所述，这次会议是本世纪最后一次学术讨论会，主题之一就是展望21世纪的中国民族学。在新的世纪，中国民族学面临哪些主要任务呢？中国民族学在我国现代化建设的实践过程中，如何促进自身建设包括学科建设、人才培养和研究手段现代化等许多问题。这个主题可以说是两年前西双版纳学术会议主题"世纪之交的中国民族学"的讨论的继续，希望同行们各抒己见，把讨论进一步引向深入。

　　关于主题之二，探讨呼伦贝尔绿色文化，这直接涉及民族生态环境与传统文化的关系问题。这是当今世界面临的主要问题之一，也是我国现代化建设中必须解决的问题。作为这项任务的一部分，已经具体体现在《呼伦贝尔绿色文化建设工程实施纲要》之中。这项工程的提出，不仅及时，而且具有紧迫性、现实意义和学术价值。以上这些都是这次会议将要讨论的问题。

　　关于民族生态环境与传统文化的关系，民族学和人类学中的生态人类学（Ecological Anthropology）或称文化生态学（Cultural Ecology）主要研究这方面的问题，它是应用人类学的一个分支学科。具体说来，生态人类学着重研究民族群体与周围环境间的关系，它把人类社会和文化视为特定环境条件下适应和改造环境的产物。因而研究人类与生态环境相互影响的特点、方式及规律，并寻求合理地利用和改造生态环境，以及从生态学角度研究民族共同体的形成、发展及其和所处自然生态环境之间的关系，便成为生态人类学研究的对象。地理生态环境反映一个民族的生存空间的特点，由于适应和改造环境所创造的传统文化包括物质文化与精神文化，均与其所处的自然生态环境有关，无不受生态平衡规律所制约。因而保护生态环境，维持生态平衡，人们的生产和生活以及文化创造才能顺利进行，否则就会受到影响，甚至带来人为的灾祸。我国是一个多民族、多种生态环境和多元文化的国家，正确处理三者之间的关系，对促进各民族的发展进步，适应现代日新月异的步伐，显然具有现实意义。

　　这次学术讨论会得到呼盟各级领导的支持，得以在这里举行。我们要结合呼盟绿色文化建设来进行，同时这也是我们学习的好机会。

最后，再次感谢呼盟各级领导的支持和同志们的帮助，我在此再一次表示致谢，并希望同志们不吝珠玉，踊跃发言，共同来开好这次讨论会。

1999 年 7 月

2000年中国民族学研究与西部大开发学术研讨会开幕词

中国民族学学会与吉首大学联合召开的民族学研讨会现在开幕了。

这次会议能在这风光如画、热情好客的吉首举行，不仅体现了吉首大学领导和同行们的热情帮助和密切合作，也体现了自治州领导和同志们的大力支持和多方协助，在此，我谨代表中国民族学学会表示深切的感谢！

这次会议的召开，正值国家现代化建设进入一个新的阶段，开始西部大开发的重要时刻，因而在民族学研究方面，给我们提供了一个很好的契机，不仅在学术上，更重要的是在实践中如何为各兄弟民族地区的现代化贡献自己的力量，为民族学中国化和发展应用民族学提供了一个良好机会。因此，这次研讨会的主题就决定为"民族研究与西部大开发"。在座的同仁对民族学研究和田野调查，都有切身的体会和经验，希望大家不吝珠玉，各抒己见，畅所欲言。

我们中国有三多，多民族、多生态环境和多元文化，这是中国的特点。在民族构成上，汉族人口最多，占总人口92%，少数民族人口只占8%；而少数民族人口差异也很大，多的千余万，少的数千人。各民族在长期历史发展中，形成你中有我、我中有你的"多元一体格局"。具有密切的政治、经济和文化联系。因而从民族构成上说，在世界上也是很独特的。

再说，地理生态环境是各民族的生存空间。各民族生活于不同的地理生态环境之中，在对环境的适应和改造过程中，创造出各具特色的文化。一种文化能够长期保存下来，必有其价值和有用性，也正是这种价值的存在，它才能保存下来。然而民族及其文化又都处于动态之中，而非一成不变，在人文社会和生态环境中过去适应的文化因素有的可能消失，不再具有积极意义。因而民族文化与环境之间具有适应和矛盾的现象。这种适应和矛盾问题，都直接涉及生态环境的可持续发展、资源和民族经济的可持续发展。所谓可持续发展，是指在发展中，既满足当代人的需要，又不对后代人满足其需要的能力构成危害的发展。因而必须注意经济、社会、文化与资源、环境的协调发展。可持续发展的基本着眼点则是以人为本，以求摆脱贫困走向富裕之路。因而可持续发展的思想和战略可以说是在寻求人文、资源和生态环境三者协调发展的过程中发展起来的。

当然，为了保持生态环境的不受破坏，保护生态平衡和资源的合理开发与利用，制定相应的法律和政策是完全必要的。同样重要的则是必须严格执法，否则再好的法规也不过是一纸空文。关于这方面的情况，这里不再多说了。

应该强调的是，地理生态环境既然是各民族的生存空间，在长期的适应和改造过程中，人与自然之间已形成一种和谐的关系，这种关系通过传统文化表现出来。因而传统文化中具有保护生态环境、维持生态平衡和可持续发展的功能和作用，否则一个民族的生计方式不可能千百年地长期延续下去。这种功能往往被习惯法所规范，甚至披上一层宗教外衣。对于这种情况，决不能简单地视之为宗教迷信而一棍子打死，如同在所谓文化大革命中所曾发生过的那样。恰恰相反，应当在民族传统文化中去发掘这种文化功能，去掉其宗教外衣，增加其科学内涵，使它在现代化过程中继续发挥作用。因而在现代化过程中，对民族传统文化不应采取虚无主义的态度。

下面举云南西双版纳傣族稻作文化和对生态环境保护的关系为例来加以说明。

傣族地区气候炎热，河流纵横，人们居竹楼，种水田，素称鱼米之乡。傣族人民和其先民古代百越一样"习水便舟"。他们从长期的稻作农业积累的经验中，深刻地认识到没有水源就没有水稻田，没有水稻田就没有人们赖以生存的大米，傣族地区也就不再是鱼米之乡。因而傣族人民过新年要泼水，称为泼水节，一年一度赛龙舟也和求雨、祈丰年有关。农村中穿插迂回、密如蛛网的水利灌溉渠道以及引水、分水、用水之规范，无不体现出千百年来傣族人民与水打交道积累起来的丰富经验。

但是水源在哪里呢？

边疆傣族普遍信仰小乘佛教，但是他们认为佛主只管来世，今世的平安幸福还得靠祖先保佑。因而在虔诚信佛的同时，又虔诚信奉祖先，并且认真保护祖先的居所——"竜林"，而"祭竜"就成为一项重要的宗教活动。全西双版纳有三十余个大小不等的山间盆地，傣语称为"勐"，每个勐有勐神林。全西双版纳六百余个傣族村寨，每寨都有寨神林，简称"竜林"。竜林即寨神（氏族祖先）和勐神（部落祖先）居住的地方，是水源之所在。竜林的土地、水源、树木和一切动植物都是神圣不可侵犯的。因而竜林内的树木严禁砍伐。也不能在竜林内狩猎、采集，更不能开垦土地和破坏水源。每年对竜林要定期举行隆重的祭礼。西双版纳借助祖先崇拜的力量保护的竜林面积，包括山、坝区，全州不低于10万公顷。

根据高立士同志的研究，竜林内的森林植被、物种的多样性和生态环境，在祖先崇拜的庇护下都得到很好的保护，与自然保护区并无二致。全西双版纳"自然保护区为24万多公顷，占全州土地总面积的12.7%，全州1958年以前有竜林1000多处，总面积约10万公顷，约占全州总面积的5%，竜林面积相当于今天国家自然保护区的1/3"（高立士：《西双版纳傣族传统灌溉与环保研究》）。由此可见，傣族的竜林文化起到了保护自然生态的作用。

由于禁止在竜林内狩猎和樵采，竜林起到了保持水土、涵养水源、维护生态多样性、调节雨量和温度的作用，使农业生态系统获得良性循环。这就不难理解为什么傣族人民千百年来把神林作为祖先神的居所来保护，而竜崇拜可以说是傣族人民纯朴的生态观，只不过是罩上了一层宗教外衣而已。今天，在西部大开发中，为了保护傣族地区的生态环境，恢复在"大跃进运动"和"文化大革命"中遭到破坏的竜林，发扬傣族保护森林、爱护水源的优良传统是完全必要的。

总之，民族传统文化中具有调适生态环境的功能，在傣族是这样，他族亦然。

在此，在现代化进程中，如何发扬各民族传统文化中有利于保护生态环境和可持续发展的文化功能，加强其科学内涵，使其在现代化中继续发挥作用，则是应当深入研究的重要课题。

湘西土家族苗族自治州是一个多民族地区，具有多元文化的特点，山区和坝区地势分明。吉首大学民族学专业人才济济，实力可观，我相信在应用民族学的开发和实践中，结合本地区的实际情况，定能做出很大的贡献。

最后，预祝这次学术研讨会圆满成功！

2000 年 10 月

2001年兰州"民族学研讨会"开幕词

中国民族学学会与兰州大学新疆大学西北少数民族研究中心联合召开的民族学研讨会，现在开幕了。

这次会议在我国大西北的中心城市兰州举行，并得到两校领导和同志们的热情帮助和密切合作，在此，我谨代表中国民族学学会致以深切的感谢！热烈欢迎各位领导和同志们、同行们前来参加这次会议。.

这次会议的召开，正值21世纪之初国家现代化建设进入一个新的阶段，全面开始西部大开发的重要时刻，因而在民族学研究方面给我们提供了一个大好机会，不仅在学术上，更重要的是在实践中如何为兄弟民族地区的现代化事业贡献自己的力量。同时也是通过实践，建构具有中国特色的民族学的良好机会。因此，这次研讨会的名称定为"西部大开发与民族学面临的任务"。会议的议题有三：一是21世纪前10年中国民族学发展趋势及主要任务，二是西北地区少数民族传统文化与现代化，三是西部地区少数民族和民族地区现实问题研究。在座的同行们对民族学研究和田野调查，都有切身体会和经验，希望大家不吝珠玉，各抒己见，畅所欲言。

下面我想谈谈两点粗浅的看法，请大家批评。

第一，中国民族学如何面向21世纪

面对21世纪的挑战，中国民族学的前景，它的研究取向，必须置于世界格局中去审视。今天民族学（文化人类学）是世界性的科学，但它产生于欧洲，首先出现于欧洲的大学体系中，可以说它先天就是以欧洲为中心的，它长期以来主张研究"他文化"（现在有所改变），实即以非西方文化为研究对象，即把东方作为它的对立面。今天我们面对的世界仍然是东西方二元对立的世界，在西方有些人总想把西方的价值观强加他人，对非西方经济、文化的发展感到不安。美国政治学家塞缪尔·亨廷顿关于文明冲突的理论，就道出了西方不少人的心声。面对这样的世界格局，中国的民族学应当如何发展呢？

中国的民族学（文化人类学）是从西方传来的，中国民族学者在研究方面，不免受到西方民族学理论范式的影响，甚至以它为依规。然而中国的民族学研究要为中国各民族服务，就必须符合中国的国情，才能植根于中国土壤。为此必须摆脱西方的学术垄断，然而不应采取文化封闭的研究取向，与此相反，应对西方民族学（文化人类学）进行深入研究，进得去、出得来，做到知彼知己，才能建构出切合中国实际、具有中国特色的理论和方法，并用之于实践。在这个建构过程中，应通过继承中国固有的经验，引进对我们有用的经验，再加以创新来实现这一目标。作为一门学科，世界上只有一个民族学，然而各国民族学者在结合本国民族特点进行研究时会有所创新。应该说，越具有自己特点的民族学，才越会被吸取而融入世界民族学中。

第二，传统文化、生态环境和可持续发展的关系

我们中国有三多，多民族、多生态环境和多元文化，这是我国的特点。先谈多民族。在民族构成上，汉族人口最多，占总人口92%，少数民族只占8%；而少数民族人口差异也很大，多的千余万，少的数千人。各民族在长期历史发展中，形成你中有我、我中有你的"多元一体格局"，具有密切的政治、经济和文化联系。这样的民族构成，在世界上是很独特的。

其次，地理生态环境和多元文化的关系。地理生态环境是各民族的生存空间，各民族生活于不同的地理生态环境，在对环境的适应和改造过程中，创造出各具特色的文化。一种文化能够长期保存下来并不断发展，必有其存在价值和效用，也正因为如此，它才能保存下来并得到发展。然而民族及其文化又都处于动态之中，而非一成不变，在人文社会和生态环境中，过去适应的文化因素有的可能消失，不再具有积极意义。因而民族文化与环境之间具有适应和矛盾调适现象。这种适应和矛

盾问题，都直接涉及生态环境的可持续发展以及资源和民族经济的可持续发展。所谓可持续发展，是指在发展中既满足当代人的需要，又不对后代人满足其需要的能力构成危害的发展。因而必须注意经济、社会、文化与资源、环境的协调发展。可持续发展的基本着眼点则是以人为本，以求摆脱贫困走向富裕。可持续发展的思想和战略可以说是在寻求人文、资源和生态环境三者协调发展的过程中发展起来的。当然，为了保护生态环境的不受破坏，保持生态平衡和资源的合理开发与利用，制定相应的法律和政策是完全必要的。同样重要的则是必须严格执法，否则再好的法规也不过是一纸空文。关于这方面的情况，这里就不再多说了。

应该强调的是，地理生态环境既然是各民族的生存空间，在长期的适应和改造过程中，人与自然之间已形成一种和谐关系，这种关系通过传统文化表现出来。因而传统文化中具有保护生态环境、维持生态平衡和可持续发展的功能和作用，否则一个民族及其生计方式不可能长期延续下去。这种功能和作用往往被习惯法所规范，甚至被宗教外衣所掩盖。对于这种情况，决不能简单地视为落后习俗甚至宗教迷信而一棍子打死，如同在所谓文化革命中所曾发生过的那样。恰恰相反，我们应当从民族传统文化中去发掘这种文化功能，去掉其宗教外衣，增加其科学内涵，使它在现代化中继续发挥作用。因此，在现代化过程中对民族传统文化不应采取虚无主义态度，而是一个应当深入研究的重要课题。

甘肃和新疆都是多民族地区，具有多元文化和多生态环境的特点。兰州大学和新疆大学民族研究中心，人才济济，实力强大。我相信在促进民族研究和建构具有中国特色的民族学方面，定能做出巨大贡献。

最后，预祝这次学术研讨会圆满成功！

2001 年 7 月

中国民族学学会第七届学术讨论会开幕词

中国民族学学会第七届学术讨论会现在开幕了！

本届会议是由中国民族学学会、湖北民族学院和教育部中国少数民族研究中心联合举办的。这次会议能在鄂西重镇恩施举行，不仅体现了湖北民族学院领导和同志们的热诚欢迎、积极合作和对学会工作的大力支持，更得到省市领导和同志们的亲切关怀、多方支持，为我们提供了这样优越的条件和周到的安排。在此，我代表中国民族学学会向省市领导和同志们表示深切的谢意！热烈欢迎各位领导、各位同志和同行前来参加这次会议！

我会会员遍布各民族地区，学会的历次学术讨论会也就在不同的民族地区举行，除北京外，东北到延边、大连和内蒙古呼伦贝尔草原，西北到西宁和兰州，西南到四川乐山、贵州贵阳和云南西双版纳，华南到广西南宁，华中则到湖南吉首，这次又到了恩施。这是中国民族学学会属于各民族共同的学术团体的性质所决定的，也是学会为促进我国民族地区民族学发展所做的努力。这是我们学会不同于其他学会的一个特点。

民族学是一门实践性很强并具有强烈时代感的学科，这为大家所熟知。半个多世纪以来，在我国各族人民追求国家发展和民族繁荣的不同时期，民族学相应地体现出不同的研究重点，并在调查研究的实践中，促进了自身的发展。在座的不少同行都曾亲身经历过，一定有所体会。上个世纪50年代以来，民族学工作者在诸如民族识别、少数民族社会历史调查以及社会形态的调查研究等方面都做出了自己的贡献。老一辈民族学家、社会学家潘光旦先生，在土家族的民族识别工作中，以身残之躯，深入土家山区进行调查研究，而且在纷繁的史料中上下求索，在调查组同志们的协助下，终于做出了巨大贡献，成为民族学工作者的表率。

另一方面，如果我们把中国民族学的研究对象仅限于少数民族，正如我在过去的一次研讨会上曾经提到的，则是不完全的，而且容易引起误解，以为中国的民族学就是少数民族研究。这样，在中华民族这一整体概念中，就体现不出汉族的历史作用及其和兄弟民族之间的密切关系，因而对汉族的研究也是十分重要的。至于国外民族，特别是我国的近邻，对他们进行研究也有其现实意义。然而，为少数民族服务，促进民族地区现代化的研究，仍然居于首要地位。

今天，西部大开发的号角已经吹响，各项社会主义现代化建设事业，正在取得快速发展。我国的西部乃是大多数兄弟民族的家乡，西部大开发对各民族现代化建设事业具有特殊的重要意义。民族学研究的主攻方向，自应结合这一新的形势来进行。尽管在这一伟大发展变化的过程中，各民族地区的面貌日新月异，但前进过程中出现的问题亦复不少，诸如资源开发与少数民族群众参与问题、普及教育与专业人才培养问题、传统文化与现代化的调适问题等等，都是亟待研究解决的问题。这些问题都涉及现代化的两大支柱——经济和文化建设。经济是文化的基础，文化的发展则有利于促进经济的发展，二者互相影响，相互渗透，以达到协调发展。民族学者的专长主要是对族群及其文化的研究。改革开放以来，东西部的发展差距越来越大，原因是多方面的，但一个很重要的原因是观念上的差距。由于少数民族地区在民主改革前多数处于封建社会阶段，自给自足的自然经济烙印比较深，商品市场经济观念比较淡薄，还有其他不利于现代化建设的一些习俗，都有待改革，所有这些都是民族学者较为擅长的研究课题。

下面我想强调的一个问题，即本次会议的议题之一，也是我在兰州会议上曾谈到的问题，即传统文化、生态环境与可持续发展的关系。地理生态环境是各民族的生存空间，各民族在对环境的适应和改造的过程中，创造出各具特色的文化。然而，民族及其文化又都处于动态之中，而非一成不变。在人文社会和生态环境中，过去适应的文化因素有的可能消失，不再具有积极意义。因而民族文化与生态环境之间具有适应和矛盾调适现象。这种适应和矛盾问题，都直接涉及生态环境的可持续发展以及资源和民族经济的可持续发展。可以说，可持续发展的思想和战略，乃在寻求人文、资源和生态环境三者的协调发展。因而必须保护生态环境，维持生态平衡。为此，政府制定有关政策和措施是完全必要的。但民族的传统文化既然是在对生态环境的适应和改造过程中创造出来的，则人与自然之间已经形成一种通过传统文化表现出来的可协调关系。因而传统文化中具有保护生态环境、维持生态平衡、促进可持续发展的功能和作用。否则一个民族及其生计方式不可能世世代代延续下去。这种保护生态环境的文化功能往往为习惯法所规范，甚至被宗教外衣所掩盖。对于这种情况，我们绝不能简单地视为落后习俗或宗教迷信而一棍子打死。相反，我们应从民族传统文化中去发掘这种文化功能，去除其不合理部分，增加其科学内涵，使其在现代化中继续发挥作用。这是民族学者应当深入研究的重要课题。

上面谈到的西部大开发与民族文化和生态环境等问题，可以说都涵盖于这次会议的主题"民族学与21世纪"之中。必须指出，在新的世纪，我们面对的仍然是一个东西方二元对立的世界。在西方世界，总有人企图把西方的文化价值观强加于人。面对这样的世界格局，中国民族学的发展、它的研究取向，必须置于这一世界格局去审视。由于中国的民族学是从西方传来的，一些中国民族学者在研究方面不免受到西方理论范式的影响，甚至以它为依归。此种情况在有些地方尤甚。台湾的一位学者指出："我们所探讨的对象虽是中国社会与中国人，可采用的理论与方法却几乎全是西方的或西方式的。在日常生活中我们是中国人；在从事研究工作时，我们却变成了西方人！"

由此可见，中国民族学要更好地为中国民族服务，就必须结合中国的实际，建构具有中国特色的理论与方法，进一步推动民族学的中国化，亦即本土化。作为一门学科，世界上只有一个民族学，它具有共同的研究对象，即族群及其文化，这是它的国际性；各国的民族学者在研究中结合自身的实际情况，建构自己的理论范式和方法论，形成自己的特色，这是它的本土性。没有国际化，就无所谓本土化。二者相辅相成，并不矛盾。因而民族学中国化的目的，并非采取民族中心主义和排外的态度，乃在于摆脱西方的学术垄断。在民族学中国化的过程中，应该通过继承中国固有的经验，引进国外对我们有用的经验，再加以创新来实现这一目标。这是一个不断前进的过程。今天，中国民族学在西部大开发的调查研究的实践中，正是进一步建构具有中国特色的民族学的大好时机。

鄂西和恩施土家族苗族自治州具有多民族、多元文化和多种生态环境的特点，湖北民族学院正在大力发展民族学，人才济济，我相信，湖北民院在促进民族学研究和建构具有中国特色的民族学方面，定将做出巨大的贡献。

最后，预祝这次学术研讨会圆满成功！

第五编

致敬前贤与国际交流

第四届潘光旦纪念讲座致词

潘光旦纪念讲座是为纪念潘先生一生的崇高学行，以激励后学师法先生在教学和科学研究中治学严谨、勇于开拓的精神，并发扬先生风范而设立的。在此，我谨致数语，以表敬意。

我在求学时虽未忝列门墙，但从50年代初高校院系调整后，在中央民族大学前身中央民族学院研究部，有幸得与先生经常见面，亲聆教诲。先生奖掖后进和学以致用的精神，令我终生不忘。下面谈谈自己的体会。

第一，潘先生是著名的社会学家、优生学家和民族学家。在优生学方面，先生的著作中不少属于这一领域。优生学这门学问，过去往往为人所不易正确理解，而先生锲而不舍地进行研究，何以故呢？从先生一生爱国家、爱民族、爱我中华传统文化，主张学以致用、为民造福的素志，就可以理解先生对优生学的研究，绝非从兴趣出发，为学术而学术，乃是正如费孝通先生所说"乃在探索中华民族强种优生之道"，"以提高民族素质"。按照这个认识，去读潘先生的有关著作，就能较正确地理解其中真义了。

第二，潘先生在他的著作《人文史观》中主张"有人斯有文"，"人与文原是不可须臾离的"，认为文化是人所创造的。这和民族学以族群及其文化为研究的对象和主旨，若合符节。先生在这个方面的研究，给我们留下了宝贵的遗产。兹举一例说明。中华人民共和国成立后，随着民族平等、团结政策的贯彻执行，民族关系出现了根本性的变化。许多过去被压迫的民族，这时才敢公开自己的族名，到1953年族名多达400多个。然而自报的族名不一定和实际情况相符合。这涉及少数民族的政治权利问题，比如各级人民代表大会应该有哪些民族的代表，哪些民族应该实行民族区域自治，等等，都必须首先弄清楚中国究竟有多少民族。因而从1952年起，民族识别工作便提上了日程。这项工作不仅具有学术意义，更具有严肃的政治意义。这里，我要特别指出潘先生对土家族的民族识别工作所做出的突出贡献。

土家族是分布在湘鄂川边的一个古老的少数民族。宋代以后，汉人陆续迁入这个地区。为了区分外来人和本地人，他们后来用汉语自称"土家"，称迁入的汉人为"客家"。50年代初，土家这一族体在民族成分上受到人们的注意。那么土家究竟是不是一个单一的民族呢？为了进行识别，先生克服身体的缺陷，不避艰险，亲自到土家山区走访调查。他利用实地调查材料结合大量历史文献，并以动态观点结合传统文化特点，深入探索土家的来源和演变，终于得出"土家是古代巴人的后裔"的正确结论，为土家族人士和学术界所欢迎。1956年国务院正式批准认定土家族是我国的一个单一的少数民族。从此土家族人民享有了民族区域自治权利，建立了自治地方，从而大大激发了他们的政治热情和爱国爱乡精神，积极投入现代化建设。1986年国家民委主持编写的《土家族简史》，对土家族的来源就沿用上述结论。可以说，这是潘先生从事民族学研究和学以致用精神密切结合的典范。

第三，潘先生治学的求实刻苦精神，给后之学者树立了楷模。为了研究中国少数民族的历史、社会和文化，先生除重视现实的调查资料外，十分重视有关的文献史料。我每次去先生家，几乎都看见先生戴上深度近视眼镜，笔耕不辍，在浩如烟海的古籍文献中搜寻史料，摘抄整理。从50年代后期到所谓文化革命之前，他先后把《二十四史》《资治通鉴》中的有关史料圈点出来，并将先秦古籍如《春秋左氏传》《国语》《战国策》《竹书纪年》《逸周书》等书中的有关资料摘抄出卡片五千多张。先生所费精力是惊人的，特别是在视力很衰弱的情况下，能够如此锲而不舍地奋力工作，不仅令人叹服，更令人感动。这种勤奋且一丝不苟的治学精神，给后学树立了楷模。由此可见，先生著作的论据扎实而说服力极强，完全不是偶然的。

以上三点是我对潘先生为学和做人的粗浅体会，仅此三点，对我已是受用无穷。我相信举办这个讲座，先生的道德文章、为人为学，将会更加得到发扬光大。

谢谢。

1995 年 10 月

（来源：中央民族大学民族学与社会学学院、中央民族大学中国少数民族研究中心编《中国民族学纵横》，民族出版社 2003 年版，第 645−647 页。）

纪念吴文藻先生诞辰100周年

今天，我们在这里聚会纪念我国社会学、民族学和人类学的先行者和奠基人、一代宗师吴文藻先生百岁华诞，借此机会，我谨代表中央民族大学的老教师讲几句话，以表达我们对先生的深切怀念和感激之情。

唐代韩愈在《师说》一文中说："古之学者必有师，师者所以传道、授业、解惑也。"我们中有些同事有幸作为先生的弟子和再传弟子，今天虽不能再亲聆教诲，但先生的为人和为学都给我们留下了学习的宝贵遗产。作为老师，先生给我们传授的是什么道呢？首先是教导我们正正派派地做人。先生一生方正刚直，是非分明，而且待人以诚，毫不虚伪，他忠实于真理，对于不甚明了的事物，每每提出疑问，务求理解，而不人云亦云。凡是和先生有所接触的人，都有此感受。如果我们对先生的做人之道拳拳服膺，身体力行，则社会风气都将为之一变。

其次，先生的一生表现出崇高的爱国主义精神。早在20年代初，先生以优异成绩考入北京清华学堂（清华大学前身），后保送赴美国留学，研习社会学、人类学（民族学）。1929年先生在哥伦比亚大学获得博士学位后，并不为美国的优越条件所动，立即收拾行装，起程回国，以实现其学以致用、报效祖国的崇高理想。回国后先后执教于清华大学和燕京大学，成为中国社会学民族学的先驱和奠基人。抗日战争爆发后，先生不甘心在沦陷区苟且偷安，冒险犯难，跋涉几千里，进入西南大后方，继续在教育战线上培养人才，并受云南大学委托建立社会学系，支持林耀华先生在成都燕京大学重建社会学系。抗日战争胜利后，先生出任中国驻日代表团政治外交组公使衔组长及盟国对日委员会中国代表团顾问。然而当新中国一成立，先生便决心返国服务，后来排除不少困难后，才举家从日本回到祖国，当时不少人向往国外，先生身居要职，却决心回国。先生每到转折关头，都以国家为重，做出果断抉择，拳拳爱国之心，实为后人楷模。

说了传道，再谈先生的授业和敬业精神。

先生从美国回来后，对当时中国社会学、民族学全盘西化的状况十分不满，他批评这些学科"始而由外国人用外国文字介绍，继而由中国人用外国文字论述"。为了使社会学和民族学"脱离变相舶来品"的状况，他对所讲的每门课都编写一本中文教材，对内容进行取舍修订，而且用中文讲授。记得费孝通先生回忆他第一次听吴先生用普通话讲西洋社会思想时，同学们都觉得是件怪事，从哥伦比亚大学回国的洋博士却用中国话上课！费先生说：其实要用中国语言来表达西方的概念，比起用中国衣料缝制西式服装还要困难得多！

为了进行改革，吴先生鼓励社会学和民族学工作者，共同创造出一种有中国特色的、符合中国国情的、能根植于中国土壤之中的教学和研究方法，由此他提出了社会学和民族学"中国化"、为中国人民服务的主张。为了实现这一主张，先生首先从西方社会学、民族学中，择其对中国有用的部分进行介绍。其次，在方法上主张田野调查，进行社区研究。他号召民族学家考察边疆的民族地区，社会学家考察内地的农村和都市地区，使调查研究和中国社会的实际情况结合起来。再次，先生认为社会学和民族学要真正"中国化"，还必须重视培养人才。因此，他把最大的精力和心思花在培养学生身上。先生的大弟子费孝通先生和林耀华先生，就是我们学习的典范。费先生的《江村经济》《行行重行行》，林先生的《凉山彝家的巨变》等著作，无不闪耀着学以致用、理论联系实际和民族学中国化的治学道路的光辉。两位老师的学术研究和杰出成就给我们树立了光辉的典范。中央民族大学的民族学能够成为国家级的重点学科，这和吴先生、吴先生的同辈潘光旦先生以及他们的弟子费先生、林先生培植的敬业精神和学术传统是分不开的。

当前，在我国现代化的建设中，具有强烈实践性的民族学、社会学应当发挥更大的作用，这就要求我们必须更加坚定地沿着吴先生给我们指出的中国化的道路，继续在实践中深入探索，不断前进。对于从事民族学及其姊妹学科的人来说，这样才是纪念吴先生最好的实际行动。

2001年12月20日

（来源：中央民族大学民族学与社会学学院、中央民族大学中国少数民族研究中心编《中国民族学纵横》，民族出版社2003版，第642-644页。）

论消除种族歧视及联合国的行动措施

——在吴泽霖教授学术思想报告会上的演讲

一

种族亦称人种，是体质外表形态上具有某些共同遗传特征的人群。多数人类学家认为，人类可分为黄种（蒙古人种或亚美人种）、黑种（尼格罗人种或赤道人种）和白种（欧罗巴人种或欧亚人种），各大人种又可分为若干人种类型。世界三大人种都是从同一种古猿祖先进化来的。在进化过程中，具体的地理历史条件的不同，造成体质外表特征的种种差别。但作为人类，都具有共同的基本特征，无论在体力和智力方面都是一致的，不能抓住某一人种的某些体质特征，作为判断种族优劣的根据。首先，每个人种都同时存在着表面形态上的"原始"和"进步"的特征。例如体毛在进化过程中是逐渐减少的。今天，黄种人的体毛最少，白种人体毛最多。在这一点上，黄种人和黑种人都较白种人"进步"。嘴唇在进化过程中是逐渐增厚的，现代黑种人最厚，白种人最薄，同样，在这一点上白种人也落在了后面。再从面部的突出程度来看，在进化过程中是逐渐减小的，而白种人最小，黄种人最大，从这一点看，白种人又似较黄种人"进步"。由此可见，用某些体质特征来判断种族优劣是毫无科学根据的。

其次，从生物学角度看，现代人种同属于一个种——智人种。他们之间可互相通婚，而且都能产生有正常生育能力的后代。各人种在主要的形态结构和生理活动方面，都是相同的。

再次，人体外表特征的某些差异，并不说明智力的悬殊。人类历史证明，一切种族都能够创造出优秀而独特的文化。人类文明就是全世界各种族和民族所共同创造的。种族主义者宣称白种人特别是其中的北欧人种"最文明、优秀"，发展了高度的现代科技。他们说什么有色人种是"劣种"，文化发展缓慢。事实是怎样呢？当北欧人种还处于文化上的漫漫长夜、茹毛饮血的原始蒙昧状态时，东方的文明古国如中国、印度、埃及、亚述、巴比伦等，早已创造出辉煌灿烂的古代文明，而他们都不是白种人。人类文化是没有国界的，现代西方的科技成就，其实是在古代文化成果的基础上起步和进一步发展的。我们的祖先发明了火药、印刷术、指南针和造纸，对世界科学技术的发展做出了卓越的贡献。中华民族的灿烂文化，通过丝绸之路传到了西方。四大发明中的指南针用于航海，开创了世界地理大发现的新纪元。英国学者李约瑟（Joseph Needham）毕生研究我国在科学技术方面的发明创造，深刻认识到中国人民对世界文化的贡献和推动，撰写了《中国科学技术史》，而我们是黄种人。考古学、历史学和民族学工作者对非洲的研究，证明古代非洲黑人创造了高度的文化和强盛的国家。非洲黑人制造的青铜器、铁器和雕塑，世界驰名。设在美国纽约的联合国总部陈列的各国赠送的礼品中，几内亚赠送的一尊青铜造像，风格独特，栩栩如生；我国赠送的以长城为画面的巨型挂毯，宏伟壮观；伊拉克赠送的是古代汉莫拉比法典的复制品。这些都反映了古代世界文明的结晶。至于美洲土著印第安人，他们在农业方面首先栽培了玉米、烟草、马铃薯、向日葵等作物。这些农作物后来传遍全球，成为人类的重要食物。印第安人在天文、历法、建筑术、医药等方面都做出了卓越的贡献。古代玛雅人发明了文字和数学上使用"零"的概念，阿兹特克人发明365天为一年、闰年加一天的历法以及修筑的金字塔和城市建设等等，都十分了不起。总之，世界各个种族都具有自己独特的文化创造，世界的文化是各种族所共同创造的。

那么为什么会产生种族歧视呢？

种族歧视和人类不平等的观念乃是历史发展到一定时期的产物。在人类历史上产生了人奴役人、压迫人的现象，受压迫、受奴役者往往被视为"贱种"，特别是这种统治奴役和剥削压迫施加于外族、外国时，不仅产生种族歧视，而且为了制造压迫剥削的借口，随之产生了种族不平等的"理论"。

近代种族主义产生的根源，则是帝国主义殖民统治的结果。帝国主义国家为了掠夺原料产地和产品销售市场以及输出资本，剥削廉价劳动力，竞相进行殖民扩张和征服战争，大肆掠夺亚、非、拉各国人民。为了给殖民掠夺披上合法外衣，种族主义在利用各地人种的外表差异，制造出形形色色的种族主义理论，为其罪恶行径辩护，说什么人类不平等是有生俱来的，"劣等人种"受"优等人种"的统治也是天经地义的。"优等种族"必须保持其纯洁性，等等。最典型的代表是19世纪法国贵族出身的社会学家葛宾诺（Comte Joseph-Arthurde Gobineau）、德国唯心主义哲学家尼采（Friedrich Nietzsche）和英国的张伯伦（Houston Stewart Chamberlain），他们不仅炮制谬论，狂热鼓吹，而且为种族主义者在制定政治、经济、文教等有关政策提供理论依据。希特勒法西斯纳粹主义推行的所谓保护优等种族的纯洁性、对犹太人实行种族灭绝的政策，就是这种种族主义的最凶残的表现。

第二次世界大战后，随着殖民体系的解体，民族解放运动不断高涨，亚非拉地区许多国家从殖民主义桎梏下获得独立。然而，种族主义并未销声匿迹，它在新的形势下，改头换面以不同方式存在着，如德国的新纳粹主义、美国雅利安兄弟会等等。

今天，种族歧视仍然是一个不能令人忽视的严重问题。美国曾是种族歧视很严重的国家，经过19世纪70年代的南北战争，1863年美国总统林肯颁布解放奴隶的命令。但种族歧视仍然相当普遍地存在，残酷迫害黑人的"三K党"（Ku Klux Klan）猖獗一时。今天，美国宪法虽然禁止种族歧视，但实际生活中一般黑人往往处于不利地位，失学和缺乏专业技术训练的失业者比比皆是。在拉丁美洲，土著印第安人往往受着不同程度的歧视或在社会上处于不利地位。在更多的地方，在现实生活中，在政治、经济、文化、教育以及就业方面，种族歧视仍然不同程度存在着。

最令人憎恨的种族主义和种族歧视，是南非种族主义政权对广大黑人及其他有色人种所实行的种族隔离制度。这一制度是以肤色人种作为不平等隔离的依据。南非白人当局通过颁布、实行各种有关法律、法令，使种族歧视合法化、制度化和长期化。从1911年以来，白人政府颁布了350种以上的种族歧视法令，包括政治、经济和文化教育各方面，用以压迫、剥削黑人及其他有色人种并镇压他们的反抗斗争。其中最主要的有：

《集团分区居住法》：将全国居民按肤色人种分为白人、有色人（混血人和亚洲人）和黑人，各分地区居住，广大黑人和其他有色人种被强迫大规模迁徙到限定地区。黑人人数最多，受害最大，数百万黑人被赶入"保留地"，即所谓的黑人"家园"。占南非全国人口72%的黑人，仅占有13%的地域，而占人口16.5%的白人，却占有全国土地面积的87%，其他混血人和亚洲人则没有所谓"家园"。①

《通行证法》：此项法令规定，凡年满十六岁的非白人在白人地区的厂矿等地工作，必须随身携带经雇主签署的身份证等各种证件。证件不全者，以违法论处，逮捕、罚款或送矿山、农场强迫劳动。黑人工人的妻子家属未经许可，到白人区与丈夫生活超过三天就将被判刑，每天因没有通行证而被拘捕判刑的黑人，成千上万。这项法律剥夺了黑人在所谓白人区永久居住的权利，而这些地区从来就是黑人世代居住的地区。②

3.《班图斯坦化政策》：南非黑人绝大多数属于班图尼格罗人种。"班图斯坦"又称"班图家园"。南非白人政权为了维持其种族主义统治，进一步推行种族隔离政策，强行实施所谓"班图斯坦计划"或称"黑人家园计划"，即在黑人"保留地"建立若干"班图斯坦"，强迫黑人按部族和语言迁入，从所谓"自治"向"独立国家"过渡。到1981年，南非白人政权已在4个"家园"搞了假独立，这些"家园"的内政、外交、财政、国防完全受白人政权控制。这种假的"独立国家"，受到黑人的坚决反对和抵制，国际上也没有得到任何国家承认。③

①　见C.N.布朗著：《种族隔离制》（英文版），联合国教科文出版社1981年出版，第27页。又见玛·科涅文著、阮西湖译：《种族隔离制》，中国社会科学院民族研究所1984年出版，第4页。

②　见C.N.布朗著：《种族隔离制》，第28页。

③　参见《联合国在人权领域的行动》（英文版），1983年联合国出版，第67页。

4.《身份证法》：这项法律的颁布，是配合实行"班图斯坦政策"的另一种手段。按照这一法律，凡属于某一班图斯坦的"公民"，便自动失去南非公民的身份。换句话说，当某一家园宣布"独立"时，被划入这一家园的黑人，即使长期在白人区居住和工作，也不再是南非的公民而成为"外国人"。作为"外国人"，就无权过问南非的政治以及在就业、福利等方面保护自己。由于这一法律的实施，在4个家园"独立"后，已经有700万黑人失去南非的公民身份。①

5.《反破坏法和镇压共产主义条例》：镇压黑人的任何民主运动和禁止任何白人参加反对种族隔离的集会和活动。

总之，种族隔离制度的实质，即是用暴力强迫黑人迁入狭窄、贫瘠和耕地严重不足的"保留地"，迫使黑人用落后的农业生产维持大量人口的生存。实际上在这种条件下，众多黑人无法谋生，大量劳动力被迫流入白人所占地区的工厂、矿山。白人资本家压榨黑人的廉价劳动力，实现南非经济的高速增长。所谓"黑人家园"，实际是储存、提供黑人廉价劳动力的基地。黑人在白人工厂、矿山所得的平均工资仅为白人平均工资的十四分之一，很难养家糊口。② 黑人劳动力的再生产，则是靠"保留地"内妇女的辛勤劳动，靠落后的农业生产来维持的。白人区的黑人工人被解雇失业后，便被赶回所属家园，直到死去。下一代年轻工人又同样被迫流入白人地区遭受白人资本家的残酷剥削。控制剥削对象 —— 黑人劳动力，是种族隔离制度的关键，而在政治上，这一制度的实行使广大黑人的南非公民权被剥夺，成为政治上无权的"外国人"，虽遭残酷迫害而无权申诉和反抗。种族主义的政治压迫，进一步维护了在经济上的掠夺。这种极端反动和野蛮残酷的政策，理所当然地受到广大黑人的坚决反对。

和南非接壤的纳米比亚原称西南非洲，从15世纪起长期遭受白人殖民统治，1890年德国殖民者占领西南非洲全境，进行殖民统治。第一次世界大战中，南非白人政权以参加协约国为名，出兵占领西南非洲，实行殖民统治。今天，这里的黑人

---

① 见《南非的种族隔离制》，联合国国际劳工组织1983年编印，第36页。

② 见C.N.布朗著：《种族隔离制》，第50页。

仍然处于殖民统治和种族主义压迫的悲惨境地。

二

自从白人殖民者入侵以来，南非和纳米比亚人民从未停止过斗争。广大黑人群众在斗争中建立了自己的组织。主要的有："非洲人国民大会""阿扎尼亚泛非主义者大会""黑人大会"和"西南非洲人民组织"等。这些组织在南非人民群众中具有广泛的影响和号召力。广大黑人群众在这些组织的领导下，对种族隔离制度进行了坚决的反抗斗争。为此，这些组织先后被南非种族主义政权宣布为"非法"，机构被摧毁，领导人被判重刑，终身监禁甚至被处死，广大群众则遭受残酷镇压。然而各组织仍然不屈不挠地坚持斗争，有的被迫从和平斗争走上了武装斗争的道路。[①]

南非黑人的反抗斗争，在各反抗组织的领导下日益发展。1950年6月26日，数十万南非人民在各地举行"全国抗议日"，抗议南非当局实行《集团分区居住法》和《镇压共产主义条例》。1960年3月21日黑人群众在沙佩维尔举行大规模示威，反对《通行证法》，遭到当局残酷镇压，死伤近300人。同年6月在东部特兰斯凯"保留地"，130万黑人奋起反对《班图斯坦政策》。1961年5月"南非共和国"成立，全国各主要城市大多数居民参加大罢工，以示抗议和抵制。由于一切和平及合法斗争已被南非当局堵死，黑人中出现了武装斗争组织"民族之矛"，开展武装斗争。此后反抗斗争此起彼伏，声势越来越大。特别是1976年6月16日索韦托黑人学生举行大规模示威游行，抗议南非当局实行的种族歧视教育制度。这次斗争迅速得到各地黑人的响应，形成全国反对种族歧视的新高潮。南非当局出动军警疯狂镇压，打死打伤1000余人，制造了骇人听闻的索韦托惨案。此后学生仍进行持续的罢课斗争，黑人教师也纷纷参加斗争，拒绝上课。为了配合国内斗争，国外训练的武装人员也潜回国内伺机进行游击活动。

在斗争中，涌现出不少坚定的黑人领导人，其中最著名的是纳尔逊·曼德拉

---

① 参见《英联邦杰出人士赴南非代表团报告》（英文版）第二、第三章，企鹅丛书，1986年版。

（Nelson Mandela）。他在1944年加入非洲人国民大会，后来成为该组织的杰出领导人。作为一位律师，他曾领导黑人进行了一切合法斗争，但回答他的却是武力镇压。他屡遭监禁，后来被迫以牙还牙，在1961年建立了上述武装斗争组织"民族之矛"，他到非洲其他国家和欧洲寻求援助，会见不少国家领导人，他为之奋斗的事业，得到积极的响应和支持。1962年8月5日返国时，南非当局借口他私出国境和煽动领导武装斗争而将他逮捕。是年11月7日，他在法庭上发表长篇声明，揭露、控诉南非种族主义政权的滔天罪行。声明的最后一句话是："我对我的人民和南非尽了自己的责任。我确信后世子孙将宣布我无罪，而真正应被送上法庭的罪犯，是费尔沃德（南非总理）政府的成员！"[①] 他被判终身监禁，但南非当局迫于国际压力，几次要他宣布放弃武装斗争即行释放，均被他拒绝。1982年56个国家的2264名市长庄严签名，要求南非当局无条件释放以曼德拉为首的政治犯。[②] 1983年8月在日内瓦举行的"与种族主义和种族歧视进行斗争的第二个十年世界大会"，128个国家的代表团一致通过要南非当局释放曼德拉。他在狱中已度过25个春秋，但坚定不移，毫不妥协。

　　面对黑人反抗斗争的高涨和国际舆论的压力，南非当局于1984年通过所谓新宪法，侈谈宪法改革，权力分享，实际目的是要剥夺广大黑人的一切基本权利，包括公民权利，并将南非变成一个继续奉行种族隔离政策的、只有白人享有一切的国家。[③] 这一骗局被拆穿后，遭到黑人的更大反对，游行、罢工此起彼伏。南非当局又宣布实行所谓《紧急状态法》，仅约两年时间，黑人被捕者逾万人，被屠杀者近两千，继续实行高压政策。另一方面，南非当局加紧扩张武力，据1986年统计，其国防开支总额已达20亿美元以上，武装力量达63.9万人，警察12万人。[④] 在镇压南非人民和纳米比亚人民的同时，南非当局借口打击"恐怖分子"的活动基地，不断

① 见纳尔逊·曼德拉：《在法庭公约的声明》（英文），联合国反对种族隔离制中心印行，1982年。
② 见《释放纳尔逊·曼德拉及南非其他政治犯的呼吁书》（英文），联合国反对种族隔离制中心印行，1982年。
③ 见《联合国纪事》，1984年第1卷第1期。
④ 见《人民日报》1986年6月2日。

向安哥拉、莫桑比克、赞比亚、波茨瓦纳和津巴布韦等邻国发动军事入侵，进行武装挑衅，以阻止"非洲人国民大会"的游击队进入南非。1986年5月19日又一次公然武装入侵波茨瓦纳、津巴布韦和赞比亚三国，激起各国的抗议和谴责。阿根廷并于5月22日宣布与南非断绝外交关系。① 南非种族主义政权处于空前孤立的境地。

三

如上所述，种族歧视的各种表现中以南非的种族隔离制度最系统化、制度化而且极端恶毒。联合国作为最大、最具普遍性的国际组织，面对形形色色的种族歧视的罪恶行为，采取了积极的对策，制定了一系列有关消除一切形式的种族歧视、种族隔离甚至种族灭绝的国际公约，通过了有关宣言和决议，组织了相应机构，并在政治、经济和文教、卫生等领域采取了具体措施。总的说来，这些行动措施可以分为两类：一类是针对具体地区、具体问题如南非种族隔离制度和纳米比亚问题；一类是针对带有普遍性的问题，如在国际范围内消除一切形式的种族歧视的行动措施。然而这些行动措施，有的一开始便具有一定的软弱性。例如有的决议虽被由全体会员组成的"联合国大会"（以下简称"联大"）所通过，但由于反对意见的存在，行动措施往往软弱无力。对南非实行石油、武器等的禁运，就是由于某些国家和南非具有千丝万缕的联系而遭到削弱，不能达到预期的制裁目的。

关于针对具体地区、具体问题的行动措施，可以用对南非种族隔离制度问题来说明。

早在1952年9月12口，就有13个会员国要求将"南非联邦政府的种族隔离政策在南非所造成的种族冲突问题"列入联大第七届会议的议程。虽然南非联邦的代表提出正式抗议，但联大仍然将此项建议列入议程。② 接着联大在1952年以后连续通过决议，谴责南非当局实行种族隔离政策。1962年11月6日又通过1761（ⅩⅦ）号

---

① 见《人民日报》1986年5月19日。

② 参见《联合国在人权领域的行动》（英文版），联合国1983年出版，第61页。

决议，设立"反对种族隔离特别委员会"，由18个成员国组成。根据其职权范围，特别委员会每年都向联大和安全理事会提出专题报告，审查南非种族主义政权的罪恶行动，提出处理有关问题的建议。

尽管国际社会多方努力，南非当局却继续甚至加剧种族主义压迫。根据特别委员会所述，从1952年到1982年的30年间，300多万黑人被驱离家园。由于实行具有侮辱性的《通行证法》以限制黑人在"保留地"以外的行动自由，约有1300万非洲人被捕。班图斯坦政策的实行，则剥夺了700万非洲人在自己土地上的公民身份。至于不经审讯无限期拘禁的法律实行以来，成千上万的人遭受迫害，甚至惨死狱中。连国际知名的诺贝尔和平奖金获得者阿尔伯特·卢图利（Albert John Lutuli）酋长也在受管制的状态中度过了余生。①

面对南非种族主义政权的倒行逆施，联大在1976年11月9日第31/6J号决议的附件《反对种族隔离的行动纲领》中提出了一系列对策，要求各国政府从政治、外交、军事、经济、文化、教育、体育等全面和南非断绝来往。不仅如此，还要求各国政府间组织支援南非解放斗争，支援和南非接壤的几个前线国家；在受南非种族主义政权侵略的非洲独立国家提出要求时，向它们提供一切必要的援助，使它们能够保卫主权和领土完整。同时，联大并要求各会员国加入《禁止并惩治种族隔离罪行国际公约》，承担并履行相应义务。截至1987年9月，参加该公约的成员国已经有86个国家。②

关于班图斯坦问题，安理会于1976年12月22日通过决议，赞同联大强烈谴责南非种族主义政权"建立班图斯坦，以巩固不人道的种族隔离政策，破坏该国领土完整，永久维持白人少数统治并剥夺南非非洲人不可剥夺的权利"，并拒绝接受特兰斯凯的假"独立"，宣布其无效。③ 安理会并于次年通过决议强烈谴责南非当局，要求停止对黑人和其他一切反对种族隔离者采取暴力行为和镇压，废除班图斯坦政

---

① 参见《联合国在人权领域的行动》（英文版），联合国1983年出版，第62页。

② 见《联合国人权中心国际文书集》（英文版），1987年出版。

③ 参见《联合国在人权领域的行动》（英文版），联合国1983年出版，第66页。

策并保证实现以正义平等为基础的多数统治。对班图斯坦问题，联大曾多次通过决议加以谴责。

1979年12月12日，联大又通过《关于南非的宣言》，这个宣言载有7项条款，规定了各国协同行动，例如确认南非人民为了消除种族隔离而进行的斗争以及建立一个各种族都享有平等权利的社会的合法性，确认南非被压迫人民享有选择他们的斗争方法的权利，以及所有国家应庄严保证对南非种族主义政权不给予任何公开或秘密的支持。联大在1982年12月9日的决议中，又重申上述《宣言》的要求。

特别是在1983年8月在日内瓦举行的"和种族主义与种族歧视进行斗争的第二个十年世界大会"，有128个国家派了代表团出席。大会通过了宣言和行动纲领，和南非种族隔离制度做斗争是其中重要内容之一。[①] 在大会宣言中不仅强烈谴责了南非种族主义政权的暴行，而且在今后的行动纲领中，重申南非和纳米比亚被压迫人民反对种族歧视和种族隔离制度，争取民族解放的一切斗争方式包括武装斗争的合法性。联合国和国际社会有责任从政治、物质和道义等方面支援他们。国际社会的集体力量对消除种族歧视具有积极的意义。

我国对消除种族歧视和反对种族隔离，一贯立场鲜明，行动坚决，而且是《禁止并惩治种族隔离罪行国际公约》等有关公约的缔约国。我国和南非不存在任何政治、外交、经济、军事、文化、体育等等关系。在上述会议开幕时，赵总理代表中国政府和中国人民发去了祝贺和支持的电报，再度严厉谴责南非当局实行种族隔离政策、非法占领纳米比亚以及侵略与南非接壤的国家，并坚决支持反对种族主义、种族歧视的斗争。作为一个拥有10亿人口的大国，我国的行动具有很大的影响和积极意义。

当上述大会的宣言和行动纲领以大多数票获得通过后，先后有20多个国家代表团发表声明对某些条文表示保留或反对，其中大多数是西方国家。某些西方国家和南非具有千丝万缕的联系，他们反对受压迫的黑人大众对用武力镇压他们的南非当局进行武装斗争，理由是联合国的精神主张和平解决争端；他们反对全面经济制裁，

---

① 见《和种族主义与种族歧视进行斗争的第二个十年世界大会报告书》（英文版），1983年联合国出版。

理由是最终受苦的仍然是黑人；有的甚至不同意点个别国家的名，因为不利于问题的解决；等等。这些反对意见在一定程度上削弱了宣言和行动纲领的战斗力。

关于对具有普遍性的问题，联合国所采取的行动措施，可用《消除一切形式的种族歧视国际公约》的执行情况来说明。

《消除一切形式的种族歧视国际公约》于1965年10月21日经联大通过，1966年3月7日由各国政府签字批准，成为缔约国，1969年1月4日正式生效执行，这个《公约》目前已有124个缔约国，是这类公约中缔约国最多的一个，具有广泛的影响。

这个《公约》规定缔约国必须履行《公约》所规定的义务，即在行政、立法和司法等方面，采取措施，消除国内存在的种族歧视和民族歧视。缔约国政府每两年得向联合国提交一份定期工作报告，说明采取的措施和取得的成果。根据《公约》第八条规定，成立"联合国消除种族歧视委员会"，由来自18个国家的18名委员组成。委员的产生，照顾到地区原则，由缔约国推荐人选，再由缔约国全体大会以无记名投票选出。各委员以个人身份作为专家任职，不代表所属国家和政府，任期4年。委员会的职责是监督《公约》的执行，按照《公约》的要求审议各缔约国提交的报告，研究其他有关事项，并每年向联大提出报告。我国提出的候选人于1984年当选为委员会成员。

由于种族歧视和民族歧视在世界上具有普遍性，表现于政治、经济、文化、教育各个领域，因而《公约》的覆盖面很广。《公约》第三条则是针对南非种族隔离问题。各缔约国的报告有义务说明对南非种族主义政权的态度和关系，是否和南非具有政治、外交、经济、文教等联系。如具有这些联系，采取了什么措施削弱以至切断这些联系。种族歧视特别是种族隔离政策在今天为国际社会所反对，可以说，除南非外各国对种族隔离政策都在不同程度上持谴责态度和采取一定的制裁措施。由于各成员国所承担的《公约》义务和国际舆论的向背，应该说《公约》的存在及其执行，对消除种族歧视具有一定的积极意义。

我国是一个多民族国家，除汉族外还有55个少数民族。汉族人口最多，约占全国总人口的93.3%，各兄弟民族由于人口少而被称为少数民族。历史上我国存在着民族歧视，主要是汉族对少数民族的歧视。解放后，在党的领导下实行民族平等团结的政策。我国的宪法、法律、民族区域自治法以及有关民族政策，都体现出民族平等、团结、互助的精神。我国政府提交给联合国关于消除种族歧视问题的报告中所反映出来的在行政、立法、司法方面所采取的措施，深得好评。但今天是否我国就一点都不存在民族歧视呢？历史上遗留下来的民族偏见和民族歧视的残余是否都已完全消失了呢？我国的宪法、有关法律和民族政策是不存在民族歧视的，但要彻底地、不折不扣地贯彻执行，还有不少的、艰苦的、细致的工作要做，而且是一项长期任务。认真贯彻执行党的民族平等、团结、互助的政策，消除历史上遗留下来的民族偏见和民族歧视的残余，应该说是社会主义精神文明建设的重要组成部分。

当前，就世界范围而论，种族和民族歧视仍然比较普遍地、不同程度地存在着。而且只要人剥削人、人压迫人的制度存在，就不可能彻底消除。正如前面所说，种族歧视和人类不平等的观念乃是历史发展到一定时期的产物。那么人类社会向更高阶段的发展、人类社会发展的总趋势，则是有利于彻底消除种族和民族歧视的。

本文原载于《吴泽霖学术会议论文集》，湖北科技出版社1988年版。

（来源：中央民族大学民族学与社会学学院、中央民族大学中国少数民族研究中心编《中国民族学纵横》，民族出版社2003年版，第615-629页。）

在林耀华教授从教62周年庆祝会上的讲话

林耀华教授是我国著名的民族学家、人类学家和社会学家，现任中央民族大学终身教授、博士生导师。

先生出生于1910年3月27日，福建省古田县人，汉族。1928—1935年就读于北京燕京大学社会学系，先后获学士学位和硕士学位。1937年入美国哈佛大学攻读人类学，受业于胡顿（E.A.Hooton）、柯恩（C.S.Coon）、克拉克洪（Clyde Cluckhohn）等著名人类学家和民族学家。1940年获哲学博士学位，并成为美国应用人类学会名誉会员。1941年回国，先后任教于云南大学、成都燕京大学及北京燕京大学。1952年调来我校，历任历史系主任、研究部负责人、民族研究所所长以及民族学系主任等职务。1986年后任我校终身教授、民族研究所名誉所长及民族学系名誉主任。

此外，林先生还曾担任《辞海》编委会编委兼分科主编，《中国大百科全书》民族卷编委兼民族学分科主任、"民族问题五种丛书"编委会副主任、国务院学位委员会法学评议组成员、国家民族事务委员会委员以及中国社会学研究会副会长、中国民族学研究会副会长等多种职务。

在长达半个世纪的时间里，先生诲人不倦，培养了大批教学和科研人员，为中国民族学的发展做出了重要贡献。在他的积极推动下，经过多方面努力，于1983年在我校创办了我国第一个民族学系，十几年来为国家培养了一批有用之才，为跨世纪民族学工作，储备了一批必要的力量。现在，在他的学生中不乏中外知名的专家学者和指导博士研究生导师。

在学术研究方面，先生除潜心研究中外各种理论著述外，还不避艰险，乃至冒着生命危险，深入偏远的民族地区进行实地调查，除宁夏和台湾外，足迹遍及整个中国。在此基础上，科学研究硕果累累，先后发表学术著作20本、论文150余篇，有的用英、德、日、俄和西班牙文在国外发表。1941年，他用小说体裁撰写的人类学著作《金翼——中国家族制度的社会学研究》，以先生自己的家庭为背景，深刻而全面地反映了中国南方一个大家族的兴衰沉浮，内容翔实，文笔生动，学术性强，前后共出中英文等7个版本，深受学术界欢迎。此书已成为国外学者研究中国社会文化和人类学、社会学专业学生的重要参考书籍。

又如40年代初期，先生冒着被掠卖为娃子（奴隶）的危险深入四川凉山地区，对彝族的社会文化进行实地考察，写出《凉山彝家》一书，后在美国译成英文出版。海外学者称之为"对中国西南省份彝族所进行的第一次系统研究"。后来他又三上凉山，根据半个世纪的调查资料，写成专著《凉山彝家的巨变》，最近已经出版。

新中国成立后，林先生率先运用马克思主义指导人类起源研究，其著作《从猿到人的研究》，使国内的人类学研究转到新的方向。他努力钻研马列著作，结合体质人类学、考古学和民族学资料，首先提出原始社会的三段分期法（即分为原始群、血缘家族公社和氏族公社三个阶段）。他主编的《原始社会史》采用了大量的民族学资料，侧重中国、兼顾世界，是国内原始社会研究中颇具特色的一本学术著作。1990年他主编的《民族学通论》也是一本高质量的、颇受欢迎的学术著作和教科书。这两本书都获国家教委、国家民委等颁发的优秀科研成果一等奖。

林先生在应用人类学方面也做出了很大贡献。50年代初期，他率队到云南、内蒙古参加民族识别工作。这次所确认的少数民族，后经国务院正式批准公布。先生的有关文章备受学术界推重。

林先生曾多次参加国际学术会议和出国讲学活动，访问过美、英、苏联、日本、墨西哥、菲律宾、印度、泰国、韩国等，宣传我国民族研究成就，促进国际学术交流。

林先生数十年如一日地辛勤耕耘，取得了丰硕成果，著作等身，桃李满天下。

他的学术成就深受国内外学术界所重视。他的传记为十多部国际名人传记所收录，现在林先生已是85岁高龄，仍然站在学科前沿，关注民族学的发展，并指导博士研究生。先生在教学和科学研究中孜孜不倦和勇于开拓的精神，实为后辈楷模。

今天，参加这个盛会的有先生的同行、朋友、更多的则是先生的学生，共同庆祝先生从事教学和学术活动62周年。我们祝贺并感谢先生为中国民族学的发展所做出的杰出贡献，并祝先生更加健康长寿。

1995年11月

（来源：中央民族大学民族学与社会学学院、中央民族大学中国少数民族研究中心编《中国民族学纵横》，民族出版社，2003年版，第648-650页。）

联合国反种族歧视委员会前副主席
珊迪·阿里博士来函

21st Feb. 1996

Dear Professor Song，

I received your letter on the 16th of this month and was very sad to learn that you will no longer be with us in CERD. It is ironical when you stood first in the elections.

We indeed became good friends and I should say family friends. It was a great pleasure to meet your charming and lovely daughters and your son-in-law. Only your dear wife I could not meet but hearing from you about her qualities one could not help admiring her. Please convey to all the family members my sincerest good wishes.

You yourself were always gentle in your behavior which reflects not only on your character but the culture of your country. It goes to the credit of your government to have recognized your ability and dedication to your work and honored you so highly. An honor which you deserve in every sense. My heartfelt congratulations go to you.

I will also remember you with deep respect and affection and all the momentoes that have piled up in my possession，I shall always value greatly as coming from a great country with an old civilization.

I had already wrapped up my book The *African Dispersal in the Deccan Region* which is the result of 3 years of research. It is difficult but I do hope you will have time to read it. I shall try to send it through your Embassy.

　　Once again wishes you all the very best and good health as also to your family.

Yours Sincerely,

Shanti Sadiq Ali

　　尊敬的宋教授：

　　您于本月 16 日的来信已经收到。获悉您将不再到反种族歧视委员会和我们一同工作，我感到非常难过！在以往的选举中，您多次以最高票数当选，而今您却要离开了，这实在是件很有讽刺意味的事。

　　作为好朋友，我想还是谈谈家人吧。见到您两个妩媚动人的女儿和您的女婿，实在让人高兴！虽然没有能见到尊夫人，但时常听您谈起她的种种贤良美德，心下好生羡慕！请您向您的家人转达我最衷心的祝福。

　　您的言行举止始终是那样的儒雅，那样具有君子风度，这不仅是您个人品格的表现，而且也是贵国文化的风骨。贵国政府赏识您的才干，肯定您的贡献，给予您很高的荣誉，对您的褒奖您是当之无愧的。因为您以自己取得的成绩为国家争了光。我真诚地向您表示祝贺！

　　您让我永生难忘！想起您我总是满怀崇敬和深情。与您在一起的回忆将珍藏在我的心底。这是一份来自一个有着悠久文明的伟大国家的情谊，我将倍加珍惜！

　　我准备把我的《消散在德干地区的非洲人》一书送给您。书我已经包好了。这是我为时三年的研究成果。书不好读，但我还是希望您能够抽空看一看。我将设法通过贵国大使馆把书转到您手上。

　　最后，再一次祝您身体健康、万事如意！并向您的家人致以良好祝愿。

珊迪·撒迪克·阿里[1]

1996 年 2 月 21 日

---

① 珊迪·撒迪克·阿里女士，印度专家，联合国消除种族歧视委员会前副主席。

联合国反种族歧视委员会前主席班顿教授来函

The Court House,

Llanvair Discoed.

Gwent. NP6 6LX

Great Britain

Tele/fax: 01633 400208

1996-02-13

Dear Professor Song,

It was with sadness that I saw that your name was absent from the list of candidates for election to CERD last month. I had appreciated the opportunity to get to know you and to work with you. For me it has been a great privilege to be a member of CERD and be the colleague of so many interesting people from so many parts of the world. I read things in the newspapers about various countries, but they mean so much more to me when I know someone who comes from that country and I have some sense of how he or she feels about events.

I was saddened, too, because the last session was made miserable for you by your illness, and because I did not have the opportunity to say 'au revoir' to you properly. As you probably know, your successor on the Committee, Mrs Zou, was elected at the head of the list. The result suggests that China does not lack friends in the diplomatic world, but it may also reflect a desire to elect more women to serve on treaty bodies. Apart from yourself all the other retiring candidates were renominated and re-elected. The Committee benefits from this continuity in membership; we trust one another more than we did when I joined CERD in 1986!

As you know, I retired from my university post in 1992 and this has given me more time to work on matters related to the Committee. I have written a book of some 350 pages entitled *International Action Against Racial Discrimination* which Oxford University Press will be publishing at the end of April. It tells the story of CERD in three periods. I call that from 1970 to 1978 the period of laying the foundations; from 1978–1987 I see as 'the last of the cold war'; and the period from 1988 as one in which the Committee has been able to seize the initiative. The book is an attempt to put the law into a political and historical context. I found it the most difficult to organize of all my books and at the end of the day can appreciate better why no one else has tried to write a full account of the Committee.

Soon my wife and I will be setting out in our car and traveling by the tunnel under the channel into France to drive to Ferney-Voltaire for the next session. We shall miss your presence in Salle XI and will want to send you the very best wishes for good health and pleasurable times.

Yours ever,

Michael Banton

尊敬的宋教授：

上个月在反种族歧视委员会（CERD）新一届委员的候选人名单中没有看到您的名字，我心里感到很难过！结识您并与您共事是我弥足珍贵的机缘。对我来说，能够成为反种族歧视委员会的委员，能够与这么多风趣的、来自世界许多国家和地区的委员在一起工作，这是多么荣幸的事！读报可以了解到世界各国的情况，但如果能够结识一些来自这些国家的人，而且能够听到他们发表对相关事件的看法，那么，我们的知识就不至于那么单薄，而是丰富得多。这是我的感受。

上次会议您拖着病弱之躯，坚持工作，一定受罪不浅！而我因为没有适当的机会，竟然连跟您话别都来不及。这也是让我很感伤的事！也许您已经知道，您的后任邹女士这一次以最高得票当选。这说明：在国际外交舞台上，中国是不缺少朋友的。当然，这一结果也可能同时表达了一种让更多女性到缔约组织来工作的意愿。这一次除了您以外，其他即将离任的委员都被重新提名并再次当选。他们的留任，使反种族歧视委员会在人员组成方面有一个承上启下的连续性。与1986年我初次进入委员会的时候相比，现在委员之间互相信赖的程度大大提高了。

1992年以后，我从大学的工作岗位上退了下来。这使我得以将更多的时间投入与反种族歧视委员会有关的事务当中。我完成了一本有350多页的书，书名叫《反种族歧视国际行动》，今年4月底由牛津大学出版社出版。在书中，我把反种族歧视委员会的工作分为三个阶段进行介绍：1970年到1978年之间这段时间，我视之为打基础的时期；1979—1987年是"冷战的尾声"；1988年以来，我认为是委员会已经掌握了工作自主权的时期。写作本书的意图，是想把委员会的工作进程与政治和历史的背景联系起来考察，并从中找出规律。在写作中，我感到最难的莫过于如何使著作脉络清晰，叙述条理化。到了这时候，我才真正明白，为什么别人没有去碰这样一个题目。

不久之后，我和太太就要到佛尼－渥太尔（Ferney–Voltaire）去开会。我们打算驱车穿过英法海峡大隧道，取道法国前往。遗憾的是，在11号大厅（Salle XI），我们再也见不到您的身影。在此，谨向您表示最衷心的祝福，祝愿您身体健康，笑口常开！

您忠实的朋友

迈克尔·班顿[1]

1996年2月13日

于伦敦

---

[1]　Michael Banton，英国不列斯托大学社会学教授，联合国消除种族歧视委员会前主席。

宋蜀华教授致联合国反种族歧视委员会
前主席班顿教授函

Dear Professor Banton,

It was in 1986 that I first acquainted with you in New York. Since then, I had the opportunity to be with you in the same meeting hall while the CERD was in session in the past 10 years. I appreciated your friendship and cooperation. Your statements and classification on issues concerned often enlightened me. In this swift changing world, it has brought more and more complicated racial and ethnic issues before U.N.. Accordingly, it is more necessary and urgent for the Committee to exert its functions and carry out its duties for the elimination of racial discrimination. I am sure, you will make even greater contributions to the cause of the CERD.

As to me, though I did what I should do, my contribution was very limited. In 1994, I was appointed lifetime professor by my University and Chinese Ministry of Personnel and was appointed the Dean of the College of Ethnological Studies. Owing to my health and the heavy work load in Beijing, I can hardly undertake the tasks both within and abroad successfully. I won't like to be a man without the sense of sincerity and responsibility. So I contacted my government if they could nominate a better and younger candidate to stand for election in January this year. I believe they did so. Now, I end my work in the Committee where I have worked for over a decade. I wish and believe it will move on more energetically, fruitfully and successfully. However, I take you as my good friend and colleague in the same academic field, I wish our friendship and relationship will be strengthened in the time to come.

Best wishes for 1996

Sincerely yours,

Song Shuhua

尊敬的班顿教授：

我是1986年在纽约第一次结识您。此后十年，我们在反种族歧视委员会的同一个会议大厅开会。您的友情和合作我铭记在心。您在有关问题上的看法和分析常常令我茅塞顿开。在当今这样一个急剧变迁的世界里，联合国所面临的种族和民族问题越来越多，也越来越复杂，这就要求反种族歧视委员会竭尽全力，承担起消除种族歧视的重任。我深信，您一定能够为这项事业做出更大的贡献。

至于我自己，我虽然履行了自己的职责，但贡献却有限。1994年，我所在的大学以及我国政府的人事部聘任我为终身教授，同时还委任我为民族学研究院院长。由于健康原因，加之在北京所承担的这些重托，尽管我很想把国内和联合国的工作都做得很好，但心有余而力不足，因此，必须做出取舍。因为我不愿做一个不自量力、不负责任的人。有鉴于此，我向我国政府提出，物色一位比我年富力强的人选替代我参加今年一月份的选举。我相信，政府采纳了我的意见。

从此，我将离开我为之工作了十二年的反种族歧视委员会。祝愿它日后的工作开展得更加富有活力，更加卓有成效，并取得更加辉煌的成就。

我把您视为同属一个学术领域的好朋友、好同事。希望我们的友谊和交往在将来的日子里能够进一步得到加强。

祝您在1996年吉星高照！

宋蜀华

1996年2月4日

宋蜀华教授致联合国人权中心
国际部主任克蓝女士函

Nov. 7, 1995

Dear Mrs. Klein,

Thank you very much for your kind letter of Oct. 14, 1995 and the beautiful picture of Geneva, which I received recently. It was really an honor and a great pleasure for me to meet both of you in Beijing and enjoy Sichuan food together.

In the past 12 years, as a member of the CERD, I enjoyed the cooperation and friendship with my colleagues. I shall always remember the pleasant time we shared during the meeting in Session. However, owing to my health and the heavy work loaded in Beijing, I can hardly undertake the tasks both within and abroad. So, I expressed my idea to my government if they could nominate a better and younger candidate to stand for election next January. I believe they did so.

It is very kind of you willing to send me some information concerned. I wonder if it's possible for me to have some new Core Documents of some state parties, which will help me to have some basic idea about those countries. Of course, if it's convenient for you to do so.

I sincerely thank you very much for your kind help in these years.

Please give my best regards to Mr. Houshmand and friends in the Committee.

With my best wishes to you and George.

Sincerely yours,

Song Shuhua

尊敬的克蓝女士:

最近收到您1994年10月14日的来信,还有一张秀丽的日内瓦的照片,十分感谢! 上次在北京巧遇您二位,并有机会和你们一起吃川菜,真是难得!

过去的十二年里,作为联合国反种族歧视委员会的一分子,我充分感受到来自同事们的友情和合作。我永远忘不了和大家在一起开会、议事的那些愉快的时光。由于健康原因,再加上我在北京还有很重的工作负担,因此,要想两头顾全,的确是力不从心。在这种情况下,我向本国政府提出,假如可能的话,希望他们能找到一位年富力强的候选人顶替我参加明年一月份的选举。我想,他们已经接受我的请求。

感谢您为我提供的这些信息。我还想索要一些关于部分成员国的核心文件,以便能够对这些国家有些基本的了解。不知道这要求是否过分,假如让您感到为难,那就作罢。

这些年来,您帮了我很多忙。在此,真诚地向您道谢。

请您向郝斯曼先生以及委员会里的各位朋友转达我的问候。

祝您和乔治万事如意!

宋蜀华

1995年11月7日

英国皇家人类学会主席准本韶博士来函

17 May，1988

Dear Professor song，

It is with the very greatest pleasure that I write to inform you that at the last Council Meeting on 4 May，you were elected to Honorary Fellowship of the Institute. The Institute's Articles permit us to elect not more than fifty persons eminent in Anthropology in recognition of their contribution to our subject. Honorary Fellows are granted all the privileges of Fellowship，save that of voting at the General Meeting.

I hope you will be able to confirm your acceptance of this honour.

Yours sincerely，

Jonathan Benthall

Director

尊敬的宋教授：

阁下在本会今年（1988）5月4日刚刚召开的评议会上荣膺荣誉会员名衔，特致函表示最热烈的祝贺！

根据皇家人类学会章程的规定，本会荣誉会员名额不得超过50名。因此，只有对本学科做出非常突出贡献的人类学家，才有可能获得这一殊荣。荣誉会员除了不能参加本会的大会投票以外，享有与正式会员同等的其他各项权利。

请阁下惠予接受本会授予的这项荣誉。

英国皇家人类学会主席

准本韶（签名）

1988年5月17日于英国伦敦

日本东京大学友人中根千枝教授来函

August 15，2000

宋蜀华先生，

I hope this letter finds you well in spite of hot weather. First of all I must apologize such a delay to thank your kind letter with your book，《中国民族学理论探索与实践》，which was handed over to me by 包智明.

Your book is indeed an excellent present for me to overview important aspects of Chinese ethnology. I think China offers a very good field to contribute a new insight to ethnology combined with history. I am very much interested in what you state and also in your fieldwork since 1950's.

I am still struggling with my research on Tibet：exploring social structure of Tibet prior to 1950's. There has be so many publications，especially in China，come out（I assume you have received a copy of ACTA ASTATICA 76，which includes my article，*New Trends in Tibetan Studies*：*Towards an Elucidation of Tibetan Society*）.

I indeed regretted missing opportunities to see you in Tokyo as well as in 吴江. I do hope to meet you next year，as I intend to attend 2001 Beijing Seminar on Tibetan Studies.

With best wishes and many thanks，

Yours Sincerely，

中根千枝

Chie Nakane

宋蜀华先生：

天气炎热，您的身体还好吧？

您托包智明转交的问候信及大作《中国民族学理论探索与实践》，我已经收到了。未能及时回信致谢，殊感惭愧！

大作对我领会和把握中国民族学的精要，帮助很大。这是一份美妙的厚礼。我认为中国在将民族学与历史学相结合方面，做出了极有价值的探索，并提出了新的见解。您的文章、您的观点，以及您自1950年代以来田野调查研究的创获，读之令人不忍释卷。

我现在仍在全力继续我的西藏研究，就是探索1950年代以前西藏社会的结构。这方面的研究成果层出不穷，在中国尤其如此（ACTA ASIATICA第76期您大概收到了吧，那上面有我的一篇文章，题目是：《藏学研究的新近态势：对藏族社会的解释渐成气候》）。

在东京和吴江两次与您失之交臂，实在遗憾。明年我打算到北京参加2001年藏学研究学术研讨会，希望届时能和您见面。

顺致

撰安

中根千枝

2000年8月15日

美国威廉卡莱国际大学H.C. 帕内尔博士来函

June 7, 1984

Dear Mr. Song,

I would like to express to you my appreciation and that of the other members of the U.S. Mien Yao delegation for your very kind and gracious hospitality during our recent visit. We were overwhelmed by the thoughtful consideration and help given to us at every point of the itinerary you prepared for us.

The Yao people in the delegation were excited and overjoyed to meet many of their own people in Beijing, Nanning, and three areas of Guang Dong Province. I was certainly very happy for them. As a scholar, I was very pleased and grateful for several opportunities to meet with Chinese scholars to share information and views about the Yao languages and culture. I was impressed by the fine work which has been done by these scholars and count it as a privilege to have had the chance to interact with them in the careful and fruitful negotiations which led to nearly total agreement on a unified writing system.

I hope that this visit will lead to additional contacts between both Yao people and scholars working on Yao. Thank you for helping to make it all possible. I wish you continued success and prosperity in your important work of educating and developing the nationalities in China.

Sincerely,

Herbert C. Purnell, Ph.D.

Division Chair

尊敬的宋先生：

我们美国勉瑶代表团一行此次访问中国，受到您盛情友好的接待，在这里，我代表我本人和代表团的全体成员向您表示诚挚的谢意！在您的精心安排下，我们此次行程所到之处，都得到体贴入微的关照，对此，我们万分感激！

此行在北京、南宁和广东省的三个地区都会见了瑶族，代表团的瑶族成员为能够见到他们自己的同胞而喜出望外，激动不已。我和他们也有同样的感受。而我作为一名学者，尤其高兴能有好几次机会与中国学者们就瑶族的语言和文化交换意见和看法。中国学者在这方面的出色工作给我留下深刻印象。与他们进行的学术交流既友好又富有成果，并且还就统一文字体系达成了高度共识。这样的机缘对我来说是可遇不可求的。

我希望这次访问促进两国瑶族和瑶学学者之间有更多的往来。感谢您促成了这一切。祝愿您在中国民族教育和民族发展这项重要的事业中取得更加辉煌的成就！

威廉卡莱国际大学应用语言部主任

H.C.帕内尔博士

1984年6月7于美国威大

澳大利亚悉尼大学友人威廉·内维尔教授来函

4, Fort Street,

Petersham, NSW 2049

18th March, 1992

Dear Shu Hua,

It has been very pleasant to meet professors Zhan and Xia, and to learn about recent changes in the science of ethnology in China. I formally retired from the University of Sydney some years ago, but am still concerned with the social anthropology of minorities in both the mainland and Taiwan. I am glad to have copies of your recent work.

I am anxious to have the Chinese section of the National Library of Australia collect every single ethnographical book produced in China during the last ten years and if the Institute of Nationalities has a list of such publications in Chinese, especially those printed in other provinces than Beijing, this would be of great assistance to scholars in Australia.

Professor Roger Keesing of the Australian National University has recently left Australia to Canada, but he has published several editions of his work, *Cultural Anthropology*. When I was in Taiwan recently I discovered that one of his early editions had been translated into Chinese including many of the new anthropological technical terms. Some of them are still not commonly used on the mainland and I am sending you on my copy as a gift as I can easily obtain another and you may be interested in this second cultural anthropology volume.

I am also enclosing a recent offprint of mine on ancestor worship, which is a continuation of my book, *Ancestors*.

Earlier this year a 'parliamentary' delegation on Human Rights was sent from the Australian Government to the PRC, which was mostly concerned with the Han majority, although it visited one minority area, Tibet. This report has now circulated in Australia. There were no anthropologists/ethnologists with the Australia delegation.

The Australian government at that time expressed a sincere wish to have the PRC send a similar delegation to Australia. If this were to come about, I think it would be important to include at least one scholar from the social sciences (not economics) section of the Academy of Social Science or from one of the Institutes of Nationality Studies. Apart from questions to do with the Australian legal system and prisons, two minority groups which it would be interesting to advice from China about would be about aborigines and Vietnamese. Would there be any chance of your being included in such a delegation in the future as I would certainly like to see you again and you are probably the highest ranking mainland official who has graduated from the University of Sydney?

Although I was not one of the officials concerned with the Australian Academy of Social Sciences exchange scheme, I was very glad to me professors Zhan and Xia, and I hope that I may have a chance of meeting them the next time I come to the mainland.

With best wishes,

William Newell

蜀华如晤：

见到詹先生和夏先生两位教授①，了解到民族学在中国的近期发展情况，私心不胜快慰！

数年前我已从悉尼大学正式退休。不过，我依然关注中国大陆和台湾对少数民族所进行的社会人类学研究。拿到你近期的著作，如获至宝！

---

① 詹先生和夏先生两位教授，是指詹承绪教授和夏之乾教授。

我真希望澳大利亚国家图书馆的中文图书部能够毫无遗漏地收集到近十年中国出版的民族志著作。不知中央民院是否碰巧有这样一份中文书目，特别是包含有北京以外的其他省份出版的这类图书的清单？如果有的话，这对澳大利亚的学者们将有莫大的助益。

澳大利亚国立大学的若格·吉星教授最近已离开澳大利亚去了加拿大。不过，他的著作《文化人类学》已出了好几版。我最近到台湾去的时候，看到那里已经出版了他这部著作较早版本的中译本，包括其中的许多文化人类学新术语。这些术语有些在中国大陆还没有普及。我有该著作的第二卷，估计你会有兴趣，反正我再买也方便，先将手上这本寄给你吧，你就当是一份礼物。同时，我也把自己有关祖先崇拜的一本近著寄给你，这个单行本是我的那部《祖先》的姐妹篇。

今年早些时候，澳大利亚政府派了一个人权方面的"议员代表团"去中国访问。尽管该访问团也去了西藏，但是，他们主要关注的是汉族（而不是少数民族）。这件事现在在澳大利亚正到处宣传。该代表团中没有人类学家或者民族学家。

当时，澳大利亚政府曾真诚地希望中华人民共和国也能派一个类似的代表团到澳大利亚来。假如事情能成，依我之见，中方代表团至少应当有一位来自社会科学院下属的某个社会科学（不是经济学）机构或者民族研究所的学者。中方不仅在法律体系、监狱等方面可以向澳大利亚赐教，而且在土著民和越南人这两个少数族群的问题上也很有发言权。这个代表团中会不会有你呢？你知道，我是多么希望能有机会跟你再聚首！而我之所以抱着希望，是因为你差不多是悉尼大学毕业的大陆学人中职衔最高的官员。

我虽然不是澳大利亚社会科学院对外交流部门的官员，但是，见到詹教授和夏教授他们两位，我还是感到非常愉快。希望下次有机会到大陆去的时候，能够再拜晤他们。

祝你一切如意！

威廉·内维尔

1992 年 3 月 18 日

韩国汉阳大学校民族学研究所所长李熙秀教授来函

Dec. 10, 1997

Dear Dr.

I am very pleased to hear that you returned home safely and are working again for academic achievements. Your kind participation and excellent paper in our previous symposium held in Seoul in November 14–15, 1997, was good opportunity to exchange valuable ideas on Food Culture in Asia and to promote our academic cooperation.

With your permission, we will publish your article in our forthcoming journal *PEOPLE and CULTURE* Vol. 6 which come out in the end of this year. When published, we send you the copy. For your memory, we enclose herewith several photographs taken during the occasion.

Looking forward to our further cooperation in the days to come, we again thank to you.

Yours Sincerely,

Prof. Dr. Hee–Soo Lee

Director

尊敬的先生：

获悉您已经平安回国，并且又投入学术研究当中，我备感欣慰！

这次您能屈驾光临11月14—15日在汉城举行的学术会议,还提交了高水平的论文,这不仅是我们就亚洲饮食文化进行富有意义的学术交流的难得机会,而且也促进了彼此之间的学术合作。

承蒙惠允,我们拟将您的大作发表在今年底出版的《民族与文化》期刊第六卷上。一俟出版,就会给您寄去。届时将把这次会议期间拍摄的一些照片一并寄奉,以资纪念。

希望将来我们能有更多的合作。

再次表示感谢!

韩国汉阳大学民族学研究所所长

李熙秀教授

1997年10月10日

附录：宋蜀华先生著述目录

附录：

宋蜀华先生著述目录
（以完成或发表时间先后为序）

一、著作（含合著、译著）

1.《西藏社会概况》（合著），载中央民族学院《民族问题研究丛刊》第1辑，1955年版。

2.《云南省德宏傣族景颇族自治州景颇族社会经济调查报告》（执笔人，约8万字），全国人大民委办公室1958年出版。

3.《中国少数民族志简编》（合著），中央民族学院历史系1962年编印。

4.《中国少数民族简况》（合著），中央民族学院研究部1974年编印。

5.《辞海》民族类主要编写人之一，上海辞书出版社1979年版。

6.《新华词典·民族条目》，商务印书馆1980年版。

7.《中国民族问题研究》（专著），墨西哥国立自治大学1981年出版（西班牙文）。

8.《中国少数民族》，主要编写人之一，人民出版社1981年版。

9.《中国少数民族常识》（合作），中国青年出版社1984年版。

10.《原始社会史》（合著），中华书局1984年版。

11.《景颇族五个点调查综合报告》（合作），云南人民出版社1985年版。

12.《中国大百科全书·民族卷》，编委，民族学分科副主编及编写人之一，中国大百科全书出版社1986年版。

13.《民族词典》，副主编及编写人之一，上海辞书出版社1987年版。

14.《百越》（专著），吉林教育出版社1991年版。

15.《民族学与现代化》，主编及编写人之一，中央民族大学出版社1994年版。

16.《民族研究文集》（专著），（台湾）宏毅出版社1995年版。

17.《民族学理论与方法》，宋蜀华、白振声主编，中央民族大学出版社1998年版。

18.《中国民族学理论探索与实践》（专著），中央民族大学出版社1999年版。

19.《中国民族概论》，宋蜀华、陈克进主编，中央民族大学出版社2001年版。

二、论文

1950年：

《〈中国西南民族文化论丛〉（岑家梧著）述评》，载《华西文物》1950年。

1955年：

1.《青海塔尔寺情况》（合作，本人执笔），载《中国民族问题研究集刊》第三辑，1955年。

2.《甘南夏河甘家牧区生产情况》（合作，本人执笔），载《中国民族问题研究集刊》第三辑，1955年。

3.《黔西商业经济的兴起和"青"、"蓝"地主阶级的矛盾》（打印稿），贵州民族识别调研组，1955年。

4.《青海土族的经济生活》（合作，本人执笔），载《中国民族问题研究集刊》第3辑，1955年。

1956年：

1.《封建社会调查参考提纲（农奴制）》，全国人大民委1956年印行，载《社会性质调查参考提纲》。

2.《一般社会情况调查参考提纲》，全国人大民委1956年印行，载《社会性质调查参考提纲》。

1957年：

1.《关于撒拉族的历史来源问题》（与王志良合作调查，本人执笔），载《中国民族问题研究集刊》第6辑，1957年。

2.《中国民族学当前的任务》，民族出版社1957年，又载《中国民族问题研究集刊》第6辑（参加编写）。

3.《潞西县东山弄坵寨景颇族调查报告》，全国人大民委办公室1957年印，云南人民出版社1985年新版。

1958年：

《解放前傣族的社会生产方式》，《傣族简志》云南民族社会历史调查组，1958年，打印稿（6万字）。

1962年：

《对我国藏族、维吾尔族和傣族部分地区解放前农奴制度的初步研究》（集体讨论，本人执笔），载《历史研究》1962年第5期。

1963年：

《民主改革前傣族的封建领主制及其和农村公社的关系》，载《民族团结》1963年第4期。

1973年：

《傣族》，载《人民中国》（世界语版）1973年。

1974年：

《白族》，载《人民中国》（世界语版）1974年。

1975年：

《景颇族》，载《人民中国》（世界语版）1975年。

1976年：

《关于泰国的泰族、我国的傣族和我国古代云南南诏大理地方政权的关系》（与张公瑾合作），载中央民族学院研究部刊物，1976年。

1977年：

1.《西双版纳傣族自治州史地沿革述略》，载《中央民族学院学报》1977年第2期。

2.《傣历概述》（与张公瑾合作），载《中央民族学院学报》1977年第4期。

1978年：

《从樊绰〈云南志〉论唐代傣族社会》，载《思想战线》1978年第6期；又译载泰国清迈大学《人类学杂志》1984年。

1980年：

1.《从云南民族志论农村公社的几个问题》，载《中央民族学院学报》1980年第3期。

2.《古代的百越及其演变》，载《历史教学》1980年12月号。

1981年：

1.《中国的民族学研究必须和历史学紧密结合》，载《民族学研究》第1辑，民族出版社1981年版。

2.《唐宋时期傣族史上的若干地名、人名研究》，载《民族研究》1981年第1期。

1982年：

《论现状剖析和历史探索的关系——从解放前景颇族的社会经济结构探索其历史演变及发展上的特点》，载中国少数民族经济研究会编《中国少数民族经济研究论文集》第3集，1982年。

1983年：

《解放前我国少数民族的社会性质》，载《民族团结》1983年第5期。

1984年：

1. "China's Ethnological Composition and Its Historical Perspective", Institute of

Oriental culture，the university of Tokyo，1984.

2.《从樊绰〈云南志〉论唐代傣族社会》，泰国清迈大学《人类学杂志》1984年刊载（对旧文稍加修订译成泰文）。

1985年：

《潞西县东山弄坵寨景颇族调查报告》，全国人大民委办公室1957年印，云南人民出版社1985年新版。

1986年：

1.《唐宋时期傣族的政治发展及其和南诏大理政权的关系》，载《中央民族学院学报》1986年第3期。

2.《傣族》，载《中国大百科全书·民族卷》，中国大百科全书出版社1986年版。

3.《家长奴隶制》，载《中国大百科全书·民族卷》，中国大百科全书出版社1986年版。

4.《澳大利亚人》，载《中国大百科全书·民族卷》，中国大百科全书出版社1986年版。

1988年：

1.《论消除种族歧视及联合国的行动措施》，载《吴泽霖学术会议论文集》，湖北科技出版社1988年版。

2.《阁罗凤》，载《中国大百科全书·中国历史·隋唐五代史》，中国大百科全书出版社1988年版。

3.《蛮书》（云南志），载《中国大百科全书·中国历史·隋唐五代史》，中国大百科全书出版社1988年版。

1989年：

《中国图录·序言》（英文），澳大利亚克劳德出版社1989年版，夏威夷大学出版社1990年版。

1990年：

《〈贝叶文化〉一书序言》，云南人民出版社1990年版。

1991 年：

1.《论古代云贵高原的濮、僚族及其和百越的关系》，载《中央民族学院学报》1991 年第 5 期。

2.《评〈西双版纳份地制与西周井田制比较研究〉》，载《民族研究》1991 年第 2 期。

3.《发展具有中国特色的民族学》，载《民族学季刊》1991 年第 3 — 4 合期，云南社科院。

4.《中国民族学学会学科建设研讨会开幕词》（延吉），载《民族学通讯》1991 年第 111 期。

5.《谈谈我国的民族学》，载《民族学通讯》1991 年第 112 期。

1992 年：

1.《论古代滇人的族属及其演变》，载《云南社会科学》1992 年第 4 期。

2.《读〈布洛陀经诗译注〉书后》，载《广西民族研究》1992 年第 3 期。

3.《广义民族学·序》，施正一主编，光明日报出版社 1992 年版。

1993 年：

1. "China's Minority Nationalities and Some Ethnological Studies Concerning Them" 韩国汉阳大学校民族学研究所 1993 年 12 月印行（集刊第 1 辑）。

2.《从百越及其文化发展看中华民族多元一体格局》，载费孝通主编《中华民族研究新探索》，中国社会科学出版社 1993 年版。

3. "Ethnological study on China's Minority Nationalities：It's Main Achievement of（？）Problems"，Chinese studies Association of Australia，November 1993.

4.《中国民族学学会第五届学术讨论会开幕词》，载《民族学通讯》1993 年第 123 — 124 期。

1994 年：

1.《中国民族学学会召开在京中青年民族学工作者座谈会的开幕词》，载《民族学通讯》1994 年 126 期。

2.《发展民族学为社会主义现代化建设服务》，民族理论研讨会论文（友谊宾馆），载《民族学与现代化》，民族大学出版社1994年版。

1995年：

1.《我国民族地区现代化建设中民族学与生态环境和传统文化关系的研究》，载《民族学研究》第11辑，民族出版社1995年版。

2.《论中国民族学研究的纵横观》，载潘光旦纪念讲座第三届会议论文汇编，1994年，又见《民族研究》1995年第2期。

3.《傣族史研究领域中的一部佳作 ——〈泐史研究〉读后》，载《民族研究》1995年第6期。

4.《中国民族学如何面向21世纪学术讨论会开幕词》，载《民族学通讯》1995年第128期。

5.《在林耀华教授从教62周年庆祝会上的讲话》，载《民族学通讯》1995年第130期。

6.《第四届潘光旦纪念讲座致词》，载第四届纪念讲座会议论文汇编，1995年。

1996年：

1.《人类学与研究中国民族生态环境和传统文化的关系》，载《社会文化人类学讲演集》，天津人民出版社1997年版（中央民族大学学报1996年第4期发表后始出版）。

2.《论西南丝绸之路的形成、作用和现实意义》，载《中央民族大学学报》1996年第6期。

1997年：

1.《〈云南民族迁徙文化研究〉序》（苍铭著），云南民族出版社1997年版。

2.《中国的饮食文化与生态环境》，参加汉阳大学校饮食文化学术研讨会，载韩国汉阳大学校《民族与文化》第6辑，1997年版。

1998年：

1.《中国民族学学会世纪之交民族学与研讨会开幕词》，载《民族学研究》第12

辑，民族出版社1998年版；《民族学通讯》第133期。

2.《论历史人类学与西南民族文化研究》，分载北京大学社会人类学论丛7卷《田野工作与文化自觉》（第2届人类学高研班讲演，北大），群言出版社1998年版；王筑生主编：《人类学与西南民族》（昆明第二届高研班讲演，两会同时举行），云南大学出版社1998年版；又《云南大学学报》1997年3期刊印。

3.《中国民族学的过去、现在和前瞻》（民族学学会学术讨论会论文），载《中央民族大学学报》1998年第1期。

4.《民族学的中国化 —— 读〈民族学通论〉》，载《中央民族大学学报》1998年第3期。

1999年：

1.《第四届潘光旦纪念讲座致词》，载《中和位育 —— 潘光旦百年诞辰纪念》，中国人民大学出版社1999年版。

2.《民族学的应用与中国民族地区现代化》，参加香港中文大学与台湾东华大学"社会科学的应用与中国现代化研讨会"论文，载乔健、李沛良主编《社会科学应用与中国现代化》，台湾丽文文化事业股份有限公司1999年1月出版。

3.On women's Participation in Government and Politics affairs, in Women and Development，中央民族大学出版社1999年版。

4.《论文化》（参加第三届人类学高研班讲演），载《云南民族学院学报》1999年第5期。

5.《中国民族学学会海拉尔会议开幕词》，载《民族学通讯》1999年第135期。

6.《谈呼伦贝尔绿色文化建设》，载《民族学通讯》第135期。

2000年：

1. On the Coordination of Ethnic culture, Ecological environment and Sustainable development in China，云南科技出版社2000年版。

2.《潘光旦先生对中国民族研究的巨大贡献》，载《潘光旦先生百年诞辰纪念文集》，中央民族大学出版社2000年版。

3.《民族学》，载尹秉义主编《当代中国学术发展史：人文社会科学之部大陆篇》（台湾版），中华综合发展研究院2000年版。

4.《中华民族知识通览·序言》，郭大烈、董建中主编，云南教育出版社2000年版。

5.《认识中华民族构成的一把钥匙 ——〈中华民族多元一体格局〉读后》，载《中央民族大学学报》2000年第3期。

2001年：

1.《傣族研究开新域 —— 忆黄惠琨教授》，载《云南民族学院学报》（哲学社会科学版）2001年第3期。

2.《田晓岫著〈中华民族发展史〉序》，华夏出版社2001年版。

3.《〈中国民族概论〉序》，中央民族大学出版社2001年版。

4.《论南诏的兴亡及其和唐、吐蕃的关系》，载《云南民族学院学报》（哲学社会科学版）2001年第5期。

5.《中国人类学如何面向21世纪》，载《人文世界》第1卷，华夏出版社2001年版。

2002年：

1.《论中国的民族文化、生态环境与可持续发展的关系》，载《贵州民族研究》2002年第4期。

2.《从民族学视角论少数民族文化艺术遗产在抢救和保护中的地位》，载《人类口头和非物质遗产抢救与保护国际学术研讨会文集》，中国艺术研究院编印，2002年。

2003年：

1.《中国民族学的回顾与前瞻》，载《中央民族大学学报》（哲学社会科学版）2003年第1期。

2.《论春秋战国时期楚、吴、越之间的三角关系及其演变》，载《湖北民族学院学报》（哲学社会科学版）2003年第4期。

2004年：

《从民族学视角论中国民族文物及其保护与抢救》，载《中央民族大学学报》（哲学社会科学版）2004年第4期。

2005年：

《中国西南少数民族的宗教与巫术》，载《中央民族大学学报》（哲学社会科学版）2005年第5期（李劼整理、编辑）。

后 记

蜀华师离开我们已经整整十五年了。惊悉噩耗时，我带着2001级民族学与生态学双学位班的35名学生正在去大凉山开展毕业实习的路上，而第一时间的反应竟以为是另一位姓宋的老先生走了。因为离开北京时，恩师健朗如故；陪师母去美国度假，也已成为那几年恩师的生活"惯例"。当身边的同事无比惋惜地确证是"我们的宋先生走了"，我心口一闷，脑袋瞬间只有一片空白。十五年来，因为始终不愿面对恩师的猝然离去，至今无法写下只言片语，表达心中无限的哀伤。每天走在家属院的路上，恩师带着微笑健步而行的身影，骑着那辆老旧的自行车小心翼翼地驮着师母进出的情景，都会莫名、恍惚而又固执地浮现在眼前，似梦，似真。许多次，在院子里看到一位身形和穿着跟恩师酷似的长辈从远处一步步走近，我都忍不住双眼发潮，鼻子发酸，呼吸也屏住了。都说时间最能够疗伤，可这十五年来，为什么这无边的怅惘似乎没有消退哪怕一点点？十五年了，为什么每次抬头看着恩师书房的那扇窗，每次深夜回家看到恩师卧室依然透出灯光，心中总是禁不住一阵阵悸痛？为什么每一次双手抚着键盘，想要写下一点关于恩师的文字，一开始似乎还平静的心绪就会欲理还乱？日复一日，年复一年，这份怀念似乎已经成了心灵深处一块无法触碰、难以愈合的伤口。

今年年初，"民大记忆"编委会把"名师学术文库"中的《宋蜀华学术文集》选编任务嘱命于我。再三犹豫之后，我终于还是咬牙应承下来。我想，与其总是憋着、撑着，不如把选编恩师的遗作，当成一次面对恩师的涕泣，让心中的积郁能够得到一点点释放。

　　先生著述宏富，要在限定的篇幅之内进行取舍，并能大致反映出先生的学术贡献，实在是非常困难的事。忝列门墙，在先生身边缠磨十八年，深沐师恩，但因生性鲁钝，用心不专，对先生深邃的学问迄今无法完整消化，对承担这份选编责任深感心有余而力不足。或许这也正是这些年难以写出只言片语的纪念文字的原因吧。选编过程中，重读了先生女弟子杨筑慧教授所著《宋蜀华评传》，受益良多；部分评价性的文字，参考了民族学与社会学学院同仁集体参与、并征求了家属意见的《宋蜀华先生生平》；选编的篇章，向苍铭教授、杨筑慧教授贤伉俪及苏发祥等几位身边的同门求助过，也向师母、大师姐请教过。但缺憾依然难免，其责任都在我。

　　基础工作在种种难以排遣的琐事中断续进行，恰于2019年教师节告一段落。对恩师的感念拥挤在心头。就用投注在这部文集选编过程中的微不足道的心力，作为献给恩师的祭奠吧。

　　先生的再传弟子陈容娟（民族学与社会学学院2019级民族学博士研究生）协助扫描先生两部自编文集，蓝咏石（民族学与社会学学院2017级博士研究生）协助收集先生部分文稿并用心代为编辑。文集编辑过程中还劳烦和受助于多人，心存感念，在此不一一具名致谢。

贾仲益

2019年9月10日于中央民族大学民族博物馆